CHINA CITY STATISTICAL YEARBOOK

中国城市统计年鉴

国家统计局城市社会经济调查司 编

中国统计出版社
China Statistics Press

（京）新登字 041 号

图书在版编目（CIP）数据

中国城市统计年鉴. 2011 / 国家统计局城市社会经
济调查司编. -- 北京 ：中国统计出版社，2011. 10
ISBN 978-7-5037-6387-8

Ⅰ. ①中… Ⅱ. ①国… Ⅲ. ①城市－统计资料－中国
－2011－年鉴 Ⅳ. ①C832-54

中国版本图书馆 CIP 数据核字(2011)第 201937 号

中国城市统计年鉴—2011

作　　者/国家统计局城市社会经济调查司
责任编辑/崔如春　申明九
装帧设计/李雪燕
出版发行/中国统计出版社
通信地址/北京市西城区月坛南街 57 号
邮政编码/100826
办公地址/北京市丰台区西三环南路甲 6 号
电　　话/邮购（010）63376907 书店（010）68783172
印　　刷/河北天普润印刷厂
经　　销/新华书店
开　　本/880×1230mm 1/16
印　　张/25.75
字　　数/800 千字
版　　别/2011 年 12 月第 1 版
版　　次/2011 年 12 月第 1 次印刷
书　　号/ISBN 978-7-5037-6387-8/C・2580
定　　价/268.00 元

《中国城市统计年鉴—2011》
编委会与编辑部

编辑说明

《中国城市统计年鉴——2011》是全面反映中国城市经济和社会发展情况的资料性年刊。本年鉴收录了全国 657 个建制城市（含地级及以上城市和县级城市）2010 年社会经济发展和城市建设等各方面的统计数据。

《中国城市统计年鉴——2011》主要内容包括六个部分：第一部分是 2010 年城市行政区划，列有不同区域、不同级别的城市分布情况以及城市发展综述研究分析报告；第二部分是地级及以上城市统计资料，列有：1.城市人口、就业、资源资料，包括城市人口、劳动力资源和就业、土地资源；2.城市经济发展主要指标统计资料，包括综合经济、农业、工业、固定资产投资、商业、对外贸易、利用外资、财政、金融、保险等方面内容；3.城市社会发展主要统计资料，包括劳动工资、教育、文化、医疗卫生等方面内容；4.城市环境与基础设施资料，包括交通运输、邮电、供水、供电、城市道路、交通状况和城市环境状况等方面内容；第三部分是县级城市资料；第四部分是附录，包括主要统计指标的涵义、统计范围、统计口径、计算方法。

本年鉴所涉及的全国或全部城市统计资料，均未包括香港特别行政区、澳门特别行政区和台湾省。资料中所列“全市”为城市的全部行政区域，包括城区、辖县、辖市；“市辖区”包括所有城区，不包括辖县和辖市。武汉市辖区合计资料不包含黄陂区、新州区、江夏区和蔡甸区数据。

需要说明的是，1997 年开始对地级及以上城市和县级城市分别采用不同的指标体系进行统计，有些指标在两类城市之间不具有可比性，故本年鉴将地级及以上城市和县级城市统计资料分为独立的两部分。另外，从 2011 年开始，《中国城市统计年鉴》改为国际流行大 16 开。

《中国城市统计年鉴——2011》适用于各级政府管理部门、城市规划设计部门、城市社会经济研究机构、市政建设及房地产机构、各种中介服务及信息咨询机构等单位的工作者及各大专院校师生使用。本年鉴也是境外投资者、工商界人士及关心中国城市发展的人士的重要参考资料。

《中国城市统计年鉴——2011》的编辑和出版，得到了各省、自治区、直辖市统计局、国家统计局各调查总队、各市统计局和调查队以及中国统计出版社的鼎力支持，在此表示衷心的感谢。由于工作量大、出版时间紧，书中难免有不当之处，诚恳欢迎广大读者批评指正。

国家统计局城市社会经济调查司
《中国城市统计年鉴》编辑部

目　　录

一、2010 年城市行政区划与城市发展概况

二、2010 年地级及以上城市统计资料

三、2010 年县级城市资料

四、附　录

一、2010 年城市行政区划与城市发展概况

1. “十一五”时期我国城市社会经济发展跃上新台阶

“十一五”时期，我国城市以科学发展观为统领，以全面建设小康社会为目标，以“促增长，调结构，保民生”为己任，积极推进城镇化健康发展，城市经济平稳快速发展，社会事业稳步推进，人民得到更多实惠，社会经济发展水平跃上新台阶。

一、城市规模不断扩大，城镇化进程加速推进

（一）城市规模进一步扩大

“十一五”期间，我国积极推进大中小城市和小城镇的协调发展，加强城市建设管理，统筹安排，合理布局，城市规模不断扩大。截至2010年末，我国共有地级及以上城市287个，地级及以上城市（市辖区，不包括市辖县，除特别说明外，下同）年末总人口达38866万人，比2005年增长7.1%，平均每年增长1.4%；占全国总人口的比重为29.0%，比“十五”期末提高1.4个百分点。人口规模达到500万以上的城市12个，比2005年增加3个，其中重庆、上海、北京的人口均在1000万以上。随着城市行政区划的调整，城市行政区域范围不断扩大。2010年地级及以上城市行政区域土地面积628573平方公里，比2005年增长5.8%。其中，建成区面积达31766平方公里，比2005年增长29.9%。

（二）城镇化水平稳步提高

“十一五”时期，我国积极推进健康城镇化，引导人口合理有序流动，进一步加强城市基础设施建设，提升城市综合承载能力，城镇化水平进一步提高。2010年我国城镇人口达66558万人，城镇人口占全国总人口的比重为49.7%，比2005年提高9.8个百分点。

在城镇化水平不断提高的同时，城市发展也出现新趋势。随着经济全球化的发展，越来越多的城市直接参与到国际分工协作中，各国城市之间的交流与往来不断增加，建立国际大都市成为我国多个城市的发展目标。特别是随着国际大都市目标的逐步实施，我国城市对外开放程度进一步加深，辐射带动作用进一步增强，影响力继续扩大。

二、城市经济实力进一步增强，经济效益提高

（一）城市经济加快增长

“十一五”时期，地级及以上城市地区生产总值由2005年的113144亿元增长到2010年的246018亿元，按可比价格计算，年平均增长16.8%。上海、北京跻身“GDP万亿元俱乐部”，分别实现地区生产总值16972亿元和13904亿元。“十一五”时期的五年，对于城市经济来说是跌宕起伏的五年。“十一五”开局的前两年，地级及以上城市经济保持了“十五”时期平稳运行的态势，地区生产总值分别增长13.2%和16.3%。2008年由美国次贷危机引发的金融危机迅速向全球蔓延，给我国城市经济带来负面影响，经济增长速度放缓，全年地级及以上城市实现地区生产总值167361.2亿元，同比增长12.4%，比2007年下降3.9个百分点。面对金融危机的不利影响，党中央、国务院迅速出击，推出了一揽子经济复苏计划。在全国上下的齐心努力下，经济下滑的势头有所扭转，2009年城市经济回升向好，实现了15.3%的增长速度，比上一年提高2.9个百分点；2010年城市经济增长速度趋于平缓，同比增长12.5%。

（二）财政收入大幅提高

“十一五”时期，面对国际国内经济形势的变化，我国积极应对，迅速调整，2008年由稳健的财政政策调整为积极的财政政策，保证了财政收入的稳步增长。“十一五”期间，地级及以上城市财政一般预算内收入比“十五”末期翻一番，五年上了两个台阶：2006年地级及以上城市财政一般预算内收入突破1万亿元大关，达10862亿元；2010年财政一般预算内收入再创新高，突破2万亿元大关，达23828亿元，比2005年增长1.6倍，平均每年增长21.2%。其中，上海、北京财政收入跃上2000亿元台阶，分别达到2846亿元和2331亿元。财政收入的快速增加使城市能够集中财力发展经济，改善民生，加强基础设施建设，能力进一步增强。

（三）工业效益明显改善

“十一五”时期，我国各城市积极探索新型工业化道路，加快转变发展方式，推进产业结构升级换代，加快企业内部技术改造，提高自主创新能力，工业取得了良好效益。2010年地级及以上城市共有规模以上工业企业207763个，比2005年增加了133498个，平均每年增加26700个；实现工业总产值394974亿元，年平均增长19.4%；实现利润总额28628亿元，比2005年翻了两番，平均每年增长24.8%。其中，私营企业发展迅速，数量明显增加，对工业经济的贡献提高。规模以上私营企

业数量由2005年的52920个增加到2010年的105699个，平均每年增加10556个，所占比重由2005年的37.9%提高到2010年的50.9%，提高了13.0个百分点；私营经济发挥了越来越重要的作用，在工业经济中所占比重有所提高，2010年共实现工业总产值76517亿元，占全部地级及以上城市工业总产值的19.4%，比2005年提高7.2个百分点。

三、经济发展质量提升，经济增长动力强劲

（一）经济结构更加优化

"十一五"时期，我国继续调整产业结构，积极促进第三产业发展，产业结构进一步优化。第一、二产业在国民经济中所占比重继续下降，第三产业所占比重上升。2010年地级及以上城市第一、二、三产业增加值分别为7006亿元、121347亿元和117666亿元，三次产业结构比重为2.8:49.3:47.8，与2005年相比，第一、二产业所占比重均下降1.0个百分点，第三产业增加2.1个百分点。

（二）投资、消费对经济推动力增强

为了应对国际金融危机的影响，2009年我国启动了为期两年的4万亿投资计划，重点指向基础设施和民生保障领域。2010年地级及以上城市完成全社会固定资产投资142430亿元，比2005年增长1.2倍，平均每年增长22.3%；其中，全年新增固定资产617833亿元，比2005年增长1.8倍，年均增长22.5%。4万亿投资计划的终极目的是以投资促进内需，扩大消费，拉动经济增长。在一系列扩大内需政策的刺激下，城市消费市场需求旺盛，2010年地级及以上城市实现社会消费品零售总额96834亿元，比2005年增长1.4倍，平均每年增长18.8%。

（三）金融对经济支持力度加大

"十一五"时期，我国加强金融政策调控，积极推进金融体制改革，放宽贷款门槛，设立专门的中小企业贷款机构，金融机构存贷款金额均比"十五"时期有大幅增长。"十一五"期末地级及以上城市年末金融机构存款余额比"十五"期末翻了一番，达到518068亿元，平均每年增长19.4%；2010年城市年末金融机构贷款余额达364362亿元，五年增长1.5倍，平均每年增长19.8%。

（四）对外开放水平提高

"十一五"期间，面对复杂的国际环境和国内社会经济形势，我国充分利用国际和国内两个市场，加快对外开放步伐，提高对外开放水平，同时积极调整对外贸易结构，提高外资利用质量和水平，对外开放取得新成果。2010年我国地级及以上城市（全市，包括市辖县）实现进出口贸易总额29443亿元，与2005年相比，平均每年增长15.8%。其中，进口额13841亿元，年均增长16.0%；出口额15602亿元，年均增长15.6%。2010年地级及以上城市实际使用外资1328亿元，与2005年相比,增长1.2倍，年平均增长16.6%。

四、公共服务水平提高，社会事业发展加快

（一）教育事业持续发展

"十一五"期间，我国坚持优先发展教育，努力促进教育公平，推进义务教育普及，大力发展职业教育，提高高等教育质量。实现了城乡免费义务教育，使义务教育真正成为面向大众的全民教育。2010年我国地级及以上城市共有普通高等学校2077所，比2005年增加301所，平均每年增加60所；受在校学生数减少的影响，中小学校数量得到整合，中小学数量分别比2005年减少1628所和13632所。

"十一五"期间，地级及以上城市每万人拥有教师数比"十五"期间有所增长，2010年每万人拥有普通高等学校、普通中学和小学的专任教师人数分别为32人、42人和43人，与2005年相比，分别增加6人、1人和1人。

（二）公共文化服务不断完善

"十一五"期间，国务院审议出台了《文化产业振兴规划》，为推动文化产业发展带来良好机遇。"十一五"时期，我国加大对文化设施的投入力度，公共图书馆、文化馆覆盖率超过90%，2010年地级及以上城市每十万人拥有图书121册，比2005年增加23册；免费开放的公共博物馆、纪念馆、爱国主义教育示范基地达1743家；广播电视基本覆盖20户以上已通电自然村。文化服务水平的提高大大丰富了民众的业余生活，提高了全民素质。

（三）医疗卫生服务水平提高

"十一五"时期，我国积极探索和推进医疗卫生体制改革，切实解决群众"看病难、看病贵"的问题，医疗卫生条件有所改善，居民健康水平明显提高。2010年地级及以上城市每万人拥有医院、卫生院床位由2005年的48张提高到59张，每十万人拥有医生数由2005年的253人提高到2010年的315人。

五、居民生活质量提高，居住环境改善

（一）人均可支配收入快速增长

“十一五”时期，我国各地纷纷提高最低工资标准，大幅提高企业退休人员基本养老金标准，调整个人所得税起征点，居民收入水平提高。2010年全国城镇居民人均可支配收入达到19109元，比2005年增加了8616元，扣除价格因素影响，实际增长59.0%，年平均实际增长9.7%，比“十五”时期高出0.1个百分点。

（二）社会保障覆盖范围扩大

“十一五”期间，基本养老保险覆盖范围不断扩大，城镇医疗保险试点全面启动并实现了制度上的全覆盖，失业保险待遇标准得到提高，社会保障体系逐步健全。2010年地级及以上城市基本养老保险参保人数达13203万人，比2005年增长91.3%，平均每年增长13.8%；基本医疗保险参保人数达16376万人，比2005年增长90.3%，平均每年增长13.7%；失业保险参保人数达8353万人，比2005年增长23.3%，平均每年增长4.3%。

（三）人居环境进一步改善

城市居民居住环境得到改善，生活质量提高。2010年地级及以上城市（全市，包括市辖县）工业废水、工业二氧化硫、工业烟尘排放量分别为2254365万吨、1693万吨和538万吨，分别比2005年下降1.0%、14.5%和39.1%；建成区绿化覆盖率由2005年的34.7%提高到2010年的41.3%，提高了6.6个百分点。随着环境的改善，城市空气质量更加优良。2010年有一半以上的地级及以上城市（全市，包括市辖县）空气质量达标（API＜100）天数在340天以上，其中有25个城市空气质量全年达标。

注：1. 本文不包括拉萨市数据。

（本文执笔：安冰洁）

2. 我国城市区域协调发展研究

区域协调发展是党的十六届三中全会提出的“五个统筹”主要内容之一，在我国当前经济社会发展中具有十分重要的战略意义，关系着经济社会发展大局。在区域协调发展中，城市是最重要的增长极。城市既是区域性经济活动运转的中心，也是区域经济发展的基础。

为把握区域协调发展中出现的一些新情况和新变化，评估城市在区域协调发展进程中的作用，提升城市可持续发展能力，促进我国区域全面协调可持续发展，本报告根据2009年城市社会经济基本情况统计报表数据，综合研究我国城市区域发展总体情况，侧重于对我国东、中、西、东北四大区域的地级及以上城市的比较分析。

一、城市区域经济发展协调性增强

(一)各区域经济增速趋同，城市经济区域协调性增强。

2009年全国地级及以上城市（全市，包括市辖县，下同）实现地区生产总值361148.7亿元，按可比价格计算，比上年增长13.2%，增速较上年提高0.3个百分点。分区域来看，四大区域经济增长速度由高到低分别为西部、东北、中部和东部。四大区域经济增长速度差距缩小，高低相差仅2.1个百分点，协调性增强。

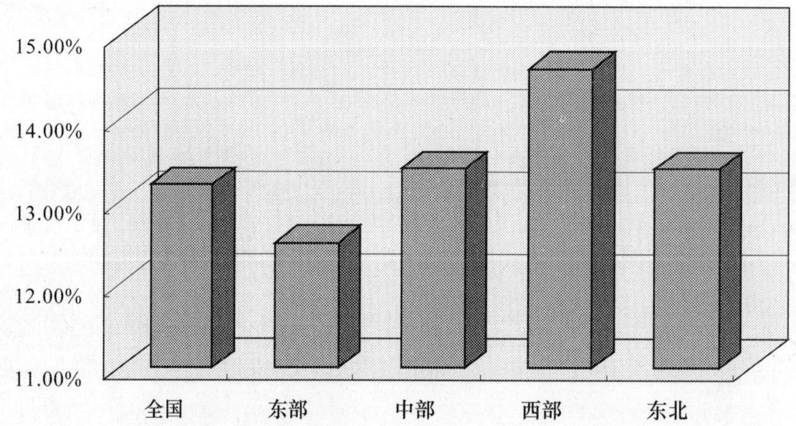

图1 2009年地级及以上城市分区域地区生产总值增速

1.东部地级及以上城市（简称东部城市，下同）经济增速小幅回升，领先其他区域的优势减弱。

2009年东部城市实现地区生产总值197825.2亿元，按可比价格计算，比上年增长12.5%，增速比上年提高0.5个百分点。虽然经济保持了两位数的增长水平，但是地区生产总值占全国经济总量的比重却有所下降，领先中西部地区的发展优势呈减弱趋势。2009年东部城市地区生产总值占全部地级及以上城市经济总量的54.8%，比上年下降0.6个百分点。

2.中部地级及以上城市（简称中部城市，下同）经济增速赶超东部，占全国经济比重小幅上升。

2009年中部城市实现地区生产总值70239.8亿元，按可比价格计算，比上年增长13.4%，增速比上年提高0.2个百分点，快于东部0.9个百分点。中部城市地区生产总值占全部地级及以上城市的19.4%，比上年提高0.1个百分点。

3.西部地级及以上城市（简称西部城市，下同）经济发展最快，占全国经济比重上升最多。

2009年西部城市实现地区生产总值59459.8亿元，按可比价格计算，比上年增长14.6%[1]，增速比上年提高0.6个百分点，增速为四大区域之首。西部城市地区生产总值占全部地级及以上城市的16.5%，比上年提高0.8个百分点，比重上升最快。

4.东北地级及以上城市（简称东北城市，下同）经济增速与中部持平，经济规模继续扩大。

2009年东北城市实现地区生产总值33623.8亿元，按可比价格计算，比上年增长13.4%，与中部城市经济增速持平,快于东部城市0.9个百分点。地区生产总值占全部地级及以上城市的9.3%。

（二）各区域经济发展主动力不同，进出口均下滑。

2009年，为应对国际金融危机，扩大内需，促进经济增长，启动了为期两年的4万亿投资计划，开启了十大产业振兴规

[1] 由于西部部分城市“以2005年价格计算的2009年地区生产总值”数据缺失，因此按可比价格计算的地区生产总值增长速度根据“以2009年当年价格计算的地区生产总值”和西部各城市“地区生产总值增长率”计算得来。

划。在一系列经济刺激措施的共同作用下，当年在城市经济增长动力中，投资保持了较高的增长势头，截至2009年底，我国地级及以上城市全社会固定资产投资总额达215121.9亿元，比上年增长31.6%，增速比上年提高6.6个百分点。全年社会消费品零售总额128568.7亿元，比上年增长17.7%，增速比上年回落4.6个百分点。进出口总额21936.4亿美元，同比下降13.5%，比上年回落31.1个百分点。

西部城市经济表现出了强劲的增长后劲，进入赶超东部经济发展的快车道。在全国城市中，西部城市投资、消费增长最快，进出口总额下降最少。东部、中部城市则以投资拉动经济增长，东北城市消费对经济支撑力度增强。

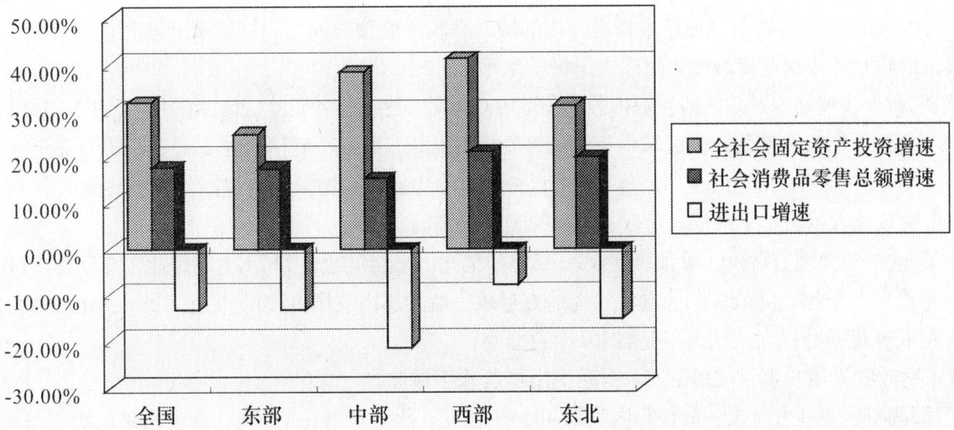

图2 2009年地级及以上城市分区域投资、消费、进出口增速

1.东部城市以投资推动经济发展，消费、进出口动力减弱。

2009年东部城市经济发展动力有所减弱，社会消费品零售总额和进出口总额增速均有所下滑，虽然全社会固定资产投资增速快于上年，但增长水平位居四大区域末位，可见国际金融危机给东部城市经济带来较大影响。

2009年东部城市完成全社会固定资产投资98202.4亿元，同比增长24.9%，增速较上年提高6.2个百分点；社会消费品零售总额达70906.2亿元，较上年增长17.4%，增速较上年回落4.1个百分点；进出口总额达19483.7亿美元，较上年下降13.3%，增速比上年回落29.6个百分点。

2.中部城市以投资为经济发展主动力，消费、进出口动力不足。

2009年中部城市投资增长速度位列四大区域第二，但是消费和进出口总额增长速度均为四大区域最末位。

2009年中部城市完成全社会固定资产投资48626.3亿元，同比增长38.3%，增速较上年提高5.7个百分点；社会消费品零售总额25307.7亿元，同比增长15.1%，增速比上年回落10.3个百分点；进出口总额766.9亿美元，较上年下降21.5%，增速比上年回落55.5个百分点。

中部多为资源型城市，受海外需求锐减的影响，中部出口额急剧下降。2009年中部城市出口额同比下降28.3%，在四大区域下降速度最快，与东部地区相差14个百分点。

3.西部城市经济发展动力最大，投资、消费拉动经济增长。

西部城市经济增长动力强劲，投资、消费表现不俗，增长水平均为四大区域最高，进出口额下降最少。

2009年西部城市全社会固定资产投资44619.4亿元，比上年增长41.4%，增速较上年提高12.6个百分点，增速和增速提高幅度均为四大区域最高。

社会消费品零售总额20403.1亿元，比上年增长21.1%，增速比上年回落0.4个百分点。在四大区域中增长水平最高，增长速度下降最慢。西部地区消费市场潜力巨大，成为拉动内需的重要力量。

进出口总额达787.6亿美元，同比下降7.8%，比上年回落38.1个百分点。据统计，我国七成的边民互市点在西部，海关为此制订和执行小额贸易政策和边民互市政策，使边境小额贸易在西部地区迅速发展。因此，西部城市进出口在四个区域中受影响最小。

4.东北城市消费支撑力增强，投资、进出口增速下滑。

2009年东北城市全社会固定资产投资23673.9亿元，比上年增长31.1%，增速较上年回落3.3个百分点，是四大区域中唯一投资增速下滑的区域。新开工项目个数和投资规模增幅减缓，项目储备和接续能力明显不足，企业自有资金和地方配套资金无法及时到位等因素，影响到东北城市投资的增长速度。

社会消费品零售总额11951.6亿元，比上年增长19.7%。增速紧跟西部城市，位居四大区域第二，消费对东北地区的经济支撑力增强。

进出口总额898.2亿美元，同比下降15.2%，比上年回落39.2个百分点。

（三）各区域财政收支均保持增长态势，增速有所减缓。

2009年四大区域地方财政一般预算内收入均保持了两位数的增长水平，表现出经济企稳回暖的迹象。为扩大内需，政府加大了财政支出力度，地方财政一般预算内支出保持了较高的增长水平，支出结构进一步调整，向农业、社会保障、公共卫生等经济社会发展薄弱环节倾斜，向科技创新和转变发展方式倾斜。但除中部外，各区域地方财政一般预算内支出增速均有所下滑。

2009年全国地级及以上城市实现地方财政一般预算内收入27260.4亿元，比上年增长13.9%，增速比上年回落8.2个百分点；实现地方财政一般预算内支出46737.6亿元，同比增长23.6%，增速比上年回落3.6个百分点。东北城市地方财政一般预算内收入增长水平最高，东部城市增速下滑最慢。西部城市财政一般预算内支出增长水平最高，中部城市增幅逆势提高。

1.东部城市财政收入下滑速度最慢，财政支出增长水平最低。

2009年东部城市实现地方财政一般预算内收入16819.0亿元，比上年增长13.2%，增速比上年回落5.9个百分点，增长水平在四大区域居第三，增长速度是四大区域中下滑最慢的；实现地方财政一般预算内支出218181.7亿元，比上年增长18.8%，增长水平在四大区域中最低，增速比上年回落2.7个百分点，除中部城市增幅逆势提高外，在其他三个区域中增速下滑最慢。

2.中部城市财政收入增长水平最低，财政支出增幅逆势提高。

2009年中部城市实现地方财政一般预算内收入4253.9亿元，比上年增长11.5%，增速比上年回落14.8个百分点，是四大区域中增长水平最低，增速下降最多的区域；实现地方财政一般预算内支出9728.8亿元，比上年提高28.1%，增长水平仅次于西部城市，增长速度逆势提高，比上年提高1.7个百分点。

3.西部城市财政收入增长水平位居第二，财政支出增长水平最高。

2009年西部城市实现地方财政一般预算内收入4066.1亿元，比上年增长16.9%，增长水平仅次于东北，居四大区域第二位，增速比上年回落11.8个百分点；实现地方财政一般预算内支出10827.3亿元，比上年提高30.1%，在四大区域中增长水平最高，但是由于上年增长水平较高，西部城市也是四大区域中地方财政一般预算内支出增速回落最大的区域，比上年回落12.3个百分点。

4.东北城市财政收入增长水平最高，财政支出增速位居第三。

2009年东北城市实现地方财政一般预算内收入2121.3亿元，比上年增长19.3%，增长水平最高，增速较上年回落8.3个百分点；实现地方财政一般预算内支出4363.3亿元，比上年增长23.1%，增速比上年回落4.1个百分点。

二、各城市区域社会和谐度提高

公共服务均等化程度的提高，环境卫生的改善，是社会和谐度提高的重要标志。综合来看，东北城市和东部城市由于经济起步较早，基本公共服务均等化程度高于中西部;各城市区域环境治理力度加强，工业污染物排放量下降，环境进一步改善。

(一)东北城市高等教育基础最好，东部次之，中西部城市有待加强。

东北城市高等教育基础较好，师资力量雄厚。普通高等学校无论在人均数量还是人均教师方面都是四大区域中最高的。2009年东北城市每百万人拥有普通高等学校2.7所，高于全国1.8所的平均水平；每万人拥有普通高等学校教师数为16人，高于全国11人的平均水平。其次是东部城市，2009年东部城市每百万人拥有普通高等学校1.9所，高于全国平均水平；每万人拥有普通高等学校教师数为11人，与全国水平持平。西部城市每百万人拥有普通高等学校1.7所，略低于全国平均水平；每万人拥有普通高等学校教师数为9人，低于全国水平。中部城市每百万人拥有普通高等学校数为1.6所，是四大区域中拥有数量最少的区域；每万人拥有普通高等学校教师数为9人，与西部持平。

表1　2009年地级及以上城市分区域教育资源分布情况

区　域	每百万人普通高校数（所）	每万人普通高校教师数（人）
全　国	**1.8**	**11**
东　部	1.9	11
中　部	1.6	9
西　部	1.7	9
东　北	2.7	16

（二）东北城市医疗卫生条件最好，东中西部城市条件相当。

2009年东北城市每万人拥有医院、卫生院床位数49张，高于全国33张的平均水平；每万人拥有医生27人，高于全国

18人的平均水平。西部城市每万人拥有医院、卫生院床位数33张，与全国水平持平；每万人拥有医生17人，低于全国平均水平和东北、东部城市。东部城市每万人拥有医院、卫生院床位数32张，略低于全国平均水平；每万人拥有医生18人，与全国水平持平。中部城市每万人拥有医院、卫生院床位数30张；每万人拥有医生16人，均低于全国平均水平。

表2 2009年地级及以上城市分区域医疗卫生条件

区　域	每万人拥有医院、卫生院床位数（张）	每万人拥有医生数（人）
全　国	**33**	**18**
东　部	32	18
中　部	30	16
西　部	33	17
东　北	49	27

（三）东部文化体育基础设施水平高，东北次之，中西部有待提高。

2009年东部城市每百人拥有图书馆藏书71册，每百万人拥有剧场、影剧院4个；每百万人拥有体育场馆50个，均高于全国平均水平，居四大区域之首。东北城市每百人拥有图书馆藏书66册，高于全国每百人拥有50册的平均水平；每百万人拥有剧场影剧院4个，高于全国每百万人拥有剧场、影剧院3个的平均水平；每百万人拥有体育场馆6个，低于全国每百万人拥有体育场馆29个的平均水平。西部城市每百人拥有图书馆藏书34册，低于全国水平；每百万人拥有剧场影剧院3个，与全国水平持平；每百万人拥有体育场馆数31个，高于全国水平。中部城市每百人拥有图书馆藏书31册；每百万人拥有剧场影剧院2个；每百万人拥有体育场馆数4个，均低于全国平均水平。

表3 2009年地级及以上城市分区域文体设施情况

区　域	每百人图书馆藏书数（册）	每百万人剧场、影剧院数（个）	每百万人体育场馆数（个）
全　国	50	3	29
东　部	71	4	50
中　部	31	2	4
西　部	34	3	31
东　北	66	4	6

（四）四大区域环境治理力度加强，城市环境进一步改善。

2009年东、中、西、东北城市环境治理力度进一步加大，节能减排工作取得进展，工业污染物排放量明显下降。全部地级及以上城市全年排放工业废水2195492.8万吨，比上年下降5.0%；排放工业二氧化硫1672.5万吨，比上年下降7.8%；排放工业烟尘543.3万吨，比上年下降12.1%。西部城市减排工作成效显著，三类污染物排放量下降速度均排在四大区域前两名。

2009年东部城市排放工业废水1123889.0万吨，比上年下降4.1%，下降速度低于全国平均水平0.9个百分点；排放工业二氧化硫549.3万吨，比上年下降10.3%，在四大区域中下降速度最快；排放工业烟尘149.3万吨，比上年下降10.0%，低于全国平均水平2.1个百分点。

中部城市排放工业废水499618.0万吨，比上年提高1.4%，是四大区域所有排放物数据中唯一一个增速上升的；排放工业二氧化硫428.6万吨，比上年下降6.1%；排放工业烟尘177.3万吨，比上年下降11.6%。

西部城市排放工业废水430852.9万吨，比上年下降12.6%，下降速度最快，高出全国平均水平7.6个百分点；排放工业二氧化硫532.6万吨，比上年下降7.1%，下降速度紧随东部城市居四大板块第二；排放工业烟尘122.4万吨，比上年下降17.0%，在四大区域中下降速度最快。

东北城市排放工业废水141133.0万吨，比上年下降7.9%，下降速度快于全国平均水平2.9个百分点；排放工业二氧化硫161.9万吨，比上年下降5.7%，下降速度为四大区域最慢；排放工业烟尘94.2万吨，比上年下降9.5%，下降速度为四大区域最慢。

三、城市区域未来发展趋势

2009年出台的区域发展政策，既是国家进一步推进改革开放的重要步骤，也是落实科学发展观，转变经济增长方式的重要举措。纵观我国区域发展情况，可以看出未来城市区域发展呈现以下几大趋势:

（一）地区发展差距逐步缩小，重点地区发展加快。

区域经济协调发展的首要任务是缩小地区发展差距，加快重点地区发展。一是加快沿海地区的开放开发。2009年以来，国家先后通过了5个沿海地区振兴规划，重点加快海峡西岸经济区、江苏沿海地区、辽宁沿海经济带、横琴岛、黄河三角洲高效生态经济区发展，充分利用沿海地区的地理优势和资源条件，继续发挥东部地区的经济示范作用。二是加快贫困地区、少数民族地区的发展。缩小区域发展差距，关键要促进贫困地区和少数民族地区的快速发展，加快这些地区的产业结构升级换代，加强基础设施建设，通过辐射带动，促进这些区域的经济发展。通过关中-天水经济区、图们江区域、鄱阳湖生态经济区、甘肃省循环经济区等新经济区的加快发展，带动中西部和少数民族地区经济的快速崛起，让更多的贫困人口和少数民族人口享受到经济社会发展成果。随着区域发展规划的逐步细化落实，中西部地区经济发展将进入快车道，与东部地区差距逐步缩小，区域经济协调性将进一步提高。

（二）区际产业布局更合理。

新一轮的区域发展规划，从国家长远发展角度，重新布局区域产业结构，避免重复建设及由此带来的产能过剩，更好地发挥各地优势产业，推进整体产业结构的调整与升级，全盘谋划未来发展。随着区域发展规划的推进，区域间产业布局将更加科学合理，区际产业特色更加明显。东部沿海以发展先进制造业、有规模经济特征的制造业和知识密集型服务业为主；中部地区发挥资源储备丰富的优势，积极发展能源、原材料产业以及优势装备制造业、高新技术产业；西部地区以发展消耗少、污染轻、环境友好的特色产业为主；东北地区主要发展装备制造业。优化的产业结构将大大推进我国经济发展速度，使我国经济走上又好又快的发展轨道。

（三）突破行政区划藩篱，跨省区域合作将增多。

协调区域发展，不仅要促进省内各市县的合作，更要打破行政区划的限制，加强省际交流合作，加强资源和要素的合理流动，提高区域经济的整合度，实现高度的经济一体化。既要实现交通通讯等基础设施的衔接和融合，还要在产业结构和区际分工上合理安排、科学布局，实现区域经济社会发展目标的高度一致。打破劳动力市场准入壁垒，建立统一的社会保障体系，促进劳动力的合理流动。目前，跨省合作发展较好的区域有长江三角洲、珠江三角洲、京津冀等地区，2009年又有三个跨省合作规划获得批复，分别是海峡西岸经济区、关中—天水经济区和中部地区，未来跨省合作的区域发展模式将更加普遍。高度一体化的跨省区域合作将最大限度地发挥规模经济优势和资源要素优势，对于辐射带动周边地区经济发展起到不可替代的作用。

（四）由追求经济发展速度向速度与效益并重转变。

传统的区域开发往往以资源环境为代价，在全世界一致提倡发展低碳经济、循环经济的大背景下，我国区域发展必须走出一条“低能耗、低污染、低排放、高效率”的新发展道路。2009年批复的各个区域发展规划对环境保护问题都尤为关注，特别是将甘肃省作为我国循环经济的试点省份，实现了循环经济由理论到实践的突破。鄱阳湖生态经济区、黄河三角洲高效生态经济区也都以环境保护为首要战略目标，以建设环境友好型社会为己任，努力探索经济发展方式的转变。

（五）与周边国家和地区的国际合作更深入。

未来的区域合作不仅突破行政区划的限制，跨境合作交流也会加强。沿边各省区将越来越多地参与到中国与周边国家和地区的国际合作之中——广西北部湾、云南将深度参与东南亚地区合作，西北地区将参与中亚经济合作，东北地区将深度参与东北亚区域经济合作，广东将与香港、澳门实现一体化发展。国际合作的内容将越来越丰富，合作关系也随之不断加深——不仅包括贸易自由化、投资便利化，也包括基础设施的衔接、产业发展的协调。国际区域合作对推进我国经济发展将起到越来越重要的作用。

（城市司“城市区域协调发展研究”课题组）

组长：陈小龙

成员：赵惠云　崔如春　张　杰　安冰洁　刘洪波

3. 环渤海经济圈经济发展研究

环渤海经济圈由北京、天津、河北、辽宁、山东三省二市组成，占我国国土面积的5.4%和人口的17.8%。环渤海经济圈围绕北京、天津两大中心城市，以天津滨海新区、辽宁沿海经济带、山东黄河三角洲、河北曹妃甸新区和河北渤海新区五大板块为载体，土地资源丰富、港口基础雄厚、产业科技发达，具备良好的发展条件，显示出较强的后发优势，有望继长江三角洲、珠江三角洲经济圈之后，成为在中国区域经济板块乃至东北亚地区极具影响力的经济隆起带。

当前，世界范围内出现新一轮的产业结构调整和升级，技术创新步伐不断加快，我国沿海开发开放政策重心已由南向北转移，环渤海经济圈同样面临着战略性转变。本文通过对环渤海经济圈发展模式的分析，就如何抓住机遇，加快发展战略性新兴产业，积极促进区域间进一步融合发展提出了对策建议。

一、环渤海经济圈正成为全国经济发展新的重心

（一）经济总量持续扩大，经济增速逐渐领先。

2009年，环渤海经济圈（三省二市，下同）实现地区生产总值8.6万亿元，占全国的比重达到25.7%，分别超出长三角（指浙江、江苏二省和上海市，下同）和珠三角（广东省，下同）4.1个百分点和13.9个百分点（见表1）。

表1　三大经济圈经济总量及占全国比重

单位：亿元、%

		2000 年	2005 年	2009 年
长三角	GDP	19465.9	41264.0	72494.1
	占全国比重	19.6	22.3	21.6
珠三角	GDP	10741.3	22557.4	39482.6
	占全国比重	10.8	12.2	11.8
环渤海	GDP	22914.1	47301.4	86019.5
	占全国比重	23.1	25.6	25.7

“十一五”以来，环渤海经济圈经济总量年均增长13.0%，与“十五”时期相比，提高了0.7个百分点；与长三角、珠三角相比，由“十五”时期分别低0.4个和1.0个百分点，反超0.4个和0.6个百分点（见表2），成为三大经济圈中经济增长最快的区域。

表2　“十五”和“十一五”时期[1]三大经济圈GDP年均增速

	“十五”时期(%)	“十一五”期间 (%)
长三角	12.7	12.6
珠三角	13.3	12.4
环渤海	12.3	13.0
全　国	9.8	11.4

（二）核心区域增长较快，京津冀都市圈后发优势显现。

长三角、珠三角和环渤海经济圈的核心区域分别为上海等16城市、广州等9城市和北京等10城市（以下分别简称长三角16城市、珠三角9城市和京津冀10城市）[2]。近年来，京津冀10城市经济增长较快，2007年实现地区生产总

[1] 由于数据原因，文中的“十一五期间”只包括2006年至2009年（下同）。

[2] 长三角16城市为上海、杭州、宁波、湖州、嘉兴、绍兴、台州、舟山、南京、镇江、扬州、泰州、常州、无锡、苏州和南通。珠三角9城市为广州、深圳、珠海、佛山、惠州、肇庆、江门、东莞和中山。

京津冀10城市为北京、天津、唐山、石家庄、保定、沧州、廊坊、秦皇岛、张家口和承德。

值2.58万亿元，超过珠三角9城市7.81亿元，在三大城市圈中上升至第二位。2009年，京津冀10城市实现地区生产总值3.35万亿元，与珠三角9城市的优势进一步扩大到1385.6亿元（见表3）。

表3 “十一五”期间三大经济圈核心区域经济总量对比

单位：亿元、%

		2006 年	2007 年	2008 年	2009 年
长三角 16 城市	GDP	40084.5	47583.7	55130.3	59978.9
	增速	14.3	15.3	11.3	10.4
珠三角 9 城市	GDP	21686.3	25759.8	29945.7	32147.0
	增速	16.8	16.3	12.8	10.7
京津冀 10 城市	GDP	21519.7	25767.6	30826.4	33532.6
	增速	13.7	14.5	12.0	11.9

2008年开始，京津冀都市圈后发优势逐步显现，增速超过长三角0.7个百分点。2009年，京津冀都市圈经济增速为11.9%，分别超出长三角和珠三角1.5个和1.2个百分点，实现了领先增长。

（三）工业快速增长带动环渤海经济圈优势扩大。

2001-2009年，环渤海经济圈全部工业增加值年均增长14.5%，超出长三角0.7个百分点。其中“十一五”前4年，环渤海经济圈全部工业增加值年均增长14.6%（见表4），分别超出长、珠三角2.0个和0.5个百分点。

表4 2001-2009年三大经济圈全部工业增加值年均增速

单位：%

	2001-2009 年	“十五”时期	“十一五”期间
长三角	13.8	14.7	12.6
珠三角	15.5	16.6	14.1
环渤海	14.5	14.5	14.6

从 2000 年到 2009 年，环渤海经济圈经济总量从分别超过长三角、珠三角 3448.2 亿元和 12172.9 亿元扩大到 13525.4 亿元和 46536.9 亿元，分别扩大了 10077.2 亿元和 34364.1 亿元（见表 5），其中全部工业增加值分别扩大 4519.8 亿元和 14490.0 亿元，分别占经济总量优势扩大量的 44.9%和 42.2%。

表5 三大经济圈中环渤海经济总量优势变化情况

单位：亿元、%

	与长三角相比 （环渤海-长三角）	与珠三角相比 （环渤海-珠三角）
2000 年经济总量优势	3448.2	12172.9
2009 年经济总量优势	13525.4	46536.9
从 2000 年到 2009 年扩大	10077.2	34364.1
其中：全部工业增加值扩大	4519.8	144890.0
占经济总量优势扩大量的比重	44.9	42.2
服务业增加值扩大	2382.3	13771.4
占经济总量优势扩大量的比重	23.6	40.1

（四）投资力度加大推动环渤海经济圈优势扩大。

2001-2009 年，环渤海经济圈全社会固定资产投资额年均增长 23.8%（见表 6），分别超出长三角和珠三角 4.5 个和 6.2 个百分点；实际直接利用外资年均增长 15.5%，超出珠三角 10.2 个百分点。2009 年，环渤海经济圈实现全社会固定资产投资 5.43 万亿元，分别是长三角和珠三角 1.6 倍和 4.1 倍；实际直接利用外资 421.91 亿美元，是珠三角的 2.2 倍；固定资产投资与 GDP 的比例达到 63.1%，分别比长、珠三角高 15.1 个和 29.3 个百分点。

表6　三大经济圈投资力度与吸引外资对比

		长三角（二省一市）	珠三角（广东省）	环渤海（三省二市）
全社会固定资产投资	2009年（亿元）	34766.9	13353.2	54281.1
	2001-2009年年均增速（%）	19.3	17.6	23.8
	投资与GDP的比例（%）	48.0	33.8	63.1
实际直接利用外资	2009年（亿美元）	457.6	195.4	421.9
	2001-2009年年均增速（%）	16.9	5.3	15.5

从核心区域看，2009年京津冀10城市实现全社会固定资产投资1.96万亿元，超过珠三角9城市1万亿元，投资与GDP的比例达到58.6%，超出珠三角9城市（29.9%）28.7个百分点。

二、环渤海经济圈正在形成新的发展模式

长三角、珠三角的发展呈现明显的"龙头带动、梯度发展"的模式，环渤海经济圈正在形成京津中心城市优势互补、五大板块竞相崛起的新模式。

（一）京津加快融合，龙头作用显著增强。

1.定位明确，优势互补。

京津两大中心城市在发展条件、产业结构、城市功能上具有鲜明的互补性，城市发展具有不同阶段性，辐射范围具有不同层次性。在城市定位上，党中央、国务院要求天津到2020年建设成为北方经济中心、国际港口城市和生态城市；北京是政治中心、文化中心、国际交往中心。在发展阶段上，北京经济已呈现出后工业经济时代的特点；天津则正处于工业化进程加快、重化工业大发展阶段。在产业结构上，北京突出现代服务业中心的功能，重点发展金融、文化创意、会展旅游、总部经济等高端服务业，加快推进产业转移，逐步向外转移低端制造业；天津则以高新技术产业和现代制造业为主导，努力打造产业集聚高地，主要发展航空航天、装备制造、电子信息等先进制造业和现代物流、金融、中介服务等现代服务业，并依托港口优势，发展大运量的临港重化工业。在辐射范围上，北京发挥首都优势，辐射全国；天津则重点面向区域，辐射环渤海乃至北方广大地区。

2.政策引导，加速融合。

在轨道交通、商贸旅游、服务外包、产业对接等多方面资源共享，互惠共赢。2005年，国家正式批复文件《环渤海京津冀地区城际轨道交通网规划（2005-2020年）》，2008年京津城际铁路客运专线和京津塘高速公路二线建成通车，借助京津之间6条快速通道，京津半小时经济圈已经形成，两地间旅游与异地消费逐渐常态化。京津软件与服务外包协作发展新趋势"2008年北京论坛"提出：通过前店（北京）后厂（天津）的模式加强合作。2009年，天津临港工业区在临港规划"北京工业园"，引进北京转移项目。京津之间基本已实现了商品自由流动、人员自由往来，基础设施共建，产业转移逐步进行，区域交通网络体系正在建立，空间布局上的对接逐步延伸。

3.京津龙头带动作用不断增强。

含"粤-港-澳"的大珠三角的真正龙头是香港，长三角的龙头是上海，环渤海经济圈龙头功能是由北京和天津共同完成的。从经济总量和经济活力看，2009年，京津合计完成地区生产总值1.97万亿元，占全国的比重为5.8%，超出上海1.3个百分点。"十一五"前4年，京津经济年均增长13.2%，比上海快1.8个百分点。从中心城市服务功能看，京津第三产业增加值合计1.26万亿元，占GDP的比重达到64.0%。从人口集聚能力看，京津两地常住人口2983.2万人，分别比上海和香港多1061.8万人和2282.8万人。从航运中心功能看，京津合计完成交通运输业增加值1027.6亿元，比上海多392.6亿元。从金融中心功能看，京津合计完成金融业增加值2064.8亿元，比上海多260.5亿元；中外资银行本外币贷款余额达到4.22万亿元，实际直接利用外资151.4亿美元，均为上海的1.4倍（见表7）。从上述比较看，京津两大中心城市已经具备了一定的比较优势，未来发展极具潜力。

（二）五大板块竞相崛起，区域发展更加协调。

环渤海三省二市内，有着天津滨海新区、辽宁沿海经济带、山东黄河三角洲、河北曹妃甸新区和河北渤海新区五大经济板块，有效地推动区域经济协调发展。

表7　2009年京津与上海、香港龙头作用对比

		北京	天津	京津合计	上海	香港
经济总量	GDP(亿元)	12153.0	7521.9	19674.9	15046.5	14762.9
	"十一五"年均增长（%）	11.7	15.8	13.2	11.4	3.1
	占全国比重(%)	3.6	2.2	5.8	4.5	-
中心城市服务功能	第三产业增加值(亿元)	9179.2	3405.2	12584.4	8930.9	12706.1
	占 GDP 比重（%）	75.5	45.3	64.0	59.4	86.1
人口集聚能力	常住人口（亿人）	1755.0	1228.2	2983.2	1921.3	700.4
航运中心功能	交通运输业增加值(亿元)	556.6	471.01	1027.6	635.0	1063.1
	占 GDP 比重（%）	4.6	6.3	5.2	4.2	7.2
	港口吞吐量(亿吨)	-	3.81	-	5.92	2.43
	集装箱吞吐量(万 TEU)	-	870	-	2500	2104
金融中心功能	金融业增加值(亿元)	1603.6	461.2	2064.8	1804.3	2466.3
	占 GDP 比重（%）	13.2	6.1	10.5	12.0	16.7
	中外资银行本外币贷款余额(亿元)	31052.9	11152.2	42205.1	29684.1	-
	实际直接利用外资(亿美元)	61.2	90.2	151.4	105.4	523.9

注：香港增加值和外资数据为按汇率折算数据。

1.聚势聚能，五大板块发展潜力凸显。

从政策支持看，天津滨海新区、辽宁沿海经济带和山东黄河三角洲三大经济新区已先后纳入国家发展战略。天津滨海新区起步最早，1994 年建区，2006 年纳入国家发展总体战略布局。山东黄河三角洲和辽宁沿海经济带分别建立于 2000 年和 2006 年，在 2009 年 7 月和 11 月又分别被国务院纳入了国家发展战略。河北渤海新区和河北曹妃甸新区分别于 2007 年和 2008 年由河北省委、省政府批准建立。

从发展空间看（见表 8），五大板块面积合计接近 9 万平方公里，相当于 45 个深圳特区、74 个上海浦东新区。其中，辽宁沿海经济带和山东黄河三角洲面积较大，分别为 5.65 万平方公里和 2.65 万平方公里；天津滨海新区、河北曹妃甸新区和河北渤海新区面积均在 2000 平方公里左右。2009 年，天津滨海新区、辽宁沿海经济带和山东黄河三角洲地区生产总值分别完成 3810.7 亿元、7835.3 亿元和 5014.8 亿元，分别占该省(市)的 50.7%、52.0%和 15.3%。天津滨海新区每平方公里的产出密度达到 1.68 亿元，为五大板块中最高，但与深圳特区、上海浦东新区和苏州工业园相比，仍有发展空间。

表8　2009年各经济区经济发展情况比较

	面积		经济总量		产出密度（亿元/平方公里）
	平方公里	占本省（市）%	亿元	占本省（市）%	
天津滨海新区	2270	19.0	3810.7	50.7	1.68
辽宁沿海经济带	56500	38.2	7835.3	52.0	0.14
山东黄河三角洲	26500	16.9	5014.8	15.3	0.19
河北曹妃甸新区	1944	1.0	650	3.8	0.33
河北渤海新区	2375	1.3	240	1.4	0.10
深圳特区	1992	100	8201.3	100	4.12
上海浦东新区	1210	19.1	4001	26.6	3.31
苏州工业园	288	3.4	1120	14.5	3.89

从航运能力看，五大板块包含了多个大型港口。2009年，6个港口货物吞吐量超过亿吨，分别是天津滨海新区的天津港（3.81亿吨）、辽宁沿海经济带的大连港（2.72亿吨）和营口港（1.76亿吨）、山东黄河三角洲的青岛港（3.15亿吨）、日照港（1.81亿吨）和烟台港（1.24亿吨）；5个港口的集装箱吞吐量超过百万TEU，分别是青岛港（1026.2万TEU）、天津港（870.4万TEU）、大连港（457.7万TEU）和营口港（253.7万TEU）和烟台港（140.1万TEU）。

2.产业密集发展，五大板块形成环渤海产业高度集聚区。

环渤海经济圈大中型骨干企业众多，工业门类齐全，钢铁工业、石油工业、化学工业、机械工业、电子工业和建材工业都很发达，是我国石油、钢铁、化工、重型机械、造船等的重要生产基地。

（1）在加工制造业方面，五大板块着重发展电子信息、石油化工、装备制造业等。

天津滨海新区重点打造航空航天、石油化工、新能源新材料等世界级的产业基地，打造电子信息、生物医药、汽车及装备制造等国家级产业基地，力争建成战略性新兴产业的发源地，基本形成世界一流的高新技术企业总部、研发中心、工程中心的聚集地。

辽宁沿海经济带重点发展资金技术密集、关联度高、带动性强的设备制造业，重点培育若干技术含量高、附加值高的精细化工产业集群，重点建设具有国际竞争力的电子信息产业基地。

山东黄河三角洲优先发展电子信息产业、生物产业、新能源新材料等高技术产业，延伸拉长石油化工和盐化工等重化工业产业链，着力打造“研发系统设计—核心元器件配套—加工制造—系统集成”富有竞争力的装备制造业体系。

河北曹妃甸新区以发展循环经济为立区之本，重点打造钢铁、石化、电力和装备制造等循环经济产业链，逐步建设形成国际先进水平的大型精品钢铁基地、以盐化工为主的大型海洋化工基地和北方地区的临港装备制造基地。

河北渤海新区重点发展化工业、装备制造业、电力能源、铁合金及新型材料、新型建材等五大制造产业，努力打造成为中国石油化工和管道装备制造业基地、钢铁产业转移基地、新材料合成基地。

（2）在服务业方面，五大板块以港口为依托，积极促进航运物流、现代金融、商务服务等生产性服务业和高端服务业的发展。

天津滨海新区重点发展现代金融、航运物流、科技研发服务、文化创意、旅游会展、高端商务等生产性服务业和高端服务业，努力成为全国金融改革创新基地、北方国际航运中心、物流中心和科技研发服务基地。

辽宁沿海经济带加快建设大连国际物流中心和“营口—盘锦、锦州—葫芦岛、丹东”区域性物流中心，提高软件服务、计算机信息系统集成和互联网产业发展水平，重点在大连建设具有国际竞争力的软件开发和服务外包产业基地。

山东黄河三角洲积极发展金融保险和商务服务业等生产性服务业，大力发展第三方物流，推进交通运输业、仓储业整合发展，努力形成区域性物流中心。

河北曹妃甸新区发展以陆海联运为特点的物流服务业，努力建成服务“三北”地区的能源原材料物流中心。

河北渤海新区着力打造现代物流产业基地，构筑以黄骅综合大港为龙头，联通广大内陆区域的现代化集疏运体系，建设形成亚欧大陆桥新通道的桥头堡。

3.合理分工，五大板块产业发展各有侧重。

从主导产业看，天津滨海新区是以石油化工、钢铁冶金、机械电子为主导的综合型工业聚集区；辽宁沿海经济带、河北曹妃甸新区和河北渤海新区是以重型机械、钢铁、造船、化工等为主体的重型工业基地；山东黄河三角洲是以电子、机械、石化、轻纺、食品等工业为主的轻型工业带。

从产业内部看，五大板块也存在较大差异。如电子信息产业，天津滨海新区通过吸引美国摩托罗拉、日本三洋、韩国三星等大型移动通信公司落户，拥有了目前最完整的手机生产及配套厂商和设施基础，并将成为全球最具竞争力的配套厂家群聚之地。辽宁沿海经济带以大连为首，积极发展服务外包和软件开发，初步建成了软件产业基地。山东黄河三角洲的潍坊等城市是新兴的电子工业城市，所生产的投资类机械电子工业产品中的集成电路元器件、数字程控交换机等重点行业或产品具有较强的后劲和实力。在汽车产业上，环渤海各个省市都将其列作重点产业发展，天津主要生产微型汽车，夏利轿车已被国家指定为全国四大轿车生产基地之一，而鲁、辽两地主要生产重型汽车。在钢铁产业上，位于河北的首钢、唐钢为特大型钢铁企业，而天津是中小型钢材基地之一，以优质钢、低合金钢、特殊钢为主。

（三）谋求合作共赢，区域竞争力提升。

环渤海三省二市在发展规划、招商投资、产业对接、交通物流等方面寻求协调融合（见表9），谋求产业发展对接，分工逐渐明朗。目前，环渤海经济圈商务金融合作日趋增多，异地消费和休闲旅游越来越趋于常态化。例如，2009年天津市实际利用内资中，有45.3%为其他三省一市的投资；口岸出口总额中，有39.6%来自于环渤海其他省市。

表9 近年来环渤海经济圈经济协调融合情况

年 份	主要事件	融合成果
2004 年	京津冀三地政府就一体化事项达成"廊坊共识"	标志着以京津冀为核心的环渤海合作机制开始建立。
2005 年	国家批复《环渤海京津冀地区城际轨道交通网规划（2005-2020 年)》	提出建设以北京为中心，以京津为主轴，以石家庄、秦皇岛为两翼的城际轨道交通网络。
2007 年	京津冀三地商务部门首次联合发布《京津冀都市圈城市商业发展报告》	提出在建立和完善信息交流机制、加强区域商业的统筹规划、进一步促进农副产品流通、搭建联合招商引资平台等 7 个方面加强合作。
2008 年	京津城际铁路客运专线和京津塘高速公路二线建成通车	京津半小时经济圈正式形成。
2009 年	签订《北方地区大通关建设协作备忘录》	建立以海港口岸、边境口岸和各省区市内陆无水港口岸为网络通道，以跨区域现代物流和中国电子口岸为重要依托的北方地区大通关协作机制。
	签订《泰达宣言》	提出："在未来的 3-5 年，以国家规划建设中的大交通、大港口、大项目基地等资源的优先布局为先导，加强产业分工合作、引导产业结构升级。
	联合发布《京津冀都市圈城市商业发展报告》	提出建立统一质量认证体系和市场应急保障互动机制；建立"信息交流平台"，实现各个城市商品信息资源共享。
	签订《京津冀旅游合作协议》	联合发行"京津冀旅游一卡通"，推动三地旅游市场一体化。
	签订《京津冀地区共同建筑市场合作协议》	3 年内实现三地企业在区域内建筑市场的自由流动，真正实现建筑市场一体化。
	签订《关于建立京津冀两市一省城乡规划协调机制框架协议》	明确要建立城乡规划领域的协商对话、协作交流、重要信息沟通反馈、规划编制单位合制和共同市场机制，力争实现区域规划"一张图"。
2010 年	津保铁路开工建设	城际轨道交通网络进一步覆盖京津冀地区的主要城市，预计到 2020 年，将基本形成以北京、天津为中心的"两小时交通圈"。

三、紧跟区域经济发展新动向，布局战略性新兴产业

金融危机爆发后，西方发达国家纷纷把科技创新作为产业更迭和经济持续发展的内生动力，加大科技创新投入，力争建立新的主导产业以重振经济发展。

（一）发展契机——"后危机时代"技术创新和产业创新步伐不断加快。

经济周期运行规律彰显技术创新重要作用。根据熊彼特创新理论，技术创新是影响经济周期运动的主要因素。七十年代全球经济危机发生后，日本大力发展以节能家电、汽车、微电子等为重点的现代制造业，打破了美国的垄断地位。八十年代全球经济危机发生后，美国大力发展以信息产业和金融服务业为代表的知识经济，并通过金融创新掌握了全球资产价格的定价权，从而长时间左右世界经济走向。

目前，世界创新中心正在发生转移，从欧美逐步向亚非扩散，向中等收入国家倾斜，即将到来的"十二五"时期将是我国战略性新兴产业快速发展的难得机遇。我国加快培育战略性新兴产业，《国务院关于加快培育和发展战略性新兴产业的决定》[3]确定了节能环保、新一代信息技术、生物、高端装备制造、新能源、新材料和新能源汽车等七大战略性新兴产业。各地区要想在未来新的产业分工体系中抢占有利位置，在激烈的国内外市场竞争中掌握主动权，就必须加快推进经济结构战略性调整，由价格优势向技术优势、创新优势转化。

（二）抢占高地——加快战略性新兴产业发展。

战略性新兴产业，是以重大技术突破和重大发展需求为基础、对经济社会全局和长远发展具有重大引领带动作用、成长潜力巨大的产业，是新兴科技和新兴产业的深度融合，既代表着科技创新的方向，也代表着产业发展的方

[3] 2010 年 10 月，《国务院关于加快培育和发展战略性新兴产业的决定》出台，将节能环保、新一代信息技术、生物、高端装备制造、新能源、新材料、新能源汽车等七大产业作为现阶段重点培育和发展的方向。这是我国首份关于"加快培育和发展战略性新兴产业"的正式纲领性文件。根据规划目标，到 2015 年，战略性新兴产业增加值占国内生产总值的比重力争达到 8%左右；到 2020 年，这一比重力争达到 15%左右，节能环保、新一代信息技术、生物、高端装备制造产业成为国民经济的支柱产业，新能源、新材料、新能源汽车产业成为国民经济的先导产业。

向，具有科技含量高、市场潜力大、带动能力强、综合效益好等特征。应该说，无论是应对国际金融危机之后的全球经济新形势，或是与国家层面的战略性新兴产业发展规划相对接，还是谋求未来在国内外经济布局中的地位，这都是一个必然的选择。

在国家确定的七大战略性新兴产业中，环渤海经济圈以转型促崛起，全面起步发展战略性新兴产业，在多个领域具有比较优势，拥有较好的基础。

1.北京全方位加快科技与产业融合。

北京提出要重点发展信息产业、生物医药产业等七大战略性新兴产业。新能源产业具备较好的发展基础，其中风力发电设备制造和太阳能光伏产业居国内领先地位，生物质能、核能和地热能等产业也具有一定规模。目前，北京新能源汽车科技产业园已经成立，预计在2011年实现各类新能源汽车产销2至4万辆。北京在新型半导体、纳米材料和超导材料等领域的研究已达到国际先进水平，2010年新材料销售收入将突破500亿元，成为北京高新技术支柱产业。北京国家级生物产业基地的集群模式和产业集聚度在全国处于领先。电子信息产业重点发展移动通信、数字电视、软件及信息服务业、高世代平板显示、集成电路、计算机和下一代互联网应用等六大领域。目前，国务院已批准北京中关村科技园区为国家自主创新示范区，为进一步引导和促进技术、资本、人才等创新要素集聚与集成提供了良好契机。

2.天津着力构建高端制造业高地。

天津航空航天产业从无到有，空客A320大飞机每月组装三架，大推力火箭、直升飞机和无人驾驶飞机正在研发制造。石油化工依托3500万吨原油、2000万吨炼油、130万吨乙烯和百万吨级PVC等龙头项目，发展高端石化产品，打造国家级重化基地。装备制造业重点发展轨道交通、造修船、工程机械、风电设备等十大成套装备，积极发展新能源汽车，打造具有核心竞争力的重装基地。电子信息以3G发展为契机，积极推动三网融合，加快高性能计算机、半导体、集成电路、新型显示器、光电子、软件等领域发展。生物医药产业积极推进疫苗与诊断试剂、生物芯片、现代中药、医疗器械等重大生物医药产业化项目，打造国家生物医药关键技术领航区。新能源新材料重点发展光伏太阳能电池、风力发电装备等，现有3个大的电池厂，力神公司跻身全球锂电池企业前十强，风力发电组装整机生产厂家已经达到8个，占到全国四分之一的产量。

3.山东加快发展新能源、新材料、新医药、新信息等战略性新兴产业。

在新能源领域，重点扶持风电、太阳能光伏发电、海洋能源、核电装备及LED照明、新能源汽车等发展。在新材料领域，高技术陶瓷、特种纤维、高分子材料等方面研究开发及产业化水平占据国内优势地位，培育出烟台万华、威海光威等一批龙头企业。在新医药领域，优势产品地位加强，原料药产量居全国第二位，威海威高、齐鲁制药等骨干企业保持较快发展，10余家企业销售收入进入全国百强。在新信息领域，软件中间件、集成电路设计等关键技术实现新突破，手机、平板电视、笔记本电脑等高端产品市场占有率进一步提高。

4.河北在新能源、新材料、电子信息、生物医药等领域具有优势。

在新能源领域，太阳能光伏和风电产业链比较完整，形成了保定、张家口等产业聚集区，其中张家口风电场装机容量位居全国第一，培育了英利、晶龙等光伏龙头企业。在新材料领域，硅材料、碳纤维等若干领域取得重大突破，部分材料生产技术已达到国际先进水平。在电子信息领域，建成了廊坊、保定、石家庄、秦皇岛四大电子信息产业基地，形成了从研发生产到系统集成和信息服务的卫星导航产业链。在生物医药领域，依托石药工业园、华药工业园、神威现代中药产业园三大园区，扶持发展生物产业，积极推进中药现代化。

5.辽宁在装备制造、新能源、环保等领域形成竞争优势。

装备制造业体系比较完善，数控机床产量居全国第一位，沈阳机床成为国内最大的现代化数控机床和大型成套装备生产制造基地。造船产量居全国第二位，大连船舶重工成为全国最大的船舶制造企业，居全球船厂第四位。光伏产业发展迅速，以锦州为核心的国家光伏产业基地聚集了数十家规模以上光伏企业，其主导产品单晶硅锭和硅片的性能达到国际先进水平，并拥有硅片切割等多项自主研发技术。环保产业成为辽宁振兴的一大亮点，形成了鞍山、本溪等以矿产资源利用为主，盘锦、锦州等以含油废水、污泥处理及资源化为核心，丹东以环保锅炉制造技术为主，沈阳、大连等以高新技术为主的各具特色的环保产业集群。

当前，国家大力发展战略性新兴产业的政策导向，为环渤海经济圈经济振兴带来前所未有的机遇，也为环渤海经济圈加速融合指明了发展方向。应抓住这一有利时机，着力构建以创新为导向的区域合作体系，加快新一轮经济转型，带动产业国际竞争力的提升，充分发挥中国经济第三增长极的龙头带动作用。

四、对策与思考

在京津两大中心城市加速融合和区域经济快速崛起的带动下，环渤海经济圈发展显示出强大的经济活力。下一步，应立足环渤海经济圈自身优势，积极促进省市间进一步融合发展。

（一）加速京津融合，扩大中心城市的龙头辐射带动效应。

京津两市进一步加强深层次、全方位的融合，发挥两个特大城市在区位、资源、人才等方面的优势，形成强大合力，带动环渤海经济圈经济的腾飞。北京是国内最大的技术输出市场，天津要进一步借助北京中关村的技术优势，使天津成为科研成果转化基地，做大做强优势产业。同时，北京又是全国政治中心和文化中心，国际交流活动日益频繁，天津应力争承接更多的高水平、大规模展会，吸引更多的海内外游客，不断壮大会展和旅游产业，增加流动性消费。天津金融创新的优势与北京发达的金融产业如能对接，天津现代制造业和重化工业发展，如能得到北京高端产业和现代服务业的全方位服务，将能实现互惠双赢。

（二）发挥北京辐射效应，扩大创新带动作用。

北京应优先发展高端产业，发挥产业龙头的辐射带动作用，引领区域产业结构优化升级，加强与环渤海其他省市的产业合作与对接。将产业一体化的重点放在区域产业链的对接与分工上，生产性服务业与制造业要对接，主导产业链中各环节要链接，研发成果与生产基地要结合。充分利用北京高校集中、科技人才密集、创新能力强的特点，鼓励人才、技术等要素在环渤海区域流动，密切加强技术合作，充分发挥创新优势。

（三）立足天津优势，加快战略性新兴产业发展。

天津应充分利用现有的产业基础，紧紧围绕滨海新区功能定位，加大研发投入和政策支持，通过引进消化吸收和自主创新，大力发展航空航天、新一代信息技术、生物技术与健康、新能源、新材料、节能环保、高端装备制造等战略性新兴产业，争取在大飞机、直升机、高端石化产品、新能源汽车、高性能服务器、光伏电池、风电设备等领域扩大优势。抓住天津成功入选全国低碳城市试点的机遇，全力打造以低污染、低排放、高效能为特征的低碳经济发展模式，为调结构、促转变提供强大推动力。

（四）加快河北融合发展，培育延长支柱产业链。

培育壮大新的支柱产业，延长传统优势产业链，以重大项目建设支撑产业大发展，以提升产业集群优势优化区域布局，构建现代产业体系。强化基础产业优势，大力发展装备制造业，利用先进实用技术改造和提升能源、钢铁、石化、建材等基础产业，优化产品结构。以龙头企业、骨干项目和品牌产品为载体，吸引京津科技、资金和人才资源优势，为河北融于京津、融于环渤海经济圈提供有力支撑。

（五）打造辽宁沿海经济带，增强环渤海经济圈经济实力。

辽宁沿海腹地广阔，工业基础雄厚，土地资源丰富，劳动力和商务成本较低，已经具备了大开发、大开放的全部条件。应充分发挥大连核心城市、龙头城市的带动作用，加快辽宁沿海经济带开发开放步伐，运用好国家的扶持政策，全面实施《辽宁沿海经济带发展规划》，努力打造东北地区对外开放的平台，重点发展装备制造、造船、石化、钢铁等产业，把辽宁沿海经济带建设成为中国沿海新的增长点，不断增强环渤海经济圈经济实力。

（六）构建山东制造业基地，实现半岛新的崛起。

目前山东已经具有良好的制造业基础，可不断完善半岛蓝色经济区发展规划，发挥经济腹地广阔、基础产业坚实、人文资源丰厚的优势，大力承接日韩制造业转移，实施重点突破带动战略，努力在海洋装备制造业、海洋能源矿产业、海洋生态环保产业等抢占蓝色产业发展战略制高点，把半岛蓝色经济区规划建设成海洋经济发达、产业优势突出、人与自然和谐发展，在国内外有重要影响的蓝色经济区。

（执笔人：杜西平 杜威 黄瑛 郑礼）

4. 环长株潭城市群经济发展研究

城市群是社会生产力和城市化发展到一定水平的必然结果。随着经济全球化和区域经济一体化进程的演进，以大都市为核心的城市群已成为经济最为活跃的区域，并开始主导国家经济乃至全球经济。目前，环长株潭城市群已初具规模，对中部崛起的影响越来越大，国家“十二五”规划纲要也明确提出，“要重点推进环长株潭城市群等区域发展”，这标志着加快环长株潭城市群的发展已成为国家促进区域协调发展的重要举措。

本文试图通过描述环长株潭城市群经济社会的基本状况，比较环长株潭城市群与湘南、湘西地区经济发展的协调性，找出发展中存在的问题，提出推进环长株潭城市群进一步发展的政策建议。

一、环长株潭城市群经济发展情况

环长株潭城市群又称“3+5”城市群，是以长沙、株洲、湘潭三市为中心，以1.5小时通勤为半径，涵盖衡阳、岳阳、常德、益阳、娄底5个省辖市在内的城市聚集区。行政区域总面积9.7万平方公里，占全省的45.6%。其中，长株潭三市为环长株潭城市群的核心层，国土面积2.8万平方公里，是湖南经济发展的核心增长极；衡阳、岳阳、常德、益阳、娄底五市为长株潭三市的辐射层，是湖南经济发展的重要增长极。到2010年末，区域内常住总人口4008.2万人，占全省的61%。2010年，环长株潭城市群社会生产总值、地方财政收入、工业增加值、社会消费品零售额、全社会固定资产投资分别占全省的78.3%、64.0%、89.6%、76.7%、75.9%；城乡居民收入分别为18933元和6810元，比上年增长12.2%和15.1%。环长株潭城市群日益成为湖南产业、城市最为密集的区域，是湖南经济发展的龙头，也是实现中部崛起的重要支撑力量。

（一）城市化水平不断提高，城区规模扩大。

“十一五”期间，环长株潭城市群城镇化率年递增1.6个百分点，比全省平均水平快0.12个百分点。从市辖区人口看，长沙超过200万人，100万-200万的由2005年的2个增加到5个，分别是株洲、衡阳、岳阳、常德、益阳。随着城市群城镇化水平不断提高，城区规模逐步扩大，城市空间布局加快拓展，核心层城市群呈融城之势。长沙市市辖区建成面积超过200平方公里，株洲超过100平方公里，湘潭、衡阳、岳阳、常德、益阳介于50-100平方公里。长沙形成了一主（河东主城区）、两次（河西新城和河东星马新城）、四组团（暮云、捞霞、高星、含浦）式发展布局，并积极向株洲、湘潭方向拓展。株洲在河西向湘潭方向拓展，规划建设成13平方公里的新城区，并沿长株潭高速公路两侧发展，北上与长沙对接。湘潭则向北朝长沙方向拓展，沿江规划建设20平方公里的新城区，东面则与株洲对接。融城格局使得长株潭三市城区规模进一步扩大，中心作用进一步增强。

（二）城市群功能定位明确，联系更为紧密。

2011年，湖南省出台的“十二五”规划纲要将环长株潭城市群功能定位为：全国资源节约型和环境友好型社会建设的示范区，全国重要的综合交通枢纽以及交通运输设备、工程机械、节能环保装备制造、文化旅游和商贸物流基地，区域性的有色金属和生物医药、新材料、新能源、电子信息等战略性新兴产业基地。核心城市长沙是现代化、国际化城市，新兴工业城市，湖南省政治、经济中心；副核心城市，湘潭和株洲是湖南核心工业城市和红色旅游城市，南部中国交通枢纽，区域物流中心。常德是以长株潭为中心向湘西北辐射的湘西北中心城市，是重要的工业城市，省际交通枢纽。益阳是湘中北新兴工业城市；岳阳是对接武汉城市圈、呼应长三角的湘北中心城市；衡阳是向湘南辐射呼应珠三角的湘中南中心城市；娄底是向湘西南辐射的重要节点城市，是湖南能源、原材料战略储备基地。这五个城市以长株潭三市为中心，以“3+5”城市群为主体形态，成为引领区域发展的战略要地。

（三）城市群作用日益突出，集聚能力增强。

2010年，环长株潭城市群区域面积为全省土地总面积的45.6%，创造了全省约80%的地区生产总值、60%以上的地方财政收入、90%左右的工业增加值。其中，长株潭三市实现财政总收入715.8亿元，比上年增长26.8%，增速超过全省平均水平3.5个百分点，总量占到全省的38.4%；实现GDP 6716.6亿元，增长15.5%，占全省的41.9%，增速分别比上年和当年全省平均水平快1个百分点。

长沙以高新技术产业为重点，发展壮大电子信息产业、电子设备制造业，发挥第三产业优势，加快发展金融、科技、贸易、教育、文化、影视、信息、旅游，着重提高金融保险业和文化影视业的发展水平，已成为湖南现代科教文化中心、商贸中心、信息中心及创新中心。株洲依托交通枢纽和工业基地优势，重点改造提升交通设备制造业、有色冶金业、化工原料业、建材业，培育发展新材料、医药保健制品、先进制造技术和环保节能等高新技术产业，大力发展物流业和专业化生产服务业，已成为区域物流中心。湘潭加速黑色冶金、精细化工、纺织及原料、机械、建材等传统工业的优化升级，努力培育光机电一体化等高新技术产业和教育、文化、旅游等第三产业，已成为湖南的新型加工工业中心和新兴科教基地。衡阳、岳阳、常德、益阳、娄底作为省域次中心城市，正由市域或市际影响力的城市向具有省域或省际影响力的城市发展。

（四）基础设施不断完善，投资环境逐步改善。

2010 年环长株潭城市群完成全社会固定资产投资 7453.8 亿元，比上年增长 32.5%，高于全省 4.9 个百分点，占全省的 75.9 %。其中，投入基础设施建设资金 1323 亿元，比上年增长 15.7%。先后建成了一批重点基础设施项目，公路交通、通信、电力、饮水和水利防洪能力明显提高，城市配套设施不断完善。长沙市亿元以上的在建项目（不包括房地产）达 374 个，计划投资规模 2632.9 亿元。随着轨道交通工程、湘江过江通道工程、湘江长沙综合枢纽工程等重大项目的开工建设，长沙的基础设施将更加完善。株洲市共完成全社会固定资产投资 567.3 亿元，增长 46.1%。新开工 5 条高速公路，武广高铁株洲西站投入运营，干线公路改建提速，炎帝大道、时代大道等建成通车，湘江风光带建设顺利推进，城市品位明显提升。湘潭市交通、通讯、电力、环保等重大基础设施建设完成投资 80 亿元以上，城际轨道交通等一批重大项目加速启动和推进，综合交通体系建设驶入快车道。长株潭市际市域两个“1 小时经济圈”加速形成。随着长株潭三市通讯升位并网、金融同城和城际轻轨的建设，极大地促进了三市经济融合，为环长株潭城市群协同发展创造了良好的基础环境。

（五）收入渠道不断拓宽，居民生活水平逐步提高。

随着经济的快速增长，城乡居民收入渠道不断拓宽。2010 年，环长株潭城市群城乡居民收入分别为 18933 元和 6810 元，较全省平均水平高出 2367 元和 1188 元，分别比上年增长 12.2%、15.1%，增速比全省平均水平快 2.4 个和 0.6 个百分点。其中，长株潭三市城镇居民人均工资性收入分别为 14069.7 元、12965.7 元和 11951.1 元，较上年增长 11.7%、19.5%和 10.9%。随着环长株潭新型工业化的加速推进，农村居民就业渠道拓宽，工资性收入大幅增长。2010 年，环长株潭农村居民人均工资性收入为 4452.2 元，比上年增长 21.4%。加上“新农合”广泛覆盖、“新农保”逐步推行、义务教育阶段学生学杂费减免等政策的实施，推动农民进一步增收，为环长株潭城乡居民提高生活水平、拓展消费领域提供了内在动力和有力保障。2010 年，环长株潭城市群城镇居民和农村居民人均消费性支出分别为 13157 元和 5049 元,比上年增长 8.3%和 9.9%。

二、环长株潭城市群与湘南、湘西地区发展协调性比较

以经济区域划分，湖南可划分为环长株潭城市群、湘南地区与湘西地区三大区域。其中，湘南地区包括衡阳市、郴州市、永州市，是湖南的南大门；湘西地区地包括张家界、怀化、邵阳、湘西自治州和永州的江华、江永两县，属于传统的老、少、边、山、穷地区。从三大区域的横向比较，更能反映环长株潭城市群的发展现状以及在湖南区域发展中的突出地位。

（一）经济发展呈现明显的梯度格局。

从地区生产总值来看，2010 年，环长株潭城市群地区生产总值 12558.8 亿元，分别相当于湘南地区和湘西地区生产总值的 3.8 倍和 6.2 倍。从人均 GDP 来看，2010 年，湖南省人均 GDP 为 24719 元，环长株潭城市群人均 GDP 为 31843 元，是全省平均水平的 1.3 倍。湘南地区、湘西地区分别为 19664 元和 12412 元，与全省人均 GDP 分别相差 5055 元和 12307 元，湘西地区仅相当于全省平均水平的 50.2%。

（二）三大需求呈现明显的不均衡。

环长株潭城市群经济的内生动力和外部推力较强，投资、消费和外贸三大需求对经济增长的支撑强度均高于湘南地区和湘西地区。2010 年，环长株潭城市群全社会固定资产投资为 7453.8 亿元，分别相当于湘南地区、湘西地区的 3.6 倍和 4.9 倍。环长株潭城市群社会消费品零售总额为 4476.5 亿元，分别相当于湘南地区、湘西地区的 4 倍和 6.1 倍。在外贸方面，2010 年环长株潭城市群外贸依存度达 6.7%，而湘南地区、湘西地区外贸依存度分别为 3.7% 和 0.4%。

（三）产业结构存在明显差异。

2010 年，环长株潭城市群三次产业结构比为 11.5:51.7:36.8，而全省三次产业结构比为 14.5:45.8:39.7，这充分说明环长株潭城市群第二产业比重明显高于全省平均水平，湘西地区第三产业（旅游为主）比重高于全省平均水平，湘南地区和湘西地区传统农业产业的比重比较大。根据钱纳里和西蒙库兹涅茨等经济学家的实证研究理论表明：环长株潭城市群已经进入较发达经济阶段，接近工业化高级阶段的初期；湘南地区处在工业化中期阶段；湘西地区则处在工业化初期向工业化中期的迈进阶段。

（四）城乡居民生活水平存在一定差距。

按照联合国有关组织规定：基尼系数低于 0.2 表示收入绝对平均，0.2-0.3 表示比较平均，0.3-0.4 表示相对合理，0.4-0.5 表示收入差距较大，0.6 以上表示收入差距悬殊。对 2010 年湖南城乡居民收入按五等份分组，计算得出湖南城乡居民基尼系数为 0.303，说明湖南居民收入差距处于相对合理的水平。2010 年，环长株潭城市群、湘南地区和湘西地区城乡居民收入比值分别为 2.78、2.65 和 3.45，说明湘西地区城乡居民收入差距相对较大。同时环长株潭城市群与湘西地区城镇居民和农村居民收入比值分别为 1.55 和 1.93，说明区域之间城镇居民和农村居民收入差距也比较大。

（五）基本公共服务水平仍有较大差距。

在教育方面，以每百名学生拥有教师数为参考指标，2010 年环长株潭城市群普通小学、普通中学和高等学校师生比（每百人）分别为 5.4、9.6 和 5.7，比湘南地区、湘西地区师生比都要高，说明环长株潭城市群在教育资源方面条件要优越。在医疗卫生方面，以万人拥有床位和医生数为参考指标，2010 年环长株潭城市群万人拥有床位数分别比湘南地区、湘西地区多 4.2 和 7；环长株潭城市群万人拥有医生数分别比湘南地区、湘西地区多 4.9 和 2.3。2010 年湘南地区、湘西地区每万人参加基本养老保险人数分别相当于环长株潭城市群的 63.7%和 63.3%，参加医疗养老保险人数分别相当于环长株潭城市群的 74.4%和 73.8%，说明在基本保障方面存在较大差异。

三、环长株潭城市群经济发展存在的主要问题

（一）城市规模小，区域影响力不强。

湖南人口总数列全国第 7 位，但首位中心城市长沙的市辖区人口规模仅 309 万，在全国省会城市中排名第 20 位。其它城市（株洲、湘潭、衡阳、岳阳、常德、益阳、娄底）平均人口规模比全国大城市平均人口规模小 30%。其中，环长株潭城市群的中心城市长沙、株洲、湘潭三市总人口超千万，但总体实力与人口相当的北京、上海相差甚远，与广州、深圳等发达城市的差距也较大。2010 年，长株潭城市群地区生产总值仅相当于北京、上海、广州、深圳的 48.7%和 39.8%、63.3%和 70.6%。由于中心城市总体实力不强，难以发挥城市群的带动、辐射作用。

（二）公共服务相对滞后，制约城镇扩容提质。

近年来，环长株潭城市群建设和发展有了较大进步，但仍存在资源整合差、功能不全、配套落后、产业薄弱等不足，城市群吸纳农村人口向城镇转移的公共医疗、社会保障、基础教育等制度和服务发展不够完善，制约了城镇扩容提质和城市化进程。2010 年末，环长株潭城市群城镇化率为 48%，相比珠三角的 70%还差 22 个百分点，离 2015 年实现城市化率 70%以上的目标任务还非常艰巨。

（三）产业布局不太合理，难以形成互补效应。

2010 年，环长株潭城市群三次产业结构比为 11.5:51.7:36.8，呈现“二、三、一”的产业布局。从各市的产业布局看，各市间的产业结构趋同，难以形成互补效应。例如，环长株潭城市群的中心城市长沙、株洲、湘潭三次产业比分别为 4.4:53.6:42、9.7:58.5:31.8、10.7:55.9:33.4，均呈现出“二三一”的产业结构，并且第二产业均占绝对优势，与此同时，区域内一些支柱产业并不切合本地的资源或区位条件，对当地发展带动不强，自主知识产权不多，对引领未来的战略性产业开发不够，已有的科技优势还没有形成产业优势。

（四）资源节约压力较大，生态环境亟待改善。

环长株潭城市群的湘江流域云集了电力、冶金、化工、煤炭、建材、纺织、食品、造纸等工业，这类工业的成长发展过程就是不断消耗自然资源，并使景观生态不断受到侵袭和损害的过程。湘江近年枯水频发，沿江城市的供水、航运交通、工农业生产等均受到了较大的影响。环境保护、资源节约与产业发展的有机结合还没有取得实质性突破。

（五）城市群内部协调发展需进一步加强。

从国外主要城市群的发展经验看，各城市间密切的产业分工协作关系是城市群发展的重要特征，政府的规划协调是城市群发展的重要保障。从当前来看，环长株潭协同发展的规划虽已颁布，但有效实施仍缺乏强有力的措施和手段，八市及各部门之间的行政壁垒也一定程度存在。

四、推进环长株潭城市群加快发展的对策建议

（一）统筹规划区域格局，形成合理的城市群体系。

打破行政体制障碍，创新合作机制，优化资源配置，统筹规划环长株潭城市群的空间格局和目标定位，统一规划跨地区的资源开发、产业布局、设施配套和市场体系等，形成比较完备的中心城市、次中心城市和城镇相互配套

联接的城市群体系。全省要建立以长沙、株洲、湘潭为中心，以岳阳、益阳、娄底、衡阳为环中心经济带，以张家界、吉首、怀化、邵阳为主的湘西地区和衡阳、永州、郴州为主的湘南地区，以衡阳、常德为区域对接点的区域格局。

（二）完善利益协调、补偿机制，形成区域发展合力。

城市群的经济发展要形成合力，必须建立在平等、互利、协作形成的共同进步的基础之上。由于各城市经济发展的不平衡和主体功能定位上的差异，必然导致地方收入的差距，特别是产业在区域内的转移、能源资源的转移以及环境的保护治理都会改变各市的成本和收益。因此，必须建立和完善利益共享、补偿机制，实现地区经济利益的再分配，从而实现各方共赢。

（三）加强制度创新和科技投入，提升城市群的综合实力。

只有持续不断的创新力，才会有强有力的综合实力和强大的带动力与发展力。目前，环长株潭城市群的高校和科研院所的总体实力较强，高层次科技人才优势明显，但是科技转化能力不足，未将科技优势转化为产业优势。因此，要进一步加大财政对科技创新的投入，为企业、高校、科研院所的科研活动提供更多的平台，不断提高劳动生产率和资本产出效率，推动各城市经济科学、快速、可持续发展。

（四）加大基础设施投入，提高公共服务质量。

发达的交通网络是城市群快速发展的重要支撑。要加大对环长株潭城市群基础设施的投入，进一步加快交通、公共医疗、社会保障、基础教育等建设，增强中心城区的集聚辐射能力，提高城镇综合承载能力。重点推进环长株潭城市群城际轨道、地铁、机场、长株潭组合港和岳阳港等现代交通网络建设，扩大衡阳机场、岳阳机场以及张家界机场建设，实现城市之间的高速路网连通。

（执笔人：向延华 雷芙蓉 赵海军）

1-1 城市行政区划和区域分布

地区	城市合计	按行政级别分组			
		直辖市	副省级市	地级市	县级市
全国总计	**657**	**4**	**15**	**268**	**370**
北京	1	1			
天津	1	1			
河北	33			11	22
山西	22			11	11
内蒙古	20			9	11
辽宁	31		2	12	17
吉林	28		1	7	20
黑龙江	30		1	11	18
上海	1	1			
江苏	39		1	12	26
浙江	33		2	9	22
安徽	22			17	5
福建	23		1	8	14
江西	22			11	11
山东	48		2	15	31
河南	38			17	21
湖北	36		1	11	24
湖南	29			13	16
广东	44		2	19	23
广西	21			14	7
海南	8			2	6
重庆	1	1			
四川	32		1	17	14
贵州	13			4	9
云南	19			8	11
西藏	2			1	1
陕西	13		1	9	3
甘肃	16			12	4
青海	3			1	2
宁夏	7			5	2
新疆	21			2	19

1-2 分地区城市情况一览表

省级单位	地级及以上城市	下辖的县级城市	省级单位	地级及以上城市	下辖的县级城市
北京			**内蒙古**	呼和浩特	
天津				包头	
河北	石家庄	辛集		乌海	
		藁城		赤峰	
		晋州		通辽	霍林郭勒
		新乐		呼伦贝尔	满洲里
		鹿泉			扎兰屯
	唐山	遵化			牙克石
		迁安			根河
	秦皇岛				额尔古纳
	邯郸	武安		鄂尔多斯	
	邢台	南宫		乌兰察布	丰镇
		沙河		巴彦淖尔	
	保定	定州			(二连浩特)
		涿州			(乌兰浩特)
		安国			(锡林浩特)
		高碑店			(阿尔山)
	张家口		**辽宁**	沈阳	新民
	承德			大连	瓦房店
	沧州	任丘			普兰店
		泊头			庄河
		黄骅		鞍山	海城
		河间		抚顺	
	廊坊	霸州		本溪	
		三河		丹东	东港
	衡水	冀州			凤城
		深州		锦州	凌海
山西	太原	古交			北镇
	大同			营口	大石桥
	阳泉				盖州
	长治	潞城		阜新	
	晋城	高平		辽阳	灯塔
	朔州			盘锦	
	晋中	介休		铁岭	调兵山
	忻州	原平			开原
	临汾	侯马		朝阳	北票
		霍州			凌源
	运城	永济		葫芦岛	兴城
		河津	**吉林**	长春	九台
	吕梁	孝义			榆树
		汾阳			德惠

1-2 续表 1

省级单位	地级及以上城市	下辖的县级城市
	吉林	桦甸
		蛟河
		舒兰
		磐石
	四平	公主岭
		双辽
	辽源	
	通化	梅河口
		集安
	白山	临江
	白城	洮南
		大安
	松原	
		(延吉)
		(图们)
		(敦化)
		(珲春)
		(龙井)
		(和龙)
黑龙江	哈尔滨	尚志
		双城
		五常
	齐齐哈尔	讷河
	鸡西	密山
		虎林
	鹤岗	
	双鸭山	
	大庆	
	伊春	铁力
	佳木斯	同江
		富锦
	七台河	
	牡丹江	绥芬河
		海林
		宁安
		穆棱
	黑河	北安
		五大连池
	绥化	安达
		肇东
		海伦

省级单位	地级及以上城市	下辖的县级城市
上海		
江苏	南京	
	无锡	江阴
		宜兴
	徐州	新沂
		邳州
	常州	溧阳
		金坛
	苏州	常熟
		张家港
		昆山
		吴江
		太仓
	南通	启东
		如皋
		海门
	连云港	
	淮安	
	盐城	东台
		大丰
	扬州	仪征
		高邮
		江都
	镇江	丹阳
		扬中
		句容
	泰州	兴化
		泰兴
		靖江
		姜堰
	宿迁	
浙江	杭州	建德
		临安
		富阳
	宁波	余姚
		慈溪
		奉化
	温州	瑞安
		乐清
	嘉兴	海宁

1-2 续表 2

省级单位	地级及以上城市	下辖的县级城市
		平湖
		桐乡
	湖州	
	绍兴	诸暨
		上虞
		嵊州
	金华	兰溪
		义乌
		东阳
		永康
	衢州	江山
	舟山	
	台州	临海
		温岭
	丽水	龙泉
安徽	合肥	
	芜湖	
	蚌埠	
	淮南	
	马鞍山	
	淮北	
	铜陵	
	安庆	桐城
	黄山	
	阜阳	界首
	亳州	
	宿州	
	滁州	天长
		明光
	六安	
	巢湖	
	池州	
	宣城	宁国
福建	福州	福清
		长乐
	厦门	
	莆田	
	三明	永安
	泉州	石狮
		晋江
		南安
	漳州	龙海

省级单位	地级及以上城市	下辖的县级城市
	南平	邵武
		武夷山
		建瓯
		建阳
	龙岩	漳平
	宁德	福安
		福鼎
江西	南昌	
	景德镇	乐平
	萍乡	
	九江	瑞昌
	新余	
	鹰潭	贵溪
	赣州	瑞金
		南康
	上饶	德兴
	抚州	
	吉安	井冈山
	宜春	樟树
		丰城
		高安
		(共青城)
山东	济南	章丘
	青岛	胶州
		即墨
		平度
		胶南
		莱西
	淄博	
	枣庄	滕州
	东营	
	烟台	龙口
		莱阳
		莱州
		蓬莱
		招远
		栖霞
		海阳
	潍坊	青州
		诸城
		寿光
		高密
		昌邑

1-2 续表 3

省级单位	地级及以上城市	下辖的县级城市	省级单位	地级及以上城市	下辖的县级城市
		安丘		驻马店	
	济宁	曲阜			(济源)
		兖州	**湖北**	武汉	
		邹城		黄石	大冶
	泰安	新泰		十堰	丹江口
		肥城		荆州	石首
	德州	乐陵			洪湖
		禹城			松滋
	威海	文登		宜昌	宜都
		荣成			当阳
		乳山			枝江
	聊城	临清		襄阳	老河口
	临沂				枣阳
	莱芜				宜城
	日照			鄂州	
	菏泽			荆门	钟祥
	滨州			孝感	应城
河南	郑州	巩义			安陆
		新密			汉川
		荥阳			
		新郑		黄冈	麻城
		登封			武穴
	开封			咸宁	赤壁
	洛阳	偃师			
	平顶山	汝州		随州	广水
		舞钢			(利川)
	安阳	林州			(恩施)
	鹤壁				(仙桃)
	新乡	辉县			(天门)
		卫辉			(潜江)
	焦作	沁阳	**湖南**	长沙	浏阳
		孟州		株洲	醴陵
	濮阳			湘潭	湘乡
	许昌	禹州			韶山
		长葛		衡阳	耒阳
	漯河				常宁
	三门峡	义马		邵阳	武冈
		灵宝		岳阳	汨罗
	商丘	永城			临湘
	南阳	邓州		益阳	沅江
	信阳			常德	津市
	周口	项城		郴州	资兴

1-2 续表 4

省级单位	地级及以上城市	下辖的县级城市	省级单位	地级及以上城市	下辖的县级城市
	永州			北海	
	怀化	洪江		防城港	东兴
	张家界			钦州	
	娄底	冷水江		玉林	北流
		涟源		贵港	桂平
		(吉首)		百色	
广东	广州	增城		来宾	合山
		从化		崇左	凭祥
	韶关	乐昌		贺州	
		南雄		河池	宜州
	深圳		**海南**	海口	
	珠海			三亚	
	汕头				(五指山)
	佛山				(琼海)
	江门	台山			(儋州)
		鹤山			(文昌)
		开平			(万宁)
		恩平			(东方)
	湛江	廉江	**重庆**		
		雷州	**四川**	成都	都江堰
		吴川			彭州
	惠州				邛崃
	茂名	高州			崇州
		化州		自贡	
		信宜		攀枝花	
	肇庆	高要		泸州	
		四会		德阳	广汉
	潮州				什邡
	梅州	兴宁			绵竹
	中山			绵阳	江油
	东莞			广元	
	汕尾	陆丰		遂宁	
	河源			内江	
	阳江	阳春		资阳	简阳
	清远	连州		乐山	峨嵋山
		英德		宜宾	
	揭阳	普宁		南充	阆中
	云浮	罗定		达州	万源
广西	南宁			广安	华蓥
	柳州			雅安	
	桂林			眉山	
	梧州	岑溪		巴中	

1-2 续表 5

省级单位	地级及以上城市	下辖的县级城市
		(西昌)
贵州	贵阳	清镇
	六盘水	
	遵义	赤水
		仁怀
	安顺	
		(凯里)
		(铜仁)
		(兴义)
		(毕节)
		(福泉)
		(都匀)
云南	昆明	安宁
	玉溪	
	曲靖	宣威
	昭通	
	丽江	
	保山	
	普洱	
	临沧	
		(大理)
		(楚雄)
		(芒市)
		(瑞丽)
		(开远)
		(个旧)
		(景洪)
		(文山)
		(蒙自)
西藏	拉萨	
		(日喀则)
陕西	西安	
	铜川	
	宝鸡	
	咸阳	兴平
	延安	
	汉中	
	渭南	韩城
		华阴
	榆林	
	商洛	
	安康	
甘肃	兰州	
	嘉峪关	
	金昌	
	白银	
	天水	
	武威	
	张掖	
	平凉	
	酒泉	玉门
		敦煌
	庆阳	
		(临夏)
		(合作)
	定西	
	陇南	
青海	西宁	
		(格尔木)
		(德令哈)
宁夏	银川	(灵武)
	石嘴山	
	吴忠	(青铜峡)
	固原	
	中卫	
新疆	乌鲁木齐	
	克拉玛依	
		(石河子)
		(吐鲁番)
		(哈密)
		(昌吉)
		(奎屯)
		(伊宁)
		(塔城)
		(阿勒泰)
		(博乐)
		(库尔勒)
		(阿克苏)
		(阿图什)
		(喀什)
		(和田)
		(阜康)
		(乌苏)
		(阿拉尔)
		(图木舒克)
		(五家渠)

注：加括号的城市为省或地区直辖县级市

二、2010年地级及以上城市统计资料

2-1 人　口

城　市	年末总人口（万人）		年平均人口（万人）		自然增长率（‰）	
	全市	市辖区	全市	市辖区	全市	市辖区
城市合计	**124776.67**	**38866.02**	**123642.33**	**38338.70**	**5.72**	**4.71**
北京市	**1257.80**	**1187.11**	**1251.81**	**1180.87**	**0.83**	**1.27**
天津市	**984.85**	**807.02**	**982.35**	**804.96**	**0.41**	**0.10**
河北省	**7298.04**	**1295.12**	**7257.36**	**1276.09**	**9.65**	**6.15**
石家庄市	989.16	243.87	983.29	243.33	10.69	6.48
唐山市	735.00	307.53	734.45	307.26	0.57	1.97
秦皇岛市	288.30	86.38	287.77	84.50	2.07	3.74
邯郸市	963.50	148.15	953.20	147.75	20.48	7.38
邢台市	732.03	71.51	725.33	66.49	16.94	17.62
保定市	1161.01	106.10	1158.15	106.18	3.21	6.56
张家口市	465.97	89.90	464.14	89.77	7.68	2.35
承德市	372.96	58.33	372.43	56.42	3.97	7.77
沧州市	730.89	53.91	724.19	53.60	15.17	13.98
廊坊市	419.02	80.38	416.18	80.71	8.90	6.16
衡水市	440.20	49.06	438.23	40.08	6.97	10.08
山西省	**3473.63**	**972.46**	**3458.48**	**974.14**	**3.90**	**5.98**
太原市	365.50	285.01	365.31	285.08	5.77	5.76
大同市	317.51	155.91	316.56	155.30	9.16	9.39
阳泉市	130.78	69.12	130.52	68.94	4.04	3.48
长治市	331.54	72.71	330.58	72.42	3.48	7.98
晋城市	216.23	34.86	216.38	34.58	-1.81	9.53
朔州市	159.07	65.17	158.22	64.41	8.33	10.30
晋中市	320.96	59.52	320.48	59.20	2.36	3.88
运城市	503.68	65.91	503.65	65.90	1.67	1.14
忻州市	307.55	52.89	307.23	52.88	2.60	0.88
临汾市	437.32	83.58	437.18	83.44	2.89	4.01
吕梁市	383.49	27.78	372.37	31.99	5.87	6.95
内蒙古自治区	**2175.84**	**654.22**	**2136.36**	**646.96**	**1.06**	**2.72**
呼和浩特市	229.56	120.56	228.47	119.68	4.00	4.24
包头市	219.80	142.50	219.70	141.99	-0.38	2.89
乌海市	53.00	53.00	50.50	50.50	5.54	5.54
赤峰市	457.74	121.41	433.46	121.43	-2.02	-2.85
通辽市	318.70	76.70	318.78	76.50	1.66	1.13
鄂尔多斯市	152.38	26.02	150.93	25.67	12.73	14.38
呼伦贝尔市	271.30	27.15	271.53	27.04	-0.25	0.04
巴彦淖尔市	186.34	56.43	174.67	53.74	5.13	5.63
乌兰察布市	287.02	30.45	288.32	30.41	-4.40	4.27
辽宁省	**4251.67**	**1879.75**	**4253.82**	**1875.54**	**-2.16**	**-0.63**
沈阳市	719.60	515.42	718.08	513.83	-0.59	-0.55
大连市	586.44	304.26	585.62	303.14	-1.14	0.07
鞍山市	351.79	146.85	351.91	147.05	-1.65	-3.01
抚顺市	220.91	138.35	221.76	138.70	-5.69	-3.70
本溪市	154.60	95.13	155.03	95.33	-4.45	-3.92
丹东市	241.36	78.83	242.00	78.88	-5.12	-2.14
锦州市	308.35	93.35	309.27	93.36	-5.53	-4.88

2-1 续表 1

城 市	年末总人口(万人)		年平均人口(万人)		自然增长率(‰)	
	全市	市辖区	全市	市辖区	全市	市辖区
营口市	235.53	90.41	235.29	89.85	-1.62	3.26
阜新市	192.38	78.88	192.33	77.79	-2.99	2.69
辽阳市	183.32	75.12	183.40	73.91	-0.64	1.53
盘锦市	131.25	61.02	130.63	60.82	4.38	3.83
铁岭市	305.15	44.59	305.60	44.64	-1.72	-2.77
朝阳市	339.24	57.59	340.89	58.68	-1.46	6.10
葫芦岛市	281.75	99.95	282.01	99.56	-3.91	-0.60
吉林省	**2504.73**	**869.24**	**2503.20**	**867.15**	**2.40**	**1.46**
长春市	758.89	362.75	757.70	362.54	3.81	1.82
吉林市	434.03	183.47	434.11	183.52	2.11	0.67
四平市	340.55	61.09	339.84	61.02	2.59	-0.44
辽源市	123.75	47.87	123.77	47.83	2.41	2.56
通化市	226.12	44.76	226.47	44.85	-0.23	0.10
白山市	128.70	59.49	129.21	59.41	0.79	0.23
松原市	290.05	58.79	289.19	57.03	4.33	4.40
白城市	202.64	51.02	202.91	50.95	-1.37	2.26
黑龙江省	**3794.05**	**1370.61**	**3790.33**	**1364.69**	**1.31**	**0.42**
哈尔滨市	992.02	471.79	991.81	473.25	3.21	0.81
齐齐哈尔市	568.11	141.51	569.83	141.75	-4.33	-2.55
鸡西市	189.20	87.90	189.20	87.90	1.03	0.32
鹤岗市	109.10	67.60	109.26	67.74	-1.07	-0.95
双鸭山市	151.58	50.26	151.19	50.13	0.38	-0.65
大庆市	279.80	133.40	278.00	131.90	-3.73	-0.05
伊春市	126.95	80.85	127.21	80.94	-2.53	-3.35
佳木斯市	253.78	82.00	253.02	81.75	2.56	0.94
七台河市	92.86	57.21	92.81	56.26	4.04	5.20
牡丹江市	270.23	88.95	271.03	84.00	0.08	0.05
黑河市	174.21	19.21	173.94	19.15	2.40	1.60
绥化市	586.21	89.93	583.03	89.92	6.83	5.41
上海市	**1412.32**	**1343.37**	**1406.51**	**1337.53**	**-0.60**	**-0.42**
江苏省	**7466.60**	**2785.19**	**7442.90**	**2775.44**	**2.00**	**2.49**
南京市	632.42	548.37	631.10	547.17	0.89	1.68
无锡市	466.56	238.61	466.10	238.36	0.70	0.71
徐州市	972.89	312.72	965.25	311.57	0.93	-0.42
常州市	360.80	227.75	360.31	227.21	-0.71	1.11
苏州市	637.66	242.48	635.47	241.34	2.44	5.05
南通市	762.92	211.54	762.79	211.53	-0.89	-0.38
连云港市	497.73	93.59	494.18	91.14	4.99	7.31
淮安市	538.74	278.35	536.45	276.43	6.70	8.84
盐城市	816.12	163.28	814.25	162.92	4.23	3.72
扬州市	459.12	122.48	458.96	122.23	-1.63	1.47
镇江市	270.71	103.53	270.29	103.49	0.07	1.23
泰州市	504.65	82.72	504.31	82.40	-1.92	-4.99
宿迁市	546.28	159.77	543.44	159.65	8.58	5.86

2-1 续表 2

城　市	年末总人口（万人）		年平均人口（万人）		自然增长率（‰）	
	全市	市辖区	全市	市辖区	全市	市辖区
浙江省	**4747.94**	**1500.82**	**4732.07**	**1495.10**	**4.22**	**3.72**
杭州市	689.12	434.82	686.25	432.13	3.40	4.98
宁波市	574.08	223.35	572.55	222.59	2.34	2.56
温州市	786.80	145.77	782.96	145.27	10.10	8.02
嘉兴市	341.60	83.75	340.60	83.43	0.66	1.12
湖州市	259.98	108.90	259.57	108.73	0.09	0.16
绍兴市	438.91	65.04	438.32	64.97	0.28	1.42
金华市	466.65	93.19	465.17	92.95	3.62	2.14
衢州市	251.24	82.71	250.55	82.44	3.54	3.83
舟山市	96.77	69.72	96.77	69.69	-1.21	-0.54
台州市	583.14	154.89	580.81	154.33	6.20	4.83
丽水市	259.65	38.68	258.52	38.57	7.55	6.33
安徽省	**6826.63**	**1973.18**	**6810.52**	**1962.55**	**4.58**	**6.60**
合肥市	494.95	215.58	493.19	214.65	6.72	6.40
芜湖市	229.50	111.53	229.80	108.23	0.96	0.56
蚌埠市	362.23	92.55	361.44	92.52	6.70	6.48
淮南市	243.99	181.51	243.25	181.14	7.83	7.73
马鞍山市	129.10	63.87	128.90	63.20	3.11	2.74
淮北市	219.56	109.79	218.50	109.41	9.78	9.07
铜陵市	74.01	44.83	74.00	44.89	1.99	1.54
安庆市	615.62	73.65	615.75	73.81	-0.71	1.76
黄山市	148.05	43.73	148.33	43.69	-1.44	-0.23
滁州市	450.80	53.69	450.53	53.47	2.53	4.20
阜阳市	1011.84	206.96	1006.17	205.60	10.78	13.71
宿州市	642.07	185.86	638.63	184.90	7.98	9.19
巢湖市	460.51	89.12	459.56	88.66	4.03	6.12
六安市	704.82	186.52	705.36	185.84	-0.69	7.03
亳州市	600.76	161.65	598.84	160.58	3.46	6.18
池州市	160.46	66.20	160.20	66.01	1.76	2.62
宣城市	278.36	86.14	278.07	85.95	1.51	4.87
福建省	**3551.65**	**924.38**	**3514.78**	**908.75**	**9.26**	**6.43**
福州市	645.90	188.59	641.91	187.96	14.50	5.52
厦门市	180.21	180.21	178.60	178.60	4.23	4.23
莆田市	323.54	215.45	321.57	214.21	11.00	10.48
三明市	272.73	28.30	271.90	28.33	4.82	0.92
泉州市	685.27	103.11	683.06	103.03	10.01	9.39
漳州市	476.36	55.50	473.54	55.21	8.13	4.96
南平市	313.90	49.73	312.00	49.50	12.53	11.09
龙岩市	314.37	59.03	294.54	48.05	6.26	4.27
宁德市	339.37	44.46	337.66	43.86	3.67	-4.30
江西省	**4695.87**	**898.74**	**4665.54**	**901.66**	**10.47**	**13.30**
南昌市	502.25	212.00	499.79	222.19	14.19	24.68
景德镇市	163.16	46.21	161.69	46.00	18.73	9.54
萍乡市	188.09	85.50	187.51	85.24	5.97	8.50
九江市	497.91	64.23	494.48	64.02	10.09	8.69
新余市	118.01	88.51	117.23	86.30	12.00	13.47
鹰潭市	121.92	23.63	120.87	22.93	12.63	10.65

2-1 续表 3

城　市	年末总人口(万人)		年平均人口(万人)		自然增长率(‰)	
	全市	市辖区	全市	市辖区	全市	市辖区
赣州市	907.27	64.66	902.13	64.62	11.11	8.78
吉安市	495.04	54.52	492.07	54.09	7.47	13.15
宜春市	557.93	105.05	553.92	104.63	5.15	8.52
抚州市	403.96	114.56	401.55	112.84	8.35	8.20
上饶市	740.33	39.87	734.30	38.80	13.32	10.76
山东省	**9536.28**	**2764.08**	**9320.32**	**2737.83**	**2.99**	**4.03**
济南市	604.08	348.02	603.68	348.13	2.78	4.21
青岛市	763.64	275.50	763.28	275.49	0.69	3.36
淄博市	422.36	279.60	421.88	279.19	1.05	1.34
枣庄市	391.03	222.89	388.91	221.24	7.36	10.86
东营市	184.87	83.35	184.73	83.32	1.81	3.81
烟台市	651.14	178.90	651.57	179.07	-2.43	0.64
潍坊市	873.78	182.11	870.82	181.68	2.83	2.53
济宁市	843.03	112.17	837.17	111.60	8.48	5.74
泰安市	557.01	158.66	556.41	158.96	2.35	0.46
威海市	253.61	64.85	253.29	64.69	-1.30	4.55
日照市	287.92	123.15	286.84	122.99	3.46	1.54
莱芜市	126.69	126.69	128.86	128.86	0.62	0.62
临沂市	1072.69	210.93	1004.76	202.22	6.71	10.84
德州市	570.18	65.24	569.69	61.92	2.12	5.60
聊城市	597.53	115.65	594.21	115.25	6.65	7.30
滨州市	377.92	63.61	377.41	63.62	-0.21	3.68
菏泽市	958.80	152.76	826.81	139.60	0.23	0.25
河南省	**10949.77**	**2134.84**	**10667.56**	**1906.44**	**7.81**	**7.60**
郑州市	963.00	510.00	738.00	298.00	5.46	5.53
开封市	534.70	85.57	530.92	85.33	10.51	6.43
洛阳市	703.54	166.11	699.21	163.09	6.86	6.57
平顶山市	539.59	103.31	535.98	102.59	8.56	8.62
安阳市	581.40	108.78	581.40	108.78	8.07	8.38
鹤壁市	162.05	61.81	160.92	61.39	11.65	10.79
新乡市	603.86	101.33	600.56	101.37	5.80	7.74
焦作市	368.02	84.05	366.44	83.79	4.48	9.70
濮阳市	409.83	68.01	407.02	67.58	6.00	4.32
许昌市	489.64	41.42	487.63	41.30	5.29	7.07
漯河市	278.47	140.82	277.27	135.27	3.00	4.33
三门峡市	230.30	29.30	229.90	29.20	1.62	1.96
南阳市	1186.69	188.51	1177.10	186.92	16.18	14.05
商丘市	918.01	176.99	914.44	175.09	4.59	4.40
信阳市	870.22	147.72	865.61	146.74	7.62	10.50
周口市	1224.35	53.61	1215.56	53.20	7.27	9.64
驻马店市	886.10	67.50	879.60	66.80	9.29	13.83
湖北省	**5329.04**	**1542.28**	**5319.76**	**1535.11**	**1.41**	**3.16**
武汉市	836.73	520.65	836.14	517.81	1.59	3.19
黄石市	260.14	71.43	259.35	71.49	0.91	1.11
十堰市	353.19	53.84	353.21	53.31	8.11	14.18

2-1 续表 4

城 市	年末总人口（万人）		年平均人口（万人）		自然增长率（‰）	
	全市	市辖区	全市	市辖区	全市	市辖区
宜昌市	398.55	124.41	399.96	124.60	-4.72	-3.15
襄阳市	591.07	224.78	589.98	223.27	7.26	8.52
鄂州市	108.46	108.46	104.18	104.18	5.61	5.61
荆门市	300.40	68.52	300.72	68.22	-7.66	1.71
孝感市	531.05	95.57	529.89	95.21	3.93	5.01
荆州市	658.17	112.76	660.11	114.81	-4.54	-7.24
黄冈市	742.41	36.67	738.56	36.53	5.60	3.75
咸宁市	290.96	59.83	290.79	59.81	0.54	1.78
随州市	257.91	65.36	256.87	65.87	-3.97	3.29
湖南省	**6802.51**	**1287.03**	**6706.78**	**1284.97**	**5.05**	**5.79**
长沙市	652.40	241.73	652.00	241.34	5.41	5.45
株洲市	390.27	80.71	387.17	80.45	-0.16	4.83
湘潭市	288.98	86.54	295.24	85.46	3.11	1.63
衡阳市	791.62	98.68	765.71	104.27	4.51	3.88
邵阳市	793.97	69.19	779.06	68.25	14.76	14.69
岳阳市	565.62	109.64	561.30	108.12	6.68	5.48
常德市	623.11	141.18	623.91	140.87	-1.67	3.28
张家界市	164.75	49.75	164.08	49.71	5.19	6.62
益阳市	476.36	133.41	473.46	132.80	-0.74	4.01
郴州市	502.07	72.01	481.20	77.10	6.00	5.54
永州市	610.65	121.04	588.66	115.32	5.70	7.86
怀化市	509.72	36.38	508.24	35.46	7.07	7.01
娄底市	432.99	46.77	426.75	45.82	3.21	14.29
广东省	**8521.55**	**3339.28**	**8374.00**	**3302.71**	**11.48**	**7.58**
广州市	806.14	664.29	800.38	659.48	6.72	6.49
韶关市	328.10	93.07	328.10	93.07	8.44	11.43
深圳市	259.87	259.87	252.92	252.92	12.01	12.01
珠海市	104.74	104.74	103.70	103.70	7.45	7.45
汕头市	524.11	516.74	517.42	510.08	4.66	4.71
佛山市	370.89	370.89	369.26	369.26	4.53	4.53
江门市	392.28	138.21	391.90	137.89	2.49	4.02
湛江市	777.77	153.33	699.71	148.76	19.30	10.38
茂名市	747.17	132.78	741.24	131.73	11.94	14.93
肇庆市	422.41	53.67	418.05	53.43	18.11	-0.08
惠州市	337.28	133.88	330.82	131.45	6.94	7.53
梅州市	514.75	31.91	511.06	31.70	7.40	10.42
汕尾市	344.98	54.41	342.80	52.93	14.74	14.48
河源市	358.39	31.18	353.69	30.51	23.06	29.39
阳江市	282.81	68.36	279.24	67.44	9.86	12.23
清远市	413.47	65.57	410.82	64.97	12.82	14.99
东莞市	181.77	181.77	180.25	180.25	6.13	6.13
中山市	149.18	149.18	148.52	148.52	5.33	5.33
潮州市	260.89	35.08	259.39	35.03	13.38	4.22
揭阳市	661.79	70.12	655.45	69.66	17.40	5.87
云浮市	282.76	30.23	279.28	29.93	16.16	14.86

2-1 续表 5

城　市	年末总人口（万人）		年平均人口（万人）		自然增长率（‰）	
	全市	市辖区	全市	市辖区	全市	市辖区
广西壮族自治区	**5311.08**	**1373.73**	**5232.30**	**1357.74**	**20.50**	**18.64**
南宁市	707.37	270.74	702.63	268.94	14.70	13.21
柳州市	372.69	105.01	370.13	104.42	13.09	5.64
桂林市	518.96	75.72	515.29	75.76	10.38	5.87
梧州市	326.30	51.16	321.24	50.61	28.40	19.75
北海市	166.84	61.72	163.51	61.07	31.73	13.48
防城港市	91.24	53.94	89.08	52.90	27.99	29.93
钦州市	387.65	138.06	379.42	135.44	40.78	11.14
贵港市	523.81	190.25	516.75	188.04	26.14	21.67
玉林市	674.59	101.24	664.00	99.52	28.58	31.97
百色市	405.62	35.26	402.10	35.02	12.63	14.31
贺州市	233.37	113.08	203.50	110.14	39.18	48.57
河池市	399.19	33.65	404.37	33.39	4.24	2.97
来宾市	260.10	107.58	257.54	106.43	20.44	21.95
崇左市	243.35	36.32	242.74	36.06	4.38	4.85
海南省	**217.44**	**217.44**	**215.70**	**215.70**	**12.76**	**12.76**
海口市	160.43	160.43	159.34	159.34	13.74	13.74
三亚市	57.01	57.01	56.36	56.36	9.99	9.99
重庆市	**3303.45**	**1542.77**	**3289.53**	**1426.58**	**7.22**	**2.83**
四川省	**8326.46**	**2397.35**	**8317.77**	**2394.39**	**-0.42**	**0.13**
成都市	1149.07	535.15	1144.35	528.01	-0.16	1.64
自贡市	325.96	149.44	327.22	150.01	-5.30	-4.21
攀枝花市	111.38	69.01	111.48	69.11	-0.91	0.83
泸州市	502.32	146.72	499.13	146.13	4.39	2.94
德阳市	389.15	66.23	388.77	66.00	-1.20	-3.30
绵阳市	541.87	122.20	543.26	122.25	-3.59	2.85
广元市	310.89	92.28	311.81	92.76	-6.20	-10.42
遂宁市	381.43	150.42	384.24	150.62	-4.64	-0.07
内江市	425.53	141.45	425.57	141.59	2.56	1.04
乐山市	353.35	115.18	353.29	115.10	-0.90	-1.55
南充市	751.72	193.42	752.61	193.39	-0.19	2.39
眉山市	349.08	85.47	348.58	85.49	1.24	-4.12
宜宾市	539.02	80.89	536.98	80.46	2.91	-2.67
广安市	466.16	125.21	468.09	125.66	2.04	-3.03
达州市	685.49	42.66	671.53	43.44	-0.47	5.83
雅安市	154.90	34.94	155.02	35.07	0.62	-1.35
巴中市	388.01	137.74	394.60	140.50	2.17	3.59
资阳市	501.13	108.94	501.24	108.80	-3.56	2.22
贵州省	**1720.31**	**444.31**	**1728.98**	**440.47**	**12.91**	**11.49**
贵阳市	337.16	222.03	370.12	220.41	13.07	9.17
六盘水市	319.20	49.59	314.70	48.67	17.67	38.40
遵义市	784.16	85.91	767.52	85.61	11.80	6.55
安顺市	279.79	86.78	276.64	85.78	10.41	6.94

2-1　续表 6

城　市	年末总人口（万人）		年平均人口（万人）		自然增长率（‰）	
	全市	市辖区	全市	市辖区	全市	市辖区
云南省	**2886.15**	**630.15**	**2865.42**	**634.65**	**11.61**	**7.74**
昆明市	583.99	260.24	579.56	264.52	5.96	4.17
曲靖市	626.40	69.70	621.30	69.60	15.27	-1.36
玉溪市	230.60	49.60	229.70	48.70	5.61	6.52
保山市	252.70	90.00	251.50	93.49	5.46	5.99
昭通市	574.24	83.28	567.64	82.49	24.13	18.80
丽江市	120.44	15.23	120.48	15.28	-0.61	-2.07
思茅市	254.60	29.70	253.85	29.02	-2.09	-0.84
临沧市	243.18	32.40	241.39	31.55	18.71	46.83
西藏自治区						
拉萨市						
陕西省	**3854.84**	**1278.30**	**3833.37**	**1272.70**	**3.42**	**4.58**
西安市	782.73	562.65	782.20	562.12	0.68	2.37
铜川市	85.44	75.98	83.41	74.30	2.19	3.71
宝鸡市	381.09	142.80	379.94	142.09	1.13	0.22
咸阳市	520.09	90.19	518.24	89.95	3.32	5.38
渭南市	560.06	97.68	558.46	96.82	4.34	10.04
延安市	230.22	45.82	228.87	45.35	14.25	22.81
汉中市	381.53	55.17	381.54	55.20	-1.36	1.94
榆林市	364.50	52.14	361.81	51.54	11.07	7.76
安康市	304.35	100.86	303.96	100.38	2.91	9.39
商洛市	244.83	55.01	234.94	54.95	0.74	4.26
甘肃省	**2432.14**	**818.21**	**2425.23**	**812.44**	**5.66**	**5.53**
兰州市	323.54	210.36	323.56	210.42	3.05	2.88
嘉峪关市	21.80	21.80	20.28	20.28	3.00	3.00
金昌市	46.48	20.42	47.03	20.98	6.26	6.41
白银市	180.39	49.98	179.97	49.82	8.89	4.64
天水市	366.73	129.77	363.21	127.91	13.21	10.99
武威市	191.26	102.04	190.96	101.41	1.20	4.85
张掖市	130.83	52.04	130.60	51.95	4.47	4.76
平凉市	231.82	50.94	230.41	49.18	6.57	7.60
酒泉市	97.95	40.38	97.19	40.25	1.98	3.31
庆阳市	259.18	35.81	260.07	35.69	-1.53	0.11
定西市	300.38	46.65	299.91	46.69	5.34	2.92
陇南市	281.78	58.02	282.04	57.86	7.94	11.32
青海省	**220.87**	**101.37**	**220.69**	**113.97**	**6.49**	**3.13**
西宁市	220.87	101.37	220.69	113.97	6.49	3.13
宁夏回族自治区	**642.62**	**262.58**	**638.35**	**260.41**	**8.61**	**9.96**
银川市	158.80	94.86	157.18	93.14	8.06	7.41
石嘴山市	74.82	45.59	74.67	45.51	4.82	4.62
吴忠市	138.35	37.79	137.78	37.95		14.93
固原市	152.53	44.75	151.34	44.40	14.26	15.35
中卫市	118.12	39.59	117.38	39.41	14.54	11.36
新疆维吾尔自治区	**280.54**	**271.09**	**280.54**	**271.16**	**4.02**	**4.14**
乌鲁木齐市	243.03	233.58	242.11	232.73	4.06	4.20
克拉玛依市	37.51	37.51	38.43	38.43	3.71	3.71

2-2 劳动力与就业

城　市	年末单位从业人员数（万人）		城镇私营和个体从业人员（人）		年末城镇登记失业人员数（人）	
	全市	市辖区	全市	市辖区	全市	市辖区
城市合计	**12409.09**	**7756.88**	**117143566**	**69097403**	**7102246**	**4047210**
北京市	**646.63**	**630.29**	**4303573**	**4146929**	**77255**	**73698**
天津市	**205.65**	**195.63**	**2050700**	**2050700**	**160983**	**160983**
河北省	**519.58**	**263.43**	**3662862**	**991917**	**351365**	**157670**
石家庄市	84.15	53.43	413548	155981	50929	22173
唐山市	84.02	54.80	399787	170522	57885	18523
秦皇岛市	29.75	20.69	141100	106954	18911	7722
邯郸市	56.57	30.11	539474	261162	50482	43436
邢台市	35.08	14.66	352232	73260	21110	10555
保定市	70.44	25.87	336224	23351	42605	8169
张家口市	33.72	15.34	315600	15729	32652	11476
承德市	25.72	10.74	132579	29154	24604	14912
沧州市	43.70	12.50	328100	24280	18919	6803
廊坊市	34.64	16.88	349462	63000	11945	3689
衡水市	21.79	8.41	354756	68524	21323	10212
山西省	**389.00**	**207.52**	**1724264**	**1158403**	**174413**	**106236**
太原市	84.64	80.94	422952	422952	41338	41338
大同市	42.12	36.14	261792	191032	52945	36003
阳泉市	23.74	19.02	113978	61230	9010	7504
长治市	37.30	14.46	201730	60538	11685	468
晋城市	27.15	13.06	67819	32869	6719	2978
朔州市	17.89	7.03	133900	66800	5945	4255
晋中市	35.06	9.76	163935	35306	8730	3349
运城市	32.05	7.04	24482	192415	10500	1816
忻州市	22.70	6.61	88696	24050	8210	900
临汾市	35.63	8.84	148876	62023	14511	5705
吕梁市	30.72	4.62	96104	9188	4820	1920
内蒙古自治区	**210.42**	**104.00**	**2515083**	**1434348**	**196625**	**104932**
呼和浩特市	31.50	23.12	471491	273871	29749	21741
包头市	32.59	28.07	815809	705756	39203	34435
乌海市	9.52	9.52	150140	150140	8200	8200
赤峰市	30.50	11.84	211776	91799	25050	12617
通辽市	24.34	8.87	156236	48652	16503	9843
鄂尔多斯市	17.31	5.48	153256	42276	7901	3415
呼伦贝尔市	35.43	4.57	175248	41673	27855	4485
巴彦淖尔市	14.61	6.69	198610	49861	8966	2989
乌兰察布市	14.62	5.84	182517	30320	33198	7207
辽宁省	**512.81**	**388.44**	**6156172**	**4222069**	**396214**	**276041**
沈阳市	110.42	103.77	939916	776563	77198	70510
大连市	94.20	81.18	1748962	1423277	71159	52760
鞍山市	40.97	31.44	257219	154019	19952	12965
抚顺市	26.76	22.81	389680	269236	39737	31009
本溪市	23.21	20.27	189810	124224	28989	22908
丹东市	21.22	14.31	166798	103950	22000	8800
锦州市	24.13	17.07	414373	286246	17111	7517

2-2 续表 1

城市	年末单位从业人员数(万人)		城镇私营和个体从业人员(人)		年末城镇登记失业人员数(人)	
	全市	市辖区	全市	市辖区	全市	市辖区
营口市	19.62	15.64	438108	274202	21116	14522
阜新市	17.54	13.55	242865	177540	17919	17709
辽阳市	16.61	13.07	265541	245686	11518	7904
盘锦市	49.37	27.30	246669	122436	14267	7144
铁岭市	22.13	6.08	272373	90231	18492	4761
朝阳市	24.00	9.00	311293	34839	17161	3579
葫芦岛市	22.63	12.95	272565	139620	19595	13953
吉林省	**233.10**	**150.54**	**1967896**	**1072197**	**178558**	**99621**
长春市	92.81	77.53	592051	494271	71208	48704
吉林市	33.25	20.35	277646	183145	22341	14406
四平市	21.14	9.32	298285	42326	22150	7779
辽源市	8.83	5.82	118359	84539	9678	7079
通化市	19.87	7.76	156320	60815	10949	3172
白山市	17.20	10.36	154863	94797	13210	6472
松原市	21.49	10.55	243403	99169	11120	5496
白城市	18.51	8.85	126969	13135	17902	6513
黑龙江省	**453.30**	**261.09**	**2891763**	**1758216**	**280071**	**186715**
哈尔滨市	135.17	108.67	818739	665494	85100	60112
齐齐哈尔市	41.97	22.62	233644	132248	34225	24565
鸡西市	27.66	13.59	114300	71600	19020	11072
鹤岗市	25.89	11.96	102018	81536	16216	13079
双鸭山市	32.81	8.45	101655	33217	9522	7299
大庆市	51.89	45.78	365676	297488	29566	25545
伊春市	18.21	14.33	100860	91585	21556	18873
佳木斯市	27.63	9.57	221280	89196	20083	8634
七台河市	13.43	11.52	117565	94155	5809	4073
牡丹江市	23.75	9.44	376450	146265	17133	9098
黑河市	29.46	2.76	136595	30322	7092	1735
绥化市	25.43	2.40	202981	25110	14749	2630
上海市	**392.87**	**389.04**	**3431458**	**3277028**	**277300**	**269700**
江苏省	**763.75**	**441.82**	**12918334**	**7217882**	**406652**	**251464**
南京市	125.64	117.37	1553336	1418080	63550	59576
无锡市	82.95	52.63	1728773	1124073	45797	35906
徐州市	61.82	37.09	801745	439797	33613	21926
常州市	38.16	27.38	1412107	1112391	31454	25869
苏州市	130.87	63.20	2328657	923741	45875	27762
南通市	63.11	30.69	635163	294062	36100	14900
连云港市	34.00	18.44	362128	165000	17976	10708
淮安市	39.28	24.74	642176	369481	23106	13530
盐城市	51.91	15.59	917804	358229	24487	8679
扬州市	40.09	15.34	771772	322735	32398	14108
镇江市	37.26	18.59	603597	281902	16796	8037
泰州市	37.15	12.95	649226	205718	21800	5663
宿迁市	21.51	7.81	511850	202673	13700	4800

2-2 续表 2

城市	年末单位从业人员数(万人)		城镇私营和个体从业人员(人)		年末城镇登记失业人员数(人)	
	全市	市辖区	全市	市辖区	全市	市辖区
浙江省	**879.25**	**471.96**	**7537912**	**3175995**	**287342**	**147469**
杭州市	232.71	202.31	1512501	1312662	48478	35884
宁波市	140.19	85.04	1299100	756100	56642	44890
温州市	107.92	38.06	1174500		28668	8364
嘉兴市	80.40	23.91	412400	130500	27032	11497
湖州市	37.91	17.48	400985	230085	13561	7513
绍兴市	107.13	26.92	598100	94881	32295	8458
金华市	52.50	16.28	1065423	179570	28027	7813
衢州市	17.10	8.95	243896	120208	10450	4202
舟山市	16.80	14.07	108071	83270	5985	3936
台州市	69.78	33.16	553380	222884	26501	9844
丽水市	16.81	5.79	169556	45835	9703	5068
安徽省	**372.92**	**232.43**	**4323827**	**2095310**	**271255**	**213561**
合肥市	71.10	58.10	696873	561797	50881	40237
芜湖市	26.71	22.14	423366	224384	14135	10013
蚌埠市	17.25	11.04	256903	154425	22045	19309
淮南市	32.70	27.82	130764	104588	20254	18586
马鞍山市	15.42	13.85	122678	108073	7494	6531
淮北市	20.84	18.19	225324	156198	17808	14488
铜陵市	11.67	10.10	80194	71929	9801	7858
安庆市	24.24	9.64	382000	34198	30320	19593
黄山市	9.41	5.80	96224	51147	6208	3311
滁州市	17.85	5.92	382000	87000	13261	6160
阜阳市	29.11	13.93	232859	86289	11144	4441
宿州市	22.05	11.05	175000	73498	13561	6064
巢湖市	16.89	5.16	126466	50000	14864	5969
六安市	22.17	9.36	150000	85000	15400	42000
亳州市	16.07	5.19	343849	46994	6587	1876
池州市	7.10	3.57	174214	95795	8205	4778
宣城市	12.34	1.57	325113	103995	9287	2347
福建省	**504.02**	**259.58**	**3254375**	**2018624**	**144957**	**81136**
福州市	105.47	60.92	653502	513222	39125	30401
厦门市	95.33	95.33	903376	903376	26517	26517
莆田市	28.78	24.69	126804	108672	7690	4746
三明市	21.52	7.31	235332	61036	9344	2377
泉州市	142.17	34.39	577646	182601	14762	4167
漳州市	40.11	11.36	196904	74315	11388	3138
南平市	23.54	7.12	203841	53394	13565	3367
龙岩市	30.55	13.37	167499	86418	12911	4063
宁德市	16.55	5.09	189471	35590	9655	2360
江西省	**295.27**	**132.56**	**4547016**	**1441314**	**259598**	**120097**
南昌市	67.83	52.75	586602	479609	53000	53000
景德镇市	17.44	10.61	138100	82860	11200	7280
萍乡市	14.11	10.93	403996	218082	13374	13374
九江市	33.95	12.67	442318	200721	21051	1957
新余市	10.07	8.49	47500	30875	14700	13665
鹰潭市	10.09	2.32	121395	48510	9458	3789

2-2 续表 3

城　市	年末单位从业人员数（万人）		城镇私营和个体从业人员（人）		年末城镇登记失业人员数（人）	
	全市	市辖区	全市	市辖区	全市	市辖区
赣州市	42.43	8.35	963085	92616	34409	6600
吉安市	20.15	3.81	460670	85744	19580	4872
宜春市	28.07	8.70	15202	66172	28321	10581
抚州市	21.17	7.79	410648	110192	25651	2622
上饶市	29.96	6.14	957500	25933	28854	2357
山东省	**954.07**	**507.60**	**7081873**	**4449844**	**462560**	**265707**
济南市	127.80	98.61	1455000	1164000	59650	50987
青岛市	124.11	73.07	1238123	907244	61929	48092
淄博市	62.88	47.99	268022	233052	27942	23054
枣庄市	35.78	25.47	313714	147422	21073	18283
东营市	40.10	29.22	236798	148312	9953	8191
烟台市	90.46	50.39	621854	344591	48900	20063
潍坊市	73.99	26.75	681271	235367	39872	18516
济宁市	63.24	22.06	305439	117334	39827	18129
泰安市	56.32	18.92	206212	118367	24797	8587
威海市	39.94	20.93	239518	169364	7882	4234
日照市	20.70	13.52	196696	128127	13260	9322
莱芜市	13.94	13.94	107514	107514	6614	6614
临沂市	56.12	24.26	440399	293383	19196	5737
德州市	38.55	11.11	197028	80251	20993	2846
聊城市	35.37	9.52	165179	52307	25413	12771
滨州市	37.56	10.13	147433	72228	15085	6877
菏泽市	37.21	11.71	261673	130981	20174	3404
河南省	**730.39**	**350.06**	**4716791**	**1694720**	**379652**	**231913**
郑州市	108.50	74.16	847000	334668	36223	29459
开封市	33.10	14.61	177991	117182	25407	19121
洛阳市	53.92	30.90	410677	286882	33426	30577
平顶山市	48.45	28.86	123775	65601	21963	10845
安阳市	43.46	20.12	308891	111431	20852	13756
鹤壁市	17.81	13.02	119585	45985	9913	4752
新乡市	45.69	19.14	197781	88100	25908	15662
焦作市	32.29	16.13	356341	123759	21160	11430
濮阳市	31.42	20.55	131935	64501	9359	5338
许昌市	28.67	8.61	157222	56907	43100	38308
漯河市	23.09	15.64	67002	46161	4014	2957
三门峡市	24.22	7.13	103055	24885	8999	3734
南阳市	70.48	30.11	442098	94020	37047	14272
商丘市	39.72	13.83	197905	87219	25218	8519
信阳市	43.19	13.30	250833	69714	10355	4423
周口市	45.22	10.72	515980	42788	31675	10399
驻马店市	41.16	13.23	308720	34917	15033	8361
湖北省	**589.74**	**333.46**	**5350010**	**2730060**	**396577**	**235846**
武汉市	178.46	138.17	1589421	1304911	109465	94993
黄石市	43.85	26.31	204776	163181	34711	25142
十堰市	43.26	26.68	310593	147105	29238	16814

2-2 续表 4

城 市	年末单位从业人员数(万人)		城镇私营和个体从业人员(人)		年末城镇登记失业人员数(人)	
	全市	市辖区	全市	市辖区	全市	市辖区
宜昌市	55.73	36.19	557800	315000	22986	8947
襄阳市	46.53	23.71	433698	224923	41822	22176
鄂州市	18.22	18.22	100761	100761	13000	13000
荆门市	31.44	13.14	261820	40832	17707	12989
孝感市	59.71	14.03	536886	97980	21400	2800
荆州市	42.72	18.29	360124	101098	54222	30205
黄冈市	39.32	6.20	341253	32610	28393	3109
咸宁市	19.58	7.49	212822	56822	19959	3335
随州市	10.92	5.03	440056	144837	3674	2336
湖南省	**495.26**	**236.99**	**4788132**	**2281676**	**342421**	**133574**
长沙市	110.56	72.29	655400	580800	41335	19178
株洲市	35.53	22.00	260507	177122	24436	13128
湘潭市	29.57	18.18	236535	189186	21145	17397
衡阳市	51.69	22.50	823300	279800	35126	16831
邵阳市	33.47	11.49	437415	72216	30800	8500
岳阳市	55.02	23.58	493006	396782	22236	10078
常德市	36.81	16.67	273222	106575	35636	9813
张家界市	7.93	3.86	66784	44496	5833	1869
益阳市	24.07	12.12	127922	69158	16513	7040
郴州市	28.95	10.51	339763	101526	25302	8292
永州市	29.27	9.64	245778	48115	22997	6277
怀化市	25.62	5.61	569700	130900	31084	3935
娄底市	26.77	8.54	258800	85000	29978	11236
广东省	**1118.52**	**878.41**	**13347572**	**9557707**	**669324**	**200744**
广州市	246.37	229.08	2256802	2045490	306802	
韶关市	30.61	16.01	247749	130642	43499	23506
深圳市	253.02	253.02	3485600	3485600	35302	35302
珠海市	63.15	63.15	388256	388256	12501	12501
汕头市	32.28	31.75			13127	15975
佛山市	56.07	56.07			19628	19628
江门市	44.85	23.10	841222	453399	21380	11338
湛江市	40.68	17.14	316833	123779	23882	9098
茂名市	30.94	9.42	266288	81087	30504	13567
肇庆市	27.58	13.64	242245	79461	11662	4565
惠州市	80.39	58.73	1014166	434113	14996	8723
梅州市	23.46	5.38	134303	45400	14200	2130
汕尾市	15.72	6.12	159951		11314	1807
河源市	24.68	11.58	332815	102066	13951	3581
阳江市	18.24	7.61	163562	72368	44404	16160
清远市	27.60	9.53	347188	120001	14257	3700
东莞市	23.20	23.20	740404	740404	5303	5303
中山市	29.04	29.04	1002700	1002700	7068	7068
潮州市	12.45	5.56	199750	81808	8362	1998
揭阳市	20.71	5.03	923162	136439	11357	4166
云浮市	17.48	4.25	284576	34694	5825	628

2-2 续表 5

城 市	年末单位从业人员数（万人）		城镇私营和个体从业人员（人）		年末城镇登记失业人员数（人）	
	全市	市辖区	全市	市辖区	全市	市辖区
广西壮族自治区	**303.91**	**163.22**	**3486175**	**1480102**	**185080**	**96889**
南宁市	70.55	54.19	974684	429841	35599	29213
柳州市	37.99	27.27	396383	229140	29574	23160
桂林市	31.59	15.79	366167	262955	24021	13558
梧州市	15.59	7.28	181797	112571	13405	7406
北海市	11.89	6.93	88441	66122		
防城港市	8.91	6.25	73411	39420	3916	2757
钦州市	13.72	6.68	273500	51000	9680	2445
贵港市	15.31	6.90	164213	84182	10136	3717
玉林市	27.30	9.19	191295	35224	18367	7358
百色市	18.16	5.35	150134		8400	
贺州市	8.84	4.63	146688	53684	8465	3192
河池市	18.24	4.30	164402	27035	12550	1320
来宾市	11.85	5.55	222216	69448	5664	1856
崇左市	13.97	2.91	92844	19480	5303	907
海南省	**40.02**	**40.02**	**514106**	**514106**	**11885**	**11885**
海口市	33.09	33.09	439434	439434	9257	9257
三亚市	6.93	6.93	74672	74672	2628	2628
重庆市	**248.75**	**189.97**	**3556800**	**2486000**	**134412**	**83905**
四川省	**523.09**	**294.54**	**5280266**	**3274560**	**344099**	**157378**
成都市	172.05	124.97	2154300	1723440	56214	21341
自贡市	16.54	12.00	107900	94100	16030	10644
攀枝花市	17.18	15.50	141427	127313	11337	10520
泸州市	25.73	15.12	166127	119838	16567	10729
德阳市	25.74	12.70	160027	92700	15027	5835
绵阳市	34.56	19.08	454964	257035	30359	18305
广元市	14.22	7.95	205015	94934	12150	3140
遂宁市	16.17	6.38	154874	83896	13786	9440
内江市	20.36	8.42	70315	24123	15721	6606
乐山市	28.84	14.01	191788	53536	21554	11248
南充市	25.94	12.63	365230	175033	27115	11248
眉山市	15.27	5.58	106666	18167	11517	4053
宜宾市	33.52	13.24	206486	189818	18095	6671
广安市	11.40	3.94	168166	38640	12495	4331
达州市	25.27	6.83	247792	37319	19850	3677
雅安市	9.79	4.39	143063	41160	21080	10542
巴中市	14.44	6.24	139200	58500	11596	5345
资阳市	16.07	5.56	96926	45008	13606	3703
贵州省	**133.07**	**86.86**	**916754**	**550817**	**63712**	**37246**
贵阳市	70.34	61.15	466505	365125	28353	21526
六盘水市	19.61	8.04	76192	50172	12714	6048
遵义市	30.34	10.65	297152	115217	15900	6760
安顺市	12.78	7.02	76905	20303	6745	2912

2-2 续表 6

城 市	年末单位从业人员数(万人)		城镇私营和个体从业人员(人)		年末城镇登记失业人员数(人)	
	全市	市辖区	全市	市辖区	全市	市辖区
云南省	**216.14**	**102.72**	**1943670**	**902095**	**117165**	**37709**
昆明市	98.96	65.24	732600	678686	33700	22231
曲靖市	33.21	6.90	430000	15871	32822	1018
玉溪市	18.82	7.11	238094	76118	5884	2228
保山市	14.21	7.23	51377	27325	7682	1960
昭通市	18.11	5.90	138446	25947	15109	4319
丽江市	8.72	3.32	22017	3813	4366	935
思茅市	14.09	4.68	212498	46152	10660	3424
临沧市	10.02	2.34	118638	28183	6942	1594
西藏自治区						
拉萨市						
陕西省	**356.12**	**214.51**	**2414783**	**1380713**	**282263**	**140305**
西安市	140.37	128.84	1048925	954521	120215	111222
铜川市	9.83	9.27	33958	33106	2689	2160
宝鸡市	31.65	19.32	235604	96821	19367	3875
咸阳市	37.10	14.86	217804	54652	22793	2236
渭南市	37.33	10.68	105129	29529	16300	3200
延安市	23.09	8.10	168786	43648	9528	2218
汉中市	25.01	7.97	214500	56442	15000	6616
榆林市	25.91	6.11	190800	62141	10071	2730
安康市	12.87	5.30	124310	39205	9300	4034
商洛市	12.96	4.06	74967	10648	57000	2014
甘肃省	**172.02**	**106.57**	**1293472**	**816275**	**119055**	**57952**
兰州市	51.36	46.09	495900	401200	23746	22271
嘉峪关市	5.01	5.01	24076	24076	2777	2777
金昌市	7.44	5.42	31132	23462	3786	2623
白银市	15.34	10.21	52616	32359	7305	4401
天水市	18.92	12.23	112004	58116	11023	7035
武威市	9.89	7.10	131200	102012	8214	6008
张掖市	10.27	4.96	65895	27120	4843	2773
平凉市	12.93	4.22	52641	27684	26653	4187
酒泉市	9.57	3.91	69877	36800	5500	2000
庆阳市	9.39	2.75	68580	41876	11273	2177
定西市	10.63	2.68	119041	27649	7780	900
陇南市	11.27	1.99	70510	13921	6155	800
青海省	**28.65**	**20.91**	**87992**	**66610**	**25600**	**21504**
西宁市	28.65	20.91	87992	66610	25600	21504
宁夏回族自治区	**57.84**	**40.21**	**585425**	**372606**	**73169**	**52740**
银川市	30.08	24.74	296915	233367	22645	18959
石嘴山市	9.53	7.87	90775	53072	31198	26853
吴忠市	7.54	3.04	74000	28121	7716	2912
固原市	5.61	2.14	94716	45620	9487	3025
中卫市	5.08	2.42	29019	12426	2123	991
新疆维吾尔自治区	**62.93**	**62.50**	**494510**	**478580**	**32684**	**32590**
乌鲁木齐市	47.17	46.74	435069	419139	29794	29700
克拉玛依市	15.76	15.76	59441	59441	2890	2890

2-3 按三次产业分的单位从业人员就业状况

单位：万人

城市	第一产业(农、林、牧、渔业)		第二产业		第三产业	
	全市	市辖区	全市	市辖区	全市	市辖区
城市合计	**275.11**	**56.15**	**5684.14**	**3669.81**	**6449.83**	**4030.92**
北京市	**3.23**	**2.94**	**151.24**	**145.51**	**492.16**	**481.84**
天津市	**0.71**	**0.57**	**97.74**	**94.38**	**107.20**	**100.68**
河北省	**6.63**	**1.54**	**203.90**	**128.11**	**309.05**	**133.78**
石家庄市	0.41	0.19	31.11	21.05	52.63	32.19
唐山市	3.03	0.28	43.13	32.82	37.86	21.70
秦皇岛市	0.20	0.19	11.17	8.26	18.38	12.24
邯郸市	0.25	0.05	22.31	16.70	34.01	13.36
邢台市	0.16	0.01	12.23	7.70	22.69	6.95
保定市	0.28	0.11	29.22	13.82	40.94	11.94
张家口市	0.55	0.01	11.93	7.21	21.24	8.12
承德市	0.52	0.05	8.15	3.91	17.05	6.78
沧州市	0.94	0.62	14.62	4.78	28.14	7.10
廊坊市	0.16	0.16	14.58	9.43	19.90	7.45
衡水市	0.13	0.03	5.45	2.43	16.21	5.95
山西省	**3.23**	**0.80**	**181.76**	**105.06**	**204.01**	**101.66**
太原市	0.33	0.27	42.75	42.06	41.56	38.61
大同市	0.21	0.10	20.64	20.85	21.27	15.19
阳泉市	0.04	0.01	15.25	13.41	8.45	5.60
长治市	0.31	0.07	19.70	6.52	17.29	7.87
晋城市	0.15	0.01	15.44	8.66	11.56	4.39
朔州市	0.87	0.16	7.42	2.61	9.60	4.26
晋中市	0.18	0.05	17.31	3.74	17.57	5.97
运城市	0.30		12.21	2.09	19.54	4.95
忻州市	0.33	0.05	6.14	1.54	16.23	5.02
临汾市	0.42	0.08	12.19	2.67	23.02	6.09
吕梁市	0.09		12.71	0.91	17.92	3.71
内蒙古自治区	**22.83**	**2.45**	**69.85**	**39.26**	**117.74**	**62.29**
呼和浩特市	0.36	0.15	8.83	4.45	22.31	18.52
包头市	0.31	0.20	16.95	14.68	15.33	13.19
乌海市	0.05	0.05	6.16	6.16	3.31	3.31
赤峰市	1.95	0.10	10.20	4.87	18.35	6.87
通辽市	5.82	1.09	5.89	3.07	12.63	4.71
鄂尔多斯市	0.47	0.08	6.87	1.60	9.97	3.80
呼伦贝尔市	11.27	0.15	8.27	0.96	15.89	3.46
巴彦淖尔市	2.24	0.60	3.88	1.98	8.49	4.11
乌兰察布市	0.36	0.03	2.80	1.49	11.46	4.32
辽宁省	**27.97**	**2.73**	**227.08**	**195.17**	**257.76**	**190.54**
沈阳市	0.99	0.66	41.27	40.36	68.16	62.75
大连市	0.97	0.43	47.57	41.61	45.66	39.14
鞍山市	0.74	0.08	21.23	18.81	19.00	12.55
抚顺市	0.55	0.14	15.39	14.36	10.82	8.31
本溪市	0.19	0.07	12.93	12.13	10.09	8.07
丹东市	0.30	0.05	8.01	6.23	12.91	8.03
锦州市	1.46	0.58	8.05	7.07	14.62	9.42

2-3 续表 1 单位：万人

城　市	第一产业(农、林、牧、渔业)		第二产业		第三产业	
	全市	市辖区	全市	市辖区	全市	市辖区
营口市	0.11	0.05	7.48	6.84	12.03	8.75
阜新市	0.44	0.10	7.95	7.64	9.15	5.81
辽阳市	0.42	0.28	8.38	7.28	7.81	5.51
盘锦市	18.75	0.15	19.72	19.22	10.90	7.93
铁岭市	2.02	0.03	8.71	2.52	11.40	3.53
朝阳市	0.61	0.01	9.10	3.72	14.29	5.27
葫芦岛市	0.42	0.10	11.29	7.38	10.92	5.47
吉林省	**13.00**	**3.07**	**88.22**	**68.84**	**131.88**	**78.63**
长春市	1.33	0.25	37.45	34.10	54.03	43.18
吉林市	1.64	0.14	14.26	10.12	17.35	10.09
四平市	1.03	0.11	7.38	4.69	12.73	4.52
辽源市	0.36	0.03	3.78	3.46	4.69	2.33
通化市	0.62	0.02	8.29	3.70	10.96	4.04
白山市	2.20	0.79	6.10	4.54	8.90	5.03
松原市	2.42	0.07	8.45	6.82	10.62	3.66
白城市	3.40	1.66	2.51	1.41	12.60	5.78
黑龙江省	**86.27**	**9.98**	**152.41**	**121.36**	**214.62**	**129.75**
哈尔滨市	5.50	0.27	49.67	43.27	80.00	65.13
齐齐哈尔市	7.65	0.06	12.75	10.26	21.57	12.30
鸡西市	6.70	0.06	11.52	9.35	9.44	4.18
鹤岗市	8.55	0.20	10.31	8.39	7.03	3.37
双鸭山市	14.61	0.19	8.21	5.44	9.99	2.82
大庆市	0.34	0.07	27.34	26.02	24.21	19.69
伊春市	10.23	7.83	3.80	3.45	4.18	3.05
佳木斯市	9.56	0.51	4.60	2.84	13.47	6.22
七台河市	0.55	0.37	9.12	8.34	3.76	2.81
牡丹江市	5.00	0.05	5.98	3.03	12.77	6.36
黑河市	16.30	0.30	2.54	0.34	10.62	2.12
绥化市	1.28	0.07	6.57	0.63	17.58	1.70
上海市	**1.54**	**1.09**	**158.16**	**157.55**	**233.17**	**230.40**
江苏省	**9.92**	**3.10**	**413.29**	**235.79**	**340.54**	**202.93**
南京市	0.41	0.27	59.59	54.57	65.64	62.53
无锡市	0.24	0.09	52.16	32.67	30.55	19.87
徐州市	1.86	0.85	23.85	16.79	36.11	19.45
常州市	0.12	0.05	18.83	13.09	19.21	14.24
苏州市	0.15	0.02	94.69	46.67	36.03	16.51
南通市	1.13	0.39	36.39	17.63	25.59	12.67
连云港市	1.87	0.58	13.67	8.70	18.46	9.16
淮安市	1.13	0.41	18.82	11.53	19.33	12.80
盐城市	2.42	0.36	24.37	6.71	25.12	8.52
扬州市	0.09		22.98	7.83	17.02	7.51
镇江市	0.15	0.05	21.20	9.23	15.91	9.31
泰州市	0.24	0.01	17.92	6.90	18.99	6.04
宿迁市	0.11	0.02	8.82	3.47	12.58	4.32

2-3 续表 2 单位：万人

城 市	第一产业(农、林、牧、渔业)		第二产业		第三产业	
	全市	市辖区	全市	市辖区	全市	市辖区
浙江省	**1.44**	**0.36**	**545.60**	**270.22**	**332.21**	**201.39**
杭州市	0.15	0.07	125.86	108.57	106.70	93.67
宁波市	0.13	0.04	92.07	51.70	47.99	33.30
温州市	0.11	0.02	72.51	21.69	35.30	16.35
嘉兴市	0.09	0.03	56.48	14.88	23.84	9.00
湖州市	0.02	0.01	25.07	10.83	12.82	6.64
绍兴市	0.03	0.01	85.03	20.24	22.07	6.68
金华市	0.10	0.05	26.47	8.66	25.93	7.57
衢州市	0.04		7.50	4.33	9.56	4.62
舟山市	0.05	0.04	6.63	5.86	10.12	8.17
台州市	0.48	0.06	42.80	21.52	26.50	11.58
丽水市	0.24	0.03	5.18	1.94	11.39	3.82
安徽省	**6.13**	**1.92**	**159.86**	**119.68**	**206.93**	**110.83**
合肥市	0.10	0.02	32.93	26.36	38.07	31.72
芜湖市	0.04	0.01	15.56	13.57	11.11	8.56
蚌埠市	0.21	0.01	5.89	4.41	11.15	6.62
淮南市	0.32	0.19	20.90	17.96	11.48	9.67
马鞍山市	0.03		9.68	9.37	5.71	4.48
淮北市			14.90	14.41	5.94	3.78
铜陵市	0.38	0.37	7.46	6.68	3.83	3.05
安庆市	1.69	0.82	5.63	3.91	16.92	4.91
黄山市	0.10	0.03	2.43	1.81	6.88	3.96
滁州市	0.85	0.09	5.10	2.64	11.90	3.19
阜阳市	0.31	0.09	9.03	5.49	19.77	8.35
宿州市	0.58	0.09	7.81	5.23	13.66	5.73
巢湖市	0.21	0.08	5.48	1.67	11.20	3.41
六安市	0.84	0.09	6.91	3.66	14.42	5.61
亳州市	0.05		4.54	1.42	11.48	3.77
池州市	0.13	0.02	1.74	0.89	5.23	2.66
宣城市	0.29	0.01	3.87	0.20	8.18	1.36
福建省	**6.69**	**1.44**	**317.60**	**154.83**	**179.73**	**103.31**
福州市	0.73	0.39	55.90	25.57	48.84	34.96
厦门市	0.28	0.28	66.02	66.02	29.03	29.03
莆田市	0.13	0.10	18.44	16.48	10.21	8.11
三明市	0.57	0.10	8.69	3.84	12.26	3.37
泉州市	0.38	0.09	116.37	24.45	25.42	9.85
漳州市	2.66	0.15	22.39	5.88	15.06	5.33
南平市	1.09	0.12	9.61	3.68	12.84	3.32
龙岩市	0.52	0.13	15.83	7.07	14.20	6.17
宁德市	0.33	0.08	4.35	1.84	11.87	3.17
江西省	**12.09**	**2.01**	**119.47**	**61.36**	**163.71**	**69.19**
南昌市	1.73	1.17	32.11	23.58	33.99	28.00
景德镇市	1.02	0.47	8.80	5.51	7.62	4.63
萍乡市	0.07	0.04	6.85	6.26	7.19	4.63
九江市	0.89	0.03	15.44	6.26	17.62	6.38
新余市	0.09	0.03	5.79	5.18	4.19	3.28
鹰潭市	1.43		4.36	0.53	4.30	1.79

2-3 续表 3 单位：万人

城市	第一产业(农、林、牧、渔业)		第二产业		第三产业	
	全市	市辖区	全市	市辖区	全市	市辖区
赣州市	0.76	0.03	16.74	3.63	24.93	4.69
吉安市	1.39	0.14	3.87	0.44	14.89	3.23
宜春市	0.78	0.05	10.81	3.38	16.48	5.27
抚州市	0.98	0.05	7.38	4.01	12.81	3.73
上饶市	2.95	0.03	7.32	2.58	19.69	3.56
山东省	**5.10**	**1.20**	**514.76**	**269.11**	**434.21**	**237.29**
济南市	0.11	0.06	61.93	42.80	65.76	55.75
青岛市	0.52	0.26	75.61	39.69	47.98	33.12
淄博市	0.25	0.08	40.53	30.94	22.10	16.97
枣庄市	0.40	0.04	18.86	13.86	16.52	11.57
东营市	0.59	0.23	22.90	16.14	16.61	12.85
烟台市	0.34	0.10	54.46	32.33	35.66	17.96
潍坊市	0.34	0.04	38.37	14.25	35.28	12.46
济宁市	0.18	0.06	32.81	9.75	30.25	12.25
泰安市	0.26	0.12	34.35	8.27	21.71	10.53
威海市	0.15	0.02	25.21	13.98	14.58	6.93
日照市	0.11	0.07	9.54	6.29	11.05	7.16
莱芜市			9.17	9.17	4.77	4.77
临沂市	0.70	0.05	24.60	13.83	30.82	10.38
德州市	0.52		17.37	5.94	20.66	5.17
聊城市	0.12	0.02	14.68	2.30	20.57	7.20
滨州市	0.09	0.02	24.45	5.85	13.02	4.26
菏泽市	0.42	0.03	9.92	3.72	26.87	7.96
河南省	**6.97**	**0.61**	**320.09**	**179.08**	**403.33**	**170.37**
郑州市	0.23	0.08	50.39	32.99	57.88	41.09
开封市	0.73	0.03	10.34	4.63	22.03	9.95
洛阳市	0.21	0.03	23.81	15.14	29.90	15.73
平顶山市	0.12	0.01	26.78	19.17	21.55	9.68
安阳市	0.13		24.39	12.18	18.94	7.94
鹤壁市	0.12		11.68	9.60	6.01	3.42
新乡市	0.63		21.48	10.77	23.58	8.37
焦作市	0.57	0.01	15.99	9.27	15.73	6.85
濮阳市	0.05		16.49	13.49	14.88	7.06
许昌市	0.06		13.32	4.10	15.29	4.51
漯河市	0.04		12.57	9.25	10.48	6.39
三门峡市	0.14	0.01	12.86	3.31	11.22	3.81
南阳市	1.16	0.25	28.03	14.98	41.29	14.88
商丘市	0.28	0.03	11.61	4.65	27.83	9.15
信阳市	0.88	0.15	13.51	4.79	28.80	8.36
周口市	1.10		12.43	3.89	31.69	6.83
驻马店市	0.52	0.01	14.41	6.87	26.23	6.35
湖北省	**10.55**	**5.21**	**306.65**	**169.43**	**272.54**	**158.82**
武汉市	0.79	0.32	89.04	60.22	88.63	77.63
黄石市	0.44	0.03	29.70	17.43	13.71	8.85
十堰市	0.36	0.05	21.50	16.58	21.40	10.05

2-3 续表 4

单位：万人

城　　市	第一产业(农、林、牧、渔业)		第二产业		第三产业	
	全市	市辖区	全市	市辖区	全市	市辖区
宜昌市	0.28	0.12	31.27	22.04	24.18	14.03
襄阳市	0.60	0.31	22.77	11.55	23.16	11.85
鄂州市	0.03	0.03	12.02	12.02	6.17	6.17
荆门市	1.08	0.14	15.94	5.51	14.42	7.49
孝感市	1.72	1.08	35.16	7.97	22.83	4.98
荆州市	3.97	3.04	18.85	8.63	19.90	6.62
黄冈市	0.83	0.05	18.52	2.68	19.97	3.47
咸宁市	0.39	0.04	7.25	2.28	11.94	5.17
随州市	0.06		4.63	2.52	6.23	2.51
湖南省	**5.74**	**0.35**	**215.84**	**104.80**	**273.68**	**131.84**
长沙市	0.05		50.11	25.00	60.40	47.29
株洲市	0.10		19.48	12.94	15.95	9.06
湘潭市			17.07	10.35	12.50	7.83
衡阳市	0.03		23.96	11.64	27.70	10.86
邵阳市	0.56	0.01	12.04	5.72	20.87	5.76
岳阳市	3.23		27.47	13.41	24.32	10.17
常德市	0.10	0.05	16.98	8.11	19.73	8.51
张家界市	0.07	0.01	1.70	0.53	6.16	3.32
益阳市	0.15		8.03	4.29	15.89	7.83
郴州市	0.10	0.04	11.00	3.94	17.85	6.53
永州市	0.54	0.05	8.92	3.70	19.81	5.89
怀化市	0.40		5.96	0.90	19.26	4.71
娄底市	0.41	0.19	13.12	4.27	13.24	4.08
广东省	**8.81**	**2.21**	**563.19**	**462.71**	**546.52**	**413.49**
广州市	0.60	0.44	105.73	95.81	140.04	132.83
韶关市	0.46		15.33	8.60	14.82	7.41
深圳市	0.27	0.27	138.71	138.71	114.04	114.04
珠海市	0.74	0.74	44.17	44.17	18.24	18.24
汕头市	0.04	0.03	13.27	13.19	18.97	18.53
佛山市	0.04	0.04	29.14	29.14	26.89	26.89
江门市	0.11		26.99	14.20	17.75	8.90
湛江市	2.34	0.29	13.62	5.90	24.72	10.95
茂名市	1.19	0.03	9.46	3.25	20.29	6.14
肇庆市	0.14	0.02	12.60	8.43	14.84	5.19
惠州市	0.11	0.01	60.50	46.69	19.78	12.03
梅州市	0.11	0.01	6.88	1.66	16.47	3.71
汕尾市	1.02	0.01	6.46	3.72	8.24	2.39
河源市	0.13	0.06	13.11	7.91	11.44	3.61
阳江市	0.57	0.16	6.49	2.26	11.18	5.19
清远市	0.21	0.02	14.77	5.52	12.62	3.99
东莞市	0.07	0.07	8.82	8.82	14.31	14.31
中山市			17.99	17.99	11.05	11.05
潮州市	0.02		5.04	2.72	7.39	2.84
揭阳市	0.57		5.91	1.83	14.23	3.20
云浮市	0.07	0.01	8.20	2.19	9.21	2.05

2-3 续表 5 单位：万人

城　　市	第一产业(农、林、牧、渔业)		第二产业		第三产业	
	全市	市辖区	全市	市辖区	全市	市辖区
广西壮族自治区	**10.77**	**3.58**	**97.16**	**57.29**	**195.98**	**102.35**
南宁市	1.54	0.80	22.47	16.00	46.54	37.39
柳州市	0.79	0.27	16.49	13.33	20.71	13.67
桂林市	0.64	0.08	9.07	5.31	21.88	10.40
梧州市	0.23		5.19	3.18	10.17	4.10
北海市	0.52	0.33	4.42	3.08	6.95	3.52
防城港市	1.23	0.59	2.45	1.92	5.23	3.74
钦州市	0.54	0.23	3.81	1.98	9.37	4.47
贵港市	0.21	0.09	3.59	1.89	11.51	4.92
玉林市	1.14	0.05	8.85	3.36	17.31	5.78
百色市	0.48	0.14	5.16	1.59	12.52	3.62
贺州市	0.34	0.07	2.09	1.29	6.41	3.27
河池市	0.59	0.05	5.47	1.58	12.18	2.67
来宾市	0.91	0.60	3.70	1.93	7.24	3.02
崇左市	1.61	0.28	4.40	0.85	7.96	1.78
海南省	**0.21**	**0.21**	**10.88**	**10.88**	**28.93**	**28.93**
海口市	0.13	0.13	10.08	10.08	22.88	22.88
三亚市	0.08	0.08	0.80	0.80	6.05	6.05
重庆市	**1.71**	**0.73**	**116.69**	**96.22**	**130.35**	**93.02**
四川省	**3.55**	**0.94**	**248.31**	**150.79**	**271.23**	**142.81**
成都市	0.23	0.11	90.91	65.79	80.91	59.07
自贡市	0.06	0.03	7.21	5.68	9.27	6.29
攀枝花市	0.12	0.05	11.48	11.08	5.58	4.37
泸州市	0.21	0.04	13.42	8.80	12.10	6.28
德阳市	0.07	0.01	14.10	8.30	11.57	4.39
绵阳市	0.16	0.02	16.31	10.04	18.09	9.02
广元市	0.10	0.02	2.66	1.86	11.46	6.07
遂宁市	0.01	0.01	8.02	2.34	8.14	4.03
内江市	0.19	0.07	10.66	4.08	9.51	4.27
乐山市	0.39	0.22	16.08	7.80	12.37	5.99
南充市	0.26	0.04	6.87	4.16	18.81	8.43
眉山市	0.21	0.02	6.43	2.24	8.63	3.32
宜宾市	0.10	0.02	18.41	8.09	15.01	5.13
广安市	0.12	0.01	2.88	0.95	8.40	2.98
达州市	0.40	0.03	8.81	3.39	16.06	3.41
雅安市	0.16	0.01	2.87	1.33	6.76	3.05
巴中市	0.43	0.14	4.93	2.47	9.08	3.63
资阳市	0.33	0.09	6.26	2.39	9.48	3.08
贵州省	**0.85**	**0.31**	**57.08**	**39.72**	**75.14**	**46.83**
贵阳市	0.30	0.20	34.12	29.12	35.92	31.83
六盘水市	0.11		11.31	5.05	8.19	2.99
遵义市	0.13	0.01	8.30	3.42	21.91	7.22
安顺市	0.31	0.10	3.35	2.13	9.12	4.79

2-3 续表 6

单位：万人

城　市	第一产业(农、林、牧、渔业)		第二产业		第三产业	
	全市	市辖区	全市	市辖区	全市	市辖区
云南省	**5.37**	**1.06**	**84.00**	**42.27**	**126.77**	**59.39**
昆明市	0.80	0.30	38.86	27.90	59.30	37.04
曲靖市	0.53	0.09	17.34	3.15	15.34	3.66
玉溪市	0.29	0.06	8.14	2.51	10.39	4.54
保山市	0.54	0.24	6.12	3.82	7.55	3.17
昭通市	0.32	0.05	4.43	1.81	13.36	4.04
丽江市	0.40		2.51	0.68	5.81	2.64
思茅市	1.37	0.27	4.53	2.06	8.19	2.35
临沧市	1.12	0.05	2.07	0.34	6.83	1.95
西藏自治区						
拉萨市						
陕西省	**4.30**	**1.17**	**136.65**	**88.70**	**215.17**	**124.64**
西安市	0.39	0.13	57.22	52.33	82.76	76.38
铜川市	0.06	0.04	4.83	4.72	4.94	4.51
宝鸡市	0.50	0.14	14.50	10.30	16.65	8.88
咸阳市	0.38	0.07	15.04	7.42	21.68	7.37
渭南市	1.06	0.28	14.43	4.23	21.84	6.17
延安市	0.45	0.10	8.48	3.52	14.16	4.48
汉中市	0.43	0.09	8.97	2.85	15.61	5.03
榆林市	0.62	0.21	7.68	1.48	17.61	4.42
安康市	0.13	0.02	2.12	0.97	10.62	4.31
商洛市	0.28	0.09	3.38	0.88	9.30	3.09
甘肃省	**5.45**	**1.72**	**63.97**	**47.98**	**102.60**	**56.87**
兰州市	0.16	0.14	24.12	22.01	27.08	23.94
嘉峪关市	0.01	0.01	3.68	3.68	1.32	1.32
金昌市	0.33	0.01	5.10	4.30	2.01	1.11
白银市	0.46	0.05	7.29	6.63	7.59	3.53
天水市	0.48	0.19	6.50	5.26	11.94	6.78
武威市	1.12	0.85	2.34	1.76	6.43	4.49
张掖市	1.15	0.14	2.78	1.43	6.34	3.39
平凉市	0.30	0.08	4.37	1.21	8.26	2.93
酒泉市	0.61	0.16	2.96	1.05	6.00	2.70
庆阳市	0.05	0.01	0.68	0.22	8.66	2.52
定西市	0.25	0.02	1.92	0.25	8.46	2.41
陇南市	0.53	0.06	2.23	0.18	8.51	1.75
青海省	**0.14**	**0.05**	**11.52**	**7.12**	**16.99**	**13.74**
西宁市	0.14	0.05	11.52	7.12	16.99	13.74
宁夏回族自治区	**2.64**	**1.56**	**23.07**	**18.53**	**32.13**	**20.12**
银川市	1.22	0.48	13.95	11.90	14.91	12.36
石嘴山市	0.29	0.26	5.37	4.94	3.87	2.67
吴忠市	0.42	0.59	2.19	0.71	4.93	1.74
固原市	0.29	0.12	0.54	0.10	4.78	1.92
中卫市	0.42	0.11	1.02	0.88	3.64	1.43
新疆维吾尔自治区	**1.27**	**1.25**	**28.11**	**28.07**	**33.55**	**33.18**
乌鲁木齐市	1.23	1.21	16.46	16.42	29.48	29.11
克拉玛依市	0.04	0.04	11.65	11.65	4.07	4.07

2-4 单位从业人员就业结构

单位：%

城市	第一产业从业人员比重		第二产业从业人员比重		第三产业从业人员比重	
	全市	市辖区	全市	市辖区	全市	市辖区
城市合计	**2.22**	**0.72**	**45.81**	**47.31**	**51.98**	**51.97**
北京市	**0.50**	**0.47**	**23.39**	**23.09**	**76.11**	**76.45**
天津市	**0.35**	**0.29**	**47.53**	**48.24**	**52.13**	**51.46**
河北省	**1.28**	**0.58**	**39.24**	**48.63**	**59.48**	**50.78**
石家庄市	0.49	0.36	36.97	39.40	62.54	60.25
唐山市	3.61	0.51	51.33	59.89	45.06	39.60
秦皇岛市	0.67	0.92	37.55	39.92	61.78	59.16
邯郸市	0.44	0.17	39.44	55.46	60.12	44.37
邢台市	0.46	0.07	34.86	52.52	64.68	47.41
保定市	0.40	0.43	41.48	53.42	58.12	46.15
张家口市	1.63	0.07	35.38	47.00	62.99	52.93
承德市	2.02	0.47	31.69	36.41	66.29	63.13
沧州市	2.15	4.96	33.46	38.24	64.39	56.80
廊坊市	0.46		42.09	55.86	57.45	44.14
衡水市	0.60	0.36	25.01	28.89	74.39	70.75
山西省	**0.83**	**0.39**	**46.72**	**50.63**	**52.44**	**48.99**
太原市	0.39	0.33	50.51	51.96	49.10	47.70
大同市	0.50	0.28	49.00	57.69	50.50	42.03
阳泉市	0.17	0.05	64.24	70.50	35.59	29.44
长治市	0.83	0.48	52.82	45.09	46.35	54.43
晋城市	0.55	0.08	56.87	66.31	42.58	33.61
朔州市	4.86	2.28	41.48	37.13	53.66	60.60
晋中市	0.51	0.51	49.37	38.32	50.11	61.17
运城市	0.94		38.10	29.69	60.97	70.31
忻州市	1.45	0.76	27.05	23.30	71.50	75.95
临汾市	1.18	0.90	34.21	30.20	64.61	68.89
吕梁市	0.29		41.37	19.70	58.33	80.30
内蒙古自治区	**10.85**	**2.36**	**33.20**	**37.75**	**55.95**	**59.89**
呼和浩特市	1.14	0.65	28.03	19.25	70.83	80.10
包头市	0.95	0.71	52.01	52.30	47.04	46.99
乌海市	0.53	0.53	64.71	64.71	34.77	34.77
赤峰市	6.39	0.84	33.44	41.13	60.16	58.02
通辽市	23.91	12.29	24.20	34.61	51.89	53.10
鄂尔多斯市	2.72	1.46	39.69	29.20	57.60	69.34
呼伦贝尔市	31.81	3.28	23.34	21.01	44.85	75.71
巴彦淖尔市	15.33	8.97	26.56	29.60	58.11	61.43
乌兰察布市	2.46	0.51	19.15	25.51	78.39	73.97
辽宁省	**5.45**	**0.70**	**44.28**	**50.24**	**50.26**	**49.05**
沈阳市	0.90	0.64	37.38	38.89	61.73	60.47
大连市	1.03	0.53	50.50	51.26	48.47	48.21
鞍山市	1.81	0.25	51.82	59.83	46.38	39.92
抚顺市	2.06	0.61	57.51	62.95	40.43	36.43
本溪市	0.82	0.35	55.71	59.84	43.47	39.81
丹东市	1.41	0.35	37.75	43.54	60.84	56.11
锦州市	6.05	3.40	33.36	41.42	60.59	55.18

2-4 续表 1

单位：%

城　市	第一产业从业人员比重		第二产业从业人员比重		第三产业从业人员比重	
	全市	市辖区	全市	市辖区	全市	市辖区
营口市	0.56	0.32	38.12	43.73	61.31	55.95
阜新市	2.51	0.74	45.32	56.38	52.17	42.88
辽阳市	2.53	2.14	50.45	55.70	47.02	42.16
盘锦市	37.98	0.55	39.94	70.40	22.08	29.05
铁岭市	9.13	0.49	39.36	41.45	51.51	58.06
朝阳市	2.54	0.11	37.92	41.33	59.54	58.56
葫芦岛市	1.86	0.77	49.89	56.99	48.25	42.24
吉林省	**5.58**	**2.04**	**37.85**	**45.73**	**56.58**	**52.23**
长春市	1.43	0.32	40.35	43.98	58.22	55.69
吉林市	4.93	0.69	42.89	49.73	52.18	49.58
四平市	4.87	1.18	34.91	50.32	60.22	48.50
辽源市	4.08	0.52	42.81	59.45	53.11	40.03
通化市	3.12	0.26	41.72	47.68	55.16	52.06
白山市	12.79	7.63	35.47	43.82	51.74	48.55
松原市	11.26	0.66	39.32	64.64	49.42	34.69
白城市	18.37	18.76	13.56	15.93	68.07	65.31
黑龙江省	**19.03**	**3.82**	**33.62**	**46.48**	**47.35**	**49.70**
哈尔滨市	4.07	0.25	36.75	39.82	59.18	59.93
齐齐哈尔市	18.23	0.27	30.38	45.36	51.39	54.38
鸡西市	24.22	0.44	41.65	68.80	34.13	30.76
鹤岗市	33.02	1.67	39.82	70.15	27.15	28.18
双鸭山市	44.53	2.25	25.02	64.38	30.45	33.37
大庆市	0.66	0.15	52.69	56.84	46.66	43.01
伊春市	56.18	54.64	20.87	24.08	22.95	21.28
佳木斯市	34.60	5.33	16.65	29.68	48.75	64.99
七台河市	4.10	3.21	67.91	72.40	28.00	24.39
牡丹江市	21.05	0.53	25.18	32.10	53.77	67.37
黑河市	55.33	10.87	8.62	12.32	36.05	76.81
绥化市	5.03	2.92	25.84	26.25	69.13	70.83
上海市	**0.39**	**0.28**	**40.26**	**40.50**	**59.35**	**59.22**
江苏省	**1.30**	**0.70**	**54.11**	**53.37**	**44.59**	**45.93**
南京市	0.33	0.23	47.43	46.49	52.24	53.28
无锡市	0.29	0.17	62.88	62.07	36.83	37.75
徐州市	3.01	2.29	38.58	45.27	58.41	52.44
常州市	0.31	0.18	49.34	47.81	50.34	52.01
苏州市	0.11	0.03	72.35	73.84	27.53	26.12
南通市	1.79	1.27	57.66	57.45	40.55	41.28
连云港市	5.50	3.15	40.21	47.18	54.29	49.67
淮安市	2.88	1.66	47.91	46.60	49.21	51.74
盐城市	4.66	2.31	46.95	43.04	48.39	54.65
扬州市	0.22		57.32	51.04	42.45	48.96
镇江市	0.40	0.27	56.90	49.65	42.70	50.08
泰州市	0.65	0.08	48.24	53.28	51.12	46.64
宿迁市	0.51	0.26	41.00	44.43	58.48	55.31

2-4 续表 2

单位：%

城 市	第一产业从业人员比重		第二产业从业人员比重		第三产业从业人员比重	
	全市	市辖区	全市	市辖区	全市	市辖区
浙江省	**0.16**	**0.08**	**62.05**	**57.25**	**37.78**	**42.67**
杭州市	0.06	0.03	54.08	53.67	45.85	46.30
宁波市	0.09	0.05	65.68	60.79	34.23	39.16
温州市	0.10	0.05	67.19	56.99	32.71	42.96
嘉兴市	0.11	0.12	70.24	62.24	29.65	37.64
湖州市	0.05	0.05	66.14	61.97	33.81	37.98
绍兴市	0.03	0.02	79.37	75.17	20.60	24.80
金华市	0.19	0.31	50.42	53.19	49.39	46.50
衢州市	0.23		43.86	48.38	55.91	51.62
舟山市	0.30	0.28	39.46	41.65	60.24	58.07
台州市	0.69	0.18	61.34	64.90	37.98	34.92
丽水市	1.44	0.59	30.83	33.46	67.73	65.95
安徽省	**1.64**	**0.83**	**42.87**	**51.49**	**55.49**	**47.68**
合肥市	0.14	0.03	46.32	45.37	53.54	54.60
芜湖市	0.15	0.05	58.26	61.29	41.59	38.66
蚌埠市	1.22	0.09	34.14	39.95	64.64	59.96
淮南市	0.98	0.68	63.91	64.56	35.11	34.76
马鞍山市	0.19		62.78	67.65	37.03	32.35
淮北市			71.50	79.22	28.50	20.78
铜陵市	3.26	3.66	63.92	66.14	32.82	30.20
安庆市	6.97	8.51	23.23	40.56	69.80	50.93
黄山市	1.06	0.52	25.82	31.21	73.11	68.28
滁州市	4.76	1.52	28.57	44.59	66.67	53.89
阜阳市	1.06	0.65	31.02	39.41	67.91	59.94
宿州市	2.63	0.81	35.42	47.33	61.95	51.86
巢湖市	1.24	1.55	32.45	32.36	66.31	66.09
六安市	3.79	0.96	31.17	39.10	65.04	59.94
亳州市	0.31		28.25	27.36	71.44	72.64
池州市	1.83	0.56	24.51	24.93	73.66	74.51
宣城市	2.35	0.64	31.36	12.74	66.29	86.62
福建省	**1.33**	**0.55**	**63.01**	**59.65**	**35.66**	**39.80**
福州市	0.69	0.64	53.00	41.97	46.31	57.39
厦门市	0.29	0.29	69.25	69.25	30.45	30.45
莆田市	0.45	0.41	64.07	66.75	35.48	32.85
三明市	2.65	1.37	40.38	52.53	56.97	46.10
泉州市	0.27	0.26	81.85	71.10	17.88	28.64
漳州市	6.63	1.32	55.82	51.76	37.55	46.92
南平市	4.63	1.69	40.82	51.69	54.55	46.63
龙岩市	1.70	0.97	51.82	52.88	46.48	46.15
宁德市	1.99	1.57	26.28	36.15	71.72	62.28
江西省	**4.09**	**1.52**	**40.46**	**46.29**	**55.44**	**52.20**
南昌市	2.55	2.22	47.34	44.70	50.11	53.08
景德镇市	5.85	4.43	50.46	51.93	43.69	43.64
萍乡市	0.50	0.37	48.55	57.27	50.96	42.36
九江市	2.62	0.24	45.48	49.41	51.90	50.36
新余市	0.89	0.35	57.50	61.01	41.61	38.63
鹰潭市	14.17		43.21	22.84	42.62	77.16

2-4 续表 3

单位：%

城 市	第一产业从业人员比重		第二产业从业人员比重		第三产业从业人员比重	
	全市	市辖区	全市	市辖区	全市	市辖区
赣州市	1.79	0.36	39.45	43.47	58.76	56.17
吉安市	6.90	3.67	19.21	11.55	73.90	84.78
宜春市	2.78	0.57	38.51	38.85	58.71	60.57
抚州市	4.63	0.64	34.86	51.48	60.51	47.88
上饶市	9.85		24.43	42.02	65.72	57.98
山东省	**0.53**	**0.24**	**53.95**	**53.02**	**45.51**	**46.75**
济南市	0.09	0.06	48.46	43.40	51.46	56.54
青岛市	0.42	0.36	60.92	54.32	38.66	45.33
淄博市	0.40	0.17	64.46	64.47	35.15	35.36
枣庄市	1.12	0.16	52.71	54.42	46.17	45.43
东营市	1.47	0.79	57.11	55.24	41.42	43.98
烟台市	0.38	0.20	60.20	64.16	39.42	35.64
潍坊市	0.46	0.15	51.86	53.27	47.68	46.58
济宁市	0.28	0.27	51.88	44.20	47.83	55.53
泰安市	0.46	0.63	60.99	43.71	38.55	55.66
威海市	0.38	0.10	63.12	66.79	36.50	33.11
日照市	0.53	0.52	46.09	46.52	53.38	52.96
莱芜市			65.78	65.78	34.22	34.22
临沂市	1.25	0.21	43.83	57.01	54.92	42.79
德州市	1.35		45.06	53.47	53.59	46.53
聊城市	0.34	0.21	41.50	24.16	58.16	75.63
滨州市	0.24	0.20	65.10	57.75	34.66	42.05
菏泽市	1.13	0.26	26.66	31.77	72.21	67.98
河南省	**0.95**	**0.17**	**43.82**	**51.16**	**55.22**	**48.67**
郑州市	0.21	0.11	46.44	44.48	53.35	55.41
开封市	2.21	0.21	31.24	31.69	66.56	68.10
洛阳市	0.39	0.10	44.16	49.00	55.45	50.91
平顶山市	0.25	0.03	55.27	66.42	44.48	33.54
安阳市	0.30		56.12	60.54	43.58	39.46
鹤壁市	0.67		65.58	73.73	33.75	26.27
新乡市	1.38		47.01	56.27	51.61	43.73
焦作市	1.77	0.06	49.52	57.47	48.71	42.47
濮阳市	0.16		52.48	65.64	47.36	34.36
许昌市	0.21		46.46	47.62	53.33	52.38
漯河市	0.17		54.44	59.14	45.39	40.86
三门峡市	0.58	0.14	53.10	46.42	46.33	53.44
南阳市	1.65	0.83	39.77	49.75	58.58	49.42
商丘市	0.70	0.22	29.23	33.62	70.07	66.16
信阳市	2.04	1.13	31.28	36.02	66.68	62.86
周口市	2.43		27.49	36.29	70.08	63.71
驻马店市	1.26	0.08	35.01	51.93	63.73	48.00
湖北省	**1.79**	**1.56**	**52.00**	**50.81**	**46.21**	**47.63**
武汉市	0.44	0.23	49.89	43.58	49.66	56.18
黄石市	1.00	0.11	67.73	66.25	31.27	33.64
十堰市	0.83	0.19	49.70	62.14	49.47	37.67

2-4 续表 4

单位：%

城市	第一产业从业人员比重		第二产业从业人员比重		第三产业从业人员比重	
	全市	市辖区	全市	市辖区	全市	市辖区
宜昌市	0.50	0.33	56.11	60.90	43.39	38.77
襄阳市	1.29	1.31	48.94	48.71	49.77	49.98
鄂州市	0.16	0.16	65.97	65.97	33.86	33.86
荆门市	3.44	1.07	50.70	41.93	45.87	57.00
孝感市	2.88	7.70	58.88	56.81	38.23	35.50
荆州市	9.29	16.62	44.12	47.18	46.58	36.19
黄冈市	2.11	0.81	47.10	43.23	50.79	55.97
咸宁市	1.99	0.53	37.03	30.44	60.98	69.03
随州市	0.55		42.40	50.10	57.05	49.90
湖南省	**1.16**	**0.15**	**43.58**	**44.22**	**55.26**	**55.63**
长沙市	0.05		45.32	34.58	54.63	65.42
株洲市	0.28		54.83	58.82	44.89	41.18
湘潭市			57.73	56.93	42.27	43.07
衡阳市	0.06		46.35	51.73	53.59	48.27
邵阳市	1.67	0.09	35.97	49.78	62.35	50.13
岳阳市	5.87		49.93	56.87	44.20	43.13
常德市	0.27	0.30	46.13	48.65	53.60	51.05
张家界市	0.88	0.26	21.44	13.73	77.68	86.01
益阳市	0.62		33.36	35.40	66.02	64.60
郴州市	0.35	0.38	38.00	37.49	61.66	62.13
永州市	1.84	0.52	30.47	38.38	67.68	61.10
怀化市	1.56		23.26	16.04	75.18	83.96
娄底市	1.53	2.22	49.01	50.00	49.46	47.78
广东省	**0.79**	**0.25**	**50.35**	**52.68**	**48.86**	**47.07**
广州市	0.24	0.19	42.92	41.82	56.84	57.98
韶关市	1.50		50.08	53.72	48.42	46.28
深圳市	0.11	0.11	54.82	54.82	45.07	45.07
珠海市	1.17	1.17	69.94	69.94	28.88	28.88
汕头市	0.12	0.09	41.11	41.54	58.77	58.36
佛山市	0.07	0.07	51.97	51.97	47.96	47.96
江门市	0.25		60.18	61.47	39.58	38.53
湛江市	5.75	1.69	33.48	34.42	60.77	63.89
茂名市	3.85	0.32	30.58	34.50	65.58	65.18
肇庆市	0.51	0.15	45.69	61.80	53.81	38.05
惠州市	0.14	0.02	75.26	79.50	24.61	20.48
梅州市	0.47	0.19	29.33	30.86	70.20	68.96
汕尾市	6.49	0.16	41.09	60.78	52.42	39.05
河源市	0.53	0.49	53.12	68.30	46.35	31.21
阳江市	3.13	2.10	35.58	29.70	61.29	68.20
清远市	0.76	0.21	53.51	57.92	45.72	41.87
东莞市	0.30	0.30	38.02	38.02	61.68	61.68
中山市			61.95	61.95	38.05	38.05
潮州市	0.16		40.48	48.92	59.36	51.08
揭阳市	2.75		28.54	36.38	68.71	63.62
云浮市	0.40	0.24	46.91	51.53	52.69	48.24

2-4 续表 5

单位：%

城市	第一产业从业人员比重		第二产业从业人员比重		第三产业从业人员比重	
	全市	市辖区	全市	市辖区	全市	市辖区
广西壮族自治区	**3.54**	**2.19**	**31.97**	**35.10**	**64.49**	**62.71**
南宁市	2.18	1.48	31.85	29.53	65.97	69.00
柳州市	2.08	0.99	43.41	48.88	54.51	50.13
桂林市	2.03	0.51	28.71	33.63	69.26	65.86
梧州市	1.48		33.29	43.68	65.23	56.32
北海市	4.37	4.76	37.17	44.44	58.45	50.79
防城港市	13.80	9.44	27.50	30.72	58.70	59.84
钦州市	3.94	3.44	27.77	29.64	68.29	66.92
贵港市	1.37	1.30	23.45	27.39	75.18	71.30
玉林市	4.18	0.54	32.42	36.56	63.41	62.89
百色市	2.64	2.62	28.41	29.72	68.94	67.66
贺州市	3.85	1.51	23.64	27.86	72.51	70.63
河池市	3.23	1.16	29.99	36.74	66.78	62.09
来宾市	7.68	10.81	31.22	34.77	61.10	54.41
崇左市	11.52	9.62	31.50	29.21	56.98	61.17
海南省	**0.52**	**0.52**	**27.19**	**27.19**	**72.29**	**72.29**
海口市	0.39	0.39	30.46	30.46	69.14	69.14
三亚市	1.15	1.15	11.54	11.54	87.30	87.30
重庆市	**0.69**	**0.38**	**46.91**	**50.65**	**52.40**	**48.97**
四川省	**0.68**	**0.32**	**47.47**	**51.20**	**51.85**	**48.49**
成都市	0.13	0.09	52.84	52.64	47.03	47.27
自贡市	0.36	0.25	43.59	47.33	56.05	52.42
攀枝花市	0.70	0.32	66.82	71.48	32.48	28.19
泸州市	0.82	0.26	52.16	58.20	47.03	41.53
德阳市	0.27	0.08	54.78	65.35	44.95	34.57
绵阳市	0.46	0.10	47.19	52.62	52.34	47.27
广元市	0.70	0.25	18.71	23.40	80.59	76.35
遂宁市	0.06	0.16	49.60	36.68	50.34	63.17
内江市	0.93	0.83	52.36	48.46	46.71	50.71
乐山市	1.35	1.57	55.76	55.67	42.89	42.76
南充市	1.00	0.32	26.48	32.94	72.51	66.75
眉山市	1.38	0.36	42.11	40.14	56.52	59.50
宜宾市	0.30	0.15	54.92	61.10	44.78	38.75
广安市	1.05	0.25	25.26	24.11	73.68	75.63
达州市	1.58	0.44	34.86	49.63	63.55	49.93
雅安市	1.63	0.23	29.32	30.30	69.05	69.48
巴中市	2.98	2.24	34.14	39.58	62.88	58.17
资阳市	2.05	1.62	38.95	42.99	58.99	55.40
贵州省	**0.64**	**0.36**	**42.89**	**45.73**	**56.47**	**53.91**
贵阳市	0.43	0.33	48.51	47.62	51.07	52.05
六盘水市	0.56		57.67	62.81	41.76	37.19
遵义市	0.43	0.09	27.36	32.11	72.21	67.79
安顺市	2.43	1.42	26.21	30.34	71.36	68.23

2-4 续表 6

单位：%

城市	第一产业从业人员比重		第二产业从业人员比重		第三产业从业人员比重	
	全市	市辖区	全市	市辖区	全市	市辖区
云南省	**2.48**	**1.03**	**38.86**	**41.15**	**58.65**	**57.82**
昆明市	0.81	0.46	39.27	42.77	59.92	56.77
曲靖市	1.60	1.30	52.21	45.65	46.19	53.04
玉溪市	1.54	0.84	43.25	35.30	55.21	63.85
保山市	3.80	3.32	43.07	52.84	53.13	43.85
昭通市	1.77	0.85	24.46	30.68	73.77	68.47
丽江市	4.59		28.78	20.48	66.63	79.52
思茅市	9.72	5.77	32.15	44.02	58.13	50.21
临沧市	11.18	2.14	20.66	14.53	68.16	83.33
西藏自治区						
拉萨市						
陕西省	**1.21**	**0.55**	**38.37**	**41.35**	**60.42**	**58.10**
西安市	0.28	0.10	40.76	40.62	58.96	59.28
铜川市	0.61	0.43	49.14	50.92	50.25	48.65
宝鸡市	1.58	0.72	45.81	53.31	52.61	45.96
咸阳市	1.02	0.47	40.54	49.93	58.44	49.60
渭南市	2.84	2.62	38.66	39.61	58.51	57.77
延安市	1.95	1.23	36.73	43.46	61.33	55.31
汉中市	1.72	1.13	35.87	35.76	62.42	63.11
榆林市	2.39	3.44	29.64	24.22	67.97	72.34
安康市	1.01	0.38	16.47	18.30	82.52	81.32
商洛市	2.16	2.22	26.08	21.67	71.76	76.11
甘肃省	**3.17**	**1.61**	**37.19**	**45.02**	**59.64**	**53.36**
兰州市	0.31	0.30	46.96	47.75	52.73	51.94
嘉峪关市	0.20	0.20	73.45	73.45	26.35	26.35
金昌市	4.44	0.18	68.55	79.34	27.02	20.48
白银市	3.00	0.49	47.52	64.94	49.48	34.57
天水市	2.54	1.55	34.36	43.01	63.11	55.44
武威市	11.32	11.97	23.66	24.79	65.02	63.24
张掖市	11.20	2.82	27.07	28.83	61.73	68.35
平凉市	2.32	1.90	33.80	28.67	63.88	69.43
酒泉市	6.37	4.09	30.93	26.85	62.70	69.05
庆阳市	0.53	0.36	7.24	8.00	92.23	91.64
定西市	2.35	0.75	18.06	9.33	79.59	89.93
陇南市	4.70	3.02	19.79	9.05	75.51	87.94
青海省	**0.49**	**0.24**	**40.21**	**34.05**	**59.30**	**65.71**
西宁市	0.49	0.24	40.21	34.05	59.30	65.71
宁夏回族自治区	**4.56**	**3.88**	**39.89**	**46.08**	**55.55**	**50.04**
银川市	4.06	1.94	46.38	48.10	49.57	49.96
石嘴山市	3.04	3.30	56.35	62.77	40.61	33.93
吴忠市	5.57	19.41	29.05	23.36	65.38	57.24
固原市	5.17	5.61	9.63	4.67	85.20	89.72
中卫市	8.27	4.55	20.08	36.36	71.65	59.09
新疆维吾尔自治区	**2.02**	**2.00**	**44.67**	**44.91**	**53.31**	**53.09**
乌鲁木齐市	2.61	2.59	34.90	35.13	62.50	62.28
克拉玛依市	0.25	0.25	73.92	73.92	25.82	25.82

2-5 按行业分组的单位从业人员(一)

单位：万人

城市	第一产业（农、林、牧、渔业）		采矿业		制造业	
	全市	市辖区	全市	市辖区	全市	市辖区
城市合计	**275.11**	**56.15**	**532.66**	**312.06**	**3628.18**	**2425.41**
北京市	**3.23**	**2.94**	**4.54**	**4.13**	**100.55**	**96.62**
天津市	**0.71**	**0.57**	**8.96**	**8.90**	**75.30**	**72.89**
河北省	**6.63**	**1.54**	**27.75**	**20.65**	**119.68**	**80.50**
石家庄市	0.41	0.19	0.67	0.66	23.28	15.29
唐山市	3.03	0.28	10.42	9.99	24.81	17.34
秦皇岛市	0.20	0.19	0.21		8.65	6.60
邯郸市	0.25	0.05	6.59	5.83	9.22	7.34
邢台市	0.16	0.01	3.36	3.09	5.54	3.24
保定市	0.28	0.11	0.20	0.04	16.57	10.45
张家口市	0.55	0.01	2.32	0.56	6.54	4.96
承德市	0.52	0.05	1.53	0.47	4.85	2.69
沧州市	0.94	0.62	2.45	0.01	5.52	2.63
廊坊市	0.16				10.84	8.00
衡水市	0.13	0.03			3.86	1.96
山西省	**3.23**	**0.80**	**79.58**	**40.43**	**71.75**	**43.00**
太原市	0.33	0.27	8.40	8.14	24.69	24.44
大同市	0.21	0.10	14.18	14.95	3.84	3.45
阳泉市	0.04	0.01	11.29	9.72	2.16	2.11
长治市	0.31	0.07	9.39	0.29	7.95	4.41
晋城市	0.15	0.01	11.79	6.55	2.31	1.16
朔州市	0.87	0.16	3.88	0.35	1.36	0.62
晋中市	0.18	0.05	7.33	0.28	6.75	2.18
运城市	0.30		0.12		9.92	1.37
忻州市	0.33	0.05	2.64	0.06	1.81	0.89
临汾市	0.42	0.08	4.20	0.09	5.70	1.70
吕梁市	0.09		6.36		5.26	0.67
内蒙古自治区	**22.83**	**2.45**	**16.09**	**5.36**	**32.97**	**20.55**
呼和浩特市	0.36	0.15	0.02		5.84	2.03
包头市	0.31	0.20	0.95		12.62	11.84
乌海市	0.05	0.05	2.80	2.80	1.30	1.30
赤峰市	1.95	0.10	3.49	2.01	3.64	1.83
通辽市	5.82	1.09	1.35	0.08	2.15	1.26
鄂尔多斯市	0.47	0.08	3.05	0.46	2.93	0.80
呼伦贝尔市	11.27	0.15	3.82	0.01	1.93	0.47
巴彦淖尔市	2.24	0.60	0.43		1.50	0.50
乌兰察布市	0.36	0.03	0.18		1.06	0.52
辽宁省	**27.97**	**2.73**	**35.21**	**25.67**	**144.81**	**128.21**
沈阳市	0.99	0.66	2.17	2.17	30.40	29.96
大连市	0.97	0.43	0.22	0.01	40.88	35.55
鞍山市	0.74	0.08	0.35	0.11	15.62	13.81
抚顺市	0.55	0.14	3.53	2.99	8.50	8.33
本溪市	0.19	0.07	1.73	1.52	8.36	7.98
丹东市	0.30	0.05	0.51		4.90	4.11
锦州市	1.46	0.58	0.01	0.01	5.10	4.30

2-5 续表 1 单位：万人

城　市	第一产业（农、林、牧、渔业）		采矿业		制造业	
	全市	市辖区	全市	市辖区	全市	市辖区
营口市	0.11	0.05	0.11	0.10	5.50	5.28
阜新市	0.44	0.10	4.58	4.58	1.67	1.52
辽阳市	0.42	0.28	0.16	0.07	5.70	4.99
盘锦市	18.75	0.15	13.94	13.94	3.62	3.41
铁岭市	2.02	0.03	4.49		1.81	1.03
朝阳市	0.61	0.01	1.53	0.07	5.38	2.13
葫芦岛市	0.42	0.10	1.88	0.10	7.37	5.81
吉林省	**13.00**	**3.07**	**14.27**	**10.69**	**55.95**	**44.80**
长春市	1.33	0.25	1.24	0.81	28.33	26.29
吉林市	1.64	0.14	1.06		10.28	7.77
四平市	1.03	0.11	0.27	0.08	5.85	4.10
辽源市	0.36	0.03	2.44	2.44	0.81	0.60
通化市	0.62	0.02	1.61	0.08	4.98	2.66
白山市	2.20	0.79	2.12	1.91	2.74	1.81
松原市	2.42	0.07	5.52	5.36	1.41	0.69
白城市	3.40	1.66	0.01	0.01	1.55	0.88
黑龙江省	**86.27**	**9.98**	**42.34**	**39.08**	**68.62**	**52.25**
哈尔滨市	5.50	0.27	0.71	0.01	33.70	30.07
齐齐哈尔市	7.65	0.06	0.02	0.01	9.46	7.88
鸡西市	6.70	0.06	7.74	7.23	1.89	0.83
鹤岗市	8.55	0.20	8.01	7.80	1.39	0.24
双鸭山市	14.61	0.19	5.07	4.57	1.67	0.29
大庆市	0.34	0.07	11.85	11.85	7.18	6.54
伊春市	10.23	7.83	0.26	0.11	2.28	2.22
佳木斯市	9.56	0.51	0.06		1.94	1.17
七台河市	0.55	0.37	7.71	7.44	0.58	0.26
牡丹江市	5.00	0.05	0.50		3.90	2.17
黑河市	16.30	0.30	0.33	0.06	0.86	0.05
绥化市	1.28	0.07	0.08		3.77	0.53
上海市	**1.54**	**1.09**	**0.09**	**0.09**	**141.32**	**140.97**
江苏省	**9.92**	**3.10**	**12.56**	**11.52**	**335.47**	**192.53**
南京市	0.41	0.27	0.32	0.32	47.41	44.03
无锡市	0.24	0.09			45.43	29.43
徐州市	1.86	0.85	8.10	7.75	12.25	6.92
常州市	0.12	0.05	0.04		16.88	11.80
苏州市	0.15	0.02			90.06	45.16
南通市	1.13	0.39			30.26	14.49
连云港市	1.87	0.58	0.98	0.76	8.78	5.80
淮安市	1.13	0.41	0.37	0.18	14.67	9.10
盐城市	2.42	0.36	0.61	0.43	16.37	4.72
扬州市	0.09		1.80	1.75	13.78	5.06
镇江市	0.15	0.05	0.18	0.17	18.35	7.43
泰州市	0.24	0.01			15.30	5.70
宿迁市	0.11	0.02	0.16	0.16	5.93	2.89

2-5 续表 2

单位：万人

城市	第一产业（农、林、牧、渔业）		采矿业		制造业	
	全市	市辖区	全市	市辖区	全市	市辖区
浙江省	**1.44**	**0.36**	**1.73**	**0.43**	**351.39**	**179.80**
杭州市	0.15	0.07	0.27	0.09	75.91	62.72
宁波市	0.13	0.04	0.02	0.02	63.67	46.68
温州市	0.11	0.02	0.22		50.70	14.80
嘉兴市	0.09	0.03			52.20	13.84
湖州市	0.02	0.01	0.64	0.07	19.17	7.50
绍兴市	0.03	0.01	0.22	0.20	37.50	7.26
金华市	0.10	0.05	0.05		15.39	4.28
衢州市	0.04		0.04	0.04	6.20	3.73
舟山市	0.05	0.04	0.15	0.02	4.40	4.00
台州市	0.48	0.06	0.02		22.87	13.76
丽水市	0.24	0.03	0.09		3.37	1.24
安徽省	**6.13**	**1.92**	**32.10**	**26.81**	**76.02**	**60.09**
合肥市	0.10	0.02			17.79	15.42
芜湖市	0.04	0.01	0.04		11.34	10.35
蚌埠市	0.21	0.01			4.46	3.66
淮南市	0.32	0.19	12.99	10.57	3.46	3.26
马鞍山市	0.03		1.48	1.48	6.93	6.67
淮北市			11.31	11.31	2.82	2.47
铜陵市	0.38	0.37	0.12	0.07	5.00	4.81
安庆市	1.69	0.82	0.07	0.01	3.09	2.55
黄山市	0.10	0.03	0.01		1.11	0.77
滁州市	0.85	0.09	0.34	0.12	3.18	1.93
阜阳市	0.31	0.09	1.60	0.27	3.66	2.65
宿州市	0.58	0.09	3.13	2.96	2.25	1.13
巢湖市	0.21	0.08	0.17		2.16	1.32
六安市	0.84	0.09	0.03		2.14	1.21
亳州市	0.05		0.69		2.38	1.15
池州市	0.13	0.02	0.11	0.02	1.05	0.54
宣城市	0.29	0.01	0.01		3.20	0.20
福建省	**6.69**	**1.44**	**4.78**	**2.00**	**241.19**	**116.21**
福州市	0.73	0.39	0.14	0.11	39.80	17.36
厦门市	0.28	0.28	0.01	0.01	52.41	52.41
莆田市	0.13	0.10	0.12	0.12	15.72	13.92
三明市	0.57	0.10	0.66		5.78	2.70
泉州市	0.38	0.09	1.19	0.18	92.56	19.59
漳州市	2.66	0.15	0.26		17.68	4.13
南平市	1.09	0.12	0.21	0.04	7.68	3.14
龙岩市	0.52	0.13	2.13	1.53	7.72	2.66
宁德市	0.33	0.08	0.06	0.01	1.84	0.30
江西省	**12.09**	**2.01**	**8.99**	**2.76**	**71.58**	**36.60**
南昌市	1.73	1.17			17.16	12.81
景德镇市	1.02	0.47	0.61		6.53	4.37
萍乡市	0.07	0.04	2.52	2.45	3.33	2.94
九江市	0.89	0.03	0.24	0.04	8.91	3.46
新余市	0.09	0.03	0.38	0.12	4.48	4.38
鹰潭市	1.43		0.02		3.21	0.18

2-5 续表 3

单位：万人

城市	第一产业（农、林、牧、渔业）		采矿业		制造业	
	全市	市辖区	全市	市辖区	全市	市辖区
赣州市	0.76	0.03	1.33	0.05	12.16	2.44
吉安市	1.39	0.14	0.57		1.19	0.09
宜春市	0.78	0.05	2.67	0.10	6.11	2.60
抚州市	0.98	0.05	0.10		4.18	1.72
上饶市	2.95		0.55		4.32	1.61
山东省	**5.10**	**1.20**	**66.95**	**31.25**	**347.42**	**180.80**
济南市	0.11	0.06	1.85	0.29	30.76	19.72
青岛市	0.52	0.26	0.20	0.01	66.60	35.02
淄博市	0.25	0.08	4.46	4.18	26.93	21.15
枣庄市	0.40	0.04	9.64	8.40	6.06	3.60
东营市	0.59	0.23	12.25	12.19	9.02	2.81
烟台市	0.34	0.10	4.68	0.11	43.91	28.87
潍坊市	0.34	0.04	1.16	0.46	30.95	11.29
济宁市	0.18	0.06	16.62	2.24	11.13	5.55
泰安市	0.26	0.12	11.19	0.15	14.29	4.85
威海市	0.15	0.02	0.11	0.01	21.50	12.24
日照市	0.11	0.07	0.12	0.05	8.03	5.18
莱芜市			1.08	1.08	6.78	6.78
临沂市	0.70	0.05	2.40	2.00	16.60	9.80
德州市	0.52		0.19		14.34	4.89
聊城市	0.12	0.02			12.30	1.46
滨州市	0.09	0.02	0.34	0.08	22.03	5.34
菏泽市	0.42	0.03	0.66		6.19	2.25
河南省	**6.97**	**0.61**	**52.10**	**33.82**	**154.84**	**82.39**
郑州市	0.23	0.08	7.17	4.74	20.54	11.50
开封市	0.73	0.03			6.76	2.43
洛阳市	0.21	0.03	1.51	0.15	14.83	11.21
平顶山市	0.12	0.01	11.83	10.18	11.05	6.22
安阳市	0.13		1.01	1.01	8.85	6.02
鹤壁市	0.12		4.78	4.78	4.41	2.82
新乡市	0.63		0.40		14.67	8.79
焦作市	0.57	0.01	3.03	3.03	9.94	4.47
濮阳市	0.05		6.68	6.68	3.04	1.47
许昌市	0.06		2.15		8.07	3.23
漯河市	0.04		0.03		10.14	7.20
三门峡市	0.14	0.01	5.97	0.13	3.77	1.37
南阳市	1.16	0.25	3.26	2.91	16.37	7.49
商丘市	0.28	0.03	3.55		3.23	2.46
信阳市	0.88	0.15	0.54	0.09	5.98	2.13
周口市	1.10				6.31	0.87
驻马店市	0.52	0.01	0.19	0.12	6.88	2.71
湖北省	**10.55**	**5.21**	**12.97**	**4.93**	**192.69**	**111.70**
武汉市	0.79	0.32	0.08	0.04	50.26	37.39
黄石市	0.44	0.03	5.65	1.34	16.67	12.99
十堰市	0.36	0.05	0.47	0.18	17.38	14.26

2-5 续表 4

单位：万人

城　　市	第一产业（农、林、牧、渔业）		采矿业		制造业	
	全市	市辖区	全市	市辖区	全市	市辖区
宜昌市	0.28	0.12	2.31	1.81	18.74	12.39
襄阳市	0.60	0.31	0.35		17.36	9.86
鄂州市	0.03	0.03	0.80	0.80	7.50	7.50
荆门市	1.08	0.14	1.12	0.44	11.83	3.89
孝感市	1.72	1.08	0.60		19.72	1.88
荆州市	3.97	3.04	0.16		14.82	7.07
黄冈市	0.83	0.05	1.17	0.26	9.95	1.25
咸宁市	0.39	0.04	0.15	0.02	5.64	1.79
随州市	0.06		0.11	0.04	2.82	1.43
湖南省	**5.74**	**0.35**	**15.50**	**1.35**	**112.66**	**56.86**
长沙市	0.05		1.00	0.04	30.51	10.96
株洲市	0.10		1.05	0.06	13.28	9.80
湘潭市			0.81	0.13	8.32	6.70
衡阳市	0.03		2.31	0.12	9.69	5.22
邵阳市	0.56	0.01	1.37	0.14	2.96	1.70
岳阳市	3.23		0.66	0.01	18.30	9.11
常德市	0.10	0.05	0.53	0.01	8.09	3.93
张家界市	0.07	0.01	0.18		0.35	0.08
益阳市	0.15		0.14		4.30	2.56
郴州市	0.10	0.04	3.55	0.50	4.16	2.16
永州市	0.54	0.05	0.32	0.02	4.23	1.86
怀化市	0.40		0.38		2.61	0.24
娄底市	0.41	0.19	3.20	0.32	5.86	2.54
广东省	**8.81**	**2.21**	**3.42**	**1.66**	**476.65**	**406.91**
广州市	0.60	0.44	0.04	0.01	88.64	81.41
韶关市	0.46		0.89		10.24	5.94
深圳市	0.27	0.27	0.18	0.18	123.66	123.66
珠海市	0.74	0.74	0.03	0.03	41.76	41.76
汕头市	0.04	0.03	0.02	0.02	9.47	9.46
佛山市	0.04	0.04	0.01	0.01	25.46	25.46
江门市	0.11				22.65	13.33
湛江市	2.34	0.29	0.86	0.74	7.85	3.88
茂名市	1.19	0.03	0.30	0.28	3.69	1.96
肇庆市	0.14	0.02	0.19		10.89	7.91
惠州市	0.11	0.01	0.03	0.01	57.55	44.53
梅州市	0.11	0.01	0.12		4.03	1.28
汕尾市	1.02	0.01	0.03	0.03	5.16	3.34
河源市	0.13	0.06	0.28		11.02	7.38
阳江市	0.57	0.16	0.03		2.79	0.56
清远市	0.21	0.02	0.06	0.02	13.40	5.17
东莞市	0.07	0.07	0.01	0.01	7.84	7.84
中山市					17.29	17.29
潮州市	0.02		0.01		3.48	2.28
揭阳市	0.57				2.97	1.02
云浮市	0.07	0.01	0.33	0.32	6.81	1.45

2-5 续表 5

单位：万人

城市	第一产业（农、林、牧、渔业）		采矿业		制造业	
	全市	市辖区	全市	市辖区	全市	市辖区
广西壮族自治区	**10.77**	**3.58**	**4.40**	**0.91**	**61.91**	**39.10**
南宁市	1.54	0.80	0.15	0.03	14.43	9.49
柳州市	0.79	0.27	0.25	0.22	13.26	10.73
桂林市	0.64	0.08	0.28		6.20	4.16
梧州市	0.23		0.15		3.22	2.29
北海市	0.52	0.33	0.21	0.08	3.27	2.55
防城港市	1.23	0.59	0.09	0.06	1.06	0.73
钦州市	0.54	0.23	0.17	0.13	1.58	0.59
贵港市	0.21	0.09	0.04	0.02	2.49	1.34
玉林市	1.14	0.05	0.01	0.01	4.64	2.21
百色市	0.48	0.14	0.86	0.21	2.99	0.99
贺州市	0.34	0.07	0.09	0.03	1.14	0.82
河池市	0.59	0.05	1.11	0.11	2.41	1.00
来宾市	0.91	0.60	0.56		2.24	1.56
崇左市	1.61	0.28	0.43	0.01	2.98	0.64
海南省	**0.21**	**0.21**	**0.07**	**0.07**	**4.42**	**4.42**
海口市	0.13	0.13	0.03	0.03	4.19	4.19
三亚市	0.08	0.08	0.04	0.04	0.23	0.23
重庆市	**1.71**	**0.73**	**9.53**	**5.12**	**57.42**	**51.33**
四川省	**3.55**	**0.94**	**14.08**	**4.98**	**121.56**	**79.84**
成都市	0.23	0.11	0.07		45.19	32.95
自贡市	0.06	0.03	0.62	0.62	3.65	3.31
攀枝花市	0.12	0.05	1.90	1.89	7.99	7.83
泸州市	0.21	0.04	0.27		4.12	2.86
德阳市	0.07	0.01	0.49	0.14	8.01	4.16
绵阳市	0.16	0.02	0.01		12.11	8.75
广元市	0.10	0.02	0.26	0.01	1.05	0.86
遂宁市	0.01	0.01			2.21	0.30
内江市	0.19	0.07	1.25		3.76	1.08
乐山市	0.39	0.22	2.45	0.76	8.29	3.33
南充市	0.26	0.04	0.01		2.24	1.66
眉山市	0.21	0.02	0.56		4.09	2.00
宜宾市	0.10	0.02	2.39	0.03	10.72	6.35
广安市	0.12	0.01	1.10	0.29	0.14	0.03
达州市	0.40	0.03	1.92	1.24	2.29	1.03
雅安市	0.16	0.01	0.31		1.32	0.98
巴中市	0.43	0.14	0.47		0.75	0.28
资阳市	0.33	0.09			3.63	2.08
贵州省	**0.85**	**0.31**	**8.46**	**3.50**	**25.51**	**16.76**
贵阳市	0.30	0.20	1.01	0.79	14.90	11.01
六盘水市	0.11		6.60	2.24	3.42	2.15
遵义市	0.13	0.01	0.26	0.06	5.51	2.46
安顺市	0.31	0.10	0.59	0.41	1.68	1.14

2-5 续表 6 单位：万人

城市	第一产业（农、林、牧、渔业）		采矿业		制造业	
	全市	市辖区	全市	市辖区	全市	市辖区
云南省	**5.37**	**1.06**	**11.21**	**1.45**	**43.03**	**19.49**
昆明市	0.80	0.30	1.49	0.51	21.21	12.39
曲靖市	0.53	0.09	5.60	0.37	7.70	2.07
玉溪市	0.29	0.06	1.19	0.07	5.37	1.93
保山市	0.54	0.24	0.40	0.20	2.20	0.65
昭通市	0.32	0.05	1.29	0.25	1.56	0.77
丽江市	0.40		0.84		0.78	0.16
思茅市	1.37	0.27	0.23	0.05	2.94	1.39
临沧市	1.12	0.05	0.17		1.27	0.13
西藏自治区						
拉萨市						
陕西省	**4.30**	**1.17**	**20.79**	**5.77**	**80.49**	**59.50**
西安市	0.39	0.13	0.37		42.00	39.93
铜川市	0.06	0.04	2.59	2.53	1.05	1.03
宝鸡市	0.50	0.14	0.65	0.10	10.85	8.16
咸阳市	0.38	0.07	1.49		9.15	4.56
渭南市	1.06	0.28	3.82		7.24	2.58
延安市	0.45	0.10	6.35	2.68	1.01	0.31
汉中市	0.43	0.09	0.60	0.03	6.04	1.60
榆林市	0.62	0.21	3.78	0.33	1.40	0.62
安康市	0.13	0.02	0.21	0.07	0.80	0.32
商洛市	0.28	0.09	0.93	0.03	0.95	0.39
甘肃省	**5.45**	**1.72**	**9.02**	**3.93**	**34.07**	**28.23**
兰州市	0.16	0.14	1.35	1.33	12.50	10.98
嘉峪关市	0.01	0.01	0.01	0.01	3.55	3.55
金昌市	0.33	0.01	0.03	0.03	4.35	3.79
白银市	0.46	0.05	2.49	2.31	3.81	3.52
天水市	0.48	0.19	0.01		3.70	3.03
武威市	1.12	0.85	0.34	0.19	1.24	1.12
张掖市	1.15	0.14	0.30	0.04	1.58	0.77
平凉市	0.30	0.08	2.37		0.83	0.70
酒泉市	0.61	0.16	1.30		0.90	0.62
庆阳市	0.05	0.01			0.22	0.06
定西市	0.25	0.02	0.05		0.86	0.06
陇南市	0.53	0.06	0.77	0.02	0.53	0.03
青海省	**0.14**	**0.05**	**0.39**	**0.24**	**7.25**	**4.48**
西宁市	0.14	0.05	0.39	0.24	7.25	4.48
宁夏回族自治区	**2.64**	**1.56**	**5.77**	**5.54**	**10.59**	**7.51**
银川市	1.22	0.48	5.15	5.14	4.68	3.10
石嘴山市	0.29	0.26	0.40	0.40	3.43	3.11
吴忠市	0.42	0.59			1.50	0.49
固原市	0.29	0.12	0.22		0.13	0.02
中卫市	0.42	0.11			0.85	0.79
新疆维吾尔自治区	**1.27**	**1.25**	**9.01**	**9.01**	**11.07**	**11.06**
乌鲁木齐市	1.23	1.21	1.77	1.77	7.97	7.96
克拉玛依市	0.04	0.04	7.24	7.24	3.10	3.10

2-6 按行业分组的单位从业人员(二)

单位：万人

城市	电力、燃气及水的生产和供应业		建筑业		交通运输、仓储及邮政业	
	全市	市辖区	全市	市辖区	全市	市辖区
城市合计	**289.68**	**165.63**	**1233.63**	**766.53**	**545.02**	**441.96**
北京市	**6.80**	**6.59**	**39.35**	**38.17**	**51.00**	**50.67**
天津市	**3.27**	**2.83**	**10.21**	**9.76**	**12.50**	**12.32**
河北省	**19.94**	**9.76**	**36.53**	**17.20**	**25.10**	**19.46**
石家庄市	2.66	2.03	4.50	3.07	5.67	4.80
唐山市	2.76	1.86	5.14	3.63	3.87	3.42
秦皇岛市	1.21	0.91	1.10	0.75	3.56	3.29
邯郸市	2.71	1.15	3.79	2.38	2.42	1.61
邢台市	1.99	0.63	1.34	0.74	0.99	0.66
保定市	2.64	0.64	9.81	2.69	2.26	1.61
张家口市	1.33	0.91	1.74	0.78	1.08	0.61
承德市	1.03	0.49	0.74	0.26	1.34	0.93
沧州市	1.76	0.43	4.89	1.71	1.93	1.07
廊坊市	0.89	0.31	2.85	1.12	0.76	0.37
衡水市	0.96	0.40	0.63	0.07	1.22	1.09
山西省	**9.92**	**6.55**	**20.51**	**15.08**	**17.33**	**13.25**
太原市	1.57	1.47	8.09	8.01	7.71	7.66
大同市	1.41	1.27	1.21	1.18	1.03	0.95
阳泉市	0.84	0.62	0.96	0.96	0.83	0.81
长治市	1.04	0.76	1.32	1.06	1.06	0.91
晋城市	0.72	0.40	0.62	0.55	0.67	0.52
朔州市	0.80	0.61	1.38	1.03	0.31	0.16
晋中市	1.12	0.52	2.11	0.76	0.85	0.72
运城市	0.73	0.37	1.44	0.35	0.49	0.29
忻州市	0.44	0.05	1.25	0.54	0.77	0.49
临汾市	0.90	0.45	1.39	0.43	3.06	0.54
吕梁市	0.35	0.03	0.74	0.21	0.55	0.20
内蒙古自治区	**8.93**	**4.97**	**11.86**	**8.38**	**8.09**	**4.63**
呼和浩特市	1.47	1.05	1.50	1.37	1.44	1.36
包头市	1.28	1.17	2.10	1.67	1.37	1.28
乌海市	0.48	0.48	1.58	1.58	0.23	0.23
赤峰市	1.30	0.67	1.77	0.36	0.89	0.36
通辽市	0.79	0.45	1.60	1.28	0.60	0.21
鄂尔多斯市	0.82	0.31	0.07	0.03	0.32	0.10
呼伦贝尔市	1.24	0.21	1.28	0.27	2.08	0.29
巴彦淖尔市	0.65	0.30	1.30	1.18	0.45	0.36
乌兰察布市	0.90	0.33	0.66	0.64	0.71	0.44
辽宁省	**16.61**	**14.16**	**30.45**	**27.13**	**25.96**	**21.98**
沈阳市	3.22	2.91	5.48	5.32	10.70	10.27
大连市	1.71	1.41	4.76	4.64	5.30	4.95
鞍山市	1.28	1.05	3.98	3.84	1.21	0.93
抚顺市	1.36	1.28	2.00	1.76	0.83	0.54
本溪市	0.83	0.69	2.01	1.94	1.00	0.88
丹东市	0.90	0.68	1.70	1.44	1.14	0.85
锦州市	1.49	1.35	1.45	1.41	1.25	0.67

2-6 续表 1

单位：万人

城市	电力、燃气及水的生产和供应业		建筑业		交通运输、仓储及邮政业	
	全市	市辖区	全市	市辖区	全市	市辖区
营口市	0.77	0.75	1.10	0.71	1.22	1.10
阜新市	0.81	0.71	0.89	0.83	0.42	0.27
辽阳市	0.41	0.37	2.11	1.85	0.34	0.30
盘锦市	0.58	0.50	1.58	1.37	0.53	0.37
铁岭市	0.90	0.60	1.51	0.89	0.61	0.22
朝阳市	0.92	0.80	1.27	0.72	0.61	0.30
葫芦岛市	1.43	1.06	0.61	0.41	0.80	0.33
吉林省	**7.42**	**4.83**	**10.58**	**8.52**	**7.05**	**4.58**
长春市	2.64	2.19	5.24	4.81	3.40	2.86
吉林市	1.44	1.03	1.48	1.32	0.99	0.60
四平市	0.68	0.29	0.58	0.22	0.57	0.19
辽源市	0.40	0.33	0.13	0.09	0.21	0.10
通化市	0.72	0.39	0.98	0.57	0.64	0.33
白山市	0.64	0.33	0.60	0.49	0.33	0.16
松原市	0.48	0.09	1.04	0.68	0.37	0.09
白城市	0.42	0.18	0.53	0.34	0.54	0.25
黑龙江省	**13.82**	**9.45**	**27.63**	**20.58**	**24.46**	**17.03**
哈尔滨市	3.79	2.86	11.47	10.33	10.83	9.39
齐齐哈尔市	1.47	1.07	1.80	1.30	4.54	3.99
鸡西市	0.86	0.56	1.03	0.73	0.89	0.25
鹤岗市	0.47	0.22	0.44	0.13	0.63	0.16
双鸭山市	0.83	0.49	0.64	0.09	1.10	0.22
大庆市	2.33	2.17	5.98	5.46	1.57	1.35
伊春市	0.64	0.55	0.62	0.57	0.33	0.24
佳木斯市	0.81	0.52	1.79	1.15	1.30	0.41
七台河市	0.16	0.11	0.67	0.53	0.28	0.22
牡丹江市	1.07	0.69	0.51	0.17	0.80	0.28
黑河市	0.69	0.20	0.66	0.03	1.14	0.45
绥化市	0.70	0.01	2.02	0.09	1.05	0.07
上海市	**5.41**	**5.20**	**11.34**	**11.29**	**36.30**	**36.00**
江苏省	**12.91**	**8.63**	**52.35**	**23.11**	**31.24**	**24.96**
南京市	1.78	1.69	10.08	8.53	8.87	8.78
无锡市	1.44	0.86	5.29	2.38	2.36	1.66
徐州市	1.77	1.28	1.73	0.84	6.09	5.38
常州市	0.72	0.57	1.19	0.72	1.76	1.42
苏州市	1.43	0.48	3.20	1.03	2.29	1.04
南通市	1.00	0.58	5.13	2.56	1.88	1.53
连云港市	0.92	0.68	2.99	1.46	2.04	1.80
淮安市	0.79	0.56	2.99	1.69	1.04	0.67
盐城市	0.87	0.64	6.52	0.92	1.23	0.64
扬州市	0.41	0.25	6.99	0.77	0.91	0.38
镇江市	0.79	0.61	1.88	1.02	1.44	1.17
泰州市	0.62	0.35	2.00	0.85	1.01	0.42
宿迁市	0.37	0.08	2.36	0.34	0.32	0.07

2-6 续表 2

单位：万人

城市	电力、燃气及水的生产和供应业		建筑业		交通运输、仓储及邮政业	
	全市	市辖区	全市	市辖区	全市	市辖区
浙江省	**12.33**	**5.14**	**180.15**	**84.83**	**25.19**	**18.50**
杭州市	2.19	1.42	47.49	44.34	8.78	8.12
宁波市	1.76	0.94	26.62	4.06	4.65	3.83
温州市	1.38	0.55	20.21	6.33	2.97	1.95
嘉兴市	1.53	0.27	2.75	0.77	1.17	0.51
湖州市	0.59	0.26	4.66	3.01	0.72	0.49
绍兴市	1.16	0.31	46.14	12.47	1.44	0.63
金华市	0.92	0.27	10.11	4.11	1.72	0.65
衢州市	0.44	0.20	0.82	0.36	0.52	0.29
舟山市	0.51	0.35	1.57	1.49	1.23	1.08
台州市	1.05	0.43	18.86	7.33	1.34	0.64
丽水市	0.80	0.15	0.92	0.55	0.65	0.30
安徽省	**9.60**	**6.18**	**42.14**	**26.60**	**15.12**	**12.27**
合肥市	0.89	0.73	14.25	10.21	4.52	4.28
芜湖市	0.49	0.42	3.69	2.80	1.78	1.71
蚌埠市	0.57	0.33	0.86	0.42	1.13	1.01
淮南市	1.55	1.47	2.90	2.66	0.96	0.87
马鞍山市	0.38	0.36	0.89	0.86	0.34	0.31
淮北市	0.50	0.43	0.27	0.20	0.41	0.34
铜陵市	0.29	0.25	2.05	1.55	0.20	0.19
安庆市	1.26	0.86	1.21	0.49	0.77	0.49
黄山市	0.20	0.11	1.11	0.93	0.41	0.27
滁州市	0.32	0.15	1.26	0.44	0.97	0.43
阜阳市	0.74	0.28	3.03	2.29	1.33	1.16
宿州市	0.52	0.24	1.91	0.90	0.62	0.43
巢湖市	0.40	0.16	2.75	0.19	0.30	0.19
六安市	0.68	0.19	4.06	2.26	0.69	0.41
亳州市	0.25	0.08	1.22	0.19	0.29	0.12
池州市	0.18	0.12	0.40	0.21	0.10	0.04
宣城市	0.38		0.28		0.30	0.02
福建省	**9.23**	**3.50**	**62.40**	**33.12**	**13.56**	**9.98**
福州市	1.62	0.75	14.34	7.35	3.92	3.12
厦门市	0.78	0.78	12.82	12.82	4.04	4.04
莆田市	0.56	0.42	2.04	2.02	0.45	0.43
三明市	0.98	0.14	1.27	1.00	0.72	0.26
泉州市	1.36	0.29	21.26	4.39	1.71	1.00
漳州市	1.07	0.10	3.38	1.65	0.67	0.36
南平市	0.89	0.24	0.83	0.26	0.68	0.20
龙岩市	0.86	0.27	5.12	2.61	0.65	0.36
宁德市	1.11	0.51	1.34	1.02	0.72	0.21
江西省	**9.49**	**3.83**	**29.41**	**18.17**	**13.73**	**10.70**
南昌市	1.62	1.42	13.33	9.35	7.86	7.81
景德镇市	0.44	0.19	1.22	0.95	0.41	0.18
萍乡市	0.43	0.31	0.57	0.56	0.27	0.22
九江市	1.26	0.54	5.03	2.22	0.84	0.57
新余市	0.47	0.35	0.46	0.33	0.21	0.17
鹰潭市	0.37	0.11	0.76	0.24	0.13	0.08

2-6 续表 3

单位：万人

城市	电力、燃气及水的生产和供应业		建筑业		交通运输、仓储及邮政业	
	全市	市辖区	全市	市辖区	全市	市辖区
赣州市	1.39	0.25	1.86	0.89	0.90	0.31
吉安市	1.02	0.17	1.09	0.18	1.01	0.44
宜春市	0.94	0.16	1.09	0.52	0.98	0.74
抚州市	0.72	0.25	2.38	2.04	0.50	0.16
上饶市	0.83	0.08	1.62	0.89	0.62	0.02
山东省	**20.35**	**9.84**	**80.04**	**47.22**	**31.64**	**26.81**
济南市	1.89	1.34	27.43	21.45	8.88	8.65
青岛市	2.12	1.32	6.69	3.34	6.31	5.99
淄博市	1.56	1.33	7.58	4.28	0.95	0.92
枣庄市	0.83	0.65	2.33	1.21	0.77	0.53
东营市	0.28	0.14	1.35	1.00	1.38	1.31
烟台市	1.57	0.71	4.30	2.64	2.88	1.99
潍坊市	1.61	0.50	4.65	2.00	1.20	0.53
济宁市	1.90	0.70	3.16	1.26	1.33	0.71
泰安市	1.05	0.28	7.82	2.99	1.28	0.86
威海市	1.13	0.40	2.47	1.33	1.00	0.81
日照市	0.49	0.28	0.90	0.78	1.37	1.34
莱芜市	0.44	0.44	0.87	0.87	0.14	0.14
临沂市	1.30	0.33	4.30	1.70	0.90	0.70
德州市	1.27	0.49	1.57	0.56	0.57	0.36
聊城市	1.00	0.40	1.38	0.44	1.32	0.96
滨州市	0.66	0.11	1.42	0.32	0.26	0.07
菏泽市	1.25	0.42	1.82	1.05	1.10	0.94
河南省	**20.73**	**8.67**	**92.42**	**54.20**	**18.82**	**11.90**
郑州市	3.11	1.63	19.57	15.12	3.00	2.37
开封市	0.71	0.35	2.87	1.85	0.75	0.38
洛阳市	3.66	0.76	3.81	3.02	1.81	1.40
平顶山市	1.08	0.71	2.82	2.06	1.12	0.60
安阳市	0.84	0.51	13.69	4.64	0.87	0.50
鹤壁市	0.34	0.20	2.15	1.80	0.20	0.13
新乡市	0.97	0.32	5.44	1.66	0.93	0.63
焦作市	1.28	0.77	1.74	1.00	0.59	0.36
濮阳市	0.67	0.34	6.10	5.00	0.91	0.82
许昌市	0.67	0.16	2.43	0.71	0.65	0.44
漯河市	0.30	0.20	2.10	1.85	0.45	0.30
三门峡市	0.80	0.41	2.32	1.40	0.63	0.39
南阳市	1.60	0.67	6.80	3.91	2.18	1.14
商丘市	0.77	0.31	4.06	1.88	1.05	0.77
信阳市	1.40	0.43	5.59	2.14	1.58	0.66
周口市	1.25	0.41	4.87	2.61	0.96	0.55
驻马店市	1.28	0.49	6.06	3.55	1.14	0.46
湖北省	**11.99**	**6.68**	**89.00**	**45.94**	**26.17**	**18.95**
武汉市	2.00	1.59	36.70	21.20	14.92	14.00
黄石市	0.65	0.48	6.73	2.62	0.98	0.67
十堰市	1.41	0.29	2.24	1.85	1.02	0.45

2-6 续表 4

单位：万人

城市	电力、燃气及水的生产和供应业		建筑业		交通运输、仓储及邮政业	
	全市	市辖区	全市	市辖区	全市	市辖区
宜昌市	2.95	1.98	7.27	5.86	3.03	1.01
襄阳市	0.99	0.49	4.07	1.20	1.31	0.63
鄂州市	0.26	0.26	3.46	3.46	0.43	0.43
荆门市	0.65	0.58	2.34	0.60	0.84	0.46
孝感市	0.79	0.21	14.05	5.70	1.16	0.24
荆州市	0.80	0.51	3.07	1.05	1.01	0.65
黄冈市	0.88	0.07	6.52	1.10	0.68	0.18
咸宁市	0.48	0.14	0.98	0.33	0.54	0.13
随州市	0.13	0.08	1.57	0.97	0.25	0.10
湖南省	**11.45**	**5.09**	**76.23**	**41.50**	**13.42**	**8.31**
长沙市	1.61	1.38	16.99	12.62	2.84	2.27
株洲市	0.84	0.49	4.31	2.59	0.84	0.61
湘潭市	0.49	0.39	7.45	3.13	0.60	0.52
衡阳市	1.01	0.44	10.95	5.86	1.30	0.73
邵阳市	0.96	0.20	6.75	3.68	1.48	0.69
岳阳市	0.75	0.42	7.76	3.87	1.67	1.04
常德市	0.81	0.37	7.55	3.80	0.59	0.27
张家界市	0.34	0.12	0.83	0.33	0.34	0.25
益阳市	0.40	0.15	3.19	1.58	0.35	0.19
郴州市	1.33	0.49	1.96	0.79	0.71	0.48
永州市	1.03	0.31	3.34	1.51	0.82	0.40
怀化市	1.39	0.23	1.58	0.43	1.27	0.60
娄底市	0.49	0.10	3.57	1.31	0.61	0.26
广东省	**18.73**	**10.76**	**64.38**	**43.37**	**56.07**	**50.70**
广州市	2.44	2.24	14.61	12.15	22.57	22.31
韶关市	1.38	0.60	2.82	2.06	1.30	0.86
深圳市	1.87	1.87	13.00	13.00	16.31	16.31
珠海市	0.45	0.45	1.93	1.93	1.45	1.45
汕头市	0.65	0.59	3.13	3.12	1.04	1.01
佛山市	1.13	1.13	2.54	2.54	1.68	1.68
江门市	0.80	0.23	3.54	0.64	0.91	0.53
湛江市	1.00	0.41	3.91	0.87	2.36	1.79
茂名市	0.72	0.22	4.75	0.79	0.90	0.31
肇庆市	0.59	0.13	0.93	0.39	0.79	0.31
惠州市	0.73	0.39	2.19	1.76	1.25	0.96
梅州市	1.15	0.18	1.58	0.20	0.54	0.12
汕尾市	0.48	0.14	0.79	0.21	0.32	0.15
河源市	0.71	0.16	1.09	0.36	0.64	0.23
阳江市	0.47	0.18	3.20	1.52	0.59	0.31
清远市	0.88	0.10	0.43	0.23	0.64	0.34
东莞市	0.76	0.76	0.21	0.21	0.64	0.64
中山市	0.42	0.42	0.28	0.28	1.03	1.03
潮州市	0.75	0.19	0.80	0.25	0.37	0.18
揭阳市	0.89	0.23	2.05	0.58	0.50	0.15
云浮市	0.46	0.14	0.60	0.28	0.24	0.03

2-6 续表 5

单位：万人

城 市	电力、燃气及水的生产和供应业		建筑业		交通运输、仓储及邮政业	
	全市	市辖区	全市	市辖区	全市	市辖区
广西壮族自治区	**8.96**	**3.45**	**21.89**	**13.83**	**12.79**	**9.27**
南宁市	1.11	0.59	6.78	5.89	3.18	2.97
柳州市	0.67	0.33	2.31	2.05	1.59	1.39
桂林市	1.10	0.26	1.49	0.89	1.07	0.67
梧州市	0.75	0.21	1.07	0.68	0.55	0.37
北海市	0.26	0.20	0.68	0.25	0.48	0.40
防城港市	0.21	0.11	1.09	1.02	1.19	1.18
钦州市	0.35	0.15	1.71	1.11	0.64	0.34
贵港市	0.40	0.20	0.66	0.33	0.75	0.33
玉林市	0.69	0.24	3.51	0.90	0.99	0.50
百色市	0.94	0.23	0.37	0.16	0.75	0.56
贺州市	0.48	0.28	0.38	0.16	0.26	0.12
河池市	0.84	0.21	1.11	0.26	0.65	0.23
来宾市	0.58	0.29	0.32	0.08	0.21	0.05
崇左市	0.58	0.15	0.41	0.05	0.48	0.16
海南省	**0.60**	**0.60**	**5.79**	**5.79**	**3.09**	**3.09**
海口市	0.41	0.41	5.45	5.45	2.58	2.58
三亚市	0.19	0.19	0.34	0.34	0.51	0.51
重庆市	**6.42**	**4.30**	**43.32**	**35.47**	**13.45**	**11.83**
四川省	**13.89**	**6.00**	**98.78**	**59.97**	**15.62**	**9.44**
成都市	2.16	1.05	43.49	31.79	5.42	3.57
自贡市	0.40	0.29	2.54	1.46	0.84	0.63
攀枝花市	0.47	0.28	1.12	1.08	0.36	0.34
泸州市	0.59	0.25	8.44	5.69	0.88	0.60
德阳市	0.34	0.15	5.26	3.85	0.57	0.18
绵阳市	0.87	0.36	3.32	0.93	0.94	0.67
广元市	0.32	0.10	1.03	0.89	0.40	0.22
遂宁市	0.60	0.31	5.21	1.73	0.19	0.07
内江市	0.48	0.33	5.17	2.67	0.54	0.35
乐山市	2.12	1.30	3.22	2.41	0.87	0.41
南充市	0.85	0.26	3.77	2.24	0.85	0.46
眉山市	0.45	0.12	1.33	0.12	0.64	0.48
宜宾市	1.20	0.26	4.10	1.45	1.00	0.68
广安市	0.47	0.23	1.17	0.40	0.32	0.08
达州市	1.28	0.35	3.32	0.77	0.81	0.32
雅安市	0.52	0.10	0.72	0.25	0.26	0.13
巴中市	0.56	0.17	3.15	2.02	0.37	0.15
资阳市	0.21	0.09	2.42	0.22	0.36	0.10
贵州省	**3.51**	**1.58**	**19.60**	**17.88**	**4.38**	**3.82**
贵阳市	1.42	0.94	16.79	16.38	2.44	2.35
六盘水市	0.56	0.22	0.73	0.44	0.13	0.11
遵义市	1.00	0.23	1.53	0.67	1.42	1.00
安顺市	0.53	0.19	0.55	0.39	0.39	0.36

2-6 续表 6 单位：万人

城 市	电力、燃气及水的生产和供应业		建筑业		交通运输、仓储及邮政业	
	全市	市辖区	全市	市辖区	全市	市辖区
云南省	**5.12**	**2.56**	**24.64**	**18.77**	**10.78**	**4.68**
昆明市	1.54	1.32	14.62	13.68	8.24	3.21
曲靖市	1.15	0.28	2.89	0.43	0.49	0.20
玉溪市	0.51	0.13	1.07	0.38	0.33	0.22
保山市	0.32	0.28	3.20	2.69	0.26	0.12
昭通市	0.58	0.19	1.00	0.60	0.49	0.30
丽江市	0.24	0.13	0.65	0.39	0.23	0.19
思茅市	0.42	0.11	0.94	0.51	0.40	0.21
临沧市	0.36	0.12	0.27	0.09	0.34	0.23
西藏自治区						
拉萨市						
陕西省	**10.99**	**6.18**	**24.38**	**17.25**	**17.17**	**14.01**
西安市	3.23	2.92	11.62	9.48	9.99	9.72
铜川市	0.31	0.30	0.88	0.86	0.17	0.16
宝鸡市	0.92	0.71	2.08	1.33	1.98	1.85
咸阳市	1.14	0.73	3.26	2.13	0.77	0.45
渭南市	1.62	0.32	1.75	1.33	0.78	0.30
延安市	0.44	0.19	0.68	0.34	0.57	0.28
汉中市	0.67	0.25	1.66	0.97	0.82	0.48
榆林市	1.94	0.38	0.56	0.15	1.16	0.30
安康市	0.48	0.25	0.63	0.33	0.35	0.18
商洛市	0.24	0.13	1.26	0.33	0.58	0.29
甘肃省	**5.97**	**3.71**	**14.91**	**12.11**	**4.94**	**3.78**
兰州市	1.53	1.30	8.74	8.40	1.75	1.66
嘉峪关市	0.10	0.10	0.02	0.02	0.04	0.04
金昌市	0.30	0.09	0.42	0.39	0.11	0.09
白银市	0.59	0.46	0.40	0.34	0.37	0.17
天水市	0.49	0.27	2.30	1.96	0.44	0.32
武威市	0.38	0.27	0.38	0.18	0.46	0.35
张掖市	0.54	0.34	0.36	0.28	0.28	0.21
平凉市	0.42	0.29	0.75	0.22	0.25	0.17
酒泉市	0.36	0.15	0.40	0.28	0.33	0.19
庆阳市	0.33	0.13	0.13	0.03	0.18	0.11
定西市	0.37	0.18	0.64	0.01	0.32	0.20
陇南市	0.56	0.13	0.37		0.41	0.27
青海省	**0.51**	**0.32**	**3.37**	**2.08**	**2.34**	**1.89**
西宁市	0.51	0.32	3.37	2.08	2.34	1.89
宁夏回族自治区	**3.68**	**3.17**	**3.03**	**2.31**	**1.67**	**1.11**
银川市	2.48	2.41	1.64	1.25	0.90	0.66
石嘴山市	0.63	0.60	0.91	0.83	0.10	0.09
吴忠市	0.45	0.10	0.24	0.12	0.18	0.12
固原市	0.05	0.02	0.14	0.06	0.29	0.20
中卫市	0.07	0.04	0.10	0.05	0.20	0.04
新疆维吾尔自治区	**1.10**	**1.10**	**6.93**	**6.90**	**6.04**	**6.04**
乌鲁木齐市	1.09	1.09	5.63	5.60	5.81	5.81
克拉玛依市	0.01	0.01	1.30	1.30	0.23	0.23

2-7　按行业分组的单位从业人员(三)

单位：万人

城　　市	信息传输、计算机服务和软件业		批发和零售业		住宿、餐饮业	
	全市	市辖区	全市	市辖区	全市	市辖区
城市合计	**180.90**	**158.24**	**535.35**	**398.61**	**207.48**	**174.58**
北京市	**41.73**	**41.72**	**55.38**	**54.67**	**27.96**	**27.44**
天津市	**2.24**	**2.24**	**12.39**	**12.11**	**4.83**	**4.73**
河北省	**6.25**	**4.72**	**22.56**	**13.08**	**4.53**	**3.02**
石家庄市	0.91	0.75	6.09	4.90	1.28	1.08
唐山市	0.65	0.55	4.12	1.67	0.62	0.39
秦皇岛市	0.36	0.31	0.68	0.56	0.33	0.27
邯郸市	0.53	0.40	2.31	1.20	0.36	0.22
邢台市	0.39	0.28	1.34	0.73	0.35	0.19
保定市	0.94	0.82	2.50	1.40	0.45	0.29
张家口市	0.46	0.29	1.47	0.81	0.28	0.12
承德市	0.42	0.21	0.75	0.24	0.16	0.12
沧州市	0.80	0.54	1.45	0.47	0.28	0.11
廊坊市	0.37	0.28	0.80	0.51	0.26	0.15
衡水市	0.42	0.29	1.05	0.59	0.16	0.08
山西省	**3.96**	**3.45**	**17.59**	**9.61**	**4.21**	**3.15**
太原市	1.10	1.10	3.51	3.36	1.91	1.89
大同市	0.39	0.38	2.13	1.62	0.29	0.24
阳泉市	0.10	0.07	0.88	0.59	0.11	0.10
长治市	0.29	0.28	1.38	0.61	0.20	0.11
晋城市	0.24	0.21	1.61	0.67	0.21	0.10
朔州市	0.23	0.17	1.21	0.67	0.17	0.11
晋中市	0.34	0.21	1.50	0.51	0.42	0.17
运城市	0.38	0.33	1.15	0.26	0.16	0.06
忻州市	0.39	0.35	1.50	0.59	0.29	0.17
临汾市	0.23	0.17	1.51	0.59	0.25	0.12
吕梁市	0.27	0.18	1.21	0.14	0.20	0.08
内蒙古自治区	**3.48**	**2.98**	**6.05**	**4.26**	**2.27**	**1.82**
呼和浩特市	0.84	0.83	1.13	1.05	0.70	0.62
包头市	0.61	0.59	1.22	1.16	0.69	0.69
乌海市	0.13	0.13	0.13	0.13	0.02	0.02
赤峰市	0.34	0.19	0.76	0.24	0.19	0.06
通辽市	0.35	0.22	0.57	0.38	0.16	0.10
鄂尔多斯市	0.29	0.21	0.25	0.13	0.05	0.04
呼伦贝尔市	0.42	0.38	0.96	0.37	0.26	0.12
巴彦淖尔市	0.20	0.20	0.40	0.30	0.08	0.06
乌兰察布市	0.30	0.23	0.63	0.50	0.12	0.11
辽宁省	**7.02**	**6.60**	**16.85**	**14.96**	**6.37**	**6.14**
沈阳市	1.52	1.41	5.66	5.47	2.06	2.03
大连市	2.42	2.41	3.61	3.50	2.33	2.32
鞍山市	0.36	0.36	1.23	0.88	0.35	0.33
抚顺市	0.18	0.18	0.60	0.53	0.13	0.10
本溪市	0.24	0.24	0.65	0.47	0.06	0.06
丹东市	0.42	0.35	0.98	0.84	0.32	0.30
锦州市	0.32	0.28	0.89	0.78	0.12	0.10

2-7 续表 1　　单位：万人

城　市	信息传输、计算机服务和软件业		批发和零售业		住宿、餐饮业	
	全市	市辖区	全市	市辖区	全市	市辖区
营口市	0.20	0.19	0.54	0.44	0.24	0.21
阜新市	0.25	0.19	0.58	0.47	0.08	0.07
辽阳市	0.15	0.15	0.31	0.28	0.13	0.13
盘锦市	0.23	0.23	0.73	0.64	0.27	0.27
铁岭市	0.23	0.16	0.25	0.12	0.04	
朝阳市	0.28	0.25	0.46	0.28	0.07	0.05
葫芦岛市	0.22	0.20	0.36	0.26	0.17	0.17
吉林省	**4.80**	**4.01**	**8.05**	**6.20**	**2.58**	**2.33**
长春市	2.13	1.95	4.49	4.27	1.88	1.86
吉林市	0.27	0.17	0.82	0.53	0.17	0.14
四平市	0.32	0.17	0.35	0.10	0.06	0.04
辽源市	0.09	0.06	0.12	0.06	0.02	0.02
通化市	0.30	0.14	0.44	0.10	0.09	0.04
白山市	1.22	1.16	0.29	0.24	0.04	0.04
松原市	0.24	0.22	0.80	0.42	0.15	0.05
白城市	0.23	0.14	0.74	0.48	0.17	0.14
黑龙江省	**5.24**	**4.12**	**20.18**	**13.91**	**4.78**	**2.99**
哈尔滨市	2.29	2.09	10.21	9.72	2.45	2.43
齐齐哈尔市	0.50	0.39	0.96	0.46	0.05	0.02
鸡西市	0.20	0.15	1.04	0.32	0.25	0.01
鹤岗市	0.14	0.10	0.96	0.28	0.33	0.01
双鸭山市	0.23	0.16	1.12	0.21	0.38	0.01
大庆市	0.56	0.55	1.70	1.16	0.21	0.17
伊春市	0.26	0.24	0.14	0.13	0.04	0.03
佳木斯市	0.20	0.17	1.34	0.85	0.33	0.12
七台河市	0.13	0.09	0.17	0.13	0.01	0.01
牡丹江市	0.29	0.16	0.62	0.34	0.20	0.15
黑河市	0.08	0.01	1.00	0.08	0.44	0.02
绥化市	0.36	0.01	0.92	0.23	0.09	0.01
上海市	**6.71**	**6.71**	**26.43**	**26.16**	**11.67**	**11.63**
江苏省	**8.65**	**6.61**	**29.04**	**20.33**	**10.63**	**7.81**
南京市	2.43	2.41	8.71	8.38	3.90	3.83
无锡市	0.82	0.69	3.36	2.22	1.64	1.08
徐州市	0.60	0.42	2.52	1.30	0.30	0.16
常州市	0.40	0.34	1.32	1.01	0.59	0.35
苏州市	1.09	0.72	2.93	1.45	1.77	0.98
南通市	0.61	0.37	1.54	0.91	0.35	0.20
连云港市	0.40	0.26	1.19	0.90	0.23	0.16
淮安市	0.26	0.20	1.11	0.82	0.19	0.14
盐城市	0.53	0.30	1.79	0.79	0.41	0.16
扬州市	0.52	0.33	0.95	0.49	0.44	0.35
镇江市	0.23	0.13	1.41	1.13	0.42	0.28
泰州市	0.51	0.26	1.71	0.78	0.36	0.12
宿迁市	0.25	0.18	0.50	0.15	0.03	

2-7 续表 2

单位：万人

城市	信息传输、计算机服务和软件业		批发和零售业		住宿、餐饮业	
	全市	市辖区	全市	市辖区	全市	市辖区
浙江省	**11.16**	**9.64**	**31.01**	**22.65**	**15.60**	**11.58**
杭州市	6.49	6.28	12.85	11.78	8.10	7.65
宁波市	0.92	0.70	5.03	3.68	1.79	1.31
温州市	0.54	0.32	2.33	1.56	1.26	0.78
嘉兴市	0.45	0.38	2.50	1.32	0.94	0.34
湖州市	0.29	0.28	0.98	0.64	0.38	0.15
绍兴市	0.49	0.29	2.20	0.87	0.76	0.32
金华市	0.62	0.36	1.90	1.01	0.82	0.18
衢州市	0.21	0.16	0.39	0.23	0.17	0.04
舟山市	0.23	0.22	0.44	0.36	0.41	0.40
台州市	0.60	0.45	2.00	1.09	0.80	0.34
丽水市	0.31	0.20	0.38	0.11	0.17	0.06
安徽省	**3.80**	**2.84**	**13.99**	**9.38**	**3.67**	**3.43**
合肥市	0.97	0.94	4.62	4.43	1.28	1.24
芜湖市	0.19	0.18	0.56	0.51	0.30	0.27
蚌埠市	0.15	0.10	0.57	0.42	0.11	0.11
淮南市	0.13	0.12	0.64	0.55	0.24	0.23
马鞍山市	0.07	0.06	0.36	0.32	0.04	0.04
淮北市	0.10	0.09	0.16	0.10	0.06	0.06
铜陵市	0.08	0.08	0.24	0.24	0.07	0.06
安庆市	0.37	0.18	0.94	0.40	0.19	0.15
黄山市	0.20	0.17	0.20	0.15	0.51	0.48
滁州市	0.19	0.11	0.52	0.08	0.10	0.06
阜阳市	0.27	0.21	1.46	0.77	0.15	0.11
宿州市	0.24	0.15	0.82	0.37	0.07	0.07
巢湖市	0.16	0.10	0.75	0.29	0.20	0.05
六安市	0.22	0.16	0.69	0.39	0.07	0.41
亳州市	0.23	0.14	1.09	0.23	0.09	0.05
池州市	0.08	0.05	0.18	0.11	0.13	0.04
宣城市	0.15		0.19	0.02	0.06	
福建省	**4.65**	**4.03**	**13.84**	**9.92**	**7.59**	**5.61**
福州市	1.19	1.15	3.91	3.22	2.10	1.53
厦门市	1.13	1.13	3.32	3.32	2.60	2.60
莆田市	0.22	0.22	0.55	0.48	0.30	0.29
三明市	0.21	0.19	0.57	0.20	0.17	0.08
泉州市	0.60	0.43	2.24	1.11	1.30	0.67
漳州市	0.35	0.27	1.06	0.65	0.29	0.15
南平市	0.37	0.27	0.74	0.28	0.37	0.06
龙岩市	0.30	0.22	0.82	0.41	0.25	0.14
宁德市	0.28	0.15	0.63	0.25	0.21	0.09
江西省	**3.31**	**2.08**	**7.87**	**4.29**	**1.69**	**1.19**
南昌市	0.67	0.67	1.49	1.34	0.32	0.27
景德镇市	0.12	0.08	1.08	0.85	0.10	0.10
萍乡市	0.18	0.15	0.14	0.11	0.06	0.06
九江市	0.35	0.12	0.61	0.31	0.25	0.19
新余市	0.11	0.11	0.13	0.11	0.04	0.04
鹰潭市	0.04	0.01	0.18	0.05	0.15	0.12

2-7 续表 3 单位：万人

城市	信息传输、计算机服务和软件业		批发和零售业		住宿、餐饮业	
	全市	市辖区	全市	市辖区	全市	市辖区
赣州市	0.35	0.18	0.63	0.12	0.23	0.08
吉安市	0.34	0.15	0.61	0.08	0.16	0.06
宜春市	0.36	0.19	0.76	0.51	0.20	0.19
抚州市	0.29	0.16	0.79	0.27	0.04	0.02
上饶市	0.50	0.26	1.45	0.54	0.14	0.06
山东省	**6.68**	**5.63**	**38.25**	**23.10**	**10.95**	**8.66**
济南市	1.73	1.73	7.03	5.85	2.60	2.45
青岛市	0.62	0.52	3.91	3.11	2.06	1.82
淄博市	0.37	0.37	2.90	2.02	0.69	0.65
枣庄市	0.12	0.12	1.06	0.61	0.15	0.10
东营市	0.51	0.50	0.70	0.61	0.66	0.64
烟台市	0.38	0.23	2.78	1.26	0.90	0.60
潍坊市	0.49	0.38	4.30	1.88	0.69	0.46
济宁市	0.31	0.24	2.25	1.32	0.40	0.25
泰安市	0.42	0.41	2.52	1.19	0.57	0.39
威海市	0.24	0.14	1.97	0.80	0.68	0.44
日照市	0.09	0.08	1.13	0.73	0.25	0.22
莱芜市	0.06	0.06	0.33	0.33	0.09	0.09
临沂市	0.40	0.30	2.00	0.80	0.30	0.10
德州市	0.34	0.17	1.86	0.74	0.32	0.17
聊城市	0.22	0.09	1.24	0.69	0.23	0.10
滨州市	0.23	0.14	0.97	0.42	0.12	0.04
菏泽市	0.15	0.15	1.30	0.74	0.24	0.14
河南省	**4.83**	**3.75**	**37.68**	**16.62**	**9.45**	**6.57**
郑州市	1.00	0.96	5.14	4.13	2.89	2.47
开封市	0.31	0.30	2.18	1.17	0.70	0.64
洛阳市	0.20	0.19	2.29	1.25	0.71	0.51
平顶山市	0.15	0.10	2.10	1.15	0.47	0.34
安阳市	0.27	0.19	1.49	0.61	0.53	0.19
鹤壁市	0.08	0.05	0.48	0.32	0.14	0.12
新乡市	0.15	0.08	2.17	1.04	0.41	0.24
焦作市	0.17	0.10	1.18	0.45	0.41	0.23
濮阳市	0.10	0.04	0.86	0.46	0.20	0.18
许昌市	0.10	0.10	0.73	0.47	0.25	0.13
漯河市	0.11	0.10	0.91	0.20	0.11	0.10
三门峡市	0.13	0.13	1.68	0.59	0.28	0.15
南阳市	0.63	0.56	5.59	1.64	0.91	0.52
商丘市	0.27	0.14	1.93	0.92	0.28	0.24
信阳市	0.40	0.13	3.12	1.00	0.54	0.28
周口市	0.45	0.44	3.13	0.47	0.27	0.10
驻马店市	0.31	0.14	2.70	0.75	0.35	0.13
湖北省	**5.80**	**4.15**	**35.07**	**23.03**	**11.32**	**8.05**
武汉市	2.22	2.19	12.30	11.62	4.69	4.27
黄石市	0.19	0.16	1.55	1.07	1.05	0.88
十堰市	0.85	0.52	5.65	3.54	0.70	0.45

2-7 续表 4

单位：万人

城市	信息传输、计算机服务和软件业		批发和零售业		住宿、餐饮业	
	全市	市辖区	全市	市辖区	全市	市辖区
宜昌市	0.53	0.30	4.46	3.01	1.17	1.03
襄阳市	0.27	0.19	1.65	0.94	0.47	0.33
鄂州市	0.10	0.10	0.98	0.98	0.38	0.38
荆门市	0.46	0.09	2.22	0.70	0.42	0.21
孝感市	0.48	0.12	3.11	0.32	1.14	0.19
荆州市	0.28	0.24	0.85	0.18	0.35	0.06
黄冈市	0.23	0.15	1.57	0.30	0.54	0.05
咸宁市	0.12	0.05	0.33	0.10	0.27	0.13
随州市	0.07	0.04	0.40	0.27	0.14	0.07
湖南省	**5.56**	**4.71**	**16.53**	**12.68**	**9.10**	**7.08**
长沙市	1.69	1.67	6.65	6.27	4.40	3.97
株洲市	0.42	0.38	0.78	0.63	0.47	0.37
湘潭市	0.12	0.12	1.76	1.71	0.32	0.22
衡阳市	0.41	0.38	1.06	0.75	0.73	0.57
邵阳市	0.38	0.19	0.59	0.27	0.12	0.02
岳阳市	0.46	0.32	1.71	0.75	0.90	0.54
常德市	0.47	0.39	0.91	0.74	0.31	0.14
张家界市	0.18	0.17	0.11	0.07	0.31	0.24
益阳市	0.24	0.21	0.40	0.28	0.26	0.23
郴州市	0.31	0.29	0.90	0.43	0.50	0.38
永州市	0.31	0.11	0.79	0.33	0.26	0.13
怀化市	0.40	0.37	0.37	0.19	0.28	0.14
娄底市	0.17	0.11	0.50	0.26	0.24	0.13
广东省	**17.55**	**15.62**	**42.60**	**36.60**	**25.23**	**22.96**
广州市	5.29	5.21	12.21	12.02	10.11	9.81
韶关市	0.26	0.14	0.52	0.25	0.38	0.15
深圳市	5.19	5.19	13.76	13.76	7.08	7.08
珠海市	0.88	0.88	2.13	2.13	1.27	1.27
汕头市	0.45	0.44	1.99	1.96	0.56	0.53
佛山市	1.05	1.05	1.25	1.25	1.07	1.07
江门市	0.43	0.33	1.06	0.70	0.75	0.43
湛江市	0.35	0.12	1.48	0.59	0.46	0.40
茂名市	0.29	0.13	0.80	0.26	0.26	0.17
肇庆市	0.32	0.19	0.50	0.31	0.54	0.38
惠州市	0.35	0.26	1.10	0.82	0.79	0.41
梅州市	0.39	0.18	0.62	0.13	0.11	0.07
汕尾市	0.27	0.13	0.41	0.06	0.11	0.03
河源市	0.16	0.15	0.46	0.14	0.30	0.20
阳江市	0.29	0.20	0.96	0.74	0.26	0.22
清远市	0.27	0.10	0.32	0.11	0.36	0.14
东莞市	0.25	0.25	0.67	0.67	0.07	0.07
中山市	0.28	0.28	0.34	0.34	0.33	0.33
潮州市	0.31	0.22	0.25	0.10	0.15	0.07
揭阳市	0.27	0.09	0.87	0.19	0.13	0.05
云浮市	0.20	0.08	0.90	0.07	0.14	0.08

2-7 续表 5 单位：万人

城市	信息传输、计算机服务和软件业		批发和零售业		住宿、餐饮业	
	全市	市辖区	全市	市辖区	全市	市辖区
广西壮族自治区	**3.57**	**2.90**	**11.82**	**8.68**	**4.16**	**3.42**
南宁市	0.90	0.87	4.50	4.33	1.43	1.26
柳州市	0.49	0.42	1.49	1.26	0.52	0.50
桂林市	0.39	0.36	1.12	0.75	0.82	0.77
梧州市	0.21	0.11	0.38	0.19	0.12	0.09
北海市	0.14	0.11	0.26	0.21	0.26	0.22
防城港市	0.03	0.02	0.16	0.11	0.09	0.07
钦州市	0.08	0.08	0.40	0.23	0.15	0.12
贵港市	0.07	0.04	0.49	0.26	0.01	
玉林市	0.33	0.22	1.02	0.51	0.26	0.18
百色市	0.31	0.30	0.63	0.28	0.16	0.08
贺州市	0.12	0.06	0.19	0.10	0.07	0.05
河池市	0.24	0.22	0.60	0.27	0.16	0.06
来宾市	0.14	0.06	0.28	0.13	0.03	
崇左市	0.12	0.03	0.30	0.05	0.08	0.02
海南省	**0.58**	**0.58**	**2.48**	**2.48**	**3.56**	**3.56**
海口市	0.52	0.52	2.23	2.23	1.46	1.46
三亚市	0.06	0.06	0.25	0.25	2.10	2.10
重庆市	**2.55**	**2.14**	**11.17**	**9.25**	**4.25**	**3.83**
四川省	**5.89**	**4.26**	**16.33**	**12.74**	**4.98**	**3.90**
成都市	1.31	1.25	8.73	8.18	3.12	2.70
自贡市	0.24	0.20	0.39	0.34	0.10	0.10
攀枝花市	0.12	0.12	0.21	0.19	0.08	0.04
泸州市	0.19	0.10	0.94	0.65	0.10	0.08
德阳市	0.15	0.14	0.40	0.22	0.11	0.09
绵阳市	0.29	0.16	0.65	0.38	0.22	0.16
广元市	1.10	1.05	0.36	0.24	0.07	0.05
遂宁市	0.13	0.09	0.40	0.31	0.05	0.05
内江市	0.09	0.06	0.14	0.05	0.07	0.02
乐山市	0.15	0.14	0.62	0.44	0.20	0.14
南充市	0.28	0.15	0.92	0.47	0.14	0.09
眉山市	0.09	0.07	0.18	0.10	0.02	
宜宾市	0.49	0.14	0.58	0.38	0.30	0.09
广安市	0.20	0.17	0.20	0.12	0.01	0.01
达州市	0.48	0.08	0.73	0.24	0.05	0.04
雅安市	0.21	0.15	0.21	0.13	0.10	0.09
巴中市	0.18	0.07	0.48	0.21	0.15	0.08
资阳市	0.19	0.12	0.19	0.09	0.09	0.07
贵州省	**1.74**	**1.71**	**7.40**	**6.44**	**2.02**	**1.91**
贵阳市	1.14	1.13	5.13	4.95	1.74	1.69
六盘水市	0.16	0.16	0.44	0.20	0.06	0.03
遵义市	0.30	0.28	1.30	0.88	0.11	0.09
安顺市	0.14	0.14	0.53	0.41	0.11	0.10

2-7 续表 6 单位：万人

城市	信息传输、计算机服务和软件业		批发和零售业		住宿、餐饮业	
	全市	市辖区	全市	市辖区	全市	市辖区
云南省	**2.66**	**1.56**	**11.56**	**7.74**	**4.32**	**3.57**
昆明市	1.76	0.82	7.05	5.21	2.85	2.56
曲靖市	0.15	0.10	0.87	0.29	0.19	0.03
玉溪市	0.06	0.05	1.79	1.36	0.29	0.13
保山市	0.12	0.10	0.47	0.10	0.14	0.10
昭通市	0.18	0.17	0.47	0.32	0.07	0.05
丽江市	0.09	0.08	0.25	0.15	0.61	0.60
思茅市	0.17	0.14	0.40	0.19	0.10	0.05
临沧市	0.13	0.10	0.26	0.12	0.07	0.05
西藏自治区						
拉萨市						
陕西省	**7.10**	**6.42**	**12.87**	**9.16**	**6.22**	**5.20**
西安市	4.94	4.87	6.19	5.96	4.16	4.08
铜川市	0.12	0.12	0.14	0.13	0.05	0.05
宝鸡市	0.34	0.23	1.71	0.94	0.32	0.20
咸阳市	0.33	0.30	0.92	0.48	0.33	0.24
渭南市	0.27	0.09	1.25	0.59	0.31	0.09
延安市	0.31	0.30	0.53	0.26	0.34	0.18
汉中市	0.31	0.14	0.71	0.33	0.36	0.21
榆林市	0.19	0.16	0.65	0.11	0.09	0.03
安康市	0.17	0.12	0.44	0.24	0.12	0.07
商洛市	0.12	0.09	0.33	0.12	0.14	0.05
甘肃省	**1.53**	**1.34**	**5.07**	**3.98**	**1.62**	**1.18**
兰州市	0.54	0.53	1.90	1.84	0.70	0.68
嘉峪关市	0.04	0.04	0.05	0.05	0.04	0.04
金昌市	0.03	0.03	0.14	0.11	0.01	0.01
白银市	0.12	0.09	0.32	0.25	0.03	0.02
天水市	0.25	0.21	0.63	0.46	0.23	0.19
武威市	0.06	0.05	0.22	0.18	0.04	0.02
张掖市	0.09	0.07	0.34	0.25	0.06	0.04
平凉市	0.12	0.09	0.48	0.39	0.09	0.03
酒泉市	0.09	0.08	0.33	0.24	0.23	0.08
庆阳市	0.10	0.09	0.16	0.13	0.05	0.05
定西市	0.07	0.06	0.26	0.04	0.10	0.01
陇南市	0.02	0.01	0.24	0.04	0.04	0.01
青海省	**0.58**	**0.47**	**1.39**	**1.12**	**0.38**	**0.31**
西宁市	0.58	0.47	1.39	1.12	0.38	0.31
宁夏回族自治区	**0.65**	**0.62**	**1.53**	**1.09**	**0.40**	**0.36**
银川市	0.41	0.41	0.85	0.73	0.24	0.24
石嘴山市	0.07	0.07	0.17	0.11	0.03	0.03
吴忠市	0.08	0.07	0.16	0.09	0.07	0.05
固原市	0.06	0.04	0.20	0.09	0.01	
中卫市	0.03	0.03	0.15	0.07	0.05	0.04
新疆维吾尔自治区	**0.63**	**0.63**	**2.37**	**2.37**	**1.14**	**1.14**
乌鲁木齐市	0.53	0.53	2.04	2.04	1.03	1.03
克拉玛依市	0.10	0.10	0.33	0.33	0.11	0.11

2-8 按行业分组的单位从业人员(四)

单位：万人

城市	金融业		房地产业		租赁和商业服务业	
	全市	市辖区	全市	市辖区	全市	市辖区
城市合计	**449.64**	**337.89**	**209.25**	**174.33**	**294.90**	**252.05**
北京市	**27.24**	**27.21**	**31.54**	**31.28**	**77.81**	**76.90**
天津市	**6.95**	**6.71**	**3.61**	**3.57**	**6.95**	**6.83**
河北省	**24.25**	**14.63**	**4.17**	**2.90**	**4.92**	**2.98**
石家庄市	4.44	3.24	0.41	0.33	0.85	0.65
唐山市	3.77	2.82	0.56	0.27	0.84	0.69
秦皇岛市	1.62	1.33	0.20	0.16	0.26	0.18
邯郸市	2.48	1.66	0.31	0.23	0.47	0.22
邢台市	1.62	0.65	0.29	0.24	0.21	0.11
保定市	2.90	1.06	0.29	0.23	0.52	0.30
张家口市	1.35	0.69	0.63	0.45	0.28	0.21
承德市	1.53	0.98	0.11	0.05	0.43	0.13
沧州市	1.94	0.86	0.35	0.16	0.29	0.12
廊坊市	1.23	0.61	0.88	0.67	0.60	0.30
衡水市	1.37	0.73	0.14	0.11	0.17	0.07
山西省	**13.79**	**8.99**	**2.59**	**2.05**	**6.37**	**4.44**
太原市	2.56	2.56	0.51	0.48	1.44	1.31
大同市	1.25	1.23	1.12	1.09	1.83	1.69
阳泉市	0.67	0.42	0.16	0.13	0.39	0.36
长治市	1.48	1.07	0.10	0.05	0.54	0.31
晋城市	1.00	0.49	0.07	0.05	0.26	0.10
朔州市	0.56	0.33	0.12	0.11	0.55	0.27
晋中市	1.73	0.92	0.19	0.09	0.43	0.12
运城市	1.26	0.45	0.08	0.01	0.17	0.10
忻州市	0.89	0.54	0.07	0.01	0.31	0.06
临汾市	1.46	0.59	0.10	0.02	0.29	0.11
吕梁市	0.93	0.39	0.07	0.01	0.16	0.01
内蒙古自治区	**9.38**	**6.32**	**1.28**	**0.82**	**2.52**	**1.93**
呼和浩特市	1.99	1.74	0.21	0.19	0.93	0.88
包头市	1.89	1.76	0.25	0.21	0.28	0.25
乌海市	0.32	0.32	0.10	0.10	0.06	0.06
赤峰市	1.16	0.59	0.14	0.05	0.41	0.36
通辽市	0.74	0.39	0.25	0.14	0.12	0.07
鄂尔多斯市	0.79	0.38	0.03	0.01	0.13	0.09
呼伦贝尔市	1.05	0.35	0.17	0.05	0.38	0.10
巴彦淖尔市	0.69	0.40	0.03	0.02	0.09	0.06
乌兰察布市	0.75	0.39	0.10	0.05	0.12	0.06
辽宁省	**20.66**	**18.06**	**8.83**	**8.01**	**12.18**	**10.83**
沈阳市	4.28	4.28	2.27	2.20	4.61	4.49
大连市	5.03	4.41	2.88	2.84	1.93	1.89
鞍山市	1.34	1.20	0.54	0.48	0.78	0.65
抚顺市	0.97	0.84	0.24	0.19	0.26	0.24
本溪市	0.91	0.91	0.50	0.48	0.16	0.10
丹东市	0.67	0.49	0.65	0.53	0.21	0.15
锦州市	1.25	1.25	0.26	0.18	0.35	0.21

2-8 续表 1

单位：万人

城市	金融业		房地产业		租赁和商业服务业	
	全市	市辖区	全市	市辖区	全市	市辖区
营口市	0.89	0.89	0.32	0.30	0.51	0.40
阜新市	0.75	0.61	0.15	0.14	0.22	0.19
辽阳市	0.52	0.42	0.15	0.13	0.23	0.19
盘锦市	0.87	0.82	0.31	0.30	1.78	1.70
铁岭市	0.90	0.38	0.18	0.05	0.55	0.20
朝阳市	1.42	0.91	0.25	0.10	0.36	0.22
葫芦岛市	0.86	0.65	0.13	0.09	0.23	0.20
吉林省	**8.93**	**6.04**	**3.32**	**2.62**	**4.17**	**3.72**
长春市	3.38	2.78	2.15	2.02	3.10	3.00
吉林市	1.40	0.89	0.19	0.12	0.13	0.08
四平市	0.88	0.39	0.27	0.06	0.06	0.04
辽源市	0.41	0.28	0.08	0.05	0.07	0.06
通化市	0.95	0.58	0.28	0.17	0.13	0.05
白山市	0.54	0.35	0.09	0.05	0.41	0.37
松原市	0.79	0.52	0.12	0.07	0.10	0.03
白城市	0.58	0.25	0.14	0.08	0.17	0.09
黑龙江省	**14.13**	**9.66**	**5.04**	**3.87**	**4.34**	**3.36**
哈尔滨市	4.76	3.96	2.73	2.60	2.70	2.61
齐齐哈尔市	1.50	0.89	0.45	0.37	0.24	0.18
鸡西市	0.67	0.54	0.07	0.04	0.09	0.04
鹤岗市	0.42	0.26	0.05	0.05	0.01	
双鸭山市	0.48	0.25	0.11	0.01	0.12	0.01
大庆市	1.35	1.17	0.47	0.44	0.05	0.02
伊春市	0.40	0.31	0.09	0.09	0.04	0.04
佳木斯市	0.77	0.57	0.10	0.07	0.19	0.15
七台河市	0.37	0.33	0.05	0.02	0.13	0.11
牡丹江市	1.85	1.17	0.30	0.17	0.27	0.18
黑河市	0.66	0.20	0.05		0.28	0.01
绥化市	0.90	0.01	0.57	0.01	0.22	0.01
上海市	**23.63**	**23.63**	**11.15**	**11.03**	**18.64**	**18.53**
江苏省	**26.89**	**17.28**	**7.30**	**5.15**	**12.03**	**8.30**
南京市	3.12	2.91	2.03	1.94	3.97	3.83
无锡市	2.64	1.85	0.63	0.50	1.65	1.34
徐州市	2.31	1.36	0.35	0.20	0.28	0.07
常州市	1.62	1.45	0.42	0.33	0.61	0.35
苏州市	3.69	2.09	0.90	0.50	0.91	0.55
南通市	2.89	1.84	0.47	0.30	0.80	0.50
连云港市	1.47	0.94	0.46	0.35	0.24	0.15
淮安市	1.41	1.12	0.33	0.27	0.63	0.53
盐城市	2.54	1.25	0.36	0.11	1.25	0.20
扬州市	1.24	0.44	0.31	0.11	0.45	0.30
镇江市	1.63	0.90	0.47	0.30	0.36	0.25
泰州市	1.71	0.67	0.48	0.22	0.86	0.23
宿迁市	0.62	0.46	0.09	0.02	0.02	

2-8 续表 2

单位：万人

城市	金融业		房地产业		租赁和商业服务业	
	全市	市辖区	全市	市辖区	全市	市辖区
浙江省	**29.41**	**21.23**	**13.63**	**10.12**	**22.30**	**15.22**
杭州市	7.52	6.86	6.05	5.27	7.42	6.81
宁波市	5.25	4.41	1.87	1.67	5.24	4.65
温州市	2.90	2.00	1.53	0.97	1.33	0.62
嘉兴市	1.94	0.89	1.34	0.78	2.12	0.52
湖州市	1.30	1.12	0.40	0.23	0.32	0.08
绍兴市	1.95	0.77	0.51	0.18	1.20	0.41
金华市	2.23	0.81	0.47	0.16	1.41	0.07
衢州市	1.26	0.80	0.09	0.04	0.18	0.15
舟山市	0.68	0.64	0.50	0.43	1.29	1.11
台州市	3.40	2.38	0.76	0.36	1.39	0.55
丽水市	0.99	0.54	0.11	0.03	0.41	0.25
安徽省	**14.70**	**9.40**	**4.81**	**3.56**	**4.65**	**3.41**
合肥市	2.40	2.16	1.59	1.46	1.03	0.98
芜湖市	0.85	0.72	0.19	0.17	0.09	0.07
蚌埠市	0.90	0.69	0.16	0.12	0.19	0.17
淮南市	0.84	0.75	0.89	0.86	1.24	0.86
马鞍山市	0.61	0.57	0.04	0.03	0.32	0.31
淮北市	0.36	0.32	0.03	0.03	0.07	0.07
铜陵市	0.32	0.29	0.10	0.10	0.07	0.07
安庆市	1.05	0.28	0.24	0.16	0.18	0.09
黄山市	0.64	0.40	0.12	0.10	0.08	0.07
滁州市	0.76	0.35	0.09	0.02	0.09	0.05
阜阳市	1.61	0.86	0.27	0.21	0.26	0.13
宿州市	0.94	0.58	0.17	0.09	0.07	0.01
巢湖市	0.56	0.19	0.20	0.04	0.35	0.26
六安市	0.75	0.24	0.17	0.06	0.07	0.04
亳州市	0.94	0.54	0.17	0.08	0.06	0.02
池州市	0.60	0.41	0.06	0.03	0.21	0.20
宣城市	0.57	0.05	0.32		0.27	0.01
福建省	**12.93**	**8.18**	**9.04**	**7.31**	**12.30**	**10.33**
福州市	3.06	2.15	2.67	2.21	6.11	5.71
厦门市	1.39	1.39	3.68	3.68	2.00	2.00
莆田市	0.86	0.79	0.27	0.25	0.58	0.57
三明市	1.05	0.55	0.14	0.08	0.60	0.27
泉州市	1.87	0.79	0.92	0.54	0.55	0.25
漳州市	1.26	0.78	0.59	0.32	0.18	0.06
南平市	1.13	0.45	0.37	0.04	0.35	0.14
龙岩市	1.30	0.85	0.26	0.13	1.75	1.29
宁德市	1.01	0.43	0.14	0.06	0.18	0.04
江西省	**10.51**	**6.00**	**2.12**	**1.12**	**2.94**	**1.39**
南昌市	2.23	2.23	0.43	0.26	0.74	0.43
景德镇市	0.50	0.38	0.20	0.17	0.15	0.12
萍乡市	0.58	0.47	0.10	0.09	0.04	0.02
九江市	1.12	0.50	0.24	0.10	0.99	0.53
新余市	0.33	0.28	0.02	0.02	0.02	0.02
鹰潭市	0.29	0.14	0.06	0.03	0.06	0.05

2-8 续表 3

单位：万人

城　　市	金融业		房地产业		租赁和商业服务业	
	全市	市辖区	全市	市辖区	全市	市辖区
赣州市	1.59	0.55	0.33	0.08	0.27	0.06
吉安市	0.92	0.19	0.21	0.06	0.20	0.02
宜春市	1.08	0.56	0.21	0.15	0.19	0.03
抚州市	0.71	0.26	0.09	0.02	0.07	
上饶市	1.16	0.44	0.23	0.14	0.21	0.11
山东省	**33.24**	**23.30**	**11.47**	**8.76**	**11.64**	**9.68**
济南市	5.94	5.94	2.83	2.61	2.84	2.74
青岛市	3.92	2.96	1.94	1.51	1.56	1.29
淄博市	1.27	1.12	0.68	0.59	0.56	0.51
枣庄市	0.86	0.78	0.47	0.25	1.25	1.12
东营市	0.72	0.43	0.16	0.13	1.31	1.28
烟台市	3.69	2.44	1.74	1.38	1.20	0.84
潍坊市	1.84	0.89	0.66	0.37	0.38	0.29
济宁市	2.76	1.87	0.54	0.47	0.43	0.23
泰安市	1.44	0.88	0.55	0.36	0.34	0.29
威海市	1.25	0.80	0.67	0.48	0.32	0.17
日照市	1.01	0.87	0.18	0.15	0.08	0.07
莱芜市	0.34	0.34	0.04	0.04	0.02	0.02
临沂市	2.60	1.50	0.20	0.05	0.40	0.30
德州市	1.63	0.56	0.30	0.13	0.19	0.06
聊城市	1.58	0.81	0.25	0.12	0.31	0.09
滨州市	1.04	0.59	0.16	0.07	0.11	0.07
菏泽市	1.35	0.52	0.10	0.05	0.34	0.31
河南省	**22.49**	**15.35**	**8.91**	**6.32**	**10.99**	**8.07**
郑州市	4.15	3.47	2.42	2.22	2.13	1.77
开封市	0.43	0.32	0.97	0.49	0.39	0.27
洛阳市	1.99	1.46	0.48	0.39	0.94	0.68
平顶山市	1.66	1.16	0.30	0.18	0.96	0.87
安阳市	1.67	1.17	0.24	0.20	0.51	0.28
鹤壁市	0.32	0.17	0.19	0.18	0.05	0.01
新乡市	1.03	0.52	0.45	0.24	0.45	0.27
焦作市	1.70	1.31	0.11	0.06	0.20	0.14
濮阳市	0.78	0.50	0.17	0.15	1.48	1.29
许昌市	0.54	0.32	0.31	0.16	0.44	0.34
漯河市	0.47	0.38	0.25	0.21	0.54	0.51
三门峡市	0.80	0.46	0.08	0.05	0.35	0.10
南阳市	1.94	1.41	0.75	0.44	1.40	1.04
商丘市	1.02	0.48	0.13	0.10	0.13	0.13
信阳市	1.23	0.55	0.58	0.16	0.52	0.19
周口市	1.79	1.31	0.51	0.41	0.16	0.02
驻马店市	0.97	0.36	0.97	0.68	0.34	0.16
湖北省	**14.33**	**10.60**	**9.93**	**5.95**	**6.30**	**4.37**
武汉市	5.50	5.50	2.92	2.53	2.11	1.85
黄石市	0.52	0.39	0.83	0.74	0.21	0.15
十堰市	0.75	0.58	0.68	0.41	0.57	0.39

2-8 续表 4 单位：万人

城市	金融业		房地产业		租赁和商业服务业	
	全市	市辖区	全市	市辖区	全市	市辖区
宜昌市	0.95	0.57	1.26	1.09	1.12	1.23
襄阳市	1.41	0.97	0.38	0.19	0.16	0.08
鄂州市	0.34	0.34	0.32	0.32	0.24	0.24
荆门市	0.78	0.50	0.61	0.18	0.70	0.25
孝感市	1.01	0.56	1.68	0.15	0.53	0.07
荆州市	1.11	0.52	0.33	0.13	0.26	0.02
黄冈市	1.14	0.30	0.61	0.05	0.12	0.05
咸宁市	0.52	0.16	0.25	0.12	0.26	0.04
随州市	0.30	0.21	0.06	0.04	0.02	
湖南省	**18.09**	**14.17**	**9.71**	**6.87**	**8.20**	**5.88**
长沙市	5.31	5.04	4.16	3.42	2.13	1.84
株洲市	0.97	0.80	0.91	0.80	1.00	0.66
湘潭市	0.85	0.71	0.50	0.36	0.21	0.19
衡阳市	1.90	1.59	0.74	0.45	0.58	0.40
邵阳市	1.39	0.89	0.43	0.17	0.39	0.22
岳阳市	1.53	1.31	0.68	0.48	0.66	0.35
常德市	1.10	0.65	0.59	0.35	1.21	1.00
张家界市	0.34	0.26	0.06	0.03	0.07	0.06
益阳市	1.30	1.11	0.41	0.22	0.67	0.63
郴州市	0.66	0.44	0.41	0.27	0.41	0.11
永州市	1.07	0.40	0.32	0.12	0.24	0.08
怀化市	1.04	0.71	0.30	0.08	0.45	0.22
娄底市	0.63	0.26	0.20	0.12	0.18	0.12
广东省	**41.16**	**35.99**	**29.04**	**26.94**	**30.08**	**27.37**
广州市	7.96	7.76	9.13	8.67	9.93	9.56
韶关市	0.88	0.52	0.33	0.23	0.71	0.61
深圳市	10.86	10.86	12.69	12.69	12.42	12.42
珠海市	1.85	1.85	1.39	1.39	0.93	0.93
汕头市	1.42	1.40	0.37	0.37	0.34	0.33
佛山市	2.75	2.75	0.74	0.74	0.63	0.63
江门市	1.80	1.28	0.39	0.21	0.30	0.14
湛江市	1.28	0.78	0.36	0.20	0.81	0.47
茂名市	0.98	0.39	0.27	0.16	0.52	0.20
肇庆市	0.79	0.37	0.25	0.17	0.34	0.19
惠州市	1.87	1.53	0.89	0.73	0.73	0.55
梅州市	1.17	0.66	0.26	0.03	0.19	0.05
汕尾市	0.34	0.13	0.10	0.04	0.17	0.08
河源市	0.58	0.42	0.24	0.15	0.42	0.26
阳江市	0.58	0.35	0.56	0.47	0.26	0.05
清远市	0.86	0.53	0.16	0.05	0.11	0.04
东莞市	2.26	2.26	0.05	0.05	0.24	0.24
中山市	1.34	1.34	0.42	0.42	0.50	0.50
潮州市	0.44	0.29	0.11	0.05	0.14	0.06
揭阳市	0.67	0.28	0.22	0.06	0.29	0.04
云浮市	0.48	0.24	0.11	0.06	0.10	0.02

2-8 续表 5

单位：万人

城　　市	金融业		房地产业		租赁和商业服务业	
	全市	市辖区	全市	市辖区	全市	市辖区
广西壮族自治区	**9.78**	**6.51**	**4.26**	**3.30**	**8.70**	**6.72**
南宁市	2.62	2.25	1.64	1.47	3.23	3.13
柳州市	1.21	0.92	0.54	0.48	2.25	2.01
桂林市	1.15	0.77	0.45	0.27	1.11	0.80
梧州市	0.59	0.34	0.36	0.33	0.15	0.07
北海市	0.47	0.38	0.23	0.17	0.16	0.10
防城港市	0.15	0.15	0.26	0.15	0.09	0.08
钦州市	0.34	0.16	0.09	0.05	0.19	0.03
贵港市	0.45	0.28	0.04	0.02	0.15	0.07
玉林市	0.89	0.37	0.26	0.19	0.42	0.18
百色市	0.41	0.22	0.10	0.05	0.15	0.02
贺州市	0.27	0.16	0.07	0.05	0.13	0.03
河池市	0.50	0.17	0.06	0.01	0.23	0.03
来宾市	0.31	0.16	0.07	0.05	0.20	0.07
崇左市	0.42	0.18	0.09	0.01	0.24	0.10
海南省	**1.40**	**1.40**	**2.49**	**2.49**	**0.98**	**0.98**
海口市	1.25	1.25	2.07	2.07	0.89	0.89
三亚市	0.15	0.15	0.42	0.42	0.09	0.09
重庆市	**9.75**	**7.70**	**4.88**	**4.40**	**4.30**	**3.89**
四川省	**20.01**	**13.57**	**5.31**	**3.17**	**5.20**	**3.93**
成都市	5.23	4.04	2.30	1.72	2.97	2.77
自贡市	0.98	0.77	0.30	0.28	0.07	0.06
攀枝花市	0.58	0.54	0.04	0.04	0.07	0.07
泸州市	0.79	0.52	0.22	0.18	0.11	0.04
德阳市	1.21	0.75	0.08	0.05	0.10	0.09
绵阳市	1.54	0.93	0.27	0.07	0.15	0.03
广元市	0.81	0.59	0.10	0.08	0.14	0.08
遂宁市	0.36	0.16	0.32	0.25	0.13	0.11
内江市	0.67	0.45	0.10	0.02	0.04	0.04
乐山市	0.72	0.46	0.23	0.15	0.37	0.13
南充市	1.93	1.47	0.44	0.05	0.36	0.14
眉山市	0.33	0.19	0.06	0.01	0.01	
宜宾市	1.27	0.72	0.21	0.06	0.14	0.04
广安市	0.61	0.28	0.05	0.02	0.08	0.07
达州市	1.12	0.45	0.20	0.04	0.25	0.15
雅安市	0.61	0.45	0.03	0.03	0.06	0.05
巴中市	0.46	0.22	0.18	0.10	0.12	0.04
资阳市	0.79	0.58	0.18	0.02	0.03	0.02
贵州省	**3.66**	**3.10**	**3.13**	**2.71**	**2.47**	**2.21**
贵阳市	1.77	1.69	2.60	2.41	1.86	1.83
六盘水市	0.38	0.30	0.09	0.04	0.10	0.08
遵义市	1.00	0.70	0.23	0.11	0.38	0.21
安顺市	0.51	0.41	0.21	0.15	0.13	0.09

2-8 续表 6 单位：万人

城　市	金融业		房地产业		租赁和商业服务业	
	全市	市辖区	全市	市辖区	全市	市辖区
云南省	**6.06**	**2.24**	**2.85**	**2.20**	**4.39**	**3.15**
昆明市	2.96	0.76	2.10	1.90	3.59	2.54
曲靖市	0.68	0.27	0.09	0.03	0.13	0.05
玉溪市	0.71	0.41	0.06	0.02	0.20	0.18
保山市	0.36	0.13	0.28	0.12	0.15	0.12
昭通市	0.50	0.27	0.14	0.06	0.11	0.10
丽江市	0.26	0.16	0.04	0.01	0.15	0.14
思茅市	0.34	0.14	0.09	0.05	0.05	0.02
临沧市	0.25	0.10	0.05	0.01	0.01	
西藏自治区						
拉萨市						
陕西省	**14.10**	**11.09**	**5.07**	**4.43**	**3.46**	**2.63**
西安市	5.89	5.69	3.40	3.32	1.65	1.61
铜川市	0.44	0.43	0.10	0.10	0.15	0.14
宝鸡市	0.89	0.64	0.14	0.09	0.11	0.07
咸阳市	1.31	1.07	0.24	0.16	0.42	0.27
渭南市	1.72	0.93	0.37	0.26	0.24	0.10
延安市	0.67	0.40	0.07	0.05	0.12	0.05
汉中市	1.16	0.62	0.31	0.16	0.35	0.16
榆林市	0.65	0.43	0.13	0.08	0.24	0.16
安康市	0.69	0.45	0.15	0.08	0.12	0.05
商洛市	0.68	0.43	0.16	0.13	0.06	0.02
甘肃省	**6.26**	**4.56**	**1.47**	**1.26**	**2.04**	**1.36**
兰州市	2.10	1.91	0.59	0.57	1.17	1.11
嘉峪关市	0.13	0.13	0.01	0.01	0.04	0.04
金昌市	0.21	0.21	0.01	0.01	0.03	
白银市	0.51	0.46	0.03	0.03	0.05	0.01
天水市	0.39	0.23	0.28	0.27	0.10	0.07
武威市	0.48	0.22	0.26	0.16	0.27	
张掖市	0.52	0.42	0.04	0.03	0.11	0.03
平凉市	0.46	0.22	0.15	0.13	0.02	0.01
酒泉市	0.53	0.31	0.04	0.03	0.15	0.06
庆阳市	0.42	0.16	0.01	0.01	0.01	0.01
定西市	0.18	0.13	0.04	0.01	0.06	0.02
陇南市	0.33	0.16	0.01		0.03	
青海省	**1.25**	**1.01**	**0.56**	**0.45**	**0.48**	**0.39**
西宁市	1.25	1.01	0.56	0.45	0.48	0.39
宁夏回族自治区	**2.68**	**2.00**	**0.64**	**0.58**	**1.44**	**1.18**
银川市	1.68	1.47	0.49	0.48	1.02	1.01
石嘴山市	0.25	0.18	0.05	0.05	0.19	0.05
吴忠市	0.34	0.16	0.05	0.01	0.14	0.05
固原市	0.21	0.09	0.02	0.01	0.02	0.01
中卫市	0.20	0.10	0.03	0.03	0.07	0.06
新疆维吾尔自治区	**1.98**	**1.97**	**1.09**	**1.09**	**2.11**	**2.07**
乌鲁木齐市	1.73	1.72	0.75	0.75	1.29	1.25
克拉玛依市	0.25	0.25	0.34	0.34	0.82	0.82

2-9 按行业分组的单位从业人员(五)

单位：万人

城 市	科学研究、技术服务和地质勘查业		水利、环境和公共设施管理业		居民服务和其他服务业	
	全市	市辖区	全市	市辖区	全市	市辖区
城市合计	**279.80**	**243.32**	**205.31**	**126.26**	**60.60**	**49.55**
北京市	**45.74**	**45.47**	**8.76**	**8.11**	**7.44**	**7.26**
天津市	**6.47**	**6.25**	**3.55**	**3.28**	**6.86**	**6.82**
河北省	**8.87**	**5.94**	**10.11**	**5.56**	**2.04**	**0.63**
石家庄市	2.23	2.03	1.69	1.08	0.32	0.23
唐山市	0.40	0.32	1.66	0.89	0.12	0.09
秦皇岛市	0.49	0.39	0.77	0.65	0.11	0.11
邯郸市	0.95	0.79	1.49	0.93	0.04	0.02
邢台市	0.42	0.35	0.51	0.23	0.05	0.04
保定市	1.99	0.40	0.90	0.34	0.05	0.01
张家口市	0.41	0.31	0.75	0.32	0.08	0.05
承德市	0.29	0.17	0.67	0.26	0.02	0.01
沧州市	0.36	0.28	0.74	0.21	1.16	0.01
廊坊市	1.10	0.73	0.62	0.46	0.05	0.03
衡水市	0.23	0.17	0.31	0.19	0.04	0.03
山西省	**6.00**	**4.94**	**6.38**	**3.84**	**0.72**	**0.64**
太原市	3.16	3.12	1.60	1.40	0.39	0.39
大同市	0.58	0.47	0.65	0.49	0.09	0.08
阳泉市	0.16	0.10	0.23	0.13	0.02	0.02
长治市	0.30	0.24	0.67	0.41	0.01	0.01
晋城市	0.15	0.12	0.43	0.33	0.04	0.02
朔州市	0.10	0.06	0.20	0.12	0.08	0.08
晋中市	0.56	0.36	0.54	0.20	0.02	0.01
运城市	0.29	0.13	0.45	0.13	0.01	
忻州市	0.22	0.15	0.45	0.20	0.04	0.02
临汾市	0.34	0.16	0.80	0.28	0.01	0.01
吕梁市	0.14	0.03	0.36	0.15	0.01	
内蒙古自治区	**3.84**	**3.23**	**6.53**	**3.90**	**0.69**	**0.32**
呼和浩特市	1.37	1.30	1.55	1.16	0.30	0.10
包头市	0.65	0.62	0.87	0.74	0.11	0.10
乌海市	0.09	0.09	0.28	0.28	0.01	0.01
赤峰市	0.40	0.33	0.52	0.28	0.07	0.05
通辽市	0.32	0.23	0.73	0.25	0.03	0.01
鄂尔多斯市	0.19	0.16	0.85	0.57	0.01	0.01
呼伦贝尔市	0.33	0.15	0.52	0.05	0.13	0.03
巴彦淖尔市	0.20	0.10	0.65	0.40	0.01	
乌兰察布市	0.29	0.25	0.56	0.17	0.02	0.01
辽宁省	**11.94**	**10.11**	**12.85**	**9.47**	**2.87**	**2.51**
沈阳市	4.59	4.52	3.15	2.78	1.37	1.32
大连市	1.59	1.48	1.41	1.27	0.36	0.33
鞍山市	1.04	0.74	1.39	1.05	0.29	0.25
抚顺市	0.52	0.48	0.74	0.63	0.11	0.10
本溪市	0.23	0.19	0.65	0.52	0.04	0.04
丹东市	0.72	0.51	0.80	0.51	0.06	0.06
锦州市	0.78	0.60	0.54	0.27	0.10	0.03

2-9 续表 1 单位：万人

城　市	科学研究、技术服务和地质勘查业		水利、环境和公共设施管理业		居民服务和其他服务业	
	全市	市辖区	全市	市辖区	全市	市辖区
营口市	0.30	0.27	0.63	0.39	0.03	0.01
阜新市	0.26	0.20	0.40	0.28	0.04	0.01
辽阳市	0.24	0.20	0.70	0.53	0.02	0.02
盘锦市	0.50	0.35	0.84	0.59	0.04	0.02
铁岭市	0.49	0.22	0.57	0.23	0.06	0.02
朝阳市	0.33	0.19	0.48	0.18	0.32	0.29
葫芦岛市	0.35	0.16	0.55	0.24	0.03	0.01
吉林省	**6.29**	**5.03**	**7.41**	**4.22**	**0.99**	**0.62**
长春市	4.04	3.84	2.60	1.90	0.41	0.39
吉林市	0.47	0.33	0.86	0.47	0.05	0.02
四平市	0.54	0.24	0.85	0.37	0.03	0.01
辽源市	0.13	0.10	0.19	0.08	0.02	
通化市	0.33	0.15	0.56	0.23	0.06	0.02
白山市	0.16	0.11	0.47	0.35	0.01	0.01
松原市	0.28	0.10	0.42	0.08	0.02	
白城市	0.34	0.16	1.46	0.74	0.39	0.17
黑龙江省	**11.83**	**10.34**	**9.36**	**4.97**	**7.43**	**5.19**
哈尔滨市	4.29	4.01	2.89	2.23	1.95	1.92
齐齐哈尔市	0.60	0.49	1.33	0.81	0.10	0.05
鸡西市	0.26	0.09	0.49	0.29	0.24	0.01
鹤岗市	0.08	0.04	0.55	0.40	0.31	0.01
双鸭山市	0.11	0.01	0.60	0.21	0.69	0.01
大庆市	5.06	5.00	0.34	0.26	2.99	2.95
伊春市	0.15	0.15	0.21	0.15	0.01	0.01
佳木斯市	0.30	0.18	0.91	0.20	0.52	0.20
七台河市	0.13	0.10	0.18	0.15	0.01	0.01
牡丹江市	0.29	0.17	0.52	0.19	0.07	
黑河市	0.20	0.09	0.61	0.05	0.47	0.01
绥化市	0.36	0.01	0.73	0.03	0.07	0.01
上海市	**23.25**	**23.19**	**5.86**	**5.72**	**3.29**	**3.28**
江苏省	**10.86**	**8.86**	**12.27**	**6.78**	**1.03**	**0.68**
南京市	4.36	4.34	1.77	1.67	0.33	0.33
无锡市	1.20	0.99	0.92	0.62	0.17	0.14
徐州市	0.81	0.63	1.31	0.60	0.05	0.02
常州市	0.75	0.71	0.82	0.50	0.03	0.02
苏州市	0.73	0.41	1.27	0.47	0.10	0.03
南通市	0.43	0.30	0.75	0.35	0.05	0.02
连云港市	0.51	0.34	0.75	0.42	0.03	
淮安市	0.21	0.11	1.23	0.98	0.01	
盐城市	0.41	0.14	0.89	0.21	0.07	0.02
扬州市	0.47	0.33	0.66	0.27	0.07	0.05
镇江市	0.52	0.35	0.75	0.32	0.05	0.03
泰州市	0.36	0.18	0.58	0.10	0.06	0.02
宿迁市	0.10	0.03	0.57	0.27	0.01	

2-9 续表 2 单位：万人

城市	科学研究、技术服务和地质勘查业		水利、环境和公共设施管理业		居民服务和其他服务业	
	全市	市辖区	全市	市辖区	全市	市辖区
浙江省	**14.02**	**11.73**	**10.92**	**6.01**	**1.64**	**1.29**
杭州市	8.52	8.22	4.38	3.61	0.83	0.78
宁波市	1.33	1.09	1.29	0.80	0.31	0.24
温州市	0.67	0.45	0.44	0.21	0.08	0.04
嘉兴市	0.73	0.42	0.73	0.11	0.12	0.07
湖州市	0.40	0.28	0.53	0.18	0.02	0.01
绍兴市	0.56	0.31	0.76	0.15	0.04	0.01
金华市	0.46	0.18	1.24	0.21	0.03	0.01
衢州市	0.19	0.10	0.17	0.08	0.02	0.01
舟山市	0.25	0.22	0.28	0.21	0.03	0.02
台州市	0.65	0.31	0.71	0.32	0.14	0.10
丽水市	0.26	0.15	0.38	0.13	0.02	0.01
安徽省	**6.72**	**5.50**	**6.34**	**3.75**	**0.53**	**0.34**
合肥市	2.60	2.55	1.05	0.86	0.18	0.15
芜湖市	0.51	0.46	0.42	0.34	0.02	0.01
蚌埠市	0.60	0.55	0.47	0.35	0.03	0.02
淮南市	0.34	0.33	0.54	0.45	0.02	0.02
马鞍山市	0.26	0.24	0.17	0.12	0.01	0.01
淮北市	0.11	0.10	0.12	0.09	0.02	0.01
铜陵市	0.13	0.11	0.13	0.11		
安庆市	0.52	0.29	0.38	0.14	0.04	0.03
黄山市	0.16	0.13	0.25	0.22	0.02	0.02
滁州市	0.19	0.10	0.46	0.12	0.02	0.01
阜阳市	0.18	0.11	0.48	0.27	0.02	0.01
宿州市	0.33	0.25	0.34	0.15	0.04	0.02
巢湖市	0.20	0.05	0.30	0.07	0.02	
六安市	0.21	0.11	0.66	0.27	0.04	0.01
亳州市	0.11	0.04	0.26	0.03	0.04	0.02
池州市	0.13	0.08	0.19	0.10		
宣城市	0.14		0.12	0.06	0.01	
福建省	**5.42**	**4.47**	**4.43**	**2.34**	**1.43**	**1.18**
福州市	3.06	2.99	1.34	1.08	0.28	0.25
厦门市	0.54	0.54	0.66	0.66	0.82	0.82
莆田市	0.15	0.12	0.17	0.15	0.03	0.02
三明市	0.23	0.10	0.39	0.08	0.03	
泉州市	0.23	0.15	0.26	0.08	0.09	0.04
漳州市	0.28	0.15	0.49	0.10	0.05	0.03
南平市	0.35	0.05	0.54	0.07	0.05	0.01
龙岩市	0.34	0.26	0.24	0.04	0.03	0.01
宁德市	0.24	0.11	0.34	0.08	0.05	
江西省	**4.37**	**3.35**	**5.59**	**2.55**	**0.51**	**0.26**
南昌市	1.48	1.46	1.61	1.12	0.16	0.13
景德镇市	0.33	0.31	0.13	0.06	0.03	0.03
萍乡市	0.14	0.14	0.35	0.34	0.01	0.01
九江市	0.66	0.48	0.46	0.18	0.08	0.02
新余市	0.10	0.04	0.21	0.16	0.03	0.03
鹰潭市	0.28	0.23	0.23	0.02		

2-9 续表 3

单位：万人

城　市	科学研究、技术服务和地质勘查业		水利、环境和公共设施管理业		居民服务和其他服务业	
	全市	市辖区	全市	市辖区	全市	市辖区
赣州市	0.51	0.38	0.87	0.29	0.03	0.01
吉安市	0.32	0.14	0.51	0.10	0.01	
宜春市	0.22	0.09	0.48	0.10	0.02	0.01
抚州市	0.18	0.07	0.38	0.07	0.01	0.01
上饶市	0.15	0.01	0.36	0.11	0.13	0.01
山东省	**10.61**	**8.51**	**11.56**	**6.25**	**3.53**	**3.14**
济南市	2.50	2.41	1.32	1.06	1.14	1.11
青岛市	1.78	1.52	1.52	1.03	0.16	0.13
淄博市	0.24	0.19	0.58	0.52	0.04	0.04
枣庄市	0.27	0.20	0.62	0.44	0.04	0.03
东营市	1.72	1.70	0.33	0.27	1.46	1.45
烟台市	1.09	0.71	1.13	0.68	0.13	0.07
潍坊市	0.69	0.28	0.82	0.17	0.07	0.04
济宁市	0.30	0.17	1.03	0.12	0.06	0.03
泰安市	0.59	0.50	0.57	0.29	0.14	0.07
威海市	0.18	0.08	0.47	0.21	0.06	0.03
日照市	0.13	0.08	0.18	0.10	0.01	
莱芜市	0.04	0.04	0.03	0.03	0.01	0.01
临沂市	0.40	0.20	0.70	0.20	0.02	0.01
德州市	0.14	0.09	0.54	0.36	0.09	0.07
聊城市	0.14	0.10	0.54	0.31	0.04	0.02
滨州市	0.18	0.12	0.24	0.07	0.03	0.02
菏泽市	0.22	0.12	0.94	0.39	0.03	0.01
河南省	**11.31**	**8.06**	**11.95**	**6.18**	**1.76**	**1.13**
郑州市	2.96	2.79	1.75	1.08	0.31	0.27
开封市	0.39	0.19	0.81	0.61	0.33	0.23
洛阳市	2.25	2.01	1.02	0.56	0.21	0.19
平顶山市	0.40	0.25	0.73	0.39	0.03	0.02
安阳市	0.30	0.25	0.62	0.42	0.07	0.03
鹤壁市	0.09	0.05	0.31	0.24		
新乡市	0.71	0.45	0.53	0.14	0.10	0.07
焦作市	0.26	0.20	0.65	0.24	0.04	0.02
濮阳市	0.15	0.13	0.43	0.26	0.12	0.09
许昌市	0.28	0.16	0.44	0.17	0.03	0.02
漯河市	0.10	0.08	0.47	0.43	0.02	0.01
三门峡市	0.22	0.16	0.19	0.08	0.03	0.02
南阳市	1.28	0.62	1.31	0.67	0.18	0.10
商丘市	0.25	0.12	0.60	0.35	0.04	0.01
信阳市	0.92	0.41	0.93	0.24	0.06	0.01
周口市	0.19	0.06	0.53	0.18	0.03	
驻马店市	0.56	0.13	0.63	0.12	0.16	0.04
湖北省	**10.86**	**8.98**	**8.33**	**5.15**	**2.99**	**1.61**
武汉市	5.74	5.36	2.31	2.00	0.71	0.63
黄石市	0.50	0.38	0.51	0.32	0.40	0.35
十堰市	0.39	0.20	0.29	0.12	0.42	0.25

2-9 续表 4

单位：万人

城　市	科学研究、技术服务和地质勘查业		水利、环境和公共设施管理业		居民服务和其他服务业	
	全市	市辖区	全市	市辖区	全市	市辖区
宜昌市	0.80	0.62	0.52	0.30	0.31	0.19
襄阳市	1.11	0.87	1.25	0.62	0.06	0.02
鄂州市	0.14	0.14	0.26	0.26	0.07	0.07
荆门市	0.36	0.55	0.44	0.28	0.47	0.07
孝感市	0.49	0.17	0.52	0.20	0.37	0.01
荆州市	0.52	0.17	0.70	0.26	0.06	0.01
黄冈市	0.26	0.11	0.52	0.07	0.03	
咸宁市	0.45	0.35	0.64	0.56	0.08	0.01
随州市	0.10	0.06	0.37	0.16	0.01	
湖南省	**8.11**	**5.98**	**8.33**	**4.21**	**1.59**	**1.05**
长沙市	3.81	3.52	1.72	1.34	0.52	0.42
株洲市	0.54	0.48	0.43	0.17	0.06	0.02
湘潭市	0.21	0.18	0.25	0.12	0.03	0.03
衡阳市	0.70	0.22	0.75	0.33	0.07	0.06
邵阳市	0.31	0.18	0.51	0.10	0.02	0.01
岳阳市	0.43	0.26	0.64	0.34	0.35	0.26
常德市	0.27	0.14	0.76	0.41	0.12	0.03
张家界市	0.12	0.08	0.37	0.31	0.01	0.01
益阳市	0.30	0.12	0.47	0.22	0.08	0.05
郴州市	0.31	0.18	0.54	0.17	0.04	0.02
永州市	0.49	0.26	0.64	0.29	0.12	0.01
怀化市	0.40	0.23	0.70	0.21	0.11	0.11
娄底市	0.22	0.13	0.55	0.20	0.06	0.02
广东省	**18.05**	**16.84**	**14.01**	**9.81**	**6.44**	**6.00**
广州市	7.68	7.60	3.36	3.07	3.05	2.99
韶关市	0.34	0.28	0.63	0.51	0.04	0.02
深圳市	5.43	5.43	1.81	1.81	1.94	1.94
珠海市	0.42	0.42	0.81	0.81	0.18	0.18
汕头市	0.37	0.36	0.63	0.60	0.10	0.08
佛山市	0.55	0.55	0.65	0.65	0.11	0.11
江门市	0.24	0.11	0.59	0.10	0.19	0.15
湛江市	0.39	0.31	0.82	0.32	0.06	0.03
茂名市	0.17	0.11	0.63	0.24	0.24	0.23
肇庆市	0.27	0.16	0.52	0.25	0.03	0.02
惠州市	0.42	0.29	0.72	0.45	0.14	0.04
梅州市	0.34	0.15	0.64	0.15	0.03	0.01
汕尾市	0.07	0.04	0.22	0.09	0.01	0.01
河源市	0.21	0.15	0.24	0.03	0.05	0.03
阳江市	0.15	0.09	0.37	0.16	0.05	0.02
清远市	0.18	0.12	0.37	0.13	0.05	0.03
东莞市	0.21	0.21	0.07	0.07	0.02	0.02
中山市	0.22	0.22	0.13	0.13	0.04	0.04
潮州市	0.16	0.10	0.27	0.17	0.03	0.02
揭阳市	0.14	0.09	0.33	0.05	0.04	
云浮市	0.09	0.05	0.20	0.02	0.04	0.03

2-9 续表 5 单位：万人

城 市	科学研究、技术服务和地质勘查业		水利、环境和公共设施管理业		居民服务和其他服务业	
	全市	市辖区	全市	市辖区	全市	市辖区
广西壮族自治区	**6.90**	**4.82**	**7.45**	**4.25**	**0.81**	**0.61**
南宁市	2.54	2.35	1.51	1.18	0.16	0.14
柳州市	0.66	0.48	1.16	0.90	0.24	0.21
桂林市	0.78	0.54	1.14	0.61	0.12	0.10
梧州市	0.22	0.17	0.35	0.23		
北海市	0.26	0.16	0.32	0.22	0.08	0.02
防城港市	0.10	0.07	0.20	0.12		
钦州市	0.22	0.11	0.23	0.13	0.03	0.03
贵港市	0.25	0.19	0.42	0.16	0.02	0.01
玉林市	0.38	0.19	0.62	0.21	0.04	0.02
百色市	0.33	0.19	0.39	0.13	0.01	
贺州市	0.13	0.08	0.18	0.10	0.01	
河池市	0.37	0.10	0.33	0.05	0.08	0.07
来宾市	0.32	0.16	0.31	0.14	0.01	0.01
崇左市	0.34	0.03	0.29	0.07	0.01	
海南省	**1.04**	**1.04**	**1.35**	**1.35**	**0.30**	**0.30**
海口市	0.97	0.97	0.84	0.84	0.29	0.29
三亚市	0.07	0.07	0.51	0.51	0.01	0.01
重庆市	**5.39**	**4.94**	**3.38**	**2.16**	**0.77**	**0.71**
四川省	**12.31**	**10.30**	**9.06**	**5.20**	**1.00**	**0.78**
成都市	6.85	6.33	2.39	1.39	0.50	0.46
自贡市	0.24	0.16	0.25	0.19	0.03	0.02
攀枝花市	0.11	0.11	0.26	0.24	0.01	0.01
泸州市	0.25	0.21	0.31	0.21	0.09	0.08
德阳市	0.26	0.22	0.54	0.27	0.03	0.01
绵阳市	1.99	1.93	0.77	0.44	0.04	0.02
广元市	0.14	0.05	0.75	0.63	0.03	0.02
遂宁市	0.12	0.05	0.23	0.09	0.01	
内江市	0.16	0.13	0.18	0.07	0.02	0.01
乐山市	0.67	0.39	0.57	0.38	0.03	0.02
南充市	0.34	0.19	0.59	0.31	0.10	0.07
眉山市	0.12	0.05	0.31	0.09	0.01	
宜宾市	0.26	0.12	0.30	0.26	0.02	0.01
广安市	0.10	0.02	0.23	0.02	0.01	
达州市	0.33	0.16	0.55	0.19	0.02	0.01
雅安市	0.11	0.08	0.17	0.11	0.02	0.02
巴中市	0.15	0.05	0.29	0.19	0.01	0.01
资阳市	0.11	0.05	0.37	0.12	0.02	0.01
贵州省	**2.72**	**2.06**	**2.20**	**1.40**	**0.86**	**0.76**
贵阳市	1.68	1.61	1.04	0.98	0.73	0.69
六盘水市	0.18	0.07	0.05			
遵义市	0.59	0.19	0.68	0.25	0.10	0.05
安顺市	0.27	0.19	0.43	0.17	0.03	0.02

2-9 续表 6

单位：万人

城市	科学研究、技术服务和地质勘查业		水利、环境和公共设施管理业		居民服务和其他服务业	
	全市	市辖区	全市	市辖区	全市	市辖区
云南省	**4.80**	**4.18**	**3.18**	**1.63**	**0.78**	**0.48**
昆明市	3.56	3.52	1.21	0.86	0.59	0.39
曲靖市	0.30	0.18	0.44	0.20	0.05	
玉溪市	0.17	0.09	0.20	0.05	0.02	
保山市	0.14	0.10	0.30	0.15	0.04	0.02
昭通市	0.19	0.12	0.30	0.10	0.06	0.06
丽江市	0.10	0.04	0.30	0.16	0.01	
思茅市	0.27	0.09	0.30	0.08	0.01	0.01
临沧市	0.07	0.04	0.13	0.03		
西藏自治区						
拉萨市						
陕西省	**12.65**	**10.75**	**7.85**	**4.09**	**1.73**	**1.61**
西安市	9.07	8.86	2.27	1.97	1.47	1.44
铜川市	0.10	0.09	0.23	0.22	0.01	0.01
宝鸡市	0.50	0.39	0.51	0.26	0.05	0.05
咸阳市	0.70	0.43	1.21	0.46	0.03	0.01
渭南市	0.67	0.32	1.04	0.18	0.07	0.05
延安市	0.26	0.11	0.45	0.24	0.03	0.02
汉中市	0.52	0.19	0.57	0.18	0.03	0.01
榆林市	0.38	0.17	1.23	0.41	0.01	
安康市	0.27	0.13	0.08	0.02	0.01	0.01
商洛市	0.18	0.06	0.26	0.15	0.02	0.01
甘肃省	**4.81**	**4.28**	**3.25**	**1.92**	**0.39**	**0.18**
兰州市	2.59	2.54	0.89	0.64	0.08	0.08
嘉峪关市	0.02	0.02	0.12	0.12	0.01	0.01
金昌市	0.03	0.02	0.15	0.03		
白银市	0.15	0.09	0.21	0.16	0.07	0.06
天水市	0.48	0.45	0.21	0.09		
武威市	0.22	0.20	0.35	0.28	0.01	0.01
张掖市	0.37	0.35	0.25	0.14		
平凉市	0.36	0.27	0.23	0.13	0.01	0.01
酒泉市	0.22	0.17	0.39	0.12	0.14	
庆阳市	0.15	0.09	0.17	0.13		
定西市	0.12	0.06	0.17	0.05	0.06	0.01
陇南市	0.10	0.02	0.11	0.03	0.01	
青海省	**1.41**	**1.14**	**0.65**	**0.53**	**0.06**	**0.05**
西宁市	1.41	1.14	0.65	0.53	0.06	0.05
宁夏回族自治区	**1.19**	**0.99**	**1.78**	**1.01**	**0.04**	**0.04**
银川市	0.94	0.88	0.70	0.58	0.02	0.02
石嘴山市	0.04	0.02	0.23	0.17	0.01	0.01
吴忠市	0.12	0.04	0.43	0.16		
固原市	0.08	0.04	0.14	0.05	0.01	0.01
中卫市	0.01	0.01	0.28	0.05		
新疆维吾尔自治区	**2.03**	**2.03**	**0.62**	**0.62**	**0.08**	**0.08**
乌鲁木齐市	1.97	1.97	0.53	0.53	0.07	0.07
克拉玛依市	0.06	0.06	0.09	0.09	0.01	0.01

2-10 按行业分组的单位从业人员(六)

单位：万人

城 市	教育		卫生、社会保障和社会福利业		文化、体育和娱乐业		公共管理和社会组织	
	全市	市辖区	全市	市辖区	全市	市辖区	全市	市辖区
城市合计	**1463.36**	**643.47**	**592.22**	**322.01**	**125.64**	**94.37**	**1299.54**	**613.86**
北京市	**40.56**	**39.23**	**20.67**	**20.03**	**15.25**	**15.07**	**41.08**	**36.78**
天津市	**16.43**	**14.16**	**8.98**	**8.18**	**1.75**	**1.68**	**13.69**	**11.80**
河北省	**86.30**	**23.18**	**27.81**	**11.13**	**4.99**	**2.97**	**77.15**	**23.58**
石家庄市	12.34	4.79	3.91	1.97	1.42	1.13	11.07	5.21
唐山市	9.07	4.23	3.43	1.82	0.48	0.31	8.27	4.23
秦皇岛市	3.81	1.64	1.80	1.05	0.48	0.25	3.91	2.05
邯郸市	10.75	2.57	2.87	1.10	0.52	0.22	8.51	2.19
邢台市	7.18	1.29	2.14	0.60	0.29	0.17	6.91	1.41
保定市	13.39	2.30	3.97	1.29	0.60	0.23	10.18	1.66
张家口市	5.80	1.71	1.95	0.82	0.23	0.12	6.47	1.61
承德市	4.45	1.07	1.75	0.67	0.31	0.22	4.82	1.72
沧州市	8.42	1.17	2.88	0.82	0.33	0.18	7.21	1.10
廊坊市	5.85	1.40	1.60	0.44	0.16	0.08	5.62	1.42
衡水市	5.24	1.01	1.51	0.55	0.17	0.06	4.18	0.98
山西省	**48.63**	**17.87**	**16.08**	**7.67**	**4.64**	**3.04**	**55.72**	**18.72**
太原市	7.54	6.40	2.94	2.71	1.47	1.43	5.72	4.80
大同市	4.41	2.57	1.41	0.96	0.50	0.40	5.59	3.02
阳泉市	1.88	1.03	0.69	0.42	0.14	0.10	2.19	1.32
长治市	4.64	1.48	1.44	0.78	0.39	0.21	4.79	1.40
晋城市	2.71	0.61	1.05	0.30	0.20	0.11	2.92	0.76
朔州市	1.95	0.78	0.51	0.27	0.11	0.06	3.50	1.07
晋中市	4.52	0.98	1.62	0.42	0.32	0.11	4.53	1.15
运城市	5.76	0.86	1.83	0.53	0.57	0.34	6.94	1.46
忻州市	4.33	0.93	1.47	0.41	0.20	0.08	5.30	1.02
临汾市	5.59	1.33	1.80	0.65	0.38	0.11	7.20	1.41
吕梁市	5.30	0.90	1.32	0.22	0.36	0.09	7.04	1.31
内蒙古自治区	**30.44**	**12.39**	**10.85**	**5.45**	**2.89**	**1.86**	**29.43**	**12.38**
呼和浩特市	4.68	3.47	1.68	1.45	0.93	0.93	4.56	3.44
包头市	3.12	2.47	1.27	1.06	0.32	0.26	2.68	2.00
乌海市	0.70	0.70	0.30	0.30	0.07	0.07	0.87	0.87
赤峰市	6.55	1.97	1.98	0.72	0.31	0.15	4.63	1.52
通辽市	4.27	1.16	1.29	0.55	0.24	0.12	2.96	0.88
鄂尔多斯市	2.53	0.57	0.79	0.32	0.24	0.11	3.50	1.10
呼伦贝尔市	3.77	0.57	1.84	0.30	0.44	0.11	3.54	0.59
巴彦淖尔市	2.00	0.80	0.85	0.40	0.10	0.01	2.74	1.00
乌兰察布市	2.82	0.68	0.85	0.35	0.24	0.10	3.95	0.98
辽宁省	**52.26**	**29.85**	**25.63**	**17.40**	**5.11**	**4.05**	**49.23**	**30.57**
沈阳市	11.45	9.65	6.04	5.35	1.68	1.55	8.78	7.43
大连市	7.82	5.53	4.11	3.06	0.82	0.75	6.05	4.40
鞍山市	4.09	2.05	2.44	1.63	0.32	0.21	3.62	1.79
抚顺市	2.35	1.57	1.06	0.77	0.21	0.18	2.62	1.96
本溪市	2.10	1.51	1.33	1.03	0.19	0.13	2.03	1.51
丹东市	2.51	0.99	1.28	0.65	0.25	0.17	2.90	1.63
锦州市	3.42	1.58	1.76	1.13	0.26	0.15	3.32	2.19

2-10 续表 1

单位：万人

城 市	教育		卫生、社会保障和社会福利业		文化、体育和娱乐业		公共管理和社会组织	
	全市	市辖区	全市	市辖区	全市	市辖区	全市	市辖区
营口市	2.76	1.64	1.24	0.82	0.29	0.21	2.86	1.88
阜新市	2.45	1.27	1.10	0.73	0.24	0.19	2.21	1.19
辽阳市	1.74	0.94	0.90	0.59	0.17	0.14	2.21	1.49
盘锦市	1.54	0.74	0.70	0.38	0.18	0.13	2.38	1.39
铁岭市	2.94	0.53	1.19	0.43	0.18	0.11	3.21	0.86
朝阳市	4.26	0.84	1.42	0.43	0.16	0.07	3.87	1.16
葫芦岛市	2.83	1.01	1.06	0.40	0.16	0.06	3.17	1.69
吉林省	**33.57**	**15.83**	**14.03**	**7.41**	**3.29**	**2.31**	**27.40**	**13.71**
长春市	12.59	8.14	4.68	3.39	1.65	1.48	7.53	5.30
吉林市	5.12	2.56	2.18	1.31	0.37	0.28	4.33	2.59
四平市	3.84	1.14	1.87	0.70	0.32	0.08	2.77	0.99
辽源市	1.35	0.50	0.70	0.34	0.11	0.06	1.19	0.62
通化市	2.54	0.70	1.35	0.45	0.25	0.12	3.04	0.96
白山市	1.73	0.75	0.77	0.35	0.19	0.09	2.65	1.00
松原市	3.24	0.78	1.12	0.23	0.15	0.08	2.82	0.99
白城市	3.16	1.26	1.36	0.64	0.25	0.12	3.07	1.26
黑龙江省	**45.00**	**22.28**	**19.14**	**10.61**	**3.87**	**2.79**	**39.82**	**18.63**
哈尔滨市	16.09	11.06	6.36	4.74	1.76	1.59	10.69	6.78
齐齐哈尔市	4.85	1.78	2.25	1.16	0.37	0.25	3.83	1.46
鸡西市	1.93	0.83	0.78	0.28	0.16	0.09	2.37	1.24
鹤岗市	1.35	0.79	0.63	0.32	0.14	0.08	1.43	0.87
双鸭山市	1.76	0.53	0.81	0.19	0.16	0.01	2.32	0.99
大庆市	4.09	2.60	1.94	1.49	0.35	0.27	3.53	2.26
伊春市	0.65	0.40	0.42	0.31	0.10	0.09	1.34	0.86
佳木斯市	2.95	1.29	1.38	0.70	0.18	0.11	3.00	1.20
七台河市	0.80	0.57	0.29	0.19	0.09	0.06	1.12	0.82
牡丹江市	2.86	1.30	1.55	0.93	0.20	0.12	2.95	1.20
黑河市	1.92	0.33	0.89	0.15	0.15	0.09	2.73	0.63
绥化市	5.75	0.80	1.84	0.15	0.21	0.03	4.51	0.32
上海市	**26.14**	**25.44**	**16.72**	**16.18**	**4.71**	**4.65**	**18.67**	**18.25**
江苏省	**85.50**	**40.62**	**36.33**	**18.91**	**5.67**	**4.09**	**63.10**	**32.55**
南京市	11.54	10.73	4.72	4.33	1.73	1.71	8.16	7.34
无锡市	6.36	3.43	3.30	1.95	0.57	0.40	4.93	3.00
徐州市	10.34	4.06	3.99	1.93	0.42	0.28	6.74	3.04
常州市	4.72	3.34	2.42	1.76	0.32	0.29	3.43	2.37
苏州市	7.67	3.13	4.69	1.64	0.70	0.40	7.29	3.10
南通市	7.12	2.58	3.46	1.61	0.36	0.21	4.88	1.95
连云港市	5.18	1.46	1.92	0.84	0.20	0.13	3.84	1.41
淮安市	5.94	3.32	1.94	1.27	0.27	0.16	4.76	3.21
盐城市	7.38	2.24	2.65	0.88	0.37	0.15	5.24	1.43
扬州市	4.91	1.90	2.04	0.77	0.21	0.10	3.84	1.69
镇江市	3.47	1.72	1.85	1.00	0.22	0.15	3.09	1.58
泰州市	5.02	1.16	2.33	0.59	0.18	0.06	3.82	1.23
宿迁市	5.85	1.55	1.02	0.34	0.12	0.05	3.08	1.20

2-10 续表 2

单位：万人

城 市	教育		卫生、社会保障和社会福利业		文化、体育和娱乐业		公共管理和社会组织	
	全市	市辖区	全市	市辖区	全市	市辖区	全市	市辖区
浙江省	**61.10**	**27.43**	**32.44**	**16.38**	**6.22**	**4.00**	**57.55**	**25.62**
杭州市	14.41	11.28	7.76	6.34	2.03	1.84	11.56	8.83
宁波市	7.42	4.01	4.58	2.58	1.01	0.71	7.30	3.62
温州市	8.71	2.69	4.03	1.82	0.80	0.41	7.71	2.53
嘉兴市	4.84	1.43	2.51	0.87	0.41	0.14	4.04	1.20
湖州市	2.81	1.12	1.52	0.71	0.19	0.09	2.94	1.26
绍兴市	5.20	1.01	2.71	0.65	0.35	0.15	3.89	0.93
金华市	5.43	1.50	2.87	0.79	0.44	0.14	6.29	1.50
衢州市	2.23	0.93	1.07	0.43	0.20	0.12	2.86	1.24
舟山市	1.38	1.09	0.91	0.60	0.18	0.15	2.31	1.64
台州市	5.92	1.70	3.07	1.09	0.37	0.16	5.35	2.09
丽水市	2.74	0.67	1.42	0.50	0.25	0.09	3.30	0.79
安徽省	**60.52**	**22.96**	**21.98**	**10.79**	**3.41**	**2.34**	**46.69**	**20.86**
合肥市	7.66	4.99	3.25	2.51	1.04	0.97	5.88	4.20
芜湖市	2.53	1.66	1.27	0.90	0.09	0.06	2.31	1.50
蚌埠市	3.17	1.17	1.30	0.69	0.15	0.09	2.22	1.13
淮南市	2.63	2.13	1.16	1.03	0.13	0.10	1.72	1.37
马鞍山市	1.38	0.85	0.62	0.50	0.12	0.10	1.37	1.02
淮北市	2.03	1.17	0.81	0.34	0.06	0.05	1.60	1.01
铜陵市	0.82	0.55	0.38	0.29	0.08	0.07	1.21	0.89
安庆市	5.82	0.90	1.86	0.55	0.34	0.11	4.22	1.14
黄山市	1.43	0.57	0.72	0.36	0.10	0.06	2.04	0.96
滁州市	3.86	0.68	1.34	0.37	0.09	0.03	3.22	0.78
阜阳市	6.83	1.95	2.11	0.77	0.17	0.09	4.63	1.70
宿州市	5.35	1.68	1.43	0.55	0.17	0.10	3.07	1.28
巢湖市	3.82	0.82	1.28	0.43	0.10	0.04	2.96	0.88
六安市	5.28	1.56	1.66	0.71	0.21	0.09	3.70	1.15
亳州市	4.47	1.23	1.16	0.36	0.16	0.09	2.41	0.82
池州市	1.23	0.42	0.56	0.26	0.29	0.29	1.47	0.63
宣城市	2.21	0.63	1.07	0.17	0.11		2.66	0.40
福建省	**44.71**	**16.25**	**15.73**	**7.88**	**3.69**	**2.53**	**30.41**	**13.30**
福州市	9.51	4.15	3.88	2.54	1.47	1.22	6.34	3.64
厦门市	3.71	3.71	1.81	1.81	0.57	0.57	2.76	2.76
莆田市	3.78	2.55	0.98	0.75	0.20	0.18	1.67	1.31
三明市	3.44	0.52	1.26	0.31	0.18	0.07	3.27	0.66
泉州市	8.62	2.25	2.04	0.77	0.32	0.14	4.67	1.63
漳州市	4.78	0.97	1.48	0.49	0.31	0.12	3.27	0.88
南平市	3.45	0.61	1.48	0.35	0.28	0.07	2.68	0.72
龙岩市	3.70	0.85	1.47	0.56	0.20	0.10	2.89	0.95
宁德市	3.72	0.64	1.33	0.30	0.16	0.06	2.86	0.75
江西省	**47.70**	**13.56**	**16.76**	**6.48**	**3.15**	**2.09**	**43.46**	**14.13**
南昌市	7.23	4.88	3.03	2.29	1.25	1.19	5.49	3.92
景德镇市	1.79	0.79	0.66	0.40	0.18	0.15	1.94	1.01
萍乡市	2.00	1.00	0.79	0.60	0.08	0.07	2.45	1.35
九江市	4.91	1.09	1.92	0.63	0.31	0.15	4.88	1.51
新余市	1.24	0.99	0.43	0.29	0.06	0.05	1.26	0.97
鹰潭市	1.12	0.17	0.37	0.15	0.13	0.11	1.26	0.63

2-10 续表 3

单位：万人

城市	教育		卫生、社会保障和社会福利业		文化、体育和娱乐业		公共管理和社会组织	
	全市	市辖区	全市	市辖区	全市	市辖区	全市	市辖区
赣州市	9.01	0.99	2.77	0.62	0.31	0.11	7.13	0.91
吉安市	4.51	0.74	1.66	0.33	0.22	0.06	4.21	0.86
宜春市	4.84	1.17	1.96	0.43	0.19	0.07	4.99	1.03
抚州市	4.26	1.31	1.15	0.37	0.17	0.07	4.17	0.94
上饶市	6.79	0.43	2.02	0.37	0.25	0.06	5.68	1.00
山东省	**109.11**	**41.98**	**43.54**	**19.18**	**6.68**	**4.68**	**105.31**	**47.61**
济南市	10.35	7.63	4.64	3.63	1.64	1.58	12.32	8.36
青岛市	11.05	5.48	4.39	2.70	1.06	0.85	7.70	4.21
淄博市	5.74	3.75	2.49	1.93	0.50	0.48	5.09	3.88
枣庄市	4.30	2.53	1.56	0.95	0.21	0.17	4.84	3.74
东营市	3.11	1.86	1.07	0.65	0.11	0.07	3.37	1.95
烟台市	8.76	3.45	3.60	1.32	0.62	0.31	6.76	2.68
潍坊市	10.41	2.35	4.51	1.07	0.33	0.18	8.89	3.57
济宁市	8.38	1.55	2.86	0.88	0.46	0.17	9.14	4.24
泰安市	5.92	2.06	2.39	0.89	0.29	0.20	4.69	2.14
威海市	3.01	1.07	1.71	0.55	0.21	0.11	2.81	1.24
日照市	3.00	1.46	1.05	0.51	0.15	0.08	2.42	1.47
莱芜市	1.65	1.65	0.59	0.59	0.03	0.03	1.40	1.40
临沂市	10.10	2.40	3.70	1.00	0.30	0.12	8.80	2.70
德州市	5.65	0.83	1.79	0.50	0.21	0.08	7.03	1.05
聊城市	5.57	1.31	2.46	0.85	0.20	0.11	6.47	1.64
滨州市	3.51	0.92	1.44	0.44	0.09	0.02	4.64	1.27
菏泽市	8.60	1.68	3.29	0.72	0.27	0.12	8.94	2.07
河南省	**113.23**	**32.46**	**40.50**	**15.27**	**6.91**	**4.05**	**104.50**	**34.64**
郑州市	12.81	7.20	5.28	3.66	2.08	1.86	11.96	6.84
开封市	5.38	1.92	2.33	0.97	0.44	0.29	6.62	2.17
洛阳市	7.31	2.69	3.11	1.47	0.47	0.24	7.11	2.69
平顶山市	5.40	1.57	2.04	0.69	0.34	0.14	5.85	2.22
安阳市	5.49	1.59	1.91	0.71	0.34	0.18	4.63	1.62
鹤壁市	1.68	0.81	0.59	0.27	0.09	0.06	1.79	1.01
新乡市	6.82	1.84	2.76	0.93	0.30	0.13	6.77	1.79
焦作市	3.94	1.37	1.70	0.61	0.21	0.11	4.57	1.65
濮阳市	4.29	1.21	1.33	0.50	0.20	0.06	3.86	1.37
许昌市	4.61	0.62	1.87	0.43	0.27	0.12	4.77	1.03
漯河市	2.87	1.60	1.17	0.72	0.21	0.12	2.80	1.63
三门峡市	2.80	0.58	0.97	0.25	0.16	0.06	2.90	0.79
南阳市	12.16	3.10	3.94	1.40	0.56	0.28	8.46	1.96
商丘市	9.52	2.06	3.10	0.87	0.20	0.07	9.31	2.89
信阳市	9.28	2.07	2.48	0.71	0.41	0.12	6.75	1.83
周口市	10.70	1.20	2.98	0.51	0.29	0.12	9.70	1.46
驻马店市	8.17	1.03	2.94	0.57	0.34	0.09	6.65	1.69
湖北省	**59.83**	**27.72**	**26.75**	**13.60**	**5.62**	**3.95**	**49.24**	**22.71**
武汉市	16.90	12.45	6.51	5.43	2.06	1.88	9.74	7.92
黄石市	2.86	1.35	1.08	0.72	0.52	0.36	2.51	1.31
十堰市	3.84	0.98	1.87	0.68	0.64	0.36	3.73	1.12

2-10 续表 4

单位：万人

城市	教育		卫生、社会保障和社会福利业		文化、体育和娱乐业		公共管理和社会组织	
	全市	市辖区	全市	市辖区	全市	市辖区	全市	市辖区
宜昌市	3.79	1.75	2.27	1.05	0.51	0.40	3.46	1.48
襄阳市	6.12	2.70	2.77	1.28	0.32	0.16	5.88	2.87
鄂州市	1.32	1.32	0.52	0.52	0.11	0.11	0.96	0.96
荆门市	3.10	1.50	1.38	0.80	0.20	0.20	2.44	1.70
孝感市	5.29	1.16	2.21	0.53	0.42	0.10	4.42	1.16
荆州市	5.18	1.68	3.18	0.95	0.32	0.19	5.75	1.56
黄冈市	6.11	0.85	2.49	0.43	0.32	0.08	5.35	0.85
咸宁市	3.36	1.41	1.58	0.94	0.11	0.06	3.43	1.11
随州市	1.96	0.57	0.89	0.27	0.09	0.05	1.57	0.67
湖南省	**66.98**	**21.26**	**29.96**	**11.90**	**4.56**	**3.07**	**73.54**	**24.67**
长沙市	10.98	6.86	5.72	3.67	1.92	1.73	8.55	5.27
株洲市	3.72	1.56	1.75	0.80	0.15	0.25	3.91	1.53
湘潭市	3.02	1.41	1.28	0.66	0.11	0.04	3.24	1.56
衡阳市	7.71	1.74	3.26	1.12	0.42	0.16	8.07	2.36
邵阳市	6.09	0.93	2.54	0.62	0.16	0.08	6.46	1.39
岳阳市	5.48	1.45	2.26	0.90	0.28	0.16	7.27	2.01
常德市	5.23	1.36	2.36	0.70	0.31	0.14	5.50	2.19
张家界市	1.59	0.58	0.69	0.30	0.06	0.01	1.91	0.95
益阳市	3.90	1.80	1.84	0.71	0.14	0.10	5.53	1.96
郴州市	4.57	1.04	2.20	0.80	0.28	0.13	6.01	1.79
永州市	5.75	1.30	2.30	0.69	0.29	0.12	6.41	1.65
怀化市	5.06	0.51	2.27	0.53	0.26	0.08	6.35	0.73
娄底市	3.88	0.72	1.49	0.40	0.18	0.07	4.33	1.28
广东省	**112.31**	**60.05**	**50.24**	**35.03**	**9.45**	**8.16**	**94.27**	**61.42**
广州市	18.31	15.99	11.20	10.27	3.61	3.48	15.63	14.09
韶关市	3.86	1.36	1.57	0.76	0.15	0.08	3.85	1.64
深圳市	7.66	7.66	5.38	5.38	1.70	1.70	11.81	11.81
珠海市	2.25	2.25	1.09	1.09	0.45	0.45	3.14	3.14
汕头市	5.85	5.76	1.98	1.95	0.23	0.22	3.64	3.52
佛山市	7.14	7.14	4.12	4.12	0.22	0.22	4.93	4.93
江门市	4.47	1.74	2.27	1.03	0.20	0.09	4.15	2.06
湛江市	8.80	2.73	2.63	1.13	0.40	0.29	4.52	1.79
茂名市	8.69	1.81	2.14	0.56	0.41	0.33	3.99	1.24
肇庆市	4.72	1.02	1.95	0.70	0.25	0.15	3.57	0.97
惠州市	4.09	1.83	1.86	1.01	0.36	0.22	5.21	2.93
梅州市	5.83	0.70	2.14	0.48	0.19	0.09	4.02	0.89
汕尾市	2.95	0.60	0.77	0.24	0.12	0.04	2.38	0.75
河源市	3.69	0.56	1.19	0.33	0.15	0.09	3.09	0.87
阳江市	3.04	0.98	1.17	0.47	0.12	0.08	2.78	1.05
清远市	4.12	0.83	1.44	0.43	0.13	0.08	3.61	1.06
东莞市	2.61	2.61	2.74	2.74	0.18	0.18	4.30	4.30
中山市	2.46	2.46	1.48	1.48	0.21	0.21	2.27	2.27
潮州市	2.71	0.66	0.85	0.34	0.08	0.06	1.52	0.52
揭阳市	6.04	0.91	1.36	0.34	0.18	0.08	3.19	0.87
云浮市	3.02	0.45	0.91	0.18	0.11	0.02	2.67	0.72

2-10 续表 5

单位：万人

城　市	教育		卫生、社会保障和社会福利业		文化、体育和娱乐业		公共管理和社会组织	
	全市	市辖区	全市	市辖区	全市	市辖区	全市	市辖区
广西壮族自治区	**58.05**	**19.80**	**22.92**	**10.75**	**3.20**	**2.14**	**41.57**	**19.18**
南宁市	9.77	6.04	4.43	3.04	1.14	1.06	9.49	7.30
柳州市	4.48	1.97	2.37	1.40	0.28	0.22	3.43	1.51
桂林市	5.99	1.99	2.61	1.08	0.57	0.28	4.56	1.41
梧州市	3.59	0.69	1.34	0.58	0.14	0.08	2.17	0.85
北海市	2.01	0.06	0.83	0.47	0.12	0.10	1.33	0.90
防城港市	1.13	0.64	0.47	0.30	0.05	0.03	1.31	0.82
钦州市	3.72	1.48	1.33	0.64	0.09	0.06	1.86	1.01
贵港市	5.01	1.81	1.42	0.65	0.05	0.02	2.38	1.08
玉林市	6.94	1.38	2.17	0.80	0.19	0.09	2.80	0.94
百色市	4.06	0.72	1.54	0.43	0.14	0.05	3.54	0.59
贺州市	2.22	1.08	0.88	0.45	0.10	0.05	1.78	0.94
河池市	4.16	0.48	1.56	0.33	0.17	0.04	3.07	0.61
来宾市	2.57	1.06	1.02	0.40	0.08	0.04	1.69	0.69
崇左市	2.40	0.40	0.95	0.18	0.08	0.02	2.16	0.53
海南省	**4.58**	**4.58**	**1.87**	**1.87**	**0.93**	**0.93**	**4.28**	**4.28**
海口市	3.95	3.95	1.52	1.52	0.78	0.78	3.53	3.53
三亚市	0.63	0.63	0.35	0.35	0.15	0.15	0.75	0.75
重庆市	**33.78**	**19.28**	**10.89**	**6.90**	**2.41**	**2.01**	**23.38**	**13.98**
四川省	**74.57**	**29.25**	**30.25**	**14.32**	**4.05**	**3.00**	**66.65**	**28.95**
成都市	16.32	10.37	8.70	5.78	1.83	1.67	15.24	8.84
自贡市	2.42	1.34	1.28	0.85	0.11	0.09	2.02	1.26
攀枝花市	1.31	0.90	0.62	0.46	0.12	0.11	1.69	1.20
泸州市	3.95	1.41	1.40	0.76	0.13	0.10	2.74	1.34
德阳市	3.38	0.88	1.58	0.46	0.09	0.04	3.07	0.99
绵阳市	5.03	1.86	1.94	0.83	0.16	0.12	4.10	1.42
广元市	3.06	1.00	1.14	0.52	0.08	0.06	3.28	1.48
遂宁市	2.97	1.23	0.96	0.46	0.08	0.03	2.19	1.13
内江市	3.42	1.17	1.20	0.62	0.16	0.08	2.72	1.20
乐山市	2.98	1.14	1.31	0.57	0.17	0.08	3.48	1.54
南充市	5.83	2.38	1.79	0.74	0.26	0.12	4.98	1.79
眉山市	2.57	0.68	1.02	0.24	0.10	0.05	3.17	1.36
宜宾市	4.74	1.00	1.49	0.46	0.18	0.10	4.03	1.07
广安市	3.08	0.83	0.93	0.29	0.08	0.07	2.50	1.00
达州市	5.28	0.51	1.98	0.34	0.16	0.09	4.10	0.79
雅安市	1.76	0.71	0.70	0.29	0.06	0.03	2.46	0.78
巴中市	3.07	1.08	0.98	0.32	0.13	0.08	2.51	1.03
资阳市	3.40	0.76	1.23	0.33	0.15	0.08	2.37	0.73
贵州省	**18.68**	**7.39**	**6.31**	**3.53**	**1.30**	**1.04**	**18.27**	**8.75**
贵阳市	5.92	4.60	2.80	2.31	0.93	0.85	6.14	4.74
六盘水市	2.87	0.64	0.62	0.16	0.10	0.04	3.01	1.16
遵义市	7.16	1.09	2.00	0.69	0.18	0.10	6.46	1.58
安顺市	2.73	1.06	0.89	0.37	0.09	0.05	2.66	1.27

2-10 续表 6

单位：万人

城市	教育		卫生、社会保障和社会福利业		文化、体育和娱乐业		公共管理和社会组织	
	全市	市辖区	全市	市辖区	全市	市辖区	全市	市辖区
云南省	**33.08**	**10.50**	**10.04**	**4.51**	**2.53**	**1.09**	**28.94**	**11.43**
昆明市	9.29	5.56	4.20	2.50	1.56	0.76	9.54	6.02
曲靖市	6.83	1.07	1.22	0.35	0.20	0.08	3.70	0.81
玉溪市	2.78	0.74	1.01	0.43	0.14	0.06	2.63	0.80
保山市	2.60	0.87	0.71	0.35	0.07	0.03	1.91	0.86
昭通市	5.00	1.00	1.00	0.32	0.17	0.05	4.68	1.12
丽江市	1.56	0.36	0.40	0.11	0.15	0.03	1.66	0.61
思茅市	2.53	0.44	0.89	0.25	0.14	0.04	2.50	0.64
临沧市	2.49	0.46	0.61	0.20	0.10	0.04	2.32	0.57
西藏自治区								
拉萨市								
陕西省	**54.13**	**24.22**	**19.15**	**9.58**	**4.63**	**3.19**	**49.04**	**18.26**
西安市	16.15	13.83	5.58	4.86	2.53	2.39	9.47	7.78
铜川市	1.05	0.93	0.41	0.37	0.06	0.05	1.91	1.71
宝鸡市	4.42	1.75	1.99	0.81	0.22	0.11	3.47	1.49
咸阳市	7.19	1.48	2.24	0.72	0.36	0.10	5.63	1.20
渭南市	6.80	1.58	2.07	0.54	0.39	0.10	5.86	1.04
延安市	3.52	0.84	1.38	0.61	0.27	0.13	5.64	1.01
汉中市	4.02	0.93	1.81	0.60	0.20	0.09	4.44	0.93
榆林市	4.69	1.01	1.52	0.35	0.30	0.10	6.37	1.11
安康市	3.30	1.15	1.19	0.46	0.12	0.06	3.61	1.29
商洛市	2.99	0.72	0.96	0.26	0.18	0.06	2.64	0.70
甘肃省	**29.99**	**12.59**	**8.40**	**4.39**	**2.51**	**1.62**	**30.32**	**14.43**
兰州市	5.68	4.83	1.97	1.66	1.05	1.01	6.07	4.88
嘉峪关市	0.23	0.23	0.12	0.12	0.05	0.05	0.42	0.42
金昌市	0.40	0.11	0.17	0.05	0.03	0.03	0.69	0.41
白银市	2.74	0.52	0.37	0.17	0.07	0.04	2.55	1.46
天水市	3.93	1.70	0.99	0.57	0.25	0.16	3.76	2.06
武威市	1.68	1.25	0.74	0.51	0.28	0.06	1.36	1.20
张掖市	1.65	0.85	0.55	0.25	0.13	0.08	1.95	0.67
平凉市	3.03	0.55	0.75	0.22	0.11	0.04	2.20	0.67
酒泉市	1.28	0.58	0.50	0.20	0.19	0.05	1.58	0.59
庆阳市	3.17	0.69	0.58	0.23	0.10	0.05	3.56	0.77
定西市	3.20	0.77	0.86	0.21	0.13	0.03	2.89	0.81
陇南市	3.00	0.51	0.80	0.20	0.12	0.02	3.29	0.49
青海省	**2.92**	**2.36**	**1.76**	**1.42**	**0.43**	**0.35**	**2.78**	**2.25**
西宁市	2.92	2.36	1.76	1.42	0.43	0.35	2.78	2.25
宁夏回族自治区	**7.90**	**3.73**	**3.31**	**2.12**	**0.76**	**0.60**	**8.14**	**4.69**
银川市	2.65	1.86	1.37	1.14	0.50	0.47	3.14	2.41
石嘴山市	0.83	0.55	0.56	0.41	0.05	0.04	1.29	0.89
吴忠市	1.23	0.23	0.46	0.17	0.07	0.02	1.60	0.57
固原市	1.95	0.65	0.46	0.17	0.09	0.05	1.24	0.51
中卫市	1.24	0.44	0.46	0.23	0.05	0.02	0.87	0.31
新疆维吾尔自治区	**5.36**	**5.25**	**3.17**	**3.14**	**1.02**	**1.02**	**5.91**	**5.73**
乌鲁木齐市	4.74	4.63	2.91	2.88	1.01	1.01	5.07	4.89
克拉玛依市	0.62	0.62	0.26	0.26	0.01	0.01	0.84	0.84

2-11 土地资源(一)

城市	行政区域土地面积（平方公里）		其中：建成区面积（平方公里）	城市建设用地面积（平方公里）	其中：居住用地面积（平方公里）
	全市	市辖区	市辖区	市辖区	市辖区
城市合计	**4714347**	**628573**	**31766**	**31364**	**9563**
北京市	**16411**	**12187**	**1186**	**1386**	**393**
天津市	**11760**	**7399**	**687**	**687**	**187**
河北省	**187693**	**4553**	**1172**	**1134**	**341**
石家庄市	15848	213	203	207	59
唐山市	13472	1232	234	230	68
秦皇岛市	7523	363	89	95	21
邯郸市	12062	434	111	118	37
邢台市	12486	115	70	70	30
保定市	20584	312	132	132	40
张家口市	36873	376	84	87	25
承德市	39548	760	100	55	16
沧州市	14053	183	46	42	15
廊坊市	6429	292	59	59	20
衡水市	8815	273	44	39	10
山西省	**157252**	**16338**	**720**	**666**	**194**
太原市	6963	1460	245	219	48
大同市	14127	2080	108	108	35
阳泉市	4570	652	52	40	15
长治市	13896	334	59	53	14
晋城市	9425	143	41	39	10
朔州市	11066	4499	36	31	9
晋中市	16392	1318	39	51	14
运城市	14181	1215	55	43	16
忻州市	25117	1982	30	29	11
临汾市	20275	1316	37	35	16
吕梁市	21240	1339	18	18	6
内蒙古自治区	**655315**	**22770**	**773**	**846**	**278**
呼和浩特市	17224	2054	166	166	42
包头市	27768	2591	183	212	71
乌海市	1754	1754	63	57	23
赤峰市	90021	7077	81	89	36
通辽市	59535	2821	66	66	18
鄂尔多斯市	86752	2530	113	143	43
呼伦贝尔市	253356	1440	28	28	15
巴彦淖尔市	64413	2354	38	50	17
乌兰察布市	54492	149	35	35	13
辽宁省	**147167**	**16450**	**1827**	**1803**	**572**
沈阳市	12980	3471	412	412	133
大连市	12574	2568	390	406	120
鞍山市	9252	624	158	158	39
抚顺市	11272	714	130	130	32
本溪市	8411	1518	107	70	24
丹东市	15290	941	53	53	18
锦州市	9891	436	71	71	34

2-11 续表 1

城 市	行政区域土地面积(平方公里)		其中：建成区面积(平方公里)	城市建设用地面积(平方公里)	其中：居住用地面积(平方公里)
	全市	市辖区	市辖区	市辖区	市辖区
营口市	5242	702	99	99	31
阜新市	10355	490	76	71	26
辽阳市	4736	623	98	98	35
盘锦市	4071	266	61	61	24
铁岭市	12980	659	44	44	16
朝阳市	19698	1137	53	55	21
葫芦岛市	10415	2301	75	75	19
吉林省	**146878**	**17210**	**814**	**797**	**261**
长春市	20604	4789	394	388	111
吉林市	27126	3636	166	158	42
四平市	14080	1075	51	49	22
辽源市	5140	442	46	46	28
通化市	15608	745	36	45	17
白山市	17485	2673	40	34	16
松原市	21090	1325	43	43	15
白城市	25745	2525	38	34	10
黑龙江省	**406460**	**70133**	**1322**	**1422**	**492**
哈尔滨市	53068	7086	359	359	108
齐齐哈尔市	42469	4365	135	120	44
鸡西市	22531	2300	79	97	48
鹤岗市	14659	4551	43	71	39
双鸭山市	23209	1760	59	55	30
大庆市	21219	5107	207	278	67
伊春市	32759	19567	161	156	62
佳木斯市	32704	1875	94	94	24
七台河市	6222	3647	62	62	22
牡丹江市	40583	2675	76	75	30
黑河市	82164	14444	19	28	7
绥化市	34873	2756	28	27	11
上海市	**6340**	**5155**	**866**		
江苏省	**102658**	**27067**	**2346**	**2432**	**704**
南京市	6587	4733	619	647	178
无锡市	4627	1643	231	215	63
徐州市	11259	3038	239	185	58
常州市	4372	1862	153	153	44
苏州市	8488	3230	329	329	77
南通市	8001	1521	125	93	16
连云港市	7500	1156	120	163	74
淮安市	10072	3171	120	204	62
盐城市	16972	1862	89	87	27
扬州市	6591	1021	82	90	26
镇江市	3847	1082	109	109	25
泰州市	5787	640	65	88	34
宿迁市	8555	2108	65	69	20

2-11 续表 2

城市	行政区域土地面积（平方公里）		其中：建成区面积（平方公里）	城市建设用地面积（平方公里）	其中：居住用地面积（平方公里）
	全市	市辖区	市辖区	市辖区	市辖区
浙江省	**104141**	**18073**	**1453**	**1507**	**391**
杭州市	16596	3068	413	374	95
宁波市	9816	2462	272	307	66
温州市	11786	1187	175	149	34
嘉兴市	3915	968	85	85	24
湖州市	5818	1567	78	142	36
绍兴市	8279	357	100	96	37
金华市	10941	2044	72	72	19
衢州市	8841	2354	58	57	13
舟山市	1440	1028	52	52	18
台州市	9411	1536	116	140	38
丽水市	17298	1502	32	32	10
安徽省	**138979**	**27581**	**1397**	**1426**	**452**
合肥市	7047	839	326	326	103
芜湖市	3317	827	135	135	32
蚌埠市	5941	602	105	104	35
淮南市	2585	1691	97	97	37
马鞍山市	1686	340	78	92	22
淮北市	2741	760	63	77	21
铜陵市	1113	350	48	48	13
安庆市	15318	821	77	77	27
黄山市	9807	2342	44	42	12
滁州市	13523	1404	60	68	19
阜阳市	9775	1844	76	76	38
宿州市	9787	2868	53	64	19
巢湖市	9394	2031	39	40	13
六安市	17976	3583	61	61	21
亳州市	8374	2226	57	40	15
池州市	8272	2432	35	37	13
宣城市	12323	2621	43	42	12
福建省	**124563**	**14204**	**827**	**810**	**247**
福州市	13066	1043	220	235	97
厦门市	1573	1573	230	230	46
莆田市	4119	2284	55	59	16
三明市	23094	1178	28	28	8
泉州市	11015	850	160	120	38
漳州市	12873	401	51	51	16
南平市	26308	2660	26	26	9
龙岩市	19063	2678	38	37	9
宁德市	13452	1537	19	24	8
江西省	**166985**	**11717**	**743**	**753**	**220**
南昌市	7402	617	208	202	51
景德镇市	5256	580	73	68	19
萍乡市	3824	1080	42	42	13
九江市	18823	598	89	92	29
新余市	3178	1789	53	53	19
鹰潭市	3560	136	29	29	8

2-11 续表 3

城　市	行政区域土地面积(平方公里)		其中：建成区面积(平方公里)	城市建设用地面积(平方公里)	其中：居住用地面积(平方公里)
	全市	市辖区	市辖区	市辖区	市辖区
赣州市	39379	584	76	76	19
吉安市	25283	1340	35	35	8
宜春市	18669	2532	50	50	12
抚州市	18820	2122	50	57	18
上饶市	22791	339	38	49	24
山东省	**158157**	**34096**	**2450**	**2499**	**724**
济南市	8177	3257	347	347	90
青岛市	10978	1405	282	281	82
淄博市	5965	2970	225	221	73
枣庄市	4563	3069	119	118	42
东营市	7923	3294	108	120	37
烟台市	13746	2722	265	263	74
潍坊市	16140	2650	140	142	49
济宁市	11423	1043	89	88	31
泰安市	7762	2087	107	107	40
威海市	5797	777	132	132	34
日照市	5348	1915	90	90	26
莱芜市	2246	2246	58	58	15
临沂市	17191	2200	166	159	45
德州市	10356	563	89	60	8
聊城市	8703	1442	69	60	16
滨州市	9600	1041	87	176	35
菏泽市	12239	1415	77	77	27
河南省	**164405**	**14279**	**1547**	**1493**	**435**
郑州市	7446	1010	343	316	80
开封市	6444	362	94	94	32
洛阳市	15200	544	181	180	62
平顶山市	7904	443	71	71	28
安阳市	7413	544	76	76	23
鹤壁市	2182	679	51	50	13
新乡市	8169	346	97	97	30
焦作市	4071	424	90	90	30
濮阳市	4266	289	51	51	14
许昌市	4996	97	80	79	21
漯河市	2716	1020	60	58	16
三门峡市	10496	198	30	29	9
南阳市	26509	1981	92	85	21
商丘市	10704	1697	60	60	15
信阳市	18847	3604	68	61	18
周口市	11959	269	51	44	12
驻马店市	15083	772	52	52	11
湖北省	**151522**	**21617**	**1192**	**1512**	**413**
武汉市	8494	2718	500	829	222
黄石市	4586	237	66	66	15
十堰市	23680	1193	62	62	18

2-11 续表 4

城市	行政区域土地面积(平方公里)		其中：建成区面积(平方公里)	城市建设用地面积(平方公里)	其中：居住用地面积(平方公里)
	全市	市辖区	市辖区	市辖区	市辖区
宜昌市	21084	4248	92	126	32
襄阳市	19724	3672	107	107	33
鄂州市	1594	1594	52	52	13
荆门市	12404	2171	50	50	13
孝感市	8910	1020	33	26	2
荆州市	14092	1576	66	66	18
黄冈市	17457	362	58	24	12
咸宁市	9861	1504	63	65	21
随州市	9636	1322	43	39	14
湖南省	**197025**	**18224**	**1050**	**1276**	**401**
长沙市	11816	959	272	272	106
株洲市	11247	535	107	99	34
湘潭市	5015	658	73	99	28
衡阳市	15299	691	99	102	29
邵阳市	20830	436	49	48	17
岳阳市	15087	1246	82	155	46
常德市	18190	2510	76	75	21
张家界市	9516	2735	28	30	10
益阳市	12144	1935	54	88	22
郴州市	19699	2246	62	144	40
永州市	22441	3181	55	65	17
怀化市	27624	666	52	52	14
娄底市	8117	426	41	47	17
广东省	**180956**	**32523**	**3345**	**2834**	**890**
广州市	7434	3843	952		
韶关市	18463	2870	78	82	26
深圳市	1992	1992	830	817	214
珠海市	1711	1711	124	342	114
汕头市	2064	1956	182	206	84
佛山市	3798	3798	152	167	54
江门市	9568	1818	129	151	44
湛江市	13225	1720	81	92	31
茂名市	11458	874	70	63	23
肇庆市	15464	762	80	82	22
惠州市	11343	2694	215	203	63
梅州市	16089	298	45	45	12
汕尾市	5271	415	14	73	20
河源市	15642	362	29	29	9
阳江市	7946	756	44	46	16
清远市	19036	1296	69	253	99
东莞市	2460	2460	92	92	32
中山市	1800	1800	41	45	14
潮州市	3146	155	42	39	7
揭阳市	5266	181	58		
云浮市	7779	762	19	8	5

2-11 续表 5

城市	行政区域土地面积（平方公里）		其中：建成区面积（平方公里）	城市建设用地面积（平方公里）	其中：居住用地面积（平方公里）
	全市	市辖区	市辖区	市辖区	市辖区
广西壮族自治区	**236549**	**41005**	**860**	**837**	**250**
南宁市	22112	6479	215	215	70
柳州市	18617	658	135	135	28
桂林市	27809	565	63	63	18
梧州市	12588	1097	36	31	11
北海市	3337	957	55	58	24
防城港市	6222	2818	31	30	8
钦州市	10843	4732	80	84	16
贵港市	10602	3548	56	56	18
玉林市	12838	1251	57	56	23
百色市	36022	3718	33	31	12
贺州市	11855	5527	29	21	5
河池市	32907	2340	19	15	5
来宾市	13411	4364	29	29	8
崇左市	17386	2951	22	13	4
海南省	**4223**	**4223**	**126**	**151**	**46**
海口市	2305	2305	98	98	36
三亚市	1918	1918	28	53	10
重庆市	**82829**	**26041**	**870**	**855**	**282**
四川省	**193625**	**32726**	**1328**	**1307**	**432**
成都市	12132	2129	456	442	154
自贡市	4373	1438	80	80	27
攀枝花市	7440	2018	55	67	19
泸州市	12228	2132	83	81	21
德阳市	5911	648	54	54	16
绵阳市	20249	1570	103	103	28
广元市	16319	4588	38	34	9
遂宁市	5325	1875	50	49	19
内江市	5386	1569	40	40	14
乐山市	12826	2514	54	52	14
南充市	12479	2527	78	78	33
眉山市	7186	1331	44	42	17
宜宾市	13271	1131	57	53	21
广安市	6344	1536	30	30	9
达州市	16591	451	32	32	10
雅安市	15302	1070	20	18	6
巴中市	12301	2566	18	16	6
资阳市	7962	1633	36	36	9
贵州省	**58028**	**5933**	**280**	**308**	**85**
贵阳市	8034	2403	162	169	43
六盘水市	9965	488	39	58	12
遵义市	30762	1338	47	54	21
安顺市	9267	1704	32	27	9

2-11 续表 6

城市	行政区域土地面积(平方公里)		其中：建成区面积(平方公里)	城市建设用地面积(平方公里)	其中：居住用地面积(平方公里)
	全市	市辖区	市辖区	市辖区	市辖区
云南省	**198481**	**21913**	**469**	**574**	**265**
昆明市	21015	4105	275	414	212
曲靖市	28904	1553	56	51	21
玉溪市	15285	1004	23	14	4
保山市	19637	5011	25	8	4
昭通市	22567	2240	27	23	9
丽江市	21219	1255	25	22	6
思茅市	45385	4093	24	22	5
临沧市	24469	2652	14	20	4
西藏自治区					
拉萨市					
陕西省	**206140**	**28793**	**783**	**754**	**228**
西安市	10108	3582	327	277	66
铜川市	3882	2406	38	47	18
宝鸡市	18131	3574	118	113	31
咸阳市	10196	527	81	95	18
渭南市	13134	1221	44	38	20
延安市	37037	3556	36	26	14
汉中市	27246	556	33	21	5
榆林市	43578	7053	52	96	32
安康市	23536	3646	30	30	19
商洛市	19292	2672	24	11	5
甘肃省	**416103**	**41472**	**557**	**506**	**137**
兰州市	13086	1632	196	180	53
嘉峪关市	2935	2935	50	46	10
金昌市	8896	3019	37	37	6
白银市	21158	3478	55	54	16
天水市	14359	5861	42	42	9
武威市	33238	5081	27	1	1
张掖市	41924	4240	34	33	8
平凉市	11170	1936	20	19	8
酒泉市	193974	3386	38	42	9
庆阳市	27119	996	21	25	8
定西市	20330	4225	23	18	4
陇南市	27914	4683	14	9	6
青海省	**7655**	**360**	**67**	**67**	**30**
西宁市	7655	360	67	67	30
宁夏回族自治区	**62711**	**15456**	**310**	**329**	**96**
银川市	9025	2311	121	121	38
石嘴山市	5310	2262	94	120	28
吴忠市	20394	1268	28	24	10
固原市	10541	2739	35	30	10
中卫市	17441	6876	32	34	10
新疆维吾尔自治区	**23336**	**19075**	**400**	**393**	**118**
乌鲁木齐市	13788	9527	343	343	99
克拉玛依市	9548	9548	57	50	19

2-12 土地资源(二)

城市	人口密度(人/平方公里)		城市建设用地面积(平方公里)	城市建设用地占市区面积比重(%)
	全市	市辖区	市辖区	市辖区
城市合计	**264.67**	**618.32**	**31363.57**	**4.99**
北京市	**766.44**	**974.08**	**1386.00**	**11.37**
天津市	**837.46**	**1090.71**	**687.00**	**9.29**
河北省	**388.83**	**2844.54**	**1134.00**	**24.91**
石家庄市	624.15	11449.30	207.00	97.18
唐山市	545.58	2496.19	230.00	18.67
秦皇岛市	383.22	2379.61	95.00	26.17
邯郸市	798.79	3413.59	118.00	27.19
邢台市	586.28	6218.26	70.00	60.87
保定市	564.04	3400.64	132.00	42.31
张家口市	126.37	2390.96	87.00	23.14
承德市	94.31	767.50	55.00	7.24
沧州市	520.10	2945.90	42.00	22.95
廊坊市	651.77	2752.74	59.00	20.21
衡水市	499.38	1797.07	39.00	14.29
山西省	**220.90**	**595.21**	**666.00**	**4.08**
太原市	524.92	1952.12	219.00	15.00
大同市	224.75	749.57	108.00	5.19
阳泉市	286.17	1060.12	40.00	6.13
长治市	238.59	2176.95	53.00	15.87
晋城市	229.42	2437.76	39.00	27.27
朔州市	143.75	144.85	31.00	0.69
晋中市	195.80	451.59	51.00	3.87
运城市	355.18	542.47	43.00	3.54
忻州市	122.45	266.85	29.00	1.46
临汾市	215.69	635.11	35.00	2.66
吕梁市	180.55	207.47	18.00	1.34
内蒙古自治区	**33.20**	**287.32**	**846.21**	**3.72**
呼和浩特市	133.28	586.95	166.00	8.08
包头市	79.16	549.98	212.00	8.18
乌海市	302.17	302.17	57.00	3.25
赤峰市	50.85	171.56	89.21	1.26
通辽市	53.53	271.89	66.00	2.34
鄂尔多斯市	17.57	102.85	143.00	5.65
呼伦贝尔市	10.71	188.54	28.00	1.94
巴彦淖尔市	28.93	239.72	50.00	2.12
乌兰察布市	52.67	2043.62	35.00	23.49
辽宁省	**288.90**	**1142.71**	**1803.00**	**10.96**
沈阳市	554.39	1484.93	412.00	11.87
大连市	466.39	1184.81	406.00	15.81
鞍山市	380.23	2353.37	158.00	25.32
抚顺市	195.98	1937.68	130.00	18.21
本溪市	183.81	626.68	70.00	4.61
丹东市	157.85	837.73	53.00	5.63
锦州市	311.75	2141.06	71.00	16.28

2-12 续表 1

城 市	人口密度（人/平方公里）		城市建设用地面积（平方公里）	城市建设用地占市区面积比重(%)
	全市	市辖区	市辖区	市辖区
营口市	449.31	1287.89	99.00	14.10
阜新市	185.78	1609.80	71.00	14.49
辽阳市	387.08	1205.78	98.00	15.73
盘锦市	322.40	2293.98	61.00	22.93
铁岭市	235.09	676.63	44.00	6.68
朝阳市	172.22	506.51	55.00	4.84
葫芦岛市	270.52	434.38	75.00	3.26
吉林省	**170.53**	**505.08**	**796.70**	**4.63**
长春市	368.32	757.47	388.00	8.10
吉林市	160.01	504.59	158.00	4.35
四平市	241.87	568.28	49.00	4.56
辽源市	240.76	1083.03	46.00	10.41
通化市	144.87	600.81	45.00	6.04
白山市	73.61	222.56	34.00	1.27
松原市	137.53	443.70	42.70	3.22
白城市	78.71	202.06	34.00	1.35
黑龙江省	**93.34**	**195.43**	**1422.00**	**2.03**
哈尔滨市	186.93	665.81	359.00	5.07
齐齐哈尔市	133.77	324.19	120.00	2.75
鸡西市	83.97	382.17	97.00	4.22
鹤岗市	74.43	148.54	71.00	1.56
双鸭山市	65.31	285.57	55.00	3.13
大庆市	131.86	261.21	278.00	5.44
伊春市	38.75	41.32	156.00	0.80
佳木斯市	77.60	437.33	94.00	5.01
七台河市	149.24	156.87	62.00	1.70
牡丹江市	66.59	332.52	75.00	2.80
黑河市	21.20	13.30	28.00	0.19
绥化市	168.10	326.31	27.00	0.98
上海市	**2227.63**	**2605.96**		
江苏省	**727.33**	**1029.00**	**2432.00**	**8.99**
南京市	960.10	1158.61	647.00	13.67
无锡市	1008.34	1452.28	215.00	13.09
徐州市	864.10	1029.36	185.00	6.09
常州市	825.25	1223.15	153.00	8.22
苏州市	751.25	750.71	329.00	10.19
南通市	953.53	1390.80	93.00	6.11
连云港市	663.64	809.60	163.00	14.10
淮安市	534.89	877.80	204.00	6.43
盐城市	480.86	876.91	87.00	4.67
扬州市	696.59	1199.61	90.00	8.81
镇江市	703.69	956.84	109.00	10.07
泰州市	872.04	1292.50	88.00	13.75
宿迁市	638.55	757.92	69.00	3.27

2-12 续表 2

城　市	人口密度（人/平方公里）		城市建设用地面积（平方公里）	城市建设用地占市区面积比重(%)
	全市	市辖区	市辖区	市辖区
浙江省	**455.91**	**830.41**	**1506.84**	**8.34**
杭州市	415.23	1417.28	374.00	12.19
宁波市	584.83	907.28	307.33	12.48
温州市	667.57	1228.05	149.00	12.55
嘉兴市	872.54	865.19	85.11	8.79
湖州市	446.85	694.96	142.25	9.08
绍兴市	530.15	1821.85	96.00	26.89
金华市	426.51	455.92	72.00	3.52
衢州市	284.17	351.30	57.15	2.43
舟山市	672.01	678.21	52.00	5.06
台州市	619.64	1008.40	140.00	9.11
丽水市	150.10	257.52	32.00	2.13
安徽省	**491.20**	**715.41**	**1426.00**	**5.17**
合肥市	702.36	2569.49	326.00	38.86
芜湖市	691.89	1348.61	135.00	16.32
蚌埠市	609.71	1537.38	104.00	17.28
淮南市	943.87	1073.39	97.00	5.74
马鞍山市	765.72	1878.53	92.00	27.06
淮北市	801.02	1444.61	77.00	10.13
铜陵市	664.96	1280.86	48.00	13.71
安庆市	401.89	897.08	77.00	9.38
黄山市	150.96	186.72	42.00	1.79
滁州市	333.36	382.41	68.00	4.84
阜阳市	1035.13	1122.34	76.00	4.12
宿州市	656.04	648.05	64.00	2.23
巢湖市	490.22	438.80	40.00	1.97
六安市	392.09	520.57	61.00	1.70
亳州市	717.41	726.19	40.00	1.80
池州市	193.98	272.20	37.00	1.52
宣城市	225.89	328.65	42.00	1.60
福建省	**285.13**	**650.79**	**810.00**	**5.70**
福州市	494.34	1808.15	235.00	22.53
厦门市	1145.65	1145.65	230.00	14.62
莆田市	785.48	943.30	59.00	2.58
三明市	118.10	240.24	28.00	2.38
泉州市	622.12	1213.06	120.00	14.12
漳州市	370.05	1384.04	51.00	12.72
南平市	119.32	186.95	26.00	0.98
龙岩市	164.91	220.43	37.00	1.38
宁德市	252.28	289.26	24.00	1.56
江西省	**281.22**	**767.04**	**752.84**	**6.43**
南昌市	678.53	3435.98	202.00	32.74
景德镇市	310.43	796.72	67.84	11.70
萍乡市	491.87	791.67	42.00	3.89
九江市	264.52	1074.08	92.00	15.38
新余市	371.33	494.75	53.00	2.96
鹰潭市	342.47	1737.50	29.00	21.32

2-12 续表 3

城市	人口密度(人/平方公里)		城市建设用地面积(平方公里)	城市建设用地占市区面积比重(%)
	全市	市辖区	市辖区	市辖区
赣州市	230.39	1107.19	76.00	13.01
吉安市	195.80	406.87	35.00	2.61
宜春市	298.85	414.89	50.00	1.97
抚州市	214.64	539.87	57.00	2.69
上饶市	324.83	1176.11	49.00	14.45
山东省	**602.96**	**810.68**	**2499.00**	**7.33**
济南市	738.76	1068.53	347.00	10.65
青岛市	695.61	1960.85	281.00	20.00
淄博市	708.06	941.41	221.00	7.44
枣庄市	856.96	726.26	118.00	3.84
东营市	233.33	253.04	120.00	3.64
烟台市	473.69	657.24	263.00	9.66
潍坊市	541.38	687.21	142.00	5.36
济宁市	738.01	1075.46	88.00	8.44
泰安市	717.61	760.23	107.00	5.13
威海市	437.48	834.62	132.00	16.99
日照市	538.37	643.08	90.00	4.70
莱芜市	564.07	564.07	58.00	2.58
临沂市	623.98	958.77	159.00	7.23
德州市	550.58	1158.79	60.00	10.66
聊城市	686.58	802.01	60.00	4.16
滨州市	393.67	611.05	176.00	16.91
菏泽市	783.40	1079.58	77.00	5.44
河南省	**666.02**	**1495.09**	**1493.00**	**10.46**
郑州市	1293.31	5049.50	316.00	31.29
开封市	829.76	2363.81	94.00	25.97
洛阳市	462.86	3053.49	180.00	33.09
平顶山市	682.68	2332.05	71.00	16.03
安阳市	784.30	1999.63	76.00	13.97
鹤壁市	742.67	910.31	50.00	7.36
新乡市	739.21	2928.61	97.00	28.03
焦作市	904.00	1982.31	90.00	21.23
濮阳市	960.69	2353.29	51.00	17.65
许昌市	980.06	4270.10	79.00	81.44
漯河市	1025.29	1380.59	58.00	5.69
三门峡市	219.42	1479.80	29.00	14.65
南阳市	447.66	951.59	85.00	4.29
商丘市	857.63	1042.96	60.00	3.54
信阳市	461.73	409.88	61.00	1.69
周口市	1023.79	1992.94	44.00	16.36
驻马店市	587.48	874.35	52.00	6.74
湖北省	**351.70**	**713.46**	**1512.00**	**6.99**
武汉市	985.08	1915.56	829.00	30.50
黄石市	567.25	3013.92	66.00	27.85
十堰市	149.15	451.30	62.00	5.20

2-12 续表 4

城　　市	人口密度(人/平方公里)		城市建设用地面积(平方公里)	城市建设用地占市区面积比重(%)
	全市	市辖区	市辖区	市辖区
宜昌市	189.03	292.87	126.00	2.97
襄阳市	299.67	612.15	107.00	2.91
鄂州市	680.43	680.43	52.00	3.26
荆门市	242.18	315.61	50.00	2.30
孝感市	596.02	936.96	26.00	2.55
荆州市	467.05	715.48	66.00	4.19
黄冈市	425.28	1012.98	24.00	6.63
咸宁市	295.06	397.81	65.00	4.32
随州市	267.65	494.40	39.00	2.95
湖南省	**345.26**	**706.23**	**1276.00**	**7.00**
长沙市	552.13	2520.65	272.00	28.36
株洲市	347.00	1508.60	99.00	18.50
湘潭市	576.23	1315.20	99.00	15.05
衡阳市	517.43	1428.08	102.00	14.76
邵阳市	381.17	1586.93	48.00	11.01
岳阳市	374.91	879.94	155.00	12.44
常德市	342.56	562.47	75.00	2.99
张家界市	173.13	181.90	30.00	1.10
益阳市	392.26	689.46	88.00	4.55
郴州市	254.87	320.61	144.00	6.41
永州市	272.11	380.51	65.00	2.04
怀化市	184.52	546.25	52.00	7.81
娄底市	533.44	1097.89	47.00	11.03
广东省	**470.92**	**1026.75**	**2834.46**	**8.72**
广州市	1084.40	1728.57		
韶关市	177.71	324.29	82.00	2.86
深圳市	1304.57	1304.57	817.00	41.01
珠海市	612.16	612.16	342.00	19.99
汕头市	2539.29	2641.82	206.00	10.53
佛山市	976.54	976.54	167.00	4.40
江门市	409.97	760.18	150.69	8.29
湛江市	588.11	891.45	92.19	5.36
茂名市	652.09	1519.22	63.00	7.21
肇庆市	273.16	704.33	82.00	10.76
惠州市	297.35	496.96	203.46	7.55
梅州市	319.94	1070.81	45.00	15.10
汕尾市	654.49	1311.08	73.00	17.59
河源市	229.12	861.30	28.52	7.88
阳江市	355.90	904.44	45.60	6.03
清远市	217.20	505.94	253.00	19.52
东莞市	738.90	738.90	92.00	3.74
中山市	828.78	828.78	45.00	2.50
潮州市	829.28	2263.23	39.00	25.16
揭阳市	1256.72	3874.03		
云浮市	363.49	396.72	8.00	1.05

2-12 续表 5

城　　市	人口密度(人/平方公里)		城市建设用地面积(平方公里)	城市建设用地占市区面积比重(%)
	全市	市辖区	市辖区	市辖区
广西壮族自治区	**224.52**	**335.02**	**837.00**	**2.04**
南宁市	319.90	417.87	215.00	3.32
柳州市	200.19	1595.90	135.00	20.52
桂林市	186.62	1340.18	63.00	11.15
梧州市	259.22	466.36	31.00	2.83
北海市	499.97	644.93	58.00	6.06
防城港市	146.64	191.41	30.00	1.06
钦州市	357.51	291.76	84.00	1.78
贵港市	494.07	536.22	56.00	1.58
玉林市	525.46	809.27	56.00	4.48
百色市	112.60	94.84	31.00	0.83
贺州市	196.85	204.60	21.00	0.38
河池市	121.31	143.80	15.00	0.64
来宾市	193.95	246.52	29.00	0.66
崇左市	139.97	123.08	13.00	0.44
海南省	**514.89**	**514.89**	**151.00**	**3.58**
海口市	696.01	696.01	98.00	4.25
三亚市	297.24	297.24	53.00	2.76
重庆市	**398.83**	**592.44**	**855.00**	**3.28**
四川省	**430.03**	**732.55**	**1307.00**	**3.99**
成都市	947.14	2513.62	442.00	20.76
自贡市	745.39	1039.22	80.00	5.56
攀枝花市	149.70	341.97	67.00	3.32
泸州市	410.79	688.18	81.00	3.80
德阳市	658.35	1022.07	54.00	8.33
绵阳市	267.60	778.34	103.00	6.56
广元市	190.51	201.13	34.00	0.74
遂宁市	716.30	802.24	49.00	2.61
内江市	790.07	901.53	40.00	2.55
乐山市	275.50	458.15	52.00	2.07
南充市	602.39	765.41	78.00	3.09
眉山市	485.78	642.15	42.00	3.16
宜宾市	406.16	715.21	53.00	4.69
广安市	734.80	815.17	30.00	1.95
达州市	413.17	945.90	32.00	7.10
雅安市	101.23	326.54	18.00	1.68
巴中市	315.43	536.79	16.00	0.62
资阳市	629.40	667.12	36.00	2.20
贵州省	**296.46**	**748.88**	**308.00**	**5.19**
贵阳市	419.67	923.97	169.00	7.03
六盘水市	320.32	1016.19	58.00	11.89
遵义市	254.91	642.08	54.00	4.04
安顺市	301.92	509.27	27.00	1.58

2-12 续表 6

城　市	人口密度（人/平方公里）		城市建设用地面积（平方公里）	城市建设用地占市区面积比重(%)
	全市	市辖区	市辖区	市辖区
云南省	**145.41**	**287.57**	**574.00**	**2.62**
昆明市	277.89	633.96	414.00	10.09
曲靖市	216.72	448.81	51.00	3.28
玉溪市	150.87	494.02	14.00	1.39
保山市	128.69	179.60	8.00	0.16
昭通市	254.46	371.79	23.00	1.03
丽江市	56.76	121.35	22.00	1.75
思茅市	56.10	72.56	22.00	0.54
临沧市	99.38	122.17	20.00	0.75
西藏自治区				
拉萨市				
陕西省	**187.00**	**443.96**	**754.00**	**2.62**
西安市	774.37	1570.77	277.00	7.73
铜川市	220.09	315.79	47.00	1.95
宝鸡市	210.19	399.55	113.00	3.16
咸阳市	510.09	1711.39	95.00	18.03
渭南市	426.42	800.00	38.00	3.11
延安市	62.16	128.85	26.00	0.73
汉中市	140.03	992.27	21.00	3.78
榆林市	83.64	73.93	96.00	1.36
安康市	129.31	276.63	30.00	0.82
商洛市	126.91	205.88	11.00	0.41
甘肃省	**58.45**	**197.29**	**506.00**	**1.22**
兰州市	247.24	1288.97	180.00	11.03
嘉峪关市	74.28	74.28	46.00	1.57
金昌市	52.25	67.64	37.00	1.23
白银市	85.26	143.70	54.00	1.55
天水市	255.40	221.41	42.00	0.72
武威市	57.54	200.83	1.00	0.02
张掖市	31.21	122.74	33.00	0.78
平凉市	207.54	263.12	19.00	0.98
酒泉市	5.05	119.26	42.00	1.24
庆阳市	95.57	359.54	25.00	2.51
定西市	147.75	110.41	18.00	0.43
陇南市	100.95	123.89	9.00	0.19
青海省	**288.53**	**2815.83**	**67.00**	**18.61**
西宁市	288.53	2815.83	67.00	18.61
宁夏回族自治区	**102.47**	**169.89**	**329.00**	**2.13**
银川市	175.96	410.47	121.00	5.24
石嘴山市	140.90	201.55	120.00	5.31
吴忠市	67.84	298.03	24.00	1.89
固原市	144.70	163.38	30.00	1.10
中卫市	67.73	57.58	34.00	0.49
新疆维吾尔自治区	**120.22**	**142.12**	**392.52**	**2.06**
乌鲁木齐市	176.26	245.18	343.00	3.60
克拉玛依市	39.29	39.29	49.52	0.52

2-13 综合经济(一)

城市	地区生产总值(当年价格)(万元)		人均地区生产总值(元)		地区生产总值增长率(%)	
	全市	市辖区	全市	市辖区	全市	市辖区
城市合计						
北京市	**141135800**	**139044131**	**75943**	**78047**	**10.30**	**9.60**
天津市	**92244600**	**85614571**	**72994**	**79556**	**17.40**	**17.70**
河北省						
石家庄市	34010186	12397815	33915	50951	12.24	12.90
唐山市	44691588	22626477	59389	73639	13.10	13.50
秦皇岛市	9304969	5310108	31182	53643	12.30	13.74
邯郸市	23615569	5444810	26143	38500	13.10	12.18
邢台市	12120943	2170519	17189	29331	12.20	9.90
保定市	20503000	5434022	18451	48871	14.00	14.00
张家口市	9664158	3614862	22517	35597	14.15	8.20
承德市	8889619	2063583	25699	35117	11.40	15.96
沧州市	22031199	4292544	31091	69093	14.50	18.10
廊坊市	13510982	3343144	31844	38515	12.50	13.60
衡水市	7818229	1725022	18076	37435	13.55	12.30
山西省						
太原市	17780539	16222978	50225	59882	11.00	10.60
大同市	6959095	5638726	21369	35654	14.20	12.80
阳泉市	4293774	2816178	31898	42478	14.20	16.00
长治市	9202336	2371031	27642	31057	13.70	15.30
晋城市	7305428	1492043	32337	37479	13.70	13.30
朔州市	6701476	3972294	41107	146022	13.80	13.92
晋中市	7638366	1445388	24275	25912	14.00	16.80
运城市	8274316	1180854	16175	17691	15.60	12.30
忻州市	4374561	801344	14193	14712	18.70	18.50
临汾市	8901440	1908712	20851	22280	16.90	14.00
吕梁市	8455392	654533	23267	25379	21.00	38.90
内蒙古自治区						
呼和浩特市	18657116	11949374	66929	72678	12.70	13.30
包头市	24608100	20814400	94269	105689	16.00	17.20
乌海市	3911235	3911235	76653	76653	19.70	19.70
赤峰市	10862293	4571827	25059	37947	15.20	15.74
通辽市	11766183	3814211	38157	49843	16.00	14.10
鄂尔多斯市	26432300	6391639	175125	249040	19.00	19.20
呼伦贝尔市	9320138	1624152	34452	60086	19.29	23.19
巴彦淖尔市	6033292	1789072	35463	33430	13.50	15.90
乌兰察布市	5676016	1050855	26604	34554	11.00	12.40
辽宁省						
沈阳市	50175427	41849101	62357	69165	14.13	10.70
大连市	51581621	34322142	77704		15.20	12.50
鞍山市	21250121	12561795	58426	82457	16.00	17.30
抚顺市	8951571	6631375	41810	39648	17.02	12.70
本溪市	8603675	6283596	50612	65111	16.00	13.60
丹东市	7288908	2609429	29893	32228	15.80	17.90
锦州市	9126325	4391806	29264	49236	16.20	13.50

2-13 续表 1

城市	地区生产总值(当年价格)(万元)		人均地区生产总值(元)		地区生产总值增长率(%)	
	全市	市辖区	全市	市辖区	全市	市辖区
营口市	10024494	5635825	41452	62727	17.80	26.00
阜新市	3788656	1991737	20819	25603	17.50	20.00
辽阳市	7354295	3784717	39686	52893	16.00	14.41
盘锦市	9263214	6010311	66976	93911	16.40	40.30
铁岭市	7221291	2018416	26556	31390	16.00	21.30
朝阳市	6564084	1741977	21536	30247	16.60	19.40
葫芦岛市	5314485	3538239	20302	30812	15.50	7.30
吉林省						
长春市	33290329	23639084	43936	65166	15.30	14.90
吉林市	18006376	10241814	41479	55824	12.50	15.50
四平市	7795527	2056605	22942	28154	14.20	14.50
辽源市	4101426	2417827	33137	50508	14.10	13.00
通化市	6270844	2033307	27690	45337	17.15	4.50
白山市	4331670	2179728	33524	36262	17.20	8.89
松原市	11028462	4223642	38136	52994	12.66	10.26
白城市	4451802	1137774	21973	22327	19.30	15.10
黑龙江省						
哈尔滨市	36648538	25819543	36951	54559	14.00	13.60
齐齐哈尔市	8804569	4413846	16309	32596	18.50	20.30
鸡西市	4194931	1635323	22083	18581	16.10	16.50
鹤岗市	2509870	1623340	23044	23964	16.10	15.90
双鸭山市	3963504	1586319	26215	31588	25.10	18.90
大庆市	29000642	26330980	103576	199657	12.00	10.10
伊春市	2024407	1358483	15924	15651	15.70	16.40
佳木斯市	5124563	2561501	20254	31335	18.90	18.30
七台河市	3052237	2446402	32890	43485	25.10	24.00
牡丹江市	7649791	2354881	27545	25151	16.20	7.10
黑河市	2610994	402868	14994	20450	12.10	13.20
绥化市	7334286	684446	12576	12449	14.81	15.12
上海市	**171659800**	**169715503**	**76074**	**77613**	**10.34**	**8.24**
江苏省						
南京市	51306500	45152168	64037	65010	13.06	12.85
无锡市	57933000	29865582	92166	86582	13.20	13.00
徐州市	29421394	17794683	34084	57743	14.01	16.10
常州市	30448900	23162600	67327	71812	13.10	13.30
苏州市	92289100	35727500	93043	94270	13.30	13.00
南通市	34656700	13928100	47419	60169	13.00	13.30
连云港市	11933100	4373900	26987	42678	13.60	11.10
淮安市	13880700	8726700	28861	32897	13.85	13.33
盐城市	23327600	6257600	31640	38784	13.57	15.20
扬州市	22294884	9894548	49786	71684	13.49	14.81
镇江市	19876400	8448700	63280	71116	13.30	13.20
泰州市	20487200	5665200	44118	67072	13.50	14.90
宿迁市	10640900	3746000	22525	26151	13.70	14.60

2-13 续表 2

城　市	地区生产总值(当年价格)(万元)		人均地区生产总值(元)		地区生产总值增长率(%)	
	全市	市辖区	全市	市辖区	全市	市辖区
浙江省						
杭州市	59491687	47407788	69828	78072	12.00	12.00
宁波市	51630017	30621613	69368	90459	12.50	11.80
温州市	29250426	11962637	37359	82348	11.10	9.70
嘉兴市	23002027	5781699	52143	50125	13.70	13.90
湖州市	13017294	5964402	45323	46526	12.10	11.90
绍兴市	27952029	4666983	63770	71836	11.00	8.80
金华市	21100441	4030312	39897	39257	12.60	12.50
衢州市	7554826	3262294	30153	39813	13.50	14.90
舟山市	6443170	4565179	66581	65506	11.30	11.70
台州市	24264533	8527744	41172		13.20	12.00
丽水市	6632932	1752117	31296	39316	12.90	12.80
安徽省						
合肥市	27016100	19204471	54796	89468	17.50	16.44
芜湖市	11085924	7947387	48306	71258	18.20	17.20
蚌埠市	6368877	3152167	17621	34065	14.47	13.51
淮南市	6035491	4315738	26049	24389	13.00	13.60
马鞍山市	8110148	6216009	62942	97325	15.00	14.30
淮北市	4616043	3487685	22309	31878	14.20	14.20
铜陵市	4667000	3920857	64496		17.10	17.00
安庆市	9881100	2834624	18604	38404	13.60	12.60
黄山市	3093198	1407879	20846	32221	13.10	13.40
滁州市	6956502	1741663	17400	32439	15.60	26.30
阜阳市	7218144	2428777	9068	11813	13.64	15.06
宿州市	6505700	2464960	9945	11465	13.10	20.10
巢湖市	6297332	1549059	16158	17472	13.20	11.80
六安市	6761209	1649854	12047	9637	13.70	14.10
亳州市	5127800	1755704	10318	12059	13.80	13.80
池州市	3008439	1592756	21437	24131	16.10	16.50
宣城市	5257000	1475254	20754	17164	15.00	13.30
福建省						
福州市	31234092	15435522	44667	54816	14.20	13.70
厦门市	20600737	20600737	58337	58337	15.10	15.10
莆田市	8503257	7105270	30161	36244	15.30	15.30
三明市	9751020	2274602	37917	58594	13.20	12.50
泉州市	35649739	8258778	44563	63554	12.80	13.50
漳州市	14307097	3490432	29769	53344	14.93	14.09
南平市	7286525	1764311	26279	36348	11.70	10.70
龙岩市	9908973	4097313	38698	61690	13.89	13.49
宁德市	7386099	1268202	25200	29691	15.00	14.50
江西省						
南昌市	22001059	15009764	43769	60737	14.00	14.10
景德镇市	4615001	2638030	29155	56854	15.10	13.30
萍乡市	5203900	3203388	28106	47227	13.70	13.70
九江市	10320647	4708370	21862	64831	14.30	16.70
新余市	6312212	5301713	55492	63259	15.60	15.60
鹰潭市	3448865	917184	30769	43469	14.10	15.80

2-13 续表 3

城市	地区生产总值(当年价格)(万元)		人均地区生产总值(元)		地区生产总值增长率(%)	
	全市	市辖区	全市	市辖区	全市	市辖区
赣州市	11197412	2090705	13322	30660	13.80	14.00
吉安市	7205251	1083381	14969	19489	14.20	14.96
宜春市	8700005	1162405	16075	11109	14.10	15.80
抚州市	6300124	2035008	16083	18827	15.01	15.80
上饶市	9010029	1154376	13741	27703	14.80	13.90
山东省						
济南市	39105271	29598443	57966	69601	12.65	12.70
青岛市	56661900	32305706	65827	117264	12.90	15.00
淄博市	28667500	22185236	63397	79327	13.71	13.65
枣庄市	13620361	7281161	36839	34536	12.60	11.10
东营市	23599400	15363880	116448	149653	13.40	12.01
烟台市	43584600	18602672	62254	103884	14.10	16.10
潍坊市	30909200	7973635	34273	43888	13.30	14.90
济宁市	25428200	6250100	31561	53780	12.90	15.40
泰安市	20516800	6114006	37390	35486	13.70	14.56
威海市	19447000	4923250	76778	76103	12.73	12.65
日照市	10250800	8272000	36883	67982	12.50	16.00
莱芜市	5463300	5463300	42397	42397	12.00	12.00
临沂市	23999900	9057300	23886	44789	12.90	14.17
德州市	16578200	3666581	29772	46049	12.90	13.40
聊城市	16223800	2807910	28464	26615	13.20	11.30
滨州市	15515164	3147190	41661	46509	13.49	11.22
菏泽市	12270900	2580669	14841	18487	14.30	15.60
河南省						
郑州市	40408926	17539158	49947	46063	13.00	13.50
开封市	9271584	2174801	19750	23833	12.20	12.90
洛阳市	23202460	7262821	35762	39755	13.30	12.00
平顶山市	13108394	4813034	26730	49307	11.20	12.10
安阳市	13155890	3637605	25330	30774	13.50	13.00
鹤壁市	4291193	2222361	28531	36635	13.40	15.10
新乡市	11899408	3316177	21196	32135	14.60	16.50
焦作市	12459260	2522205	35767	28625	11.90	9.50
濮阳市	7754037	2521469	21787	41452	11.40	4.10
许昌市	13164870	2020801	30536	40357	13.60	14.50
漯河市	6804948	3962331	26974	30768	14.70	14.50
三门峡市	8744157	1138698	39176	35172	15.20	13.50
南阳市	19533562	4527267	19145	25346	11.60	12.20
商丘市	11437913	2334938	15085	15290	11.10	10.80
信阳市	10918323	2829779	16936	22566	11.60	13.10
周口市	12283024	1105840	12944	22384	11.10	10.40
驻马店市	10537118	1795542	14117	23944	11.60	12.30
湖北省						
武汉市	55659300	45591116	58961	65075	14.70	12.70
黄石市	6901200	3525200	28427	44668	15.70	16.58
十堰市	7367800	4607691	21267	86605	19.50	23.00

2-13 续表 4

城市	地区生产总值(当年价格)(万元)		人均地区生产总值(元)		地区生产总值增长率(%)	
	全市	市辖区	全市	市辖区	全市	市辖区
宜昌市	15473200	7831346	38181	62948	15.80	15.50
襄阳市	15382700	8598175	27969	39088	16.20	15.20
鄂州市	3952900	3952900	37943	37943	15.30	15.30
荆门市	7300700	2510676	25509	39663	15.60	15.00
孝感市	8006700	1558100	16630	17155	15.10	12.30
荆州市	8371000	2975773	14707	25829	13.20	14.80
黄冈市	8623000	959994	13421	22277	14.10	16.70
咸宁市	5203300	1322000	21129	25770	15.90	16.80
随州市	4016600	1809800	18381	29285	15.20	15.20
湖南省						
长沙市	45470573	26277475	66443	90309	15.50	14.30
株洲市	12754805	6480199	33604	63775	15.40	15.70
湘潭市	8940050	5293637	32321	59002	15.20	15.70
衡阳市	14203377	3885300	20419	36681	15.10	15.50
邵阳市	7272893	1489724	10468	20477	14.60	15.80
岳阳市	15393576	7361478	28110	51656	14.78	14.72
常德市	14915686	6863491	26551	48570	15.20	16.10
张家界市	2424785	1239736	16238	25880	15.22	11.36
益阳市	7122748	2790312	16839	23286	14.70	14.96
郴州市	10817632	3142799	24015	40308	15.17	15.48
永州市	7670148	2239787	14874	22229	14.35	14.83
怀化市	6749227	1455769	14371	29397	14.80	14.50
娄底市	6787067	2073762	17569	41625	14.30	18.60
广东省						
广州市	107482828	98794145	103625	109425	13.20	13.00
韶关市	6831033	3406299	22995	35824	12.50	12.20
深圳市	95815101	95815101	106880	106880	12.20	12.20
珠海市	12085958	12085958	80697	80697	12.90	12.90
汕头市	12089743	11995195	23600	23747	13.90	13.90
佛山市	56515223	56515223	93983	93983	14.30	14.30
江门市	15704191	8838164	37313	55426	14.50	14.70
湛江市	14050630	7690724	20081	51699	14.20	17.40
茂名市	14920857	5673481	23961	46431	13.00	14.90
肇庆市	10858680	3844617	27836	59130	17.50	19.90
惠州市	17299543	11304777	43397	61320	17.99	19.05
梅州市	6128522	1131674	14736	36051	14.10	10.40
汕尾市	4650789	1300517	15787	26060	18.10	17.50
河源市	4751396	1559246	16301	35205	13.30	18.50
阳江市	6398389	2541737	26694	36855	16.80	17.10
清远市	10881841	3580907	28326	48485	17.80	5.60
东莞市	42464527	42464527	66351	66351	10.30	10.30
中山市	18506521	18506521	73348	73348	13.90	13.90
潮州市	5592431	1148716	21663	29330	14.10	11.00
揭阳市	10095114	2300613	17373	32225	19.60	20.20
云浮市	4009741	885872	16391	30547	13.80	12.20

2-13 续表 5

城　市	地区生产总值(当年价格)(万元)		人均地区生产总值(元)		地区生产总值增长率(%)	
	全市	市辖区	全市	市辖区	全市	市辖区
广西壮族自治区						
南宁市	18002613	13039407	25622	48322	14.20	14.00
柳州市	13153121	9111262	35230	65260	15.84	17.00
桂林市	11035587	3608989	22842	37941	13.78	12.73
梧州市	5792817	1760343	18567	34782	17.00	13.40
北海市	3975762	2645800	25412	36092	17.60	19.60
防城港市	3204155	2328974	37264	45751	17.80	16.89
钦州市	5206655	2039598		33526	18.00	23.60
贵港市	5446571	2555036	12531	15171	14.04	11.20
玉林市	8402489	2463984	15011	22946	15.70	10.90
百色市	5635071	1208683	15812	30795	14.90	11.90
贺州市	2968680	1693146	14580	16511	13.10	11.26
河池市	4687372	928866	13912	28139	12.53	17.26
来宾市	4048883	2024147	18369	21351	18.00	19.20
崇左市	3923691	770153	18583	22741	13.10	14.60
海南省						
海口市	5951444	5951444	30329	30329	17.50	17.50
三亚市	2308509	2308509	46596	46596	20.30	20.30
重庆市	**79255800**	**58506100**	**27596**	**31980**	**17.10**	**17.40**
四川省						
成都市	55513336	39324694	48510	74479	15.00	16.00
自贡市	6477251	4233670	23053	30200	15.60	15.90
攀枝花市	5239883	4020352	42499	53199	15.10	15.10
泸州市	7148088	3694938	16698	27338	16.50	17.10
德阳市	9212679	2848680	25335	40202	14.40	12.60
绵阳市	9602153	4567045	20053	35376	15.34	19.31
广元市	3218678	1503740	11750	16892	15.90	16.30
遂宁市	4952288	1923921	14498	14021	14.30	21.47
内江市	6902791	2542001	18022	19422	20.10	21.20
乐山市	7439150	3585871	22990	29605	16.20	17.00
南充市	8278238	3003230	13212	15426	15.30	16.07
眉山市	5522508	1862579	18586	23326	15.60	15.90
宜宾市	8708472	3260716	19499	39882	15.60	10.20
广安市	5372243	1571382	15588	16557	15.60	15.80
达州市	8192030	1220296	14623	26726	15.10	13.70
雅安市	2865379	821357	18787	23580	15.30	15.60
巴中市	2809074	1054562	8618	8740	14.70	14.30
资阳市	6579017	2148197	16644	23358	17.00	18.40
贵州省						
贵阳市	11218174	8258351	26057	27378	14.30	15.20
六盘水市	5006319	1836497			15.80	16.70
遵义市	9087570	2747971	14799	25290	14.70	15.11
安顺市	2329210	887907			12.10	14.00

2-13 续表 6

城市	地区生产总值(当年价格)(万元)		人均地区生产总值(元)		地区生产总值增长率(%)	
	全市	市辖区	全市	市辖区	全市	市辖区
云南省						
昆明市	21203700	15486520	33550	38909	14.00	14.20
曲靖市	10055964	3090022	17236	41715	13.10	12.90
玉溪市	7364354	4301001	32068	90017	12.80	14.60
保山市	2608992	1073286	10469	11737	12.50	12.30
昭通市	3796448	1232752	7193	15454	14.20	12.30
丽江市	1435885	504683	11680	25802	15.22	16.70
思茅市	2480804	541064	9584	19484	14.20	13.00
临沧市	2169731	333362	8988	10569	12.20	12.70
西藏自治区						
拉萨市						
陕西省						
西安市	32414900	27629200	38341	42573	14.50	14.80
铜川市	1877340	1741580	22508	23441	15.60	15.60
宝鸡市	9760900	5428939	26124	35529	14.40	14.60
咸阳市	10986810	4029530	22477	43682	14.50	14.30
渭南市	8014230	1430194	14950	18815	15.00	18.40
延安市	8854200	1463850	40621	31143	13.60	13.20
汉中市	5097030	1110100	14697	20380	15.10	16.01
榆林市	17566680	2489960	52480	47601	18.30	19.60
安康市	3270630	1141960	12428	13130	15.00	14.70
商洛市	2859000	675910	12209	12280	14.90	15.10
甘肃省						
兰州市	11003898	8772645	34009	42543	12.80	18.37
嘉峪关市	1843192	1843192	83425	83425	17.54	17.54
金昌市	2105134	1696746	43400	78517	11.34	10.77
白银市	3111826	2045825	17680	41064	13.90	14.28
天水市	3002285	1805180	8758	14963	11.50	12.50
武威市	2287676	1496395	10621	12668	13.50	13.40
张掖市	2127010	934553	17101	18456	11.50	11.50
平凉市	2318873	726472	10504	14817	14.50	12.00
酒泉市	4050348	1326976	39562	32854	17.80	28.37
庆阳市	3576095	829218	16172	21966	15.80	15.80
定西市	1560193	325249	5304	6222	10.40	15.00
陇南市	1694085	488699	6457	8398	11.80	12.60
青海省						
西宁市	6282800	4404121	28428	38891	18.20	17.20
宁夏回族自治区						
银川市	7694227	5120401	41520	43442	14.80	13.40
石嘴山市	2985969	2184904	41163	46251	13.40	13.40
吴忠市	2169973	715505	15685	18932	13.00	17.10
固原市	1040310	435405	6874	9805	9.60	9.60
中卫市	1731892	842096	15596	21527	13.31	10.95
新疆维吾尔自治区						
乌鲁木齐市	13385172	13204006	43039	43777	12.30	12.27
克拉玛依市	7113531	7113531	121387	121387	17.40	17.40

2-14 综合经济(二)

单位：%

城市	第一产业占GDP的比重		第二产业占GDP的比重		第三产业占GDP的比重	
	全市	市辖区	全市	市辖区	全市	市辖区
城市合计						
北京市	**0.88**	**0.71**	**24.01**	**23.77**	**75.11**	**75.51**
天津市	**1.58**	**1.03**	**52.47**	**52.47**	**45.95**	**46.50**
河北省						
石家庄市	10.87	0.62	48.63	29.16	40.51	70.22
唐山市	9.44	4.37	58.14	60.84	32.42	34.79
秦皇岛市	13.62	1.39	39.53	40.79	46.86	57.83
邯郸市	13.04	0.91	54.21	58.28	32.75	40.82
邢台市	15.65	0.81	55.61	64.53	28.74	34.66
保定市	14.81	1.27	51.60	59.89	33.59	38.84
张家口市	15.83	2.25	42.96	55.71	41.21	42.04
承德市	15.68	2.34	51.04	57.95	33.28	39.71
沧州市	11.47	1.21	50.62	50.86	37.91	47.93
廊坊市	11.66	6.92	53.57	41.63	34.77	51.45
衡水市	19.72	8.57	50.65	60.07	29.63	31.36
山西省						
太原市	1.70	0.71	44.91	43.70	53.39	55.59
大同市	5.21	0.85	48.69	51.89	46.10	47.26
阳泉市	1.53	0.61	59.46	57.07	39.01	42.32
长治市	4.37	1.11	65.38	48.19	30.24	50.71
晋城市	4.20	0.87	63.60	41.44	32.19	57.69
朔州市	6.05	3.40	56.56	62.28	37.39	34.32
晋中市	8.50	8.77	54.76	36.46	36.74	54.77
运城市	17.10	7.77	44.15	28.77	38.75	63.46
忻州市	11.25	7.90	44.59	39.17	44.15	52.94
临汾市	7.48	3.96	58.34	38.80	34.18	57.24
吕梁市	5.17	2.33	69.20	50.26	25.64	47.41
内蒙古自治区						
呼和浩特市	4.90	1.73	36.39	19.61	58.71	78.66
包头市	2.70	1.20	54.11	52.68	43.19	46.12
乌海市	0.95	0.95	71.72	71.72	27.33	27.33
赤峰市	16.33	9.29	51.24	54.11	32.43	36.60
通辽市	15.15	9.64	58.62	62.78	26.23	27.58
鄂尔多斯市	2.68	0.28	58.69	39.22	38.63	60.50
呼伦贝尔市	19.57	3.67	42.12	46.25	38.31	50.08
巴彦淖尔市	19.73	17.44	56.30	50.12	23.97	32.44
乌兰察布市	16.55	3.01	52.28	51.28	31.17	45.71
辽宁省						
沈阳市	4.64	1.78	50.42	49.35	44.94	48.87
大连市	6.69	2.41	50.88	47.53	42.43	50.06
鞍山市	4.38	0.54	54.32	59.87	41.30	39.59
抚顺市	6.12	1.53	58.70	62.95	35.18	35.51
本溪市	5.04	1.90	62.30	65.49	32.66	32.62
丹东市	13.73	4.56	51.20	52.96	35.07	42.48
锦州市	16.58	5.00	47.62	50.33	35.80	44.67

2-14 续表 1

单位：%

城市	第一产业占GDP的比重		第二产业占GDP的比重		第三产业占GDP的比重	
	全市	市辖区	全市	市辖区	全市	市辖区
营口市	7.70	3.65	55.33	58.86	36.96	37.49
阜新市	24.46	2.40	41.82	60.13	33.72	37.48
辽阳市	6.24	1.45	63.25	56.80	30.52	41.76
盘锦市	8.80	0.41	66.55	72.80	24.65	26.80
铁岭市	19.69	3.38	52.77	66.34	27.55	30.28
朝阳市	20.69	6.85	50.66	47.04	28.65	46.12
葫芦岛市	13.48	5.55	46.48	60.30	40.04	34.15
吉林省						
长春市	7.59	1.15	51.66	58.26	40.74	40.59
吉林市	10.80	3.71	49.76	51.86	39.44	44.44
四平市	27.13	2.97	42.75	56.22	30.12	40.81
辽源市	10.43	1.35	56.18	57.67	33.39	40.98
通化市	10.38	1.36	52.12	68.56	37.50	30.09
白山市	10.17	5.69	60.09	60.50	29.74	33.81
松原市	17.32	3.28	51.51	72.27	31.17	24.45
白城市	18.74	14.83	45.26	35.88	36.00	49.29
黑龙江省						
哈尔滨市	11.26	3.31	37.78	42.36	50.96	54.33
齐齐哈尔市	21.81	3.83	40.63	49.36	37.55	46.81
鸡西市	25.55	4.78	42.31	63.31	32.14	31.91
鹤岗市	26.45	5.56	46.60	66.08	26.95	28.36
双鸭山市	30.34	2.14	44.78	66.29	24.88	31.56
大庆市	3.28	0.54	82.24	85.45	14.48	14.01
伊春市	30.34	22.58	39.25	46.19	30.41	31.24
佳木斯市	28.58	3.87	26.13	37.87	45.30	58.26
七台河市	7.34	4.75	66.17	69.10	26.48	26.15
牡丹江市	16.02	4.39	39.63	47.65	44.35	47.96
黑河市	44.78	11.31	17.12	31.84	38.09	56.85
绥化市	36.42	58.62	24.74	10.28	38.84	31.10
上海市	**0.66**	**0.56**	**42.05**	**41.89**	**57.28**	**57.55**
江苏省						
南京市	2.77	2.14	45.37	44.96	51.85	52.91
无锡市	1.81	1.08	55.39	52.82	42.80	46.10
徐州市	9.61	2.93	50.67	54.36	39.71	42.71
常州市	3.28	2.06	55.30	56.82	41.43	41.12
苏州市	1.69	0.87	56.93	54.54	41.38	44.59
南通市	7.68	3.30	55.07	53.87	37.25	42.83
连云港市	15.30	6.44	45.68	50.71	39.02	42.85
淮安市	14.12	10.12	46.62	48.33	39.26	41.55
盐城市	16.04	9.57	47.01	55.00	36.95	35.43
扬州市	7.24	2.22	55.14	56.87	37.62	40.91
镇江市	4.10	2.11	56.38	57.64	39.52	40.26
泰州市	7.40	2.43	54.95	61.12	37.64	36.46
宿迁市	17.58	11.96	45.03	51.36	37.39	36.68

2-14 续表 2 单位: %

城市	第一产业占GDP的比重		第二产业占GDP的比重		第三产业占GDP的比重	
	全市	市辖区	全市	市辖区	全市	市辖区
浙江省						
杭州市	3.50	1.99	47.81	45.25	48.69	52.76
宁波市	4.24	1.64	55.60	54.72	40.15	43.64
温州市	3.20	0.86	52.43	49.44	44.37	49.70
嘉兴市	5.52	4.59	58.24	51.83	36.24	43.58
湖州市	8.01	6.57	54.93	54.87	37.07	38.56
绍兴市	5.35	1.57	56.05	46.55	38.60	51.88
金华市	5.12	6.32	51.47	45.17	43.41	48.51
衢州市	8.56	6.76	54.86	52.28	36.58	40.96
舟山市	9.63	7.35	45.52	43.57	44.85	49.08
台州市	6.61	3.84	51.69	48.63	41.69	47.53
丽水市	9.49	7.07	49.54	42.23	40.97	50.70
安徽省						
合肥市	4.91	0.51	53.92	52.00	41.17	47.49
芜湖市	4.44	1.25	65.18	65.63	30.38	33.12
蚌埠市	18.84	2.39	47.25	56.10	33.91	41.51
淮南市	7.78	6.12	64.42	62.35	27.80	31.53
马鞍山市	3.51	0.53	69.49	70.56	27.00	28.91
淮北市	8.76	3.79	64.64	70.00	26.61	26.22
铜陵市	2.07	0.70	72.74	73.32	25.19	25.97
安庆市	15.74	3.51	53.03	53.27	31.23	43.22
黄山市	12.72	7.77	44.09	44.11	43.20	48.13
滁州市	21.34	8.13	49.16	59.60	29.50	32.27
阜阳市	27.34	16.51	39.17	37.80	33.49	45.70
宿州市	27.89	18.90	37.88	40.55	34.23	40.55
巢湖市	18.64	11.42	49.46	52.71	31.90	35.87
六安市	23.56	21.34	42.26	31.68	34.18	46.99
亳州市	26.75	22.26	37.36	41.07	35.90	36.66
池州市	15.19	11.94	46.61	48.53	38.20	39.53
宣城市	16.83	18.21	47.21	38.29	35.95	43.50
福建省						
福州市	9.05	0.74	44.88	36.76	46.06	62.50
厦门市	1.12	1.12	49.73	49.73	49.15	49.15
莆田市	10.33	9.39	56.11	58.73	33.56	31.88
三明市	17.26	4.68	49.25	55.38	33.50	39.94
泉州市	3.71	1.62	60.16	56.12	36.13	42.26
漳州市	17.80	2.69	45.57	46.93	36.62	50.38
南平市	21.89	12.16	41.83	55.24	36.28	32.60
龙岩市	13.01	4.86	53.25	64.11	33.74	31.04
宁德市	18.50	14.60	42.95	31.29	38.56	54.11
江西省						
南昌市	5.48	0.66	53.27	50.56	41.25	48.78
景德镇市	8.25	1.69	60.78	62.56	30.97	35.74
萍乡市	8.13	5.01	63.31	63.81	28.56	31.18
九江市	9.50	1.28	56.17	49.98	34.33	48.73
新余市	6.00	4.94	63.90	63.58	30.10	31.49
鹰潭市	9.51	3.23	62.78	49.05	27.71	47.73

2-14 续表 3

单位：%

城　　市	第一产业占GDP的比重		第二产业占GDP的比重		第三产业占GDP的比重	
	全市	市辖区	全市	市辖区	全市	市辖区
赣州市	18.92	3.11	44.36	50.96	36.72	45.93
吉安市	19.85	11.44	50.48	44.25	29.67	44.31
宜春市	18.96	17.75	56.58	38.28	24.47	43.97
抚州市	19.02	14.66	49.91	55.99	31.06	29.34
上饶市	16.86	4.52	50.96	42.44	32.18	53.04
山东省						
济南市	5.50	2.41	41.87	36.81	52.62	60.78
青岛市	4.89	0.71	48.69	48.70	46.43	50.59
淄博市	3.67	2.35	61.62	61.09	34.70	36.55
枣庄市	8.63	8.28	60.08	65.40	31.28	26.32
东营市	3.70	1.41	72.55	75.14	23.74	23.45
烟台市	7.67	3.20	58.89	59.49	33.44	37.31
潍坊市	10.69	4.30	55.66	55.13	33.65	40.57
济宁市	12.60	4.22	53.35	59.48	34.05	36.30
泰安市	9.52	7.91	53.59	39.86	36.89	52.23
威海市	7.92	4.88	55.90	55.91	36.19	39.20
日照市	9.78	5.97	54.78	60.32	35.44	33.71
莱芜市	7.07	7.07	60.44	60.44	32.50	32.50
临沂市	11.00	2.54	50.26	58.97	38.74	38.49
德州市	12.70	2.48	54.26	57.16	33.04	40.36
聊城市	13.66	10.28	56.96	51.19	29.38	38.53
滨州市	10.02	5.24	54.61	50.56	35.37	44.19
菏泽市	17.94	10.16	52.85	44.41	29.20	45.43
河南省						
郑州市	3.08	0.81	56.17	34.13	40.74	65.05
开封市	23.65	6.09	43.21	43.32	33.13	50.59
洛阳市	8.09	1.39	60.18	49.68	31.74	48.92
平顶山市	8.75	1.24	66.33	75.64	24.92	23.12
安阳市	12.09	2.02	61.52	59.66	26.39	38.32
鹤壁市	11.38	4.40	70.37	74.15	18.26	21.45
新乡市	13.21	1.86	57.69	50.47	29.10	47.67
焦作市	8.13	1.18	68.65	56.05	23.22	42.77
濮阳市	13.88	4.89	66.46	73.92	19.66	21.19
许昌市	11.39	1.04	68.51	73.17	20.10	25.79
漯河市	12.73	9.77	69.74	68.23	17.53	22.00
三门峡市	8.01	2.16	68.52	55.74	23.47	42.10
南阳市	20.54	9.26	52.07	49.28	27.39	41.47
商丘市	26.19	20.44	46.52	47.33	27.29	32.23
信阳市	26.38	14.63	42.21	49.79	31.41	35.58
周口市	29.77	6.54	45.42	45.89	24.81	47.58
驻马店市	27.58	6.84	41.88	55.28	30.54	37.89
湖北省						
武汉市	3.06	0.69	45.51	44.34	51.44	54.97
黄石市	7.77	0.78	57.22	61.62	35.01	37.61
十堰市	10.56	0.97	54.57	62.83	34.87	36.21

2-14 续表 4

单位：%

城　市	第一产业占GDP的比重		第二产业占GDP的比重		第三产业占GDP的比重	
	全市	市辖区	全市	市辖区	全市	市辖区
宜昌市	11.41	4.42	57.53	65.28	31.07	30.31
襄阳市	15.26	8.24	51.89	53.38	32.85	38.38
鄂州市	13.02	13.02	58.53	58.53	28.46	28.46
荆门市	19.87	8.52	48.37	58.11	31.76	33.37
孝感市	21.38	12.50	45.08	46.29	33.54	41.20
荆州市	27.60	12.13	38.86	51.86	33.53	36.01
黄冈市	28.64	9.64	38.06	53.91	33.30	36.46
咸宁市	19.41	12.18	45.70	49.89	34.90	37.93
随州市	21.55	8.42	45.23	47.77	33.22	43.81
湖南省						
长沙市	4.44	0.96	53.60	41.52	41.96	57.51
株洲市	9.71	1.65	57.77	64.06	32.52	34.29
湘潭市	10.74	2.09	55.86	62.76	33.40	35.15
衡阳市	18.62	4.10	45.46	55.04	35.92	40.86
邵阳市	23.89	5.76	38.23	50.87	37.89	43.37
岳阳市	14.00	3.93	54.19	55.88	31.80	40.19
常德市	18.78	7.65	45.94	55.30	35.28	37.05
张家界市	12.88	8.98	24.77	18.96	62.35	72.06
益阳市	22.80	14.38	40.49	50.43	36.71	35.18
郴州市	11.72	4.94	54.95	54.22	33.33	40.84
永州市	24.84	18.40	36.33	43.34	38.83	38.26
怀化市	14.44	3.58	42.80	31.40	42.76	65.03
娄底市	14.70	3.25	53.76	62.05	31.54	34.70
广东省						
广州市	1.75	1.30	37.24	35.44	61.01	63.26
韶关市	14.04	5.35	41.78	43.11	44.18	51.54
深圳市	0.07	0.07	47.21	47.21	52.72	52.72
珠海市	2.68	2.68	54.77	54.77	42.55	42.55
汕头市	5.34	5.14	56.10	56.25	38.56	38.62
佛山市	1.86	1.86	62.68	62.68	35.45	35.45
江门市	7.45	4.24	55.54	61.33	37.01	34.43
湛江市	20.59	6.71	41.11	52.00	38.30	41.28
茂名市	18.40	5.65	39.59	55.57	42.01	38.78
肇庆市	17.52	2.85	42.06	51.74	40.42	45.41
惠州市	5.92	2.27	58.94	62.93	35.15	34.80
梅州市	20.27	3.95	41.19	58.82	38.54	37.23
汕尾市	16.68	10.85	45.73	52.90	37.59	36.25
河源市	12.72	1.34	51.45	54.57	35.83	44.09
阳江市	21.92	11.86	42.45	36.90	35.62	51.24
清远市	11.03	4.79	56.64	62.16	32.33	33.06
东莞市	0.39	0.39	50.89	50.89	48.72	48.72
中山市	2.74	2.74	58.04	58.04	39.22	39.22
潮州市	7.21	1.15	55.31	46.78	37.47	52.07
揭阳市	10.98	1.21	57.36	57.72	31.66	41.07
云浮市	25.12	9.56	41.18	53.76	33.70	36.68

2-14 续表 5　　　　单位：%

城　市	第一产业占GDP的比重		第二产业占GDP的比重		第三产业占GDP的比重	
	全市	市辖区	全市	市辖区	全市	市辖区
广西壮族自治区						
南宁市	13.58	6.85	36.21	35.24	50.21	57.91
柳州市	8.32	0.96	63.86	70.78	27.82	28.26
桂林市	18.42	1.97	44.61	41.87	36.96	56.16
梧州市	13.80	3.83	58.91	50.90	27.29	45.27
北海市	22.02	15.84	42.23	45.73	35.75	38.44
防城港市	14.80	10.81	49.86	53.38	35.33	35.81
钦州市	25.39	32.43	41.97	27.93	32.64	39.65
贵港市	19.84	16.41	45.58	46.32	34.58	37.26
玉林市	20.44	9.87	44.44	42.78	35.12	47.34
百色市	18.60	13.63	54.14	54.12	27.26	32.25
贺州市	21.45	18.43	47.01	52.23	31.54	29.35
河池市	20.88	7.74	46.14	56.35	32.98	35.91
来宾市	24.16	20.06	47.42	49.55	28.41	30.39
崇左市	29.27	27.18	38.00	37.16	32.73	35.66
海南省						
海口市	6.42	6.42	24.00	24.00	69.58	69.58
三亚市	13.43	13.43	21.32	21.32	65.25	65.25
重庆市	**8.65**	**5.34**	**55.00**	**56.53**	**36.35**	**38.13**
四川省						
成都市	5.14	1.78	44.69	43.51	50.17	54.71
自贡市	13.07	7.63	57.25	62.00	29.67	30.37
攀枝花市	4.10	1.75	73.79	75.61	22.11	22.64
泸州市	15.22	8.36	56.48	62.67	28.30	28.96
德阳市	16.54	8.63	57.82	64.12	25.63	27.24
绵阳市	17.34	6.83	48.77	58.23	33.89	34.94
广元市	23.77	13.67	39.04	46.90	37.18	39.42
遂宁市	22.09	21.83	51.43	45.89	26.48	32.28
内江市	16.28	14.13	60.78	60.75	22.94	25.12
乐山市	13.45	8.04	59.48	65.23	27.07	26.73
南充市	24.36	16.23	48.51	51.84	27.14	31.93
眉山市	18.80	16.24	54.92	56.26	26.28	27.50
宜宾市	15.37	4.45	59.62	69.04	25.01	26.51
广安市	20.46	16.42	48.26	49.66	31.28	33.93
达州市	23.80	7.37	50.00	60.53	26.20	32.11
雅安市	17.44	12.87	55.08	48.58	27.48	38.56
巴中市	29.07	25.68	33.81	29.75	37.13	44.57
资阳市	23.08	15.44	52.96	63.15	23.97	21.40
贵州省						
贵阳市	5.09	2.41	40.73	36.62	54.18	60.97
六盘水市	5.84	0.98	60.57	55.63	33.60	43.39
遵义市	15.43	4.40	41.78	38.98	42.79	56.62
安顺市	17.31	12.78	38.03	37.82	44.65	49.40

2-14 续表 6

单位：%

城 市	第一产业占GDP的比重		第二产业占GDP的比重		第三产业占GDP的比重	
	全市	市辖区	全市	市辖区	全市	市辖区
云南省						
昆明市	5.67	1.29	45.32	41.49	49.01	57.22
曲靖市	18.26	4.44	52.37	60.81	29.37	34.74
玉溪市	9.45	1.86	62.18	77.18	28.37	20.96
保山市	30.28	27.71	30.87	30.92	38.85	41.37
昭通市	19.61	10.29	46.05	51.62	34.34	38.08
丽江市	18.12	6.46	38.34	33.74	43.54	59.80
思茅市	29.69	10.90	33.77	40.81	36.54	48.29
临沧市	32.94	23.51	35.11	26.39	31.95	50.10
西藏自治区						
拉萨市						
陕西省						
西安市	4.32	2.91	43.48	42.98	52.20	54.11
铜川市	7.55	5.94	62.06	63.21	30.39	30.84
宝鸡市	10.68	3.66	62.95	66.79	26.38	29.55
咸阳市	18.50	4.90	52.18	64.25	29.32	30.85
渭南市	16.09	15.11	49.23	35.36	34.68	49.53
延安市	8.04	5.52	71.77	45.31	20.19	49.16
汉中市	21.66	9.05	39.14	38.85	39.20	52.09
榆林市	5.25	5.55	68.64	55.08	26.11	39.37
安康市	20.51	13.39	39.60	34.60	39.90	52.01
商洛市	20.30	13.86	41.21	43.01	38.49	43.13
甘肃省						
兰州市	3.07	0.76	48.09	46.22	48.84	53.02
嘉峪关市	1.34	1.34	80.16	80.16	18.50	18.50
金昌市	5.31	1.58	79.29	85.95	15.40	12.47
白银市	12.10	2.72	54.99	67.31	32.91	29.97
天水市	20.05	9.01	37.73	47.36	42.23	43.63
武威市	26.43	24.08	40.01	41.35	33.56	34.57
张掖市	29.30	26.36	35.45	32.14	35.25	41.50
平凉市	21.82	13.07	46.92	39.89	31.27	47.03
酒泉市	13.38	12.87	51.89	53.93	34.73	33.19
庆阳市	14.27	9.70	60.08	50.07	25.65	40.23
定西市	30.58	23.42	25.11	25.34	44.31	51.25
陇南市	26.27	18.55	28.63	19.02	45.10	62.43
青海省						
西宁市	3.89	0.60	51.05	41.41	45.05	57.99
宁夏回族自治区						
银川市	5.26	2.69	50.10	39.94	44.64	57.37
石嘴山市	6.02	2.33	62.64	64.79	31.33	32.87
吴忠市	17.47	16.79	50.83	46.45	31.71	36.76
固原市	28.92	19.69	21.03	18.99	50.05	61.32
中卫市	19.04	16.47	40.80	38.98	40.16	44.55
新疆维吾尔自治区						
乌鲁木齐市	1.49	1.02	44.86	45.09	53.65	53.89
克拉玛依市	0.49	0.49	89.75	89.75	9.76	9.76

2-15 工业总产值

城 市	工业企业数(个)		工业总产值(当年价)(万元)		从业人员年平均人数(万人)	
	全市	市辖区	全市	市辖区	全市	市辖区
城市合计	**444413**	**207763**	**6819188954**	**3949739044**	**9307.24**	**5153.84**
北京市	**6885**	**6572**	**136998388**	**134714598**	**124.15**	**118.70**
天津市	**7947**	**7039**	**167518155**	**154227914**	**148.91**	**135.38**
河北省	**13932**	**2654**	**311430618**	**117169602**	**344.62**	**136.11**
石家庄市	2576	261	56553423	11392995	59.67	17.25
唐山市	1568	686	75450331	44170578	69.77	44.67
秦皇岛市	642	312	11315465	7302931	14.93	9.35
邯郸市	1095	237	41073243	13519247	37.87	17.71
邢台市	1010	92	17645968	4571920	26.64	6.74
保定市	1848	220	28748635	9719084	40.00	10.00
张家口市	530	175	8934836	5905130	14.48	8.19
承德市	553	109	12035210	4315614	14.37	5.50
沧州市	1919	173	28173913	7869331	30.44	4.86
廊坊市	1223	229	21693812	4611447	23.07	8.30
衡水市	968	160	9805782	3791325	13.38	3.54
山西省	**4244**	**1053**	**112307909**	**44434097**	**214.45**	**88.50**
太原市	487	375	19946527	17284893	32.77	29.54
大同市	203	75	7375905	6188236	21.08	17.55
阳泉市	186	90	5426118	3742720	17.17	12.73
长治市	386	80	14332828	3655551	23.68	5.80
晋城市	284	49	8511244	2767230	19.71	8.03
朔州市	224	61	8285136	5312068	8.40	3.34
晋中市	533	146	10302374	1411494	21.45	3.04
运城市	563	60	12526232	963038	21.05	2.40
忻州市	323	33	3930339	650574	8.80	1.30
临汾市	458	62	13801049	1892548	18.67	3.26
吕梁市	597	22	7870157	565745	21.67	1.51
内蒙古自治区	**3977**	**1473**	**120983115**	**49146024**	**112.05**	**52.01**
呼和浩特市	320	111	11885198	2533746	10.10	3.70
包头市	715	533	24122422	19965109	26.29	21.72
乌海市	168	168	5453200	5453200	7.78	7.78
赤峰市	593	191	12658407	5475786	15.03	7.80
通辽市	572	131	18097485	7133176	10.20	2.77
鄂尔多斯市	451	115	26810700	3659900	16.40	2.50
呼伦贝尔市	447	67	7406832	1713616	11.78	2.53
巴彦淖尔市	282	94	7774643	2291896	7.70	2.24
乌兰察布市	429	63	6774228	919595	6.77	0.97
辽宁省	**23835**	**12018**	**355927420**	**227690710**	**397.40**	**241.60**
沈阳市	5252	3683	96125255	76207151	86.13	63.88
大连市	4684	2654	77018355	54071409	100.10	57.91
鞍山市	2455	968	24392752	11835708	33.58	18.76
抚顺市	1410	716	16553266	12296969	18.79	14.50
本溪市	624	452	15113534	13438254	15.76	13.28
丹东市	1054	365	8650865	3030740	14.27	5.44
锦州市	1005	318	16720457	8059612	14.25	7.04

2-15 续表 1

城市	工业企业数(个)		工业总产值(当年价)(万元)		从业人员年平均人数(万人)	
	全市	市辖区	全市	市辖区	全市	市辖区
营口市	1651	1032	22332715	14113025	20.86	12.89
阜新市	461	330	4477708	3581788	10.70	9.20
辽阳市	891	282	16125236	7169842	12.74	7.67
盘锦市	708	226	16763566	10343050	17.65	13.59
铁岭市	1848	404	23551298	4788329	25.32	4.44
朝阳市	1222	283	9466198	2241990	13.78	3.25
葫芦岛市	570	305	8636215	6512843	13.47	9.75
吉林省	**5700**	**2471**	**126332313**	**88392814**	**132.01**	**84.54**
长春市	1606	859	58841613	52638751	46.87	37.24
吉林市	1177	596	21041551	13993998	25.37	15.86
四平市	557	212	10364734	4368191	10.56	4.69
辽源市	351	158	5856489	3486058	8.58	5.76
通化市	604	130	8699842	4830046	12.22	5.65
白山市	448	218	6740820	3831883	9.99	6.31
松原市	642	193	12194808	4547659	14.79	7.66
白城市	315	105	2592456	696228	3.63	1.37
黑龙江省	**4565**	**2653**	**91852518**	**69022044**	**148.03**	**112.23**
哈尔滨市	1433	959	23047364	17174070	33.80	27.00
齐齐哈尔市	411	235	8320561	5366161	12.85	9.56
鸡西市	209	96	2889386	1798824	10.40	8.30
鹤岗市	173	120	2844194	2250259	10.39	9.50
双鸭山市	195	101	3618786	2327967	8.60	7.10
大庆市	630	540	32879601	30922568	30.06	28.38
伊春市	182	137	1945740	1612113	4.81	3.87
佳木斯市	321	127	3139380	1645209	4.79	3.01
七台河市	137	104	4447800	3707800	10.95	10.22
牡丹江市	514	179	4504198	1777579	9.11	4.11
黑河市	158	36	946708	282300	6.76	0.88
绥化市	202	19	3268800	157194	5.51	0.30
上海市	**16684**	**16380**	**301144067**	**297305872**	**291.62**	**285.69**
江苏省	**64148**	**27435**	**904353963**	**422538384**	**1151.78**	**520.93**
南京市	3917	3083	86094998	77636416	80.59	67.67
无锡市	7988	5080	129710811	58654093	146.67	74.70
徐州市	3412	1261	51129660	31140894	67.19	34.23
常州市	6375	5343	73960851	58731617	97.35	78.66
苏州市	13538	3803	246516665	71139450	345.20	112.48
南通市	7589	2707	73831630	27978904	90.84	34.19
连云港市	1648	389	19362814	8579812	22.71	9.04
淮安市	2399	1075	24391100	14457724	32.12	17.69
盐城市	3827	868	39383400	13389600	55.97	15.20
扬州市	3847	1253	57533421	23819014	83.01	37.09
镇江市	3125	874	41904178	17247404	49.81	14.57
泰州市	4012	844	49160775	14827230	50.98	14.85
宿迁市	2471	855	11373660	4936226	29.34	10.56

2-15 续表 2

城市	工业企业数(个)		工业总产值(当年价)(万元)		从业人员年平均人数(万人)	
	全市	市辖区	全市	市辖区	全市	市辖区
浙江省	**64371**	**23068**	**510076625**	**241434931**	**857.26**	**352.05**
杭州市	10370	6478	110796496	86640405	139.65	105.18
宁波市	12491	5963	106187425	68640998	180.88	93.61
温州市	8096	2612	44948701	17085596	111.00	47.21
嘉兴市	7311	1400	51028508	12143658	96.44	20.69
湖州市	3561	1402	26665326	12006014	37.00	14.00
绍兴市	5545	777	67971868	9675174	88.89	14.00
金华市	5965	913	34117890	6351740	71.02	10.77
衢州市	1411	381	10871164	4992372	15.85	6.22
舟山市	659	536	9790517	7067196	10.26	8.01
台州市	7308	2324	36307993	13644997	87.45	27.74
丽水市	1654	282	11390737	3186781	18.82	4.62
安徽省	**16295**	**6294**	**183833582**	**109782663**	**263.47**	**148.07**
合肥市	2229	1160	37990180	28127015	39.31	27.37
芜湖市	1786	847	22510125	17034374	26.54	17.00
蚌埠市	864	382	7726842	4933706	11.85	7.81
淮南市	589	417	7889304	7466681	17.93	16.97
马鞍山市	791	383	13575819	10689491	14.72	11.05
淮北市	673	477	8814120	6986952	24.58	21.53
铜陵市	281	173	11042303	9649151	8.30	6.74
安庆市	1527	218	13159401	4747175	21.04	5.18
黄山市	517	238	3306897	1697717	4.31	2.15
滁州市	1238	306	10529700	3437000	18.71	5.30
阜阳市	686	206	7037012	2538531	10.65	4.01
宿州市	856	309	6769181	3107182	12.36	6.72
巢湖市	812	181	8261743	2151731	10.17	2.96
六安市	1028	328	8327000	2419500	16.19	5.40
亳州市	423	132	3243341	1364634	6.67	2.94
池州市	614	259	2972971	1579619	4.86	2.14
宣城市	1381	278	10677643	1852204	15.28	2.80
福建省	**19230**	**7124**	**219013094**	**100204334**	**411.47**	**168.61**
福州市	2877	1124	45454115	16553841	63.24	26.84
厦门市	2213	2213	36889483	36889483	63.70	63.70
莆田市	1347	1101	12665314	11077840	30.66	27.08
三明市	1640	302	13288492	3755742	19.27	3.79
泉州市	5186	1005	62604054	17580873	149.55	26.42
漳州市	2273	522	19389247	4666201	36.65	8.35
南平市	1261	240	7774451	2581587	15.58	4.09
龙岩市	1399	544	11773399	6207449	19.53	7.09
宁德市	1034	73	9174539	891318	13.29	1.25
江西省	**7924**	**2386**	**140952328**	**55631205**	**203.15**	**68.22**
南昌市	1154	670	27732021	16848917	30.15	17.67
景德镇市	413	163	6871690	3696104	10.14	4.91
萍乡市	811	405	11979370	8207131	20.55	13.91
九江市	904	174	14977463	5126354	24.95	5.81
新余市	369	266	11987770	10228083	11.06	9.28
鹰潭市	187	73	11802016	2421321	6.87	1.84

2-15 续表 3

城市	工业企业数(个)		工业总产值(当年价)(万元)		从业人员年平均人数(万人)	
	全市	市辖区	全市	市辖区	全市	市辖区
赣州市	895	168	12746325	3241941	24.41	5.35
吉安市	768	74	11349323	1520629	19.86	1.84
宜春市	860	107	12399826	1002738	26.59	2.75
抚州市	813	214	7347415	2620911	12.78	2.92
上饶市	750	72	11759109	717076	15.79	1.94
山东省	**44050**	**14307**	**835137619**	**349699197**	**931.73**	**370.36**
济南市	2021	1073	44856080	28234077	44.08	25.35
青岛市	5674	1511	106628345	56323709	114.73	45.86
淄博市	3413	2751	77423440	59551588	68.50	54.31
枣庄市	1795	1149	28228900	15868000	52.01	37.92
东营市	895	362	60378601	26973925	31.70	17.92
烟台市	3447	1156	101299777	39028503	89.77	33.93
潍坊市	5089	879	75292226	18021790	90.11	20.16
济宁市	3907	788	38571804	12348600	67.20	16.61
泰安市	1665	399	37700720	7201358	48.76	10.72
威海市	1812	468	44089646	11030274	60.95	18.72
日照市	854	527	21721501	16270511	17.87	9.69
莱芜市	466	466	12025825	12025825	14.78	14.78
临沂市	4027	1279	45935251	22185705	72.90	32.30
德州市	3248	433	38557605	7355545	50.38	10.29
聊城市	2403	416	40268609	4883392	37.56	6.00
滨州市	1246	284	36838964	6846523	37.32	9.70
菏泽市	2088	366	25320325	5549872	33.11	6.10
河南省	**19983**	**4391**	**368405117**	**108063878**	**460.79**	**145.55**
郑州市	2720	674	59137624	14035515	68.22	20.15
开封市	1183	191	9799295	2346175	24.69	4.92
洛阳市	1821	495	41323063	16357845	38.81	16.92
平顶山市	1001	321	20031593	9716190	32.01	18.16
安阳市	1016	174	26048674	7522109	22.17	8.35
鹤壁市	524	306	9890970	4906193	13.38	8.71
新乡市	1261	240	21733234	6259567	31.54	9.22
焦作市	1108	116	28858779	7207054	32.30	11.70
濮阳市	703	156	13852696	4758576	19.26	9.97
许昌市	1286	142	24966545	4472976	29.64	6.66
漯河市	656	412	16257247	9016529	15.85	3.90
三门峡市	694	98	20398477	3076590	20.56	2.33
南阳市	1474	283	24952130	6423986	33.12	9.47
商丘市	782	275	13594361	3318660	18.29	5.80
信阳市	1204	214	11175624	3867064	20.01	4.00
周口市	1080	69	15007129	1532467	20.47	1.43
驻马店市	1470	225	11377676	3246382	20.47	3.86
湖北省	**14510**	**6071**	**190103279**	**120803142**	**268.37**	**143.81**
武汉市	2968	2149	64245900	55978531	79.92	60.19
黄石市	732	323	11975700	7442700	16.44	8.94
十堰市	872	382	12804019	10236511	19.64	14.17

2-15 续表 4

城市	工业企业数(个)		工业总产值(当年价)(万元)		从业人员年平均人数(万人)	
	全市	市辖区	全市	市辖区	全市	市辖区
宜昌市	1251	386	21187359	10413200	26.25	10.53
襄阳市	1592	693	22988086	13923528	26.43	14.88
鄂州市	500	500	6330996	6330996	7.17	7.17
荆门市	1173	359	12001085	5693254	18.14	7.93
孝感市	1197	223	10032152	1295804	21.80	3.95
荆州市	1269	487	8975700	4245500	17.37	7.66
黄冈市	1559	141	8130700	1037300	17.44	1.74
咸宁市	805	222	6333953	1998358	10.17	3.35
随州市	592	206	5097629	2207460	7.60	3.30
湖南省	**13531**	**3590**	**187085531**	**80800134**	**266.69**	**86.32**
长沙市	2615	555	41654294	16100017	52.70	14.05
株洲市	1471	355	17149442	10739399	34.09	13.24
湘潭市	860	418	14962525	10585032	18.81	10.77
衡阳市	1123	324	18832469	6027708	26.82	8.33
邵阳市	888	190	7127007	1981638	15.37	3.92
岳阳市	1389	392	27843253	12925234	25.70	9.57
常德市	983	332	12626665	6568091	17.55	6.64
张家界市	161	56	1089444	390458	2.65	0.76
益阳市	819	348	8080903	4150107	13.02	5.61
郴州市	1212	210	14400825	3921713	18.70	4.55
永州市	743	205	5937323	1826717	13.16	3.23
怀化市	618	63	6998921	862243	11.06	1.30
娄底市	649	142	10382460	4721777	17.06	4.35
广东省	**53446**	**42276**	**858246437**	**750465464**	**1567.99**	**1335.65**
广州市	6969	5553	138312477	124587216	166.22	139.08
韶关市	559	202	7733678	4781370	16.08	8.32
深圳市	8249	8249	185268200	185268200	352.56	352.56
珠海市	1347	1347	29761820	29761820	48.58	48.58
汕头市	2580	2570	18975666	18939812	45.66	45.60
佛山市	7684	7684	145274694	145274694	181.32	181.32
江门市	3274	1900	38289057	24482783	68.39	37.45
湛江市	850	303	14049507	10129855	14.33	6.70
茂名市	792	216	13601493	10770194	11.51	3.40
肇庆市	1131	381	17441889	7544521	29.98	11.55
惠州市	1853	1102	39051731	32288275	66.84	47.75
梅州市	521	58	4559704	1157300	12.26	1.85
汕尾市	452	95	4324230	2140604	22.20	6.12
河源市	440	170	8327317	3358876	15.32	9.13
阳江市	596	174	6934570	2302468	12.90	3.64
清远市	813	291	28870428	13411823	26.46	8.59
东莞市	5899	5899	77390869	77390869	280.72	280.72
中山市	5063	5063	50236309	50236309	127.35	127.35
潮州市	1245	256	7231193	1327130	21.12	4.79
揭阳市	2525	607	17948186	4449533	36.67	8.83
云浮市	604	156	4663419	861812	11.52	2.32

2-15 续表 5

城市	工业企业数(个)		工业总产值(当年价)(万元)		从业人员年平均人数(万人)	
	全市	市辖区	全市	市辖区	全市	市辖区
广西壮族自治区	**6597**	**2624**	**95487373**	**56548852**	**145.43**	**65.24**
南宁市	1236	641	12854044	9092205	22.97	14.35
柳州市	931	526	23887937	20391206	23.90	15.49
桂林市	801	206	9428569	3258531	17.08	6.70
梧州市	466	153	7157244	2077844	14.87	4.32
北海市	236	151	3270500	2541400	6.17	4.33
防城港市	166	103	4539314	3793078	2.33	1.50
钦州市	462	240	4817445	3779960	5.63	2.25
贵港市	415	172	4702986	2299413	8.44	3.99
玉林市	755	115	7029021	2483762	17.43	3.67
百色市	266	55	5743130	1379954	7.59	1.59
贺州市	213	123	1780942	1209884	3.28	2.00
河池市	277	39	3527691	1189000	6.82	2.10
来宾市	202	62	3682803	2325040	4.75	2.17
崇左市	171	38	3065747	727575	4.17	0.78
海南省	**213**	**213**	**4579849**	**4579849**	**5.66**	**5.66**
海口市	186	186	4179653	4179653	4.96	4.96
三亚市	27	27	400196	400196	0.70	0.70
重庆市	**7130**	**4558**	**91435532**	**74915651**	**147.00**	**107.00**
四川省	**13060**	**5482**	**217334325**	**114791389**	**327.18**	**163.89**
成都市	3887	2016	58097349	37995994	83.51	52.67
自贡市	577	383	11081674	8232299	15.95	10.16
攀枝花市	407	317	9532489	8092636	15.24	13.27
泸州市	581	302	9491824	5805318	11.48	6.21
德阳市	1055	326	16014090	5621953	21.34	6.73
绵阳市	926	385	12675301	7844046	22.76	12.41
广元市	313	147	3202335	1952656	5.77	3.20
遂宁市	453	212	7094697	3166446	11.30	6.54
内江市	574	187	12925600	4533718	17.30	5.79
乐山市	803	304	12988366	6753844	21.05	8.10
南充市	515	237	11245777	6537236	19.73	10.98
眉山市	564	194	7555475	3004668	12.16	3.45
宜宾市	526	74	12307294	5277028	22.01	8.47
广安市	330	73	6065903	1803805	10.05	3.51
达州市	496	54	10396796	2100170	11.97	3.00
雅安市	386	76	3169326	816142	5.91	1.53
巴中市	104	37	1755963	452345	2.44	0.70
资阳市	563	158	11734066	4801085	17.21	7.17
贵州省	**1568**	**685**	**27190525**	**13965351**	**52.76**	**27.02**
贵阳市	603	429	10583479	8017418	19.38	13.90
六盘水市	209	58	6629775	2712496	15.04	5.58
遵义市	536	110	7937190	2422199	12.46	4.54
安顺市	220	88	2040081	813238	5.88	3.00

2-15 续表 6

城 市	工业企业数(个)		工业总产值(当年价)(万元)		从业人员年平均人数(万人)	
	全市	市辖区	全市	市辖区	全市	市辖区
云南省	**2499**	**1018**	**49506561**	**27551375**	**63.33**	**24.96**
昆明市	941	632	24361300	15365656	22.20	14.10
曲靖市	532	118	10008908	4022800	18.61	5.01
玉溪市	352	106	9444460	6451419	8.58	3.40
保山市	144	60	1080076	406669	2.68	0.62
昭通市	251	48	2040600	806800	4.72	0.83
丽江市	78	16	708647	161738	1.81	0.23
思茅市	117	24	963670	252193	2.70	0.50
临沧市	84	14	898900	84100	2.03	0.27
西藏自治区						
拉萨市						
陕西省	**4419**	**1815**	**107771981**	**57798990**	**140.54**	**78.15**
西安市	1113	863	31253569	25748896	45.09	37.71
铜川市	131	124	2476709	2393788	5.10	5.00
宝鸡市	505	230	13168575	8475549	20.40	11.70
咸阳市	671	233	13353500	6596800	19.56	8.08
渭南市	436	99	9382400	1520517	13.74	1.88
延安市	118	22	11115000	9607900	10.23	8.36
汉中市	370	85	4026700	719200	8.36	2.10
榆林市	652	66	19599930	1761100	12.12	1.75
安康市	282	65	1707822	364040	3.31	0.81
商洛市	141	28	1687776	611200	2.63	0.76
甘肃省	**1885**	**934**	**47409662**	**33708034**	**65.78**	**41.86**
兰州市	466	353	15926000	13726300	19.10	16.02
嘉峪关市	41	41	5155800	5155800	4.10	4.10
金昌市	55	22	5411044	4866830	4.75	3.73
白银市	180	110	4299063	3727196	8.92	7.69
天水市	170	96	1633282	1265430	4.28	2.87
武威市	179	105	1755165	1319247	5.24	3.98
张掖市	172	50	1519862	573775	2.76	0.83
平凉市	90	39	1497855	461127	4.41	0.91
酒泉市	275	72	4880265	2253568	5.24	0.95
庆阳市	74	14	4058931	169948	3.20	0.27
定西市	81	20	527495	126213	1.60	0.31
陇南市	102	12	744900	62600	2.18	0.20
青海省	**239**	**145**	**7512207**	**4070400**	**10.20**	**5.50**
西宁市	239	145	7512207	4070400	10.20	5.50
宁夏回族自治区	**979**	**477**	**19227738**	**10302244**	**28.98**	**15.85**
银川市	355	158	9355637	4840629	12.31	5.21
石嘴山市	304	174	5116392	3800942	9.11	7.32
吴忠市	195	75	3015798	830874	4.25	1.56
固原市	31	15	152775	44997	0.46	0.10
中卫市	94	55	1587136	784802	2.85	1.66
新疆维吾尔自治区	**567**	**557**	**30031123**	**29979902**	**24.44**	**24.38**
乌鲁木齐市	466	456	16727154	16675933	13.48	13.42
克拉玛依市	101	101	13303969	13303969	10.96	10.96

2-16 工业企业数

单位：个

城　市	工业企业数		(1)内资企业		(2)港、澳、台商投资企业		(3)外商投资企业	
	全市	市辖区	全市	市辖区	全市	市辖区	全市	市辖区
城市合计	**444413**	**207763**	**370676**	**159381**	**33952**	**21996**	**39785**	**26386**
北京市	**6885**	**6572**	**5543**	**5292**	**358**	**337**	**984**	**943**
天津市	**7947**	**7039**	**5611**	**4819**	**453**	**431**	**1883**	**1789**
河北省	**13932**	**2654**	**12838**	**2223**	**309**	**107**	**785**	**324**
石家庄市	2576	261	2449	221	46	16	81	24
唐山市	1568	686	1445	617	37	15	86	54
秦皇岛市	642	312	527	223	22	19	93	70
邯郸市	1095	237	1039	215	29	9	27	13
邢台市	1010	92	954	85	19	1	37	6
保定市	1848	220	1681	182	49	12	118	26
张家口市	530	175	490	163	11	1	29	11
承德市	553	109	543	106	2		8	3
沧州市	1919	173	1792	152	27	5	100	16
廊坊市	1223	229	1009	116	48	20	166	93
衡水市	968	160	909	143	19	9	40	8
山西省	**4244**	**1053**	**4068**	**982**	**57**	**22**	**119**	**49**
太原市	487	375	455	351	6	5	26	19
大同市	203	75	190	69	2		11	6
阳泉市	186	90	177	84	3	3	6	3
长治市	386	80	380	78	2		4	2
晋城市	284	49	268	42	3		13	7
朔州市	224	61	218	58	1	1	5	2
晋中市	533	146	497	133	20	7	16	6
运城市	563	60	539	57	4		20	3
忻州市	323	33	318	32	2	1	3	
临汾市	458	62	440	56	11	5	7	1
吕梁市	597	22	586	22	3		8	
内蒙古自治区	**3977**	**1473**	**3776**	**1378**	**73**	**33**	**128**	**62**
呼和浩特市	320	111	281	103	14	3	25	5
包头市	715	533	666	491	18	15	31	27
乌海市	168	168	166	166	1	1	1	1
赤峰市	593	191	579	178	6	5	8	8
通辽市	572	131	551	124	7	2	14	5
鄂尔多斯市	451	115	431	106	8	4	12	5
呼伦贝尔市	447	67	417	61	8	1	22	5
巴彦淖尔市	282	94	271	91	4	2	7	1
乌兰察布市	429	63	414	58	7		8	5
辽宁省	**23835**	**12018**	**20924**	**9837**	**601**	**438**	**2310**	**1743**
沈阳市	5252	3683	4601	3071	150	145	501	467
大连市	4684	2654	3354	1627	211	159	1119	868
鞍山市	2455	968	2346	913	36	18	73	37
抚顺市	1410	716	1314	641	19	15	77	60
本溪市	624	452	579	422	19	15	26	15
丹东市	1054	365	899	293	32	17	123	55
锦州市	1005	318	920	256	22	16	63	46

2-16 续表 1　　　　单位：个

城市	工业企业数		(1)内资企业		(2)港、澳、台商投资企业		(3)外商投资企业	
	全市	市辖区	全市	市辖区	全市	市辖区	全市	市辖区
营口市	1651	1032	1422	886	48	32	181	114
阜新市	461	330	436	313	12	5	13	12
辽阳市	891	282	843	250	15	6	33	26
盘锦市	708	226	674	207	8	3	26	16
铁岭市	1848	404	1788	383	15	4	45	17
朝阳市	1222	283	1197	280	10	1	15	2
葫芦岛市	570	305	551	295	4	2	15	8
吉林省	**5700**	**2471**	**5400**	**2249**	**70**	**50**	**230**	**172**
长春市	1606	859	1419	695	37	34	150	130
吉林市	1177	596	1141	570	10	7	26	19
四平市	557	212	542	203	7	3	8	6
辽源市	351	158	344	154	1	1	6	3
通化市	604	130	586	127	6	1	12	2
白山市	448	218	433	214	5	2	10	2
松原市	642	193	634	187	1	1	7	5
白城市	315	105	301	99	3	1	11	5
黑龙江省	**4565**	**2653**	**4268**	**2461**	**93**	**61**	**204**	**131**
哈尔滨市	1433	959	1301	850	35	33	97	76
齐齐哈尔市	411	235	386	224	6	4	19	7
鸡西市	209	96	202	91	3	3	4	2
鹤岗市	173	120	168	119	1		4	1
双鸭山市	195	101	193	101	2			
大庆市	630	540	603	523	8	4	19	13
伊春市	182	137	165	127	7	3	10	7
佳木斯市	321	127	301	117	6	3	14	7
七台河市	137	104	135	102	1	1	1	1
牡丹江市	514	179	473	158	18	8	23	13
黑河市	158	36	150	33	2	1	6	2
绥化市	202	19	191	16	4	1	7	2
上海市	**16684**	**16380**	**10556**	**10276**	**1823**	**1815**	**4305**	**4289**
江苏省	**64148**	**27435**	**50510**	**21004**	**4991**	**2109**	**8647**	**4322**
南京市	3917	3083	3050	2329	281	234	586	520
无锡市	7988	5080	6306	3933	653	413	1029	734
徐州市	3412	1261	3231	1179	73	26	108	56
常州市	6375	5343	5364	4522	421	343	590	478
苏州市	13538	3803	7879	1742	1844	574	3815	1487
南通市	7589	2707	5827	2074	664	154	1098	479
连云港市	1648	389	1418	279	89	30	141	80
淮安市	2399	1075	2215	977	83	41	101	57
盐城市	3827	868	3482	786	145	24	200	58
扬州市	3847	1253	3346	1011	220	99	281	143
镇江市	3125	874	2414	633	304	94	407	147
泰州市	4012	844	3586	729	170	48	256	67
宿迁市	2471	855	2392	810	44	29	35	16

2-16 续表 2

单位：个

城　市	工业企业数		(1)内资企业		(2)港、澳、台商投资企业		(3)外商投资企业	
	全市	市辖区	全市	市辖区	全市	市辖区	全市	市辖区
浙江省	**64371**	**23068**	**55234**	**18751**	**4328**	**1969**	**4809**	**2348**
杭州市	10370	6478	8724	5222	727	531	919	725
宁波市	12491	5963	9531	4227	1529	888	1431	848
温州市	8096	2612	7657	2367	133	62	306	183
嘉兴市	7311	1400	5857	1088	641	126	813	186
湖州市	3561	1402	2926	1177	300	98	335	127
绍兴市	5545	777	4524	517	577	140	444	120
金华市	5965	913	5579	811	157	47	229	55
衢州市	1411	381	1336	355	34	9	41	17
舟山市	659	536	617	508	13	8	29	20
台州市	7308	2324	6875	2209	207	57	226	58
丽水市	1654	282	1608	270	10	3	36	9
安徽省	**16295**	**6294**	**15383**	**5720**	**374**	**227**	**538**	**347**
合肥市	2229	1160	2047	1014	72	54	110	92
芜湖市	1786	847	1620	715	75	60	91	72
蚌埠市	864	382	820	353	23	12	21	17
淮南市	589	417	571	401	9	8	9	8
马鞍山市	791	383	734	335	22	15	35	33
淮北市	673	477	641	454	17	12	15	11
铜陵市	281	173	258	156	12	8	11	9
安庆市	1527	218	1461	190	28	8	38	20
黄山市	517	238	494	224	10	6	13	8
滁州市	1238	306	1155	269	21	11	62	26
阜阳市	686	206	661	195	10	3	15	8
宿州市	856	309	835	304	9	3	12	2
巢湖市	812	181	766	155	14	9	32	17
六安市	1028	328	996	316	21	7	11	5
亳州市	423	132	419	131	1		3	1
池州市	614	259	592	246	10	7	12	6
宣城市	1381	278	1313	262	20	4	48	12
福建省	**19230**	**7124**	**13527**	**4600**	**3705**	**1604**	**1998**	**920**
福州市	2877	1124	1887	683	547	252	443	189
厦门市	2213	2213	1131	1131	627	627	455	455
莆田市	1347	1101	1048	850	204	179	95	72
三明市	1640	302	1509	286	101	11	30	5
泉州市	5186	1005	3065	498	1499	393	622	114
漳州市	2273	522	1546	367	504	103	223	52
南平市	1261	240	1153	222	59	9	49	9
龙岩市	1399	544	1205	499	140	26	54	19
宁德市	1034	73	983	64	24	4	27	5
江西省	**7924**	**2386**	**7060**	**2116**	**526**	**116**	**338**	**154**
南昌市	1154	670	1000	558	66	45	88	67
景德镇市	413	163	384	148	14	6	15	9
萍乡市	811	405	798	396	9	6	4	3
九江市	904	174	789	151	75	8	40	15
新余市	369	266	348	248	5	5	16	13
鹰潭市	187	73	174	65	5	4	8	4

2-16 续表 3

单位：个

城 市	工业企业数		(1)内资企业		(2)港、澳、台商投资企业		(3)外商投资企业	
	全市	市辖区	全市	市辖区	全市	市辖区	全市	市辖区
赣州市	895	168	653	127	176	22	66	19
吉安市	768	74	676	65	63	4	29	5
宜春市	860	107	796	98	35	4	29	5
抚州市	813	214	752	198	44	7	17	9
上饶市	750	72	690	62	34	5	26	5
山东省	**44050**	**14307**	**38514**	**11755**	**1191**	**548**	**4345**	**2004**
济南市	2021	1073	1796	947	66	32	159	94
青岛市	5674	1511	3637	692	322	141	1715	678
淄博市	3413	2751	3210	2587	66	54	137	110
枣庄市	1795	1149	1716	1097	35	21	44	31
东营市	895	362	841	321	23	18	31	23
烟台市	3447	1156	2436	604	255	113	756	439
潍坊市	5089	879	4618	738	139	37	332	104
济宁市	3907	788	3779	735	29	12	99	41
泰安市	1665	399	1595	359	14	7	56	33
威海市	1812	468	1212	230	57	28	543	210
日照市	854	527	737	432	24	19	93	76
莱芜市	466	466	437	437	9	9	20	20
临沂市	4027	1279	3798	1180	75	33	154	66
德州市	3248	433	3153	397	21	9	74	27
聊城市	2403	416	2361	395	7	3	35	18
滨州市	1246	284	1172	260	23	7	51	17
菏泽市	2088	366	2016	344	26	5	46	17
河南省	**19983**	**4391**	**19407**	**4081**	**259**	**124**	**317**	**186**
郑州市	2720	674	2575	586	62	40	83	48
开封市	1183	191	1159	179	9	4	15	8
洛阳市	1821	495	1775	472	15	4	31	19
平顶山市	1001	321	981	308	14	8	6	5
安阳市	1016	174	993	157	12	8	11	9
鹤壁市	524	306	507	291	6	5	11	10
新乡市	1261	240	1216	214	17	9	28	17
焦作市	1108	116	1073	104	19	7	16	5
濮阳市	703	156	682	147	10	3	11	6
许昌市	1286	142	1252	122	15	7	19	13
漯河市	656	412	643	402	8	5	5	5
三门峡市	694	98	676	91	7	4	11	3
南阳市	1474	283	1428	265	25	7	21	11
商丘市	782	275	762	260	8	4	12	11
信阳市	1204	214	1187	207	9	3	8	4
周口市	1080	69	1064	64	7	2	9	3
驻马店市	1470	225	1434	212	16	4	20	9
湖北省	**14510**	**6071**	**13634**	**5502**	**386**	**201**	**490**	**368**
武汉市	2968	2149	2607	1833	87	75	274	241
黄石市	732	323	700	301	14	8	18	14
十堰市	872	382	846	369	11	6	15	7

2-16 续表 4 单位：个

城 市	工业企业数		(1)内资企业		(2)港、澳、台商投资企业		(3)外商投资企业	
	全市	市辖区	全市	市辖区	全市	市辖区	全市	市辖区
宜昌市	1251	386	1180	350	49	23	22	13
襄阳市	1592	693	1533	655	33	16	26	22
鄂州市	500	500	483	483	7	7	10	10
荆门市	1173	359	1129	342	30	11	14	6
孝感市	1197	223	1129	199	35	8	33	16
荆州市	1269	487	1210	450	36	21	23	16
黄冈市	1559	141	1500	128	35	7	24	6
咸宁市	805	222	764	205	24	9	17	8
随州市	592	206	553	187	25	10	14	9
湖南省	**13531**	**3590**	**12915**	**3344**	**334**	**129**	**282**	**117**
长沙市	2615	555	2465	524	57	16	93	15
株洲市	1471	355	1400	331	30	8	41	16
湘潭市	860	418	825	393	11	7	24	18
衡阳市	1123	324	1075	297	34	16	14	11
邵阳市	888	190	863	178	14	5	11	7
岳阳市	1389	392	1336	361	27	17	26	14
常德市	983	332	941	316	29	11	13	5
张家界市	161	56	152	53	5	1	4	2
益阳市	819	348	780	320	27	20	12	8
郴州市	1212	210	1157	190	36	14	19	6
永州市	743	205	682	183	47	11	14	11
怀化市	618	63	603	61	10	1	5	1
娄底市	649	142	636	137	7	2	6	3
广东省	**53446**	**42276**	**34505**	**25933**	**13151**	**11121**	**5790**	**5222**
广州市	6969	5553	4553	3506	1489	1222	927	825
韶关市	559	202	449	164	91	31	19	7
深圳市	8249	8249	4372	4372	2887	2887	990	990
珠海市	1347	1347	563	563	533	533	251	251
汕头市	2580	2570	2208	2200	238	237	134	133
佛山市	7684	7684	5977	5977	1108	1108	599	599
江门市	3274	1900	2098	1284	898	471	278	145
湛江市	850	303	741	230	63	37	46	36
茂名市	792	216	699	196	68	9	25	11
肇庆市	1131	381	821	206	213	116	97	59
惠州市	1853	1102	736	344	836	528	281	230
梅州市	521	58	386	39	103	12	32	7
汕尾市	452	95	333	66	110	26	9	3
河源市	440	170	278	72	126	73	36	25
阳江市	596	174	493	149	80	15	23	10
清远市	813	291	555	195	205	68	53	28
东莞市	5899	5899	2014	2014	2564	2564	1321	1321
中山市	5063	5063	3549	3549	1018	1018	496	496
潮州市	1245	256	958	160	203	70	84	26
揭阳市	2525	607	2237	532	225	64	63	11
云浮市	604	156	485	115	93	32	26	9

2-16 续表 5 单位：个

城市	工业企业数		(1)内资企业		(2)港、澳、台商投资企业		(3)外商投资企业	
	全市	市辖区	全市	市辖区	全市	市辖区	全市	市辖区
广西壮族自治区	**6597**	**2624**	**6053**	**2342**	**293**	**140**	**251**	**142**
南宁市	1236	641	1145	579	40	30	51	32
柳州市	931	526	892	501	13	9	26	16
桂林市	801	206	759	180	14	7	28	19
梧州市	466	153	386	124	54	17	26	12
北海市	236	151	193	116	26	21	17	14
防城港市	166	103	145	86	9	7	12	10
钦州市	462	240	433	226	20	10	9	4
贵港市	415	172	371	151	26	12	18	9
玉林市	755	115	679	103	44	6	32	6
百色市	266	55	254	51	11	4	1	
贺州市	213	123	184	101	19	13	10	9
河池市	277	39	268	38	5		4	1
来宾市	202	62	192	56	3	1	7	5
崇左市	171	38	152	30	9	3	10	5
海南省	**213**	**213**	**158**	**158**	**18**	**18**	**37**	**37**
海口市	186	186	136	136	18	18	32	32
三亚市	27	27	22	22			5	5
重庆市	**7130**	**4558**	**6806**	**4271**	**123**	**100**	**201**	**187**
四川省	**13060**	**5482**	**12460**	**5101**	**211**	**135**	**389**	**246**
成都市	3887	2016	3545	1778	117	89	225	149
自贡市	577	383	562	369	1	1	14	13
攀枝花市	407	317	399	309	2	2	6	6
泸州市	581	302	568	293	3	3	10	6
德阳市	1055	326	999	303	20	8	36	15
绵阳市	926	385	883	356	18	11	25	18
广元市	313	147	303	139	2	1	8	7
遂宁市	453	212	443	207	2	1	8	4
内江市	574	187	562	181	4	2	8	4
乐山市	803	304	782	292	7	3	14	9
南充市	515	237	507	232	5	3	3	2
眉山市	564	194	540	184	7	4	17	6
宜宾市	526	74	521	71	3	2	2	1
广安市	330	73	323	71	5	2	2	
达州市	496	54	491	53	5	1		
雅安市	386	76	375	73	6	1	5	2
巴中市	104	37	103	37	1			
资阳市	563	158	554	153	3	1	6	4
贵州省	**1568**	**685**	**1495**	**638**	**28**	**21**	**45**	**26**
贵阳市	603	429	555	394	21	16	27	19
六盘水市	209	58	205	56			4	2
遵义市	536	110	520	103	5	4	11	3
安顺市	220	88	215	85	2	1	3	2

2-16 续表 6

单位：个

城市	工业企业数		(1)内资企业		(2)港、澳、台商投资企业		(3)外商投资企业	
	全市	市辖区	全市	市辖区	全市	市辖区	全市	市辖区
云南省	**2499**	**1018**	**2333**	**899**	**92**	**62**	**74**	**57**
昆明市	941	632	830	543	64	45	47	44
曲靖市	532	118	517	112	6	3	9	3
玉溪市	352	106	333	96	10	5	9	5
保山市	144	60	137	54	2	3	5	3
昭通市	251	48	246	44	5	4		
丽江市	78	16	77	16			1	
思茅市	117	24	113	21	2	2	2	1
临沧市	84	14	80	13	3		1	1
西藏自治区								
拉萨市								
陕西省	**4419**	**1815**	**4167**	**1639**	**63**	**46**	**189**	**130**
西安市	1113	863	970	740	30	28	113	95
铜川市	131	124	128	121			3	3
宝鸡市	505	230	483	216	8	4	14	10
咸阳市	671	233	625	213	15	9	31	11
渭南市	436	99	419	92	4	1	13	6
延安市	118	22	116	22			2	
汉中市	370	85	361	80	3	2	6	3
榆林市	652	66	648	64	1	1	3	1
安康市	282	65	277	63	2	1	3	1
商洛市	141	28	140	28			1	
甘肃省	**1885**	**934**	**1832**	**900**	**20**	**13**	**33**	**21**
兰州市	466	353	447	336	9	8	10	9
嘉峪关市	41	41	41	41				
金昌市	55	22	55	22				
白银市	180	110	174	105	3	2	3	3
天水市	170	96	167	93	1	1	2	2
武威市	179	105	177	103	2	2		
张掖市	172	50	168	47			4	3
平凉市	90	39	90	39				
酒泉市	275	72	259	69	5		11	3
庆阳市	74	14	72	13			2	1
定西市	81	20	80	20			1	
陇南市	102	12	102	12				
青海省	**239**	**145**	**223**	**132**	**4**	**3**	**12**	**10**
西宁市	239	145	223	132	4	3	12	10
宁夏回族自治区	**979**	**477**	**935**	**447**	**8**	**6**	**36**	**24**
银川市	355	158	329	137	6	5	20	16
石嘴山市	304	174	290	165	2	1	12	8
吴忠市	195	75	193	75			2	
固原市	31	15	31	15				
中卫市	94	55	92	55			2	
新疆维吾尔自治区	**567**	**557**	**541**	**531**	**10**	**10**	**16**	**16**
乌鲁木齐市	466	456	442	432	9	9	15	15
克拉玛依市	101	101	99	99	1	1	1	1

2-17 规模以上工业总产值分组

单位：万元

城市	工业总产值(当年价)		(1)内资企业		(2)港、澳、台商投资企业		(3)外商投资企业	
	全市	市辖区	全市	市辖区	全市	市辖区	全市	市辖区
城市合计	**6819188954**	**3949739044**	**4928544443**	**2548222717**	**655028820**	**450761705**	**1235615691**	**950754622**
北京市	**136998388**	**134714598**	**82208182**	**80950703**	**11144838**	**10781506**	**43645368**	**42982389**
天津市	**167518155**	**154227914**	**97033380**	**84900084**	**14554716**	**14314632**	**55930059**	**55013198**
河北省	**311430618**	**117169602**	**266088440**	**96166388**	**19785503**	**9000560**	**25556675**	**12002654**
石家庄市	56553423	11392995	52385622	9434436	2095343	1377012	2072458	581547
唐山市	75450331	44170578	64561651	38323504	5507044	3884665	5381636	1962409
秦皇岛市	11315465	7302931	6785288	3879305	1684578	771008	2845599	2652618
邯郸市	41073243	13519247	33773460	13021790	4522379	97781	2777404	399676
邢台市	17645968	4571920	13244674	3133975	1759767	988917	2641527	449028
保定市	28748635	9719084	24772958	7413324	1313773	357038	2661904	1948722
张家口市	8934836	5905130	7674348	5211432	94585	5586	1165903	688112
承德市	12035210	4315614	11905370	4292811	78198		51642	22803
沧州市	28173913	7869331	24902972	6423131	828798	330165	2442143	1116035
廊坊市	21693812	4611447	17052206	1626690	1506704	847241	3134902	2137516
衡水市	9805782	3791325	9029891	3405990	394334	341147	381557	44188
山西省	**112307909**	**44434097**	**105470257**	**41795341**	**1557008**	**476263**	**5280644**	**2162493**
太原市	19946527	17284893	18345910	15938628	54347	54347	1546270	1291918
大同市	7375905	6188236	7049440	6027871	16989		309476	160365
阳泉市	5426118	3742720	5254750	3588553	54423	54423	116945	99744
长治市	14332828	3655551	13882303	3624114	18496		432029	31437
晋城市	8511244	2767230	7299007	2443490	34425		1177812	323740
朔州市	8285136	5312068	8048663	5099156	83242	83242	153231	129670
晋中市	10302374	1411494	9560133	1163429	465157	167426	277084	80639
运城市	12526232	963038	12207746	931206	48359		270127	31832
忻州市	3930339	650574	3911095	648877	5918	1697	13326	
临汾市	13801049	1892548	13237094	1764272	508827	115128	55128	13148
吕梁市	7870157	565745	6674116	565745	266825		929216	
内蒙古自治区	**120983115**	**49146024**	**109642765**	**44472096**	**2696772**	**871659**	**8643578**	**3802269**
呼和浩特市	11885198	2533746	8810606	2290029	1012763	51831	2061829	191886
包头市	24122422	19965109	22671031	18628754	240926	167874	1210465	1168481
乌海市	5453200	5453200	5443200	5443200	5200	5200	4800	4800
赤峰市	12658407	5475786	11916992	4756023	391286	369634	350129	350129
通辽市	18097485	7133176	15976037	6047833	193502	16032	1927946	1069311
鄂尔多斯市	26810700	3659900	24399800	2852500	178200	23300	2232700	784100
呼伦贝尔市	7406832	1713616	6880778	1550204	137579	10429	388475	152983
巴彦淖尔市	7774643	2291896	6844692	1997520	494671	227359	435280	67017
乌兰察布市	6774228	919595	6699629	906033	42645		31954	13562
辽宁省	**355927420**	**227690710**	**286656604**	**169990701**	**15726130**	**13244247**	**53544686**	**44455762**
沈阳市	96125255	76207151	74986558	55927057	4530298	4332448	16608399	15947646
大连市	77018355	54071409	49140505	31573996	2800645	1943426	25077205	20553987
鞍山市	24392752	11835708	23233754	11528113	398157	85740	760841	221855
抚顺市	16553266	12296969	15436355	11315832	403088	359816	713823	621321
本溪市	15113534	13438254	11216022	9678972	3007805	2978494	889707	780788
丹东市	8650865	3030740	7139274	2218086	340985	216605	1170606	596049
锦州市	16720457	8059612	14321970	6094506	571115	512006	1827372	1453100

2-17 续表 1

单位: 万元

城市	工业总产值(当年价)		(1)内资企业		(2)港、澳、台商投资企业		(3)外商投资企业	
	全市	市辖区	全市	市辖区	全市	市辖区	全市	市辖区
营口市	22332715	14113025	16871327	10363708	1534945	1208728	3926443	2540589
阜新市	4477708	3581788	3955262	3136002	327606	259216	194840	186570
辽阳市	16125236	7169842	14128708	5345396	1215459	1083291	781069	741155
盘锦市	16763566	10343050	16129051	10064184	96399	12766	538116	266100
铁岭市	23551298	4788329	22529140	4192348	382505	246369	639653	349612
朝阳市	9466198	2241990	9263838	2228425	96610	2138	105750	11427
葫芦岛市	8636215	6512843	8304840	6324076	20513	3204	310862	185563
吉林省	**126332313**	**88392814**	**95279422**	**60375821**	**4837591**	**4008136**	**26215300**	**24008857**
长春市	58841613	52638751	31636821	26637980	3765416	3510037	23439376	22490734
吉林市	21041551	13993998	19821906	13304957	357341	289515	862304	399526
四平市	10364734	4368191	9645862	4042888	315974	84125	402898	241178
辽源市	5856489	3486058	5619552	3287437	69965	69965	166972	128656
通化市	8699842	4830046	8380159	4810271	101131	6950	218552	12825
白山市	6740820	3831883	6242014	3725770	175269	37151	323537	68962
松原市	12194808	4547659	11636516	4039223	7842	7842	550450	500594
白城市	2592456	696228	2296592	527295	44653	2551	251211	166382
黑龙江省	**91852518**	**69022044**	**83420436**	**63455798**	**1581318**	**835750**	**6850764**	**4730496**
哈尔滨市	23047364	17174070	18753784	13696911	316001	308901	3977579	3168258
齐齐哈尔市	8320561	5366161	7430669	5049283	85047	74442	804845	242436
鸡西市	2889386	1798824	2597557	1516825	278173	278172	13656	3827
鹤岗市	2844194	2250259	2813549	2240509	9109		21536	9750
双鸭山市	3618786	2327967	3560076	2327967	58710			
大庆市	32879601	30922568	31865928	30615105	484051	15971	529622	291492
伊春市	1945740	1612113	1806331	1535632	43615	24120	95794	52361
佳木斯市	3139380	1645209	2544090	1129452	41750	18402	553540	497355
七台河市	4447800	3707800	4443900	3703900	1800	1800	2100	2100
牡丹江市	4504198	1777579	3810744	1256605	190962	67957	502492	453017
黑河市	946708	282300	867708	229100	43300	43300	35700	9900
绥化市	3268800	157194	2926100	154509	28800	2685	313900	
上海市	**301144067**	**297305872**	**117067335**	**113601645**	**53475394**	**53217703**	**130601338**	**130486524**
江苏省	**904353963**	**422538384**	**536301422**	**229977668**	**102267626**	**41542652**	**265784915**	**151018064**
南京市	86094998	77636416	53480547	46536898	5382829	4755172	27231622	26344346
无锡市	129710811	58654093	80459585	26482349	16657806	6722382	32593420	25449362
徐州市	51129660	31140894	44616179	26253783	2968935	1958877	3544546	2928234
常州市	73960851	58731617	49079050	39235144	9013106	7924005	15868695	11572468
苏州市	246516665	71139450	83375669	13307640	36266721	10054153	126874275	47777657
南通市	73831630	27978904	44443255	14422966	11044387	2341594	18343988	11214344
连云港市	19362814	8579812	13881529	4286236	1323110	602350	4158175	3691226
淮安市	24391100	14457724	20437051	11524424	945922	466101	3008127	2467199
盐城市	39383400	13389600	30554800	8208900	2049100	330100	6779500	4850600
扬州市	57533421	23819014	42783544	14503731	6856943	3756159	7892934	5559124
镇江市	41904178	17247404	26924038	8663388	5651193	1926132	9328947	6657884
泰州市	49160775	14827230	35449216	11969674	3889986	579532	9821573	2278024
宿迁市	11373660	4936226	10816959	4582535	217588	126095	339113	227596

2-17 续表 2

单位：万元

城　市	工业总产值(当年价)		(1)内资企业		(2)港、澳、台商投资企业		(3)外商投资企业	
	全市	市辖区	全市	市辖区	全市	市辖区	全市	市辖区
浙江省	**510076625**	**241434931**	**378123988**	**162715847**	**60629673**	**35709121**	**71322964**	**43009963**
杭州市	110796496	86640405	77257754	56992987	13283932	11236298	20254810	18411120
宁波市	106187425	68640998	61748725	35585268	24131396	17557380	20307304	15498350
温州市	44948701	17085596	41252278	15223408	1080881	505784	2615542	1356404
嘉兴市	51028508	12143658	33461775	8022240	6384669	1572778	11182064	2548640
湖州市	26665326	12006014	20425462	9808462	2935450	924741	3304414	1272811
绍兴市	67971868	9675174	52482453	6284885	8967257	2362096	6522158	1028193
金华市	34117890	6351740	30689451	5304020	1421855	484844	2006584	562876
衢州市	10871164	4992372	9952285	4418526	366366	249670	552513	324176
舟山市	9790517	7067196	8337878	6345555	97693	57265	1354946	664376
台州市	36307993	13644997	31560977	11660533	1901632	749929	2845384	1234535
丽水市	11390737	3186781	10954950	3069963	58542	8336	377245	108482
安徽省	**183833582**	**109782663**	**158149422**	**88799801**	**8122631**	**5845715**	**17561529**	**15137147**
合肥市	37990180	28127015	28520715	19231374	1620583	1400044	7848882	7495597
芜湖市	22510125	17034374	17225387	12104662	1583380	1419258	3701358	3510454
蚌埠市	7726842	4933706	6484735	3948794	745535	624335	496572	360577
淮南市	7889304	7466681	7349188	6927892	511123	510239	28993	28550
马鞍山市	13575819	10689491	11621227	9044696	252149	186933	1702443	1457862
淮北市	8814120	6986952	8407621	6712406	205910	120416	200589	154130
铜陵市	11042303	9649151	9850519	8626171	922480	776514	269304	246466
安庆市	13159401	4747175	12565712	4541671	344864	63503	248825	142001
黄山市	3306897	1697717	3204779	1636137	56813	28473	45305	33107
滁州市	10529700	3437000	8998500	2088700	356200	311300	1175000	1037000
阜阳市	7037012	2538531	6663973	2238581	46974	16175	326065	283775
宿州市	6769181	3107182	6430129	2923427	209208	175311	129844	8444
巢湖市	8261743	2151731	7748717	1878845	178755	110027	334271	162859
六安市	8327000	2419500	7305400	2318300	776600	64100	245000	37100
亳州市	3243341	1364634	3216276	1346438	2315		24750	18196
池州市	2972971	1579619	2823641	1515303	46192	26129	103138	38187
宣城市	10677643	1852204	9732903	1716404	263550	12958	681190	122842
福建省	**219013094**	**100204334**	**112437367**	**42040709**	**56135513**	**25079783**	**50440214**	**33083842**
福州市	45454115	16553841	22102749	8490765	12243157	3520200	11108209	4542876
厦门市	36889483	36889483	9116859	9116859	10238988	10238988	17533636	17533636
莆田市	12665314	11077840	7768665	6528837	2824900	2685893	2071749	1863110
三明市	13288492	3755742	12174834	3627591	743922	102948	369736	25203
泉州市	62604054	17580873	27423613	4314420	21474788	5757850	13705653	7508603
漳州市	19389247	4666201	9381174	2226434	6464014	1992131	3544059	447636
南平市	7774451	2581587	6688658	2237485	392226	30485	693567	313617
龙岩市	11773399	6207449	9235927	4705836	1401728	739778	1135744	761835
宁德市	9174539	891318	8544888	792482	351790	11510	277861	87326
江西省	**140952328**	**55631205**	**117570452**	**45433162**	**9669312**	**2670959**	**13712564**	**7527084**
南昌市	27732021	16848917	20419476	12807908	1671543	1271839	5641002	2769170
景德镇市	6871690	3696104	6523000	3575296	203349	25346	145341	95462
萍乡市	11979370	8207131	11779186	8043677	104212	79506	95972	83948
九江市	14977463	5126354	13088896	4634721	1020420	141105	868147	350528
新余市	11987770	10228083	8619872	6960388	209639	209639	3158259	3058056
鹰潭市	11802016	2421321	11689867	2346763	64538	38202	47611	36356

2-17 续表 3

单位：万元

城市	工业总产值(当年价)		(1)内资企业		(2)港、澳、台商投资企业		(3)外商投资企业	
	全市	市辖区	全市	市辖区	全市	市辖区	全市	市辖区
赣州市	12746325	3241941	8746713	2088395	2283729	558183	1715883	595363
吉安市	11349323	1520629	9194266	1063832	1103189	29948	1051868	426849
宜春市	12399826	1002738	10721098	866484	990586	110283	688142	25971
抚州市	7347415	2620911	6757870	2413002	440349	130151	149196	77758
上饶市	11759109	717076	10030208	632696	1577758	76757	151143	7623
山东省	**835137619**	**349699197**	**690522004**	**265008128**	**29107531**	**15229962**	**115508084**	**69461107**
济南市	44856080	28234077	40937334	25969908	967347	352090	2951399	1912079
青岛市	106628345	56323709	74671347	38804852	4904043	2453889	27052955	15064968
淄博市	77423440	59551588	67931860	53552532	3549068	3074458	5942512	2924598
枣庄市	28228900	15868000	26475600	14758100	806900	492500	946400	617400
东营市	60378601	26973925	55824308	22810229	2359935	2249425	2194358	1914271
烟台市	101299777	39028503	63213021	11511613	6164362	2808595	31922394	24708295
潍坊市	75292226	18021790	63582426	14502360	3566175	852439	8143625	2666991
济宁市	38571804	12348600	33328806	8442700	497539	282900	4745459	3623000
泰安市	37700720	7201358	36067842	6439303	148113	53761	1484765	708294
威海市	44089646	11030274	29341768	7441447	1028885	541011	13718993	3047816
日照市	21721501	16270511	16519201	11347902	443597	388533	4758703	4534076
莱芜市	12025825	12025825	11662707	11662707	208096	208096	155022	155022
临沂市	45935251	22185705	38184542	16159196	1619427	991912	6131282	5034597
德州市	38557605	7355545	35937315	6095421	379693	211195	2240597	1048929
聊城市	40268609	4883392	39262762	4530007	293263	41061	712584	312324
滨州市	36838964	6846523	34211166	6211807	1408663	205148	1219135	429568
菏泽市	25320325	5549872	23369999	4768044	762425	22949	1187901	758879
河南省	**368405117**	**108063878**	**344503535**	**95768971**	**9466747**	**5286636**	**14434835**	**7008271**
郑州市	59137624	14035515	52981349	12160832	1954664	725010	4201611	1149673
开封市	9799295	2346175	9541287	2218458	55828	31599	202180	96118
洛阳市	41323063	16357845	39888660	15586692	275482	28208	1158921	742945
平顶山市	20031593	9716190	18513761	8739606	1041781	808231	476051	168353
安阳市	26048674	7522109	25676808	7158388	190133	182236	181733	181485
鹤壁市	9890970	4906193	9604472	4658536	142294	106315	144204	141342
新乡市	21733234	6259567	19524557	4357757	411885	301175	1796792	1600635
焦作市	28858779	7207054	26895016	6763704	924958	276033	1038805	167317
濮阳市	13852696	4758576	13285006	4654420	322079	14798	245611	89358
许昌市	24966545	4472976	24048426	4188886	246223	132385	671896	151705
漯河市	16257247	9016529	13049902	6269119	2567301	2107366	640044	640044
三门峡市	20398477	3076590	18521986	2831591	360541	234679	1515950	10320
南阳市	24952130	6423986	23900640	5837192	523905	171572	527585	415222
商丘市	13594361	3318660	13418271	3244125	109673	20190	66417	54345
信阳市	11175624	3867064	10881349	3705533	112374	25939	181901	135592
周口市	15007129	1532467	14070439	776622	96389	23930	840301	731915
驻马店市	11377676	3246382	10701606	2617510	131237	96970	544833	531902
湖北省	**190103279**	**120803142**	**148471974**	**84907363**	**10187677**	**6552046**	**31443628**	**29343733**
武汉市	64245900	55978531	44064100	36465131	4551900	4339900	15629900	15173500
黄石市	11975700	7442700	9154700	4682900	187500	150800	2633500	2609000
十堰市	12804019	10236511	6947407	4425263	38159	38159	5818453	5773089

2-17 续表 4

单位：万元

城市	工业总产值(当年价)		(1)内资企业		(2)港、澳、台商投资企业		(3)外商投资企业	
	全市	市辖区	全市	市辖区	全市	市辖区	全市	市辖区
宜昌市	21187359	10413200	19163930	9637599	1709870	550550	313559	225051
襄阳市	22988086	13923528	17742557	9522451	761871	443835	4483658	3957242
鄂州市	6330996	6330996	5973472	5973472	159933	159933	197591	197591
荆门市	12001085	5693254	11223491	5451831	271979	137236	505615	104187
孝感市	10032152	1295804	8970913	1024626	639942	49214	421297	221964
荆州市	8975700	4245500	7897600	3390800	594200	423200	483900	431500
黄冈市	8130700	1037300	7312400	923100	560200	55700	258100	58500
咸宁市	6333953	1998358	5568050	1635368	402135	52948	363768	310042
随州市	5097629	2207460	4453354	1774822	309988	150571	334287	282067
湖南省	**187085531**	**80800134**	**173370002**	**73891677**	**6793228**	**3361906**	**6922301**	**3546551**
长沙市	41654294	16100017	37855885	15357116	1214023	423338	2584386	319563
株洲市	17149442	10739399	15534706	9573523	802165	601315	812571	564561
湘潭市	14962525	10585032	13742964	9443255	172541	151231	1047020	990546
衡阳市	18832469	6027708	17779763	5489719	766699	296329	286007	241660
邵阳市	7127007	1981638	6911918	1853858	107551	48754	107538	79026
岳阳市	27843253	12925234	26245806	11719923	691869	474225	905578	731086
常德市	12626665	6568091	11320034	6073460	959476	325209	347155	169422
张家界市	1089444	390458	1010938	364161	49144	1953	29362	24344
益阳市	8080903	4150107	7464216	3587794	405543	378514	211144	183799
郴州市	14400825	3921713	13300325	3472809	874075	405586	226425	43318
永州市	5937323	1826717	5313817	1587222	451639	86600	171867	152895
怀化市	6998921	862243	6774252	823035	111973	34657	112696	4551
娄底市	10382460	4721777	10115378	4545802	186530	134195	80552	41780
广东省	**858246437**	**750465464**	**403054096**	**335777952**	**218133419**	**188431182**	**237058922**	**226256330**
广州市	138312477	124587216	46490149	38827749	28634608	25236512	63187720	60522955
韶关市	7733678	4781370	6135621	4093729	1384864	594563	213193	93078
深圳市	185268200	185268200	68452765	68452765	50030384	50030384	66785051	66785051
珠海市	29761820	29761820	9816628	9816628	7187878	7187878	12757314	12757314
汕头市	18975666	18939812	14086742	14065665	2143789	2138814	2745135	2735333
佛山市	145274694	145274694	98746745	98746745	27015625	27015625	19512324	19512324
江门市	38289057	24482783	19204931	13011041	13884018	8262139	5200108	3209603
湛江市	14049507	10129855	7390279	3854566	3483840	3178571	3175388	3096718
茂名市	13601493	10770194	12996075	10570181	370957	37655	234461	162358
肇庆市	17441889	7544521	10248673	2613656	4695020	3212387	2498196	1718478
惠州市	39051731	32288275	12837288	10028741	11536861	8282458	14677582	13977076
梅州市	4559704	1157300	3367130	887406	895757	197500	296817	72394
汕尾市	4324230	2140604	2271930	860061	1794600	1207789	257700	72754
河源市	8327317	3358876	4855644	881508	1988980	1253254	1482693	1224114
阳江市	6934570	2302468	4741708	1637576	1289708	130081	903154	534811
清远市	28870428	13411823	16558454	9270789	10494869	3129397	1817105	1011637
东莞市	77390869	77390869	19476702	19476702	32966213	32966213	24947954	24947954
中山市	50236309	50236309	23365024	23365024	13281704	13281704	13589581	13589581
潮州市	7231193	1327130	5014137	836943	1142388	358805	1074668	131382
揭阳市	17948186	4449533	14104689	3860069	2906243	512678	937254	76786
云浮市	4663419	861812	2892782	620408	1005113	216775	765524	24629

2-17 续表 5

单位：万元

城　市	工业总产值(当年价)		(1)内资企业		(2)港、澳、台商投资企业		(3)外商投资企业	
	全市	市辖区	全市	市辖区	全市	市辖区	全市	市辖区
广西壮族自治区	**95487373**	**56548852**	**75730080**	**41854995**	**5699422**	**3254629**	**14057871**	**11439228**
南宁市	12854044	9092205	11030215	7706806	877237	673311	946592	712088
柳州市	23887937	20391206	17716038	14373958	340686	269497	5831213	5747751
桂林市	9428569	3258531	8605123	2833274	130772	62962	692674	362295
梧州市	7157244	2077844	5656336	1719803	1004679	123246	496229	234795
北海市	3270500	2541400	2145900	1635000	743400	637800	381200	268600
防城港市	4539314	3793078	2381260	1721980	423291	359737	1734763	1711361
钦州市	4817445	3779960	3938640	3016445	564891	487712	313914	275803
贵港市	4702986	2299413	3857287	1860545	435305	374149	410394	64719
玉林市	7029021	2483762	4710577	1029372	359642	54968	1958802	1399422
百色市	5743130	1379954	5517318	1322928	224833	57026	979	
贺州市	1780942	1209884	1586100	1085623	133848	63282	60994	60979
河池市	3527691	1189000	3325213	1168326	32602		169876	20674
来宾市	3682803	2325040	3180693	2016171	50236	5905	451874	302964
崇左市	3065747	727575	2079380	364764	378000	85034	608367	277777
海南省	**4579849**	**4579849**	**3617725**	**3617725**	**128042**	**128042**	**834082**	**834082**
海口市	4179653	4179653	3264996	3264996	128042	128042	786615	786615
三亚市	400196	400196	352729	352729			47467	47467
重庆市	**91435532**	**74915651**	**73849812**	**57651848**	**4562220**	**4451835**	**13023500**	**12811968**
四川省	**217334325**	**114791389**	**198459603**	**100729954**	**5266937**	**3391509**	**13607785**	**10669926**
成都市	58097349	37995994	45320228	27688577	2797985	1995201	9979136	8312216
自贡市	11081674	8232299	10552029	7705990	48010	48010	481635	478299
攀枝花市	9532489	8092636	9245562	7805709	21945	21945	264982	264982
泸州市	9491824	5805318	9302784	5647132	25673	25673	163367	132513
德阳市	16014090	5621953	14521114	5097580	756667	391758	736309	132615
绵阳市	12675301	7844046	11912854	7206398	171632	116850	590815	520798
广元市	3202335	1952656	3041891	1797165	7206	4698	153238	150793
遂宁市	7094697	3166446	6882813	3029186	28868	25867	183016	111393
内江市	12925600	4533718	12452757	4231881	362665	224884	110178	76953
乐山市	12988366	6753844	12575303	6600130	196608	26220	216455	127494
南充市	11245777	6537236	10984127	6346400	207425	159341	54225	31495
眉山市	7555475	3004668	7048020	2755132	136091	84339	371364	165197
宜宾市	12307294	5277028	11992240	5045343	146271	135620	168783	96065
广安市	6065903	1803805	5899796	1722631	139006	81174	27101	
达州市	10396796	2100170	10298749	2081825	98047	18345		
雅安市	3169326	816142	3032090	754437	91567	30518	45669	31187
巴中市	1755963	452345	1751923	452345	4040			
资阳市	11734066	4801085	11645323	4762093	27231	1066	61512	37926
贵州省	**27190525**	**13965351**	**26100496**	**13257139**	**332905**	**274393**	**757124**	**433819**
贵阳市	10583479	8017418	9885539	7452131	245754	228561	452186	336726
六盘水市	6629775	2712496	6396321	2649447			233454	63049
遵义市	7937190	2422199	7847473	2371410	35580	34092	54137	16697
安顺市	2040081	813238	1971163	784151	51571	11740	17347	17347

2-17 续表 6 单位：万元

城市	工业总产值(当年价)		(1)内资企业		(2)港、澳、台商投资企业		(3)外商投资企业	
	全市	市辖区	全市	市辖区	全市	市辖区	全市	市辖区
云南省	**49506561**	**27551375**	**46812697**	**26046239**	**1232999**	**1069882**	**1460865**	**435254**
昆明市	24361300	15365656	22568586	14235623	936499	869697	856215	260336
曲靖市	10008908	4022800	9591454	3982500	30811	13200	386643	27100
玉溪市	9444460	6451419	9215412	6269037	130545	103315	98503	79067
保山市	1080076	406669	987976	375223	53197	15723	38903	15723
昭通市	2040600	806800	1987100	753800	53500	53000		
丽江市	708647	161738	681859	161738			26788	
思茅市	963670	252193	898910	188218	14947	14947	49813	49028
临沧市	898900	84100	881400	80100	13500		4000	4000
西藏自治区								
拉萨市								
陕西省	**107771981**	**57798990**	**97437747**	**49248308**	**1305884**	**1177690**	**9028350**	**7372992**
西安市	31253569	25748896	24644810	19493462	269831	266153	6338928	5989281
铜川市	2476709	2393788	2295747	2212826			180962	180962
宝鸡市	13168575	8475549	12434265	7843128	36217	7896	698093	624525
咸阳市	13353500	6596800	11327600	5323400	929100	858200	1096800	415200
渭南市	9382400	1520517	8962400	1390261	24400	14397	395600	115859
延安市	11115000	9607900	11085500	9607900			29500	
汉中市	4026700	719200	3955363	711400	17578	3800	53759	4000
榆林市	19599930	1761100	19419330	1705900	22800	22800	157800	32400
安康市	1707822	364040	1625633	348831	5958	4444	76231	10765
商洛市	1687776	611200	1687099	611200			677	
甘肃省	**47409662**	**33708034**	**46425637**	**32886306**	**277725**	**221503**	**706300**	**600225**
兰州市	15926000	13726300	15356000	13227600	196400	185600	373600	313100
嘉峪关市	5155800	5155800	5155800	5155800				
金昌市	5411044	4866830	5411044	4866830				
白银市	4299063	3727196	4081052	3511172	7278	5291	210733	210733
天水市	1633282	1265430	1603611	1235759	24843	24843	4828	4828
武威市	1755165	1319247	1749396	1313478	5769	5769		
张掖市	1519862	573775	1489623	559204			30239	14571
平凉市	1497855	461127	1497855	461127				
酒泉市	4880265	2253568	4805837	2247875	43435		30993	5693
庆阳市	4058931	169948	4005339	118648			53592	51300
定西市	527495	126213	525180	126213			2315	
陇南市	744900	62600	744900	62600				
青海省	**7512207**	**4070400**	**6808207**	**3820300**	**29100**	**19200**	**674900**	**230900**
西宁市	7512207	4070400	6808207	3820300	29100	19200	674900	230900
宁夏回族自治区	**19227738**	**10302244**	**18193711**	**9393624**	**206955**	**198600**	**827072**	**710020**
银川市	9355637	4840629	8573221	4105072	183095	178881	599321	556676
石嘴山市	5116392	3800942	4939730	3661924	23860	19719	152802	119299
吴忠市	3015798	830874	2981749	796829			34049	34045
固原市	152775	44997	152775	44997				
中卫市	1587136	784802	1546236	784802			40900	
新疆维吾尔自治区	**30031123**	**29979902**	**29737645**	**29686424**	**114004**	**114004**	**179474**	**179474**
乌鲁木齐市	16727154	16675933	16450481	16399260	104943	104943	171730	171730
克拉玛依市	13303969	13303969	13287164	13287164	9061	9061	7744	7744

2-18 规模以上工业企业财务(一)

单位：万元

城市	其中：产品销售税金及附加		本年应交增值税		利润总额	
	全市	市辖区	全市	市辖区	全市	市辖区
城市合计	**105464303**	**81906391**	**214202728**	**125074139**	**519277725**	**286277140**
北京市	**1930915**	**1916512**	**4097894**	**4004293**	**10283360**	**10050291**
天津市	**2123612**	**2100483**	**6504236**	**6349411**	**15520534**	**14712420**
河北省	**3600678**	**1707501**	**8722740**	**3385859**	**21414703**	**6386792**
石家庄市	828029	378344	1391046	362258	4129785	1197043
唐山市	555963	378386	2217053	1040903	4565968	1515955
秦皇岛市	57013	36941	286043	160116	454338	326928
邯郸市	167721	74937	1053185	419290	1907561	530210
邢台市	59464	21612	538654	203402	1374241	343514
保定市	302567	185327	849500	370458	2384841	1023202
张家口市	313576	268773	317362	179270	566260	246699
承德市	117504	13780	480429	97105	1223083	122200
沧州市	1089544	319115	816374	300805	2472344	540761
廊坊市	65417	9559	572851	181537	1707354	326874
衡水市	43880	20727	200243	70715	628928	213406
山西省	**1649149**	**623630**	**6922150**	**2541346**	**9481737**	**3215050**
太原市	224933	206961	716401	617333	679765	704027
大同市	93847	84665	555421	490503	325249	241730
阳泉市	97219	86389	438959	341003	417080	296904
长治市	95725	14392	758495	116408	1359602	158143
晋城市	82444	42814	678899	276571	1712963	857856
朔州市	178442	128959	798357	486202	1209808	865414
晋中市	443211	9006	645438	43427	397719	
运城市	41732	3637	349424	14284	140325	
忻州市	52416	1327	258290	12719	813302	63319
临汾市	122572	33828	722311	68559	704880	
吕梁市	216608	11652	1000155	74337	1721044	118053
内蒙古自治区	**1927482**	**825818**	**5355167**	**1945261**	**15753987**	**5116835**
呼和浩特市	346796	297952	624314	115007	1879576	224898
包头市	233287	149708	1047617	710432	1884667	1314353
乌海市	85200	85200	319700	319700	914800	914800
赤峰市	121238	42316	406531	206736	1296173	557680
通辽市	291262	161556	452622	111401	1365226	482703
鄂尔多斯市	675700	74100	1899900	371100	6858200	1299500
呼伦贝尔市	70365	8353	262844	67633	1013963	188227
巴彦淖尔市	49216	3933	147539	23852	442690	56148
乌兰察布市	54418	2700	194100	19400	98692	78526
辽宁省	**6999267**	**6045070**	**9426895**	**6253357**	**23619882**	**12907032**
沈阳市	992890	867330	2243074	1819291	6732504	4723444
大连市	2013165	1831196	1643055	1331426	5326176	3392524
鞍山市	246105	122902	858114	487596	1868480	852197
抚顺市	834877	810157	420551	324614	838213	450042
本溪市	73862	57703	309037	244408	555775	343508
丹东市	62149	20381	291671	115537	745614	326992
锦州市	537054	472852	478301	265821	1381680	452501

2-18 续表 1

单位：万元

城 市	其中：产品销售税金及附加		本年应交增值税		利润总额	
	全市	市辖区	全市	市辖区	全市	市辖区
营口市	281930	204492	1139747	609879	1948225	1096271
阜新市	30951	26591	171926	155365	284730	226201
辽阳市	436089	387397	262523	145384	1715958	426647
盘锦市	835827	792381	548473	494058	122515	21128
铁岭市	151475	29841	583432	61012	995967	295507
朝阳市	75943	8470	271091	37441	910174	193712
葫芦岛市	426950	413377	205900	161525	193871	106358
吉林省	**3430798**	**3096041**	**3399644**	**2786635**	**7958069**	**6024976**
长春市	2066774	1982434	1805315	1723780	5090165	4796561
吉林市	662438	612345	492369	327055	561803	191330
四平市	80701	47468	185591	75697	381538	126708
辽源市	35434	28109	109924	82514	159995	103334
通化市	48845	10189	208863	76439	291193	29377
白山市	46406	31160	166612	132308	220373	197833
松原市	480748	381843	404520	359956	1154861	528023
白城市	9452	2493	26450	8886	98141	51810
黑龙江省	**4798245**	**4655656**	**5019996**	**4207861**	**12895929**	**10121584**
哈尔滨市	712667	684715	979209	754841	1214325	976151
齐齐哈尔市	52326	32964	358881	226078	1221278	489701
鸡西市	22852	17682	194781	155713	225197	119933
鹤岗市	27996	24061	135463	121238	170393	121061
双鸭山市	51362	28454	166668	119725	170345	79400
大庆市	3782364	3775926	2505647	2444309	8146621	7913178
伊春市	11626	10476	55641	44567	100628	51862
佳木斯市	11598	7147	83923	38308	352902	202059
七台河市	29300	27500	234800	215600	572500	44910
牡丹江市	56015	41417	174639	70246	265549	89438
黑河市	9139	4100	30244	15800	42691	21900
绥化市	31000	1214	100100	1436	413500	11991
上海市	**5780380**	**5772449**	**8169693**	**8061292**	**22996590**	**22908381**
江苏省	**6462983**	**4892780**	**26291470**	**12925408**	**59848806**	**27779777**
南京市	2337512	2293299	3482938	3135125	4979105	4257508
无锡市	315465	114826	2525714	1045634	9459095	4574395
徐州市	1117537	943036	2549410	1519292	4578037	2968977
常州市	197711	147848	1849120	1281636	4134695	2973533
苏州市	298136	76823	4514096	1478857	15070575	4527241
南通市	219035	96184	2507942	880228	5530883	1869316
连云港市	114927	34034	755978	387932	1658184	986732
淮安市	596111	532704	643411	438591	1243900	788709
盐城市	398700	224400	1475000	517300	2170800	789100
扬州市	352076	197838	2452924	1010915	4175307	1510950
镇江市	120619	47892	1267715	481854	2280834	1226138
泰州市	331458	165019	1886244	608032	3438750	811752
宿迁市	63696	18877	380978	140012	1128641	495426

2-18 续表 2 单位：万元

城市	其中：产品销售税金及附加		本年应交增值税		利润总额	
	全市	市辖区	全市	市辖区	全市	市辖区
浙江省	**5084402**	**3954041**	**13865530**	**6424532**	**31824056**	**15371141**
杭州市	1540228	1453257	3059858	2418107	7644672	6051851
宁波市	2257368	2138072	2727938	1796494	6577732	4657056
温州市	227028	85574	1572987	534796	2624226	945028
嘉兴市	155056	27944	1461038	270856	3211009	709673
湖州市	141980	65568	730386	270337	1441428	559278
绍兴市	278900	38425	1557108	226717	4052658	483798
金华市	170593	20978	966025	150779	1947206	259790
衢州市	63543	18383	299710	141463	812014	307754
舟山市	33405	29713	134473	114289	656440	427696
台州市	159862	57871	1028991	397772	1882838	700675
丽水市	56439	18256	327016	102922	973833	268542
安徽省	**2826796**	**2254513**	**6500348**	**4516598**	**14255065**	**8201366**
合肥市	575783	508919	1420341	1120854	3823783	2887386
芜湖市	421933	395751	835086	704382	1179838	820666
蚌埠市	320450	304777	226980	194405	455748	375138
淮南市	88596	86834	576260	572210	448161	425969
马鞍山市	91100	81577	711009	621118	1175415	971230
淮北市	115463	84294	430746	386324	621238	493751
铜陵市	34438	25424	218453	144672	329259	271479
安庆市	488022	392496	375045	171536	1116474	203609
黄山市	9823	5240	85350	52377	253268	139223
滁州市	173200	136300	298400	114300	809200	275600
阜阳市	190815	135869	278034	76616	752124	203788
宿州市	40677	24710	126065	84605	410481	272156
巢湖市	47000	5311	199098	43864	415617	99349
六安市	119300	15600	201100	33600	792800	284000
亳州市	58580	31494	109488	55604	381519	213708
池州市	17982	10590	86720	52723	192071	106925
宣城市	33634	9327	322173	87408	1098069	157389
福建省	**2680752**	**1828627**	**5540230**	**2257992**	**17489040**	**7025034**
福州市	303000	70100	936600	366300	3262100	1154900
厦门市	433382	433382	685374	685374	2775154	2775154
莆田市	73152	67786	219165	196157	929295	677018
三明市	85138	17613	421775	94535	414793	86240
泉州市	979842	654049	1752910	414405	6286101	1193601
漳州市	55800	13300	687000	143900	1620300	378700
南平市	30054	6382	157465	47520	406212	137302
龙岩市	618345	563546	449023	296296	1365152	555204
宁德市	102039	2469	230918	13505	429933	66915
江西省	**1683201**	**1163304**	**4448258**	**1680882**	**8741461**	**3340709**
南昌市	578202	519972	819304	522839	1387275	1015103
景德镇市	64118	46347	201436	100557	261380	105759
萍乡市	174989	81588	527079	375543	1063045	607054
九江市	431025	408457	385572	140676	821853	51048
新余市	73337	47975	228333	173159	940304	799727
鹰潭市	33579	2861	233955	32401	753677	86533

2-18 续表 3 单位：万元

城市	其中：产品销售税金及附加		本年应交增值税		利润总额	
	全市	市辖区	全市	市辖区	全市	市辖区
赣州市	74334	25421	464158	141279	874374	401822
吉安市	80790	6576	457233	61465	787608	63400
宜春市	97138	2575	515349	57296	713497	65672
抚州市	32760	19169	200026	64023	316090	109743
上饶市	42929	2363	415813	11644	822358	34848
山东省	**10222912**	**6287887**	**25461295**	**11482584**	**65347957**	**27959587**
济南市	1060901	950249	1386779	882984	3397574	1667272
青岛市	2259249	1611228	3053629	1613260	5828046	2764392
淄博市	1129626	980368	2873475	2301986	6244752	4808337
枣庄市	190000	130000	1110000	600000	1990000	1240000
东营市	2078141	1785663	2354472	1675541	7052040	4185988
烟台市	323564	135882	2104827	903911	10329783	3704239
潍坊市	548679	91212	2017176	689407	5284331	1879803
济宁市	363397	64400	1566602	426100	3983901	1143100
泰安市	321577	38528	1365317	195229	2990944	543163
威海市	195615	47175	989561	215989	2598884	761628
日照市	82716	55235	537153	380033	1433098	1073483
莱芜市	77655	77655	293028	293028	573658	573658
临沂市	390807	85683	931844	419171	3225873	1781536
德州市	410562	44396	1498898	281107	3271916	640865
聊城市	252600	35060	1528193	136334	2927411	329107
滨州市	264529	104391	912501	291250	2171208	334445
菏泽市	273294	50762	937840	177254	2044538	528571
河南省	**4429618**	**2148220**	**11085425**	**2649477**	**35425909**	**5127857**
郑州市	813932	280708	2612095	416480	10580780	1525483
开封市	119905	15436	309841	6666	1241553	126069
洛阳市	747746	622879	925484	388170	1893719	374010
平顶山市	182200	65400	730800	376600	1453300	462900
安阳市	129205	17627	692595	116329	1840364	30618
鹤壁市	57019	32709	227010	104861	560826	144253
新乡市	89816	14565	452089	122385	1698731	406000
焦作市	226308	38433	1014089	219334	2344659	280936
濮阳市	359814	269579	360243	210452	1182048	
许昌市	605454	320835	1041014	184585	2769606	358534
漯河市	79361	27720	293573	54228	2112274	687062
三门峡市	124597	5390	407088	39392	2023049	50092
南阳市	372313	296706	737525	215255	1295786	315738
商丘市	94167	21390	373222	24654	1072067	84163
信阳市	93919	16199	281634	70113	600303	91973
周口市	172727	37980	381574	36637	1942203	149850
驻马店市	161135	64664	245549	63336	814641	101853
湖北省	**4820627**	**4070293**	**5724466**	**3909036**	**12655996**	**9618211**
武汉市	2896000	2840700	2289000	1950600	3669100	4412500
黄石市	70600	26100	232600	110900	549700	323200
十堰市	36207	22352	396763	320889	1562859	1350607

2-18 续表 4

单位：万元

城　市	其中：产品销售税金及附加		本年应交增值税		利润总额	
	全市	市辖区	全市	市辖区	全市	市辖区
宜昌市	243299	110926	805271	547324	2122960	1508348
襄阳市	212900	159600	489600	342500	1184100	862400
鄂州市	434303	434303	242522	242522	202385	202385
荆门市	478559	420128	262343	156613	557914	285807
孝感市	225930	11592	282940	22302	637547	98052
荆州市	60200	16100	207300	95500	563500	238700
黄冈市	80600	6400	222900	28100	647600	38500
咸宁市	39877	16257	165078	46276	668609	211473
随州市	42152	5835	128149	45510	289722	86239
湖南省	**5770847**	**4283451**	**8143859**	**3847889**	**14232107**	**5785869**
长沙市	1551522	1156960	1829471	790126	4324042	1336364
株洲市	183110	79783	940460	691988	984165	681100
湘潭市	532511	395421	488573	302387	1071494	842909
衡阳市	137621	40706	643917	197475	1476356	425041
邵阳市	63129	21269	281797	81755	641449	169558
岳阳市	799369	644826	1146579	594677	984303	458961
常德市	1681942	1613058	672850	493210	1052405	797199
张家界市	8527	2586	37978	11502	178386	61633
益阳市	79038	39587	311647	161142	539333	311266
郴州市	488691	197517	729680	163628	1499585	390302
永州市	68200	38700	203600	62700	480300	141700
怀化市	47846	6098	220872	23838	489840	69469
娄底市	129341	46940	636435	273461	510449	100367
广东省	**8982163**	**8240077**	**22806252**	**19385096**	**63477238**	**53813115**
广州市	3427818	3383646	4696284	4315051	10312744	9833300
韶关市	225883	201602	291135	173830	350714	104223
深圳市	1126035	1126035	4708338	4708338	15990240	15990240
珠海市	61451	61451	642365	642365	1912408	1912408
汕头市	101049	100860	516129	514514	1732766	1725728
佛山市	465633	465633	3183865	3183865	10733370	10733370
江门市	464663	185491	1090357	689545	2510807	1620999
湛江市	622334	602219	438383	346683	2546434	2273970
茂名市	859667	834171	532099	442271	1160850	760972
肇庆市	97548	29874	615440	199744	981833	260495
惠州市	735705	719412	1187485	1036632	1963182	1380321
梅州市	266637	252218	223832	85452	513092	126761
汕尾市	16028	3358	96310	76682	134518	93536
河源市	47985	5461	202204	75831	837891	137441
阳江市	20170	8552	218478	90717	880254	217068
清远市	75992	19499	616068	89894	1639648	269687
东莞市	90326	90326	1081896	1081896	3523632	3223632
中山市	124366	124366	1450888	1450888	2739693	2739693
潮州市	24541	3602	287348	44917	643420	67127
揭阳市	101096	15506	562523	104876	1897480	306905
云浮市	27236	6795	164825	31105	472262	35239

2-18 续表 5

单位：万元

城　市	其中：产品销售税金及附加		本年应交增值税		利润总额	
	全市	市辖区	全市	市辖区	全市	市辖区
广西壮族自治区	**2308166**	**1961605**	**3165098**	**1770491**	**7671697**	**3857102**
南宁市	334743	306436	460655	344717	1125644	722040
柳州市	1287905	1225177	689767	585778	1262485	1053512
桂林市	101819	44536	356633	111908	1070525	409106
梧州市	36129	14687	172889	69038	352161	177106
北海市	37900	27500	64200	44600	330000	262900
防城港市	23547	19503	60967	40905	527553	422583
钦州市	269125	259940	120899	103419	15021	
贵港市	34661	6704	134058	82853	833476	207023
玉林市	24575	11589	263614	108791	737891	225589
百色市	48771	4473	293246	68246	400898	71929
贺州市	49522	17053	67003	41939	111845	54393
河池市	23097	5429	185866	49212	262480	41170
来宾市	26043	17285	158080	92681	241626	153891
崇左市	10329	1293	137221	26404	400092	73140
海南省	**115625**	**115625**	**175121**	**175121**	**386489**	**386489**
海口市	113964	113964	152910	152910	349233	349233
三亚市	1661	1661	22211	22211	37256	37256
重庆市	**1515376**	**1283093**	**3417527**	**2883000**	**5185939**	**4082054**
四川省	**4056494**	**2459436**	**8513320**	**4338732**	**15241552**	**8034414**
成都市	1467998	1218048	2173622	1417026	3916415	2397109
自贡市	196609	178870	489016	380520	649950	516397
攀枝花市	101251	85259	374297	271638	498909	308965
泸州市	328172	217289	425201	269602	885138	583936
德阳市	403440	24504	660920	253140	1259174	376199
绵阳市	163394	124755	576562	340459	953315	617100
广元市	21267	11461	105274	76639	144978	111130
遂宁市	213576	88656	383850	223054	433711	167200
内江市	103610	37163	573304	23542	735436	239995
乐山市	77071	40317	451455	208299	777215	514383
南充市	257135	179836	441862	242784	801808	500874
眉山市	32620	7825	288718	51169	456366	113794
宜宾市	378208	164126	580018	281934	1484061	855138
广安市	85034	15631	193167	50635	301860	87236
达州市	59344	8799	245062	45006	429451	54978
雅安市	20904	4978	149002	32265	291463	105170
巴中市	34215	1829	25685	3555	29073	2670
资阳市	112646	50090	376305	167465	1193229	482140
贵州省	**939014**	**563429**	**1266409**	**521380**	**3222051**	**1294994**
贵阳市	556199	511176	406394	321865	558615	407213
六盘水市	91121	19685	368871	99972	826171	302386
遵义市	258598	12601	403385	62144	1728313	525353
安顺市	33096	19967	87759	37399	108952	60042

2-18 续表 6

单位：万元

城 市	其中：产品销售税金及附加		本年应交增值税		利润总额	
	全市	市辖区	全市	市辖区	全市	市辖区
云南省	**3743837**	**3383279**	**2381032**	**1453142**	**2870627**	**1615189**
昆明市	1011568	986596	892156	636584	694154	625422
曲靖市	718343	477600	508364	234800	731387	260900
玉溪市	1706423	1670299	595013	464706	870025	562342
保山市	17333	9644	55250	22600	129993	48735
昭通市	262700	235500	164400	77400	158900	62400
丽江市	9449	1266	38991	319	87013	22340
思茅市	7821	1674	63458	12033	86555	21050
临沧市	10200	700	63400	4700	112600	12000
西藏自治区						
拉萨市						
陕西省	**3129464**	**2460315**	**3909874**	**2378127**	**12671015**	**5347452**
西安市	269269	254859	794303	655650	2133704	1935790
铜川市	24465	15506	132251	127084	205622	189290
宝鸡市	322341	279683	412763	283782	586108	435133
咸阳市	516600	439800	521600	206000	1414200	504900
渭南市	50000	3500	251900	12000	352300	75000
延安市	1474900	1428000	1004300	852800	1703000	1340100
汉中市	140527	3800	95906	22600	167200	136600
榆林市	295300	30200	540800	186400	5827100	657300
安康市	19362	4167	106651	18311	217781	59470
商洛市	16700	800	49400	13500	64000	13869
甘肃省	**1945286**	**1512245**	**1508456**	**998385**	**2892328**	**1216366**
兰州市	1365100	1357100	567200	526100	536400	452000
嘉峪关市	35100	35100	174800	174800	214700	214700
金昌市	16361	14825	110319	95457	291501	269539
白银市	21365	18372	112228	92193	143280	142338
天水市	10978	4376	40781	29390	37936	43014
武威市	14564	7615	38914	18419	48343	21827
张掖市	8495	1465	39532	12821	82060	20717
平凉市	22145	1042	112214	10425	127232	
酒泉市	246854	70916	112061	36651	61125	52194
庆阳市	188975	639	149946		1244209	3037
定西市	1949	395	14161	2538	13542	911
陇南市	13400	400	36300	1900	92000	5200
青海省	**232700**	**116300**	**246500**	**125300**	**277600**	**144100**
西宁市	232700	116300	246500	125300	277600	144100
宁夏回族自治区	**342849**	**254218**	**708574**	**392694**	**1370722**	**588063**
银川市	257651	188866	308422	156011	785092	236206
石嘴山市	43586	39852	217319	181585	347309	312705
吴忠市	32638	21084	117167	14494	134049	13153
固原市	1125	225	4781	435	25136	2930
中卫市	7849	4191	60885	40169	79136	23069
新疆维吾尔自治区	**1930665**	**1930493**	**1425269**	**1422958**	**4265279**	**4244890**
乌鲁木齐市	801718	801546	522828	520517	1965033	1944644
克拉玛依市	1128947	1128947	902441	902441	2300246	2300246

2-19 规模以上工业企业财务(二)

单位：万元

城　市	流动资产合计		固定资产合计	
	全市	市辖区	全市	市辖区
城市合计	**2711368938**	**1779526371**	**2174117214**	**1330162986**
北京市	**90129501**	**88558480**	**55513073**	**54732259**
天津市	**74710864**	**69577902**	**57326557**	**54480782**
河北省	**104229325**	**50159970**	**82164980**	**57211902**
石家庄市	10734073	5122833	13618866	4792623
唐山市	27664848	17881908	3629236	25373878
秦皇岛市	6733620	504666	5062298	317992
邯郸市	12957389	6689923	14228113	7288411
邢台市	6597478	2109316	6475096	2452728
保定市	12789491	6606293	8615082	3616560
张家口市	4467797	2950733	6509258	3442885
承德市	5422454	2270436	5528331	3033689
沧州市	6378115	2023371	10145233	3988961
廊坊市	7517125	2475005	6060470	1924772
衡水市	2966935	1525486	2292997	979403
山西省	**80332644**	**32118022**	**73480397**	**29142996**
太原市	13786770	11399065	11017246	9436914
大同市	6548635	5993251	6588586	5674055
阳泉市	4780717	3868448	2999676	2004288
长治市	10463698	2247682	8195366	1939227
晋城市	6541655	3091999	8305146	3234479
朔州市	3441903	1752241	4561337	3383922
晋中市	6837859	944748	6247240	722718
运城市	6328903	920381	7335612	811229
忻州市	3099679	353320	3880295	398399
临汾市	6898506	723875	6470963	1003429
吕梁市	11604319	823012	7878930	534336
内蒙古自治区	**46722005**	**21057212**	**68689723**	**25093187**
呼和浩特市	4840839	1224184	6769827	2149935
包头市	11783512	10606812	11316115	9390782
乌海市	2432900	2432900	3427600	3427600
赤峰市	3120132	1636991	6089365	2942290
通辽市	2347597	631153	6199038	1606267
鄂尔多斯市	15587900	3305700	16915500	3353900
呼伦贝尔市	2519418	331467	5443172	925684
巴彦淖尔市	2516807	617605	4528206	908329
乌兰察布市	1572900	270400	8000900	388400
辽宁省	**132238983**	**107334218**	**121690552**	**81304569**
沈阳市	29545819	27956133	23895812	17999722
大连市	41926364	36597533	25427100	18544480
鞍山市	11436408	8151027	9755759	5942315
抚顺市	4214277	3605021	5093126	4563760
本溪市	7520903	6912753	9299679	8723382
丹东市	2871286	1172612	1864846	626702
锦州市	3553428	2485799	3642025	1792665

2-19 续表 1

单位：万元

城 市	流动资产合计		固定资产合计	
	全市	市辖区	全市	市辖区
营口市	5958300	4192263	7206019	6176354
阜新市	2055222	1715131	2852894	2263791
辽阳市	5767410	4500342	4049224	2501683
盘锦市	6051845	4719864	9377221	8322354
铁岭市	4178669	696665	6865462	1330011
朝阳市	2710952	864041	2803418	375759
葫芦岛市	4448100	3765034	9557967	2141591
吉林省	**39889249**	**31967040**	**46039854**	**31016283**
长春市	22763336	21209154	14781627	12103463
吉林市	5687103	3911662	9867773	6495933
四平市	2296294	1012331	3488395	1220500
辽源市	1440372	952854	2105879	1532443
通化市	3510548	1958937	3049963	1950675
白山市	955731	578984	2566633	1643209
松原市	2305899	1923393	8526122	5500874
白城市	929966	419725	1653462	569186
黑龙江省	**43178660**	**35643063**	**50114104**	**41460549**
哈尔滨市	17898079	15755413	9026435	6939124
齐齐哈尔市	4648291	3866608	3376168	2601711
鸡西市	1759061	1146057	1598496	1225333
鹤岗市	805585	679550	1364414	1186077
双鸭山市	1219172	803922	1860344	1519920
大庆市	10245804	9889626	23563719	22889764
伊春市	976294	473527	833753	759003
佳木斯市	1367340	892262	1586399	778240
七台河市	1298000	1004800	2430800	2049600
牡丹江市	1487858	937772	2227344	1249154
黑河市	398376	128800	755232	222500
绥化市	1074800	64726	1491000	40123
上海市	**157282514**	**154134762**	**82794452**	**80780912**
江苏省	**360170674**	**179926416**	**226687955**	**117632693**
南京市	37034524	34688431	25138141	23377671
无锡市	65366382	28537157	33306616	15752560
徐州市	13810505	10772572	13637943	10044635
常州市	31923746	26910904	14923858	12298991
苏州市	116235578	36441460	62662936	19503048
南通市	24424508	10443232	15020034	6747769
连云港市	6795483	4731003	7646616	4892026
淮安市	5820915	3714670	5369402	3612930
盐城市	9009800	3571600	10987200	3164900
扬州市	14488563	6663859	12238632	6728358
镇江市	15065782	5742060	12718506	6104141
泰州市	16463025	5242786	10110140	3792969
宿迁市	3731863	2466682	2927931	1612695

2-19 续表 2 单位：万元

城市	流动资产合计		固定资产合计	
	全市	市辖区	全市	市辖区
浙江省	**272917738**	**124948087.5**	**140580543**	**66106845.6**
杭州市	60116766	48040809	25818387	20291247
宁波市	54551296	31826427	30395697	19825703
温州市	26815714	8959033	11197219	4388860
嘉兴市	25051275	5641890	19908316	4450845
湖州市	11400558	5377507	6701293.8	2717107.3
绍兴市	38230605	5362920	16749989	3456330
金华市	20584520	3722728	10264847	2195883
衢州市	4352079	2134637	3938003	2041327
舟山市	6906867	4607057	3891768	2356172
台州市	20017671	7809410	8156706	3382002
丽水市	4890387	1465669.5	3558317.2	1001369.3
安徽省	**68642167**	**46892658**	**66722056**	**46948409**
合肥市	15406276	11992611	10374669	7981066
芜湖市	10009483	8280834	5154498	3838369
蚌埠市	2597465	1953764	2840105	1590371
淮南市	3852940	3749749	11380546	11279062
马鞍山市	5916669	4882920	5997287	5135249
淮北市	4394470	3950313	6103734	5435816
铜陵市	5017744	4458840	3843918	2892182
安庆市	3100741	1049863	3513556	1360331
黄山市	1078037	520427	555522	248643
滁州市	3449700	1134200	2654400	1029500
阜阳市	2009683	1007255	2635140	891479
宿州市	1262338	602249	2126339	1339726
巢湖市	3347843	772876	2771105	1210472
六安市	2272800	691200	2272100	744200
亳州市	970225	516178	1252549	413934
池州市	1023357	689056	1146431	799067
宣城市	2932396	640323	2100157	758942
福建省	**84218213**	**42644622**	**58031432**	**27252131**
福州市	17639600	6558600	12566900	4164900
厦门市	19082980	19082980	9018856	9018856
莆田市	3565758	3120780	3272999	3032230
三明市	3769442	1293229	3808821	1231452
泉州市	21211606	6206153	15265186	5557139
漳州市	8232000	2215000	4540200	991600
南平市	2858565	1182307	2554719	981394
龙岩市	5087476	2636462	3840251	1788882
宁德市	2770786	349111	3163500	485678
江西省	**36673717**	**17253847**	**43405444**	**20202683**
南昌市	9064364	6376657	8682443	4736377
景德镇市	1969737	1613827	4853747	3550821
萍乡市	1398193	996798	3623972	2921076
九江市	3559541	1561675	3826379	1330746
新余市	4230499	3914396	5942483	5416657
鹰潭市	5118203	362065	3094984	206702

2-19 续表 3 单位：万元

城　　市	流动资产合计		固定资产合计	
	全市	市辖区	全市	市辖区
赣州市	3476791	1026767	2782838	614926
吉安市	1238545	256858	2982026	624435
宜春市	2849567	404221	2996681	255650
抚州市	1189086	480722	1024031	348837
上饶市	2579191	259861	3595860	196456
山东省	**234715425**	**121738478**	**223045912**	**101702339**
济南市	21312777	15678051	11774705	7531557
青岛市	35227461	25205567	19147002	11648695
淄博市	18077632	13590401	17330272	11947727
枣庄市	5270000	3930000	7710000	4470000
东营市	14135318	5912129	24011689	14431483
烟台市	24932927	13572622	22025711	7909718
潍坊市	21903281	6857716	19170986	6842343
济宁市	16122966	5586300	16413035	4143200
泰安市	8884162	3035306	9911570	2489463
威海市	12428959	5068558	9921129	4496856
日照市	6572849	5371366	7824030	6627518
莱芜市	4852606	4852606	6802266	6802266
临沂市	10901899	6889001	9928071	5714473
德州市	8618601	2232133	11692337	2234408
聊城市	9698526	1235520	12200750	1066495
滨州市	11225161	1775577	11162724	1774034
菏泽市	4550300	945625	6019635	1572103
河南省	**94998305**	**40987608**	**108936243**	**39655153**
郑州市	18333244	6970229	17740427	5508808
开封市	2956241	1491492	3719618	1166142
洛阳市	12773538	6491788	16850315	4683557
平顶山市	7906100	5163700	7994600	4330100
安阳市	5096378	3128189	6276399	2718993
鹤壁市	2389785	1643409	2826322	2196169
新乡市	5720702	2431734	6595242	2572792
焦作市	5626887	2716808	6204642	3017984
濮阳市	2583495	1722904	4745810	3421671
许昌市	6398169	2816644	4992634	1200989
漯河市	2643296	422181	3295726	699773
三门峡市	5486366	809027	7330083	1180398
南阳市	5978694	2199054	5930595	2532165
商丘市	3413950	584365	4170474	665337
信阳市	1931598	865741	2506065	1177038
周口市	3207469	335968	3318998	369721
驻马店市	2552393	1194375	4438293	2213516
湖北省	**84706095**	**65274230**	**88208733**	**62340832**
武汉市	34880700	31875600	28301600	20408100
黄石市	5220600	3497400	4696100	3600500
十堰市	14083288	13003817	9412837	8163797

2-19 续表 4

单位：万元

城　市	流动资产合计		固定资产合计	
	全市	市辖区	全市	市辖区
宜昌市	8102893	4722268	22545936	18281779
襄阳市	7387800	5090800	5502100	3784500
鄂州市	1470038	1470038	2632580	2632580
荆门市	2805402	1259991	3178737	1764406
孝感市	2634244	792913	3712854	492570
荆州市	3177700	1475800	2897900	1676300
黄冈市	1947400	396500	2649800	283300
咸宁市	1658906	720076	1504202	370227
随州市	1337124	969027	1174087	882773
湖南省	**50112587**	**30993882**	**60762232**	**30233536**
长沙市	18927020	9974212	10433554	3740052
株洲市	4902788	4116902	6523891	4512758
湘潭市	4999344	4586506	5072042	4578619
衡阳市	2785092	1859181	3949049	2225070
邵阳市	897894	461753	2146961	766957
岳阳市	3072290	2104899	7952938	4676116
常德市	4672253	3220282	4216162	1772557
张家界市	536177	51181	933713	244209
益阳市	1496727	753662	2907268	1403985
郴州市	2674599	1395997	5621041	1796334
永州市	1005537	604401	2032418	617917
怀化市	1317237	159601	3206087	479120
娄底市	2825629	1705305	5767108	3419842
广东省	**340338528**	**310496470**	**219681203**	**192235169**
广州市	60871184	56582183	35043030	32839183
韶关市	3278389	2217017	4383687	2616084
深圳市	104277548	104277548	63119089	63119089
珠海市	17365120	17365120	6874059	6874059
汕头市	5615718	5580839	5601056	5511314
佛山市	39957710	39957710	26426481	26426481
江门市	10501817	5895724	9285769	5698062
湛江市	4306430	3169099	4901468	3960405
茂名市	2018138	1488896	2754092	2114467
肇庆市	3917395	1653099	5800242	3718771
惠州市	11806189	10414686	7101263	6041275
梅州市	2071658	544318	2244530	391123
汕尾市	1127653	603500	1569008	1081943
河源市	2305354	1081459	2430664	1169960
阳江市	2172878	509945	1966499	543485
清远市	4681010	2194265	5951860	1182328
东莞市	37888251	37888251	18867882	18867882
中山市	17432968	17432968	7671254	7671254
潮州市	2398791	424938	2194861	380801
揭阳市	4779210	861435	3702486	1367830
云浮市	1565117	353470	1791923	659373

2-19 续表 5

单位：万元

城　市	流动资产合计		固定资产合计	
	全市	市辖区	全市	市辖区
广西壮族自治区	**36215322**	**24529009**	**39299943**	**21159681**
南宁市	4007561	2949766	4927718	3662961
柳州市	10829489	9277197	5941554	4638536
桂林市	3138879	1630007	2997564	1199360
梧州市	1453669	950306	2126856	600867
北海市	1333600	1029600	1154800	836300
防城港市	2084647	1844317	1399311	1141820
钦州市	1981905	1720012	2607898	2446854
贵港市	1712995	856637	2178960	1551323
玉林市	2560899	1380382	1677424	677665
百色市	1986714	456773	5707168	1117194
贺州市	497724	383626	745959	482246
河池市	1960841	820420	4119514	631222
来宾市	1397539	884586	2368806	1701869
崇左市	1268860	345380	1346411	471464
海南省	**2851933**	**2851933**	**1546539**	**1546539**
海口市	2644176	2644176	1209215	1209215
三亚市	207757	207757	337324	337324
重庆市	**36084780**	**31772775**	**34149480**	**26891082**
四川省	**86272038**	**55919829**	**71934149**	**37551710**
成都市	27885126	19872940	19991344	12536937
自贡市	4097894	3583697	1827047	1361921
攀枝花市	4782356	3634569	5621351	3521500
泸州市	2498126	1781914	2548536	1905151
德阳市	12607015	6454752	4568791	2315848
绵阳市	7443353	5812059	3604619	1629583
广元市	1068581	831649	1049367	796844
遂宁市	1263800	310553	1992224	873301
内江市	2291170	772699	2296450	799982
乐山市	4964055	2938569	5301677	2869399
南充市	2942396	1860407	4328123	2145412
眉山市	2021024	894972	2560869	1108505
宜宾市	6100366	4418518	3759026	2048196
广安市	909814	368022	1828611	995623
达州市	1181309	573969	2737228	1084701
雅安市	1600969	566849	5651969	897730
巴中市	192635	48549	616812	71400
资阳市	2422049	1195142	1650105	589677
贵州省	**15984275**	**7384946**	**18006279**	**6073358**
贵阳市	6372156	4375049	6051052	2636457
六盘水市	3411923	1079560	5678186	1702292
遵义市	4493706	1070668	4522338	970335
安顺市	1706490	859669	1754703	764274

2-19 续表 6 单位：万元

城市	流动资产合计		固定资产合计	
	全市	市辖区	全市	市辖区
云南省	**25479897**	**13627529**	**24932784**	**10186938**
昆明市	12350296	7510459	5943403	3397656
曲靖市	5157602	2018700	6912974	1770700
玉溪市	4634801	3155909	4274593	3128404
保山市	83260	32744	86045	88224
昭通市	1522400	498200	1987800	910900
丽江市	386012	54681	537482	204778
思茅市	721026	217436	2047887	498676
临沧市	624500	139400	3142600	187600
西藏自治区				
拉萨市				
陕西省	**59924350**	**35198779**	**39344524**	**17863620**
西安市	20813369	17808547		
铜川市	1312839	1282291	1938487	1898042
宝鸡市	6920934	4998794	4909652	3142822
咸阳市	4913900	1991300	4443600	1694800
渭南市	5461100	626400	7379100	735500
延安市	7633000	6533700	8683000	7749900
汉中市	2440731	416600	2101204	607900
榆林市	9054800	944500	7729300	1365200
安康市	470677	154847	1185581	268956
商洛市	903000	441800	974600	400500
甘肃省	**26290845**	**17503192**	**30347043**	**18110898**
兰州市	6123300	4849600	7324200	6104300
嘉峪关市	3819500	3819500	4136400	4136400
金昌市	3979243	3709038	2101407	1629856
白银市	2715362	2503938	2926307	2331672
天水市	864481	705692	1045705	646126
武威市	498545	335797	905444	742056
张掖市	693772	267212	1187876	599231
平凉市	3347070	215974	2125753	852581
酒泉市	2430994	898123	3895675	594485
庆阳市	834675	61977	3350720	270166
定西市	323303	114241	619556	150725
陇南市	660600	22100	728000	53300
青海省	**3273200**	**1737700**	**4891400**	**2463400**
西宁市	3273200	1737700	4891400	2463400
宁夏回族自治区	**11540689**	**6087941**	**14215123**	**7401203**
银川市	4898431	2590351	7293529	3424518
石嘴山市	3082983	2216496	3221388	2699945
吴忠市	1988290	577119	2120918	500453
固原市	98615	27947	85707	21728
中卫市	1472370	676028	1493581	754559
新疆维吾尔自治区	**11244415**	**11205770**	**21574505**	**21381327**
乌鲁木齐市	7361667	7323022	10687153	10493975
克拉玛依市	3882748	3882748	10887352	10887352

2-20 固定资产投资

单位：万元

城市	全社会固定资产投资总额		其中：房地产开发投资完成额		其中：住宅	
	全市	市辖区	全市	市辖区	全市	市辖区
城市合计	**2671904823**	**1424301365**	**472710601**	**358930615**	**334941444**	**247698324**
北京市	**54935179**	**53161201**	**29010686**	**28619241**	**15089501**	**14766170**
天津市	**65114200**	**58114553**	**8666424**	**7809250**	**5653883**	**4965686**
河北省	**149456591**	**54327328**	**22649354**	**14043779**	**17857596**	**10814560**
石家庄市	29579966	12165938	5379994	4499888	4122540	3374175
唐山市	26657710	16775811	3383941	2484535	2527310	1888523
秦皇岛市	5057443	3004112	1202592	928065	994688	786588
邯郸市	18351349	5903470	2256285	1590686	1644914	1079153
邢台市	10204394	1471162	623933	335218	550564	283444
保定市	14720871	4344119	2739393	1617040	2249344	1298988
张家口市	9036659	2094224	1731498	855474	1369636	697095
承德市	7512872	1899804	927220	395551	698820	282615
沧州市	14480882	3934555	1126206	710727	934001	569375
廊坊市	9090342	1775422	2491009	278192	2077860	229418
衡水市	4764103	958711	787283	348403	687919	325186
山西省	**55799723**	**22446020**	**5922376**	**4933540**	**4574340**	**3843634**
太原市	8993056	7949644	2410946	2369448	1851642	1815155
大同市	5424890	4315613	906148	852266	696990	674094
阳泉市	2983717	1934264	433434	371221	348288	301330
长治市	5610473	1352132	327611	220303	259893	174003
晋城市	4326382	1212384	323666	264129	270043	224405
朔州市	3739508	1121003	197812	165810	103741	160236
晋中市	4949648	939335	298132	183920	231837	103182
运城市	5865841	1432819	332492	193238	226943	118229
忻州市	4243838	696676	181315	103440	159908	94675
临汾市	5304783	1134008	313690	187094	255478	157688
吕梁市	4357587	358142	197130	22671	169577	20637
内蒙古自治区	**78316697**	**35071643**	**10447914**	**7261191**	**7390416**	**5012965**
呼和浩特市	8812359	5163494	2543537	2351341	1926340	1764979
包头市	18005021	14359565	2028264	1936423	1411621	1340134
乌海市	2387231	2387231	248990	248990	242374	242374
赤峰市	8355088	2851667	833697	398499	682738	336935
通辽市	6916719	2700788	577860	161875	433780	120106
鄂尔多斯市	18983954	5000302	2805296	1621215	1586133	721331
呼伦贝尔市	6455418	771002	497859	68092	299256	57534
巴彦淖尔市	5652138	1255106	562060	354756	477431	319572
乌兰察布市	2748769	582488	350351	120000	330743	110000
辽宁省	**160430355**	**101082823**	**34657562**	**29289866**	**24813477**	**20498955**
沈阳市	41391498	35159538	14500794	13496900	10043386	9186924
大连市	40478904	26700648	7680202	6821026	5756548	5081231
鞍山市	11907648	5422231	2358587	1782831	1534415	1086311
抚顺市	6815257	4822962	848293	776954	544773	488143
本溪市	4500335	3263960	572849	356528	305666	181098
丹东市	6738871	2913910	1150099	877227	964923	760672
锦州市	5511643	2922190	925383	675049	693675	499411

2-20 续表 1

单位：万元

城市	全社会固定资产投资总额		其中：房地产开发投资完成额		其中：住宅	
	全市	市辖区	全市	市辖区	全市	市辖区
营口市	9828626	6948918	1790755	1633921	1366230	1235209
阜新市	3506942	2182005	328608	273294	242985	205159
辽阳市	4228195	2354966	620375	537522	409975	350766
盘锦市	6924951	2531868	861412	722504	667100	460288
铁岭市	9126199	2599743	1748262	574070	1290898	379869
朝阳市	5461954	1344349	742338	372537	554083	263667
葫芦岛市	4009332	1915535	529605	389503	438820	320207
吉林省	**72198942**	**40959938**	**8810600**	**7163482**	**6995847**	**5597731**
长春市	26377394	21705908	5436416	5192645	4280503	4066495
吉林市	15873573	9188221	1396112	1057087	1142431	828486
四平市	4688032	1440320	269274	102500	230333	80113
辽源市	4523223	2251700	207824	139978	189550	130408
通化市	6777507	1342827	757414	303174	614161	234265
白山市	3461670	1248631	92107	43056	73236	34977
松原市	7494531	3096743	585691	316882	413093	214827
白城市	3003012	685588	65762	8160	52540	8160
黑龙江省	**64568320**	**41426474**	**8675828**	**5869596**	**6800945**	**4533232**
哈尔滨市	26518734	20570395	3607358	3418745	2885616	2754486
齐齐哈尔市	4969800	2647770	587472	294572	475190	247758
鸡西市	1617258	1077953	300056	216653	221012	155337
鹤岗市	1538500	1285783	82720	64881	60469	54645
双鸭山市	2795938	1120328	228038	32923	172177	30218
大庆市	10360572	8687810	1195043	1002178	846880	702332
伊春市	1535686	1088897	110433	85608	101034	76774
佳木斯市	2692022	622590	582021	199994	468387	160709
七台河市	1943325	1653000	54377	40089	49298	36453
牡丹江市	5330537	1764561	652476	369632	441700	232022
黑河市	1793122	423165	270930	19507	234154	13820
绥化市	3472826	484222	1004904	124814	845028	68678
上海市	**53176663**	**51937851**	**19806787**	**19518555**	**12298294**	**12082773**
江苏省	**260483358**	**140100382**	**42978246**	**28822344**	**31576089**	**21047818**
南京市	33060484	28913995	7483481	7246305	5706214	5513292
无锡市	29856548	19994048	6126662	4523020	4306544	3181645
徐州市	20492595	10653594	2053222	1266145	1696983	1052636
常州市	21035519	16499817	4099100	4012235	2803600	2726487
苏州市	36178211	14481021	9358018	4260336	6687302	3168345
南通市	21683751	9757300	2727825	1816590	2044844	1271653
连云港市	12342481	4088923	1323575	699947	1001674	529740
淮安市	14850000	8679000	2377664	1305210	1700400	943269
盐城市	18910496	5786057	1654728	849965	1241939	597938
扬州市	13318491	5235586	1651593	896704	1371623	721267
镇江市	13270816	7782949	1148781	734119	799100	448935
泰州市	15380306	4317090	1497332	569761	1155749	471483
宿迁市	10103660	3911002	1476265	642007	1060117	421128

2-20 续表 2

单位：万元

城　市	全社会固定资产投资总额		其中：房地产开发投资完成额		其中：住宅	
	全市	市辖区	全市	市辖区	全市	市辖区
浙江省	**122652690**	**59911755.64**	**30254250**	**18594982**	**20581894**	**12235191**
杭州市	27531348	21827468	9561970	8486495	6762737	5929013
宁波市	21932830	14091956	5572683	3966665	3231195	2133989
温州市	9259795	3598813	2704955	1062650	1926263	689124
嘉兴市	14882636	4216554	2703889	1104555	1784258	667299
湖州市	7199765	3349272	1431314	758162	987660	476340
绍兴市	12455609	2740810	2978018	813303	1995613	603707
金华市	7728039	1699614	1636460	432249	1200770	323207
衢州市	4818048	1815962	637122	332121	525675	280821
舟山市	4138437	2756917	589769	503003	392262	330832
台州市	9502414	2897702	1960774	870119	1426309	623800
丽水市	3203769	916687.64	477296	265660	349152	177059
安徽省	**119820150**	**64735823**	**22518045**	**16777054**	**16189282**	**11946951**
合肥市	30669745	24103957	8190320	7285015	5613582	5030925
芜湖市	12200978	7695768	2911649	2618287	2481637	2241594
蚌埠市	5287334	3201373	738400	613416	542920	441506
淮南市	4018460	3384544	783481	708522	645244	582008
马鞍山市	7403436	5085113	850507	624027	670201	484107
淮北市	3669291	2767371	425301	372739	316146	280464
铜陵市	3622629	2302371	732998	606435	437635	363899
安庆市	8093930	2199630	922207	393487	693256	290435
黄山市	4543136	2520800	1257556	928931	709906	552085
滁州市	7235000	1667718	1317688	576770	850824	378175
阜阳市	3489869	1514074	500474	315215	389717	257641
宿州市	4063572	1062098	471433	107760	438187	71221
巢湖市	6034289	1385435	870002	379019	672560	265860
六安市	5179102	1082440	624081	298140	457806	116052
亳州市	3436160	1271156	435160	91700	354671	64004
池州市	3568787	2091374	664877	527758	326680	245008
宣城市	7304432	1400601	821911	329833	588310	281967
福建省	**83363476**	**39194606**	**18188570**	**11826192**	**9752250**	**6163763**
福州市	23174379	12971926	6706940	4665991	3842829	2506892
厦门市	10099850	10099850	3961254	3961254	2074276	2074276
莆田市	4965196	4144865	879135	773380	444361	385258
三明市	8478111	2193197	948189	258385	450910	114292
泉州市	12508091	2958133	2031121	560838	1026835	311170
漳州市	8371065	2135940	1596212	807938	841754	431048
南平市	6220150	1395330	671312	156846	410354	106690
龙岩市	5829542	2710929	808227	493289	287787	124327
宁德市	3717092	584436	586180	148271	373144	109810
江西省	**86599329**	**35720604**	**7058977**	**3758752**	**5441938**	**2850769**
南昌市	19516016	13885882	2301463	1680470	1712677	1154110
景德镇市	4395905	2378572	257166	204532	211859	166243
萍乡市	6677536	4046711	164655	125944	128197	101987
九江市	8774599	2414387	460642	190292	382119	176064
新余市	6583143	5416316	244349	223232	188539	169049
鹰潭市	2600000	640824	130420	81318	112905	69656

2-20 续表 3

单位：万元

城市	全社会固定资产投资总额		其中：房地产开发投资完成额		其中：住宅	
	全市	市辖区	全市	市辖区	全市	市辖区
赣州市	7810000	1197641	1004813	322710	683883	185739
吉安市	7648579	949073	329494	110269	257433	86194
宜春市	6659334	1039500	498006	145166	410342	124735
抚州市	6473990	2025233	746339	418606	667338	408236
上饶市	9460227	1726465	921630	256213	686646	208756
山东省	**232571548**	**102659955**	**32517777**	**22862881**	**25130585**	**16588937**
济南市	19874361	14314377	4845029	4551303	3645583	3378453
青岛市	30224785	13592134	6024387	4893195	4509890	3572696
淄博市	12909248	9680284	1669883	1503934	1311744	1173865
枣庄市	7201776	4691481	779966	307780	683508	259264
东营市	13489774	8166574	1002978	755558	824225	622450
烟台市	27058591	11060824	3831204	2816355	2988794	2163867
潍坊市	23042067	7291450	3676265	2040103	2708601	1249256
济宁市	14362169	3387307	1345997	639485	996335	12823
泰安市	12704645	3912056	750975	416141	571281	302240
威海市	11681788	4340940	2697960	1438373	2369238	1244027
日照市	7753559	5881846	633256	578559	516996	466371
莱芜市	3213597	3213597	183444	183444	82212	82212
临沂市	14082764	6232001	1582294	1135064	1196385	842833
德州市	11405890	2058744	901873	344754	691200	269994
聊城市	8876780	1487490	564500	294397	441145	235271
滨州市	8861183	2040064	965496	532048	685813	338546
菏泽市	5828571	1308786	1062270	432388	907635	374769
河南省	**163699826**	**43160898**	**20968646**	**13987340**	**16700958**	**10871871**
郑州市	27569763	11941051	7751607	6692336	5557452	4646248
开封市	5065775	1548110	576939	404179	442065	290698
洛阳市	17687991	3717563	1798963	1351251	1551827	1160850
平顶山市	7129361	957718	542840	308776	386269	287042
安阳市	8946868	2378590	987158	671073	849065	561444
鹤壁市	3562702	2155816	244699	188180	187585	143044
新乡市	12112643	3119435	1176388	753607	891839	527234
焦作市	9708190	1879779	722890	431156	665148	390762
濮阳市	5322225	1543741	416013	305344	379735	279801
许昌市	8293604	1366518	710568	316414	542629	277784
漯河市	4039537	1941492	289339	175977	261215	160503
三门峡市	6774902	780977	466039	268872	363180	244020
南阳市	13894330	2872469	703209	416263	600228	353958
商丘市	8456616	2218408	899830	382723	728905	356716
信阳市	10314551	2496932	1360785	393175	1156002	334939
周口市	8137017	1003978	1250878	585694	1172780	560924
驻马店市	6683751	1238321	1070501	342320	965034	295904
湖北省	**98007021**	**55930717**	**15874767**	**11906612**	**10403730**	**7500730**
武汉市	37531682	30485082	10173987	8565187	5953250	5062431
黄石市	4740580	2326100	383573	256695	276400	173831
十堰市	4063128	1867309	410806	287561	336410	180074

2-20 续表 4 单位: 万元

城　　市	全社会固定资产投资总额		其中: 房地产开发投资完成额		其中: 住宅	
	全市	市辖区	全市	市辖区	全市	市辖区
宜昌市	9495123	4464851	1057795	793912	765684	595026
襄阳市	8353202	4420917	1065248	657818	820912	506845
鄂州市	2986356	2986356	114866	114866	92575	92575
荆门市	4486166	1646035	388349	238908	290316	176709
孝感市	5706108	1203890	490481	166972	436570	149623
荆州市	6009331	2532376	355346	188982	270698	148808
黄冈市	7360631	1557560	622009	118121	612061	112275
咸宁市	4362906	1285043	595737	326424	389482	165346
随州市	2911808	1155198	216570	191166	159372	137187
湖南省	**101797393**	**50652116**	**14401212**	**9711487**	**11075148**	**7304385**
长沙市	31925699	19925535	6841481	5272264	5163283	3857802
株洲市	8084847	4224546	1464914	1166014	1024242	799743
湘潭市	6332586	4559231	645905	464508	544237	445395
衡阳市	6411485	2442538	653146	483140	515652	378042
邵阳市	5894500	986682	470310	227032	357000	146619
岳阳市	8269200	2246858	703695	377552	585955	296467
常德市	6132200	2334500	617028	206179	492096	165082
张家界市	1436351	815275	224903	169376	185907	145751
益阳市	4414288	2140185	630048	356856	488036	290849
郴州市	7444297	6641994	686771	386833	552768	307417
永州市	8318953	1984944	726015	301166	605914	246396
怀化市	3820000	726369	447251	130689	366407	104946
娄底市	3312987	1623459	289745	169878	193651	119876
广东省	**159470090**	**119069402**	**36596946**	**31926260**	**26491948**	**22890370**
广州市	32635731	30080882	9836582	8618528	5484464	4589723
韶关市	4337312	1815620	639643	402898	463308	293095
深圳市	19447008	19447008	4584693	4584693	3601242	3601242
珠海市	5015458	5015458	1795101	1795101	1229110	1229110
汕头市	3616754	3535736	493053	489737	353151	350572
佛山市	17196295	17196295	4855215	4855215	3995521	3995521
江门市	6317680	2707429	1117199	691820	997455	606765
湛江市	4515287	2018312	750425	635237	454102	355174
茂名市	2445410	877193	372233	174968	303476	157184
肇庆市	5340659	1916157	911401	498175	669053	377267
惠州市	8940191	6286404	2678611	2221377	1984720	1655335
梅州市	1955166	414763	261835	71566	239422	71566
汕尾市	3669866	846836	177173	60780	154367	58532
河源市	2427374	940839	231947	160352	196888	132652
阳江市	3292049	1555072	519662	220770	408619	165016
清远市	9969205	3856671	1252198	685158	992045	569628
东莞市	11149822	11149822	2989853	2989853	2504500	2504500
中山市	6603747	6603747	2417916	2417916	1850437	1850437
潮州市	1827785	354927	182214	132686	171691	132686
揭阳市	5640729	1013058	332495	147314	286497	132449
云浮市	3126562	1437173	197497	72116	151880	61916

2-20 续表 5

单位：万元

城市	全社会固定资产投资总额		其中：房地产开发投资完成额		其中：住宅	
	全市	市辖区	全市	市辖区	全市	市辖区
广西壮族自治区	**81602038**	**37512995**	**12062211**	**8327854**	**8888254**	**6061118**
南宁市	14830158	10540330	3174993	2772482	2281204	1974531
柳州市	10048841	5592066	1654073	1212038	967251	717224
桂林市	9085551	1955851	1180069	489308	924247	386450
梧州市	4684193	1088444	600464	210738	407855	141799
北海市	4852648	3804711	973417	907329	669483	606217
防城港市	3768445	2689990	905509	700843	754512	611105
钦州市	4515966	1752998	653886	538251	505025	398323
贵港市	3852917	1853898	453109	270805	337194	194815
玉林市	6155567	2031799	827209	537726	770979	516700
百色市	6397081	1176888	659217	223739	623035	191029
贺州市	3633747	1963694	137867	113350	113798	98973
河池市	3619503	823086	263176	121489	166213	82645
来宾市	3069005	1611222	246687	171183	147577	90755
崇左市	3088416	628018	332535	58573	219881	50552
海南省	**6578395**	**6578395**	**2366282**	**2366282**	**2069673**	**2069673**
海口市	3526000	3526000	1037915	1037915	825674	825674
三亚市	3052395	3052395	1328367	1328367	1243999	1243999
重庆市	**69347966**	**47782707**	**16202571**	**13938021**	**10914854**	**9201112**
四川省	**122456966**	**56469660**	**21746029**	**14560559**	**15104932**	**9937730**
成都市	42553662	26485480	12783390	9520826	8042936	5947621
自贡市	3200853	2175516	539989	442744	412556	338236
攀枝花市	3306974	2387799	341989	266816	226496	169238
泸州市	4604037	2343530	545192	403745	442441	339122
德阳市	6012636	1474876	469647	196542	391580	163225
绵阳市	8209702	3265040	1058418	866496	888890	731147
广元市	4801532	2112067	187239	131152	139848	94230
遂宁市	4954042	2493143	679046	397874	525081	301621
内江市	3509297	1550651	410107	140908	327277	122916
乐山市	5100511	2749597	587863	317364	456639	260346
南充市	6566621	2442811	1022305	745915	891461	662238
眉山市	4202615	1402271	477716	141764	416709	125289
宜宾市	5342063	759800	602203	182995	349228	95086
广安市	3834236	1329582	295849	120635	245227	94346
达州市	6013248	771196	606780	158604	464177	127524
雅安市	3706675	691790	119095	77020	94642	61374
巴中市	2527000	732059	272653	151955	239018	127969
资阳市	4011262	1302452	746548	297204	550726	176202
贵州省	**20178001**	**10223238**	**4054615**	**3516969**	**2272006**	**1957354**
贵阳市	10191025	7467438	3104665	2908224	1650222	1549827
六盘水市	3355144	1060000	262488	211747	172810	135575
遵义市	5518402	1241900	445690	225053	291750	155617
安顺市	1113430	453900	241772	171945	157224	116335

2-20 续表 6 单位：万元

城　市	全社会固定资产投资总额		其中：房地产开发投资完成额		其中：住宅	
	全市	市辖区	全市	市辖区	全市	市辖区
云南省	**44263541**	**19939277**	**7148668**	**4752780**	**5959497**	**3973379**
昆明市	21608849	13754679	4406814	3246564	3865215	2864515
曲靖市	7014741	1928351	1015604	485636	777620	364236
玉溪市	3246153	1062470	575447	396219	478639	317717
保山市	2116527	697467	280014	97211	167415	92651
昭通市	3561294	658947	174319	107444	106211	67795
丽江市	2020622	695883	250601	147278	188300	121101
思茅市	2351138	701504	238321	132388	227715	84991
临沧市	2344217	439976	207548	140040	148382	60373
西藏自治区						
拉萨市						
陕西省	**87887079**	**45770748**	**11622930**	**10586299**	**9475643**	**8634374**
西安市	32505641	28309477	8423447	8282900	6702600	6595221
铜川市	1172313	1077010	141845	137325	101664	97844
宝鸡市	8352225	3959375	646619	568025	526834	500015
咸阳市	10505383	5038000	938433	851084	898112	820541
渭南市	7422455	1903424	420818	177686	369619	158454
延安市	7245259	1244588	81349	73079	58711	48541
汉中市	3128023	728000	382219	212697	336668	196031
榆林市	11054557	2282367	339656	146097	283279	107318
安康市	3600523	568407	166544	87903	139156	74313
商洛市	2900700	660100	82000	49503	59000	36096
甘肃省	**32012128**	**14181971**	**2532880**	**2052261**	**1745705**	**1315482**
兰州市	6606877	5622939	1182815	1140413	703008	669691
嘉峪关市	495821	495821	117673	117673	94712	94712
金昌市	1077771	768616	48256	33814	38260	23818
白银市	1891123	1111736	117517	70998	102746	58764
天水市	2455594	1105812	235128	135531	204092	114578
武威市	1891716	1027734	111791	102358	88307	47113
张掖市	1264931	452150	80750	35859	74680	32189
平凉市	2660027	752380	164102	102919	131292	80444
酒泉市	4386147	791040	137420	110882	125968	100203
庆阳市	4880175	1013496	122893	104170	71776	55690
定西市	1939830	361862	183149	80157	79478	20793
陇南市	2462116	678385	31386	17487	31386	17487
青海省	**4030156**	**3056816**	**954048**	**944444**	**641092**	**633503**
西宁市	4030156	3056816	954048	944444	641092	633503
宁夏回族自治区	**14298619**	**6465527**	**2470105**	**1671722**	**1825596**	**1186312**
银川市	6486862	2536082	1608188	1094669	1160756	755427
石嘴山市	2700384	1979971	334658	244573	228405	158983
吴忠市	2171316	804626	277353	166494	238429	144127
固原市	1123001	452321	94179	60840	72678	46332
中卫市	1817056	692527	155727	105146	125328	81443
新疆维吾尔自治区	**6788383**	**6655941**	**1545295**	**1531020**	**1226071**	**1211796**
乌鲁木齐市	5001083	4868641	1456363	1442088	1161584	1147309
克拉玛依市	1787300	1787300	88932	88932	64487	64487

2-21 商业经济

城　市	限额以上批发零售贸易业商品销售总额(万元)		社会消费品零售总额(万元)		限额以上批发零售贸易企业数(法人数)(个)	
	全市	市辖区	全市	市辖区	全市	市辖区
城市合计	**2802045365**	**2421320236**	**1518374377**	**968340540**	**109096**	**74111**
北京市	**372063366**	**370711047**	**62292986**	**61189734**	**8953**	**8835**
天津市	**136424934**	**133495666**	**29025506**	**28659763**	**3802**	**3596**
河北省	**54634492**	**43783855**	**68217917**	**24175947**	**2548**	**1213**
石家庄市	12948772	12400932	14098923	5844284	307	208
唐山市	12057612	8926141	11345391	5481254	373	246
秦皇岛市	5312477	4929535	3349800	2548536	198	160
邯郸市	5726822	3869851	7171735	2238512	403	80
邢台市	2137288	1195768	4607269	810580	172	54
保定市	5932386	4849512	8642197	2309031	296	110
张家口市	1897887	1081379	3244529	1398589	167	82
承德市	1866977	1461787	2580528	795141	158	76
沧州市	2872866	1946317	5807137	938318	211	79
廊坊市	2520455	1892877	4191325	998518	162	70
衡水市	1360950	1229756	3179083	813184	101	48
山西省	**60704618**	**44042390**	**32236866**	**21334597**	**2101**	**1086**
太原市	27135341	26340766	8258458	7661168	362	334
大同市	2386445	2180640	3030170	2374141	182	159
阳泉市	3996230	3258564	1604652	1156438	88	73
长治市	6907565	2889228	2725966	1799353	304	161
晋城市	3157125	1465082	1911163	999017	172	74
朔州市	2277242	1600631	1395968	599657	142	74
晋中市	3883700	1425749	2775894	879056	186	53
运城市	2272140	1010896	3546543	1134793	187	36
忻州市	2256519	788107	1698152	465255	153	35
临汾市	3807798	2771368	3064944	1194838	198	69
吕梁市	2624513	311359	2224956	3070881	127	18
内蒙古自治区	**26659115**	**18274612**	**30950241**	**20640350**	**1259**	**822**
呼和浩特市	6794664	6621361	7566236	6822378	249	211
包头市	6148639	5528657	7308066	6734190	270	241
乌海市	945667	945667	716893	716893	52	52
赤峰市	1358620	1161177	3367183	1664509	114	52
通辽市	432172	636457	2426534	1161967	117	55
鄂尔多斯市	7246488	1927145	3800000	1919550	162	94
呼伦贝尔市	2521242	755281	2946000	680250	229	73
巴彦淖尔市	773602	561015	1242557	562104	43	24
乌兰察布市	438021	137852	1576772	378509	23	20
辽宁省	**107755350**	**101533320**	**68113433**	**50347090**	**4789**	**3854**
沈阳市	55261869	54305723	20658671	18902500	1377	1272
大连市	25492978	25243441	16397554	13382606	1077	1030
鞍山市	9870593	8364072	5141982	2684373	624	409
抚顺市	2707154	2433827	3339047	2896595	242	183
本溪市	884052	777622	1923503	1705203	126	108
丹东市	1620907	1417939	2775020	1250289	207	117
锦州市	2173826	1745333	3182876	1888712	179	116

2-21 续表 1

城　市	限额以上批发零售贸易业商品销售总额(万元)		社会消费品零售总额(万元)		限额以上批发零售贸易企业数(法人数)(个)	
	全市	市辖区	全市	市辖区	全市	市辖区
营口市	1623113	1313841	2497516	1432867	202	136
阜新市	1157541	1076727	1490310	1139422	90	81
辽阳市	1371316	1296291	2086090	1171178	98	75
盘锦市	1758633	1574357	1851055	1401936	170	159
铁岭市	1361080	274224	2272605	485670	155	31
朝阳市	1365214	863809	2165580	624086	139	63
葫芦岛市	1107074	846114	2331624	1381653	103	74
吉林省	**21077791**	**18274828**	**32441443**	**19596215**	**988**	**609**
长春市	10874887	10685095	12867475	10090137	261	230
吉林市	4876376	4539149	6840243	4711736	245	165
四平市	1177406	478085	2877110	773063	144	50
辽源市	350560	224610	1075145	716575	67	52
通化市	1786247	1128415	2470820	761750	154	62
白山市	316537	293270	1390834	759757	19	15
松原市	1021494	511055	3297424	880979	55	19
白城市	674284	415149	1622392	902218	43	16
黑龙江省	**36132690**	**30442787**	**38447733**	**26040373**	**1433**	**928**
哈尔滨市	13943721	13309285	17701558	14387471	625	535
齐齐哈尔市	7723582	7336032	3069814	252216	98	43
鸡西市	643080	523388	1188436	776572	48	23
鹤岗市	352347	333466	714319	594924	59	50
双鸭山市	311654	275822	651746	377073	43	12
大庆市	6799625	6737898	5894861	5476896	167	157
伊春市	278985	252504	564975	410822	24	18
佳木斯市	738693	492750	2168017	1527763	47	23
七台河市	291894	291894	543869	433107	10	10
牡丹江市	3968987	728314	2664845	1365303	230	42
黑河市	597648	51100	780058	52196	24	5
绥化市	482474	110334	2505235	386030	58	10
上海市	**291308650**	**290609028**	**60705033**	**60242932**	**5530**	**5506**
江苏省	**292666246**	**176360743**	**136068000**	**78502183**	**12171**	**6630**
南京市	68166999	67088274	22887409	21357364	1508	1430
无锡市	55912614	32939470	18257878	11635501	2549	1764
徐州市	7840667	5562485	9569888	6052895	643	398
常州市	16677692	15995531	10543943	7906496	786	700
苏州市	102472124	28781818	24020199	10529351	3563	938
南通市	12094861	9057260	12770686	4778082	879	419
连云港市	3998010	2775030	4306790	1721397	322	143
淮安市	2205074	1390569	4690870	3011454	195	116
盐城市	4588394	2096841	7664917	2519102	563	154
扬州市	4470915	3088019	7261249	3324259	307	191
镇江市	4908881	3074415	5646808	2774669	329	188
泰州市	6672219	3341682	5553542	1753047	357	116
宿迁市	2657796	1169349	2893821	1138566	170	73

2-21 续表 2

城市	限额以上批发零售贸易业商品销售总额(万元)		社会消费品零售总额(万元)		限额以上批发零售贸易企业数(法人数)(个)	
	全市	市辖区	全市	市辖区	全市	市辖区
浙江省	**234624074**	**191951242**	**101631430**	**53595710**	**10043**	**6443**
杭州市	102672522	98842397	21460790	18432319	3135	2792
宁波市	56274289	47312235	17044539	9653122	2105	1500
温州市	17971755	13058647	14980973	7972939	1218	681
嘉兴市	11583634	5925373	7993624	2275598	812	294
湖州市	5691536	3560872	5160918	2605219	315	150
绍兴市	11121434	4190706	8528864	2537375	725	179
金华市	9383508	4080806	9162274	2224461	534	171
衢州市	2937690	2321320	2908244	1139563	181	99
舟山市	3533198	3344538	2125429	1648257	187	159
台州市	10824794	7503333	9604506	4104622	627	328
丽水市	2629714	1811015	2661269	1002235	204	90
安徽省	**51050815**	**45169825**	**41515173**	**23106199**	**2478**	**1490**
合肥市	26257480	25456369	8390236	7447001	592	538
芜湖市	3467854	3173354	2874466	2051478	211	147
蚌埠市	1374488	1254485	2698664	1707571	146	82
淮南市	970756	920994	1872078	1566382	81	65
马鞍山市	3073597	2835013	1478007	1131547	88	74
淮北市	2058186	1986039	1255247	911104	54	45
铜陵市	982897	978514	991536	840651	63	52
安庆市	1428752	1086968	3386822	1286835	183	58
黄山市	677254	566329	1259633	650994	87	40
滁州市	1452630	1003737	2147958	511350	165	64
阜阳市	4010630	2538096	3266958	1231218	146	77
宿州市	505068	150665	1939934	545262	88	31
巢湖市	1123421	790706	2067867	529767	107	40
六安市	1539336	1163324	2799437	760901	151	73
亳州市	1111208	517529	2227566	703562	105	19
池州市	553785	492214	911792	468232	86	50
宣城市	463473	255489	1946972	762344	125	35
福建省	**87496014**	**79947097**	**53611608**	**29577823**	**3929**	**2794**
福州市	22979573	22162256	16242808	11801298	872	702
厦门市	41662950	41662950	6850248	6850248	1233	1233
莆田市	1980247	1904562	2903654	2445164	131	114
三明市	2766879	2234688	2455812	695671	280	152
泉州市	9189727	5388822	12344277	3438698	597	219
漳州市	3453245	2703841	4726326	1824151	271	150
南平市	1467488	914201	2620382	674403	151	40
龙岩市	2818483	2274638	3121663	1321241	263	150
宁德市	1177422	701139	2346438	526949	131	34
江西省	**19365056**	**15058787**	**29527111**	**14284799**	**1187**	**649**
南昌市	9287425	8554359	7649438	6261699	384	344
景德镇市	488857	447779	1403748	909187	46	31
萍乡市	439563	411299	1581361	1041965	49	34
九江市	1229374	972706	2840826	1282586	94	39
新余市	606309	594992	1126354	895341	50	46
鹰潭市	1127404	514153	866240	404179	44	28

2-21 续表 3

城市	限额以上批发零售贸易业商品销售总额(万元)		社会消费品零售总额(万元)		限额以上批发零售贸易企业数(法人数)(个)	
	全市	市辖区	全市	市辖区	全市	市辖区
赣州市	1366419	625861	3753530	897383	82	26
吉安市	794566	705903	2028251	397906	85	31
宜春市	1734116	872143	2665185	794857	87	33
抚州市	998838	662508	2307167	836524	149	18
上饶市	1292185	697084	3305011	563172	117	19
山东省	**162202134**	**113017107**	**145373340**	**70551664**	**11910**	**5118**
济南市	22110485	20894482	18024610	14283103	957	741
青岛市	30737409	27762301	19611331	11198110	1084	786
淄博市	11511862	10356289	10056751	8174335	694	517
枣庄市	2948572	1414883	4228513	2312155	507	299
东营市	4550421	2358081	3887417	2491497	308	131
烟台市	14697759	9087000	14126854	5664978	1145	482
潍坊市	16037232	9428993	12148004	3966344	867	280
济宁市	8991658	4251565	10042495	3191048	1050	237
泰安市	9131675	4275871	6874247	2533607	996	437
威海市	5035292	2672602	6839866	2403272	361	129
日照市	3702789	3244122	3116303	2027047	161	113
莱芜市	2319053	2319053	1820589	1820589	120	120
临沂市	10865650	6914150	11587531	5071000	910	358
德州市	4600223	1887327	6456204	1577924	939	116
聊城市	5031861	3096411	5585951	1305187	533	151
滨州市	3717499	1228598	4311579	1175300	435	76
菏泽市	6212694	1825379	6655095	1356168	843	145
河南省	**69546915**	**49548580**	**78316133**	**32562235**	**6257**	**2661**
郑州市	23391080	20847646	16780339	10724335	1140	881
开封市	5763668	2517696	3646083	1708831	361	143
洛阳市	4620053	4003601	8088089	3813640	589	351
平顶山市	5287225	4631258	3499759	1666356	346	145
安阳市	3098251	2126873	3453246	1621619	320	135
鹤壁市	493758	331629	934477	496012	106	69
新乡市	2773857	2110663	3881468	1869189	390	170
焦作市	1679408	777001	3218420	1071832	211	78
濮阳市	1122798	709861	2306551	834777	179	58
许昌市	1877038	946559	3493229	870654	309	46
漯河市	3879269	2418788	2162871	1320704	166	107
三门峡市	1334784	902984	2026150	466975	201	51
南阳市	4474627	2585761	7891715	2419438	563	182
商丘市	4059243	1531995	3999717	968771	232	75
信阳市	1562916	977722	4329778	1276090	265	45
周口市	2064487	1031002	4837538	681080	364	59
驻马店市	2064453	1097541	3766703	751932	515	66
湖北省	**78888276**	**69966490**	**63540958**	**38380238**	**3320**	**2038**
武汉市	60357141	58284645	25704037	22619879	1125	987
黄石市	1460300	720000	3000500	1610300	164	98
十堰市	2277588	1966195	3063662	1644552	217	153

2-21 续表 4

城市	限额以上批发零售贸易业商品销售总额(万元)		社会消费品零售总额(万元)		限额以上批发零售贸易企业数(法人数)(个)	
	全市	市辖区	全市	市辖区	全市	市辖区
宜昌市	3536972	2585800	5507875	2962934	452	305
襄阳市	2403668	1326508	5712365	2900281	406	145
鄂州市	497043	497043	1350527	1350527	28	28
荆门市	1407532	1066262	2529826	1028676	160	92
孝感市	1740427	713709	3852416	683134	168	67
荆州市	1355926	911986	4710826	1721464	124	51
黄冈市	1802200	764923	4074000	571044	180	25
咸宁市	981900	825184	2050400	577258	214	51
随州市	1067579	304235	1984524	710189	82	36
湖南省	**40031282**	**32056370**	**57225103**	**32725093**	**2646**	**1297**
长沙市	20929089	18006506	18645314	14337767	886	669
株洲市	3014884	2490704	4267634	2222672	230	69
湘潭市	1220397	1141518	2566615	1592859	101	73
衡阳市	1882958	1473001	4721509	1962537	159	73
邵阳市	1353957	1007456	2783153	1962537	111	31
岳阳市	2017234	1631771	5072328	2851198	165	80
常德市	1354388	1149736	4694459	1884291	109	38
张家界市	409763	369388	830351	468023	35	17
益阳市	1153664	825796	2607055	1077227	107	39
郴州市	2486324	1440852	4083865	2022846	280	91
永州市	1686838	871555	2424079	903213	232	50
怀化市	1311344	980972	2338594	808857	104	44
娄底市	1210442	667115	2190147	631066	127	23
广东省	**339313142**	**326889075**	**179209156**	**141362343**	**11294**	**9772**
广州市	153655256	151039282	44763780	42425974	3585	3453
韶关市	1296459	1198992	3297839	2092375	36	31
深圳市	65562022	65562022	30007629	30007629	1596	1596
珠海市	8878686	8878686	4860271	4860271	536	536
汕头市	4028883	3986241	8304098	8182256	280	274
佛山市	46655276	46655276	16871279	16871279	1182	1182
江门市	4394451	3449972	6558584	2826073	331	204
湛江市	4297179	3913557	6797917	3149511	181	138
茂名市	4718605	4283875	7049664	2299948	367	250
肇庆市	2648517	1207347	3318891	260201	160	48
惠州市	5229126	4917918	5825274	3557995	218	144
梅州市	1468043	913117	3151017	692404	67	36
汕尾市	679365	433578	3520563	697478	48	23
河源市	691556	674161	1615257	740761	35	26
阳江市	667043	517436	3719079	1412843	32	17
清远市	1442606	1211034	3704950	1439389	147	65
东莞市	14271362	14271362	11080592	11080592	769	769
中山市	10802321	10802321	6481088	6481088	642	642
潮州市	1870926	693596	2445495	648607	134	47
揭阳市	5023568	1906575	4466156	1261298	842	271
云浮市	1031892	372727	1369733	374371	106	20

2-21 续表 5

城　市	限额以上批发零售贸易业商品销售总额(万元)		社会消费品零售总额(万元)		限额以上批发零售贸易企业数(法人数)(个)	
	全市	市辖区	全市	市辖区	全市	市辖区
广西壮族自治区	**36869778**	**34155822**	**31894574**	**21358459**	**1449**	**1140**
南宁市	11247010	11142325	9059318	7523900	505	473
柳州市	5923354	5830280	4800008	3836996	283	260
桂林市	1793608	1601975	3915329	2091602	109	87
梧州市	709293	346314	1917653	880022	50	40
北海市	4919798	4876686	1079991	592805	28	2
防城港市	356661	245909	518360	318717	34	26
钦州市	859826	973755	190149	832401	68	41
贵港市	615242	375074	2095416	1053773	58	49
玉林市	1460661	1249086	3072422	1406469	109	67
百色市	750438	644504	1138461	280228	54	20
贺州市	380886	275512	786778	413587	29	25
河池市	7418984	6339351	1915208	1648415	50	21
来宾市	120234	105977	794634	352184	29	17
崇左市	313783	149074	610847	127360	43	12
海南省	**10358060**	**10358060**	**3906394**	**3906394**	**501**	**501**
海口市	9629083	9629083	3269417	3269417	457	457
三亚市	728977	728977	636977	636977	44	44
重庆市	**56101192**	**52322504**	**28780433**	**22110431**	**2585**	**1877**
四川省	**56531914**	**49736065**	**63191418**	**34924477**	**2754**	**1617**
成都市	33323000	31911000	24176000	19429000	877	753
自贡市	794378	658865	2438376	1603744	120	80
攀枝花市	1483995	1353229	1401671	1179663	93	89
泸州市	1232308	961455	2598243	1301762	185	100
德阳市	2434177	1065626	2996751	744115	132	50
绵阳市	1812697	1569865	4195624	1580000	113	47
广元市	590560	521871	1421725	744706	63	31
遂宁市	671108	234456	1954916	593257	92	48
内江市	918064	530744	2020244	864832	101	33
乐山市	1072705	866053	2488058	1165836	99	55
南充市	975134	823914	3318724	1424458	87	34
眉山市	839453	566648	1802830	631903	110	57
宜宾市	1379985	1010500	3160876	1106543	199	64
广安市	725368	376481	1854892	557182	243	95
达州市	7019426	6092454	3118596	650233	83	22
雅安市	303167	526607	970751	336083	20	12
巴中市	349755	276787	1143100	463964	39	20
资阳市	606634	389510	2130041	547196	98	27
贵州省	**12073082**	**10165735**	**9764448**	**5902053**	**532**	**444**
贵阳市	7318518	7239774	4847785	4316892	310	304
六盘水市	931873	674522	1313387	726589	61	36
遵义市	3197438	1635922	2902470	582671	129	79
安顺市	625253	615517	700806	275901	32	25

2-21 续表 6

城市	限额以上批发零售贸易业商品销售总额(万元)		社会消费品零售总额(万元)		限额以上批发零售贸易企业数(法人数)(个)	
	全市	市辖区	全市	市辖区	全市	市辖区
云南省	**30041042**	**25930785**	**17115244**	**11418298**	**1269**	**933**
昆明市	19862130	18466521	9564321	8504714	736	672
曲靖市	2770263	213810	2328024	717626	172	62
玉溪市	4255575	4070419	1415277	682460	116	82
保山市	255122	642179	843578	432179	54	23
昭通市	1003490	909403	1056653	431178	57	28
丽江市	612638	546052	454984	215885	40	26
思茅市	775204	623472	726620	230399	63	24
临沧市	506620	458929	725787	203857	31	16
西藏自治区						
拉萨市						
陕西省	**47381767**	**33861968**	**29690810**	**21560569**	**1661**	**822**
西安市	21703789	21449183	16370367	15420970	453	433
铜川市	189199	189199	454993	426986	36	32
宝鸡市	3789212	3467146	3045600	1882500	85	39
咸阳市	3549037	3319687	2963547	1051555	177	58
渭南市	3537838	1129984	231830	559702	154	31
延安市	828376	767784	1118144	509042	75	30
汉中市	935700	731909	1573994	625202	124	32
榆林市	8940902	1994886	2035080	362277	408	122
安康市	650709	530798	1105348	527087	115	36
商洛市	3257005	281392	791907	195248	34	9
甘肃省	**34954314**	**19534987**	**13242323**	**9497837**	**691**	**512**
兰州市	14041132	14032770	5451055	5448332	265	263
嘉峪关市	605857	605857	240087	240087	25	25
金昌市	2132173	1836454	370016	256375	28	15
白银市	389483	337624	859729	547089	43	20
天水市	727095	702430	1255549	802141	75	59
武威市	263820	245200	753571	443794	35	28
张掖市	385774	308106	676823	415965	42	22
平凉市	1138050	476341	879800	366182	23	9
酒泉市	14163047	501912	875903	369023	68	37
庆阳市	361859	303389	934666	292071	23	19
定西市	375617	94263	533223	177192	29	10
陇南市	370407	90641	411901	139586	35	5
青海省	**3386545**	**3146658**	**2317649**	**2134461**	**135**	**128**
西宁市	3386545	3146658	2317649	2134461	135	128
宁夏回族自治区	**6291691**	**4863783**	**4037377**	**2740235**	**391**	**306**
银川市	5154767	3988793	2251415	1661849	242	188
石嘴山市	491933	473180	614776	474186	51	45
吴忠市	156438	95967	519247	269028	42	37
固原市	181770	171357	324461	156661	15	8
中卫市	306783	134486	327478	178511	41	28
新疆维吾尔自治区	**26111020**	**26111020**	**5984537**	**5912039**	**490**	**490**
乌鲁木齐市	25493197	25493197	5636665	5564167	433	433
克拉玛依市	617823	617823	347872	347872	57	57

2-22 外商直接投资

城 市	当年新签项目(合同)个数 (个)		当年实际使用外资金额 (万美元)	
	全市	市辖区	全市	市辖区
城市合计	**28652**	**20014**	**18288855.3**	**13278307.48**
北京市	**1629**	**1607**	**636358**	**630971**
天津市	**592**	**576**	**1084872**	**1051911**
河北省	**246**	**99**	**383074**	**229075**
石家庄市	32	16	24415	18016
唐山市	29	21	87409	63375
秦皇岛市	19	15	49706	39945
邯郸市	48	18	49191	15481
邢台市	19	3	25485	1690
保定市	16	2	47450	39728
张家口市	12	4	10045	2586
承德市	7	3	6994	2678
沧州市	27	4	23257	10436
廊坊市	28	12	49070	31128
衡水市	9	1	10052	4012
山西省	**133**	**82**	**128329**	**76978**
太原市	39	33	28343	25153
大同市	3	3	15700	15700
阳泉市	50	30	3775	3735
长治市	8	6	13892	7536
晋城市	1	1	13093	12527
朔州市	8	6	13892	7536
晋中市	5	2	6536	161
运城市	9		5545	
忻州市	4	1	1444	1444
临汾市	3		7757	1636
吕梁市	3		18352	1550
内蒙古自治区	**95**	**51**	**334046.3**	**106911.48**
呼和浩特市	16	12	83676	32113
包头市	41	29	110000	65600
乌海市			2923	2923
赤峰市	10	5	5707.3	3736.48
通辽市	8	1	2728	1232
鄂尔多斯市	10	4	108000	522
呼伦贝尔市			8450	780
巴彦淖尔市			4630	5
乌兰察布市	10		7932	
辽宁省	**1511**	**754**	**2075016**	**1806712**
沈阳市	473		505369	485216
大连市	472	449	1003025	952025
鞍山市	83	65	90495	84182
抚顺市	35	29	44182	28078
本溪市	18	13	30101	24995
丹东市	125	105	70452	48612
锦州市	37	23	50045	36602

2-22 续表 1

城市	当年新签项目(合同)个数 (个)		当年实际使用外资金额 (万美元)	
	全市	市辖区	全市	市辖区
营口市	94		86036	60526
阜新市	19	13	11013	5856
辽阳市	16	13	33352	29850
盘锦市	46	4	91335	31135
铁岭市	29	7	26288	5862
朝阳市	13	6	11039	1574
葫芦岛市	51	27	22284	12199
吉林省	**228**	**170**	**192292**	**141106**
长春市	80	76	69879	65362
吉林市	98	62	43756	30121
四平市	6	3	6700	6269
辽源市	23	23	20100	20100
通化市	9		17950	2342
白山市	4	3	13477	4220
松原市	2	1	12680	9607
白城市	6	2	7750	3085
黑龙江省	**184**	**127**	**164625**	**121583**
哈尔滨市	83	68	70010	61609
齐齐哈尔市	4	3	8287	952
鸡西市	6	3	6661	4701
鹤岗市				
双鸭山市	2	1	892	391
大庆市	14	13	34587	29909
伊春市	6	5	6467	6417
佳木斯市	45	27	11300	5412
七台河市			1390	1390
牡丹江市	12	5	12251	9129
黑河市	6	1	9455	1353
绥化市	6	1	3325	320
上海市	**3906**	**3906**	**1112143**	**1112143**
江苏省	**4663**	**2351**	**2958071**	**1693837**
南京市	387	341	281601	266799
无锡市	331	228	330007	209977
徐州市	204	116	101330	75804
常州市	328	208	267000	234775
苏州市	1537	666	853511	340917
南通市	364	121	206056	70018
连云港市	141	66	110116	45825
淮安市	244	132	105153	85559
盐城市	378	113	130355	41712
扬州市	335	182	257155	147070
镇江市	144	78	161462	117714
泰州市	219	80	136254	47530
宿迁市	51	20	18071	10137

2-22 续表 2

城市	当年新签项目(合同)个数(个)		当年实际使用外资金额(万美元)	
	全市	市辖区	全市	市辖区
浙江省	**2075**	**1100**	**1098939**	**671576**
杭州市	545	470	435627	377610
宁波市	495	317	232336	153338
温州市	25	12	17574	8026
嘉兴市	300	93	160994	42422
湖州市	302	121	91905	46890
绍兴市	235	34	95327	14656
金华市	104	28	35263	13987
衢州市	24	5	6237	3033
舟山市	5	4	6719	5139
台州市	28	10	13206	4581
丽水市	12	6	3751	1894
安徽省	**294**	**187**	**551434**	**386307**
合肥市	72	60	143016	131434
芜湖市	43	34	74075	58201
蚌埠市	17	5	27262	22062
淮南市	5	4	9913	9896
马鞍山市	21	16	70490	63478
淮北市	7	7	19229	11172
铜陵市	21	18	31838	25620
安庆市	13	2	23576	14765
黄山市	10	6	17414	11653
滁州市	21	10	11745	5216
阜阳市	7	4	8882	6561
宿州市	8		13400	805
巢湖市	12	7	33066	7599
六安市	16	8	13704	2433
亳州市	2	1	16562	3934
池州市	7	3	16167	10284
宣城市	12	2	21095	1194
福建省	**1139**	**610**	**569865**	**324729**
福州市	186	109	118524	80282
厦门市	398	398	169653	169653
莆田市	25	20	22952	22117
三明市	65	4	8635	1658
泉州市	156	32	149342	26228
漳州市	186	24	70076	15800
南平市	46	10	7079	1168
龙岩市	58	10	16506	7081
宁德市	19	3	7098	742
江西省	**1095**	**368**	**590232**	**265487**
南昌市	304	206	201800	146370
景德镇市	23	10	12136	5527
萍乡市	45	22	15378	7720
九江市	173	41	66535	22330
新余市	38	19	53106	49406
鹰潭市	28	7	11976	3369

2-22 续表 3

城市	当年新签项目(合同)个数(个)		当年实际使用外资金额(万美元)	
	全市	市辖区	全市	市辖区
赣州市	195	28	83560	14685
吉安市	103	12	44005	5719
宜春市	40	1	36151	2736
抚州市	56	11	15160	4324
上饶市	90	11	50425	3301
山东省	**1630**	**866**	**937714**	**532806**
济南市	87	70	120903	95190
青岛市	731	383	284281	149739
淄博市	29	25	44838	35165
枣庄市	36	25	23900	16271
东营市	17	10	20975	14204
烟台市	243	139	115334	65162
潍坊市	80	33	72145	23021
济宁市	75	19	45780	15496
泰安市	24	8	11925	8106
威海市	136	71	55502	40107
日照市	25	19	34936	27456
莱芜市	21	21	9770	9770
临沂市	37	15	32660	21714
德州市	28	7	11841	4003
聊城市	9	2	10064	1645
滨州市	18	7	31002	2398
菏泽市	34	12	11858	3359
河南省	**492**	**286**	**617313**	**272076**
郑州市	91	74	190015	133510
开封市	25	18	12882	5735
洛阳市	33	18	120475	27277
平顶山市	7	4	16390	5982
安阳市	10	4	15391	8550
鹤壁市	10	6	22481	16250
新乡市	24	11	32902	14417
焦作市	11	2	28832	8593
濮阳市	6	1	9001	2707
许昌市	17	3	21277	7358
漯河市	153	116	32315	9950
三门峡市	10	5	39849	14253
南阳市	26	6	20111	3985
商丘市	10	4	10385	3886
信阳市	15	3	16694	3273
周口市	16	2	15763	3369
驻马店市	28	9	12550	2981
湖北省	**479**	**373**	**507214**	**398341**
武汉市	163	151	329265	295015
黄石市	13	7	33000	28384
十堰市	8	4	6271	5148

2-22 续表 4

城市	当年新签项目(合同)个数(个)		当年实际使用外资金额(万美元)	
	全市	市辖区	全市	市辖区
宜昌市	10	7	20652	12802
襄阳市	26	15	32606	20151
鄂州市	150	150	12400	12400
荆门市	13	4	16309	6373
孝感市	21	6	17289	4714
荆州市	17	8	5600	2203
黄冈市	36	16	13583	4092
咸宁市	15	2	15439	5709
随州市	7	3	4800	1350
湖南省	**650**	**354**	**520840**	**288136**
长沙市	177	121	223757	160840
株洲市	67	35	40221	22370
湘潭市	62	58	40304	32576
衡阳市	84	18	40641	7810
邵阳市	24	7	7855	3326
岳阳市	45	26	18673	6272
常德市	25	9	25068	9649
张家界市	6	6	3636	3089
益阳市	18	13	10085	6004
郴州市	82	31	52897	22670
永州市	32	5	39345	9261
怀化市	9	7	6276	2373
娄底市	19	18	12082	1896
广东省	**5637**	**5003**	**2035421**	**1801364**
广州市	980	923	397862	374428
韶关市	42	11	21236	9060
深圳市	1929	1929	429724	429724
珠海市	213	213	122351	122351
汕头市	35	34	25553	25465
佛山市	239	239	196749	196749
江门市	194	120	110849	53386
湛江市	8	5	3672	3150
茂名市	24	8	3099	822
肇庆市	112	73	93388	79885
惠州市	362	259	143761	106081
梅州市	133	69	8959	3093
汕尾市	24	5	28450	13200
河源市	88	46	16846	10977
阳江市	84	9	20751	7812
清远市	41	14	32017	12163
东莞市	869	869	273171	273171
中山市	147	147	72964	72964
潮州市	36	2	11233	799
揭阳市	43	8	14857	4298
云浮市	34	20	7929	1786

2-22 续表 5

城市	当年新签项目(合同)个数(个)		当年实际使用外资金额(万美元)	
	全市	市辖区	全市	市辖区
广西壮族自治区	**189**	**142**	**120043**	**71931**
南宁市	73	65	34865	31177
柳州市	10	9	5468	5341
桂林市	18	13	2136	1045
梧州市	19	13	16520	8569
北海市	21	18	9934	7137
防城港市	8	5	4427	3122
钦州市	11	6	14528	2731
贵港市	7	5	15622	7719
玉林市	14	5	4985	1601
百色市	1		2161	180
贺州市	3	3	5766	1339
河池市	1		1477	670
来宾市	1		103	
崇左市	2		2051	1300
海南省	**47**	**47**	**91419**	**91419**
海口市	36	36	71585	71585
三亚市	11	11	19834	19834
重庆市	**232**	**199**	**634397**	**430756**
四川省	**381**	**312**	**591148**	**492213**
成都市	294	263	485575	425793
自贡市	4	4	1504	1504
攀枝花市	2	2	20834	20834
泸州市	4	3	3051	1865
德阳市	15	9	15133	4760
绵阳市	7		15063	11582
广元市			1810	1810
遂宁市	9	6	2289	1714
内江市	7	3	4637	1117
乐山市	10	7	9199	5868
南充市	12	9	1842	1292
眉山市	2		13622	8250
宜宾市	6	3	4077	2174
广安市	2	1	2432	2122
达州市	1		5050	
雅安市	1	1	3538	1188
巴中市			102	
资阳市	5	1	1390	340
贵州省	**26**	**19**	**20724**	**17043**
贵阳市	20	13	13470	12229
六盘水市	2	2	1841	1841
遵义市	4	4	2973	2973
安顺市			2440	

2-22 续表 6

城 市	当年新签项目(合同)个数(个)		当年实际使用外资金额(万美元)	
	全市	市辖区	全市	市辖区
云南省	**103**	**74**	**115388**	**79844**
昆明市	83	65	100900	75200
曲靖市			2167	230
玉溪市	7	5	3231	1919
保山市	5	2	3365	1856
昭通市	1	1	300	300
丽江市	1		282	232
思茅市	3	1	3033	107
临沧市	3		2110	
西藏自治区				
拉萨市				
陕西省	**487**	**146**	**184320**	**160399**
西安市	82	80	156653	153133
铜川市	4	3	520	520
宝鸡市	4	4	2106	2106
咸阳市	4	2	3500	2450
渭南市	368	20	3051	590
延安市	1		366	
汉中市	4	37	1596	600
榆林市	3		1950	1000
安康市	1		564	
商洛市	16		14014	
甘肃省	**445**	**141**	**13193**	**2228**
兰州市	6	6	1950	1950
嘉峪关市				
金昌市				
白银市				
天水市	180	97	189	189
武威市				
张掖市	2	1	118	89
平凉市				
酒泉市	102		10891	
庆阳市	2		45	
定西市	153	37		
陇南市				
青海省	**11**	**11**	**980**	**980**
西宁市	11	11	980	980
宁夏回族自治区	**23**	**23**	**5545**	**5545**
银川市	19	19	4478	4478
石嘴山市	4	4	1067	1067
吴忠市				
固原市				
中卫市				
新疆维吾尔自治区	**30**	**30**	**13900**	**13900**
乌鲁木齐市	30	30	13900	13900
克拉玛依市				

2-23 财政(全市)

单位：万元

城　　市	地方财政一般预算内收入	地方财政一般预算内支出	科学支出	教育支出
城市合计	**345034358**	**590684882**	**13135094**	**95175529**
北京市	**23539301**	**27173174**	**1789154**	**4502155**
天津市	**10688093**	**13768395**	**432530**	**2295648**
河北省	**10379327**	**23209661**	**216597**	**4671166**
石家庄市	1636303	3051647	45021	700086
唐山市	1958419	3324335	47728	602372
秦皇岛市	720200	1357443	7799	216983
邯郸市	1158975	2638552	21509	579187
邢台市	571001	1723385	8418	360707
保定市	910313	2689044	21708	552003
张家口市	624462	1817320	11969	291195
承德市	548354	1559205	10349	299265
沧州市	912958	2131343	11816	500502
廊坊市	1058640	1796396	23539	345500
衡水市	279702	1120991	6741	223366
山西省	**7115248**	**13918504**	**149788**	**2843172**
太原市	1384809	1896358	47015	359491
大同市	551766	1327751	8952	332315
阳泉市	376931	595962	7190	117341
长治市	779001	1358657	14644	280415
晋城市	554890	895069	12768	188874
朔州市	557535	901318	7314	160290
晋中市	647518	1205394	10119	232362
运城市	355403	1344544	10801	282558
忻州市	423425	1285794	8927	249340
临汾市	754388	1597644	10401	305003
吕梁市	729582	1510013	11657	335183
内蒙古自治区	**7714421**	**16403003**	**140159**	**2483345**
呼和浩特市	1267617	1772800	19254	274673
包头市	1391830	2049617	29227	281619
乌海市	336631	635412	7768	74172
赤峰市	563258	2197851	7972	465904
通辽市	648329	1844649	17410	312410
鄂尔多斯市	2390774	3187910	28551	438534
呼伦贝尔市	559851	2079197	15864	294539
巴彦淖尔市	382787	1235282	8524	162573
乌兰察布市	173344	1400285	5589	178921
辽宁省	**19528921**	**27029183**	**567517**	**3433692**
沈阳市	4653540	5166242	153492	770606
大连市	5008322	6114743	266033	753455
鞍山市	1800334	2019010	19615	214243
抚顺市	812507	1502536	11547	133276
本溪市	745960	1164764	11413	156824
丹东市	802359	1346622	8668	182424
锦州市	810703	1384452	12317	173732

2-23 续表 1 单位：万元

城　市	地方财政一般预算内收入	地方财政一般预算内支出	科学支出	教育支出
营口市	1001063	1372882	20125	173687
阜新市	300700	882722	2136	102131
辽阳市	764808	1000685	14625	115100
盘锦市	805869	1096233	9665	124789
铁岭市	800829	1415835	18663	186241
朝阳市	662504	1467537	9807	206142
葫芦岛市	559423	1094920	9411	141042
吉林省	**4072852**	**11909253**	**96609**	**1798031**
长春市	1808461	3829323	34947	579259
吉林市	731926	2137792	23965	330764
四平市	279049	1137529	3759	206054
辽源市	170623	640246	3033	91348
通化市	340235	1199057	19529	159766
白山市	252708	1000777	5211	117197
松原市	309719	1042838	1480	167125
白城市	180131	921691	4685	146518
黑龙江省	**6143989**	**15262474**	**166926**	**2420429**
哈尔滨市	2381428	4529706	89360	693036
齐齐哈尔市	513609	1144298	14807	337536
鸡西市	259769	473231	3308	109176
鹤岗市	154864	512758	4610	81102
双鸭山市	240532	734134	3377	99959
大庆市	958964	1311640	12421	234998
伊春市	83204	637255	3432	72774
佳木斯市	208509	1218078	4213	165208
七台河市	233224	485104	1110	73002
牡丹江市	428230	1360930	20693	163839
黑河市	195426	976076	3204	127244
绥化市	486230	1879264	6391	262555
上海市	**28735840**	**33028860**	**2020326**	**4172775**
江苏省	**37708114**	**60814286**	**1287998**	**7074071**
南京市	5188008	5421812	165110	764951
无锡市	5118900	4886822	189731	823241
徐州市	2221558	3257198	45433	612446
常州市	2861788	2814401	87084	406161
苏州市	9005527	8256650	357105	1231148
南通市	2908061	3167489	99923	650342
连云港市	1413888	2027515	42649	307053
淮安市	1414264	20615112	44824	365738
盐城市	1913514	2918950	60207	492444
扬州市	1677818	2016767	67789	363446
镇江市	1381012	1590674	52399	269899
泰州市	1708032	2157269	43819	386163
宿迁市	895744	1683627	31925	401039

2-23 续表 2

单位：万元

城市	地方财政一般预算内收入	地方财政一般预算内支出	科学支出	教育支出
浙江省	**23718574**	**28578347**	**993779**	**5453278**
杭州市	6713413	6165836	288559	1058828
宁波市	5309278	6007447	221455	892738
温州市	2284927	3107766	66690	793395
嘉兴市	1768297	1990633	75362	429316
湖州市	972655	1271209	36729	251107
绍兴市	1932305	2219473	95542	450571
金华市	1559255	2115178	75525	483663
衢州市	469780	1070865	27460	216583
舟山市	610396	1050303	24390	121429
台州市	1648845	2227592	57589	515679
丽水市	449423	1352045	24478	239969
安徽省	**9687185**	**20289485**	**493704**	**3350396**
合肥市	2594283	3177157	179637	370147
芜湖市	948372	1444290	100092	164502
蚌埠市	429009	1068407	34633	170631
淮南市	518107	810173	12680	127873
马鞍山市	698801	865282	24460	120550
淮北市	295956	659289	8307	105974
铜陵市	347336	573219	12004	65260
安庆市	505742	1618318	24815	359928
黄山市	307860	729805	14074	82230
滁州市	505281	1281171	13291	204033
阜阳市	411810	1643492	5863	308959
宿州市	261543	1131874	6587	281610
巢湖市	392718	1045761	11923	226803
六安市	427011	1483943	8485	305334
亳州市	232980	1033412	3553	208018
池州市	312066	681120	10216	96648
宣城市	498310	1042772	23084	151896
福建省	**10502108**	**14072996**	**262387**	**2967361**
福州市	2478206	2624208	41759	559878
厦门市	2891748	3069468	95969	433820
莆田市	476336	793185	12234	279560
三明市	496415	970095	12692	206919
泉州市	1815324	2296427	47247	602096
漳州市	885656	1475168	18014	286072
南平市	385886	870249	10074	177679
龙岩市	667481	1108134	14846	228393
宁德市	405056	866062	9552	192944
江西省	**7072893**	**15990195**	**120748**	**2428812**
南昌市	1464650	2320305	35583	348327
景德镇市	387567	778735	5882	97707
萍乡市	411109	866977	8486	93152
九江市	710634	1665230	7816	239684
新余市	499947	776593	10764	83356
鹰潭市	295084	574568	3136	58152

2-23 续表 3

单位：万元

城 市	地方财政一般预算内收入	地方财政一般预算内支出	科学支出	教育支出
赣州市	790079	2396873	10017	407618
吉安市	570967	1583585	7725	250298
宜春市	662957	1716084	11250	286468
抚州市	554271	1394453	8548	203362
上饶市	725628	1916792	11541	360688
山东省	**24459318**	**35841489**	**698887**	**6869376**
济南市	2661314	3368037	62138	503295
青岛市	4526138	5323888	98748	860663
淄博市	1623955	2018701	48373	403737
枣庄市	767069	1289527	15469	255187
东营市	1048821	1419464	20198	250971
烟台市	2377958	3238648	106313	566433
潍坊市	2024316	2910354	72157	730950
济宁市	1692540	2521964	52726	558909
泰安市	1169489	1756137	28131	306115
威海市	1182707	1679255	56150	317136
日照市	556128	948309	9364	204759
莱芜市	353207	519371	12986	122768
临沂市	1154816	2364649	32862	519127
德州市	729086	1549133	20095	286075
聊城市	705022	1445957	20733	300718
滨州市	1039879	1618432	23966	308079
菏泽市	846873	1869663	18478	374454
河南省	**12518470**	**27415879**	**376260**	**5310180**
郑州市	3868040	4267968	95047	673169
开封市	370306	1164696	12198	197102
洛阳市	1420232	2307993	33101	444986
平顶山市	805839	1485902	16380	246863
安阳市	650501	1406537	24712	318105
鹤壁市	221541	591289	5101	94143
新乡市	704565	1581959	25792	307486
焦作市	633384	1215497	28113	196136
濮阳市	301725	900995	10898	211530
许昌市	574496	1172338	13031	238577
漯河市	261300	699661	4490	110505
三门峡市	497358	952553	16261	181116
南阳市	690668	2471103	35255	451750
商丘市	430029	1799813	12405	435776
信阳市	340956	1737596	11600	400396
周口市	383087	1936989	13843	451539
驻马店市	364443	1722990	18033	351001
湖北省	**7617861**	**19856359**	**247588**	**2827960**
武汉市	3901866	5835453	117036	752936
黄石市	340018	1024906	10540	147634
十堰市	437744	2088797	9824	176305

2-23 续表 4

单位：万元

城　　市	地方财政一般预算内收入	地方财政一般预算内支出	科学支出	教育支出
宜昌市	702425	1952304	28922	268111
襄阳市	510126	1849167	18109	291837
鄂州市	156633	430116	3273	65145
荆门市	232478	954584	7191	113792
孝感市	342039	1335774	10609	231198
荆州市	276032	1033629	5729	201728
黄冈市	389782	1830811	20889	349444
咸宁市	233388	948529	9653	134184
随州市	95330	572289	5813	95646
湖南省	**10100312**	**21392785**	**279416**	**3343264**
长沙市	3142836	4033349	133275	539336
株洲市	780383	1569782	20981	220683
湘潭市	473796	1068079	22010	148597
衡阳市	758927	2093341	12429	296625
邵阳市	315278	1616137	6278	278553
岳阳市	1926915	1956597	17956	268713
常德市	700205	1773011	10337	296639
张家界市	143058	550894	2177	74999
益阳市	244957	1167511	7088	198474
郴州市	627107	1611473	23278	317480
永州市	330062	1443893	8479	300649
怀化市	356709	1455507	6287	243654
娄底市	300079	1053211	8841	158862
广东省	**36534937**	**48371216**	**1826563**	**7845091**
广州市	8726470	9773199	319379	1126343
韶关市	478133	1002379	14243	186506
深圳市	11068166	12652699	998426	1245545
珠海市	1245280	1664116	56984	259700
汕头市	726452	1217123	14491	303068
佛山市	3060545	3633477	113366	691057
江门市	1042878	1329847	29897	262986
湛江市	662295	1536453	5809	350859
茂名市	519455	1211898	4387	312412
肇庆市	768042	1276606	22967	267503
惠州市	1312270	1854379	35738	323894
梅州市	389542	1179823	9934	254427
汕尾市	262309	565096	3974	135016
河源市	250906	945488	7961	198631
阳江市	267710	649223	7992	130636
清远市	727875	1328090	13275	270845
东莞市	2778422	2893306	79830	653090
中山市	1393743	1458491	67248	382708
潮州市	232514	559920	4434	113000
揭阳市	386506	946830	4781	247008
云浮市	235424	692773	11447	129857

2-23 续表 5

单位：万元

城　市	地方财政一般预算内收入	地方财政一般预算内支出	科学支出	教育支出
广西壮族自治区	**6171156**	**16020493**	**107898**	**3190102**
南宁市	1560958	2612785	28429	429761
柳州市	746288	1550130	20911	279044
桂林市	670784	1835907	19002	335341
梧州市	324213	906366	2684	212027
北海市	275093	630370	2102	118803
防城港市	226867	525671	1355	61471
钦州市	583733	804266	2187	194797
贵港市	214402	907989	1552	259469
玉林市	368391	1293723	5770	343790
百色市	338629	1376738	6694	268268
贺州市	121295	612271	2925	141190
河池市	229526	1209686	6478	262194
来宾市	249382	899256	3077	146908
崇左市	261595	855335	4732	137039
海南省	**925892**	**1324925**	**27233**	**225761**
海口市	503661	789877	9642	142041
三亚市	422231	535048	17591	83720
重庆市	**10182938**	**17691065**	**178968**	**2404608**
四川省	**10391987**	**31059482**	**232254**	**4215540**
成都市	5269400	7773800	106972	977300
自贡市	218360	811614	6954	127670
攀枝花市	387841	750766	7585	116530
泸州市	475888	1265380	6531	239586
德阳市	457976	2244206	9317	163683
绵阳市	452057	3453220	19084	235635
广元市	167267	2213188	5109	179569
遂宁市	177685	888467	4292	155829
内江市	203856	924757	3091	164752
乐山市	457695	1185123	10693	165421
南充市	322564	1856129	8113	376505
眉山市	246863	965266	3528	147298
宜宾市	556465	1433154	15483	253870
广安市	212785	975438	2799	194687
达州市	305924	1502741	7291	268472
雅安市	156522	774922	4262	78346
巴中市	78160	1030304	3157	180291
资阳市	244679	1011007	7993	190096
贵州省	**2630493**	**5885357**	**61500**	**1164940**
贵阳市	1363034	2043801	36075	352990
六盘水市	493083	1111159	6184	233305
遵义市	575946	1941962	13954	429640
安顺市	198430	788435	5287	149005

2-23 续表 6

单位：万元

城　　市	地方财政一般预算内收入	地方财政一般预算内支出	科学支出	教育支出
云南省	**4998130**	**11078313**	**99894**	**1869054**
昆明市	2538316	3463080	44350	327859
曲靖市	724326	1816129	14470	448667
玉溪市	647297	1072981	12766	195178
保山市	213778	620180	3363	130430
昭通市	256182	1465980	8739	329524
丽江市	164511	591117	4559	98313
思茅市	308580	1141098	8423	174044
临沧市	145140	907748	3224	165039
西藏自治区				
拉萨市				
陕西省	**6464611**	**16213931**	**137288**	**3002265**
西安市	2418567	3716175	43550	530805
铜川市	137534	539588	2231	79095
宝鸡市	387779	1330648	12723	262891
咸阳市	434802	1514014	8223	345745
渭南市	340047	1543008	5432	343265
延安市	1051895	1927054	16784	302859
汉中市	186246	1267868	6985	217375
榆林市	1255369	2371891	32284	493799
安康市	132272	1101715	4719	225131
商洛市	120100	901970	4357	201300
甘肃省	**2030847**	**9885766**	**61509**	**1723040**
兰州市	727579	1469264	20151	295364
嘉峪关市	83365	121922	1101	15175
金昌市	102203	245239	2558	35843
白银市	118411	721316	2959	153671
天水市	143893	1114669	7033	206847
武威市	64301	753123	2052	135558
张掖市	75843	589433	3289	87894
平凉市	130156	858600	3995	169359
酒泉市	119072	597463	4533	90555
庆阳市	300247	1136575	5698	191434
定西市	72455	907177	5895	182205
陇南市	93322	1370985	2245	159135
青海省	**345219**	**1089186**	**6566**	**225562**
西宁市	345219	1089186	6566	225562
宁夏回族自治区	**1151080**	**3967001**	**23608**	**683615**
银川市	640368	1199157	11625	176372
石嘴山市	216460	613332	1891	93916
吴忠市	156692	783724	3424	141631
固原市	52581	786629	3865	164865
中卫市	84979	584159	2803	106831
新疆维吾尔自治区	**1904241**	**2143819**	**31440**	**380840**
乌鲁木齐市	1479938	1596108	21497	265499
克拉玛依市	424303	547711	9943	115341

2-24 财政(市辖区)

单位：万元

城　　市	地方财政一般预算内收入	地方财政一般预算内支出	科学支出	教育支出
城市合计	**238277952**	**315747974**	**10360368**	**45787504**
北京市	**23312482**	**26119405**	**1775473**	**4343713**
天津市	**10349226**	**13151945**	**425400**	**2081497**
河北省	**5416906**	**8937762**	**126276**	**1442585**
石家庄市	1030137	1464008	29987	284609
唐山市	1293066	1994876	36569	319378
秦皇岛市	558067	843762	7213	108780
邯郸市	565847	943789	8120	165367
邢台市	258816	466381	2471	69112
保定市	377361	745613	18063	104686
张家口市	94012	285956	1813	55339
承德市	291510	600273	3630	81547
沧州市	389313	611171	6895	109227
廊坊市	418578	643884	7759	89084
衡水市	140199	338049	3756	55456
山西省	**3201217**	**4632813**	**75475**	**917598**
太原市	1197551	1552679	44020	287092
大同市	461208	808652	4855	206609
阳泉市	292943	401921	4824	68618
长治市	321108	417057	6476	78475
晋城市	238330	315127	5945	52764
朔州市	380948	501545	4075	80329
晋中市	62852	120108	1398	33047
运城市	54085	140591	1861	23623
忻州市	24526	99921	657	24588
临汾市	102782	177631	481	37061
吕梁市	64884	97581	883	25392
内蒙古自治区	**3400015**	**5493925**	**64636**	**756544**
呼和浩特市	445370	768581	12308	56574
包头市	1116184	1550930	25455	225325
乌海市	336631	635412	7768	74172
赤峰市	210728	439324	3718	111288
通辽市	155953	262995	260	48821
鄂尔多斯市	955969	1410773	13134	162919
呼伦贝尔市	52418	116619	1697	21543
巴彦淖尔市	89615	187308	111	36314
乌兰察布市	37147	121983	185	19588
辽宁省	**14282930**	**18186402**	**505031**	**1981993**
沈阳市	4232511	4437511	151376	578047
大连市	4161130	5010912	260873	534134
鞍山市	1368163	1348185	17819	111164
抚顺市	630230	1116081	7926	78351
本溪市	584940	843478	7382	100686
丹东市	364154	643769	6320	64430
锦州市	481604	717600	7008	79205

2-24 续表 1

单位：万元

城　　市	地方财政一般预算内收入	地方财政一般预算内支出	科学支出	教育支出
营口市	702298	887142	15868	92280
阜新市	105302	166675	1704	27421
辽阳市	315659	637893	10165	63580
盘锦市	555700	671335	6866	74663
铁岭市	186111	519220	5075	61490
朝阳市	205989	496922	3472	51366
葫芦岛市	389139	689679	4797	65176
吉林省	**2714040**	**6068552**	**67388**	**818834**
长春市	1548100	2714677	32657	368614
吉林市	481510	1138803	18913	167503
四平市	120049	381747	2291	62552
辽源市	124453	367509	1950	39453
通化市	105792	357838	3762	46445
白山市	132138	474405	4047	51457
松原市	145784	347962	726	51316
白城市	56214	285611	3042	31494
黑龙江省	**4418677**	**7605863**	**125448**	**1176101**
哈尔滨市	2063562	3051799	72890	441544
齐齐哈尔市	400369	600347	11406	144512
鸡西市	197757	288205	1727	59099
鹤岗市	133878	347684	3693	56155
双鸭山市	156024	318523	700	46464
大庆市	838245	1057083	10723	177115
伊春市	66555	469189	2866	52371
佳木斯市	86394	328316	3050	35780
七台河市	200085	352912	1051	63120
牡丹江市	204365	524508	16106	65106
黑河市	47620	176547	1089	9286
绥化市	23823	90750	147	25549
上海市	**28455416**	**32246744**	**2014828**	**4059280**
江苏省	**22141629**	**22699487**	**783303**	**3455790**
南京市	4852832	4970638	153596	703458
无锡市	3231496	3128713	151602	491092
徐州市	1344044	1621085	21138	275296
常州市	2391480	2258104	74484	283963
苏州市	3609880	3276211	170996	503609
南通市	1550372	1328663	44478	248735
连云港市	703217	784868	14880	106389
淮安市	974981	1240960	27877	215199
盐城市	679452	827784	17708	131219
扬州市	916093	985380	47916	132089
镇江市	787731	836504	23835	129503
泰州市	724599	805744	23164	108503
宿迁市	375452	634833	11629	126735

2-24 续表 2

单位：万元

城　市	地方财政一般预算内收入	地方财政一般预算内支出	科学支出	教育支出
浙江省	**14236011**	**15088100**	**579904**	**2368343**
杭州市	5894415	4988197	244478	772252
宁波市	3706961	4055183	151249	514976
温州市	1097436	1216956	36286	252121
嘉兴市	601889	699399	22571	112489
湖州市	423763	550011	17276	103784
绍兴市	483297	555715	24363	100823
金华市	389850	596234	17241	107711
衢州市	247873	440059	9675	81805
舟山市	502797	774547	18943	90649
台州市	723612	880252	30915	175238
丽水市	164118	331547	6907	56495
安徽省	**6226804**	**9534450**	**373478**	**1128800**
合肥市	2266909	2465847	162123	204818
芜湖市	690098	935780	95482	94001
蚌埠市	316785	587151	25786	60028
淮南市	395159	616082	10331	103236
马鞍山市	583895	659020	21620	67893
淮北市	229411	456144	6885	63149
铜陵市	281485	444098	9846	37157
安庆市	190146	371536	4383	54300
黄山市	207028	381288	6514	29404
滁州市	195833	391205	5805	46893
阜阳市	199102	575654	2296	102223
宿州市	72460	248447	1882	76523
巢湖市	139333	331233	3956	45489
六安市	96894	198033	2679	8282
亳州市	88639	330848	2527	55519
池州市	175842	352336	5806	46888
宣城市	97785	189748	5557	32997
福建省	**6556925**	**6892188**	**176955**	**1229573**
福州市	1612563	1261659	29420	240999
厦门市	2891748	3069468	95969	433820
莆田市	404558	616366	10602	207609
三明市	177144	212443	3437	36047
泉州市	561445	586640	16638	130045
漳州市	279410	339269	5881	46917
南平市	119850	209849	3398	34974
龙岩市	381399	396689	6905	63005
宁德市	128808	199805	4705	36157
江西省	**2692086**	**4602950**	**53420**	**513821**
南昌市	1104804	1550072	26724	200138
景德镇市	246560	649209	5027	41498
萍乡市	289681	551344	6548	50783
九江市	184899	220282	1152	21668
新余市	383275	598568	6981	65142
鹰潭市	105181	190053	994	15800

2-24 续表 3

单位：万元

城　　市	地方财政一般预算内收入	地方财政一般预算内支出	科学支出	教育支出
赣州市	116857	175999	1584	23000
吉安市	53256	151109	608	28167
宜春市	51984	202959	727	37509
抚州市	98356	214355	2720	15170
上饶市	57233	99000	355	14946
山东省	**13770696**	**17662842**	**414253**	**2760864**
济南市	2257836	2619144	55761	356173
青岛市	3296689	3686042	79381	467241
淄博市	991402	1044737	24642	210977
枣庄市	465903	841717	13838	153144
东营市	742480	919904	12736	143968
烟台市	1125307	1540608	68706	195813
潍坊市	692766	1024454	29306	196436
济宁市	683014	889653	34959	143472
泰安市	522170	744174	12137	107933
威海市	471800	706116	24978	104874
日照市	476887	681977	7371	129639
莱芜市	353207	519371	12986	122768
临沂市	700170	981122	17360	184143
德州市	153352	222316	2630	33396
聊城市	236785	230775	4100	39337
滨州市	345336	527462	6495	90378
菏泽市	255592	483270	6867	81172
河南省	**7326123**	**11241571**	**192458**	**1641602**
郑州市	2967200	2893895	78944	405472
开封市	223688	505923	6306	61596
洛阳市	785856	1044277	18880	163489
平顶山市	453714	639107	6061	85052
安阳市	384069	609078	15003	103932
鹤壁市	175753	380390	2589	52605
新乡市	355798	542118	12940	84057
焦作市	293955	523843	9170	76444
濮阳市	208089	341480	5953	75525
许昌市	203113	340636	4381	48731
漯河市	206197	471543	2860	64708
三门峡市	147744	315810	2520	44496
南阳市	272441	762726	12231	99686
商丘市	199875	583751	5051	97706
信阳市	164494	541287	3127	82482
周口市	122317	341449	2914	39626
驻马店市	161820	404258	3528	55995
湖北省	**5232131**	**10122882**	**173219**	**1224264**
武汉市	3416103	4760050	108806	551471
黄石市	182109	641507	7668	58778
十堰市	193241	602988	3582	52125

2-24 续表 4 单位：万元

城 市	地方财政一般预算内收入	地方财政一般预算内支出	科学支出	教育支出
宜昌市	378909	845045	16481	108498
襄阳市	300699	879587	12379	134323
鄂州市	156633	430116	3273	65145
荆门市	120760	348456	3240	39889
孝感市	110059	363663	2767	52665
荆州市	151552	394647	2169	47466
黄冈市	73746	299994	5622	40519
咸宁市	94528	311272	4818	37202
随州市	53792	245557	2414	36183
湖南省	**6720920**	**10135144**	**179934**	**1153712**
长沙市	2500832	2815100	108001	350643
株洲市	464302	839176	11569	99958
湘潭市	339592	617431	14472	78252
衡阳市	439178	867505	7496	77250
邵阳市	104485	395941	2002	41243
岳阳市	1552557	1650703	11837	93844
常德市	498958	799979	6422	116032
张家界市	95033	267546	1551	39935
益阳市	138268	500399	4989	57637
郴州市	308099	558227	7469	86954
永州市	148740	471858	2701	67914
怀化市	105235	281423	1227	25087
娄底市	25641	69856	198	18963
广东省	**32673087**	**39317384**	**1743156**	**5615892**
广州市	8134360	9085469	309818	979419
韶关市	306655	510383	7320	83879
深圳市	11068166	12652699	998426	1245545
珠海市	1245280	1664116	56984	259700
汕头市	720286	1186419	14261	299222
佛山市	3060545	3633477	113366	691057
江门市	607233	743345	23730	136084
湛江市	490834	874643	4187	145381
茂名市	306276	487471	2292	94101
肇庆市	324670	493308	11476	71219
惠州市	1018132	1289013	27912	187066
梅州市	163482	337347	3289	62142
汕尾市	100019	177333	1489	28195
河源市	120984	298013	3552	55914
阳江市	139985	276260	3701	52803
清远市	330423	478385	5365	73555
东莞市	2778422	2893306	79830	653090
中山市	1393743	1458941	67248	382708
潮州市	115527	237855	1212	31803
揭阳市	162356	302612	2113	52624
云浮市	85709	236989	5585	30385

2-24 续表 5

单位：万元

城　市	地方财政一般预算内收入	地方财政一般预算内支出	科学支出	教育支出
广西壮族自治区	**3163987**	**5783035**	**57596**	**1001102**
南宁市	1255248	1714654	20311	228650
柳州市	621911	928072	16138	148958
桂林市	214032	440681	8861	61814
梧州市	173548	353317	1577	66690
北海市	247043	431219	1791	62233
防城港市	157717	343136	733	40291
钦州市	38077	189387	3106	54352
贵港市	121415	434483	613	115060
玉林市	170661	379788	2307	69564
百色市	24147	81587	737	21173
贺州市	43929	187711	259	54346
河池市	17144	69296	195	19812
来宾市	44769	157049	309	41765
崇左市	34346	72655	659	16394
海南省	**925892**	**1324925**	**27233**	**225761**
海口市	503661	789877	9642	142041
三亚市	422231	535048	17591	83720
重庆市	**3904732**	**6853473**	**83357**	**1136955**
四川省	**6946562**	**13366285**	**149105**	**1627736**
成都市	4215005	5022263	82669	582688
自贡市	153916	480363	6250	64865
攀枝花市	300572	555187	6918	84231
泸州市	300673	608718	4512	92415
德阳市	211894	542455	4008	45515
绵阳市	281852	1112550	13475	86003
广元市	101177	975676	2696	63237
遂宁市	105011	415071	1743	65843
内江市	91853	419636	1886	61119
乐山市	256969	531885	7535	66807
南充市	183199	645911	4805	118321
眉山市	118528	318176	1323	45296
宜宾市	366610	504614	5244	52369
广安市	95670	340375	1498	60035
达州市	29024	94701	490	20760
雅安市	11371	96930	487	12797
巴中市	26316	371002	1183	55864
资阳市	96922	330772	2383	49571
贵州省	**1599332**	**2402302**	**37571**	**380870**
贵阳市	1198856	1614242	31435	251833
六盘水市	206467	352704	1945	29745
遵义市	124250	240762	1940	52890
安顺市	69759	194594	2251	46402

2-24 续表 6 单位：万元

城　市	地方财政一般预算内收入	地方财政一般预算内支出	科学支出	教育支出
云南省	**1303648**	**1906413**	**18657**	**364929**
昆明市	897522	895576	10364	155708
曲靖市	92134	177953	1863	44291
玉溪市	92888	150982	2205	28635
保山市	60658	207559	1205	46006
昭通市	50340	192216	640	41442
丽江市	50092	88762	1008	14786
思茅市	40556	95665	732	17619
临沧市	19458	97700	640	16442
西藏自治区				
拉萨市				
陕西省	**3264178**	**5817711**	**59913**	**910127**
西安市	2307038	3208130	41596	412429
铜川市	130704	485242	1832	64645
宝鸡市	279568	747943	9465	116484
咸阳市	253149	449876	2116	61524
渭南市	27666	176929	337	44853
延安市	85312	121655	1137	32896
汉中市	45069	109055	441	25303
榆林市	93249	184757	2147	52174
安康市	22152	225967	435	65109
商洛市	20271	108157	407	34710
甘肃省	**1263890**	**3452445**	**31919**	**588931**
兰州市	668935	1174627	18996	211454
嘉峪关市	83365	121922	1101	15175
金昌市	23270	61589	122	6785
白银市	96093	327650	2105	51401
天水市	58588	320180	1706	64654
武威市	24333	245441	583	53877
张掖市	37506	229490	2643	34713
平凉市	19105	119858	752	22974
酒泉市	18125	103603	615	20930
庆阳市	206830	383304	2385	45984
定西市	13765	140948	722	31216
陇南市	13975	223833	189	29768
青海省	**115724**	**1086976**	**4351**	**223346**
西宁市	115724	1086976	4351	223346
宁夏回族自治区	**781247**	**1917129**	**9936**	**289522**
银川市	439705	704761	4582	105124
石嘴山市	164495	429573	1408	61279
吴忠市	65152	261176	1043	40817
固原市	33230	288111	2260	48648
中卫市	78665	233508	643	33654
新疆维吾尔自治区	**1881439**	**2096871**	**30695**	**367419**
乌鲁木齐市	1457136	1549160	20752	252078
克拉玛依市	424303	547711	9943	115341

2-25 金 融

单位：万元

城 市	年末金融机构存款余额		其中：城乡居民储蓄年末余额		年末金融机构各项贷款余额	
	全市	市辖区	全市	市辖区	全市	市辖区
城市合计	**6778486175**	**5180677585**	**2929853827**	**1930173627**	**4638442814**	**3643617051**
北京市	**620418389**	**615755688**	**168742848**	**166175501**	**281750343**	**280265880**
天津市	**164992500**	**164992500**	**56343400**	**56343400**	**137741100**	**137741100**
河北省	**259258442**	**137914586**	**156652404**	**67263951**	**145342054**	**88977626**
石家庄市	61158028	42992706	29203989	16736357	32720979	26219403
唐山市	41882483	26482502	25151480	14287315	27161068	16241897
秦皇岛市	15040636	11212844	8651484	5508649	8960192	7890461
邯郸市	21314976	11370131	13730593	6310443	13187365	8157587
邢台市	15790262	6125912	10920965	3439560	8141250	4161442
保定市	28564407	10041362	20189284	5403216	11583183	5094551
张家口市	13002918	6729155	8481483	4079147	9183089	5832372
承德市	10875752	5318236	6573032	2640064	7662458	4745580
沧州市	20265889	5633178	13533442	2777330	8945733	3856738
廊坊市	19819216	7863500	11649023	3629509	13220771	4770000
衡水市	11543875	4145060	8567629	2452361	4575966	2007595
山西省	**185838751**	**112757181**	**92260712**	**47337291**	**96507328**	**63670253**
太原市	69651916	53454600	23867861	16891744	50547492	39483881
大同市	16584637	13304850	9454359	7451250	5972070	5288406
阳泉市	8772256	6241842	4589744	2839030	3690752	2800220
长治市	13676309	7636026	7268756	3671166	6311681	3306349
晋城市	13249293	8566715	6145618	3544637	5229188	3654631
朔州市	7693172	4872351	4453745	2466387	1976762	1138877
晋中市	12455723	4286371	8017161	2450887	4696401	1936474
运城市	9516209	3112716	6552370	1734811	4998585	1721441
忻州市	9642264	2768164	6509378	1679745	3523991	936715
临汾市	13254175	5710234	8587790	3352958	5499293	2369234
吕梁市	11342797	2803312	6813930	1254676	4061113	1034025
内蒙古自治区	**95641082**	**64510094**	**41375377**	**27762938**	**73496831**	**50098107**
呼和浩特市	26789200	19981711	9298100	8342709	25225200	18956019
包头市	17056150	15205655	7507459	6771728	10372879	9252608
乌海市	4119797	4119797	1922784	1922784	2798218	2798218
赤峰市	8794197	5047282	5367138	3044336	4659314	2893844
通辽市	4793772	2280835	2584023	1202983	4640040	1778868
鄂尔多斯市	17609000	10971158	5863000	2899392	15621000	10011016
呼伦贝尔市	7623132	2383571	4471989	1143216	4305409	1545907
巴彦淖尔市	4592800	2596562	1674800	1312591	3463600	1956833
乌兰察布市	4263034	1923523	2686084	1123199	2411171	904794
辽宁省	**273554502**	**229958421**	**136918299**	**103833471**	**186978160**	**163695196**
沈阳市	80919886	78120449	33382310	31225327	59701639	58006921
大连市	85035192	75233897	33748155	27095020	61589983	56952947
鞍山市	19026424	14428549	11211010	7356258	10791432	8611279
抚顺市	9276919	8073420	6205005	5323705	3729791	3286758
本溪市	7275114	5813102	4708767	3649635	5049102	4561832
丹东市	9194074	5512170	6544583	3467790	4764265	3015229
锦州市	10114016	6942611	6892809	4385586	5832908	3979541

2-25 续表 1

单位：万元

城市	年末金融机构存款余额		其中：城乡居民储蓄年末余额		年末金融机构各项贷款余额	
	全市	市辖区	全市	市辖区	全市	市辖区
营口市	9461850	6465950	5957239	3673386	8135530	6616161
阜新市	5052726	3859230	3231482	2367187	3593479	2572640
辽阳市	8294317	6123940	5284981	3629653	5139926	3817077
盘锦市	8398341	7024807	5151827	4107351	4402185	3615651
铁岭市	6249288	3174618	4327388	2144630	4843346	2714349
朝阳市	7055481	3455128	5003437	2206496	4347987	2525842
葫芦岛市	8200874	5730550	5269306	3201447	5056587	3418969
吉林省	**88457124**	**67186627**	**46267065**	**31746520**	**68685129**	**54852229**
长春市	49859029	45327364	20627232	17316468	45574427	42357888
吉林市	13349505	9599352	8866054	6321006	7154018	4930761
四平市	5436894	2487120	3894619	1704271	3645759	1765667
辽源市	2592021	1637594	1735066	1028494	1712603	1018749
通化市	5614836	2081068	3837403	1314183	3416770	1467213
白山市	3725110	2021427	2523164	1424277	2435940	1483944
松原市	4819750	2764179	2904065	1731862	2819780	1097754
白城市	3059979	1268523	1879462	905959	1925832	730253
黑龙江省	**126804518**	**96231375**	**71674583**	**49610321**	**71758631**	**55048808**
哈尔滨市	59563551	54036038	25801409	21629143	41269540	38084533
齐齐哈尔市	8769658	5769658	6010100	4299905	5404009	4030875
鸡西市	5567216	3259726	4000444	2259566	2249774	1136301
鹤岗市	3258932	2203633	2351398	1626946	2266796	1611165
双鸭山市	4233014	1961144	2977894	1395086	2470401	1193335
大庆市	15609198	14166000	9009302	7987000	4097771	3208000
伊春市	3366749	2593808	2377008	1758080	1040518	687289
佳木斯市	6310540	3426138	4432124	2461308	3422552	1256405
七台河市	2577580	2083917	1837069	1488695	1640313	1338680
牡丹江市	8175123	4105421	6009306	2861051	3130589	1330615
黑河市	3830021	1066001	2684391	695558	1747632	340194
绥化市	5542936	1559891	4184138	1147983	3018736	831416
上海市	**521900400**	**521900400**	**162492900**	**162492900**	**341541700**	**341441700**
江苏省	**590006885**	**381558956**	**233374430**	**129509928**	**497885457**	**307419220**
南京市	126495200	123761442	35118500	33625893	103848400	101856014
无锡市	85450515	54656632	30802655	19239979	61605955	38950179
徐州市	26321873	18281038	13243885	7908879	14364443	9901281
常州市	45504739	38004718	20092517	15672636	30116717	25189230
苏州市	135703495	63060620	46555617	18837173	101331549	48437564
南通市	48578464	24924933	26785481	10905452	28431370	15717933
连云港市	12438078	7927689	5382380	2593197	9462601	6552445
淮安市	11907953	7716163	5856331	3616335	84263434	5557942
盐城市	19959800	7436900	11285300	3118200	13104000	5296400
扬州市	24305499	12682994	12523929	5246281	14860633	8710766
镇江市	22032168	11705579	9935734	4379284	15633402	8453958
泰州市	23203190	8015067	11605987	2988929	14606870	5558724
宿迁市	8105911	3385181	4186114	1377690	6256083	27236784

2-25 续表 2

单位：万元

城市	年末金融机构存款余额		其中：城乡居民储蓄年末余额		年末金融机构各项贷款余额	
	全市	市辖区	全市	市辖区	全市	市辖区
浙江省	**544822871**	**346031681**	**210955669**	**112344181**	**469385365**	**305501207**
杭州市	170843548	156776515	49909744	43676938	150787269	138712722
宁波市	97555158	68352490	33121737	19815805	94141982	63978727
温州市	64975917	37011412	31541614	16403816	55166818	32115268
嘉兴市	35908226	12158580	16297075	4805702	27536395	9382787
湖州市	18056148	9936149	8216820	4378517	14613222	7717188
绍兴市	49483217	18016589	19457175	5528856	39342663	15138166
金华市	39869900	8255738	20276193	3480980	30964741	6766365
衢州市	9531187	4824485	4312926	1857729	7882244	4047447
舟山市	11432535	9736280	4108026	3327926	10177248	8956975
台州市	35884773	17338119	17306728	7448887	30558214	15170196
丽水市	11282262	3625324	6407631	1619025	8214569	3515366
安徽省	**162671685**	**107702178**	**77782496**	**40827568**	**112734532**	**86583535**
合肥市	45417842	41657071	12337343	10325752	42140848	40263643
芜湖市	12131742	9391338	4837817	3334972	10334486	8399606
蚌埠市	7076500	4845625	3868000	2347180	3869200	2840867
淮南市	8634855	7673650	4215728	3596336	6446402	5997162
马鞍山市	8004330	6611922	3531165	2722955	5231126	4352321
淮北市	5685563	4444395	2897194	2022338	3047607	2666678
铜陵市	4065124	3329111	1928878	1469319	3884885	3490462
安庆市	11524141	4236790	7143621	2112243	5470748	2396529
黄山市	4723797	2742472	2580305	1195186	2810102	1830350
滁州市	7764392	2808396	4182123	1121309	4737578	1670222
阜阳市	10426637	4174727	7353633	2433587	4414904	2566780
宿州市	6999770	3451423	4660835	1990732	3076829	1967346
巢湖市	6906864	2178077	4646497	1151663	3637097	1365061
六安市	8434842	3582282	4722947	1756292	4852525	2255717
亳州市	5447496	2218598	3685952	1290970	2447755	1248853
池州市	3656693	2185432	1997493	965612	2476886	1751239
宣城市	5771097	2170869	3192965	991122	3855554	1520699
福建省	**184757070**	**123641993**	**81387360**	**43232608**	**154379260**	**111166504**
福州市	59610664	45971058	23290905	14536588	50055312	42172322
厦门市	44406023	44406023	13846660	13846660	36217206	36217206
莆田市	7162665	5797415	4748679	3692976	6167065	5361882
三明市	7628472	2541998	4046762	1096084	6976618	2787112
泉州市	32762343	11802434	18602087	4769567	26005591	10841919
漳州市	11073445	4700951	6033326	2034545	8362029	4561052
南平市	7569083	2335485	4038703	969536	6175961	2663250
龙岩市	7847614	3646814	3964020	1708710	7233897	4336080
宁德市	6696761	2439815	2816218	577942	7185581	2225681
江西省	**118267929**	**67320432**	**61134795**	**26479314**	**77583894**	**51308406**
南昌市	41676676	36619134	14175807	10872684	34615208	31783328
景德镇市	4009210	2592053	2485978	1481089	2269952	1625737
萍乡市	3901389	2844557	2377025	1733122	2279637	1860141
九江市	10864219	5270304	5808405	2202995	6380167	3390811
新余市	4304971	3684432	2412353	2010200	3523302	3155476
鹰潭市	3647039	1538452	1710735	755571	2200291	726422

2-25 续表 3

单位：万元

城市	年末金融机构存款余额		其中：城乡居民储蓄年末余额		年末金融机构各项贷款余额	
	全市	市辖区	全市	市辖区	全市	市辖区
赣州市	15060778	5062271	9076342	2098605	8463708	3237511
吉安市	8587223	2317676	5733233	1255108	3739842	1310477
宜春市	9891249	2492297	6453816	1276796	5086745	1169712
抚州市	6560685	2670705	4363029	1580454	3252851	1392572
上饶市	9764490	2228551	6538072	1212690	5772191	1656219
山东省	**410202440**	**269854888**	**196486038**	**100807574**	**308110030**	**209394122**
济南市	75104412	70449869	21876758	18743307	63190943	60416150
青岛市	76592065	62405721	29123256	20039124	58862263	49664804
淄博市	24705625	20687063	13111913	11000971	16861288	13548524
枣庄市	8770416	5832748	5113886	3182170	7277142	3989965
东营市	15670964	10739298	7030568	4864529	11481119	5402004
烟台市	40213394	21363930	21102921	9014611	25119135	14687154
潍坊市	32812534	14459730	18437854	5672011	25148111	11488205
济宁市	22563133	8398004	12751029	3683933	13664289	6230187
泰安市	13995337	7079381	8243149	369167	9175987	4678579
威海市	16033005	7863460	9491667	3820652	11217317	5624845
日照市	10031644	7382659	4580258	2787399	9607875	8056088
莱芜市	5857834	5857834	2994407	2994407	4647035	4647035
临沂市	21150918	10955589	13901569	6184072	15382117	9387644
德州市	12869067	5229995	8071797	2510430	9098359	3371839
聊城市	12324256	4625416	7524864	2376860	9196542	2956219
滨州市	10610125	3127440	5083098	1463267	10203868	2778250
菏泽市	10897711	3396751	8047044	2100664	7976640	2466630
河南省	**228742346**	**141212127**	**127790176**	**61968437**	**144917695**	**100145548**
郑州市	79908532	70393715	29110048	22329984	57175464	52275463
开封市	6818875	4122351	4725447	2651637	4024907	2862164
洛阳市	20960920	14197636	11116814	6794877	11138773	8279717
平顶山市	11378516	6931360	7301348	3995321	6943851	4712859
安阳市	9955071	4823993	6400574	2399212	6085019	3568900
鹤壁市	2854018	1801929	1779393	1008254	2684318	1587074
新乡市	11441596	5103149	7186035	2660205	7123411	3180686
焦作市	7485650	3952734	5037571	2237776	4709798	2862218
濮阳市	5889197	3425363	4355761	2358256	2316033	1336661
许昌市	8303818	3136427	5435087	1625296	5623459	2679492
漯河市	4218497	3104264	2602852	1714662	3012027	2391821
三门峡市	6255153	2084426	3928245	1151191	3401956	1167490
南阳市	14712193	6205437	9558151	3496100	8274988	4080096
商丘市	9011587	3412796	6672823	2270828	6076665	2536036
信阳市	10547640	3711924	7840988	2379691	5700879	2253483
周口市	9307887	1832049	7602751	1210041	5631751	1886984
驻马店市	9693196	2972574	7136288	1685106	4994396	2484404
湖北省	**202908081**	**152572815**	**90878108**	**56511659**	**141826286**	**120176012**
武汉市	109307663	103351726	35905589	32403978	90937079	88055567
黄石市	7044278	4512582	3718168	2192902	4789443	3635105
十堰市	8576445	4573976	4915981	2564044	4046982	2252337

2-25 续表 4

单位：万元

城市	年末金融机构存款余额		其中：城乡居民储蓄年末余额		年末金融机构各项贷款余额	
	全市	市辖区	全市	市辖区	全市	市辖区
宜昌市	19174115	13988013	7274778	3943523	14158629	11415689
襄阳市	12941156	7769114	8153364	4404491	6882468	4676903
鄂州市	2566421	2566421	1494277	1494277	1417068	1417068
荆门市	6851989	2962219	4437347	1620203	3172094	1713554
孝感市	7851881	2757116	5253449	1580036	3896037	1491727
荆州市	10361357	4279027	7196949	2758318	4610723	2388922
黄冈市	9601623	1510696	6813973	892693	3921775	684533
咸宁市	4325234	1560025	2665755	814294	2268775	1110807
随州市	4305919	2741900	3048478	1842900	1725213	1333800
湖南省	**161780980**	**101648487**	**88132705**	**42728538**	**112356154**	**86163873**
长沙市	64279541	55879132	21720771	16619231	63536758	58634375
株洲市	11290883	7604386	6747394	3974808	5506268	4018223
湘潭市	7809773	5134191	5021027	2792540	5459141	4213545
衡阳市	12998971	5898028	9427406	3547798	5307076	2680877
邵阳市	9481100	2657400	6888900	1558040	3485400	1229500
岳阳市	7849701	4309133	5245940	2498544	4371837	2572886
常德市	9630800	4519828	6566397	2519761	4807049	2306019
张家界市	2347841	1292314	1475149	694585	1880308	1263087
益阳市	6076767	2848538	4191660	1763793	3130753	1712059
郴州市	9445332	3953302	6521526	2399262	3691039	1918295
永州市	7259211	2473273	5361020	1612852	3626553	1667046
怀化市	6753548	2470201	4737545	1411718	3560776	1861795
娄底市	6557512	2608761	4227970	1335606	3993196	2086166
广东省	**799196815**	**724155781**	**366168109**	**309933870**	**482801197**	**453404789**
广州市	239539600	230347733	93023300	87696605	162843100	157576533
韶关市	9036721	5521387	5591566	2970087	3462757	2488495
深圳市	202107500	202107500	67170500	67170500	137081600	137081600
珠海市	27486965	27486965	9825958	9825958	14725362	14725362
汕头市	18730280	18559472	13056236	12960575	6615164	6588303
佛山市	84623293	84623293	44608183	44608183	48689882	48689882
江门市	22149700	12661200	14619800	7495800	9737500	6238200
湛江市	15560015	10095889	9400795	4962194	7143977	5340911
茂名市	10253943	4171212	7506658	2406754	3612983	1436407
肇庆市	10573821	5061432	6502617	2529935	6420440	3464674
惠州市	20411875	15483200	10317915	6715242	10976616	9042641
梅州市	8396309	2854745	5821984	1120062	3310991	2004423
汕尾市	3269559	1224075	2297259	646038	1302026	765165
河源市	5000191	2386793	3143292	1093133	3386886	1995332
阳江市	5641896	2920403	3868190	1760423	2839260	1685838
清远市	9953570	4913861	5931087	2379888	5206207	2999957
东莞市	59433885	59433885	33868535	33868535	33298244	33298244
中山市	26030212	26030212	14437422	14437422	13298923	13298923
潮州市	6498077	3288334	4596030	2252352	2059076	1364219
揭阳市	9630101	3106584	7141572	2003413	4006799	1814579
云浮市	4869302	1877606	3439210	1030771	2783404	1505101

2-25 续表 5 单位：万元

城 市	年末金融机构存款余额		其中：城乡居民储蓄年末余额		年末金融机构各项贷款余额	
	全市	市辖区	全市	市辖区	全市	市辖区
广西壮族自治区	**117288499**	**78848809**	**57027766**	**30727430**	**88696131**	**67541750**
南宁市	40214534	36435627	13758853	10942351	41423040	39603107
柳州市	14804289	11934768	6549600	4704724	10461710	8758208
桂林市	13766684	7640224	7787050	3704191	7893419	4385125
梧州市	4910835	2517215	2908310	1237468	3213419	2014476
北海市	4521277	3532810	2679830	1759657	2390270	1839851
防城港市	3111382	2241728	1568857	963830	1781727	1413714
钦州市	4738636	2223652	2610815	1111121	3214482	1583306
贵港市	5133644	2263033	3516805	1282529	2794120	1464761
玉林市	7695700	3381710	5448321	1922180	3971835	1841971
百色市	5116324	1512096	2675198	702767	3910303	1215103
贺州市	2517077	1490779	1497688	814293	1445058	928241
河池市	4660416	1298256	2712162	660706	2750078	759246
来宾市	2974539	1556022	1409246	591469	1827843	1169849
崇左市	3123162	820889	1905031	330144	1618827	564792
海南省	**28553706**	**28553706**	**10136967**	**10136967**	**21619035**	**21619035**
海口市	22389488	22389488	7720300	7720300	19332584	19332584
三亚市	6164218	6164218	2416667	2416667	2286451	2286451
重庆市	**134549800**	**109640400**	**58396600**	**41624954**	**108881500**	**98180800**
四川省	**288006515**	**190392707**	**130217771**	**69613324**	**184316240**	**141594614**
成都市	152772464	126085956	50713720	36728025	121394256	107791641
自贡市	5593245	3325415	3836913	2029223	2482449	1744542
攀枝花市	5707153	4911515	2814232	2316653	3803100	3271896
泸州市	8272252	5124086	5171890	2829077	4067179	2730745
德阳市	13880309	5582705	6854932	2269232	5923913	2645709
绵阳市	17844730	9368011	8032211	3562361	8772810	5318035
广元市	7171500	3465967	2362100	1467683	2389277	1409104
遂宁市	5231594	2735259	3586087	1668775	2763664	1543907
内江市	5998626	2679202	4377834	1714728	2669000	1221088
乐山市	8674057	4588353	5223692	2426724	5858716	3432071
南充市	11005034	4921343	7536162	3100542	4248215	1985713
眉山市	6152410	2106839	4279494	1409920	2815767	1224015
宜宾市	9460700	4960291	4662500	1705158	4478400	2123003
广安市	6388499	2306110	4805115	1630727	2515974	1172016
达州市	9010773	2770685	6657462	1750342	3634567	1306277
雅安市	4543400	1775177	2211871	759957	2389019	1140175
巴中市	3549900	1565687	2414500	1010679	1292200	474468
资阳市	6749869	2120106	4677056	1233518	2817734	1060209
贵州省	**50553001**	**38107936**	**20848035**	**14236038**	**37782250**	**30730745**
贵阳市	30353089	28643988	10887001	9908316	25887303	24542812
六盘水市	5008069	2704022	2295717	1199020	3616833	2327212
遵义市	11569986	4682941	6010998	2213155	5981566	2895314
安顺市	3621857	2076985	1654319	915547	2296548	965407

2-25 续表 6

单位：万元

城市	年末金融机构存款余额		其中：城乡居民储蓄年末余额		年末金融机构各项贷款余额	
	全市	市辖区	全市	市辖区	全市	市辖区
云南省	**102418110**	**63559188**	**41016516**	**25401206**	**87032582**	**54034651**
昆明市	66395100	46446652	23415400	18690632	64985700	42880652
曲靖市	10174171	4819089	5101185	1942918	6299319	2835616
玉溪市	8160064	4730012	3746560	1743121	4656585	2703348
保山市	3469462	1420780	1917215	719727	2286986	1052007
昭通市	5203518	2103395	2347674	712172	2863358	1189226
丽江市	2976171	1722548	1473745	685040	1939227	1376543
思茅市	3639065	1418057	1825561	593093	2320049	1188329
临沧市	2400559	898655	1189176	314503	1681358	808930
西藏自治区						
拉萨市						
陕西省	**163506816**	**119684598**	**79514291**	**52099759**	**99619734**	**81243514**
西安市	90441500	87017400	36777700	35135500	65917300	64970900
铜川市	2509185	1961856	1502484	1163605	794027	526756
宝鸡市	10767700	6875104	6583000	3823950	4369500	3788430
咸阳市	11424612	5923607	7117937	3138522	4546588	2509956
渭南市	9984700	2758802	6514900	1499499	4715200	1090015
延安市	7285400	3403100	3657300	1534200	3609700	1633400
汉中市	7981127	3036078	4972075	1630355	3000776	1009139
榆林市	14527200	4948269	7005700	1972537	8988200	3837791
安康市	4755392	2175624	2906195	1312562	2113443	1159724
商洛市	3830000	1584758	2477000	889029	1565000	717403
甘肃省	**68039315**	**46389353**	**34184005**	**21621109**	**43280674**	**26107616**
兰州市	32358448	28099334	12959451	11276164	23592799	14968797
嘉峪关市	1709768	1709768	758052	758052	1744503	1744503
金昌市	1721801	1270900	997129	695200	1406917	1219100
白银市	3484434	2422812	1916135	1230758	1866421	1220558
天水市	4632535	2967202	3058156	1914692	2149973	1530378
武威市	3234827	2088755	2220326	1449552	1611308	1059620
张掖市	2630387	1388358	1632156	881219	1323383	822126
平凉市	3265900	1256300	2022900	727800	2549600	961900
酒泉市	4839639	1791320	2769100	1034948	2422024	1016272
庆阳市	3541762	1271111	2332973	784231	1399728	541004
定西市	2696814	924964	1709627	459676	1436018	474878
陇南市	3923000	1198529	1808000	408817	1778000	548480
青海省	**16232104**	**15111928**	**5761104**	**5083719**	**15420840**	**14632314**
西宁市	16232104	15111928	5761104	5083719	15420840	14632314
宁夏回族自治区	**25226268**	**19777809**	**11548812**	**8402499**	**23758820**	**18729681**
银川市	15979613	14173603	6344542	5250610	16410628	14260859
石嘴山市	3410341	2823261	2067907	1617139	2700673	2253805
吴忠市	2696767	1263277	1489287	699220	2435086	1031520
固原市	1155059	596788	587675	318000	608303	415711
中卫市	1984488	920880	1059401	517530	1604130	767786
新疆维吾尔自治区	**43889231**	**43704941**	**14384486**	**14316652**	**22253862**	**22148216**
乌鲁木齐市	35964298	35780008	12428526	12360692	20747434	20641788
克拉玛依市	7924933	7924933	1955960	1955960	1506428	1506428

2-26 劳动工资

城市	在岗职工平均人数（万人）		在岗职工工资总额（万元）		职工平均工资（元）	
	全市	市辖区	全市	市辖区	全市	市辖区
城市合计	**11546.97**	**7136.57**	**425480471**	**301118868**	**36847.81**	**42193.78**
北京市	**576.88**	**562.19**	**37890732**	**37362437**	**65682.17**	**66458.74**
天津市	**183.87**	**174.50**	**9738432**	**9282077**	**52963.68**	**53192.42**
河北省	**481.83**	**242.92**	**15485836**	**8836711**	**32139.63**	**36377.04**
石家庄市	80.73	53.41	2539667	1780651	31458.78	33339.28
唐山市	76.39	49.35	2844073	2038044	37230.96	41297.75
秦皇岛市	27.97	19.46	1002156	769164	35829.67	39525.39
邯郸市	51.68	27.53	1660272	1017928	32126.01	36975.23
邢台市	35.00	13.34	985490	489273	28156.86	36677.14
保定市	61.28	22.23	1721409	682699	28090.88	30710.71
张家口市	32.38	14.19	990466	506317	30588.82	35681.25
承德市	24.93	10.33	747026	352735	29964.94	34146.66
沧州市	39.46	10.34	1302762	344856	33014.75	33351.64
廊坊市	30.88	14.51	1149538	612587	37225.97	42218.26
衡水市	21.13	8.23	542977	242457	25696.97	29460.15
山西省	**376.49**	**202.29**	**12335507**	**7390471**	**32764.50**	**36534.04**
太原市	81.04	77.42	3147505	3054528	38838.91	39453.99
大同市	40.41	33.45	1391366	1208806	34431.23	36137.70
阳泉市	22.70	18.19	962671	817753	42408.41	44956.18
长治市	35.73	13.60	1193858	373525	33413.32	27465.07
晋城市	26.26	12.68	1051231	625267	40031.65	49311.28
朔州市	16.97	11.08	552083	347431	32532.88	31356.59
晋中市	33.32	9.09	967195	243916	29027.46	26833.44
运城市	30.82	7.11	730206	195818	23692.60	27541.21
忻州市	22.20	6.41	541736	140924	24402.52	21985.02
临汾市	37.76	8.80	871524	265334	23080.61	30151.59
吕梁市	29.28	4.46	926132	117169	31630.19	26271.08
内蒙古自治区	**210.38**	**103.89**	**7411754**	**4005025**	**35230.32**	**38550.63**
呼和浩特市	31.85	23.18	1200537	956303	37693.47	41255.52
包头市	31.98	27.42	1323917	1138677	41398.28	41527.24
乌海市	9.55	9.55	380597	380597	39853.09	39853.09
赤峰市	31.58	12.04	989175	450399	31322.83	37408.55
通辽市	24.33	8.80	634342	223000	26072.42	25340.91
鄂尔多斯市	16.89	5.43	895475	299610	53018.06	55176.80
呼伦贝尔市	35.18	4.46	1098443	167680	31223.51	37596.41
巴彦淖尔市	15.08	7.22	457293	220077	30324.47	30481.58
乌兰察布市	13.94	5.79	431975	168682	30988.16	29133.33
辽宁省	**488.12**	**369.09**	**17067565**	**14145023**	**34965.92**	**38324.05**
沈阳市	103.15	96.72	4321951	4125103	41899.67	42649.95
大连市	86.29	73.70	3849830	3406045	44615.02	46214.99
鞍山市	39.17	30.07	1289331	1083378	32916.29	36028.53
抚顺市	26.17	22.19	919875	800173	35149.98	36060.07
本溪市	22.52	19.65	716591	630522	31820.20	32087.63
丹东市	20.42	13.33	528188	334739	25866.21	25111.70
锦州市	23.59	16.62	694798	554947	29453.07	33390.31

2-26 续表 1

城市	在岗职工平均人数(万人)		在岗职工工资总额(万元)		职工平均工资(元)	
	全市	市辖区	全市	市辖区	全市	市辖区
营口市	19.39	15.41	593218	484012	30594.02	31408.96
阜新市	16.93	13.05	429145	340580	25348.20	26098.08
辽阳市	17.09	13.48	547420	459724	32031.60	34104.15
盘锦市	46.38	24.63	1299816	1199409	28025.36	48697.08
铁岭市	22.04	5.86	616259	163013	27960.93	27827.00
朝阳市	23.01	8.42	688980	249715	29942.63	29657.36
葫芦岛市	21.97	15.89	572163	425672	26042.92	26788.67
吉林省	**225.17**	**145.13**	**6738676**	**4983683**	**29927.06**	**34339.44**
长春市	89.02	73.87	3179891	2870820	35721.09	38863.14
吉林市	32.96	20.38	1021493	727272	30991.90	35685.57
四平市	20.66	9.12	462316	219622	22377.35	24081.36
辽源市	8.82	5.85	211475	143987	23976.76	24613.16
通化市	19.50	7.49	469125	201293	24057.69	26874.90
白山市	15.54	9.33	410519	255970	26416.92	27435.16
松原市	21.31	10.59	624994	383498	29328.67	36213.22
白城市	17.36	8.50	358863	181221	20671.83	21320.12
黑龙江省	**376.75**	**246.51**	**11224574**	**8683643**	**29793.16**	**35226.33**
哈尔滨市	127.70	102.10	4138897	3576080	32411.10	35025.27
齐齐哈尔市	37.55	21.98	1015893	698837	27054.41	31794.22
鸡西市	18.29	13.15	527511	411158	28841.50	31266.77
鹤岗市	14.74	12.53	432866	386958	29366.76	30882.52
双鸭山市	21.64	7.76	372385	256011	17208.18	32991.11
大庆市	49.70	43.70	2270716	2147227	45688.45	49135.63
伊春市	16.87	13.26	269688	215627	15986.25	16261.46
佳木斯市	15.55	7.50	420363	252885	27032.99	33718.00
七台河市	12.95	11.05	371907	333476	28718.69	30178.82
牡丹江市	20.92	8.54	573880	277533	27432.12	32498.01
黑河市	16.57	2.74	335185	89249	20228.42	32572.63
绥化市	24.27	2.20	495283	38602	20407.21	17546.36
上海市	**321.39**	**318.32**	**23100023**	**22894721**	**71875.36**	**71923.60**
江苏省	**701.47**	**398.35**	**28413283**	**17994371**	**40505.34**	**45172.26**
南京市	114.38	106.85	5579650	5310895	48781.69	49704.21
无锡市	67.64	40.45	3179377	2010595	47004.39	49705.69
徐州市	57.97	34.88	1985129	1401233	34244.07	40172.96
常州市	36.53	26.12	1615042	1248506	44211.39	47798.85
苏州市	124.17	59.82	5658128	2895707	45567.59	48407.00
南通市	58.75	27.54	2317444	1197879	39445.86	43495.97
连云港市	30.38	15.69	1027981	621921	33837.43	39638.05
淮安市	35.53	21.43	1164740	772302	32781.87	36038.36
盐城市	48.31	13.98	1471657	499821	30462.78	35752.58
扬州市	37.92	14.82	1343619	596486	35432.99	40248.72
镇江市	35.38	17.56	1332951	728602	37675.27	41492.14
泰州市	33.79	11.79	1165428	466961	34490.32	39606.53
宿迁市	20.72	7.42	572137	243463	27612.79	32811.73

2-26 续表 2

城　市	在岗职工平均人数(万人)		在岗职工工资总额(万元)		职工平均工资(元)	
	全市	市辖区	全市	市辖区	全市	市辖区
浙江省	**791.94**	**412.50**	**32880484**	**18677254**	**41519.11**	**45278.49**
杭州市	191.31	164.97	9330552	8238017	48771.90	49936.46
宁波市	129.08	77.90	5611912	3610974	43476.23	46353.97
温州市	100.92	35.58	3795143	1575704	37605.46	44286.23
嘉兴市	76.66	22.52	2784095	869087	36317.44	38591.79
湖州市	35.30	15.98	1287793	606614	36485.42	37967.24
绍兴市	99.06	24.91	3479430	824913	35124.47	33115.74
金华市	49.68	15.41	1960818	642707	39468.96	41707.14
衢州市	15.16	7.46	667858	339398	44053.96	45495.71
舟山市	16.43	13.57	716934	598487	43635.67	44103.68
台州市	62.90	29.15	2551521	1140013	40564.72	39108.51
丽水市	15.44	5.05	694428	231340	44975.91	45809.90
安徽省	**339.13**	**197.81**	**11625275**	**7408999**	**34279.70**	**37455.13**
合肥市	63.18	51.62	2482395	2098480	39290.84	40652.46
芜湖市	24.06	21.43	880444	726537	36593.68	33902.80
蚌埠市	15.99	10.03	459024	311734	28706.94	31080.16
淮南市	28.24	23.38	1295176	1110015	45863.17	47477.12
马鞍山市	14.38	12.92	617834	561002	42964.81	43421.21
淮北市	20.72	18.08	891162	813213	43009.75	44978.60
铜陵市	10.39	9.13	380704	329426	36641.39	36081.71
安庆市	21.65	8.82	605894	244958	27985.87	27773.02
黄山市	8.60	5.32	263678	164590	30660.23	30937.97
滁州市	16.70	5.40	476513	166450	28533.71	30824.07
阜阳市	27.73	13.28	728612	332765	26275.23	25057.61
宿州市	20.38	3.37	584542	79048	28682.14	23456.38
巢湖市	15.34	4.78	465143	140348	30322.23	29361.51
六安市	19.52	3.49	528688	103444	27084.43	29640.23
亳州市	14.95	2.53	400353	75296	26779.46	29761.26
池州市	6.48	3.15	202782	102438	31293.52	32520.00
宣城市	10.82	1.52	362331	49255	33487.15	32404.61
福建省	**472.50**	**243.53**	**15374164**	**8745201**	**32537.91**	**35910.16**
福州市	98.53	56.41	3429285	2144302	34804.48	38012.80
厦门市	90.51	90.51	3646009	3646009	40282.94	40282.94
莆田市	27.36	23.30	761008	653010	27814.62	28026.18
三明市	20.46	6.88	626139	234264	30603.08	34050.00
泉州市	134.88	32.73	3899094	958735	28907.87	29292.24
漳州市	35.25	9.85	1041195	329376	29537.45	33439.19
南平市	22.12	6.86	626452	211074	28320.61	30768.80
龙岩市	28.09	12.56	866140	410737	30834.46	32701.99
宁德市	15.30	4.43	478842	157694	31296.86	35596.84
江西省	**274.81**	**122.06**	**7272150**	**3871620**	**26462.46**	**31718.99**
南昌市	62.95	48.30	2205641	1852036	35037.98	38344.43
景德镇市	15.56	8.98	361726	218751	23247.17	24359.80
萍乡市	13.00	10.00	329393	266946	25337.92	26694.60
九江市	30.64	11.41	758222	345974	24746.15	30322.00
新余市	9.62	8.19	302449	262406	31439.60	32039.80
鹰潭市	8.14	2.08	190826	57824	23443.00	27800.00

2-26 续表 3

城市	在岗职工平均人数(万人)		在岗职工工资总额(万元)		职工平均工资(元)	
	全市	市辖区	全市	市辖区	全市	市辖区
赣州市	40.79	7.90	962667	242601	23600.56	30708.99
吉安市	18.60	3.38	429603	98819	23096.94	29236.39
宜春市	27.00	8.61	643769	203872	23843.30	23678.51
抚州市	20.08	7.33	430137	163592	21421.17	22318.14
上饶市	28.43	5.88	657717	158799	23134.61	27006.63
山东省	**911.37**	**477.67**	**30540914**	**18018037**	**33510.99**	**37720.68**
济南市	120.86	93.33	4575021	3828942	37853.89	41025.84
青岛市	118.20	68.64	4468373	2988170	37803.49	43533.95
淄博市	60.14	45.44	2038546	1618614	33896.67	35620.91
枣庄市	34.32	23.26	1044729	778200	30440.82	33456.58
东营市	39.29	28.64	1618660	1287535	41197.76	44955.83
烟台市	85.12	46.81	2910587	1767816	34193.93	37765.78
潍坊市	71.78	26.22	2419745	942724	33710.57	35954.39
济宁市	59.58	17.46	2134203	633911	35820.80	36306.47
泰安市	55.41	18.10	1712402	551693	30904.21	30480.28
威海市	39.04	20.24	1245885	638673	31913.04	31554.99
日照市	19.98	12.84	669773	513195	33522.17	39968.46
莱芜市	13.99	13.99	512250	512250	36615.44	36615.44
临沂市	52.30	22.40	1659167	794191	31724.03	35454.96
德州市	36.93	10.70	896006	312125	24262.28	29170.56
聊城市	34.29	9.28	884110	285472	25783.32	30762.07
滨州市	34.94	9.43	978487	290175	28004.78	30771.47
菏泽市	35.20	10.89	772970	274351	21959.38	25192.93
河南省	**699.47**	**332.73**	**18601404**	**9908230**	**26593.57**	**29778.59**
郑州市	103.85	70.41	3403976	2520279	32777.81	35794.33
开封市	32.28	15.20	777631	378077	24090.18	24873.49
洛阳市	50.56	30.40	1512153	960274	29908.09	31587.96
平顶山市	46.66	27.78	1490135	978354	31936.03	35217.93
安阳市	38.15	16.86	1021479	583073	26775.33	34583.21
鹤壁市	17.35	12.82	448633	357683	25857.81	27900.39
新乡市	44.54	18.65	978477	461270	21968.50	24732.98
焦作市	30.44	14.71	801504	437797	26330.62	29761.86
濮阳市	28.30	17.70	768386	580770	27151.45	32811.86
许昌市	27.85	8.01	742023	225867	26643.55	28198.13
漯河市	22.17	14.83	467971	329595	21108.30	22224.88
三门峡市	23.03	6.63	701412	199046	30456.45	30022.02
南阳市	68.69	29.58	1601027	763101	23308.01	25797.87
商丘市	38.47	13.52	933229	283244	24258.62	20950.00
信阳市	42.30	13.26	1045063	312543	24705.98	23570.36
周口市	45.21	9.97	1056856	257518	23376.60	25829.29
驻马店市	39.62	12.40	851449	279739	21490.38	22559.60
湖北省	**566.71**	**314.55**	**16078823**	**10195235**	**28372.22**	**32412.13**
武汉市	189.63	145.19	7452870	5924630	39302.17	40806.05
黄石市	43.20	21.85	1022241	629008	23662.99	28787.55
十堰市	43.26	26.68	1069612	706749	24725.20	26489.84

2-26 续表 4

城 市	在岗职工平均人数(万人)		在岗职工工资总额(万元)		职工平均工资(元)	
	全市	市辖区	全市	市辖区	全市	市辖区
宜昌市	54.10	24.73	1226490	625897	22670.79	25309.22
襄阳市	38.56	19.20	942488	559602	24442.12	29145.94
鄂州市	17.94	17.94	247902	247902	13818.39	13818.39
荆门市	17.86	7.47	501070	233054	28055.43	31198.66
孝感市	56.57	16.82	1214572	405758	21470.25	24123.54
荆州市	28.04	12.44	688860	329755	24567.05	26507.64
黄冈市	38.34	5.16	844018	123773	22014.03	23987.02
咸宁市	28.30	12.07	612321	279095	21636.78	23123.03
随州市	10.91	5.00	256379	130012	23499.45	26002.40
湖南省	**441.20**	**209.67**	**13152442**	**7110695**	**29810.61**	**33913.75**
长沙市	101.44	65.78	3888976	2641521	38337.70	40156.90
株洲市	33.32	20.53	1111061	756082	33345.17	36828.15
湘潭市	27.39	16.20	747520	463550	27291.71	28614.20
衡阳市	44.92	17.71	1240394	618633	27613.40	34931.28
邵阳市	29.55	9.21	735916	245224	24904.09	26625.84
岳阳市	40.82	19.00	1044434	564380	25586.33	29704.21
常德市	33.63	14.25	947933	454397	28187.12	31887.51
张家界市	7.48	3.73	198256	102761	26504.81	27549.87
益阳市	21.61	10.47	569782	278634	26366.59	26612.61
郴州市	27.50	10.07	821295	356492	29865.27	35401.39
永州市	26.75	8.92	736193	253491	27521.23	28418.27
怀化市	23.67	4.82	680559	173968	28751.96	36092.95
娄底市	23.12	8.98	430123	201562	18603.94	22445.66
广东省	**1072.33**	**839.94**	**43713222**	**38037021**	**40764.61**	**45285.63**
广州市	239.38	219.16	13044801	12438409	54494.11	56754.92
韶关市	29.11	14.79	927807	565168	31872.45	38212.85
深圳市	244.55	244.55	12338778	12338778	50455.03	50455.03
珠海市	60.64	60.64	2086490	2086490	34407.82	34407.82
汕头市	31.59	31.09	876335	865426	27740.90	27836.15
佛山市	54.90	54.90	2035787	2035787	37081.73	37081.73
江门市	31.85	17.17	1194236	717021	37495.64	41760.10
湛江市	39.21	16.53	1050422	636020	26789.65	38476.71
茂名市	29.61	8.98	764235	339662	25810.03	37824.28
肇庆市	26.87	13.19	809152	413026	30113.58	31313.57
惠州市	77.96	56.87	2307432	1749126	29597.64	30756.57
梅州市	22.65	4.95	604095	205923	26670.86	41600.61
汕尾市	14.92	5.55	381521	181994	25571.11	32791.71
河源市	24.60	11.63	648999	345377	26379.29	29708.06
阳江市	17.40	7.27	411467	179824	23647.53	24735.08
清远市	26.82	8.87	877534	333222	32719.39	37567.31
东莞市	22.11	22.11	1029873	1029873	46579.51	46579.51
中山市	27.56	27.56	1118205	1118205	40573.48	40573.48
潮州市	12.98	5.17	318347	167724	24525.96	32441.78
揭阳市	20.40	4.79	461257	149149	22610.64	31137.58
云浮市	17.22	4.17	426449	140817	24764.75	33769.06

2-26 续表 5

城　　市	在岗职工平均人数(万人)		在岗职工工资总额(万元)		职工平均工资(元)	
	全市	市辖区	全市	市辖区	全市	市辖区
广西壮族自治区	**278.29**	**149.46**	**8770363**	**5176197**	**31515.19**	**34632.66**
南宁市	65.53	51.21	2427224	1997901	37039.89	39013.88
柳州市	34.45	25.09	1284166	1001581	37276.23	39919.53
桂林市	29.67	14.76	914662	493949	30827.84	33465.38
梧州市	13.51	6.24	380418	203966	28158.25	32686.86
北海市	10.65	3.39	298865	87250	28062.44	25737.46
防城港市	8.38	6.12	250193	191809	29855.97	31341.34
钦州市	13.39	6.68	366440	97965	27366.69	14665.42
贵港市	13.32	6.18	349005	177127	26201.58	28661.33
玉林市	23.79	9.02	674560	300790	28354.77	33347.01
百色市	17.50	5.29	510560	150912	29174.86	28527.79
贺州市	7.88	4.32	222839	124644	28279.06	28852.78
河池市	16.21	3.52	446148	116869	27523.01	33201.42
来宾市	10.42	4.85	316648	159750	30388.48	32938.14
崇左市	13.59	2.79	328635	71684	24182.12	25693.19
海南省	**39.02**	**39.02**	**1329387**	**1329387**	**34069.37**	**34069.37**
海口市	32.60	32.60	1114659	1114659	34191.99	34191.99
三亚市	6.42	6.42	214728	214728	33446.73	33446.73
重庆市	**244.00**	**176.12**	**8629547**	**6567217**	**35367.00**	**37288.31**
四川省	**501.59**	**279.55**	**16041857**	**9766354**	**31982.01**	**34935.98**
成都市	169.38	120.77	6538600	4833624	38603.14	40023.38
自贡市	15.60	11.43	454664	335763	29145.13	29375.59
攀枝花市	17.15	15.38	625742	563952	36486.41	36667.88
泸州市	24.46	13.97	627391	381117	25649.67	27281.10
德阳市	21.97	9.61	865848	461595	39410.47	48032.78
绵阳市	32.79	18.10	1066424	652255	32522.84	36036.19
广元市	13.26	7.39	388156	218245	29272.70	29532.48
遂宁市	13.90	4.93	369469	134448	26580.50	27271.40
内江市	20.36	8.42	539478	235107	26496.95	27922.45
乐山市	28.87	14.36	785251	405589	27199.55	28244.36
南充市	25.00	12.19	646274	328344	25850.96	26935.52
眉山市	14.35	5.08	402107	165965	28021.39	32670.28
宜宾市	31.65	13.98	803422	352571	25384.58	25219.67
广安市	10.92	3.86	319040	108957	29216.12	28227.20
达州市	23.81	6.33	631511	209192	26522.93	33047.71
雅安市	9.16	4.23	237559	118630	25934.39	28044.92
巴中市	13.20	4.25	326065	101037	24701.89	23773.41
资阳市	15.76	5.27	414856	159963	26323.35	30353.51
贵州省	**122.87**	**79.75**	**3899417**	**2511346**	**31736.12**	**31490.23**
贵阳市	65.34	56.41	2033935	1751582	31128.48	31050.91
六盘水市	18.01	7.35	612034	261635	33983.01	35596.60
遵义市	27.27	9.28	897811	295748	32923.03	31869.40
安顺市	12.25	6.71	355637	202381	29031.59	30161.10

2-26 续表 6

城　市	在岗职工平均人数(万人)		在岗职工工资总额(万元)		职工平均工资(元)	
	全市	市辖区	全市	市辖区	全市	市辖区
云南省	**200.24**	**73.76**	**6079881**	**2722866**	**30362.97**	**36915.21**
昆明市	90.21	39.26	2888716	1666249	32022.13	42441.39
曲靖市	31.90	6.57	1038461	253720	32553.64	38617.96
玉溪市	17.73	6.46	536226	221203	30243.99	34241.95
保山市	14.12	7.18	320448	158442	22694.62	22067.13
昭通市	17.77	5.86	511725	175279	28797.13	29911.09
丽江市	7.85	2.93	231105	83830	29440.13	28610.92
思茅市	11.29	3.11	305923	89605	27096.81	28811.90
临沧市	9.37	2.39	247277	74538	26390.29	31187.45
西藏自治区						
拉萨市						
陕西省	**333.87**	**200.49**	**11387490**	**7328685**	**34107.56**	**36553.87**
西安市	132.49	122.79	5017600	4849000	37871.54	39490.19
铜川市	9.42	8.85	292320	275207	31031.85	31096.84
宝鸡市	28.78	16.40	916703	562059	31852.08	34271.89
咸阳市	36.16	14.37	1004658	397484	27783.68	27660.68
渭南市	34.93	9.70	999931	290065	28626.71	29903.61
延安市	21.19	7.61	812000	258991	38319.96	34032.98
汉中市	21.93	6.33	661141	201710	30147.79	31865.72
榆林市	24.05	5.88	977005	238943	40623.91	40636.56
安康市	11.97	4.80	393979	150317	32913.87	31316.04
商洛市	12.95	3.76	312153	104909	24104.48	27901.33
甘肃省	**166.05**	**102.94**	**5106035**	**3322587**	**30749.98**	**32276.93**
兰州市	49.86	44.76	1693436	1568443	33963.82	35041.18
嘉峪关市	4.57	4.57	214755	214755	46992.34	46992.34
金昌市	7.42	5.23	299033	250958	40300.94	47984.32
白银市	15.20	10.36	518466	380826	34109.61	36759.27
天水市	17.68	11.22	423050	254020	23928.17	22639.93
武威市	9.67	6.55	212758	140240	22001.86	21410.69
张掖市	9.31	4.67	214270	98480	23015.04	21087.79
平凉市	12.65	4.21	396000	92200	31304.35	21900.24
酒泉市	9.17	4.11	300960	108011	32820.07	26280.05
庆阳市	9.08	2.71	259249	80291	28551.65	29627.68
定西市	10.26	2.56	284764	78278	27754.78	30577.34
陇南市	11.18	1.99	289294	56085	25876.03	28183.42
青海省	**27.37**	**20.55**	**881852**	**687722**	**32219.66**	**33465.79**
西宁市	27.37	20.55	881852	687722	32219.66	33465.79
宁夏回族自治区	**56.75**	**37.28**	**2095547**	**1559989**	**36925.94**	**41845.20**
银川市	31.07	23.51	1237080	1093289	39815.90	46503.15
石嘴山市	8.41	6.74	287719	240688	34211.53	35710.39
吴忠市	7.07	2.65	240742	83216	34051.20	31402.26
固原市	5.61	2.14	187758	73897	33468.45	34531.31
中卫市	4.59	2.24	142248	68899	30990.85	30758.48
新疆维吾尔自治区	**65.11**	**64.01**	**2613835**	**2596064**	**40144.91**	**40557.16**
乌鲁木齐市	49.28	48.18	2003172	1985401	40648.78	41207.99
克拉玛依市	15.83	15.83	610663	610663	38576.31	38576.31

2-27 学校数

单位：所

城　　市	普通高等学校		普通中学		小 学	
	全市	市辖区	全市	市辖区	全市	市辖区
城市合计	**2266**	**2077**	**62927**	**19445**	**233611**	**47700**
北京市	**89**	**88**	**634**	**590**	**1104**	**1020**
天津市	**55**	**55**	**546**	**400**	**956**	**671**
河北省	**115**	**96**	**3264**	**572**	**13563**	**1521**
石家庄市	46	39	437	80	1750	210
唐山市	9	9	366	125	1242	420
秦皇岛市	7	7	183	45	471	72
邯郸市	5	5	410	61	2093	140
邢台市	4	4	322	47	1446	89
保定市	14	9	472	43	2179	111
张家口市	5	4	184	41	553	104
承德市	5	5	153	23	646	90
沧州市	7	5	349	52	1398	81
廊坊市	11	7	192	35	829	151
衡水市	2	2	196	20	956	53
山西省	**75**	**70**	**2755**	**613**	**12636**	**1844**
太原市	42	42	230	169	607	333
大同市	1	1	259	101	1050	319
阳泉市	2	2	87	36	372	86
长治市	6	6	238	49	1471	102
晋城市	2	2	160	26	828	63
朔州市			107	38	472	158
晋中市	8	5	242	30	883	105
运城市	4	4	401	49	1339	115
忻州市	4	3	352	37	2173	290
临汾市	4	4	324	58	1580	203
吕梁市	2	1	355	20	1861	70
内蒙古自治区	**44**	**40**	**983**	**331**	**2496**	**680**
呼和浩特市	22	22	125	82	361	164
包头市	8	8	96	78	185	139
乌海市	1	1	23	23	30	30
赤峰市	2	2	180	53	671	138
通辽市	3		165	28	582	104
鄂尔多斯市	2	2	70	11	117	28
呼伦贝尔市	2	1	191	22	201	16
巴彦淖尔市	1	1	60	18	119	31
乌兰察布市	3	3	73	16	230	30
辽宁省	**111**	**111**	**2077**	**865**	**5523**	**1368**
沈阳市	41	41	321	222	415	282
大连市	31	31	280	154	700	238
鞍山市	3	3	165	63	658	82
抚顺市	6	6	118	66	194	71
本溪市	2	2	68	42	66	44
丹东市	3	3	127	37	474	82
锦州市	9	9	156	45	431	81

2-27 续表 1

单位：所

城 市	普通高等学校		普通中学		小 学	
	全市	市辖区	全市	市辖区	全市	市辖区
营口市	2	2	98	39	218	59
阜新市	2	2	117	34	213	76
辽阳市	4	4	83	32	277	40
盘锦市	2	2	74	31	56	44
铁岭市	4	4	147	22	476	35
朝阳市	1	1	184	28	702	98
葫芦岛市	1	1	139	50	643	136
吉林省	**55**	**55**	**1304**	**378**	**5626**	**885**
长春市	36	36	337	142	1474	311
吉林市	8	8	189	68	732	169
四平市	3	3	188	28	989	70
辽源市	2	2	67	21	377	55
通化市	1	1	144	25	398	44
白山市	1	1	112	35	246	58
松原市	1	1	142	27	729	90
白城市	3	3	125	32	681	88
黑龙江省	**79**	**76**	**2148**	**718**	**6658**	**1437**
哈尔滨市	49	47	563	273	1591	462
齐齐哈尔市	5	5	276	82	1172	185
鸡西市	1	1	121	41	88	26
鹤岗市	1	1	62	29	95	44
双鸭山市	1	1	126	32	178	38
大庆市	8	8	121	58	507	181
伊春市	1	1	68	44	118	55
佳木斯市	3	3	153	41	390	84
七台河市	1	1	53	33	89	54
牡丹江市	7	6	145	37	365	77
黑河市	1	1	140	6	290	10
绥化市	1	1	320	42	1775	221
上海市	**66**	**66**	**755**	**716**	**766**	**729**
江苏省	**124**	**115**	**2776**	**1021**	**4498**	**1534**
南京市	42	41	215	182	345	289
无锡市	11	10	180	92	208	102
徐州市	8	8	331	111	871	245
常州市	9	9	163	99	190	119
苏州市	20	13	258	93	320	113
南通市	6	6	250	60	347	89
连云港市	3	3	189	34	443	70
淮安市	6	6	198	104	404	221
盐城市	5	5	295	54	491	92
扬州市	5	5	177	55	226	43
镇江市	5	5	109	41	130	49
泰州市	3	3	203	36	151	29
宿迁市	1	1	208	60	372	73

2-27 续表 2

单位：所

城市	普通高等学校		普通中学		小学	
	全市	市辖区	全市	市辖区	全市	市辖区
浙江省	**93**	**87**	**2314**	**749**	**3989**	**1079**
杭州市	37	36	317	199	408	231
宁波市	14	14	301	122	513	200
温州市	6	6	474	91	706	143
嘉兴市	6	6	155	44	215	53
湖州市	3	3	130	56	141	50
绍兴市	7	7	188	19	452	53
金华市	8	5	241	50	456	85
衢州市	2	2	99	35	212	56
舟山市	3	3	52	41	61	40
台州市	4	2	258	71	561	133
丽水市	3	3	99	21	264	35
安徽省	**104**	**97**	**3738**	**1067**	**13998**	**3257**
合肥市	44	44	246	101	663	145
芜湖市	10	10	123	55	205	84
蚌埠市	5	5	179	47	857	121
淮南市	5	5	136	101	454	273
马鞍山市	6	6	57	25	142	41
淮北市	3	3	141	81	373	157
铜陵市	3	3	48	29	99	52
安庆市	4	3	388	41	1687	127
黄山市	1	1	117	34	514	131
滁州市	4	3	285	28	613	61
阜阳市	4	3	482	108	2331	447
宿州市	2		287	89	1134	339
巢湖市	2	2	256	50	998	179
六安市	5	3	420	120	1827	450
亳州市	2	2	302	66	1407	375
池州市	3	3	108	40	403	172
宣城市	1	1	163	52	291	103
福建省	**85**	**74**	**1974**	**487**	**6982**	**1515**
福州市	31	31	430	112	1270	204
厦门市	17	17	94	94	295	295
莆田市	2	1	160	97	707	473
三明市	3	2	175	17	298	36
泉州市	17	10	361	55	1451	169
漳州市	7	7	220	30	1263	110
南平市	4	2	172	26	519	87
龙岩市	2	2	176	27	491	70
宁德市	2	2	186	29	688	71
江西省	**75**	**71**	**2559**	**424**	**12772**	**1455**
南昌市	44	44	268	92	1047	63
景德镇市	3	3	99	29	496	59
萍乡市	1	1	113	48	425	165
九江市	7	4	307	42	1332	74
新余市	1	1	49	43	155	84
鹰潭市	1	1	69	12	356	42

2-27 续表 3 单位：所

城市	普通高等学校		普通中学		小学	
	全市	市辖区	全市	市辖区	全市	市辖区
赣州市	8	7	451	24	2592	76
吉安市	1	1	300	24	1253	131
宜春市	2	2	239	40	1579	325
抚州市	4	4	213	46	1334	367
上饶市	3	3	451	24	2203	69
山东省	**170**	**153**	**3645**	**1104**	**12402**	**3035**
济南市	66	64	209	126	645	351
青岛市	25	25	295	106	894	248
淄博市	9	9	198	139	357	226
枣庄市	3	2	135	86	582	351
东营市	5	4	93	50	172	67
烟台市	10	8	299	73	509	143
潍坊市	11	8	360	72	1057	214
济宁市	7	3	299	42	1273	102
泰安市	7	7	177	59	673	193
威海市	7	5	112	26	131	38
日照市	2	2	116	47	419	156
莱芜市	2	2	56	56	166	166
临沂市	3	3	355	67	1639	256
德州市	4	3	203	23	960	72
聊城市	3	3	202	42	782	148
滨州市	3	3	164	30	428	71
菏泽市	3	2	372	60	1715	233
河南省	**104**	**84**	**5294**	**1014**	**28490**	**3152**
郑州市	48	31	366	143	1027	302
开封市	3	3	280	43	1429	127
洛阳市	3	3	444	90	2223	172
平顶山市	4	4	258	61	1480	151
安阳市	3	3	319	59	1474	140
鹤壁市	1	1	98	39	440	102
新乡市	10	9	399	66	1654	149
焦作市	5	5	242	47	627	90
濮阳市	1	1	206	63	1238	107
许昌市	3	2	251	28	1038	43
漯河市	3	3	112	50	534	245
三门峡市	1	1	138	17	508	51
南阳市	4	4	513	94	3763	359
商丘市	6	5	451	82	2629	459
信阳市	4	4	384	69	2441	406
周口市	3	3	503	26	4064	111
驻马店市	2	2	330	37	1921	138
湖北省	**115**	**115**	**2448**	**743**	**6659**	**1440**
武汉市	78	78	395	262	639	322
黄石市	3	3	143	36	587	68
十堰市	4	4	203	37	720	60

2-27 续表 4

单位：所

城　　市	普通高等学校		普通中学		小 学	
	全市	市辖区	全市	市辖区	全市	市辖区
宜昌市	5	5	184	56	344	89
襄阳市	4	4	250	92	773	272
鄂州市	1	1	58	58	260	260
荆门市	1	1	129	34	295	67
孝感市	2	2	221	38	668	109
荆州市	9	9	259	53	509	69
黄冈市	4	4	346	12	1192	8
咸宁市	3	3	155	33	477	76
随州市	1	1	105	32	195	40
湖南省	**101**	**87**	**3748**	**611**	**12176**	**1398**
长沙市	48	35	284	79	1024	258
株洲市	8	8	188	37	493	72
湘潭市	9	9	187	33	485	65
衡阳市	8	8	418	48	1849	163
邵阳市	3	3	467	37	1667	93
岳阳市	4	4	322	56	949	145
常德市	4	3	295	68	720	133
张家界市	2	2	101	30	173	73
益阳市	4	4	239	62	589	159
郴州市	2	2	286	53	1418	57
永州市	3	3	324	57	484	89
怀化市	3	3	357	26	1401	43
娄底市	3	3	280	25	924	48
广东省	**132**	**118**	**4330**	**2080**	**16807**	**4769**
广州市	77	65	475	402	1004	801
韶关市	2	2	164	49	296	70
深圳市	8	8	295	295	340	340
珠海市	10	10	58	58	124	124
汕头市	1	1	260	254	798	782
佛山市	3	3	179	179	424	424
江门市	3	3	195	83	340	132
湛江市	3	3	347	89	2090	322
茂名市	2	2	286	60	2013	306
肇庆市	4	4	174	32	753	49
惠州市	1	1	209	94	689	304
梅州市	1	1	245	15	1292	31
汕尾市	1	1	173	24	778	82
河源市	1	1	190	23	1260	45
阳江市	1	1	106	30	470	121
清远市	1	1	177	30	796	77
东莞市	5	5	190	190	330	330
中山市	4	4	99	99	212	212
潮州市	1	1	122	24	682	45
揭阳市	2	1	275	35	1358	104
云浮市	1	1	111	15	758	68

2-27 续表 5

单位：所

城市	普通高等学校		普通中学		小学	
	全市	市辖区	全市	市辖区	全市	市辖区
广西壮族自治区	**68**	**58**	**2458**	**704**	**14137**	**3006**
南宁市	31	29	349	166	1515	461
柳州市	7	7	177	63	970	155
桂林市	9	8	245	41	1218	86
梧州市	1	1	137	21	895	82
北海市	4	4	82	41	394	117
防城港市			44	25	580	227
钦州市	2		144	32	1073	356
贵港市	1	1	240	103	1141	428
玉林市	1	1	295	50	1461	216
百色市	5	3	200	22	1380	112
贺州市	1	1	116	58	598	306
河池市	2	1	216	24	1455	106
来宾市	1	1	101	45	702	258
崇左市	3	1	112	13	755	96
海南省	**15**	**15**	**139**	**139**	**467**	**467**
海口市	10	10	94	94	327	327
三亚市	5	5	45	45	140	140
重庆市	**56**	**54**	**1273**	**593**	**5544**	**1654**
四川省	**90**	**72**	**4426**	**1183**	**6540**	**1698**
成都市	50	37	487	210	504	266
自贡市	1	1	135	58	435	175
攀枝花市	2	2	60	41	64	36
泸州市	4	4	217	60	283	40
德阳市	5	3	170	29	255	39
绵阳市	8	7	267	58	432	74
广元市	1	1	191	53	242	86
遂宁市	1	1	164	56	224	87
内江市	2	2	192	61	374	129
乐山市	3	3	226	76	501	91
南充市	4	4	514	121	263	95
眉山市	2		238	49	197	51
宜宾市	2	2	316	40	1369	130
广安市	1	1	280	78	260	54
达州市	2	2	382	19	334	79
雅安市	2	2	71	11	291	66
巴中市			199	92	246	73
资阳市			317	71	266	127
贵州省	**35**	**34**	**1158**	**374**	**4697**	**876**
贵阳市	25	24	292	200	779	381
六盘水市	2	2	217	46	901	90
遵义市	6	6	503	79	2064	163
安顺市	2	2	146	49	953	242

2-27 续表 6

单位：所

城市	普通高等学校		普通中学		小学	
	全市	市辖区	全市	市辖区	全市	市辖区
云南省	**52**	**36**	**1274**	**284**	**9782**	**1488**
昆明市	38	24	239	108	1401	489
曲靖市	3	3	242	34	1705	109
玉溪市	2	2	120	25	575	76
保山市	3	3	126	40	1246	387
昭通市	1	1	215	30	1980	183
丽江市	2		85	12	526	49
思茅市	2	2	126	13	773	44
临沧市	1	1	121	22	1576	151
西藏自治区						
拉萨市						
陕西省	**78**	**72**	**2431**	**810**	**10082**	**2532**
西安市	50	47	436	300	1531	805
铜川市	1	1	58	51	220	173
宝鸡市	3	3	236	97	918	300
咸阳市	13	13	314	60	1540	113
渭南市	1	1	390	68	1362	225
延安市	2	2	139	37	386	74
汉中市	1	1	225	35	972	159
榆林市	3	2	238	44	653	102
安康市	2	1	209	78	886	339
商洛市	2	1	186	40	1614	242
甘肃省	**37**	**36**	**1833**	**542**	**11724**	**2509**
兰州市	25	25	219	116	697	238
嘉峪关市	1	1	11	11	20	20
金昌市			28	11	125	12
白银市			168	42	774	114
天水市	3	3	267	85	1779	490
武威市	1	1	147	77	1144	475
张掖市	2	2	99	40	566	106
平凉市	1	1	151	36	1309	201
酒泉市	1	1	65	19	314	67
庆阳市	1	1	189	28	1341	113
定西市	1	1	295	39	1430	224
陇南市	1		194	38	2225	449
青海省	**9**	**9**	**139**	**44**	**334**	**49**
西宁市	9	9	139	44	334	49
宁夏回族自治区	**15**	**14**	**337**	**135**	**2029**	**471**
银川市	12	11	69	42	215	106
石嘴山市	1	1	48	30	89	42
吴忠市	1	1	67	20	368	63
固原市	1	1	85	18	941	181
中卫市			68	25	416	79
新疆维吾尔自治区	**19**	**19**	**167**	**154**	**174**	**161**
乌鲁木齐市	18	18	149	136	143	130
克拉玛依市	1	1	18	18	31	31

2-28 专任教师数

单位：人

城市	普通高等学校		普通中学		小学	
	全市	市辖区	全市	市辖区	全市	市辖区
城市合计	**1339849**	**1228419**	**4707893**	**1614317**	**5129051**	**1662520**
北京市	**58383**	**58122**	**49873**	**46536**	**49480**	**46349**
天津市	**28094**	**28094**	**40718**	**31304**	**37317**	**29686**
河北省	**60614**	**55144**	**260675**	**56911**	**319037**	**51111**
石家庄市	21367	19937	36126	8922	41632	7374
唐山市	5629	5629	29735	10984	29312	10597
秦皇岛市	5007	5007	12293	3898	12970	3993
邯郸市	3477	3477	35063	7574	43301	6596
邢台市	2475	2475	25534	4479	33257	3113
保定市	8891	8202	36138	3565	45305	3571
张家口市	2641	2243	15704	4477	19383	3577
承德市	2153	2153	12437	2645	15889	2202
沧州市	2365	1693	24142	3987	35966	3877
廊坊市	5640	3437	16277	3101	21714	3655
衡水市	969	891	17226	3279	20308	2556
山西省	**36249**	**32927**	**173855**	**51757**	**190901**	**49357**
太原市	20912	20912	17134	12937	17079	11988
大同市	2212	1690	16196	7990	19595	9796
阳泉市	867	867	7009	3995	6318	3732
长治市	2249	2249	14989	4073	17834	3417
晋城市	413	413	10160	2480	11206	1921
朔州市			9325	3452	11695	4151
晋中市	3323	1635	14822	2225	15515	2553
运城市	1050	725	28187	4496	27458	3378
忻州市	1780	1405	14844	2988	18423	2119
临汾市	2674	2674	21640	4954	23110	4527
吕梁市	769	357	19549	2167	22668	1775
内蒙古自治区	**22316**	**20536**	**86055**	**33594**	**99404**	**65880**
呼和浩特市	12107	12107	9088	8253	10201	7104
包头市	4303	4303	9038	7225	8810	6361
乌海市	208	208	2083	2083	2278	2278
赤峰市	1297	1297	18757	6129	23507	6078
通辽市	1671		12598	2241	17664	37778
鄂尔多斯市	288	288	7431	1328	6345	1433
呼伦贝尔市	736	736	12098	1634	13367	1024
巴彦淖尔市	508	508	5993	2105	7283	2315
乌兰察布市	1198	1089	8969	2596	9949	1509
辽宁省	**59536**	**58534**	**152403**	**71372**	**150631**	**59388**
沈阳市	22905	22905	23873	17981	22023	14570
大连市	17161	17161	20850	11574	17258	9147
鞍山市	1959	1959	11778	5436	12500	3597
抚顺市	2048	2048	7481	4637	7303	3763
本溪市	1410	1410	7091	4344	6416	3730
丹东市	1459	1459	7912	2453	8587	2118
锦州市	4519	4519	9519	3144	10535	2979

2-28 续表 1

单位：人

城市	普通高等学校		普通中学		小学	
	全市	市辖区	全市	市辖区	全市	市辖区
营口市	781	781	7672	3392	7367	2803
阜新市	2988	1986	8976	3475	8694	3342
辽阳市	1536	1536	6981	3217	6340	2491
盘锦市	532	532	5247	2822	5256	2229
铁岭市	1125	1125	9421	1954	10854	1395
朝阳市	463	463	13970	2496	15093	2711
葫芦岛市	650	650	11632	4447	12405	4513
吉林省	**32934**	**32934**	**86400**	**30515**	**116235**	**31873**
长春市	22981	22981	24777	11565	33694	12672
吉林市	4846	4846	13975	5691	18209	5994
四平市	1983	1983	11138	2493	15119	2442
辽源市	716	716	5080	1979	6628	1930
通化市	851	851	8762	1917	10543	1552
白山市	254	254	5556	2121	6464	2419
松原市	350	350	9807	2821	14514	2747
白城市	953	953	7305	1928	11064	2117
黑龙江省	**43314**	**42260**	**144086**	**56201**	**155764**	**49776**
哈尔滨市	30820	30227	36893	20807	38181	14800
齐齐哈尔市	2939	2939	16688	5677	18653	4388
鸡西市	383	383	9376	3805	7993	4113
鹤岗市	216	216	4898	2591	4240	1979
双鸭山市	155	155	7592	2181	7030	1857
大庆市	3249	3249	8798	5021	12373	5533
伊春市	210	210	5231	3436	5242	3138
佳木斯市	1419	1419	10127	3238	12811	3760
七台河市	183	183	3941	2795	3289	2180
牡丹江市	2796	2364	9564	3099	10613	3114
黑河市	481	452	8542	746	8507	718
绥化市	463	463	22436	2805	26832	4196
上海市	**39170**	**39170**	**50741**	**48383**	**55843**	**53365**
江苏省	**102010**	**98707**	**284594**	**105861**	**249586**	**94864**
南京市	50021	49931	22316	19237	19607	16952
无锡市	5665	4932	19839	9507	17731	9503
徐州市	6432	6432	38379	11839	33991	10384
常州市	5076	5076	13915	8564	11896	7614
苏州市	9741	7678	25295	10378	23375	8927
南通市	4378	3961	26077	6903	19082	5912
连云港市	1785	1785	21118	4296	20763	3863
淮安市	3450	3450	20353	10559	19690	10314
盐城市	2928	2928	29269	6253	25423	5098
扬州市	4233	4233	17057	5201	13579	4194
镇江市	5125	5125	10124	3613	8179	3242
泰州市	2476	2476	19858	3633	14951	2624
宿迁市	700	700	20994	5878	21319	6237

2-28 续表 2

单位：人

城　市	普通高等学校		普通中学		小　学	
	全市	市辖区	全市	市辖区	全市	市辖区
浙江省	**53494**	**50276**	**182884**	**61925**	**171968**	**58791**
杭州市	25003	23713	26666	17038	25709	16949
宁波市	7146	7146	22961	10142	21577	9582
温州市	6696	6696	32619	7542	31533	7354
嘉兴市	2587	2587	14067	3789	12027	2968
湖州市	1224	1224	9894	3962	8752	3625
绍兴市	2690	2690	17876	2346	14764	2281
金华市	3862	2880	18313	3986	16380	3425
衢州市	519	519	8317	3144	7822	2746
舟山市	1027	1027	3403	2599	3230	2369
台州市	1579	633	20157	5623	20510	5856
丽水市	1161	1161	8611	1754	9664	1636
安徽省	**48564**	**45975**	**230052**	**73184**	**245726**	**72503**
合肥市	20294	20294	19596	8732	16876	6846
芜湖市	6003	6003	7577	3346	6663	3270
蚌埠市	2795	2795	11971	3139	12809	3178
淮南市	3226	3226	8796	6688	9888	7058
马鞍山市	2408	2408	4757	2540	4665	2475
淮北市	1662	1662	8678	4755	9246	5160
铜陵市	1252	1252	3122	2027	2943	1679
安庆市	1653	1471	24472	3347	22509	2734
黄山市	620	620	5075	1680	5649	1682
滁州市	1955	1049	16059	2286	15814	2148
阜阳市	1275	1165	25993	6821	37512	8794
宿州市	957		21224	5639	23954	6552
巢湖市	924	924	15915	3598	14666	2921
六安市	1717	1200	23692	7985	23033	6306
亳州市	593	593	16988	4585	23868	6323
池州市	1015	1015	6242	2544	5921	2393
宣城市	215	298	9895	3472	9710	2984
福建省	**38404**	**35859**	**151469**	**44198**	**156601**	**44012**
福州市	16629	16629	26484	8228	26550	7793
厦门市	8708	8708	8924	8924	9245	9245
莆田市	885	682	14638	9956	16048	11226
三明市	887	682	12189	1416	13529	1363
泉州市	6050	4544	30895	6304	29248	5329
漳州市	2843	2843	19133	3171	20060	2400
南平市	969	338	11731	1906	15224	2376
龙岩市	956	956	13907	2184	12128	2147
宁德市	477	477	13568	2109	14569	2133
江西省	**47178**	**46542**	**167876**	**33595**	**202897**	**34275**
南昌市	29173	29173	17434	7084	21292	5906
景德镇市	1525	1525	7108	2607	7034	1718
萍乡市	495	495	7696	3489	7777	3311
九江市	4571	3935	17821	3001	20613	2697
新余市	675	675	4315	3326	5368	3838
鹰潭市	235	235	4479	946	5099	1013

2-28 续表 3

单位：人

城市	普通高等学校		普通中学		小学	
	全市	市辖区	全市	市辖区	全市	市辖区
赣州市	4968	4968	30726	2280	39703	2431
吉安市	979	979	18451	1763	19010	2285
宜春市	1646	1646	18655	3167	23880	4188
抚州市	1840	1840	14588	4353	19760	5360
上饶市	1071	1071	26603	1579	33361	1528
山东省	**99082**	**90003**	**383546**	**118635**	**389073**	**112027**
济南市	29526	28677	21943	12826	24801	13540
青岛市	16996	16996	30754	9671	32023	10795
淄博市	5245	5245	20093	13978	15732	10733
枣庄市	2205	1416	13800	7710	17966	10512
东营市	2943	2726	10620	5078	8344	4141
烟台市	8090	6185	31719	8216	20378	5638
潍坊市	5960	4743	39375	7772	37400	7795
济宁市	4465	1762	29631	4772	32884	3678
泰安市	5147	5147	19858	5724	21444	5063
威海市	3296	2628	14823	3652	7466	2267
日照市	1030	1030	11610	5180	11377	4788
莱芜市	870	870	7836	7836	6609	6609
临沂市	4195	4195	46287	11349	41479	9473
德州市	2604	2055	19067	2410	27182	2354
聊城市	2139	2139	19992	4168	23221	4521
滨州市	2705	2705	14971	2755	16174	2957
菏泽市	1666	1484	31167	5538	44593	7163
河南省	**93817**	**69898**	**394895**	**83402**	**494844**	**87297**
郑州市	47469	24188	36348	14115	35004	14260
开封市	4122	4122	17332	3190	23562	3507
洛阳市	4433	4433	26168	6934	29860	6225
平顶山市	2886	2886	17453	4373	24530	4968
安阳市	2718	2718	19058	4121	24442	5052
鹤壁市	507	507	6151	2777	7565	3135
新乡市	6675	6532	26377	4532	24919	4196
焦作市	3919	3919	14289	3396	15528	3233
濮阳市	675	675	16635	4958	19712	3701
许昌市	1793	1753	18715	1939	23676	1597
漯河市	3393	3393	10810	5224	12340	6141
三门峡市	852	852	10068	1319	10746	1520
南阳市	3645	3645	35550	7081	49478	7693
商丘市	4255	3800	32843	6482	51509	9319
信阳市	2904	2904	34271	6854	42216	6547
周口市	1892	1892	40551	2733	56317	2858
驻马店市	1679	1679	32276	3374	43440	3345
湖北省	**73938**	**73992**	**200832**	**60786**	**171900**	**51786**
武汉市	51306	51360	32800	19625	27235	16355
黄石市	1922	1922	10956	2733	9647	2563
十堰市	2403	2403	14178	3246	14699	2758

2-28 续表 4 单位：人

城 市	普通高等学校		普通中学		小 学	
	全市	市辖区	全市	市辖区	全市	市辖区
宜昌市	3148	3148	13445	4864	10919	3876
襄阳市	2092	2092	21647	8713	21747	8789
鄂州市	607	607	4545	4545	4953	4953
荆门市	879	879	11007	2971	9152	2515
孝感市	1455	1455	20407	3581	18499	3189
荆州市	4937	4937	22698	4166	15465	2785
黄冈市	2061	2061	28782	974	22802	303
咸宁市	2678	2678	10900	2315	9788	1951
随州市	450	450	9467	3053	6994	1749
湖南省	**58147**	**51434**	**230104**	**51489**	**237446**	**47665**
长沙市	29725	23072	21102	8570	21015	7743
株洲市	3573	3573	12634	3457	12273	3008
湘潭市	6231	6231	9846	2423	9091	2311
衡阳市	5388	5388	25183	5315	28071	4060
邵阳市	1401	1401	24154	2312	25943	2500
岳阳市	1964	1964	21053	5013	19235	4789
常德市	1982	1922	21963	5675	18172	4507
张家界市	685	685	5223	1680	5588	2113
益阳市	1684	1684	18141	5118	16742	4816
郴州市	1048	1048	15458	3189	20414	3269
永州市	1609	1609	22676	4579	25229	4717
怀化市	1425	1425	16806	2023	20036	1870
娄底市	1432	1432	15865	2135	15637	1962
广东省	**79064**	**73899**	**391514**	**192063**	**430105**	**246037**
广州市	48739	43943	38226	31021	43698	36110
韶关市	1796	1796	13266	3906	13635	3617
深圳市	3550	3550	22417	22417	29769	29769
珠海市	5305	5305	5742	5742	5749	5749
汕头市	711	711	22650	22267	22189	22473
佛山市	1439	1439	20442	20442	20070	20070
江门市	1083	1083	17158	6585	16009	6385
湛江市	3645	3645	31171	8040	37974	11743
茂名市	1396	1396	33130	5712	34331	6471
肇庆市	2095	2095	19709	2704	19107	2400
惠州市	692	692	17211	8329	20652	9119
梅州市	934	934	23657	2266	21694	1563
汕尾市	255	255	12748	2012	15241	2035
河源市	495	495	15172	11990	15664	41807
阳江市	275	275	10782	3092	12498	3127
清远市	418	418	17374	3370	16517	2850
东莞市	2174	2174	14572	14572	23733	23733
中山市	2360	2360	9424	9424	10646	10646
潮州市	802	802	10858	2478	10329	1624
揭阳市	531	531	24300	3913	28877	3474
云浮市	369	369	11505	1781	11723	1272

2-28 续表 5

单位：人

城　市	普通高等学校		普通中学		小　学	
	全市	市辖区	全市	市辖区	全市	市辖区
广西壮族自治区	**30572**	**28334**	**163315**	**47160**	**222607**	**57821**
南宁市	15225	15019	22675	9610	28596	11675
柳州市	3565	3565	11827	4791	15076	4626
桂林市	5767	5647	16155	3113	19051	3111
梧州市	840	840	10409	1607	14359	2112
北海市	872	872	5904	2713	7155	2841
防城港市			2643	1579	4632	2550
钦州市	834		9710	2502	15572	4816
贵港市	168	168	16973	7367	21097	7573
玉林市	767	767	21509	4253	27815	3902
百色市			12828	554	19210	1930
贺州市	565	565	7289	3387	10105	4751
河池市	641	208	11372	1281	19322	1575
来宾市	341	341	7675	3609	10644	4811
崇左市	987	342	6346	794	9973	1548
海南省	**7194**	**7194**	**9531**	**9531**	**13104**	**13104**
海口市	5463	5463	6982	6982	9492	9492
三亚市	1731	1731	2549	2549	3612	3612
重庆市	**31070**	**30564**	**109303**	**54270**	**116057**	**50986**
四川省	**63521**	**44355**	**266592**	**85269**	**270633**	**82516**
成都市	38404	21566	42429	18822	38250	19525
自贡市	1408	1408	8261	3544	8294	4092
攀枝花市	1136	1136	4679	3159	5177	2904
泸州市	2009	2009	14480	4674	15043	4364
德阳市	2598	1456	11144	2236	11372	2317
绵阳市	5179	5006	18449	6246	17218	4542
广元市	236	236	11377	3452	13628	4295
遂宁市	553	553	13244	5576	12055	4684
内江市	1225	1225	11868	3876	13585	4574
乐山市	2053	2053	10755	3838	12042	3654
南充市	3069	3069	26822	8346	24977	7563
眉山市	1013		10685	3086	10587	2511
宜宾市	1276	1276	17682	3652	18864	3084
广安市	269	269	14440	4758	13188	3787
达州市	1052	1052	20163	1093	23607	1749
雅安市	2041	2041	4931	1176	6084	1200
巴中市			11695	4360	13412	4437
资阳市			13488	3375	13250	3234
贵州省	**16104**	**15990**	**64459**	**19356**	**80217**	**22766**
贵阳市	12275	12161	14561	9516	17084	11534
六盘水市	672	672	10676	2502	14430	2966
遵义市	2158	2158	30053	3995	34747	3928
安顺市	999	999	9169	3343	13956	4338

2-28 续表 6

单位：人

城市	普通高等学校		普通中学		小学	
	全市	市辖区	全市	市辖区	全市	市辖区
云南省	**21977**	**4666**	**99953**	**23671**	**145910**	**29732**
昆明市	17944	1399	18946	9074	26354	11856
曲靖市	1022	1022	23619	3144	31895	3347
玉溪市	640	640	8745	2064	11196	1858
保山市	507	507	9431	3159	12400	4236
昭通市	351	351	18762	2691	30783	4444
丽江市	766		5652	1038	7936	1028
思茅市	436	436	7630	1174	12188	1177
临沧市	311	311	7168	1327	13158	1786
西藏自治区						
拉萨市						
陕西省	**56132**	**54659**	**172235**	**56405**	**176108**	**53046**
西安市	42098	41256	31506	22036	29944	20784
铜川市	312	312	3925	3494	4536	3936
宝鸡市	1736	1736	17423	6814	15876	5912
咸阳市	5585	5585	24997	4958	27249	3612
渭南市	1360	1360	27479	4470	23624	3452
延安市	1213	1213	10786	2789	13537	2888
汉中市	1586	1586	13866	2151	15631	2147
榆林市	887	690	19956	3571	20467	2917
安康市	988	526	11366	3806	14364	4833
商洛市	367	395	10931	2316	10880	2565
甘肃省	**19813**	**19488**	**110039**	**37149**	**126318**	**38847**
兰州市	15540	15540	13811	7787	14349	7607
嘉峪关市	188	188	941	941	845	845
金昌市			2155	886	2163	619
白银市			11229	3117	11528	3010
天水市	1420	1420	15592	5626	18829	6862
武威市	172	172	10028	5120	11482	5802
张掖市	749	749	5883	2506	6245	2325
平凉市	306	230	10514	1923	12275	2477
酒泉市	327	427	4398	1708	4946	1755
庆阳市	532	532	11693	2154	14847	2469
定西市	230	230	15304	2901	15032	2505
陇南市	349		8491	2480	13777	2571
青海省	**3731**	**3731**	**9064**	**4068**	**7799**	**3362**
西宁市	3731	3731	9064	4068	7799	3362
宁夏回族自治区	**5931**	**5636**	**27487**	**12711**	**33212**	**12464**
银川市	5004	4709	7310	4725	7236	4114
石嘴山市	339	339	3413	2202	3403	2131
吴忠市	159	159	5451	1624	7456	1771
固原市	429	429	6664	2314	8993	2656
中卫市			4649	1846	6124	1792
新疆维吾尔自治区	**9496**	**9496**	**13343**	**13016**	**12328**	**11834**
乌鲁木齐市	9220	9220	11220	10893	10372	9878
克拉玛依市	276	276	2123	2123	1956	1956

2－29 在校学生数(一)

城 市	普通高等学校（人）		高中阶段在校学生数（人）		普通中学（万人）		小 学（万人）	
	全市	市辖区	全市	市辖区	全市	市辖区	全市	市辖区
城市合计	**22723873**	**21301536**	**34937552**	**15863058**	**6967.71**	**2310.03**	**9025.11**	**2787.53**
北京市	**577828**	**573975**	**417829**	**417189**	**50.83**	**47.61**	**65.33**	**62.04**
天津市	**429224**	**429224**	**331515**	**291343**	**45.86**	**34.82**	**50.59**	**39.19**
河北省	**1074531**	**980453**	**2395663**	**874899**	**348.74**	**76.32**	**511.58**	**87.29**
石家庄市	372921	334206	473222	241605	52.47	12.03	67.19	16.17
唐山市	97638	97638	214579	114491	34.29	13.18	44.1	16.83
秦皇岛市	87946	87946	71676	37380	13.47	4.3	16.91	5.21
邯郸市	60899	60899	341022	114529	45.86	11.03	86.34	12.09
邢台市	47109	47109	255323	91578	34.78	6.06	58.29	6.04
保定市	162640	160463	351680	63541	50.08	5.86	80.76	6.98
张家口市	45043	43398	126520	24861	22.51	6.37	28.6	5.91
承德市	37774	37774	107103	40927	18.44	3.52	22.73	3.36
沧州市	46363	35354	170257	51638	31.21	5.33	48.1	5.71
廊坊市	98614	58082	138184	38814	22.35	4.41	28.91	5.24
衡水市	17584	17584	146097	55535	23.28	4.23	29.65	3.75
山西省	**568330**	**519845**	**998816**	**659884**	**253.67**	**80.16**	**292.83**	**85.13**
太原市	329712	329712	82252	69560	24	19	26.73	19.93
大同市	34186	30629	110090	55968	22.79	10.93	27.76	14.03
阳泉市	10355	10355	43654	35189	9.15	6.8	8.86	6.4
长治市	37218	37218	129235	57973	23.39	7.2	24.71	6.28
晋城市	7964	7964	55775	18603	17.68	4.4	17.34	4.22
朔州市			68391	27553	15.99	6.43	18.99	7.88
晋中市	57646	32943	56732	9661	19.6	3.21	23.72	4.01
运城市	18231	8189	146286	301542	39.74	7.87	41.05	6.57
忻州市	18360	15602	64664	18554	21.9	3.21	31.06	4.87
临汾市	38337	38337	136645	50432	29.64	7.4	35.39	7.11
吕梁市	16321	8896	105092	14849	29.79	3.71	37.22	3.83
内蒙古自治区	**395890**	**359315**	**625738**	**306594**	**102.79**	**44.07**	**127.17**	**50.36**
呼和浩特市	215275	215275	130470	107337	15.66	10.55	17.75	12.19
包头市	84502	84502	50149	43213	13.5	11.18	14.29	11.48
乌海市	3975	3975	10874	10874	1.79	1.79	3.11	3.11
赤峰市	15057	15057	175528	76736	27.21	9.17	28.03	8.19
通辽市	36014		64536	3794	10.16	2.95	21.05	5.31
鄂尔多斯市	2591	2591	43498	13883	5.63	1.52	10.32	2.89
呼伦贝尔市	12043	11482	75731	18883	12.03	2.16	11.79	1.46
巴彦淖尔市	7433	7433	29514	11003	9.01	3.45	9.43	3.33
乌兰察布市	19000	19000	45438	20871	7.8	1.3	11.4	2.4
辽宁省	**903530**	**905386**	**1140976**	**684769**	**188.76**	**85.82**	**218.25**	**89.64**
沈阳市	348583	348583	219040	185975	30.22	21.84	33.78	22.88
大连市	245756	245756	190611	139891	27.92	15.59	29.09	17.7
鞍山市	36219	36219	88565	53482	15.75	6.33	18.55	5.53
抚顺市	42524	42524	49076	41906	8.95	5.78	8.47	4.63
本溪市	15471	15471	51230	37639	6.66	4.05	6.4	3.58
丹东市	24193	24193	62114	19255	7.86	2.36	12.65	3.16
锦州市	80694	80694	79045	42045	14.41	4.63	16.09	4.56

2－29 续表 1

城　市	普通高等学校(人)		高中阶段在校学生数(人)		普通中学(万人)		小　学(万人)	
	全市	市辖区	全市	市辖区	全市	市辖区	全市	市辖区
营口市	16674	16674	65480	47054	10.31	4.63	13.15	5.3
阜新市	41355	43211	56680	14113	6.23	2.06	9.57	2.87
辽阳市	19880	19880	26567	23211	5.99	3.72	9.9	3.66
盘锦市	5392	5392	28791	16914	8	4.33	7.31	3.79
铁岭市	16491	16491	65150	23181	13.54	2.55	15.34	2.29
朝阳市	3523	3523	113723	23970	19.23	3.69	20.73	3.99
葫芦岛市	6775	6775	44904	16133	13.69	4.26	17.22	5.7
吉林省	**552783**	**552783**	**709096**	**366093**	**119.87**	**42.04**	**135.5**	**41.13**
长春市	365734	365734	245271	153569	38.86	17.13	42.17	16.92
吉林市	89740	89740	136629	84889	20.53	8.4	22.18	8.36
四平市	53441	53441	101059	38237	15.13	2.5	18.23	2.7
辽源市	9021	9021	33330	18095	5.33	2	5.73	1.89
通化市	10783	10783	63194	17623	11.18	2.26	13.11	2.2
白山市	3621	3621	33562	15996	6.14	2.57	5.99	2.32
松原市	2977	2977	57553	24117	13.47	4.42	16.96	3.99
白城市	17466	17466	38498	13567	9.23	2.76	11.13	2.75
黑龙江省	**719275**	**695837**	**794323**	**395802**	**179.88**	**70.96**	**188.95**	**60.38**
哈尔滨市	481589	471700	254710	181648	44.08	23.54	46.07	19.05
齐齐哈尔市	49867	44018	127432	50950	23.72	12.78	24.81	6.22
鸡西市	10578	10578	38485	26388	10.96	3.41	8.34	3.03
鹤岗市	2625	2625	26934	17312	6.45	3.64	5.02	2.47
双鸭山市	2258	2258	28574	10207	5.36	1.71	8.2	2.42
大庆市	64158	64158	58611	38136	12.34	7.03	14.44	7.67
伊春市	2047	1386	24053	15987	5.71	3.5	4.96	2.6
佳木斯市	30706	30706	46059	18689	10.83	3.37	18.7	5.02
七台河市	1789	1789	15601	10993	4.79	3.56	4.03	2.54
牡丹江市	54104	47065	51942	18006	12.47	4.21	13.7	4.13
黑河市	9518	9518	41626	4626	12.55	1.01	13.45	1
绥化市	10036	10036	80296	2860	30.62	3.2	27.23	4.23
上海市	**515661**	**515661**	**360967**	**360967**	**59.44**	**56.99**	**70.16**	**68.25**
江苏省	**1774880**	**1709989**	**2003664**	**855409**	**367.6**	**132.74**	**398.78**	**154.28**
南京市	793405	791925	188718	171744	24.86	21.04	28.83	25.2
无锡市	109629	94119	132074	64985	22.76	11.2	30.62	15.85
徐州市	120103	120103	269015	95347	52.07	14.28	53.02	15.72
常州市	104255	104255	101873	69293	18.88	12.37	22.15	15.89
苏州市	177743	136362	132919	67320	27.25	10.17	38.84	14.35
南通市	82647	80357	181347	45495	32.65	9.46	32.32	10.33
连云港市	34538	34508	147918	34430	30.91	5.37	32.71	5.88
淮安市	68805	68805	156980	70345	29.3	15.39	30.36	15.89
盐城市	56715	56715	207008	64842	34.33	8.01	35.97	8.05
扬州市	77541	73338	130388	54668	22.25	6.74	22.74	7.37
镇江市	86513	86516	71098	33362	12.32	4.4	12.93	4.86
泰州市	47013	47013	125908	25729	23.31	3.76	22.53	4.29
宿迁市	15973	15973	158418	57849	36.71	10.55	35.76	10.6

2-29 续表 2

城 市	普通高等学校（人）		高中阶段在校学生数（人）		普通中学（万人）		小 学（万人）	
	全市	市辖区	全市	市辖区	全市	市辖区	全市	市辖区
浙江省	**955765**	**903799**	**1471787**	**519710**	**255.16**	**83.36**	**333.39**	**115.95**
杭州市	434811	414346	227676	143170	35.3	21.8	45.39	31.57
宁波市	140818	140818	104251	44071	32.54	13.62	46.19	19.94
温州市	74542	74542	249758	70369	41.87	9.3	58.13	15.05
嘉兴市	52351	52351	132560	40447	20.72	5.53	22.55	5.77
湖州市	24768	24768	83322	31302	14.63	5.75	16.01	7
绍兴市	53869	53869	170024	28448	27.48	4.03	30.04	5.29
金华市	76733	55945	160498	45498	25.83	5.36	36.85	6.68
衢州市	10213	10213	80036	36348	12.16	4.46	14.83	5.2
舟山市	22327	22327	22934	18539	3.88	2.96	4.72	3.65
台州市	29749	19036	176099	48709	28.68	8.32	43.05	12.84
丽水市	35584	35584	64629	12809	12.07	2.23	15.63	2.96
安徽省	**955169**	**922631**	**1719138**	**646097**	**406.57**	**119.86**	**460.4**	**129.42**
合肥市	372576	372576	277390	185001	33.02	13.92	32.79	15.87
芜湖市	134439	134439	46490	19343	12.39	5.23	11.84	5.17
蚌埠市	53896	53896	67266	17067	20.15	4.66	25.59	5.42
淮南市	62852	62852	80995	69033	14.21	10.06	15.23	10.4
马鞍山市	42404	42404	51976	33307	7.87	4.03	7.1	3.74
淮北市	30192	30192	49534	29353	15.48	7.3	16.67	7.8
铜陵市	25929	25929	27889	19049	4.19	2.74	4.12	2.66
安庆市	36401	35669	174561	25126	46.3	5.63	38.67	4.42
黄山市	15102	15102	52199	22853	7.08	2.41	6.64	2.23
滁州市	39640	31329	142883	26698	26.83	3.47	29.32	3.22
阜阳市	26911	25348	139462	41238	55.09	14.02	85.21	17.26
宿州市	21932		111418	16212	38.9	8.95	43.06	11
巢湖市	19270	19270	79961	17014	27.6	5.29	28.04	5.25
六安市	34264	34264	196739	52024	42.06	13.58	43.35	12.18
亳州市	9722	9722	139002	41564	31.08	9.18	48.98	13.97
池州市	24645	24645	37282	13777	10.61	4.4	10.18	4.28
宣城市	4994	4994	44091	17438	13.71	4.99	13.61	4.55
福建省	**661583**	**610814**	**1223057**	**488300**	**198.2**	**58.02**	**238.88**	**73.9**
福州市	281680	281680	267303	130705	35.84	11.14	44.6	15.92
厦门市	128470	128470	80174	80174	12.16	12.16	18.83	18.83
莆田市	16671	13115	121527	79004	20.19	12.94	21.16	14.21
三明市	17292	12798	52062	8317	14.54	1.99	15.64	2.22
泉州市	113727	85399	266551	84285	41.5	7.97	53.81	8.48
漳州市	59992	59992	137815	33749	25.54	4.33	33.69	4.86
南平市	21573	7182	80813	14107	15.42	2.54	18.06	3.02
龙岩市	14100	14100	110987	32780	15.23	2.46	15.99	3.74
宁德市	8078	8078	105825	25179	17.78	2.49	17.1	2.62
江西省	**822222**	**809581**	**979588**	**279836**	**267.61**	**51.03**	**426.01**	**70.42**
南昌市	490241	490241	86070	44862	26.21	12.05	43.66	12.38
景德镇市	27233	27233	23343	10731	6.85	2.23	14.14	3.95
萍乡市	8972	8972	64654	39252	10.65	4.57	14.64	5.78
九江市	82034	70025	146426	41083	29.59	4.1	43.7	4.53
新余市	13023	13023	18791	15436	5.81	4.51	9.09	6.84
鹰潭市	4236	4236	43580	17013	6.6	1.54	10.67	2.41

2-29 续表 3

城市	普通高等学校(人)		高中阶段在校学生数(人)		普通中学(万人)		小学(万人)	
	全市	市辖区	全市	市辖区	全市	市辖区	全市	市辖区
赣州市	78317	78317	129106	10300	52.77	3.43	92.44	5.4
吉安市	18160	18160	87730	10796	27.64	2.56	37.71	3.86
宜春市	33696	33064	147063	42904	31.2	5.34	47.8	9.3
抚州市	45935	45935	66759	18493	25.46	8.44	40.7	12.67
上饶市	20375	20375	166066	28966	44.83	2.26	71.46	3.3
山东省	**1853613**	**1700099**	**2663379**	**1108644**	**527.52**	**176.13**	**629.25**	**184.76**
济南市	642541	627736	246704	177739	30.18	17.16	38.4	21.77
青岛市	284788	284788	276352	133117	38	12.34	46.27	16.86
淄博市	103289	103289	170851	119319	29.82	19.77	23.03	15.18
枣庄市	21410	15264	125797	74894	48.29	29.13	26.45	16.49
东营市	52796	49595	63577	36099	12.05	6.21	13.47	6.77
烟台市	146394	121257	199310	83072	37.13	10.59	25.6	7.44
潍坊市	121046	90814	161832	29812	49.03	9.23	53.9	11.84
济宁市	81229	31042	193502	30485	42.01	7.09	54.67	7.01
泰安市	95421	95421	154025	73136	22.91	8.01	38.17	11.19
威海市	59869	48342	83874	28924	14.24	4.22	9.85	3.65
日照市	19491	19491	74587	42039	14.4	6.9	19.08	9.01
莱芜市	10317	10317	20919	20919	8.71	8.71	6.7	6.7
临沂市	56814	56814	249157	88698	54.99	13.1	74.3	17.9
德州市	39687	30791	157379	13305	25.1	3.74	44.66	5.6
聊城市	38104	38104	128011	52814	27.69	6.92	41.44	10.15
滨州市	48043	48043	106898	32551	19.14	3.41	25.89	4.52
菏泽市	32374	28991	250604	71721	53.83	9.6	87.37	12.68
河南省	**1462154**	**1326707**	**3525220**	**1287562**	**641.4**	**123.69**	**1065.25**	**180.43**
郑州市	649410	522343	472307	314553	43.85	19.78	60.98	28.99
开封市	73452	73452	178266	71452	29.67	5.21	50.7	6.61
洛阳市	82214	82214	294726	162038	42.64	10.93	63.95	13.2
平顶山市	61790	61790	150245	63050	24.54	5.13	42.92	8.15
安阳市	47885	47885	146455	47480	28.23	6.17	50.56	10.13
鹤壁市	9899	9899	57660	34767	10.54	4.41	18.61	6.01
新乡市	115125	114897	184388	41903	34.24	6.03	59.24	8.44
焦作市	68931	68931	121924	52145	22.86	5.1	30.83	6.73
濮阳市	12085	12085	157507	47862	29.45	9.16	47.78	7.67
许昌市	34342	33941	157390	38912	28.02	3.18	42.12	3.78
漯河市	25512	25512	94213	54846	15.36	8.32	22.14	11.88
三门峡市	15310	15310	98278	24034	14.68	2.01	18	2.88
南阳市	66735	66735	298416	121737	56.62	9.95	112.21	18.49
商丘市	77082	69331	313593	83754	70	11.3	111.65	20.96
信阳市	53652	53652	306161	56808	59.31	8.33	87.78	11.49
周口市	38382	38382	332841	53945	87.28	4.77	144.7	6.37
驻马店市	30348	30348	160850	18276	44.11	3.91	101.08	8.65
湖北省	**1314059**	**1314059**	**1934525**	**894425**	**297.14**	**88.06**	**320.05**	**88.87**
武汉市	881433	881433	385456	340157	38.31	24.07	41.13	28.23
黄石市	40868	40868	100117	49074	19.46	4.61	23.39	4.09
十堰市	44504	44504	47089	22908	20.8	4.79	24.3	5.08

2-29 续表 4

城市	普通高等学校（人）		高中阶段在校学生数（人）		普通中学（万人）		小学（万人）	
	全市	市辖区	全市	市辖区	全市	市辖区	全市	市辖区
宜昌市	50299	50299	121952	50290	17.05	6.35	16.37	6.27
襄阳市	37566	37566	194693	106242	29.85	13.61	34.03	14.11
鄂州市	10078	10078	23640	23640	7.05	7.05	7.9	7.9
荆门市	19136	19136	85858	30000	13.65	4.02	12.97	3.68
孝感市	26904	26904	171000	63000	32.36	6.39	30.83	5.45
荆州市	117840	117840	218967	81034	35.01	6.74	37.09	5.29
黄冈市	46034	46034	281900	50800	52.63	1.72	54.63	0.66
咸宁市	31000	31000	234326	35861	17.54	3.69	22.42	4.24
随州市	8397	8397	69527	41419	13.43	5.02	14.99	3.87
湖南省	**1026654**	**888844**	**1219964**	**458616**	**247.96**	**56.96**	**455.54**	**91**
长沙市	508254	370633	258869	151857	30.74	13.71	41.35	16.33
株洲市	68736	68736	47699	14644	9.74	2.51	21.47	6.07
湘潭市	111566	111566	50807	12173	8	1.57	15.26	4.26
衡阳市	94489	94489	109731	21222	25.84	3.38	61.78	8.46
邵阳市	25929	25929	11063	13026	25.66	2.54	61.35	6.27
岳阳市	36849	36849	89789	25168	17.14	4.02	35.65	8.07
常德市	36349	36160	168862	61622	26.15	6.72	27.52	6.18
张家界市	12569	12569	23670	7457	7.18	2.45	10.28	3.9
益阳市	28581	28581	103903	46772	19.06	6.44	24.65	7.67
郴州市	20407	20407	90692	41931	15.26	2.85	44.01	6.83
永州市	25101	25101	139375	39711	28.45	5.62	48.29	8.07
怀化市	32155	32155	53362	8797	19.45	2.69	31.91	4.26
娄底市	25669	25669	72142	14236	15.29	2.46	32.02	4.63
广东省	**1466534**	**1355905**	**2897254**	**1487044**	**677.09**	**299.62**	**848.53**	**428.42**
广州市	843934	742752	177943	146881	57.23	45.47	82.48	70.48
韶关市	31383	31383	196409	117038	19.99	6.13	20.73	6.24
深圳市	67324	67324	152498	152498	33.48	33.48	61.85	61.85
珠海市	108190	108190	31003	31003	9.53	9.53	12.63	12.63
汕头市	9310	9310	244682	241984	49.34	48.82	56.77	56.47
佛山市	39675	39675	111905	111905	32.34	32.34	43.82	43.82
江门市	23289	23289	82435	33795	26.39	10.04	30.23	12.68
湛江市	89243	89243	197849	56424	70.63	16.05	75.39	14.81
茂名市	26967	26967	373690	124203	65.51	10.32	66.66	11.44
肇庆市	55574	55574	166300	95265	32.84	4.49	36.82	5.17
惠州市	14305	14305	83579	46067	30.87	14.96	39.8	19.53
梅州市	20673	20673	194985	84983	12.5	1.77	31.33	2.63
汕尾市	4573	4573	83280	15184	29.83	4.05	35.41	3.96
河源市	11868	11868	72436	9632	24.12	3.35	25.51	4.01
阳江市	6174	6174	68375	18535	19.92	5.32	17.52	4.88
清远市	8851	8851	82619	19307	28.03	5.26	27.3	5.85
东莞市	38293	38293	70398	70398	18.79	18.79	55.24	55.24
中山市	35285	35285	44866	44866	15.29	15.29	23.78	23.78
潮州市	16542	16542	68325	14438	20.99	3.87	20.24	3.21
揭阳市	8494	5634	303985	38933	58.5	7.66	65.35	7.41
云浮市	6587		89692	13705	20.97	2.63	19.67	2.33

2-29 续表 5

城市	普通高等学校（人）		高中阶段在校学生数（人）		普通中学（万人）		小学（万人）	
	全市	市辖区	全市	市辖区	全市	市辖区	全市	市辖区
广西壮族自治区	**616254**	**540881**	**1026247**	**447651**	**265.33**	**77.55**	**430.01**	**117.55**
南宁市	276428	272347	116483	53640	37.63	16.34	52.65	24.94
柳州市	63465	63465	163964	118850	17.7	7.65	25.59	9.27
桂林市	128338	125915	74187	17090	21.03	4.13	28.1	5.59
梧州市	11436	11436	45588	9272	20.03	2.72	30.9	3.75
北海市	22778	22778	60027	40041	10.42	4.3	15.34	5.7
防城港市			11114	8039	4.58	2.71	8.34	4.56
钦州市	22590		45384	4067	16.21	4.41	38.93	12.99
贵港市	2425	2425	82403	40665	33.87	13.28	49.8	17.06
玉林市	13821	13821	179748	68156	38.86	6.53	64.19	9.2
百色市	25744		52677	12327	18.43	1.32	32.04	2.45
贺州市	10313	10313	28974	11151	11.34	5.83	18.18	9.27
河池市	12868	4780	58067	9383	14.31	1.14	33.04	2.11
来宾市	5855	5855	85707	51773	12.87	6.34	17.74	8.47
崇左市	20193	7746	21924	3197	8.05	0.85	15.17	2.19
海南省	**140422**	**140422**	**53904**	**53904**	**15.78**	**15.78**	**23.66**	**23.66**
海口市	103855	103855	32945	32945	11.44	11.44	17.04	17.04
三亚市	36567	36567	20959	20959	4.34	4.34	6.62	6.62
重庆市	**565868**	**557355**	**1141729**	**616583**	**190.81**	**86.09**	**199.94**	**83.06**
四川省	**1061767**	**738609**	**2004595**	**767748**	**455.5**	**142.97**	**518.48**	**154.48**
成都市	617482	330919	427054	210695	63.51	29.11	68.24	37.99
自贡市	30857	30857	43750	16605	14.49	5.92	17.09	7.51
攀枝花市	21451	21451	19756	15946	6.96	4.58	9.46	5.51
泸州市	35492	35492	81335	24780	27.96	7.73	38.56	9.93
德阳市	46573	28558	51604	13905	17.5	3.82	17.64	3.62
绵阳市	83971	81234	105906	45672	30.52	10.24	27.15	7.55
广元市	3688	3688	67505	21990	19.97	6.29	17.76	5.58
遂宁市	9993	9993	110426	53018	19.75	8.39	20.17	8.73
内江市	21000	21000	55773	18686	19.69	6.87	23.11	8.7
乐山市	36779	36779	99919	54035	16.61	6.03	17.5	5.26
南充市	54575	54575	245107	107228	45.98	13.05	51.32	14.24
眉山市	15843		57338	16577	18.52	4.61	17.28	3.76
宜宾市	22000	22000	79230	24157	30.1	5.95	37.4	5.59
广安市	5420	5420	141123	30671	28.66	9.93	32.12	8.82
达州市	18643	18643	160518	20711	39.07	3.54	54.71	4.21
雅安市	38000	38000	19663	4943	7.9	1.78	9.5	2.06
巴中市			124000	59000	27.5	10.4	33.4	9.8
资阳市			114588	29129	20.81	4.73	26.07	5.62
贵州省	**328296**	**326543**	**272139**	**106784**	**116.89**	**35.78**	**164.88**	**48.79**
贵阳市	256808	255055	68665	52646	25.23	17	34.47	24
六盘水市	10107	10107	51292	16128	24.61	5.47	35.51	7.27
遵义市	49830	49830	122096	23620	50.58	7.49	66.96	9.18
安顺市	11551	11551	30086	14390	16.47	5.82	27.94	8.34

2-29 续表 6

城市	普通高等学校（人）		高中阶段在校学生数（人）		普通中学（万人）		小学（万人）	
	全市	市辖区	全市	市辖区	全市	市辖区	全市	市辖区
云南省	**348159**	**331189**	**498763**	**215212**	**173.22**	**34.34**	**282.36**	**53.81**
昆明市	269924	268854	95463	85421	32.27	11.08	54.28	18.35
曲靖市	21462	21462	125561	42600	45.55	5.8	65.15	7.66
玉溪市	12026	12026	63099	29213	13.29	2.82	19.36	3.9
保山市	8781	8781	61990	13606	15.95	4.41	21.87	7.65
昭通市	5943	5943	94885	28679	37.15	5.72	71.95	9.81
丽江市	15900		21315	4871	5.3	0.78	10.65	1.42
思茅市	8259	8259	13801	3488	11.71	1.88	18.55	2.39
临沧市	5864	5864	22649	7334	12	1.85	20.55	2.63
西藏自治区								
拉萨市								
陕西省	**986997**	**954201**	**1329894**	**636095**	**258.57**	**86.17**	**259.67**	**89.27**
西安市	734350	717082	486698	408826	48.89	34.42	51.56	38.4
铜川市	3837	3837	22695	21869	5.84	5.36	5.12	4.59
宝鸡市	27565	27565	90080	37758	24.98	9.69	23.72	9.5
咸阳市	113162	113162	159092	28348	41.64	6.66	39.47	6.07
渭南市	16200	16200	232082	51911	39.02	6.93	34.25	5.86
延安市	24078	24078	66061	19497	16.71	4.21	18.1	4.08
汉中市	23400	23400	69000	12386	21.44	3.2	23.84	3.4
榆林市	14691	11922	90965	24159	25.34	5.87	25.02	5.32
安康市	16277	9010	59700	20573	18.27	6.31	20.84	7.94
商洛市	13437	7945	53521	10768	16.44	3.52	17.75	4.11
甘肃省	**363496**	**358612**	**836900**	**404372**	**179.84**	**57.91**	**206.8**	**64.37**
兰州市	277381	277381	163193	125496	19.9	11.2	21.8	13.5
嘉峪关市	2800	2800	6978	6978	0.85	0.85	1.62	1.62
金昌市			14505	6298	3.52	1.98	3.55	1.48
白银市			64337	17954	18.7	4.6	15.18	3.92
天水市	29287	29287	147753	69023	25.73	8.57	39.05	12.05
武威市	2832	2832	54012	27100	16.56	8.25	16.67	8.26
张掖市	17192	17192	46765	38583	9.1	3.86	9.02	3.69
平凉市	6455	6455	58860	22559	18.33	3.05	19.22	4.61
酒泉市	6265	6265	22237	13081	7.14	3.01	8.42	2.9
庆阳市	11300	11300	103646	33551	20.14	3.47	20.53	3.15
定西市	5100	5100	104864	34270	24.76	4.39	24.18	3.67
陇南市	4884		49750	9479	15.11	4.68	27.56	5.52
青海省	**60384**	**60384**	**46669**	**22136**	**11.96**	**5.77**	**16.05**	**6.15**
西宁市	60384	60384	46669	22136	11.96	5.77	16.05	6.15
宁夏回族自治区	**83895**	**79783**	**241187**	**136733**	**44.56**	**20.53**	**65**	**24.32**
银川市	69678	65566	123331	82895	12.33	8.29	14.75	8.78
石嘴山市	6474	6474	27262	20178	4.76	3.25	5.67	3.54
吴忠市	1883	1883	26487	8853	9.05	2.59	14.26	3.69
固原市	5860	5860	30270	10887	10.64	3.55	17.27	5.1
中卫市			33837	13920	7.78	2.85	13.05	3.21
新疆维吾尔自治区	**138650**	**138650**	**73026**	**72657**	**19.16**	**18.88**	**21.82**	**21.21**
乌鲁木齐市	134918	134918	63797	63428	16.64	16.36	19.39	18.78
克拉玛依市	3732	3732	9229	9229	2.52	2.52	2.43	2.43

2-30 在校学生数(二)

城 市	中等职业技术学校(人)		成人高等学校在校学生数(人)		每万人在校大学生数(人)	
	全市	市辖区	全市	市辖区	全市	市辖区
城市合计	**18348648**	**10460276**	**5541521**	**5171109**	**182.12**	**548.08**
北京市	**219414**	**215298**	**266271**	**266271**	**459.40**	**483.51**
天津市	**135748**	**135748**	**71659**	**71659**	**435.83**	**531.86**
河北省	**1120517**	**580520**	**244226**	**238281**	**147.24**	**757.04**
石家庄市	262422	194535	73872	73845	377.01	1370.43
唐山市	84955	63825	51095	51095	132.84	317.49
秦皇岛市	26357	12406	27537	27537	305.05	1018.13
邯郸市	177780	71134	9377	9377	63.21	411.06
邢台市	129096	58720	6038	6038	64.35	658.77
保定市	165330	41950	20704	20704	140.08	1512.38
张家口市	61414	29456	17992	17992	96.67	482.74
承德市	46320	23813	13200	13200	101.28	647.59
沧州市	54911	28934	1731	1731	63.43	655.80
廊坊市	58119	21046	21917	15999	235.34	722.59
衡水市	53813	34701	763	763	39.95	358.42
山西省	**612226**	**387308**	**185452**	**170426**	**163.61**	**534.57**
太原市	203425	200955	93401	93401	902.08	1156.84
大同市	50797	21069	11000	10570	107.67	196.45
阳泉市	16666	13873	3628	3628	79.18	149.81
长治市	46842	25658	14855	14855	112.26	511.87
晋城市	17470	9266	4024	4024	36.83	228.46
朔州市	12734	7062	5270	3574		
晋中市	75367	20305	6799	5850	179.60	553.48
运城市	70797	35888	5849	2200	36.20	124.25
忻州市	39876	13820	16920	8618	59.70	294.99
临汾市	44160	21269	20280	20280	87.66	458.69
吕梁市	34092	18143	3426	3426	42.56	320.23
内蒙古自治区	**267406**	**177773**	**85688**	**46744**	**181.95**	**549.23**
呼和浩特市	71637	65984	32903	32903	937.77	1785.63
包头市	28434	28434	2634	2634	384.45	593.00
乌海市	3610	3610	3870	3870	75.00	75.00
赤峰市	66020	32902	6907	6907	32.89	124.02
通辽市	30292	1364	36014		113.00	
鄂尔多斯市	14588	13755			17.00	99.58
呼伦贝尔市	27547	7598	2930		44.39	422.91
巴彦淖尔市	5126	5126			39.89	131.72
乌兰察布市	20152	19000	430	430	66.20	623.97
辽宁省	**498743**	**395371**	**207507**	**202440**	**212.51**	**481.65**
沈阳市	120940	110453	79892	79892	484.41	676.31
大连市	83602	75805	56242	56242	419.06	807.72
鞍山市	34963	25957	11574	11574	102.96	246.64
抚顺市	21418	19278	3317	3317	192.49	307.37
本溪市	26664	22211	4596	4596	100.07	162.63
丹东市	25493	25493	5780	5780	100.24	306.90
锦州市	27937	23488	23114	23114	261.70	864.42

2-30 续表 1

城 市	中等职业技术学校（人）		成人高等学校在校学生数（人）		每万人在校大学生数（人）	
	全市	市辖区	全市	市辖区	全市	市辖区
营口市	30045	25927	2826	2826	70.79	184.43
阜新市	23399	18406	9267	5044	214.97	547.81
辽阳市	12589	9825	271	271	108.44	264.64
盘锦市	14332	6772	781	781	41.08	88.36
铁岭市	20234	11092	2093	2093	54.04	369.84
朝阳市	43053	9968	4754	4754	10.38	61.17
葫芦岛市	14074	10696	3000	2156	24.05	67.78
吉林省	**272595**	**187086**	**125492**	**124043**	**220.70**	**635.94**
长春市	101561	85105	87509	87509	481.93	1008.23
吉林市	60391	50915	25680	25680	206.76	489.13
四平市	46106	21050	7106	5657	156.93	874.79
辽源市	13456	10257	535	535	72.90	188.45
通化市	22142	8140	2558	2558	47.69	240.91
白山市	9985	6236			28.14	60.87
松原市	10023	4406	618	618	10.26	50.64
白城市	8931	977	1486	1486	86.19	342.34
黑龙江省	**255671**	**169671**	**88292**	**81355**	**189.58**	**507.68**
哈尔滨市	113454	99128	19673	19573	485.46	999.81
齐齐哈尔市	10722	10080	10699	10042	87.78	311.06
鸡西市	27446	18595	1450	1450	55.91	120.34
鹤岗市	6669	4546	2837	2837	24.06	38.83
双鸭山市	10252	3534	1570	1570	14.90	44.93
大庆市	10557	5571	10950	10950	229.30	480.94
伊春市	10020	9353	1230	1230	16.12	17.14
佳木斯市	11487	4689	14200	14200	120.99	374.46
七台河市	1292	1003	1800	1800	19.27	31.27
牡丹江市	17351	10535	7115	7012	200.21	529.12
黑河市	18092	2421	7658	1581	54.64	495.47
绥化市	18329	216	9110	9110	17.12	111.60
上海市	**157476**	**157476**	**198581**	**198581**	**365.12**	**383.86**
江苏省	**1327819**	**452036**	**402932**	**388124**	**237.71**	**613.96**
南京市	57563	51887	179678	179678	1254.55	1444.14
无锡市	58421	47952	21164	18377	234.97	394.45
徐州市	48393	45931	35481	35481	123.45	384.06
常州市	36029	30346	35195	32533	288.96	457.76
苏州市	67288	27791	42101	32742	278.74	562.36
南通市	50042	32765	13249	13249	108.33	379.87
连云港市	53172	29618	5276	5276	69.39	368.71
淮安市	716421	65807	9817	9817	127.71	247.19
盐城市	41661	38643	10571	10571	69.49	347.35
扬州市	49298	11602	17684	17684	168.89	598.78
镇江市	24305	12018	27736	27736	319.58	835.66
泰州市	16997	5938	4980	4980	93.16	568.34
宿迁市	108229	51738			29.24	99.97

2-30 续表 2

城 市	中等职业技术学校(人)		成人高等学校在校学生数(人)		每万人在校大学生数(人)	
	全市	市辖区	全市	市辖区	全市	市辖区
浙江省	**676686**	**270036**	**311096**	**266359**	**201.30**	**602.20**
杭州市	100968	64429	117838	115499	630.97	952.91
宁波市	80724	37052	49456	49456	245.29	630.48
温州市	93591	32215	28915	28915	94.74	511.37
嘉兴市	58198	16489	27659	10641	153.25	625.09
湖州市	32917	11176	3641	3641	95.27	227.44
绍兴市	66039	15749	18518	10543	122.73	828.24
金华市	80033	33929	2240	2240	164.43	600.33
衢州市	36313	19126	24373	18896	40.65	123.48
舟山市	8325	7243	2971	2971	230.72	320.24
台州市	86161	22304	22334	10406	51.02	122.90
丽水市	33417	10324	13151	13151	137.05	919.96
安徽省	**873315**	**417344**	**199231**	**185385**	**139.92**	**467.59**
合肥市	139322	104868	72560	72560	752.75	1728.25
芜湖市	26216	19232	12770	12770	585.79	1205.41
蚌埠市	47383	22516	22402	22402	148.79	582.34
淮南市	41762	34430	13921	13921	257.60	346.27
马鞍山市	22225	16903	5968	5968	328.46	663.91
淮北市	32299	27813	1510	1320	137.51	275.00
铜陵市	13198	8981	6526	6526	350.34	578.39
安庆市	93400	32305	15865	11989	59.13	484.30
黄山市	24200	12170	6894	6894	102.01	345.35
滁州市	58986	14957	7137	6058	87.93	583.52
阜阳市	85509	46947	6348	6348	26.60	122.48
宿州市	60420	2960	3901		34.16	
巢湖市	50823	11320	835	835	41.84	216.23
六安市	65067	18145	4655	4655	48.61	183.70
亳州市	54443	16610	9533	9533	16.18	60.14
池州市	23877	13777	2426	2426	153.59	372.28
宣城市	34185	13410	5980	1180	17.94	57.98
福建省	**558919**	**285835**	**113979**	**103740**	**186.27**	**660.78**
福州市	137625	88597	63218	63218	436.10	1493.61
厦门市	37713	37713	16616	16616	712.89	712.89
莆田市	51666	31354	5877	5877	51.53	60.87
三明市	53794	18637	7045	1167	63.40	452.23
泉州市	101036	48715	9112	9112	165.96	828.23
漳州市	57787	18235	2342	2342	125.94	1080.94
南平市	25920	4808	5913	1621	68.73	144.42
龙岩市	51852	23666	2332	2332	44.85	238.86
宁德市	41526	14110	1524	1455	23.80	181.69
江西省	**731936**	**473219**	**192170**	**183971**	**175.09**	**900.80**
南昌市	207704	188678	65222	65222	976.09	2312.46
景德镇市	12950	10500	1549	1549	166.91	589.33
萍乡市	39683	25999	12238	12238	47.70	104.94
九江市	55069	25759	8490	8490	164.76	1090.22
新余市	60327	57727	41502	41502	110.36	147.14
鹰潭市	25458	11895	2854	2854	34.74	179.26

2-30 续表 3

城 市	中等职业技术学校（人）		成人高等学校在校学生数（人）		每万人在校大学生数（人）	
	全市	市辖区	全市	市辖区	全市	市辖区
赣州市	129583	66107	25016	25016	86.32	1211.21
吉安市	47388	21366	15988	4986	36.68	333.09
宜春市	65612	31390	6580	9383	60.39	314.75
抚州市	31181	10208	4743	4743	113.71	400.97
上饶市	56981	23590	7988	7988	27.52	511.04
山东省	**1311353**	**720535**	**459394**	**410775**	**194.37**	**615.07**
济南市	145282	117552	126430	126430	1063.67	1803.74
青岛市	166922	92004	78382	78382	372.93	1033.71
淄博市	82708	58890	17051	17051	244.55	369.42
枣庄市	48035	31309	11478	7378	54.75	68.48
东营市	22100	14971	58658	58658	285.58	595.02
烟台市	94366	51237	28267	23742	224.83	677.79
潍坊市	149835	69770	27683		138.53	498.68
济宁市	66650	10051	22718	10407	96.35	276.74
泰安市	62359	37530	27416	27416	171.31	601.42
威海市	56169	21552	5993	5993	236.07	745.44
日照市	30296	19564	8794	8794	67.70	158.27
莱芜市	8736	8736	909	909	81.43	81.43
临沂市	73112	31269			52.96	269.35
德州市	79178	43945	8530	8530	69.60	471.97
聊城市	54344	25389	14695	14695	63.77	329.48
滨州市	60711	25355	18649	18649	127.12	755.27
菏泽市	110550	61411	3741	3741	33.77	189.78
河南省	**1739889**	**821794**	**257276**	**249669**	**133.53**	**621.46**
郑州市	302556	237999	82898	75291	674.36	1024.20
开封市	85262	31421	24102	24102	137.37	858.38
洛阳市	167049	88050	11058	11058	116.86	494.94
平顶山市	70272	45221	14625	14625	114.51	598.10
安阳市	62734	29161	11535	11535	82.36	440.20
鹤壁市	30760	19594	748	748	61.09	160.15
新乡市	81246	21280	28878	28878	190.65	1133.89
焦作市	69812	35847	24454	24454	187.30	820.12
濮阳市	82847	18065	36	36	29.49	177.69
许昌市	91865	41463	5122	5122	70.14	819.44
漯河市	45594	29416	699	699	91.61	181.17
三门峡市	47681	17413	591	591	66.48	522.53
南阳市	135025	76585	11325	11325	56.24	354.01
商丘市	115654	33710	15747	15747	83.97	391.72
信阳市	127303	22165	11525	11525	61.65	363.20
周口市	116110	42167	8559	8559	31.35	715.95
驻马店市	108119	32237	5374	5374	34.25	449.60
湖北省	**893709**	**592605**	**285924**	**270798**	**246.58**	**852.02**
武汉市	266245	242881	163406	163406	1053.43	1692.95
黄石市	38673	28101	8075	8075	157.10	572.14
十堰市	74718	31614	19520	19520	126.01	826.60

2-30 续表 4

城市	中等职业技术学校（人）		成人高等学校在校学生数（人）		每万人在校大学生数（人）	
	全市	市辖区	全市	市辖区	全市	市辖区
宜昌市	54309	23410	27011	11885	126.20	404.30
襄阳市	81644	50115	13876	13876	63.56	167.12
鄂州市	14878	14878	679	679	92.92	92.92
荆门市	27067	11397	1850	1850	63.70	279.28
孝感市	67481	41326	1716	1716	50.66	281.51
荆州市	78018	49510	27192	27192	179.04	1045.05
黄冈市	108700	41800	19819	19819	62.01	1255.36
咸宁市	58908	39767	1259	1259	106.54	518.13
随州市	23068	17806	1521	1521	32.56	128.47
湖南省	**775837**	**423073**	**243027**	**215808**	**150.92**	**690.62**
长沙市	147394	95794	79515	72700	779.05	1533.25
株洲市	47909	34970	8773	8773	176.12	851.64
湘潭市	47897	26446	3163	3163	386.07	1289.18
衡阳市	96111	53443	38543	36895	119.36	957.53
邵阳市	63770	26467	3423	3423	32.66	374.75
岳阳市	72553	31622	9539	9539	65.15	336.09
常德市	69190	32671	13348	13348	58.33	256.13
张家界市	10660	5654	2353	1169	76.29	252.64
益阳市	38855	21415	54827	37255	60.00	214.23
郴州市	37291	26536	7917	7917	40.65	283.39
永州市	48827	17422	9945	9945	41.11	207.38
怀化市	49126	28479	3786	3786	63.08	883.86
娄底市	46254	22154	7895	7895	59.28	548.83
广东省	**1589789**	**1022201**	**493167**	**458369**	**172.10**	**406.05**
广州市	248060	243611	277007	277007	1046.88	1118.11
韶关市	49499	34634	18575	14897	95.65	337.20
深圳市	29731	29731	23594	23594	259.07	259.07
珠海市	27246	27246	9116	9116	1032.94	1032.94
汕头市	106788	106206			17.76	18.02
佛山市	102216	102216	13472	13472	106.97	106.97
江门市	72807	49898	22973	22973	59.37	168.50
湛江市	113185	85778			114.74	582.03
茂名市	144923	64472	9466	9466	36.09	203.10
肇庆市	108216	78656	10193	10193	131.56	1035.48
惠州市	89908		16012	10851	42.41	106.85
梅州市	70012	33650	12500	5820	40.16	647.85
汕尾市	13047	4205	8727	2352	13.26	84.05
河源市	51907	31975	7761	3073	33.11	380.64
阳江市	26898	7943	8335	6980	21.83	90.32
清远市	56279	16003	4175	4175	21.41	134.99
东莞市	47531	47531	21703	21703	210.67	210.67
中山市	27720	27720	15304	15304	236.53	236.53
潮州市	27455	11765	2110	2110	63.41	471.55
揭阳市	140743	14264	7162	2800	12.83	80.35
云浮市	35618	4697	4982	2483	23.30	

2-30 续表 5

城市	中等职业技术学校（人）		成人高等学校在校学生数（人）		每万人在校大学生数（人）	
	全市	市辖区	全市	市辖区	全市	市辖区
广西壮族自治区	**795751**	**464765**	**155107**	**154292**	**116.03**	**393.73**
南宁市	207686	166562	88107	88107	390.78	1005.94
柳州市	105312	86298	22307	22307	170.29	604.37
桂林市	76600	62219	23700	23700	247.30	1662.90
梧州市	48800	1500	1166	1017	35.05	223.53
北海市	28108	25127	3200	3200	136.53	369.05
防城港市	8418	4586	2080	1414		
钦州市	38500	546			58.27	
贵港市	50456	25976	4865	4865	4.63	12.75
玉林市	88234	44190	8637	8637	20.49	136.52
百色市					63.47	
贺州市	35592	9863	1045	1045	44.19	91.20
河池市	41310	10911			32.24	142.05
来宾市	41600	26987			22.51	54.42
崇左市	25135				82.98	213.27
海南省	**91909**	**91909**	**23465**	**23465**	**645.80**	**645.80**
海口市	82414	82414	23465	23465	647.35	647.35
三亚市	9495	9495			641.41	641.41
重庆市	**515295**	**294876**	**124068**	**124068**	**171.30**	**361.27**
四川省	**1210048**	**584777**	**320987**	**290965**	**127.52**	**308.09**
成都市	214674	105865	197078	187418	537.38	618.37
自贡市	35316	29443	16120	10667	94.66	206.48
攀枝花市	17242	17242	10347	10347	192.59	310.84
泸州市	92160	30621	2155	2155	70.66	241.90
德阳市	56819	22793	2677	2066	119.68	431.19
绵阳市	86607	53516	5502	5478	154.97	664.76
广元市	56439	43660	5139	5139	11.86	39.97
遂宁市	47522	24937	12756	12756	26.20	66.43
内江市	54000	27332	5917	4125	49.35	148.46
乐山市	47293	31639	8168	8168	104.09	319.32
南充市	94169	60002	13264	13264	72.60	282.16
眉山市	57027	16841			45.39	
宜宾市	79412	24514	11526	6807	40.81	271.97
广安市	55540	17013	1682	1682	11.63	43.29
达州市	95769	30810	4238	2811	27.20	437.01
雅安市	15466	8372	15841	15841	245.32	1087.58
巴中市	48000	25000	3567	962		
资阳市	56593	15177	5010	1279		
贵州省	**198940**	**170271**	**33747**	**32552**	**190.84**	**734.94**
贵阳市	151662	146079	3932	3932	761.68	1148.74
六盘水市	21148	5288	7330	7330	31.66	203.81
遵义市	14483	11344	19000	19000	63.55	580.03
安顺市	11647	7560	3485	2290	41.28	133.11

2-30 续表 6

城市	中等职业技术学校（人）		成人高等学校在校学生数（人）		每万人在校大学生数（人）	
	全市	市辖区	全市	市辖区	全市	市辖区
云南省	**261953**	**140193**	**173507**	**159903**	**120.63**	**525.57**
昆明市	73546	53463	156500	146500	462.21	1033.10
曲靖市	46470	24949	5235	5235	34.26	307.92
玉溪市	28043	19499	4994	3735	52.15	242.46
保山市	30100	3839	5510	3165	34.75	97.57
昭通市	28170	13317	1244	1244	10.35	71.36
丽江市	8040				132.02	
思茅市	9438	9438			32.44	278.08
临沧市	38146	15688	24	24	24.11	180.99
西藏自治区						
拉萨市						
陕西省	**695418**	**426859**	**88893**	**78253**	**256.04**	**746.46**
西安市	303580	291775	21720	19548	938.19	1274.47
铜川市	8428	8225	5303	5303	44.91	50.50
宝鸡市	77178	51546	7656	7656	72.33	193.03
咸阳市	77742	19515	9655	9655	217.58	1254.71
渭南市	73966	20693	1767	1767	28.93	165.85
延安市	28440	7106	17900	17900	104.59	525.49
汉中市	27116	1453	14405	10405	61.33	424.14
榆林市	38000	8745			40.30	228.65
安康市	31513	12543	6694	2509	53.48	89.33
商洛市	29455	5258	3793	3510	54.88	144.43
甘肃省	**330569**	**204998**	**126724**	**111502**	**149.46**	**438.29**
兰州市	87930	82461	78920	78920	857.33	1318.60
嘉峪关市	7172	7172	2500	2500	128.44	128.44
金昌市	2164	2164	1923	1923		
白银市	12590	11141	4523	2712		
天水市	72351	41448	2975	2975	79.86	225.68
武威市	9580	3720	15022	10462	14.81	27.75
张掖市	15601	7828	2411	2411	131.41	330.36
平凉市	28888	12772	3480	621	27.84	126.72
酒泉市	8529	8072		310	63.96	155.15
庆阳市	38907	18456	5801	3480	43.60	315.55
定西市	22603	7577	5188	5188	16.98	109.32
陇南市	24254	2187	3981		17.33	
青海省	**23456**	**23456**	**1204**	**856**	**273.39**	**595.68**
西宁市	23456	23456	1204	856	273.39	595.68
宁夏回族自治区	**112528**	**79510**	**29797**	**29797**	**130.55**	**303.84**
银川市	64730	56017	28454	28454	438.78	691.19
石嘴山市	10167	7852	323	323	86.53	142.00
吴忠市	7670	1732	1020	1020	13.61	49.83
固原市	17248	8654			38.42	130.95
中卫市	12713	5255				
新疆维吾尔自治区	**93733**	**93733**	**32658**	**32658**	**494.23**	**511.45**
乌鲁木齐市	92669	92669	32658	32658	555.15	577.61
克拉玛依市	1064	1064			99.49	99.49

2-31 文　化

城　市	剧场、影剧院数（个）		公共图书馆图书总藏量（千册、件）		每百人公共图书馆藏书（册、件）	
	全市	市辖区	全市	市辖区	全市	市辖区
城市合计	**3576**	**1798**	**632639**	**469937**	**50.70**	**120.91**
北京市	**182**	**179**	**46130**	**45380**	**366.75**	**382.27**
天津市	**27**	**24**	**12583**	**12211**	**127.77**	**151.31**
河北省	**170**	**42**	**16110**	**8812**	**22.07**	**68.04**
石家庄市	33	8	4788	3443	48.40	141.18
唐山市	15	9	1819	1147	24.75	37.30
秦皇岛市	4	1	919	579	31.88	67.03
邯郸市	19	2	1402	595	14.55	40.16
邢台市	24	7	906	340	12.38	47.55
保定市	18	2	1677	750	14.44	70.69
张家口市	13	2	1173	735	25.17	81.76
承德市	12	5	758	343	20.32	58.80
沧州市	12	3	786	219	10.75	40.62
廊坊市	13	2	1410	528	33.65	65.69
衡水市	7	1	472	133	10.72	27.11
山西省	**124**	**34**	**21412**	**7665**	**61.64**	**78.82**
太原市	10	7	3980	3789	108.89	132.94
大同市	11	5	631	378	19.87	24.24
阳泉市	3	2	599	469	45.80	67.85
长治市	11	3	1198	459	36.13	63.13
晋城市	12	4	276	77	12.76	22.09
朔州市	8	4	307	98	19.30	15.04
晋中市	11	1	10570	1700	329.32	285.62
运城市	13	1	1164	210	23.11	31.86
忻州市	15	2	789	163	25.65	30.82
临汾市	22	4	1218	232	27.85	27.76
吕梁市	8	1	680	90	17.73	32.40
内蒙古自治区	**72**	**42**	**9975**	**7566**	**45.84**	**115.65**
呼和浩特市	8	6	2770	2663	120.67	220.89
包头市	17	16	3036	2958	138.13	207.58
乌海市	2	2	413	413	77.92	77.92
赤峰市	2	2	731	260	15.97	21.42
通辽市	6	5	812	310	25.48	40.42
鄂尔多斯市	5	2	651	370	42.72	142.20
呼伦贝尔市	14	2	650	41	23.96	15.10
巴彦淖尔市	6	2	400	260	21.47	46.07
乌兰察布市	12	5	512	291	17.84	95.57
辽宁省	**123**	**98**	**32903**	**29115**	**77.39**	**154.89**
沈阳市	46	45	10894	10494	151.39	203.60
大连市	6	6	10452	9758	178.23	320.71
鞍山市	11	8	2116	1902	60.15	129.52
抚顺市	15	15	1056	905	47.80	65.41
本溪市	5	5	968	815	62.61	85.67
丹东市	9	3	1289	1019	53.41	129.27
锦州市	7	4	1257	900	40.77	96.41

2-31 续表 1

城市	剧场、影剧院数(个)		公共图书馆图书总藏量(千册、件)		每百人公共图书馆藏书(册、件)	
	全市	市辖区	全市	市辖区	全市	市辖区
营口市	4	3	987	778	41.91	86.05
阜新市	4	2	407	318	21.16	40.31
辽阳市	2	2	1010	755	55.09	100.51
盘锦市	3	1	477	334	36.34	54.74
铁岭市	2	1	640	343	20.97	76.92
朝阳市	6	2	677	355	19.96	61.64
葫芦岛市	3	1	673	439	23.89	43.92
吉林省	**52**	**31**	**12936**	**10394**	**51.65**	**119.58**
长春市	23	18	6844	6512	90.18	179.52
吉林市	4	3	2004	1491	46.17	81.27
四平市	5	1	681	466	20.00	76.28
辽源市	1	1	1156	1046	93.41	218.51
通化市	2	1	794	312	35.11	69.71
白山市	4	2	510	226	39.63	37.99
松原市	1	1	525	110	18.10	18.71
白城市	12	4	422	231	20.83	45.28
黑龙江省	**147**	**77**	**16560**	**13035**	**43.65**	**95.10**
哈尔滨市	70	43	7062	6440	71.19	136.50
齐齐哈尔市	8	3	1805	1195	31.77	84.45
鸡西市	2	1	340	160	17.97	18.20
鹤岗市	3	1	340	260	31.16	38.46
双鸭山市			314	191	20.72	38.00
大庆市	16	13	3033	3033	108.40	227.36
伊春市	8	6	607	509	47.81	62.96
佳木斯市	15	4	734	440	28.92	53.66
七台河市	3	2	207	153	22.29	26.74
牡丹江市	3	2	722	382	26.72	42.95
黑河市	6	1	338	110	19.40	57.26
绥化市	13	1	1058	162	18.05	18.01
上海市	**86**	**85**	**68087**	**67596**	**482.09**	**503.18**
江苏省	**264**	**126**	**44361**	**29910**	**59.41**	**107.39**
南京市	28	26	13393	12916	211.77	235.53
无锡市	48	22	3609	2602	77.35	109.05
徐州市	9	2	2698	1434	27.73	45.86
常州市	45	29	2423	1949	67.16	85.58
苏州市	29	14	8027	3473	125.88	143.23
南通市	9	4	2870	1423	37.62	67.27
连云港市	7	2	1724	780	34.64	83.34
淮安市	8	4	1327	906	24.63	32.55
盐城市	11	3	1826	746	22.37	45.69
扬州市	6	1	2232	1470	48.61	120.02
镇江市	48	13	1988	1361	73.44	131.46
泰州市	9	4	1616	583	32.02	70.48
宿迁市	7	2	628	267	11.50	16.71

2-31 续表 2

城市	剧场、影剧院数(个)		公共图书馆图书总藏量(千册、件)		每百人公共图书馆藏书(册、件)	
	全市	市辖区	全市	市辖区	全市	市辖区
浙江省	**250**	**93**	**38938**	**24439**	**82.01**	**162.84**
杭州市	42	35	12540	11360	181.97	261.26
宁波市	24	13	7340	5660	127.86	253.41
温州市	21	10	3250	1848	41.31	126.78
嘉兴市	42	7	4211	1493	123.28	178.32
湖州市	4	2	2110	789	81.16	72.45
绍兴市	31	5	2599	971	59.21	149.29
金华市	20	4	1794	291	38.44	31.23
衢州市	10	5	1205	668	47.94	80.70
舟山市	6	3	767	511	79.26	73.29
台州市	36	7	1798	553	30.83	35.70
丽水市	14	2	1324	295	50.99	76.27
安徽省	**102**	**47**	**11197**	**6030**	**16.40**	**30.56**
合肥市	9	7	3107	2827	62.77	131.13
芜湖市	4	1	622	406	27.10	36.40
蚌埠市	10	8	428	61	11.82	6.59
淮南市	1	1	327	301	13.40	16.58
马鞍山市	5	5	560	420	43.38	65.76
淮北市	3	2	260	211	11.84	19.22
铜陵市	3	2	555	415	74.99	92.57
安庆市	12	6	961	305	15.61	41.41
黄山市	4	2	494	172	33.37	39.33
滁州市	5	1	559	96	12.40	17.88
阜阳市	3	1	399	120	3.94	5.80
宿州市	6	2	202	41	3.15	2.21
巢湖市	5	1	1012	316	21.98	35.46
六安市	12	2	469	55	6.65	2.95
亳州市	4	1	337	120	5.61	7.42
池州市	8	4	258	88	16.08	13.29
宣城市	8	2	647	76	23.24	8.82
福建省	**138**	**55**	**16817**	**10568**	**47.35**	**114.33**
福州市	26	21	5591	4520	86.56	239.67
厦门市	5	5	3349	3349	185.84	185.84
莆田市	3	2	182	116	5.63	5.38
三明市	5	3	1397	555	51.22	196.11
泉州市	63	15	2620	932	38.23	90.39
漳州市	11	3	1001	302	21.01	54.41
南平市	9	2	1346	417	42.88	83.85
龙岩市	9	3	782	293	24.88	49.64
宁德市	7	1	549	84	16.18	18.89
江西省	**124**	**33**	**15595**	**7638**	**33.21**	**84.98**
南昌市	9	7	4396	3764	87.53	177.55
景德镇市	5	5	630	567	38.61	122.64
萍乡市	8	4	750	600	39.87	70.18
九江市	7	1	1594	1021	32.01	158.96
新余市	2	1	551	469	46.69	52.99
鹰潭市	6	3	308	189	25.26	79.98

2-31 续表 3

城市	剧场、影剧院数（个）		公共图书馆图书总藏量（千册、件）		每百人公共图书馆藏书（册、件）	
	全市	市辖区	全市	市辖区	全市	市辖区
赣州市	21	1	1834	322	20.21	49.80
吉安市	14	2	1986	264	40.12	48.42
宜春市	18	2	1586	145	28.43	13.80
抚州市	19	5	920	138	22.77	12.05
上饶市	15	2	1040	159	14.05	39.88
山东省	**290**	**143**	**45567**	**32057**	**47.78**	**115.98**
济南市	12	12	9412	9245	155.81	265.65
青岛市	40	20	4442	3318	58.17	120.44
淄博市	8	4	2234	1837	52.89	65.70
枣庄市	4	3	1043	805	26.67	36.12
东营市	18	14	729	344	39.43	41.27
烟台市	24	6	5128	2283	78.75	127.61
潍坊市	35	9	2092	633	23.94	34.76
济宁市	50	13	1692	730	20.07	65.08
泰安市	4	2	1103	785	19.80	49.48
威海市	2	1	1180	340	46.53	52.43
日照市	2	2	354	106	12.30	8.61
莱芜市	10	10	380	380	29.99	29.99
临沂市	15	4	5506	4404	51.33	208.79
德州市	14	4	966	84	16.94	12.88
聊城市	12	12	5421	4356	90.72	376.65
滨州市	11	3	1205	381	31.89	59.90
菏泽市	29	24	2680	2026	27.95	132.63
河南省	**164**	**63**	**18130**	**11430**	**16.56**	**53.54**
郑州市	14	11	5527	4498	57.39	88.20
开封市	8	3	790	550	14.77	64.27
洛阳市	29	17	1347	712	19.15	42.86
平顶山市	8	2	828	482	15.34	46.66
安阳市	9	6	968	644	16.65	59.20
鹤壁市	2	1	406	326	25.05	52.74
新乡市	11	4	1053	693	17.44	68.39
焦作市	10	4	716	351	19.46	41.76
濮阳市	7	2	660	409	16.10	60.14
许昌市	6	1	996	549	20.34	132.54
漯河市	1	1	392	281	14.08	19.95
三门峡市	6	1	702	321	30.48	109.56
南阳市	13	2	1390	780	11.71	41.38
商丘市	8	2	616	294	6.71	16.61
信阳市	9	3	692	354	7.95	23.96
周口市	10	1	440	61	3.59	11.38
驻马店市	13	2	607	125	6.85	18.52
湖北省	**142**	**92**	**24027**	**16594**	**45.09**	**107.59**
武汉市	64	59	10367	9775	123.90	187.75
黄石市	5	3	1074	840	41.29	117.60
十堰市	4	2	1051	570	29.76	105.87

2-31 续表 4

城市	剧场、影剧院数(个)		公共图书馆图书总藏量(千册、件)		每百人公共图书馆藏书(册、件)	
	全市	市辖区	全市	市辖区	全市	市辖区
宜昌市	21	12	1669	935	41.88	75.15
襄阳市	9	3	2560	749	43.31	33.32
鄂州市	2	2	368	368	33.93	33.93
荆门市	6	4	610	475	20.31	69.32
孝感市	5	1	769	383	14.48	40.08
荆州市	4	1	1064	644	16.17	57.11
黄冈市	13	2	1590	440	21.42	119.99
咸宁市	2		675	196	23.20	32.76
随州市	7	3	2230	1219	86.46	186.51
湖南省	**104**	**38**	**19259**	**11025**	**28.31**	**85.66**
长沙市	8	6	6331	5777	97.04	238.99
株洲市	2		1180	466	30.24	57.74
湘潭市	12	6	822	304	28.44	35.13
衡阳市	5	2	1520	636	19.20	64.45
邵阳市	9	3	1414	493	17.81	71.25
岳阳市	10	4	2020	1400	35.71	127.69
常德市	9	3	1319	523	21.17	37.04
张家界市	7	3	196	37	11.90	7.44
益阳市	6	3	900	394	18.89	29.53
郴州市	6	1	839	304	16.71	42.22
永州市	11	2	881	238	14.43	19.66
怀化市	13	3	1014	155	19.89	42.61
娄底市	6	2	823	298	19.01	63.72
广东省	**424**	**214**	**66651**	**59556**	**78.22**	**178.35**
广州市	23	22	17950	17370	222.67	261.48
韶关市	16	5	823	369	25.08	39.65
深圳市	16	16	22957	22957	883.40	883.40
珠海市	1	1	866	866	82.68	82.68
汕头市	20	18	2423	2398	46.23	46.41
佛山市	36	36	2989	2989	80.59	80.59
江门市	9	5	1660	1310	42.32	94.78
湛江市	4	3	1126	699	14.48	45.59
茂名市	5	2	608	184	8.14	13.86
肇庆市	35	11	1088	364	25.76	67.82
惠州市	12	7	949	695	28.14	51.91
梅州市	112	2	1233	32	23.95	10.03
汕尾市	18	11	171	60	4.96	11.03
河源市	7	2	552	170	15.39	54.45
阳江市	2	1	607		21.45	
清远市			831	296	20.10	45.14
东莞市	46	46	7010	7010	385.65	385.65
中山市	20	20	1076	1076	72.13	72.13
潮州市	3	2	429	327	16.44	93.22
揭阳市	15	2	656	296	9.91	42.21
云浮市	24	2	648	88	22.92	29.11

2-31 续表 5

城　市	剧场、影剧院数(个)		公共图书馆图书总藏量(千册、件)		每百人公共图书馆藏书(册、件)	
	全市	市辖区	全市	市辖区	全市	市辖区
广西壮族自治区	**95**	**38**	**17976**	**10264**	**33.85**	**74.72**
南宁市	11	9	5006	4261	70.77	157.38
柳州市	2	2	1288	920	34.56	87.61
桂林市	21	9	3700	2300	71.30	303.75
梧州市	6	2	950	525	29.11	102.62
北海市	2	1	500	321	29.97	52.01
防城港市	4	1	253	149	27.73	27.62
钦州市	3		498	196	12.85	14.20
贵港市	3	3	510	150	9.74	7.88
玉林市	9	4	1668	499	24.73	49.29
百色市	14	3	1163	150	28.67	42.54
贺州市	10	2	570	416	24.42	36.79
河池市	4	1	723	113	18.11	33.58
来宾市			466	135	17.92	12.55
崇左市	6	1	681	129	27.98	35.52
海南省	**12**	**12**	**640**	**640**	**29.43**	**29.43**
海口市	10	10	440	440	27.43	27.43
三亚市	2	2	200	200	35.08	35.08
重庆市	**33**	**27**	**10308**	**8748**	**31.20**	**56.70**
四川省	**112**	**49**	**24493**	**14810**	**29.42**	**61.78**
成都市	15	10	12126	9897	105.53	184.94
自贡市	3	2	386	284	11.84	19.00
攀枝花市	2	1	563	334	50.55	48.40
泸州市	4	2	967	599	19.25	40.83
德阳市	9	3	661	150	16.99	22.65
绵阳市	4	1	1277	581	23.57	47.55
广元市	16	6	772	300	24.83	32.51
遂宁市	4	3	374	228	9.81	15.16
内江市	9	4	423	260	9.94	18.38
乐山市	1	1	477	202	13.50	17.54
南充市	3	2	936	450	12.45	23.27
眉山市	6	2	216	28	6.19	3.28
宜宾市	6	2	1122	484	20.82	59.83
广安市	4	1	1724	89	36.98	7.11
达州市	11	3	890	228	12.98	53.45
雅安市			577	358	37.25	102.46
巴中市	7	4	400	109	10.31	7.91
资阳市	8	2	602	229	12.01	21.02
贵州省	**28**	**9**	**4203**	**2486**	**24.43**	**55.95**
贵阳市	4	3	2223	2059	65.93	92.74
六盘水市	4	3	351	182	11.00	36.70
遵义市	19	2	1260	105	16.07	12.22
安顺市	1	1	369	140	13.19	16.13

2-31 续表 6

城　市	剧场、影剧院数（个）		公共图书馆图书总藏量（千册、件）		每百人公共图书馆藏书（册、件）	
	全市	市辖区	全市	市辖区	全市	市辖区
云南省	**72**	**50**	**6761**	**2764**	**23.43**	**43.86**
昆明市	36	33	1785	1255	30.57	48.22
曲靖市	10	5	1030	62	16.44	8.90
玉溪市	21	8	1668	797	72.33	160.69
保山市	1	1	530	290	20.97	32.22
昭通市			163	72	2.84	8.65
丽江市	3	2	317	64	26.32	42.02
思茅市			676		26.55	
临沧市	1	1	592	224	24.34	69.14
西藏自治区						
拉萨市						
陕西省	**129**	**47**	**11296**	**5599**	**29.30**	**43.80**
西安市	31	22	4465	2563	57.04	45.55
铜川市	5	4	600	560	70.22	73.70
宝鸡市	15	3	1204	850	31.59	59.52
咸阳市	12	2	1046	600	20.11	66.53
渭南市	15	3	895	84	15.98	8.60
延安市	10	3	550	265	23.89	57.84
汉中市	11	6	565	198	14.81	35.89
榆林市	13	1	1010	140	27.71	26.85
安康市	6	1	487	92	16.00	9.12
商洛市	11	2	474	247	19.36	44.90
甘肃省	**81**	**35**	**9689**	**6054**	**39.84**	**73.99**
兰州市	7	7	4248	4069	131.30	193.43
嘉峪关市	11	11	115	115	52.75	52.75
金昌市	4	3	142	70	30.55	34.28
白银市	6	2	530	387	29.38	77.43
天水市	6	3	900	500	24.54	38.53
武威市			360	231	18.82	22.64
张掖市	6	1	627	165	47.92	31.71
平凉市	8	2	430	94	18.55	18.45
酒泉市	7	2	460	102	46.96	25.26
庆阳市	11	2	584	140	22.53	39.10
定西市	7	1	654	167	21.77	35.80
陇南市	8	1	639	14	22.68	2.41
青海省	**2**	**2**	**2876**	**1443**	**130.21**	**142.35**
西宁市	2	2	2876	1443	130.21	142.35
宁夏回族自治区	**22**	**9**	**4562**	**3512**	**70.99**	**133.75**
银川市	4	4	2595	2293	163.41	241.72
石嘴山市	1	1	376	335	50.25	73.48
吴忠市	5	1	642	420	46.40	111.14
固原市	9	2	492	239	32.26	53.41
中卫市	3	1	457	225	38.69	56.83
新疆维吾尔自治区	**5**	**4**	**2597**	**2597**	**92.57**	**95.80**
乌鲁木齐市	3	2	2137	2137	87.93	91.49
克拉玛依市	2	2	460	460	122.63	122.63

2-32 卫 生

城 市	医院、卫生院数(个)		医院、卫生院床位数(张)		医生数(执业医师+执业助理医师)(人)	
	全市	市辖区	全市	市辖区	全市	市辖区
城市合计	**59515**	**19950**	**4170565**	**2280990**	**2260195**	**1222584**
北京市	**550**	**537**	**85935**	**84147**	**65954**	**62533**
天津市	**438**	**357**	**44080**	**40339**	**28478**	**25564**
河北省	**3186**	**647**	**230004**	**89068**	**122847**	**50236**
石家庄市	396	96	36544	18208	21669	12210
唐山市	334	143	30275	17411	15753	8293
秦皇岛市	148	54	10919	5544	6337	3358
邯郸市	361	91	28297	11982	12563	5587
邢台市	299	52	20609	6306	10105	3284
保定市	444	41	29937	8282	16061	4618
张家口市	281	42	14025	5220	6531	2836
承德市	249	32	12833	4087	7186	2123
沧州市	289	17	21031	4903	12118	3138
廊坊市	175	44	13930	3730	7587	2505
衡水市	210	35	11604	3395	6937	2284
山西省	**4011**	**1294**	**143346**	**65851**	**96140**	**45341**
太原市	258	195	25748	22768	16066	14601
大同市	256	109	13120	8948	8369	6309
阳泉市	522	389	6453	4409	3897	2913
长治市	243	55	12741	4724	7117	3645
晋城市	181	67	7683	2836	5764	2178
朔州市	130	64	5789	3114	3527	1976
晋中市	257	38	11437	3077	6396	3534
运城市	461	72	22366	6299	19717	3612
忻州市	745	138	10891	3300	6097	2162
临汾市	313	77	15037	4744	6441	3105
吕梁市	645	90	12081	1632	12749	1306
内蒙古自治区	**1793**	**596**	**79939**	**45098**	**54170**	**26340**
呼和浩特市	143	61	11418	10471	6984	5905
包头市	120	51	11440	10065	7132	6068
乌海市	277	277	2897	2897	1275	1275
赤峰市	305	79	15410	7819	8508	3823
通辽市	209	43	7927	3959	5799	2674
鄂尔多斯市	156	26	9662	3492	5479	1952
呼伦贝尔市	233	18	10677	1952	7336	1202
巴彦淖尔市	138	29	5971	2748	3899	1776
乌兰察布市	212	12	4537	1695	7758	1665
辽宁省	**2966**	**1216**	**189345**	**128606**	**91250**	**59868**
沈阳市	299	204	42822	38650	20859	18148
大连市	216	111	30207	21101	15873	11888
鞍山市	148	57	16142	10118	5591	3479
抚顺市	100	47	8249	6104	4528	3481
本溪市	70	38	8909	6980	2995	2361
丹东市	112	36	11790	5895	4560	2189
锦州市	106	19	11531	7142	5243	2724

2-32 续表 1

城　市	医院、卫生院数(个)		医院、卫生院床位数(张)		医生数(执业医师+执业助理医师)(人)	
	全市	市辖区	全市	市辖区	全市	市辖区
营口市	110	50	9099	5531	6054	3332
阜新市	100	34	7180	5027	3905	1633
辽阳市	622	47	9836	7809	3917	2897
盘锦市	642	483	6564	5190	3568	2773
铁岭市	117	17	7713	2399	5587	1792
朝阳市	167	17	10036	2568	3956	1115
葫芦岛市	157	56	9267	4092	4614	2056
吉林省	**1217**	**419**	**97478**	**56490**	**56609**	**28786**
长春市	310	160	35250	26516	17635	12684
吉林市	245	116	18983	11286	11593	6275
四平市	148	36	11478	4771	6410	2063
辽源市	63	18	4420	2794	2494	1357
通化市	131	23	9092	3212	5199	1465
白山市	94	22	6438	3350	4600	2505
松原市	105	8	5702	2078	4398	1345
白城市	121	36	6115	2483	4280	1092
黑龙江省	**2577**	**1096**	**145021**	**100912**	**101536**	**56852**
哈尔滨市	448	276	46699	42883	21523	15927
齐齐哈尔市	791	387	17013	10059	21971	11761
鸡西市	124	54	8066	5396	4056	2038
鹤岗市	70	37	6133	4448	3164	2054
双鸭山市	86	20	6298	2684	2240	772
大庆市	144	85	12405	10051	18665	13495
伊春市	56	42	5768	5479	3003	2970
佳木斯市	253	86	10224	8760	5087	3010
七台河市	44	31	3166	2595	1169	933
牡丹江市	137	40	11540	7141	4399	2366
黑河市	134	13	6175	634	6577	694
绥化市	290	25	11534	782	9682	832
上海市	**602**	**558**	**103443**	**99969**	**42694**	**41506**
江苏省	**2433**	**839**	**247416**	**130935**	**127831**	**68377**
南京市	179	144	26399	23976	17007	15950
无锡市	152	66	22642	14020	11751	7351
徐州市	256	99	27783	16780	12165	6482
常州市	91	47	14713	11151	7933	5771
苏州市	216	64	36839	15679	18249	7848
南通市	333	80	25626	10956	13469	5537
连云港市	140	29	11032	4647	6274	2795
淮安市	177	83	13201	8632	5968	3717
盐城市	246	52	18888	5955	9244	2950
扬州市	180	49	14685	6649	7881	3286
镇江市	98	40	8681	4916	5476	2934
泰州市	159	19	13644	3168	8228	2066
宿迁市	206	67	13283	4406	4186	1690

2-32 续表 2

城市	医院、卫生院数(个)		医院、卫生院床位数(张)		医生数(执业医师+执业助理医师)(人)	
	全市	市辖区	全市	市辖区	全市	市辖区
浙江省	**2279**	**597**	**172406**	**90541**	**118817**	**56857**
杭州市	293	138	37292	30919	24345	19414
宁波市	207	73	24317	15046	17237	9755
温州市	399	70	22022	11240	17872	6633
嘉兴市	116	26	14063	5304	7865	2828
湖州市	121	33	9639	4706	5871	2814
绍兴市	150	17	15610	4118	9593	2135
金华市	257	63	15616	4945	10787	3102
衢州市	140	48	6502	3114	5906	2628
舟山市	81	54	4059	3255	2524	1993
台州市	220	48	16088	5171	11521	3764
丽水市	295	27	7198	2723	5296	1791
安徽省	**2353**	**865**	**173627**	**88681**	**88910**	**46089**
合肥市	393	231	24870	19650	10815	8769
芜湖市	94	48	9994	7835	5024	3891
蚌埠市	130	60	12218	7017	5017	3100
淮南市	98	73	9156	8003	4304	3697
马鞍山市	55	24	3950	2884	2670	2063
淮北市	100	67	9110	6558	4317	3064
铜陵市	31	18	3412	2940	1834	1523
安庆市	205	34	13731	4489	5275	1677
黄山市	130	44	4857	2345	2426	1167
滁州市	127	15	9724	2432	4824	1324
阜阳市	203	44	16744	5385	7913	2821
宿州市	133	37	10448	3465	5221	2064
巢湖市	139	28	10685	3108	5134	1655
六安市	194	47	14266	5157	14925	6170
亳州市	119	33	9032	2997	3503	1112
池州市	84	33	4008	1756	1928	873
宣城市	118	29	7422	2660	3780	1119
福建省	**1329**	**335**	**105779**	**50939**	**55686**	**29587**
福州市	218	67	23123	15258	14211	9815
厦门市	49	49	9909	9909	7563	7563
莆田市	71	50	6172	4713	4185	2915
三明市	155	12	9520	2145	4583	1018
泉州市	232	51	19208	6803	9199	3726
漳州市	163	34	10032	3457	4577	1244
南平市	156	27	9415	2246	3168	718
龙岩市	150	27	10371	3910	4453	1894
宁德市	135	18	8029	2498	3747	694
江西省	**2307**	**429**	**114125**	**46227**	**52518**	**23734**
南昌市	186	76	17592	13186	7549	5386
景德镇市	32	32	4461	4461	1314	1314
萍乡市	81	40	6291	4481	2709	1870
九江市	265	30	11888	4125	7061	2407
新余市	44	30	3391	2714	2012	1635
鹰潭市	62	16	2781	1137	2017	774
赣州市	378	22	18265	4000	7102	2029

2-32 续表 3

城市	医院、卫生院数(个)		医院、卫生院床位数(张)		医生数(执业医师+执业助理医师)(人)	
	全市	市辖区	全市	市辖区	全市	市辖区
吉安市	282	33	11291	2524	5102	1171
宜春市	223	43	13068	3497	6656	1446
抚州市	451	76	9419	2443	4202	1233
上饶市	303	31	15678	3659	6794	4469
山东省	**3187**	**1193**	**350476**	**147899**	**173693**	**77052**
济南市	277	207	29844	22323	17587	13616
青岛市	254	108	33383	18273	17696	10805
淄博市	218	161	20873	15685	7832	5964
枣庄市	119	77	11013	6769	7052	4694
东营市	107	64	9728	6089	4442	2709
烟台市	277	86	29653	9746	15428	5647
潍坊市	244	65	34272	8996	20186	3505
济宁市	253	50	27125	8650	12568	3690
泰安市	160	49	19551	7317	10382	4430
威海市	92	22	16381	4006	7318	2186
日照市	72	30	8478	4703	4541	2406
莱芜市	40	40	4592	4592	2829	2829
临沂市	285	72	33070	10599	12324	4830
德州市	168	15	13943	2730	7293	2552
聊城市	198	50	17777	6834	7696	2569
滨州市	140	34	16254	4643	6603	1998
菏泽市	283	63	24539	5944	11916	2622
河南省	**3276**	**904**	**307831**	**128663**	**146373**	**53288**
郑州市	271	127	44182	32474	14982	10803
开封市	155	53	15069	6954	6368	2820
洛阳市	261	91	25319	14640	12270	5136
平顶山市	200	64	20564	8740	8945	3468
安阳市	159	46	18038	6660	9654	3838
鹤壁市	55	31	5665	2965	2652	1623
新乡市	242	59	21966	7853	7788	2632
焦作市	140	43	12678	5859	7346	3920
濮阳市	132	39	11880	5225	5466	2631
许昌市	170	44	13529	4230	7341	1942
漯河市	72	34	7288	4544	2769	1806
三门峡市	122	18	8393	2522	3280	914
南阳市	302	105	25700	8373	19585	3500
商丘市	232	41	19780	5495	10063	2890
信阳市	264	58	13930	4881	6653	1892
周口市	267	29	22050	3137	10946	1789
驻马店市	232	22	21800	4111	10265	1684
湖北省	**1685**	**517**	**167678**	**89493**	**88548**	**42997**
武汉市	232	130	45131	36590	25069	19135
黄石市	76	29	9345	5656	4224	2446
十堰市	166	29	14780	6510	7102	2084
宜昌市	155	55	15082	7754	8138	4041
襄阳市	191	68	17837	9180	9642	4680

2-32 续表 4

城市	医院、卫生院数(个)		医院、卫生院床位数(张)		医生数(执业医师+执业助理医师)(人)	
	全市	市辖区	全市	市辖区	全市	市辖区
鄂州市	43	43	3580	3580	1878	1878
荆门市	90	24	8877	4090	4394	1375
孝感市	151	28	9538	2635	5989	1613
荆州市	160	37	15918	6822	7146	2642
黄冈市	203	18	14272	2466	6950	925
咸宁市	121	15	7821	1831	3721	851
随州市	97	41	5497	2379	4295	1327
湖南省	**3476**	**1104**	**207880**	**105177**	**120330**	**48403**
长沙市	255	121	39983	27763	18258	12610
株洲市	175	47	15350	8224	7737	4102
湘潭市	104	43	10172	6720	5527	2985
衡阳市	298	272	21853	18185	14310	5215
邵阳市	730	241	17993	4945	13136	3406
岳阳市	295	98	13680	9710	8050	4689
常德市	280	75	16917	6057	15868	5632
张家界市	108	30	4965	1992	2316	1067
益阳市	140	35	10753	3296	5403	1908
郴州市	331	28	17212	5977	7905	1848
永州市	264	58	14994	5251	5030	1588
怀化市	351	26	15056	4070	10898	1832
娄底市	145	30	8952	2987	5892	1521
广东省	**2421**	**1033**	**279651**	**195263**	**175895**	**123303**
广州市	255	223	56808	52971	33575	31105
韶关市	173	51	11227	5513	5611	2339
深圳市	107	107	21126	21126	22012	22012
珠海市	49	49	6092	6092	4615	4615
汕头市	78	74	11416	11293	5614	5492
佛山市	98	98	21624	21624	11826	11826
江门市	120	39	12366	6376	6643	3529
湛江市	168	40	20111	9656	8441	3551
茂名市	148	24	14298	4155	8126	2383
肇庆市	142	24	9346	3653	4762	1594
惠州市	128	57	10877	6272	6778	4393
梅州市	166	6	10702	3369	7856	1205
汕尾市	80	17	5575	1523	3404	969
河源市	120	11	5918	1471	3937	1101
阳江市	79	27	5745	2234	8236	3926
清远市	158	28	9398	2885	4106	1538
东莞市	71	71	19980	19980	13214	13214
中山市	42	42	10114	10114	5383	5383
潮州市	67	19	3299	1748	3351	1322
揭阳市	101	17	8597	1966	5817	1219
云浮市	71	9	5032	1242	2588	587

2-32 续表 5

城市	医院、卫生院数(个)		医院、卫生院床位数(张)		医生数(执业医师+执业助理医师)(人)	
	全市	市辖区	全市	市辖区	全市	市辖区
广西壮族自治区	**1758**	**473**	**134638**	**60393**	**73302**	**35413**
南宁市	198	97	26390	17919	14282	10498
柳州市	170	58	15754	9921	7518	4995
桂林市	194	30	14165	5425	8391	3459
梧州市	92	19	7392	3545	4287	1820
北海市	47	24	4312	2103	2553	1486
防城港市	37	19	2351	1636	901	572
钦州市	76	33	8028	1401	3121	622
贵港市	103	40	8148	3602	4051	1834
玉林市	160	32	13754	4887	6647	2466
百色市	209	18	10327	2835	8049	2409
贺州市	86	37	5071	2747	2589	2613
河池市	185	20	8270	1245	4322	866
来宾市	93	32	5778	2323	3930	1185
崇左市	108	14	4898	804	2661	588
海南省	**99**	**99**	**11016**	**11016**	**6866**	**6866**
海口市	73	73	8900	8900	5500	5500
三亚市	26	26	2116	2116	1366	1366
重庆市	**1449**	**660**	**96327**	**64928**	**44844**	**29320**
四川省	**4727**	**1433**	**266998**	**125293**	**128721**	**63727**
成都市	594	283	63687	41579	35323	24640
自贡市	145	81	10313	7273	3761	2516
攀枝花市	66	33	6744	5602	3339	2743
泸州市	188	59	12047	5727	5435	2915
德阳市	213	46	13501	3726	5332	1373
绵阳市	390	94	19343	7466	8717	3404
广元市	296	83	11106	4338	4920	2234
遂宁市	151	59	9575	5410	4606	2463
内江市	156	64	12185	5674	4054	1931
乐山市	286	100	12728	6259	4005	1791
南充市	549	137	18907	6606	7558	3274
眉山市	170	46	8652	3262	3210	1164
宜宾市	206	60	16680	6027	6171	4708
广安市	211	54	8945	2488	8820	2793
达州市	362	21	13790	2963	9767	2037
雅安市	186	36	6909	2998	2946	1067
巴中市	340	132	8849	3492	5061	1173
资阳市	218	45	13037	4403	5696	1501
贵州省	**772**	**261**	**50006**	**28055**	**22290**	**15646**
贵阳市	222	149	19296	15653	10910	9477
六盘水市	141	35	8398	3467	2569	1195
遵义市	286	39	16777	6455	7110	4150
安顺市	123	38	5535	2480	1701	824
云南省	**1525**	**389**	**88591**	**40612**	**53912**	**27877**
昆明市	321	214	29988	21000	32547	21000
曲靖市	172	29	17482	5016	5668	1561
玉溪市	135	37	9666	3912	4063	1597

2-32 续表 6

城　市	医院、卫生院数(个)		医院、卫生院床位数(张)		医生数(执业医师+执业助理医师)(人)	
	全市	市辖区	全市	市辖区	全市	市辖区
保山市	382	37	6581	3246	1941	825
昭通市	198	30	10293	2750	3611	1130
丽江市	82	13	3347	873	992	323
思茅市	128	15	5958	2049	2926	888
临沧市	107	14	5276	1766	2164	553
西藏自治区						
拉萨市						
陕西省	**3740**	**875**	**135426**	**71338**	**55138**	**30142**
西安市	412	283	36796	32533	15047	13172
铜川市	107	95	4380	4131	1186	1086
宝鸡市	261	90	13950	6628	5800	3370
咸阳市	331	86	17528	7261	5972	2249
渭南市	626	58	13950	4317	7312	3412
延安市	210	30	8009	3293	3223	1359
汉中市	1042	43	13300	4631	5231	1343
榆林市	306	90	13106	3061	4853	1385
安康市	237	60	7706	3423	3605	1797
商洛市	208	40	6701	2060	2909	969
甘肃省	**1641**	**528**	**82944**	**47220**	**38820**	**24573**
兰州市	163	104	25068	22806	10178	10050
嘉峪关市	8	8	1352	1352	725	725
金昌市	21	7	1781	1046	1108	610
白银市	93	28	5638	2991	2463	1366
天水市	274	83	8498	4132	4949	4003
武威市	192	120	6072	3742	5120	3120
张掖市	111	34	5034	2193	2123	1089
平凉市	134	31	7208	2650	2745	695
酒泉市	111	35	4920	2113	2161	1048
庆阳市	143	16	4827	2168	2537	744
定西市	156	25	7354	1230	2211	500
陇南市	235	37	5192	797	2500	623
青海省	**105**	**41**	**10969**	**8680**	**5399**	**4340**
西宁市	105	41	10969	8680	5399	4340
宁夏回族自治区	**1355**	**409**	**22256**	**13313**	**10700**	**6121**
银川市	99	56	8807	7506	3865	3320
石嘴山市	54	20	3569	1723	1889	850
吴忠市	884	221	4026	1844	1750	792
固原市	265	95	3487	960	1860	561
中卫市	53	17	2367	1280	1336	598
新疆维吾尔自治区	**258**	**246**	**25934**	**25844**	**11924**	**11846**
乌鲁木齐市	167	155	24204	24114	10892	10814
克拉玛依市	91	91	1730	1730	1032	1032

2-33 交通运输(全市)(一)

城　　市	客运总量（万人）	铁路旅客运量（万人）	公路客运量（万人）	水运客运量（万人）	民用航空客运量（人）
城市合计	**3239925.61**	**200755.86**	**2972495.86**	**20646.35**	**460275350**
北京市	**140663.08**	**8903.32**	**126129.81**		**56299473**
天津市	**24873.15**	**2654.44**	**21822.19**	**0.97**	**3955500**
河北省	**90258.00**	**6660.62**	**83289.00**		**3083755**
石家庄市	12401.36	1100.00	11029.00		2723596
唐山市	12045.33	694.06	11348.00		32719
秦皇岛市	2993.10	712.00	2261.00		200976
邯郸市	13236.55	739.90	12484.00		126464
邢台市	7207.21	370.21	6837.00		
保定市	14953.54	906.54	14047.00		
张家口市	3961.90	462.90	3499.00		
承德市	5020.32	488.32	4532.00		
沧州市	9206.40	226.40	8980.00		
廊坊市	6132.06	219.06	5913.00		
衡水市	3100.23	741.23	2359.00		
山西省	**41394.49**	**5879.61**	**34859.06**	**12.83**	**6429901**
太原市	4799.88	2209.60	2065.00		5252783
大同市	3584.31	789.59	2778.00		167218
阳泉市	2677.70	177.70	2500.00		
长治市	3629.82	156.12	3431.50	3.10	391000
晋城市	2644.94	100.94	2544.00		
朔州市	3401.00	409.00	2992.00		
晋中市	3639.37	569.37	3070.00		
运城市	6041.54	317.65	5662.00		618900
忻州市	4193.21	513.00	3680.21		
临汾市	4843.30	563.30	4280.00		
吕梁市	1939.42	73.34	1856.35	9.73	
内蒙古自治区	**22485.91**	**3849.44**	**18176.72**		**4597536**
呼和浩特市	2451.60	663.40	1605.00		1831990
包头市	2115.25	643.00	1406.00		662500
乌海市	602.37	292.56	291.72		180900
赤峰市	4755.27	478.20	4250.00		270709
通辽市	3166.77	627.78	2534.00		49900
鄂尔多斯市	2371.87	89.20	2201.00		816737
呼伦贝尔市	3164.68	813.20	2273.00		784800
巴彦淖尔市	2223.00		2223.00		
乌兰察布市	1635.10	242.10	1393.00		
辽宁省	**102452.34**	**13297.61**	**87908.22**	**469.00**	**7775110**
沈阳市	30657.74	3978.74	26285.00		3940000
大连市	17804.71	2144.98	14886.00	414.00	3597331
鞍山市	6215.07	773.55	5439.00		25213
抚顺市	3337.51	152.51	3185.00		
本溪市	4736.50	2367.50	2369.00		
丹东市	5358.20	512.20	4811.00	25.00	100000
锦州市	4604.78	810.14	3785.00		96355

2-33 续表 1

城　市	客运总量（万人）	铁路旅客运量（万人）	公路客运量（万人）	水运客运量（万人）	民用航空客运量（人）
营口市	5057.52	441.52	4616.00		
阜新市	1209.32	191.32	1018.00		
辽阳市	4785.07	370.07	4415.00		
盘锦市	3245.42	117.42	3128.00		
铁岭市	5657.82	687.82	4970.00		
朝阳市	3870.12	271.28	3597.22		16211
葫芦岛市	5912.56	478.56	5404.00	30.00	
吉林省	**53988.49**	**5318.02**	**48294.01**	**137.03**	**2394300**
长春市	12796.03	2373.00	10169.00	14.60	2394300
吉林市	11118.87	789.87	10251.00	78.00	
四平市	5237.25	768.75	4460.00	8.50	
辽源市	1546.49	70.76	1475.00	0.73	
通化市	8032.78	399.53	7622.00	11.25	
白山市	4845.91	187.91	4654.00	4.00	
松原市	8003.05	326.98	7658.00	18.07	
白城市	2408.11	401.22	2005.01	1.88	
黑龙江省	**43363.98**	**9862.43**	**32961.19**	**57.73**	**4826320**
哈尔滨市	13068.00	3839.00	8864.00		3650000
齐齐哈尔市	6750.82	1703.50	5035.00		123218
鸡西市	4445.10	387.00	4050.00		80955
鹤岗市	531.18	121.18	396.00	14.00	
双鸭山市	775.00	103.00	672.00		
大庆市	2552.14	727.00	1787.00	1.80	363404
伊春市	1292.42	384.03	904.00		43903
佳木斯市	3465.80	505.60	2918.00	23.00	192000
七台河市	1341.20	87.20	1254.00		
牡丹江市	4237.90	901.03	3308.00		288742
黑河市	1495.37	325.96	1142.07	18.93	84098
绥化市	3409.05	777.93	2631.12		
上海市	**17434.28**	**6094.69**	**3634.00**	**492.00**	**72135900**
江苏省	**243385.18**	**10019.55**	**231309.46**	**242.50**	**18136692**
南京市	39688.16	2427.85	36004.00	3.50	12528100
无锡市	19232.41	1196.65	17910.00		1257570
徐州市	20761.40	1769.50	18926.06		658395
常州市	29361.24	874.49	28380.00	80.00	267500
苏州市	47309.08	2044.68	45181.40	83.00	
南通市	16965.14	263.00	16425.00		2771440
连云港市	13432.30	210.00	13158.00	22.00	423031
淮安市	9693.94	60.00	9615.00	15.00	39356
盐城市	12147.13	182.00	11946.00		191300
扬州市	7276.24	136.24	7101.00	39.00	
镇江市	9544.57	605.57	8939.00		
泰州市	8907.00	227.00	8680.00		
宿迁市	9066.57	22.57	9044.00		

2-33 续表 2

城市	客运总量(万人)	铁路旅客运量(万人)	公路客运量(万人)	水运客运量(万人)	民用航空客运量(人)
浙江省	**235153.24**	**8161.92**	**222042.00**	**3162.64**	**17866786**
杭州市	33771.87	2741.00	29671.00	456.37	9035020
宁波市	34904.71	2006.00	32340.00	107.00	4517070
温州市	34416.89	597.03	33487.00	52.22	2806416
嘉兴市	11955.11	611.26	11298.00	45.85	
湖州市	9963.63		9938.00	25.63	
绍兴市	17869.28	471.00	17314.00	84.28	
金华市	29881.63	1134.12	28671.00	7.00	695148
衢州市	11281.87	206.79	11058.00	3.73	133498
舟山市	15108.69		12945.00	2128.00	356869
台州市	30136.90	271.62	29623.00	210.00	322765
丽水市	5862.66	123.10	5697.00	42.56	
安徽省	**160009.03**	**5690.65**	**153697.00**	**359.90**	**2614839**
合肥市	19804.54	1588.00	18006.00	2.00	2085411
芜湖市	9759.95	437.95	9322.00		
蚌埠市	12417.11	636.11	11781.00		
淮南市	5409.80	217.80	5192.00		
马鞍山市	2521.10	218.10	2120.00	183.00	
淮北市	6172.10	237.10	5935.00		
铜陵市	7929.17	67.17	7862.00		
安庆市	6587.73	127.20	6411.00	41.90	76330
黄山市	2337.02	140.72	2056.00	106.00	343033
滁州市	8091.80	219.80	7872.00		
阜阳市	20150.79	850.78	19289.00		110065
宿州市	6241.00	251.00	5990.00		
巢湖市	10855.50	65.50	10778.00	12.00	
六安市	21559.52	203.52	21344.00	12.00	
亳州市	5613.90	165.90	5448.00		
池州市	4838.00	56.00	4782.00		
宣城市	9720.00	208.00	9509.00	3.00	
福建省	**78766.90**	**3486.14**	**71572.20**	**1505.45**	**22031097**
福州市	18915.93	1314.00	16898.60	55.65	6476800
厦门市	12374.87	746.66	9566.00	741.54	13206700
莆田市	9636.06	100.86	9372.51	162.69	
三明市	3692.28	111.59	3559.59	21.10	
泉州市	13985.66	334.21	13445.41	6.33	1997126
漳州市	5348.54	58.54	5197.00	93.00	
南平市	3702.10	405.10	3154.12	112.16	307196
龙岩市	4073.64	142.41	3881.00	45.90	43275
宁德市	7037.82	272.77	6497.97	267.08	
江西省	**77850.34**	**5824.22**	**71438.00**	**311.59**	**2765265**
南昌市	10683.51	1976.69	8519.00		1878241
景德镇市	2460.79	132.00	2298.00		307889
萍乡市	5996.57	213.57	5783.00		
九江市	10544.15	575.00	9920.00	41.00	81523
新余市	1947.00	206.00	1707.00	34.00	
鹰潭市	6141.12	459.93	5638.00	43.19	

2-33 续表 3

城　市	客运总量（万人）	铁路旅客运量（万人）	公路客运量（万人）	水运客运量（万人）	民用航空客运量（人）
赣州市	10224.92	1152.00	8940.00	101.40	315200
吉安市	4005.64	483.80	3487.00	16.60	182412
宜春市	6217.30	165.30	6052.00		
抚州市	4130.41	95.41	4035.00		
上饶市	15498.92	364.52	15059.00	75.40	
山东省	**252713.48**	**8914.86**	**240044.40**	**2578.33**	**11758863**
济南市	16477.53	3327.40	12758.00	12.93	3792000
青岛市	23804.57	1536.90	20460.00	1302.20	5054700
淄博市	39892.63	406.63	39486.00		
枣庄市	7405.68	258.68	7121.00	26.00	
东营市	4105.98	45.59	4045.00	8.74	66500
烟台市	33612.76	374.20	32598.00	507.00	1335600
潍坊市	22174.89	641.70	21519.00		141903
济宁市	9369.23	494.30	8778.00	96.93	
泰安市	5310.73	337.73	4963.00	10.00	
威海市	15723.78	269.27	14950.00	422.00	825080
日照市	4338.18	98.18	4150.00	90.00	
莱芜市	2937.70	7.57	2923.00	7.13	
临沂市	25887.91	238.20	25500.00	95.40	543080
德州市	10348.30	342.30	10006.00		
聊城市	8590.22	151.22	8439.00		
滨州市	6618.09	5.69	6612.40		
菏泽市	16115.30	379.30	15736.00		
河南省	**165383.02**	**8483.93**	**156206.00**	**228.00**	**4650874**
郑州市	30120.50	2934.00	26769.00		4175000
开封市	6807.33	488.33	6299.00	20.00	
洛阳市	14164.02	775.44	13349.00	11.00	285774
平顶山市	8349.54	122.54	8227.00		
安阳市	7675.12	611.12	7064.00		
鹤壁市	6360.47	23.47	6337.00		
新乡市	5902.85	423.85	5479.00		
焦作市	4204.14	100.14	4104.00		
濮阳市	4242.00		4242.00		
许昌市	5684.39	178.39	5506.00		
漯河市	3853.00	315.00	3538.00		
三门峡市	4080.87	290.87	3790.00		
南阳市	17135.29	483.28	16581.00	52.00	190100
商丘市	12803.26	738.26	12065.00		
信阳市	10580.04	606.04	9904.00	70.00	
周口市	9518.60	46.60	9397.00	75.00	
驻马店市	13901.60	346.60	13555.00		
湖北省	**95881.87**	**10874.28**	**83592.00**	**442.47**	**9731221**
武汉市	22896.41	7281.00	14730.00		8854100
黄石市	3915.10	162.10	3753.00		
十堰市	5230.20	231.20	4963.00	36.00	

2-33 续表 4

城　市	客运总量 (万人)	铁路旅客运量 (万人)	公路客运量 (万人)	水运客运量 (万人)	民用航空客运量 (人)
宜昌市	9583.98	313.20	9018.00	180.37	724121
襄阳市	10923.60	719.50	10128.00	60.80	153000
鄂州市	1748.80	55.80	1653.00	40.00	
荆门市	6203.46	313.16	5880.00	10.30	
孝感市	7508.11	760.11	6748.00		
荆州市	8228.00		8228.00		
黄冈市	9828.43	732.43	9096.00		
咸宁市	5198.30	168.30	4948.00	82.00	
随州市	4617.48	137.48	4447.00	33.00	
湖南省	**163226.20**	**16904.79**	**144260.19**	**841.31**	**12199054**
长沙市	33983.92	1642.30	31257.33	18.11	10661800
株洲市	13126.67	794.78	12331.00	0.89	
湘潭市	4788.81	120.25	4666.00	2.56	
衡阳市	17479.00	951.00	16528.00		
邵阳市	11404.07	163.37	11198.64	42.06	
岳阳市	10290.80	1067.80	9206.00	17.00	
常德市	12865.32	203.85	12620.71	13.88	268789
张家界市	5985.51	152.14	5588.00	132.37	1130000
益阳市	8835.20	94.20	8684.00	57.00	
郴州市	8098.34	427.00	7408.00	263.34	
永州市	8379.95	529.35	7649.00	201.00	5965
怀化市	8492.64	879.00	7521.51	78.88	132500
娄底市	19495.97	9879.75	9602.00	14.22	
广东省	**467607.37**	**13723.16**	**442734.00**	**2434.81**	**87153965**
广州市	62595.60	9362.60	47296.00	273.00	56640000
韶关市	10781.96	581.96	10200.00		
深圳市	156407.36	2332.00	151133.00	271.00	26713600
珠海市	19172.60		18603.00	475.00	946044
汕头市	2877.10	115.20	2539.00		2229000
佛山市	25354.64	176.96	25084.00	81.81	118722
江门市	18096.00		17926.00	170.00	
湛江市	12971.75	178.30	11950.00	795.00	484499
茂名市	6962.00	132.00	6798.00	32.00	
肇庆市	6388.00		6386.00	2.00	
惠州市	13313.10	550.10	12753.00	10.00	
梅州市	4535.21	134.00	4377.00	22.00	22100
汕尾市	7250.00		7250.00		
河源市	3294.00		3257.00	37.00	
阳江市	4108.00		4108.00		
清远市	9981.56	107.56	9758.00	116.00	
东莞市	77446.00		77415.00	31.00	
中山市	14228.00		14119.00	109.00	
潮州市	2126.00	30.00	2086.00	10.00	
揭阳市	4811.48	22.48	4789.00		
云浮市	4907.00		4907.00		

2-33 续表 5

城　市	客运总量(万人)	铁路旅客运量(万人)	公路客运量(万人)	水运客运量(万人)	民用航空客运量(人)
广西壮族自治区	**77437.38**	**3136.75**	**72207.23**	**1432.40**	**6610048**
南宁市	10152.72	1007.42	8855.00		2903000
柳州市	3017.44	575.78	2412.23	12.66	167653
桂林市	15517.81	456.10	14560.00	221.41	2803000
梧州市	4290.71	48.49	3201.00	1037.00	42218
北海市	3139.32	29.90	2945.00	95.00	694177
防城港市	2235.00	22.00	2194.00	19.00	
钦州市	3981.00	30.00	3932.00	19.00	
贵港市	6254.97	110.97	6139.00	5.00	
玉林市	6244.00	271.00	5973.00		
百色市	6169.63	67.30	6100.00	2.33	
贺州市	3322.08	39.08	3282.00	1.00	
河池市	6767.69	94.69	6654.00	19.00	
来宾市	3586.71	157.71	3429.00		
崇左市	2758.31	226.31	2531.00	1.00	
海南省	**35076.35**	**153.31**	**32583.40**	**818.67**	**15209700**
海口市	31503.18	102.08	29521.00	562.90	13172000
三亚市	3573.17	51.23	3062.40	255.77	2037700
重庆市	**126803.98**	**2663.21**	**122125.00**	**1277.00**	**7387700**
四川省	**249063.60**	**17304.12**	**227397.56**	**2919.02**	**14429034**
成都市	100997.71	13674.90	85997.50	37.41	12879000
自贡市	8859.35	83.35	8680.00	96.00	
攀枝花市	5732.08	213.72	5471.00	31.00	163571
泸州市	9577.67		9410.93	142.10	246357
德阳市	10152.80	145.80	10007.00		
绵阳市	10100.42	819.70	9195.00	28.00	577236
广元市	5139.89	205.78	4863.52	65.74	48540
遂宁市	5391.04	342.00	4816.04	233.00	
内江市	17421.32	190.32	16995.00	236.00	
乐山市	7682.10	114.10	7322.00	246.00	
南充市	17355.06	415.56	16395.13	532.00	123743
眉山市	6355.64	32.97	6322.67		
宜宾市	14184.66	245.00	13783.00	134.00	226587
广安市	6501.90	114.90	6015.00	372.00	
达州市	9713.18	638.01	8591.77	467.00	164000
雅安市	2249.00		2249.00		
巴中市	5620.77		5442.00	178.77	
资阳市	6029.01	68.01	5841.00	120.00	
贵州省	**80519.00**	**2057.12**	**77360.26**	**474.45**	**6271700**
贵阳市	30383.62	1052.00	28533.00	171.45	6271700
六盘水市	24737.88	583.62	24154.26		
遵义市	18046.00	300.00	17531.00	215.00	
安顺市	7351.50	121.50	7142.00	88.00	

2-33 续表 6

城　市	客运总量（万人）	铁路旅客运量（万人）	公路客运量（万人）	水运客运量（万人）	民用航空客运量（人）
云南省	**28742.41**	**2357.81**	**24288.00**	**139.00**	**19575994**
昆明市	11627.00	1422.00	8456.00	67.00	16820000
曲靖市	5275.81	815.81	4460.00		
玉溪市	2943.00		2943.00		
保山市	1557.40		1542.00		154000
昭通市	2182.73	120.00	2059.00		37294
丽江市	1837.77		1616.00		2217700
思茅市	2622.00		2528.00	72.00	220000
临沧市	696.70		684.00		127000
西藏自治区					
拉萨市					
陕西省	**102818.62**	**15307.30**	**85338.00**	**268.53**	**19047921**
西安市	31118.03	2781.00	26536.00		18010300
铜川市	1477.00		1477.00		
宝鸡市	8119.00		8119.00		
咸阳市	10677.00		10677.00		
渭南市	10260.00		10260.00		
延安市	6584.01		6572.00		120121
汉中市	7637.47	226.30	7410.00		11700
榆林市	6310.40		6220.00		904000
安康市	7105.71		6837.00	268.53	1800
商洛市	13530.00	12300.00	1230.00		
甘肃省	**38753.86**	**1639.24**	**36880.69**		**2339339**
兰州市	3797.82	971.33	2627.00		1994856
嘉峪关市	2588.75	143.71	2431.69		133513
金昌市	792.91	36.91	756.00		
白银市	1843.36	22.36	1821.00		
天水市	2958.47	245.79	2712.00		6770
武威市	3530.00		3530.00		
张掖市	2427.00	80.00	2347.00		
平凉市	3136.27	101.27	3035.00		
酒泉市	6104.42		6084.00		204200
庆阳市	8203.00		8203.00		
定西市	2165.87	37.87	2128.00		
陇南市	1206.00		1206.00		
青海省	**4867.93**	**372.11**	**4417.27**		**785500**
西宁市	4867.93	372.11	4417.27		785500
宁夏回族自治区	**14571.10**	**433.81**	**12695.00**	**40.72**	**14015749**
银川市	4377.52	299.22	2682.00	2.00	13943000
石嘴山市	2080.00		2080.00		
吴忠市	3281.22	12.22	3269.00		
固原市	2326.13	45.60	2280.00		5283
中卫市	2506.24	76.77	2384.00	38.72	67466
新疆维吾尔自治区	**4381.02**	**727.40**	**3234.00**		**4196214**
乌鲁木齐市	3819.63	727.40	2676.00		4162300
克拉玛依市	561.39		558.00		33914

2-34 交通运输(全市)(二)

城　　市	货运总量(万吨)	铁路货物运量(万吨)	公路货运量(万吨)	水运货运量(万吨)	民用航空货邮运量(吨)
城市合计	**3128901.01**	**378752.88**	**2386957.00**	**362423.49**	**7676426**
北京市	**21885.80**	**1572.00**	**20184.00**		**1297990**
天津市	**40368.30**	**7597.00**	**20855.00**	**11912.00**	**43000**
河北省	**153024.68**	**14028.00**	**136034.00**	**2960.00**	**26762**
石家庄市	19688.57	1400.00	18286.00		25710
唐山市	29829.02	2470.00	26416.00	943.00	190
秦皇岛市	6459.03	1431.00	4154.00	874.00	257
邯郸市	25506.06	2837.00	22669.00		605
邢台市	10253.00	854.00	9399.00		
保定市	14788.00	575.00	14213.00		
张家口市	6982.00	2561.00	4421.00		
承德市	5775.00	569.00	5206.00		
沧州市	19952.00	241.00	18568.00	1143.00	
廊坊市	9415.00	253.00	9162.00		
衡水市	4377.00	837.00	3540.00		
山西省	**124858.73**	**62579.00**	**62268.00**	**7.00**	**47307**
太原市	13851.12	5064.00	8783.00		41227
大同市	17360.20	10729.00	6631.00		2030
阳泉市	7595.00	4067.00	3528.00		
长治市	9079.21	3642.00	5437.00		2100
晋城市	9395.00	6110.00	3285.00		
朔州市	17548.00	15721.00	1827.00		
晋中市	11015.00	4473.00	6542.00		
运城市	6225.20	1292.00	4932.00	1.00	1950
忻州市	11420.00	4898.00	6522.00		
临汾市	12222.00	2524.00	9698.00		
吕梁市	9148.00	4059.00	5083.00	6.00	
内蒙古自治区	**137050.60**	**54489.40**	**82559.00**		**21951**
呼和浩特市	9658.75	1542.00	8116.00		7490
包头市	28374.16	11446.00	16928.00		1607
乌海市	7882.01	2901.00	4981.00		129
赤峰市	11110.03	1560.00	9550.00		333
通辽市	14033.05	9053.00	4980.00		477
鄂尔多斯市	45941.31	20941.00	25000.00		3074
呼伦贝尔市	11351.88	6728.00	4623.00		8841
巴彦淖尔市	3388.00		3388.00		
乌兰察布市	5311.40	318.40	4993.00		
辽宁省	**156426.42**	**18622.00**	**127361.00**	**10433.00**	**104214**
沈阳市	17347.50	538.00	16804.00		55000
大连市	31072.74	2942.00	19045.00	9081.00	47409
鞍山市	17805.00	1801.00	16004.00		
抚顺市	7367.00	979.00	6388.00		
本溪市	8306.00	2949.00	5357.00		
丹东市	6263.06	366.00	5466.00	431.00	600
锦州市	11070.12	580.00	10368.00	122.00	1205

2-34 续表 1

城 市	货运总量 (万吨)	铁路货物运量 (万吨)	公路货运量 (万吨)	水运货运量 (万吨)	民用航空货邮运量 (吨)
营口市	13904.00	2581.00	10750.00	573.00	
阜新市	4659.00	1453.00	3206.00		
辽阳市	8650.00	1589.00	7061.00		
盘锦市	7222.00	298.00	6916.00	8.00	
铁岭市	9804.00	1123.00	8681.00		
朝阳市	4259.00	800.00	3459.00		
葫芦岛市	8697.00	623.00	7856.00	218.00	
吉林省	**36938.74**	**6740.68**	**29970.00**	**226.00**	**20625**
长春市	10863.06	718.00	9994.00	149.00	20625
吉林市	7913.00	2259.00	5654.00		
四平市	5191.33	581.33	4610.00		
辽源市	1653.00	406.00	1247.00		
通化市	3111.00	1366.00	1745.00		
白山市	2122.00	505.00	1617.00		
松原市	4212.35	333.35	3827.00	52.00	
白城市	1873.00	572.00	1276.00	25.00	
黑龙江省	**54820.92**	**15599.60**	**38527.00**	**692.00**	**23227**
哈尔滨市	10128.90	2033.00	7682.00	412.00	19000
齐齐哈尔市	9861.05	2256.00	7605.00		507
鸡西市	5731.02	2816.00	2915.00		240
鹤岗市	3343.00	1418.00	1925.00		
双鸭山市	3795.00	1164.00	2631.00		
大庆市	4750.13	1127.00	3485.00	138.00	1308
伊春市	1524.00	421.00	1103.00		
佳木斯市	3355.11	320.00	2905.00	130.00	1053
七台河市	3391.00	2010.00	1381.00		
牡丹江市	4370.10	1159.00	3211.00		979
黑河市	1793.61	599.60	1182.00	12.00	140
绥化市	2778.00	276.00	2502.00		
上海市	**80834.70**	**959.00**	**40890.00**	**38803.00**	**1827000**
江苏省	**191195.87**	**14267.00**	**127800.00**	**49099.00**	**298693**
南京市	30592.43	1594.00	17683.00	11292.00	234300
无锡市	12641.07	150.00	11201.00	1287.00	30720
徐州市	26206.38	9944.00	13714.00	2548.00	3772
常州市	13109.55	219.00	11600.00	1290.00	5486
苏州市	13509.00	91.00	12769.00	649.00	
南通市	20301.59	92.00	15392.00	4817.00	5870
连云港市	12690.29	1641.00	9651.00	1398.00	2945
淮安市	9484.40	158.00	5887.00	3438.00	14000
盐城市	14078.16	107.00	6264.00	7707.00	1600
扬州市	9333.00	21.00	5886.00	3426.00	
镇江市	10435.00	199.00	9494.00	742.00	
泰州市	12365.00	23.00	3693.00	8649.00	
宿迁市	6450.00	28.00	4566.00	1856.00	

2-34 续表 2

城　市	货运总量(万吨)	铁路货物运量(万吨)	公路货运量(万吨)	水运货运量(万吨)	民用航空货邮运量(吨)
浙江省	**172890.91**	**4647.77**	**108173.00**	**60041.49**	**286536**
杭州市	25914.72	379.00	19148.00	6371.00	167153
宁波市	31377.12	2884.00	16220.00	12265.00	81233
温州市	11671.60	392.00	7930.00	3347.00	25975
嘉兴市	16004.41	26.41	7919.00	8059.00	
湖州市	18108.00		6798.00	11310.00	
绍兴市	9054.00	123.00	7890.00	1041.00	
金华市	11802.91	210.00	11378.00	214.00	9129
衢州市	9112.41	503.78	8603.00	5.61	180
舟山市	14329.04		4759.00	9570.00	377
台州市	18155.25		10500.00	7655.00	2489
丽水市	7361.46	129.58	7028.00	203.88	
安徽省	**230547.62**	**13726.00**	**183658.00**	**33162.00**	**16167**
合肥市	18873.41	151.00	17401.00	1320.00	14058
芜湖市	16598.00	122.00	9035.00	7441.00	
蚌埠市	15828.00	215.00	11058.00	4555.00	
淮南市	11566.00	5579.00	4891.00	1096.00	
马鞍山市	12779.00	1785.00	9458.00	1536.00	
淮北市	9239.00	4539.00	4700.00		
铜陵市	7936.00	161.00	7332.00	443.00	
安庆市	19566.04	335.00	18259.00	972.00	399
黄山市	5231.15	11.00	5213.00	7.00	1500
滁州市	9958.00	120.00	9255.00	583.00	
阜阳市	23920.02	117.00	21130.00	2673.00	210
宿州市	15524.00	21.00	15411.00	92.00	
巢湖市	8386.00	108.00	6244.00	2034.00	
六安市	25156.00	83.00	20444.00	4629.00	
亳州市	11178.00	113.00	10448.00	617.00	
池州市	7977.00	12.00	5394.00	2571.00	
宣城市	10832.00	254.00	7985.00	2593.00	
福建省	**66619.06**	**3770.00**	**46323.00**	**16490.00**	**360581**
福州市	14910.94	337.00	8394.00	6172.00	79400
厦门市	10085.53	736.00	5782.00	3543.00	245300
莆田市	2508.00		2212.00	296.00	
三明市	7832.00	966.00	6864.00	2.00	
泉州市	11838.32	1011.00	6280.00	4544.00	33233
漳州市	4919.00	95.00	3674.00	1150.00	
南平市	3170.24	302.00	2612.00	256.00	2416
龙岩市	9212.02	323.00	8889.00		232
宁德市	2143.00		1616.00	527.00	
江西省	**101543.05**	**5627.00**	**88934.00**	**6980.00**	**20492**
南昌市	8325.70	412.00	7244.00	668.00	16989
景德镇市	1742.05	228.00	1495.00	19.00	467
萍乡市	8280.00	1022.00	7258.00		
九江市	9603.01	871.00	7678.00	1054.00	62
新余市	9096.00	796.00	8219.00	81.00	
鹰潭市	4927.00	398.00	4187.00	342.00	

2-34 续表 3

城　市	货运总量(万吨)	铁路货物运量(万吨)	公路货运量(万吨)	水运货运量(万吨)	民用航空货邮运量(吨)
赣州市	15650.22	748.00	14020.00	882.00	2205
吉安市	8377.08	332.00	6645.00	1400.00	769
宜春市	10811.00	55.00	8777.00	1979.00	
抚州市	9017.00	104.00	8830.00	83.00	
上饶市	15714.00	661.00	14581.00	472.00	
山东省	**312487.86**	**32126.00**	**264338.00**	**16007.00**	**168609**
济南市	23146.37	9913.00	13029.00	201.00	33700
青岛市	26971.44	5031.00	17525.00	4407.00	84400
淄博市	28334.00	1017.00	27317.00		
枣庄市	24843.00	1361.00	22464.00	1018.00	
东营市	6981.05	572.00	6271.00	138.00	530
烟台市	19466.49	1898.00	13500.00	4066.00	24900
潍坊市	21731.93	503.00	20297.00	930.00	19314
济宁市	24114.00	1927.00	19486.00	2701.00	
泰安市	11073.00	1032.00	9946.00	95.00	
威海市	4913.37	86.00	3622.00	1205.00	3749
日照市	17319.00	6115.00	10239.00	965.00	
莱芜市	6547.00	345.00	6202.00		
临沂市	28975.20	1585.00	27390.00		2016
德州市	14466.00	163.00	14303.00		
聊城市	14214.00	121.00	14093.00		
滨州市	11327.00	69.00	11179.00	79.00	
菏泽市	28065.00	388.00	27475.00	202.00	
河南省	**201533.65**	**16438.00**	**180162.00**	**4929.00**	**46470**
郑州市	20599.47	3099.00	17496.00		44700
开封市	6488.00	221.00	6267.00		
洛阳市	14305.12	880.00	13384.00	41.00	1170
平顶山市	15860.00	3535.00	12325.00		
安阳市	17087.00	176.00	16911.00		
鹤壁市	5409.00	385.00	5024.00		
新乡市	8235.00	180.00	8055.00		
焦作市	14653.00	1605.00	13048.00		
濮阳市	3916.00	637.00	3237.00	42.00	
许昌市	15565.00	100.00	15465.00		
漯河市	3939.00	235.00	3596.00	108.00	
三门峡市	4657.00	1432.00	3225.00		
南阳市	15898.06	676.00	14731.00	491.00	600
商丘市	17743.00	210.00	17432.00	101.00	
信阳市	7592.00	529.00	5763.00	1300.00	
周口市	13255.00	2187.00	9096.00	1972.00	
驻马店市	16332.00	351.00	15107.00	874.00	
湖北省	**97981.18**	**16376.00**	**65599.00**	**15996.00**	**101766**
武汉市	40288.33	10146.00	21120.00	9013.00	93300
黄石市	5799.00	467.00	4519.00	813.00	
十堰市	3795.00	151.00	3412.00	232.00	

2-34 续表 4

城　市	货运总量（万吨）	铁路货物运量（万吨）	公路货运量（万吨）	水运货运量（万吨）	民用航空货邮运量（吨）
宜昌市	10313.78	546.00	7917.00	1850.00	7786
襄阳市	9914.07	650.00	8703.00	561.00	680
鄂州市	1894.00	398.00	1296.00	200.00	
荆门市	7794.00	904.00	6834.00	56.00	
孝感市	4361.00	2274.00	2027.00	60.00	
荆州市	4930.00	136.00	3526.00	1268.00	
黄冈市	4137.00	434.00	2206.00	1497.00	
咸宁市	2656.00	155.00	2081.00	420.00	
随州市	2099.00	115.00	1958.00	26.00	
湖南省	**167704.02**	**16268.00**	**132571.00**	**18854.00**	**110170**
长沙市	22816.86	167.00	19270.00	3369.00	108635
株洲市	14050.00	776.00	12613.00	661.00	
湘潭市	7486.00	650.00	5665.00	1171.00	
衡阳市	16388.00	1283.00	14419.00	686.00	
邵阳市	13823.00	308.00	12994.00	521.00	
岳阳市	26640.00	2089.00	16902.00	7649.00	
常德市	9774.03	324.00	7475.00	1975.00	251
张家界市	1445.13	19.00	1292.00	134.00	1272
益阳市	8374.00	51.00	6847.00	1476.00	
郴州市	17045.00	473.00	16367.00	205.00	
永州市	7498.00	356.00	6599.00	543.00	11
怀化市	4192.00	916.00	3160.00	116.00	1
娄底市	18172.00	8856.00	8968.00	348.00	
广东省	**199861.06**	**13037.43**	**143330.00**	**43322.00**	**1716301**
广州市	56644.21	6689.00	39696.00	10169.00	902131
韶关市	7373.00	1009.00	4389.00	1975.00	
深圳市	26174.42	390.00	19847.00	5859.00	784200
珠海市	7039.01		5591.00	1447.00	10111
汕头市	3174.66	86.00	2413.00	674.00	16600
佛山市	19545.13	392.00	15302.00	3851.00	1288
江门市	7458.00		4401.00	3057.00	
湛江市	9602.20	2791.00	4787.00	2024.00	1970
茂名市	5016.00	651.00	4072.00	293.00	
肇庆市	2869.00		2157.00	712.00	
惠州市	11352.00	248.00	4307.00	6797.00	
梅州市	4504.00	412.00	4029.00	63.00	1
汕尾市	1232.00		1232.00		
河源市	2244.00		2234.00	10.00	
阳江市	1904.00	152.00	1576.00	176.00	
清远市	7217.00	62.00	5867.00	1288.00	
东莞市	9312.00		7640.00	1672.00	
中山市	9828.00		7820.00	2008.00	
潮州市	2989.00	20.00	2359.00	610.00	
揭阳市	2080.43	135.43	1919.00	26.00	
云浮市	2303.00		1692.00	611.00	

2-34 续表 5

城 市	货运总量（万吨）	铁路货物运量（万吨）	公路货运量（万吨）	水运货运量（万吨）	民用航空货邮运量（吨）
广西壮族自治区	**111886.38**	**6525.00**	**93551.00**	**11805.00**	**53777**
南宁市	19171.10	591.00	16591.00	1986.00	31000
柳州市	7970.22	1039.00	6452.00	479.00	2177
桂林市	4958.77	309.00	4619.00	29.00	17741
梧州市	2112.00	7.00	2095.00	10.00	10
北海市	3944.28	374.00	2883.00	687.00	2849
防城港市	9888.00	2928.00	6120.00	840.00	
钦州市	17122.00	511.00	15553.00	1058.00	
贵港市	7278.00	149.00	1618.00	5511.00	
玉林市	11746.00	128.00	11439.00	179.00	
百色市	11367.00	83.00	11040.00	244.00	
贺州市	1036.00	58.00	950.00	28.00	
河池市	8109.00	104.00	7944.00	61.00	
来宾市	3969.00	106.00	3374.00	489.00	
崇左市	3215.00	138.00	2873.00	204.00	
海南省	**9892.90**	**546.00**	**4232.00**	**5092.00**	**229000**
海口市	8003.00	546.00	2360.00	5076.00	210000
三亚市	1889.90		1872.00	16.00	19000
重庆市	**81385.49**	**2280.00**	**69438.00**	**9660.00**	**74900**
四川省	**142357.64**	**24096.00**	**113308.00**	**4930.00**	**236359**
成都市	44087.00	15386.00	28679.00		220000
自贡市	4149.00	159.00	3760.00	230.00	
攀枝花市	11539.28	2540.00	8983.00	16.00	2844
泸州市	5345.18	280.00	4291.00	774.00	1791
德阳市	7424.00	309.00	7115.00		
绵阳市	5272.78	849.00	4422.00	1.00	7839
广元市	5540.02	203.00	4652.00	685.00	153
遂宁市	3200.00	82.00	2708.00	410.00	
内江市	7852.00	192.00	7412.00	248.00	
乐山市	8393.00	1287.00	6876.00	230.00	
南充市	4799.03	235.00	4002.00	562.00	306
眉山市	4336.00	712.00	3613.00	11.00	
宜宾市	6224.21	1325.00	4438.00	461.00	2135
广安市	2777.00	80.00	2234.00	463.00	
达州市	11876.13	298.00	11256.00	322.00	1291
雅安市	2644.00		2644.00		
巴中市	2549.00	102.00	2215.00	232.00	
资阳市	4350.00	57.00	4008.00	285.00	
贵州省	**29414.17**	**5070.00**	**23882.00**	**456.00**	**61700**
贵阳市	10397.17	1780.00	8596.00	15.00	61700
六盘水市	10457.00	2569.00	7888.00		
遵义市	6489.00	492.00	5557.00	440.00	
安顺市	2071.00	229.00	1841.00	1.00	

2-34 续表 6

城　　市	货运总量 (万吨)	铁路货物运量 (万吨)	公路货运量 (万吨)	水运货运量 (万吨)	民用航空货邮运量 (吨)
云南省	**39445.96**	**5024.00**	**34024.00**	**373.00**	**249556**
昆明市	14905.56	2146.00	12616.00	119.00	245600
曲靖市	10610.00	2442.00	8168.00		
玉溪市	4879.00	286.00	4593.00		
保山市	1499.04		1499.00		362
昭通市	2761.00	150.00	2369.00	242.00	43
丽江市	815.31		815.00		3100
思茅市	2441.05		2429.00	12.00	451
临沧市	1535.00		1535.00		
西藏自治区					
拉萨市					
陕西省	**85716.88**	**8216.00**	**77347.00**	**138.00**	**158809**
西安市	34331.81	706.00	33610.00		158100
铜川市	2604.00		2604.00		
宝鸡市	6578.00		6578.00		
咸阳市	5042.00		5042.00		
渭南市	8784.00		8784.00		
延安市	4172.00		4172.00		48
汉中市	4293.00	310.00	3983.00		31
榆林市	6532.06		6532.00		629
安康市	5460.00		5322.00	138.00	1
商洛市	7920.00	7200.00	720.00		
甘肃省	**33474.18**	**5030.00**	**28443.00**		**11800**
兰州市	8032.14	1199.00	6832.00		11428
嘉峪关市	3075.02	653.00	2422.00		201
金昌市	1784.00	239.00	1545.00		
白银市	4397.00	1485.00	2912.00		
天水市	1873.00	49.00	1824.00		9
武威市	935.00		935.00		
张掖市	1182.00	90.00	1092.00		
平凉市	3331.00	1273.00	2058.00		
酒泉市	1823.02		1823.00		162
庆阳市	3265.00		3265.00		
定西市	2241.00	42.00	2199.00		
陇南市	1536.00		1536.00		
青海省	**2978.46**	**512.00**	**2466.00**		**4600**
西宁市	2978.46	512.00	2466.00		4600
宁夏回族自治区	**26259.72**	**937.00**	**25266.00**	**56.00**	**7164**
银川市	10546.72	302.00	10244.00		7150
石嘴山市	5063.00		5063.00		
吴忠市	5611.00	93.00	5518.00		
固原市	2819.00	87.00	2732.00		
中卫市	2220.00	455.00	1709.00	56.00	14
新疆维吾尔自治区	**17516.09**	**2047.00**	**15464.00**		**50900**
乌鲁木齐市	15192.09	2047.00	13140.00		50900
克拉玛依市	2324.00		2324.00		0

2-35 邮 电

城 市	年末邮政局(所)数(处)		邮政业务总量(万元)	电信业务总量(万元)
	全市	市辖区	全市	全市
城市合计	**47999**	**17023**	**8605726**	**123708207**
北京市	**773**	**731**	**420790**	**10668311**
天津市	**833**	**700**	**281300**	**4071300**
河北省	**1788**	**361**	**293089**	**3696402**
石家庄市	227	74	61492	639697
唐山市	177	70	34255	511665
秦皇岛市	95	39	15251	214026
邯郸市	172	35	26962	333593
邢台市	155	15	14341	247795
保定市	252	23	43945	529543
张家口市	155	24	16295	211616
承德市	119	17	14096	176204
沧州市	116	17	24680	339504
廊坊市	199	31	29844	337155
衡水市	121	16	11928	155604
山西省	**1465**	**435**	**231067**	**3698455**
太原市	187	148	43229	491447
大同市	139	49	16760	185154
阳泉市	71	31	14526	252700
长治市	145	28	12202	155843
晋城市	117	38	15021	378751
朔州市	55	24	13664	120031
晋中市	153	33	17139	187842
运城市	210	27	17551	646000
忻州市	174	27	15128	145023
临汾市	126	23	42962	612162
吕梁市	88	7	22885	523502
内蒙古自治区	**1324**	**356**	**103563**	**3447857**
呼和浩特市	115	50	23126	787921
包头市	108	73	14751	734389
乌海市	37	37	6100	59200
赤峰市	269	101	16288	609517
通辽市	140	23	7500	428500
鄂尔多斯市	164	14	8080	196249
呼伦贝尔市	180	10	10836	150681
巴彦淖尔市	139	33	8582	376400
乌兰察布市	172	15	8300	105000
辽宁省	**1765**	**685**	**272918**	**3937990**
沈阳市	209	139	42984	990880
大连市	253	141	45502	843767
鞍山市	137	44	28401	270470
抚顺市	80	33	10674	144414
本溪市	79	41	8892	105227
丹东市	218	54	21559	513300
锦州市	99	34	12387	171197

2-35 续表 1

城 市	年末邮政局(所)数(处)		邮政业务总量(万元)	电信业务总量(万元)
	全市	市辖区	全市	全市
营口市	71	33	10488	172504
阜新市	69	14	7026	92611
辽阳市	98	25	13914	121768
盘锦市	79	31	18853	105435
铁岭市	102	20	16136	131573
朝阳市	162	27	23055	135201
葫芦岛市	109	49	13047	139643
吉林省	**921**	**320**	**141272**	**1359275**
长春市	193	106	41460	580000
吉林市	179	68	34406	230000
四平市	130	21	13346	127875
辽源市	47	5	6205	60000
通化市	134	27	16400	111400
白山市	60	37	11211	60000
松原市	93	37	10368	110000
白城市	85	19	7876	80000
黑龙江省	**1976**	**783**	**288811**	**2426994**
哈尔滨市	353	158	75821	804960
齐齐哈尔市	237	78	3365	215456
鸡西市	172	56	42800	156523
鹤岗市	65	37	10444	114223
双鸭山市	120	83	12687	69240
大庆市	156	101	33405	248053
伊春市	84	59	11395	85001
佳木斯市	205	89	27028	250000
七台河市	39	22	4163	87753
牡丹江市	199	54	37683	268303
黑河市	115	16	10978	119829
绥化市	231	30	19042	7653
上海市	**593**	**593**	**494779**	**9669590**
江苏省	**2607**	**945**	**651237**	**6646756**
南京市	188	152	68995	917974
无锡市	186	91	55524	826408
徐州市	288	119	50278	442652
常州市	167	94	52115	504759
苏州市	256	86	152658	1573473
南通市	319	76	61250	529313
连云港市	142	33	27485	242330
淮安市	179	80	23312	204500
盐城市	248	48	39250	350260
扬州市	197	51	40256	338461
镇江市	118	40	23320	229564
泰州市	181	32	35908	305186
宿迁市	138	43	20886	181876

2-35 续表 2

城市	年末邮政局(所)数(处)		邮政业务总量(万元)	电信业务总量(万元)
	全市	市辖区	全市	全市
浙江省	**1794**	**573**	**455147**	**7800897**
杭州市	296	168	114716	1325920
宁波市	318	126	64622	2182552
温州市	155	52	51776	1058917
嘉兴市	150	40	41607	664372
湖州市	71	19	18308	260847
绍兴市	114	13	33160	455558
金华市	223	36	54142	593348
衢州市	64	18	9030	317713
舟山市	55	35	10096	135819
台州市	164	46	43077	619945
丽水市	184	20	14613	185906
安徽省	**1880**	**637**	**293590**	**3528436**
合肥市	135	66	32133	488000
芜湖市	100	53	20535	420208
蚌埠市	96	28	11922	132187
淮南市	87	67	10415	112121
马鞍山市	52	33	8074	91063
淮北市	55	30	8571	120023
铜陵市	31	17	5279	48489
安庆市	200	32	43245	166790
黄山市	96	37	8482	172887
滁州市	158	30	10444	149988
阜阳市	171	43	41386	291110
宿州市	134	43	18923	147652
巢湖市	111	31	22405	325598
六安市	174	40	20054	507176
亳州市	86	32	14575	135908
池州市	70	29	7447	61754
宣城市	124	26	9700	157482
福建省	**1427**	**367**	**313122**	**3491082**
福州市	239	71	73069	841771
厦门市	86	86	37429	537924
莆田市	59	42	26520	206337
三明市	167	17	23080	173150
泉州市	254	59	61092	841742
漳州市	140	18	22280	324644
南平市	220	30	26157	166756
龙岩市	128	23	22109	188613
宁德市	134	21	21386	210145
江西省	**1986**	**431**	**240950**	**1599623**
南昌市	148	71	43402	423875
景德镇市	150	60	7632	114568
萍乡市	184	85	18728	90202
九江市	199	27	16482	98478
新余市	61	46	7258	48898
鹰潭市	50	10	9124	46773

2-35 续表 3

城　市	年末邮政局(所)数(处)		邮政业务总量(万元)	电信业务总量(万元)
	全市	市辖区	全市	全市
赣州市	366	34	42627	295083
吉安市	231	23	26972	168295
宜春市	201	34	27500	148000
抚州市	183	28	16041	84297
上饶市	213	13	25184	81154
山东省	**3085**	**864**	**470636**	**7013143**
济南市	211	125	47000	591000
青岛市	239	68	52669	823463
淄博市	139	105	22840	253776
枣庄市	98	70	13335	491086
东营市	84	42	12275	180903
烟台市	287	76	53500	791000
潍坊市	260	22	38072	648000
济宁市	220	23	31689	268138
泰安市	139	37	18583	750693
威海市	101	24	23629	186793
日照市	77	32	13941	198617
莱芜市	44	44	6733	60369
临沂市	252	44	30712	450604
德州市	234	25	41483	721005
聊城市	179	41	23003	164508
滨州市	121	24	15463	183647
菏泽市	400	62	25709	249541
河南省	**2521**	**523**	**470801**	**3768252**
郑州市	259	126	61786	828670
开封市	112	23	20593	144456
洛阳市	186	39	35968	316051
平顶山市	131	27	23465	190532
安阳市	117	19	30016	202291
鹤壁市	24	8	6150	56998
新乡市	150	25	34931	232370
焦作市	114	27	24637	145130
濮阳市	97	19	15813	129716
许昌市	114	17	19600	163535
漯河市	59	28	11723	92002
三门峡市	78	8	13582	104734
南阳市	270	48	39251	303783
商丘市	204	45	37461	216425
信阳市	225	40	26664	210171
周口市	186	7	35451	231448
驻马店市	195	17	33710	199940
湖北省	**1910**	**552**	**266092**	**2677238**
武汉市	325	222	64606	1129983
黄石市	64	18	16975	136600
十堰市	384	49	16042	111600

2-35 续表 4

城　市	年末邮政局(所)数(处)		邮政业务总量(万元)	电信业务总量(万元)
	全市	市辖区	全市	全市
宜昌市	152	40	15570	207893
襄阳市	177	60	23091	192856
鄂州市	37	37	5702	49320
荆门市	90	19	13063	115258
孝感市	130	22	20000	127000
荆州市	163	35	28060	234174
黄冈市	166	28	24200	181900
咸宁市	156	14	19084	116202
随州市	66	8	19699	74452
湖南省	**2607**	**576**	**285039**	**4077561**
长沙市	860	230	54647	791182
株洲市	113	19	15530	225501
湘潭市	97	24	19601	455080
衡阳市	188	41	36152	802659
邵阳市	217	26	26982	202614
岳阳市	138	33	23971	250193
常德市	185	42	20137	243838
张家界市	67	18	5036	253198
益阳市	113	42	15488	157581
郴州市	134	24	23239	199315
永州市	207	46	16235	155732
怀化市	211	16	16200	178266
娄底市	77	15	11821	162402
广东省	**3656**	**2306**	**1001051**	**21537204**
广州市	133	108	202291	2698651
韶关市	146	38	28900	666900
深圳市	756	756	280700	7881800
珠海市	75	75	35209	344724
汕头市	76	72	20134	453400
佛山市	198	198		
江门市	142	47	44104	1306667
湛江市	174	31	49037	1119470
茂名市	132	24	38433	834299
肇庆市	130	28	16750	230135
惠州市	190	103	19366	511270
梅州市	162	18	33957	148243
汕尾市	48		10197	469855
河源市	115	12	8841	134755
阳江市	68	21	15471	132179
清远市	165	32	20045	240606
东莞市	555	555	81194	1498141
中山市	155	155	42594	1907192
潮州市	62	14	10424	168096
揭阳市	88	8	23361	471787
云浮市	86	11	20043	319034

2-35 续表 5

城　市	年末邮政局(所)数(处)		邮政业务总量(万元)	电信业务总量(万元)
	全市	市辖区	全市	全市
广西壮族自治区	**1606**	**436**	**206791**	**2167206**
南宁市	200	97	38289	503938
柳州市	148	50	17053	224533
桂林市	210	38	22651	245841
梧州市	91	24	14356	105664
北海市	38	14	8029	106399
防城港市	40	23	3498	65342
钦州市	73	25	8767	107235
贵港市	77	30	20254	119301
玉林市	112	18	22868	192536
百色市	179	12	10974	140744
贺州市	74	38	6917	64093
河池市	175	22	13405	123887
来宾市	89	34	7451	81599
崇左市	100	11	12279	86094
海南省	**151**	**151**	**28405**	**1102974**
海口市	118	118	23322	1066300
三亚市	33	33	5083	36674
重庆市	**1775**	**710**	**192034**	**1598773**
四川省	**4555**	**1113**	**529319**	**7410145**
成都市	425	179	93654	4319000
自贡市	173	53	14524	99639
攀枝花市	48	31	8496	140183
泸州市	229	60	20015	157657
德阳市	166	24	17190	162522
绵阳市	416	57	22282	237930
广元市	240	53	12334	129433
遂宁市	128	52	11402	85147
内江市	220	94	11425	113800
乐山市	200	58	16720	514751
南充市	523	113	25817	188127
眉山市	245	63	10278	102448
宜宾市	255	34	19424	620850
广安市	133	38	16915	97557
达州市	417	23	192020	171008
雅安市	74	14	4162	76249
巴中市	302	94	12395	96200
资阳市	361	73	20266	97644
贵州省	**597**	**183**	**224774**	**839438**
贵阳市	181	126	22871	399132
六盘水市	44	9	6962	108444
遵义市	285	20	189439	253773
安顺市	87	28	5502	78089

2-35 续表 6

城市	年末邮政局(所)数(处)		邮政业务总量(万元)	电信业务总量(万元)
	全市	市辖区	全市	全市
云南省	**1028**	**310**	**87382**	**1144606**
昆明市	302	196	36187	632836
曲靖市	148	21	13000	163200
玉溪市	75	11	7364	102328
保山市	81	28	5806	32685
昭通市	136	17	9337	17796
丽江市	62	13	4715	12950
思茅市	122	9	6518	111011
临沧市	102	15	4455	71800
西藏自治区				
拉萨市				
陕西省	**1605**	**535**	**212024**	**2200119**
西安市	305	255	58831	1038865
铜川市	43	36	5843	11123
宝鸡市	190	65	18997	156900
咸阳市	136	40	20415	208289
渭南市	232	35	19900	209700
延安市	140	23	11288	31502
汉中市	177	17	21000	128900
榆林市	176	29	15569	262881
安康市	115	21	13481	95159
商洛市	91	14	26700	56800
甘肃省	**1199**	**443**	**75466**	**941240**
兰州市	165	108	20197	314985
嘉峪关市	16	16	1849	20358
金昌市	17	9	2526	24509
白银市	77	29	4577	72353
天水市	139	60	9781	69354
武威市	120	80	5680	38304
张掖市	99	38	3945	44489
平凉市	119	22	3796	44759
酒泉市	85	27	6144	79200
庆阳市	130	10	7822	117857
定西市	108	21	4634	59740
陇南市	124	23	4515	55332
青海省	**80**	**59**	**11573**	**492054**
西宁市	80	59	11573	492054
宁夏回族自治区	**272**	**145**	**26501**	**175037**
银川市	105	74	11445	57632
石嘴山市	45	34	6342	50609
吴忠市	39	10	3000	20400
固原市	44	17	3465	9943
中卫市	39	10	2249	36453
新疆维吾尔自治区	**220**	**200**	**36203**	**520249**
乌鲁木齐市	185	165	30100	420900
克拉玛依市	35	35	6103	99349

2-36 通 信

城 市	本地电话年末用户数(万户)		移动电话年末用户数(万户)		国际互联网用户数(户)	
	全市	市辖区	全市	市辖区	全市	市辖区
城市合计	**27710.62**	**14814.24**	**93921.69**	**51581.69**	**203681681**	**137597080**
北京市	**885.60**	**864.50**	**2117.70**	**2061.61**	**5455639**	**5356226**
天津市	**366.83**	**366.83**	**1089.56**	**1089.56**	**1740400**	**1740400**
河北省	**1251.40**	**325.73**	**4353.40**	**1792.85**	**6669916**	**2762768**
石家庄市	190.80	27.57	693.80	464.98	1312522	738711
唐山市	168.80	80.85	501.30	340.95	893218	400467
秦皇岛市	73.80	44.29	241.10	120.60	394115	262245
邯郸市	105.90	27.54	456.20	216.44	596075	471812
邢台市	95.80	21.13	346.50	90.28	482351	145724
保定市	176.20	39.55	635.40	149.55	956036	189932
张家口市	67.60	14.09	242.00	74.99	370731	107450
承德市	47.20	13.28	185.30	78.82	254913	109400
沧州市	120.70	19.73	450.30	90.70	507014	122215
廊坊市	106.30	21.08	349.40	106.13	525049	117638
衡水市	98.30	16.62	252.10	59.41	377892	97174
山西省	**722.44**	**335.26**	**2464.88**	**1170.77**	**3781754**	**1933556**
太原市	158.18	142.71	486.02	462.90	959139	875947
大同市	47.28	30.21	231.30	166.25	246178	186195
阳泉市	33.84	23.35	102.76	55.13	196226	127819
长治市	61.55	29.25	195.07	62.54	299500	150720
晋城市	43.26	18.13	167.38	100.43	179866	117623
朔州市	21.49	8.57	86.52	43.41	77544	40166
晋中市	77.10	18.83	190.90	55.47	305793	96693
运城市	80.20	18.73	302.90	55.08	398000	80355
忻州市	70.13	18.59	183.50	45.32	301021	59208
临汾市	70.59	21.67	290.13	91.54	552339	184030
吕梁市	58.82	5.22	228.40	32.70	266148	14800
内蒙古自治区	**359.26**	**200.15**	**2517.64**	**1248.41**	**1423665**	**917750**
呼和浩特市	70.30	60.99	276.00	203.13	283000	267435
包头市	48.83	43.75	266.23	234.55	224176	215562
乌海市	12.26	12.26	93.00	93.00	67000	67000
赤峰市	62.07	21.72	931.09	418.87	189600	107260
通辽市	29.60	22.00	206.03	38.20	150900	45612
鄂尔多斯市	24.50	10.23	296.20	123.06	92522	38400
呼伦贝尔市	51.06	11.60	246.16	47.80	220335	69000
巴彦淖尔市	22.83	11.60	108.83	53.80	97100	55000
乌兰察布市	37.81	6.00	94.10	36.00	99032	52481
辽宁省	**1427.26**	**891.12**	**3473.31**	**2538.43**	**5899972**	**4440074**
沈阳市	322.60	275.64	855.30	779.53	1359000	1318230
大连市	280.34	203.28	674.63	506.43	1158475	961120
鞍山市	112.77	58.66	279.19	200.01	538894	355800
抚顺市	75.22	52.06	172.62	124.74	317805	236987
本溪市	45.71	30.98	113.15	88.90	230346	194811
丹东市	73.28	45.57	179.20	93.18	302000	162604
锦州市	94.81	40.50	201.39	160.55	390711	271483

2-36 续表 1

城市	本地电话年末用户数（万户）		移动电话年末用户数（万户）		国际互联网用户数（户）	
	全市	市辖区	全市	市辖区	全市	市辖区
营口市	61.68	31.99	172.00	100.26	302267	194984
阜新市	53.16	40.00	120.91	107.00	215430	102520
辽阳市	54.02	25.12	125.19	97.43	215783	159703
盘锦市	45.41	31.70	109.68	77.04	166878	160100
铁岭市	63.25	12.80	145.60	96.70	231177	77714
朝阳市	79.86	20.05	171.18	5.10	238312	103329
葫芦岛市	65.15	22.77	153.27	101.56	232894	140689
吉林省	**504.01**	**232.19**	**1916.70**	**1185.91**	**1964355**	**1142713**
长春市	182.20	127.40	567.40	351.90	580000	475600
吉林市	84.90	33.60	423.00	377.70	381000	268000
四平市	50.70	15.86	202.10	75.72	236222	90333
辽源市	23.90	19.90	77.20	39.10	91114	65476
通化市	53.20	8.81	190.80	67.18	193366	71165
白山市	41.00	10.60	82.90	46.32	150000	68900
松原市	29.70	12.50	257.10	116.00	170000	67312
白城市	38.41	3.52	116.20	111.99	162653	35927
黑龙江省	**815.95**	**233.02**	**2579.46**	**825.44**	**3524962**	**1475939**
哈尔滨市	331.41		965.36		1213677	
齐齐哈尔市	88.18	43.55	348.75	123.50	364470	200865
鸡西市	45.84	21.00	120.15	57.00	162000	79421
鹤岗市	12.60	10.40	77.90	57.65	83056	63681
双鸭山市	26.99	10.55	126.74	44.69	86502	51695
大庆市	62.73	39.32	293.35	253.15	379875	336255
伊春市	24.10	17.93	67.60	52.30	350000	282821
佳木斯市	40.70	29.00	204.60	109.60	219000	170761
七台河市	11.52	5.75	57.46	37.60	82378	61260
牡丹江市	71.55	30.18	131.85	46.01	289993	143467
黑河市	43.03	10.34	92.56	30.74	99699	26813
绥化市	57.30	15.00	93.14	13.20	194312	58900
上海市	**935.91**	**935.91**	**2361.55**	**2361.55**	**51740000**	**51740000**
江苏省	**2512.55**	**1180.78**	**6849.52**	**3492.00**	**10256042**	**5784463**
南京市	290.14	269.09	931.34	818.82	1477477	1400242
无锡市	213.90	130.22	767.18	457.29	1324731	842244
徐州市	177.21	94.71	600.72	278.52	701049	450841
常州市	159.58	112.63	501.39	383.62	782457	594786
苏州市	351.68	143.39	1308.82	536.85	1884662	800238
南通市	243.11	81.49	592.89	229.80	829605	339824
连云港市	99.33	33.29	306.68	110.48	442675	223770
淮安市	100.55	58.38	280.59	180.99	294864	180694
盐城市	332.99	72.61	236.51	14.33	586901	166410
扬州市	162.62	59.59	409.43	170.44	686195	331818
镇江市	129.64	58.65	277.78	123.86	432171	198352
泰州市	149.05	33.37	339.32	80.83	504150	149432
宿迁市	102.75	33.36	296.87	106.17	309105	105812

2-36 续表 2

城　市	本地电话年末用户数(万户)		移动电话年末用户数(万户)		国际互联网用户数(户)	
	全市	市辖区	全市	市辖区	全市	市辖区
浙江省	**1971.09**	**932.27**	**6123.55**	**2708.61**	**10149259**	**5048654**
杭州市	368.57	293.49	1061.80	858.31	2178947	1771314
宁波市	317.39	166.19	845.50	394.46	1720000	1003633
温州市	277.26	104.70	977.21	388.98	1727676	703899
嘉兴市	166.11	48.12	493.50	151.19	780996	247754
湖州市	107.83	53.00	286.93	137.44	485239	249737
绍兴市	201.80	77.76	513.01	138.82	769242	163885
金华市	183.64	39.96	701.18	136.56	914422	199985
衢州市	63.53	25.00	170.49	72.85	230288	110658
舟山市	54.94	43.21	128.93	99.59	228367	185767
台州市	178.72	65.97	719.60	262.20	863564	328803
丽水市	51.30	14.87	225.39	68.22	250518	83219
安徽省	**1222.27**	**528.43**	**3022.71**	**1380.15**	**3481227**	**1980469**
合肥市	160.75	111.41	404.94	295.43	537615	413564
芜湖市	65.23	44.49	166.60	106.17	252278	188329
蚌埠市	66.97	32.48	202.25	89.25	201593	137345
淮南市	47.20	38.80	123.60	90.30	172100	141672
马鞍山市	48.02	24.59	113.12	66.90	187554	152187
淮北市	42.37	24.51	108.41	73.71	145931	91302
铜陵市	22.15	15.73	55.68	34.49	98081	80844
安庆市	120.77	23.40	217.09	61.38	268840	130958
黄山市	41.66	19.46	82.62	42.09	146909	83137
滁州市	75.69	18.57	196.49	39.72	204681	65831
阜阳市	101.20	33.34	308.15	104.22	221263	83128
宿州市	87.54	32.82	216.65	86.63	200251	75094
巢湖市	78.09	24.94	118.05	46.43	190921	112039
六安市	94.22	26.23	275.56	92.34	180638	58250
亳州市	72.70	21.33	180.70	59.28	152239	44518
池州市	35.00	14.57	77.20	33.30	112433	53271
宣城市	62.71	21.76	175.60	58.51	207900	69000
福建省	**1045.74**	**460.41**	**3087.20**	**1362.35**	**20116246**	**3230994**
福州市	218.88	110.76	653.36	369.40	5300000	746073
厦门市	161.09	161.09	435.51	435.51	3580000	358000
莆田市	67.98	49.99	195.42	156.43	1390000	1060172
三明市	60.67	11.27	186.60	37.34	230906	64638
泉州市	251.61	60.80	671.19	124.29	5870000	341830
漳州市	105.17	23.88	363.60	88.61	376340	123786
南平市	61.95	13.53	178.64	38.83	1240000	78240
龙岩市	58.17	19.51	185.72	74.89	249000	118900
宁德市	60.22	9.58	217.16	37.05	1880000	339355
江西省	**690.55**	**302.89**	**2332.15**	**969.22**	**2877835**	**1100228**
南昌市	161.83	116.00	472.55	413.00	814152	78999
景德镇市	36.53	20.18	38.81	25.76	112023	93920
萍乡市	24.53	14.87	135.38	107.24	136107	103024
九江市	86.15	43.68	265.74	100.97	308900	132498
新余市	20.49	16.97	73.37	56.53	113043	95767
鹰潭市	18.86	8.60	61.21	22.87	89932	51797

2-36 续表 3

城市	本地电话年末用户数(万户)		移动电话年末用户数(万户)		国际互联网用户数(户)	
	全市	市辖区	全市	市辖区	全市	市辖区
赣州市	107.25	18.09	413.04	69.58	427078	130281
吉安市	58.24	10.23	227.92	39.16	206138	52574
宜春市	62.07	25.14	208.98	29.53	238300	204310
抚州市	37.40	11.83	143.00	69.11	209562	91845
上饶市	77.20	17.30	292.15	35.47	222600	65213
山东省	**1825.70**	**759.81**	**7685.04**	**3762.75**	**9482781**	**5502929**
济南市	213.30	177.40	857.60	771.80	1173000	1114350
青岛市	155.50	93.01	949.98	541.60	1882965	1189643
淄博市	90.19	67.01	364.61	286.31	538884	444262
枣庄市	58.13	31.28	264.05	173.27	312283	189637
东营市	44.48	11.32	348.84	230.92	307339	210798
烟台市	174.45	63.04	647.80	282.31	875600	481900
潍坊市	203.63	40.60	546.80	210.60	707346	262754
济宁市	122.20	20.37	497.40	162.60	458613	148639
泰安市	102.40	45.85	438.06	133.63	450400	262369
威海市	89.08	29.75	237.33	102.48	449088	203723
日照市	40.12	26.35	195.64	112.59	234200	160782
莱芜市	21.48	21.48	103.76	103.76	134619	134619
临沂市	136.70	46.87	735.76	282.83	619674	286046
德州市	125.89	19.16	360.86	83.32	337500	121900
聊城市	70.70	16.98	318.11	78.52	339785	106180
滨州市	85.17	21.36	305.86	115.25	304000	76700
菏泽市	92.28	27.98	512.58	90.96	357485	108627
河南省	**1356.20**	**504.99**	**5169.61**	**2012.18**	**6777251**	**3515086**
郑州市	264.70	93.09	871.85	659.09	1448700	1054807
开封市	68.75	48.77	201.69	75.43	316581	142105
洛阳市	130.71	74.32	385.30	169.90	659421	343404
平顶山市	56.01	25.37	238.80	101.30	362438	209564
安阳市	81.54	18.65	376.95	84.72	408440	212156
鹤壁市	30.28	16.41	79.46	53.33	157158	106767
新乡市	125.93	36.32	433.73	118.40	569135	274510
焦作市	52.15	17.45	260.01	118.59	294999	118402
濮阳市	40.32	12.64	161.20	51.62	189794	80872
许昌市	72.23	16.16	215.80	50.35	375278	214523
漯河市	37.47	21.97	124.22	90.21	150387	104723
三门峡市	34.47	11.16	163.67	34.65	201353	61307
南阳市	85.63	32.74	359.26	142.54	423100	153100
商丘市	80.40	33.28	481.48	106.76	276291	112784
信阳市	73.42	22.04	237.47	61.61	364100	113254
周口市	69.09	13.07	301.85	44.72	318793	114936
驻马店市	53.10	11.55	276.87	48.96	261283	97872
湖北省	**924.64**	**467.08**	**3397.16**	**1840.59**	**5130822**	**3297480**
武汉市	316.00	258.00	1145.00	941.00	2120000	1940000
黄石市	46.80	14.77	151.00	56.63	197000	144146
十堰市	66.90	20.86	230.30	104.50	242500	137554

2-36 续表 4

城 市	本地电话年末用户数(万户)		移动电话年末用户数(万户)		国际互联网用户数(户)	
	全市	市辖区	全市	市辖区	全市	市辖区
宜昌市	73.06	31.90	282.50	108.52	410425	239477
襄阳市	72.11	33.09	296.53	149.75	363300	177460
鄂州市	20.95	20.95	67.04	67.04	203300	203300
荆门市	36.00	13.54	140.76	51.51	197528	90935
孝感市	61.84	16.05	214.76	55.78	235600	46026
荆州市	67.86	26.34	315.46	139.34	335969	143600
黄冈市	94.45	9.09	291.27	26.51	324400	42160
咸宁市	39.29	13.11	133.14	44.74	365500	35950
随州市	29.38	9.38	129.40	95.27	135300	96872
湖南省	**1034.18**	**376.15**	**3323.94**	**1199.28**	**3411873**	**1824994**
长沙市	210.40	121.09	780.21	414.03	907827	715101
株洲市	80.05	28.88	231.54	9.64	326457	134630
湘潭市	58.93	33.72	163.56	97.54	189634	135421
衡阳市	104.00	38.76	279.38	78.47	325200	102356
邵阳市	91.76	16.77	286.27	61.27	193905	76124
岳阳市	88.80	22.20	257.84	90.30	290048	145024
常德市	82.33	24.02	263.42	88.31	62949	44274
张家界市	17.98	4.60	73.66	40.50	93038	52101
益阳市	55.03	21.08	180.98	73.24	174571	81856
郴州市	63.10	19.01	231.34	73.03	230730	96502
永州市	50.80	16.17	213.87	61.52	206962	85922
怀化市	72.43	12.96	189.27	55.22	214687	104447
娄底市	58.57	16.89	172.60	56.21	195865	51236
广东省	**3147.24**	**2426.70**	**11846.57**	**9497.16**	**14526462**	**11635086**
广州市	601.72	564.98	2328.83	2047.53	2501300	2322400
韶关市	64.94	31.08	213.66	99.95	263900	157400
深圳市	508.93	508.93	2008.60	2008.60	2615000	2615000
珠海市	86.04	86.04	241.30	241.30	334000	334000
汕头市	141.28	141.28	506.08	506.08	667991	667991
佛山市	266.03	266.03	1076.00	1076.00	1305334	1305334
江门市	131.62	60.70	443.43	189.99	637300	332800
湛江市	87.90	57.10	388.60	328.70	377000	267318
茂名市	102.60	35.63	332.10	115.59	300000	140700
肇庆市	74.83	22.45	206.86	62.06		
惠州市	139.77	84.14	562.08	339.06	676944	425492
梅州市	73.39	15.85	241.65	41.00	251400	70350
汕尾市	49.93		114.52		131300	
河源市	52.86	11.80	105.03	36.30	161258	63538
阳江市	49.98	27.61	126.12	51.40	160039	73035
清远市	58.33	19.38	191.42	63.87	978104	328649
东莞市	332.42	332.42	1632.90	1632.90	1539200	1532900
中山市	100.87	100.87	447.76	447.76	664800	664800
潮州市	71.72	30.79	211.55	81.04	246100	125800
揭阳市	97.15	22.10	377.43	111.78	328637	105019
云浮市	54.93	7.52	90.65	16.25	386855	102560

2-36 续表 5

城　市	本地电话年末用户数(万户)		移动电话年末用户数(万户)		国际互联网用户数(户)	
	全市	市辖区	全市	市辖区	全市	市辖区
广西壮族自治区	**689.40**	**274.10**	**2245.12**	**881.59**	**3510320**	**1854921**
南宁市	119.96	82.44	484.43	331.38	908170	776637
柳州市	65.04		220.44		406789	
桂林市	86.29	46.32	254.77	109.44	476038	244300
梧州市	42.07	13.16	114.21	43.89	182253	97500
北海市	30.05	18.82	101.57	65.41	154508	104260
防城港市	14.66	8.95	59.89	30.75	90303	52570
钦州市	40.40	23.11	107.30	66.20	160280	143210
贵港市	60.16	27.54	140.84	62.43	169454	87865
玉林市	79.93	25.91	210.55	53.05	271851	166483
百色市	46.69		142.63		214725	
贺州市	20.29	10.36	75.66	53.10	97184	57330
河池市	42.46	9.15	137.59	21.40	191767	78326
来宾市	20.77	8.34	95.24	44.54	100236	46440
崇左市	20.63		100.00		86762	
海南省	**102.85**	**102.85**	**358.05**	**358.05**	**479630**	**479630**
海口市	84.56	84.56	320.70	320.70	396400	396400
三亚市	18.29	18.29	37.35	37.35	83230	83230
重庆市	**582.70**	**268.05**	**1664.40**	**1331.52**	**12325000**	**9860000**
四川省	**1292.58**	**650.46**	**5316.67**	**2202.22**	**4969331**	**3003775**
成都市	373.70	283.56	1732.00	831.26	1655400	1277700
自贡市	49.45	19.84	170.70	106.61	214096	170717
攀枝花市	32.51	27.09	122.45	98.56	149116	127948
泸州市	63.56	29.90	255.67	123.76	205253	131069
德阳市	59.70	19.92	268.59	83.60	305636	124327
绵阳市	74.26	37.03	384.13	164.33	339539	203809
广元市	45.69	20.10	183.14	75.69	138883	74570
遂宁市	35.75	15.97	153.09	72.14	153014	86229
内江市	48.81	21.32	177.02	68.84	154691	76729
乐山市	66.77	28.61	261.12	115.19	268635	139985
南充市	93.59	34.66	302.27	119.86	299845	163912
眉山市	45.98	15.18	174.41	55.69	144789	47806
宜宾市	66.81	23.06	248.37	86.35	228337	118500
广安市	42.72	14.60	160.63	47.54	128569	49266
达州市	67.85	11.24	271.50	38.52	227533	51547
雅安市	25.51	8.62	120.73	24.83	86420	31363
巴中市	43.30	22.10	155.28	40.50	124440	73400
资阳市	56.62	17.66	175.57	48.95	145135	54898
贵州省	**226.94**	**138.12**	**1117.96**	**611.68**	**2505260**	**763325**
贵阳市	98.09	86.12	496.84	428.31	507911	467012
六盘水市	33.42	6.72	143.05	50.31	98663	47145
遵义市	67.96	32.73	340.84	70.95	1803985	200170
安顺市	27.47	12.55	137.23	62.11	94701	48998

2-36 续表 6

城市	本地电话年末用户数(万户)		移动电话年末用户数(万户)		国际互联网用户数(户)	
	全市	市辖区	全市	市辖区	全市	市辖区
云南省	**353.68**	**153.47**	**1738.75**	**606.17**	**4654543**	**2352928**
昆明市	176.54	95.54	564.43	299.53	3821725	1980082
曲靖市	38.80	13.67	358.34	64.89	218800	68147
玉溪市	23.68	12.09	168.21	55.54	207232	117187
保山市	19.20	8.42	133.30	49.40	60703	58427
昭通市	22.33	0.48	157.40	42.56	110358	12325
丽江市	15.33	7.97	74.96	28.23	59900	37500
思茅市	35.20	9.50	158.02	41.50	110885	40758
临沧市	22.60	5.80	124.09	24.52	64940	38502
西藏自治区						
拉萨市						
陕西省	**721.32**	**389.32**	**3460.85**	**1869.55**	**3609960**	**2192253**
西安市	261.77	228.26	1423.01	1266.48	1461804	1388714
铜川市	11.21	10.39	64.26	63.83	102866	100866
宝鸡市	69.38	45.21	286.28	152.64	265300	237891
咸阳市	56.53	22.61	365.55	109.67	305601	168080
渭南市	86.60	16.92	327.08	48.16	313900	48321
延安市	47.81	15.52	212.54	66.79	507700	57924
汉中市	61.34	13.68	196.40	70.60	217700	92566
榆林市	44.02		329.50		181863	
安康市	42.56	25.72	176.03	69.62	159157	74491
商洛市	40.10	11.01	80.20	21.76	94069	23400
甘肃省	**401.01**	**217.98**	**1370.60**	**477.68**	**1210839**	**797650**
兰州市	97.05	79.14	338.81	108.88	441915	397060
嘉峪关市	8.46	8.46	28.63	28.63	52517	52517
金昌市	7.62	4.92	44.64	20.87	57643	34900
白银市	25.68	13.73	85.18	38.96	75468	50644
天水市	62.19	25.56	256.40	83.07	131652	53267
武威市	44.00	28.00	62.00	34.00	42160	36790
张掖市	28.29	15.31	98.70	46.48	77061	49600
平凉市	20.63	6.42	91.39	28.91	73600	32813
酒泉市	21.12	9.68	80.23	37.01	91300	41321
庆阳市	30.01	13.82	157.01	18.34	90000	24166
定西市	30.00	6.70	42.10	13.90	37000	13700
陇南市	25.96	6.24	85.51	18.63	40523	10872
青海省	**63.11**	**53.52**	**200.03**	**169.62**	**238846**	**202541**
西宁市	63.11	53.52	200.03	169.62	238846	202541
宁夏回族自治区	**103.90**	**68.44**	**443.27**	**280.85**	**410417**	**303774**
银川市	41.64	33.18	182.16	157.24	202362	172041
石嘴山市	18.43	14.74	65.76	52.61	68480	54784
吴忠市	16.20	3.76	80.60	19.03	69000	39870
固原市	13.47	9.96	61.00	31.63	30200	14800
中卫市	14.16	6.80	53.75	20.34	40375	22279
新疆维吾尔自治区	**174.31**	**173.71**	**294.34**	**293.94**	**1357074**	**1356474**
乌鲁木齐市	155.11	154.51	243.60	243.20	1262500	1261900
克拉玛依市	19.20	19.20	50.74	50.74	94574	94574

2-37 供水、供电（市辖区）

城　市	供水总量（万吨）	其中：居民生活用水量（万吨）	全社会用电量（万千瓦时）	其中：工业用电（万千瓦时）	城乡居民生活用电（万千瓦时）
城市合计	**4275278**	**1469925**	**218346196**	**151670192**	**26605611**
北京市	**155592**	**62055**	**7909810**	**3014775**	**1357608**
天津市	**68970**	**20797**	**6753678**	**4922699**	**674061**
河北省	**125802**	**37064**	**10465004**	**8550597**	**653582**
石家庄市	27629	6416	1316611	852086	160102
唐山市	28932	8491	4659232	4331561	71259
秦皇岛市	10308	2751	467975	350174	56242
邯郸市	16627	5387	545290	419820	65463
邢台市	7080	2176	525945	419107	44733
保定市	10000	3745	542218	326178	84365
张家口市	8226	2162	690420	545516	35338
承德市	5453	2163	512789	458271	25506
沧州市	3509	1089	519383	357235	40436
廊坊市	4435	1779	361999	247687	41547
衡水市	3603	905	323142	242962	28591
山西省	**66098**	**26390**	**4957728**	**3717136**	**464572**
太原市	29664	9742	2019443	1504023	192006
大同市	8060	3489	619656	459594	63991
阳泉市	6316	1944	505641	425749	22000
长治市	8104	4503	400864	328940	31077
晋城市	1644	988	163873	127458	11992
朔州市	2506	900	338164	269705	11786
晋中市	2604	1194	200141	132913	27500
运城市	1749	1189	362119	247431	38926
忻州市	2062	896	79388	46370	12924
临汾市	2152	1150	220486	145313	38178
吕梁市	1237	395	47953	29640	14192
内蒙古自治区	**87981**	**15676**	**6469140**	**4958388**	**401289**
呼和浩特市	11859	2950	1269961	436439	95054
包头市	26345	3268	1909655	1776599	129545
乌海市	10658	3600	1180348	1129662	19946
赤峰市	9728	1728	454097	272046	42935
通辽市	20000	1010	597011	523765	31096
鄂尔多斯市	2384	843	758437	648604	31428
呼伦贝尔市	2296	729	86271	52418	12171
巴彦淖尔市	1613	960	111021	72925	11814
乌兰察布市	3098	588	102339	45930	27300
辽宁省	**235790**	**47693**	**11960548**	**8490140**	**1098409**
沈阳市	52461	17128	2033395	1059822	384908
大连市	40730	7324	1996630	1337558	234977
鞍山市	31129	3167	1581463	1369432	75303
抚顺市	16102	2653	1059277	946539	58103
本溪市	22778	1399	1256254	1161231	45329
丹东市	3874	1266	251454	172789	36615
锦州市	15052	3274	505023	413660	30059

2-37 续表 1

城 市	供水总量（万吨）	其中：居民生活用水量（万吨）	全社会用电量（万千瓦时）	其中：工业用电（万千瓦时）	城乡居民生活用电（万千瓦时）
营口市	10095	2054	889976	742377	55733
阜新市	7805	2277	337270	269335	33819
辽阳市	15846	1652	768598	534445	33331
盘锦市	7244	2011	482800	285697	32821
铁岭市	4006	1181	96087	45332	24832
朝阳市	3048	952	154170	101220	23191
葫芦岛市	5620	1355	548151	50703	29388
吉林省	**76434**	**19179**	**3504055**	**2591187**	**448369**
长春市	31315	8079	1286042	752246	230581
吉林市	25458	4383	1002543	885121	84081
四平市	2525	447	383308	312755	24554
辽源市	2329	817	159424	123811	23889
通化市	4175	1071	216349	188781	22433
白山市	2345	685	213038	161697	29604
松原市	4800	2800	195231	143517	19751
白城市	3487	897	48120	23259	13476
黑龙江省	**151971**	**40084**	**5180326**	**3942660**	**635467**
哈尔滨市	37652	14162	1323300	721800	222400
齐齐哈尔市	7462	2446	450000	340000	82000
鸡西市	7880	5560	305225	248463	30625
鹤岗市	4768	944	231981	171210	43249
双鸭山市	2554	1100	193455	179278	12156
大庆市	29945	7100	1656487	1550070	57902
伊春市	4101	1907	173203	131004	42199
佳木斯市	7805	3265	127000	71100	35600
七台河市	3128	680	275329	210970	36301
牡丹江市	43591	1715	324664	255635	20609
黑河市	659	225	59182	46630	8426
绥化市	2426	980	60500	16500	44000
上海市	**308999**	**97992**	**12958700**	**7866100**	**1689500**
江苏省	**354513**	**111898**	**17088969**	**12397483**	**2024311**
南京市	112326	30103	3547502	2296124	498679
无锡市	45907	13892	2507785	1899827	253527
徐州市	19957	6543	1499408	1195500	141959
常州市	30031	11509	2151749	1681577	209858
苏州市	52348	17081	2692950	1905634	306963
南通市	21189	8350	1097437	838683	127471
连云港市	9839	1901	331797	191819	60701
淮安市	16734	9016	696662	516414	99924
盐城市	6623	2829	366404	227718	70189
扬州市	12534	3163	609643	407707	90253
镇江市	16660	4068	848956	689165	75045
泰州市	5321	2017	399557	290497	47193
宿迁市	5044	1426	339119	256818	42549

2-37 续表 2

城　　市	供水总量（万吨）	其中：居民生活用水量（万吨）	全社会用电量（万千瓦时）	其中：工业用电（万千瓦时）	城乡居民生活用电（万千瓦时）
浙江省	**189108**	**65558**	**11546484**	**8171357**	**1422193**
杭州市	53565	21847	3926426	2583460	507378
宁波市	43375	12596	2537433	1938747	241472
温州市	25837	10825	1159208	753824	208993
嘉兴市	9362	1828	738037	587923	58899
湖州市	8783	3477	596188	440622	71259
绍兴市	10640	2277	485155	357015	51870
金华市	5621	2257	355567	222253	60160
衢州市	10300	1553	530607	460348	33417
舟山市	4524	1599	315390	198658	46569
台州市	13227	5758	761636	545261	118844
丽水市	3874	1542	140837	83246	23332
安徽省	**152913**	**46757**	**5641784**	**3990657**	**831259**
合肥市	29453	14282	856458	369124	217548
芜湖市	15457	4824	527315	388879	63711
蚌埠市	14918	3194	285422	182646	48319
淮南市	10879	3719	477568	371191	65349
马鞍山市	22145	3678	972025	893765	36349
淮北市	5518	1368	308658	259018	27914
铜陵市	13309	1139	459581	413556	22066
安庆市	7217	2423	324125	257552	52671
黄山市	2968	1148	94035	41119	19121
滁州市	3073	1142	162978	109518	21848
阜阳市	6007	2611	248624	165371	48076
宿州市	6390	1910	206120	127959	42888
巢湖市	4776	972	183330	133706	28632
六安市	3578	1311	178203	66602	56625
亳州市	2426	1070	81634	26748	35170
池州市	2462	1038	164993	126560	21751
宣城市	2337	928	110715	57343	23221
福建省	**98146**	**36541**	**5007755**	**2894854**	**1055245**
福州市	24910	9979	937800	328400	304700
厦门市	31666	10884	1550100	898400	305720
莆田市	6200	2956	436831	256467	107201
三明市	6922	1533	328905	278242	22558
泉州市	15204	5349	703472	439090	133423
漳州市	4241	2428	278378	148700	60595
南平市	2704	1192	342977	277010	39163
龙岩市	4430	828	348570	242760	57237
宁德市	1869	1392	80722	25785	24648
江西省	**85296**	**31439**	**3187234**	**2127099**	**448655**
南昌市	41018	13204	1008000	526480	150960
景德镇市	6134	2316	184497	153042	31098
萍乡市	4800	1394	380075	316468	34462
九江市	8679	2709	408977	262010	70200
新余市	4609	2056	638327	589491	35768
鹰潭市	1791	679	57414	23748	11214

2-37 续表 3

城　　市	供水总量（万吨）	其中：居民生活用水量（万吨）	全社会用电量（万千瓦时）	其中：工业用电（万千瓦时）	城乡居民生活用电（万千瓦时）
赣州市	4887	2435	160840	86416	32521
吉安市	3037	1268	70390	35592	14435
宜春市	3398	1795	111002	57009	24740
抚州市	3751	2244	109509	60230	25900
上饶市	3192	1339	58203	16613	17357
山东省	**203877**	**62785**	**16401475**	**12761282**	**1569941**
济南市	27037	11498	1894606	1174780	299230
青岛市	34909	12524	1877516	1204458	272321
淄博市	26741	5155	2570255	2272515	148353
枣庄市	8334	2828	536445	419488	94642
东营市	9711	1845	1019390	933985	35192
烟台市	14963	3825	972597	718507	105294
潍坊市	9116	3146	1058761	806727	85039
济宁市	10830	2019	781427	647455	52745
泰安市	6607	2111	366252	229680	57868
威海市	6017	1462	435765	302300	56670
日照市	5920	1211	968785	835614	48845
莱芜市	3751	1652	978714	904515	35229
临沂市	15484	5035	1207960	964392	123951
德州市	6877	2052	393775	294275	36269
聊城市	4788	2257	426778	318508	44024
滨州市	5822	2205	568684	494363	31263
菏泽市	6970	1960	343765	239720	43006
河南省	**140546**	**50712**	**13519063**	**11081584**	**1046712**
郑州市	37724	18965	2887213	2043505	315780
开封市	7074	1951	358825	249374	57665
洛阳市	13631	5782	2809681	2555346	72949
平顶山市	9832	2973	708696	607329	51892
安阳市	11294	2174	1291473	1159916	71815
鹤壁市	4843	1758	268496	222285	18646
新乡市	5853	2610	584882	435479	70908
焦作市	8084	1931	1315224	1252349	42158
濮阳市	4640	1310	371330	302574	32362
许昌市	4088	1085	219253	155987	34068
漯河市	9950	1723	249138	170967	42714
三门峡市	1898	821	281167	258708	17918
南阳市	6532	2008	634776	479639	60995
商丘市	4988	2262	869297	751384	59296
信阳市	3996	1259	298002	172129	51956
周口市	1895	884	121518	80191	19238
驻马店市	4224	1216	250092	184422	26352
湖北省	**185639**	**73708**	**6927194**	**4843711**	**993077**
武汉市	100072	40173	3117800	1913385	535799
黄石市	13038	5176	638721	532690	40922
十堰市	11494	3765	375120	285275	38670

2-37 续表 4

城　市	供水总量(万吨)	其中：居民生活用水量(万吨)	全社会用电量(万千瓦时)	其中：工业用电(万千瓦时)	城乡居民生活用电(万千瓦时)
宜昌市	9906	3479	779215	643885	69493
襄阳市	16574	6156	409771	280956	74928
鄂州市	6955	3421	553894	485340	36387
荆门市	7770	2578	227911	188233	20556
孝感市	2904	1676	104723	40662	37060
荆州市	7493	3035	279168	196956	54610
黄冈市	2858	1282	62525	30568	15340
咸宁市	3257	1377	234284	171151	32527
随州市	3318	1590	144062	74610	36785
湖南省	**153580**	**68724**	**4999429**	**2921387**	**879530**
长沙市	46430	26610	943789	223612	344333
株洲市	16324	6029	648163	474020	69678
湘潭市	10480	3365	754268	524731	59897
衡阳市	17128	4785	536875	386342	62294
邵阳市	7476	2765	114019	53114	36190
岳阳市	16298	6849	549906	431862	54037
常德市	6267	2852	193930	108220	55300
张家界市	1985	1010	73793	22700	16595
益阳市	3829	1932	171642	107980	34480
郴州市	8725	3263	340016	128526	56680
永州市	9256	3370	190885	117044	49100
怀化市	4861	2243	213547	93424	25477
娄底市	4521	3651	268596	249812	15469
广东省	**744986**	**252635**	**31477111**	**20838729**	**4332726**
广州市	190806	82566	5629954	3054991	1083087
韶关市	6623	3556	459495	329949	55542
深圳市	156470	50173	6635406	3974097	826906
珠海市	31581	8961	1022561	650805	136194
汕头市	28500	13274	1235327	802743	288603
佛山市	42970	15661	4630795	3515947	466701
江门市	23719	6574	871199	595250	69348
湛江市	9429	5307	400813	225598	106028
茂名市	5982	2930	398718	320929	36603
肇庆市	10507	3182	331382	218920	37689
惠州市	23735	7144	1173823	783682	139134
梅州市	3943	1914	121340	66200	35330
汕尾市	3429	1119			
河源市	4818	2557	210168	149558	32084
阳江市	5550	2863	179209	56118	31657
清远市	9998	4015	454816	360047	40970
东莞市	165607	28560	5619998	4355690	582056
中山市	7575	6116	1870513	1289415	265870
潮州市	4835	2769	140303	28030	81862
揭阳市	6635	2278			
云浮市	2274	1116	91291	60760	17062

2-37 续表 5

城 市	供水总量（万吨）	其中：居民生活用水量（万吨）	全社会用电量（万千瓦时）	其中：工业用电（万千瓦时）	城乡居民生活用电（万千瓦时）
广西壮族自治区	**132535**	**52561**	**4456268**	**3122590**	**630258**
南宁市	37578	19068	854042	392257	191656
柳州市	39445	8876	724039	541225	90497
桂林市	9997	5054	237250	100635	70495
梧州市	5148	2133	202829	150261	26708
北海市	4937	2161	132079	43609	39466
防城港市	2672	983	147347	102938	24480
钦州市	3067	2330	141570	78640	16572
贵港市	11010	2406	343170	275579	41997
玉林市	5089	2728	213848	139610	38762
百色市	4576	1967	414830	379046	21376
贺州市	1975	1133	279703	237294	25873
河池市	3579	1399	139620	109080	8640
来宾市	2180	1575	572247	532059	25115
崇左市	1282	748	53694	40357	8621
海南省	**25808**	**11062**	**555888**	**120560**	**100808**
海口市	17396	8352	391263	99222	56958
三亚市	8412	2710	164625	21338	43850
重庆市	**86926**	**40835**	**4680337**	**3222492**	**721744**
四川省	**166239**	**90437**	**6854005**	**4620537**	**1014642**
成都市	86037	55666	2181060	1024362	420270
自贡市	5639	2584	275748	206437	39970
攀枝花市	12173	3127	955421	883763	27562
泸州市	9045	2792	263020	196309	50600
德阳市	5248	2110	269843	195635	36544
绵阳市	7731	3855	288581	122853	60907
广元市	2670	1433	314615	239110	31677
遂宁市	2571	1345	102545	48909	31564
内江市	3801	1491	96161	32860	35372
乐山市	4484	2342	770842	676119	57018
南充市	7100	3530	206736	111330	53186
眉山市	2976	932	224784	170072	33493
宜宾市	4871	3214	402537	355682	43256
广安市	1210	623	112970	97967	7873
达州市	3711	1832	204240	159467	29887
雅安市	3385	1750	59498	34828	15648
巴中市	1451	780	34695	10600	18236
资阳市	2136	1031	90709	54234	21579
贵州省	**30370**	**14508**	**2349165**	**1658642**	**477483**
贵阳市	21696	10762	1470703	1046488	298658
六盘水市	2191	1025	255416	178609	29330
遵义市	4634	2116	358504	236815	121689
安顺市	1849	605	264542	196730	27806

2-37 续表 6

城　　市	供水总量(万吨)	其中：居民生活用水量(万吨)	全社会用电量(万千瓦时)	其中：工业用电(万千瓦时)	城乡居民生活用电(万千瓦时)
云南省	**45157**	**18172**	**2701456**	**1286934**	**441468**
昆明市	31526	10988	919188	584556	334632
曲靖市	4045	1832	1112400	239308	27810
玉溪市	2359	1244	364793	316647	21413
保山市	2170	1720	60468	36119	17052
昭通市	1272	647	116609	51669	14802
丽江市	1602	656	45994	10781	7559
思茅市	1121	603	51865	29054	11840
临沧市	1062	482	30139	18800	6360
西藏自治区					
拉萨市					
陕西省	**68383**	**30284**	**3134042**	**1665684**	**605459**
西安市	39097	19952	1628535	684755	403385
铜川市	1450	611	580857	542014	18917
宝鸡市	7179	3132	314362	199081	38123
咸阳市	3801	1807	151402	55866	45335
渭南市	6758	775			
延安市	1491	646	109211	57521	20309
汉中市	2221	946	89406	44478	23662
榆林市	1359	605	119017	24792	16238
安康市	3609	1010	112652	44777	28801
商洛市	1418	800	28600	12400	10689
甘肃省	**62887**	**19299**	**3573429**	**2705184**	**260595**
兰州市	25035	9031	1473092	1094818	112937
嘉峪关市	6800	423	593739	536200	18183
金昌市	8834	741			
白银市	10071	3569	761582	722682	21171
天水市	3602	1788	213493	71885	42746
武威市	2142	1201	126764	98117	10457
张掖市	1704	749	205890	74661	12446
平凉市	850	434	80450	50326	11834
酒泉市	2466	730	75610	40458	13527
庆阳市	657	380	23000	12422	8356
定西市	509	168	10055	1600	2700
陇南市	217	85	9754	2015	6238
青海省	**11502**	**4584**	**640184**	**463297**	**77600**
西宁市	11502	4584	640184	463297	77600
宁夏回族自治区	**17513**	**6989**	**1889815**	**1528125**	**96879**
银川市	10525	5104	422831	243696	56300
石嘴山市	3765	711	1131000	1097000	14800
吴忠市	2320	750	210230	176492	9900
固原市	551	270	38287	10483	8759
中卫市	352	154	87467	454	7120
新疆维吾尔自治区	**41718**	**13507**	**1556120**	**1194322**	**152169**
乌鲁木齐市	29771	12255	1134410	813356	131970
克拉玛依市	11947	1252	421710	380966	20199

2-38 城市煤气用量（市辖区）

城　　市	煤气(人工、天然气)供气总量(万立方米)	其中:家庭用量(万立方米)	用煤气人口(人)	液化石油气供气总量(吨)	其中:家庭用量(吨)	用液化气人口(人)
城市合计	**7498420**	**1350491**	**193808191**	**9717739**	**5177818**	**126187374**
北京市	**719740**	**101450**	**12919100**	**323104**	**215133**	**3939900**
天津市	**160000**	**23000**	**5735300**	**53368**	**33847**	**417600**
河北省	**175506**	**35492**	**8781200**	**75177**	**55579**	**2561100**
石家庄市	14419	5772	2181100	14106	8619	271600
唐山市	73479	6624	1866100	10557	7840	104700
秦皇岛市	13000	1460	779300	8083	1200	121700
邯郸市	20976	8957	1240100	7546	7500	283400
邢台市	22295	1433	470000	7335	7335	163000
保定市	8160	2300	614900	6758	3050	505200
张家口市	5918	4041	633300	5635	5635	108000
承德市	3224	1278	119800	4857	4100	409900
沧州市	4800	683	348600	3656	3656	231600
廊坊市	8125	2918	470000	2648	2648	48000
衡水市	1110	26	58000	3996	3996	314000
山西省	**219757**	**54847**	**6176013**	**61298**	**45779**	**1722651**
太原市	82087	14368	2450000	32728	22957	771100
大同市	9212	2638	941800	5000	4800	170000
阳泉市	58750	13939	538300	1558	1450	50000
长治市	13338	4533	408000	5557	5557	180000
晋城市	14734	4897	278000	1772	1428	51300
朔州市	4079	1266	253800	1300	300	15000
晋中市	5008	2203	250000	1983	1227	143400
运城市	356	305	330000	2750	1620	120000
忻州市	7560	3000	210213	3600	1700	68251
临汾市	21796	6078	390900	3800	3640	77600
吕梁市	2837	1620	125000	1250	1100	76000
内蒙古自治区	**76846**	**30566**	**5836904**	**62839**	**51979**	**2846000**
呼和浩特市	30623	4171	1227400	7760	7760	226300
包头市	33900	20356	1142800	11260	11160	513700
乌海市	1440	1370	289600	1510	1200	86000
赤峰市	140	100	40000	12334	8509	807400
通辽市	711	305	151000	3030	2800	290700
鄂尔多斯市	4809	1241	215000	3800	2000	290000
呼伦贝尔市				2945	2580	190000
巴彦淖尔市	53	53	13800	15010	13000	251000
乌兰察布市	5170	2970	190900	5190	2970	190900
辽宁省	**108635**	**70936**	**12861683**	**306595**	**157954**	**4061934**
沈阳市	31889	18081	4410000	31800	5350	374700
大连市	22357	15636	2054000	155588	56200	870200
鞍山市	14566	8128	1398000	5321	5291	91000
抚顺市	7567	6441	663000	38100	26983	600000
本溪市	4766	3736	594000	4080	3080	190000
丹东市	4195	3333	500000	5430	4860	132502
锦州市	8398	6339	868560	6350	6293	96500

2－38 续表 1

城　　市	煤气(人工、天然气)供气总量(万立方米)	其中:家庭用量(万立方米)	用煤气人口(人)	液化石油气供气总量(吨)	其中:家庭用量(吨)	用液化气人口(人)
营口市	1404	1092	460000	20000	15000	450000
阜新市	3080	1375	398800	4910	4609	162000
辽阳市	1180	951	292900	11606	10690	416100
盘锦市	1263	990	300000	13504	13328	354400
铁岭市	3723	1911	340423	2926	1380	100532
朝阳市	1697	1570	321000	5980	4020	123000
葫芦岛市	2550	1353	261000	1000	870	101000
吉林省	**57885**	**22939**	**4552000**	**167363**	**67381**	**2279400**
长春市	40609	15552	2601300	79187	9502	438200
吉林市	6608	2914	642200	48000	26250	586800
四平市	2764	1003	430000	6100	6000	87500
辽源市			350000	7332	2300	350000
通化市	2400	1804	315000	2100	2100	55000
白山市	104	66	60000	3732	3727	240000
松原市	5400	1600	153500	13300	9890	289000
白城市				7612	7612	232900
黑龙江省	**78894**	**29621**	**6616080**	**155187**	**75717**	**3450900**
哈尔滨市	29083	11229	3307000	83000	25000	760000
齐齐哈尔市	18089	2473	941100	6070	4640	103800
鸡西市	1055	950	453100	3994	3850	158000
鹤岗市	1046	900	140300	2612	2334	135300
双鸭山市	693	543	79380	2278	1405	185600
大庆市	22035	10000	1020000	13246	11100	270000
伊春市				9722	8023	647400
佳木斯市	2243	936	257200	9100	1925	196800
七台河市	1300	800	150000	2410	1300	192000
牡丹江市	1750	410	86000	20005	14000	520000
黑河市				1200	780	100000
绥化市	1600	1380	182000	1550	1360	182000
上海市	**592199**	**140689**	**14546914**	**398427**	**236219**	**8542033**
江苏省	**2223326**	**81835**	**18995500**	**494961**	**276616**	**7390100**
南京市	1976114	16219	4917200	146476	76409	2362900
无锡市	41635	7392	2366100	55005	37562	690000
徐州市	15186	4132	1501500	29336	23466	597100
常州市	48099	7423	1307800	11037	3786	66900
苏州市	63332	12287	2144500	68005	3392	69100
南通市	5487	3353	989000	37434	27509	633000
连云港市	7223	1809	730000	9600	7500	296000
淮安市	7433	5153	1184900	28637	21376	776900
盐城市	5696	1418	699000	26972	24336	409000
扬州市	6885	1576	751700	24726	12500	291700
镇江市	20497	3107	875900	31265	15542	339900
泰州市	22004	17768	1088100	19445	17257	465200
宿迁市	3735	198	439800	7023	5981	392400

2-38 续表 2

城　市	煤气(人工、天然气)供气总量(万立方米)	其中:家庭用量(万立方米)	用煤气人口(人)	液化石油气供气总量(吨)	其中:家庭用量(吨)	用液化气人口(人)
浙江省	**98915**	**24155**	**4685700**	**635661**	**354197**	**6551100**
杭州市	45839	10053	2014600	114427	57651	1304400
宁波市	22464	4000	1045600	222036	65769	599600
温州市	1063		50000	108000	80000	1354000
嘉兴市	4506	851	296400	28079	12329	327500
湖州市	7573	468	116800	10703	10422	715200
绍兴市	13509	6927	379300	18371	16042	323300
金华市	790	263	78000	23899	19980	501000
衢州市	1521	676	123000	8102	7910	163500
舟山市	1625	909	442000	29786	29786	77100
台州市	25	9	140000	61161	43913	861000
丽水市				11097	10395	324500
安徽省	**111753**	**26041**	**6227400**	**599922**	**152799**	**4508900**
合肥市	22411	6806	1672000	65284	27474	747800
芜湖市	18677	3604	795100	29520	15800	389800
蚌埠市	11178	1533	381700	14010	4505	400000
淮南市	7801	3259	603000	25500	13300	347000
马鞍山市	13136	2612	567200	2286	2058	39000
淮北市	2398	2194	396100	21550	19600	382100
铜陵市	9596	1274	390000	17945	742	21000
安庆市	918	185	185200	361594	15514	358100
黄山市				10817	9469	296300
滁州市	9628	937	266000	5875	3870	58600
阜阳市	6400	1500	372600	3940	3680	124200
宿州市	1709	528	170000	7500	7200	245000
巢湖市	2164	377	138000	6358	6357	218000
六安市	2328	356	128500	7760	7720	345000
亳州市	1287	640	53000	14100	11000	170000
池州市	934	176	85000	2783	1810	162000
宣城市	1188	60	24000	3100	2700	205000
福建省	**43173**	**26463**	**3023285**	**277019**	**137439**	**5173600**
福州市	7413	3017	905700	75234	30674	1063200
厦门市	9085	1848	1337900	89955	36241	1431800
莆田市	20710	19131	516700	19208	18985	466700
三明市	2673	1932	147100	3618	3113	75400
泉州市	2405	376	54900	51150	16450	1044000
漳州市	877	151	52700	16545	13280	365800
南平市	10	8	8285	4500	4500	203000
龙岩市				8942	8901	295300
宁德市				7867	5295	228400
江西省	**66710**	**21223**	**2829300**	**185230**	**155558**	**3235600**
南昌市	18483	12011	994900	87615	83335	1430000
景德镇市	21990	905	177500	21127	11800	250300
萍乡市	17472	3383	221200	4920	4785	129500
九江市	1289	461	130600	18375	14153	48300
新余市	3072	2553	351100	1569	1553	25400
鹰潭市	16	4	2500	6850	2950	100000

2－38 续表 3

城 市	煤气(人工、天然气)供气总量(万立方米)	其中:家庭用量(万立方米)	用煤气人口(人)	液化石油气供气总量(吨)	其中:家庭用量(吨)	用液化气人口(人)
赣州市	1686	776	354700	5500	5100	308000
吉安市	804	483	185000	5282	3910	132300
宜春市	1210	356	169000	11830	7600	248000
抚州市	200	35	140000	11180	11180	362000
上饶市	488	256	102800	10982	9192	201800
山东省	**303065**	**84989**	**12516854**	**543788**	**238813**	**5835740**
济南市	26108	9488	2081500	67000	31755	738500
青岛市	44835	11543	2396300	80073	31690	366500
淄博市	70866	13255	1089500	59928	24056	459800
枣庄市	7120	3134	540000	11909	10436	340000
东营市	25240	8052	507600	10606	10080	111800
烟台市	13110	2608	777800	29587	21058	661800
潍坊市	15658	5657	885500	15727	15727	370700
济宁市	8673	1489	627900	1988	796	26200
泰安市	17100	3800	585000	800	500	20000
威海市	5441	898	489200	3318	1969	100100
日照市	2175	522	204800	9644	8935	413700
莱芜市	16178	11769	471300	13141	10433	257100
临沂市	12831	5538	647600	60919	43741	1050800
德州市	8548	1313	454000	4328	3819	152750
聊城市	10190	1417	284300	4000	3800	280000
滨州市	8190	1730	355500	9100	8700	346900
菏泽市	10802	2776	119054	161720	11318	139090
河南省	**229082**	**50959**	**8740223**	**196698**	**160367**	**4216704**
郑州市	52171	16592	3680000	65700	47310	710000
开封市	6134	4702	542000	8075	7671	180000
洛阳市	33924	3000	527300	28005	18409	356600
平顶山市	25556	5335	777600	108	108	2300
安阳市	67163	3910	596000	7657	3510	90800
鹤壁市	1821	689	170000	4830	4830	165000
新乡市	8480	2781	546123	4811	4811	176204
焦作市	11750	4543	532700	3578	3578	155100
濮阳市	5250	3675	396000			
许昌市	2149	958	164400	8275	8275	229800
漯河市	1749	1314	196800	10685	9890	306300
三门峡市	290	93	35500	2985	2983	123000
南阳市	3225	1140	253500	19219	18659	587200
商丘市	789	708	64000	14530	13213	494000
信阳市	2363	217	52800	10890	9800	380000
周口市	4241	372	72500	4100	4070	150400
驻马店市	2027	930	133000	3250	3250	110000
湖北省	**143907**	**34793**	**6387600**	**340635**	**165406**	**5004620**
武汉市	86887	25129	3952000	215200	53800	1410000
黄石市	11513	702	143800	26326	26028	570900
十堰市	1982	1435	300000	18055	10702	499700

2－38 续表 4

城　　市	煤气(人工、天然气)供气总量(万立方米)	其中:家庭用量(万立方米)	用煤气人口(人)	液化石油气供气总量(吨)	其中:家庭用量(吨)	用液化气人口(人)
宜昌市	13677	2117	631900	1664	1664	101500
襄阳市	10524	1234	484800	22616	21676	645000
鄂州市	3000	1100	99600	7700	6300	264000
荆门市	5483	833	157000	15657	14513	311000
孝感市	457	440	45200	3191	3015	211200
荆州市	6803	948	330000	8200	8200	318000
黄冈市	883	523	135000	6756	6538	186320
咸宁市	1452	127	40300	6000	5500	257000
随州市	1246	205	68000	9270	7470	230000
湖南省	**213193**	**31679**	**4256119**	**272271**	**129458**	**5593971**
长沙市	39300	12500	1920000	83000	7700	1150000
株洲市	13524	1529	646500	10865	7052	155000
湘潭市	118763	2104	427600	16210	1280	451350
衡阳市	17753	7831	307950	53695	21695	708100
邵阳市	1477	1330	175000	3200	2600	178000
岳阳市	6759	2811	266800	23912	20890	657000
常德市	10822	1152	150000	11837	11560	541200
张家界市	85	35	1	6650	6480	156000
益阳市	2500	730	100000	9700	9500	390000
郴州市	270	120	60000	14000	9000	388800
永州市				17164	16819	424900
怀化市	28	14	3500	18880	11870	242000
娄底市	1912	1523	198768	3158	3012	151621
广东省	**379818**	**68967**	**9302445**	**3558886**	**1823472**	**32628802**
广州市	64717	16471	3835600	1087766	449636	8632000
韶关市	1183	601	158000	38204	38204	235000
深圳市	38329	21632	3540000	478614	326806	7510000
珠海市				266900	115400	1450000
汕头市	973	146	36800	315000	264000	4780000
佛山市	17532	2873	504300	84638	41114	1423700
江门市	375	53	18000	80560	32424	1049800
湛江市	4926	679	145600	96102	82010	1217800
茂名市	36	28	42000	81404	8154	415900
肇庆市	2001	44	60000	75737	19378	427000
惠州市				72775	58638	1454488
梅州市	418	68	14000	23000	23000	350000
汕尾市	3	1	700	20400	17045	260000
河源市	14			26697	25405	271000
阳江市	795	156	28563	168251	19216	308961
清远市	642	316	90000	9699	5838	380000
东莞市	29622	1600	147047	344622	220723	956018
中山市	5233	1284	277000	43488	28189	231000
潮州市	212980	22989	392535	212770	22936	392535
揭阳市	18	18	6600	27010	22332	694000
云浮市	22	8	5700	5249	3024	189600

2-38 续表 5

城　　市	煤气(人工、天然气)供气总量(万立方米)	其中:家庭用量(万立方米)	用煤气人口(人)	液化石油气供气总量(吨)	其中:家庭用量(吨)	用液化气人口(人)
广西壮族自治区	**14688**	**8336**	**1444700**	**270212**	**229395**	**5487600**
南宁市	4235	2088	480000	86406	68509	1690100
柳州市	6194	4742	597400	54971	48939	741000
桂林市	1244	530	195300	22089	20842	560900
梧州市	180	37	19000	7331	7266	395100
北海市	1481	400	40000	16500	11900	293000
防城港市	17	7	4300	10060	9052	135400
钦州市	479	114	9200	8540	7610	230000
贵港市	352	141	33000	8200	5000	270100
玉林市	309	170	59600	29081	25081	480600
百色市				5655	5466	120000
贺州市				5500	5000	130000
河池市	197	107	6900	5021	4563	175800
来宾市				7990	7300	145600
崇左市				2868	2867	120000
海南省	**13093**	**9962**	**727000**	**44334**	**27660**	**596000**
海口市	10031	9529	550000	35710	26560	542000
三亚市	3062	433	177000	8624	1100	54000
重庆市	**254021**	**81412**	**8607000**	**92807**	**35393**	**1144100**
四川省	**678793**	**135833**	**10855564**	**177078**	**86167**	**752300**
成都市	219000	67000	3888000	137831	60364	209000
自贡市	57645	5318	653500	485	378	5400
攀枝花市	159719	5174	557600	5832	4799	148700
泸州市	71788	7801	646200	2161	1610	23400
德阳市	48194	4867	350000	2185	760	18100
绵阳市	36244	7732	827600	3340	3152	30000
广元市	5613	2065	203400	2500	2382	52000
遂宁市	8470	3917	400900			
内江市	5191	2703	346700	9238	1850	22000
乐山市	15107	3909	436900	120	5	500
南充市	8940	5240	714000	5350	4360	46000
眉山市	10865	5700	309800	3110	2700	49800
宜宾市	10632	4159	428752	700	525	18970
广安市	2749	1554	230000			
达州市	6619	3368	331012	213	42	1430
雅安市	2525	1726	141200	303	140	4000
巴中市	3007	2200	240000	700	540	30000
资阳市	6485	1400	150000	3010	2560	93000
贵州省	**27875**	**11820**	**2540795**	**49327**	**46559**	**1517750**
贵阳市	22364	9491	1581200	36000	36000	725000
六盘水市	3628	1705	250000			
遵义市	1850	600	700000	8400	8400	700000
安顺市	33	24	9595	4927	2159	92750

2-38 续表 6

城　市	煤气(人工、天然气)供气总量(万立方米)	其中:家庭用量(万立方米)	用煤气人口(人)	液化石油气供气总量(吨)	其中:家庭用量(吨)	用液化气人口(人)
云南省	**30993**	**21105**	**2740402**	**134734**	**81328**	**2424418**
昆明市	24393	16854	2190000	116975	65000	1220000
曲靖市	1782		228700	8543	8543	785000
玉溪市				4824	4520	133418
保山市	260	102	13702	280	135	50000
昭通市	58	30	50000	810	810	66000
丽江市	3100	2800	138000			
思茅市	1400	1319	120000	1400	1319	120000
临沧市				1902	1001	50000
西藏自治区						
拉萨市						
陕西省	**163433**	**38639**	**5174881**	**38776**	**29295**	**1213390**
西安市	105807	19243	3331100	8110	4430	70000
铜川市	4530	1282	155000	3950	3900	138500
宝鸡市	13049	3312	629200	715	251	145300
咸阳市	17411	2180	600000	11200	6400	200000
渭南市	3465	1765	142614	5713	5602	196790
延安市	6810	3857	156000	5830	5829	175800
汉中市	10	10	27000			
榆林市	12083	6967	101967	100	60	18000
安康市				2121	1800	201000
商洛市	268	23	32000	1037	1023	68000
甘肃省	**81765**	**15232**	**2105107**	**142518**	**64431**	**1738761**
兰州市	70182	9037	1662000	101377	26218	132200
嘉峪关市	8056	4278	197700	480	410	21000
金昌市				980	360	90000
白银市	2144	1565	119863	1600	1600	72041
天水市	469	142	22311	9015	9015	392000
武威市				4120	3862	207800
张掖市				4450	3840	189300
平凉市	148	87	65033	1234	1050	72140
酒泉市	366	35	6200	16100	16100	305000
庆阳市	400	88	32000	1990	880	138680
定西市				601	551	79000
陇南市				571	545	39600
青海省	**54255**	**4869**	**810000**	**4386**	**4380**	**85000**
西宁市	54255	4869	810000	4386	4380	85000
宁夏回族自治区	**105027**	**39517**	**1184422**	**13268**	**10439**	**766700**
银川市	86937	34321	663600	7684	7684	399000
石嘴山市	11852	1589	291000	425	421	77700
吴忠市	3507	2590	60000	2676	300	96500
固原市	1472	918	141000	1367	918	141000
中卫市	1259	99	28822	1116	1116	52500
新疆维吾尔自治区	**72072**	**23122**	**2628700**	**41870**	**29058**	**500700**
乌鲁木齐市	68243	22752	2596800	19620	18581	184000
克拉玛依市	3829	370	31900	22250	10477	316700

2-39 城市道路与交通（市辖区）

城 市	年末实有城市道路面积(万平方米)	年末实有公共汽(电)车营运车辆数(辆)	全年公共汽(电)车客运总量(万人次)	年末实有出租汽车数(辆)	每万人拥有公共汽车(辆)	人均城市道路面积(平方米)
城市合计	**405909**	**357758**	**5847400**	**863981**	**9.20**	**10.44**
北京市	**9395**	**21548**	**505144**	**66646**	**18.15**	**7.91**
天津市	**9159**	**7162**	**108810**	**31940**	**8.87**	**11.35**
河北省	**19170**	**19054**	**180689**	**61629**	**14.71**	**14.80**
石家庄市	4147	4460	51266	9646	18.29	17.00
唐山市	2981	2034	27823	4642	6.61	9.69
秦皇岛市	1752	1036	14143	4306	11.99	20.28
邯郸市	2983	2708	18288	6949	18.28	20.13
邢台市	1278	2259	13359	3906	31.59	17.87
保定市	1714	2007	11342	6205	18.92	16.15
张家口市	1241	1240	11187	5033	13.79	13.80
承德市	693	643	12040	5821	11.02	11.88
沧州市	883	1190	14700	7015	22.07	16.38
廊坊市	856	491	3796	5960	6.11	10.65
衡水市	642	986	2745	2146	20.10	13.09
山西省	**8468**	**5968**	**98690**	**25095**	**6.14**	**8.71**
太原市	2849	2213	44128	8652	7.76	10.00
大同市	1767	811	12434	4983	5.20	11.33
阳泉市	581	612	15060	1552	8.85	8.41
长治市	473	434	8991	1800	5.97	6.51
晋城市	379	307	4800	1453	8.81	10.87
朔州市	487	187	2224	923	2.87	7.47
晋中市	616	394	3964	902	6.62	10.35
运城市	332	319	421	1805	4.84	5.04
忻州市	238	111	1312	713	2.10	4.50
临汾市	503	313	3500	1862	3.74	6.02
吕梁市	243	267	1856	450	9.61	8.75
内蒙古自治区	**10028**	**5220**	**86462**	**27450**	**7.98**	**15.33**
呼和浩特市	1740	1902	44966	5568	15.78	14.43
包头市	2246	1342	24436	5890	9.42	15.76
乌海市	744	403	4015	951	7.60	14.04
赤峰市	819	474	1400	4041	3.90	6.75
通辽市	865	260	2200	2949	3.39	11.28
鄂尔多斯市	2217	333	4675	2194	12.80	85.20
呼伦贝尔市	294	278	2800	2121	10.24	10.83
巴彦淖尔市	714	111	980	936	1.97	12.65
乌兰察布市	389	117	990	2800	3.84	12.78
辽宁省	**19938**	**17432**	**372775**	**71048**	**9.27**	**10.61**
沈阳市	5706	5013	120000	17200	9.73	11.07
大连市	4135	4696	103107	10173	15.43	13.59
鞍山市	1282	1508	23689	5375	10.27	8.73
抚顺市	1189	1175	32820	4121	8.49	8.59
本溪市	925	736	24668	3249	7.74	9.72
丹东市	957	725	12069	3335	9.20	12.14
锦州市	952	591	10503	4987	6.33	10.20

2-39 续表 1

城　市	年末实有城市道路面积(万平方米)	年末实有公共汽(电)车营运车辆数(辆)	全年公共汽(电)车客运总量(万人次)	年末实有出租汽车数(辆)	每万人拥有公共汽车(辆)	人均城市道路面积(平方米)
营口市	713	660	8477	4835	7.30	7.89
阜新市	461	361	5300	2558	4.58	5.84
辽阳市	998	538	8277	3579	7.16	13.29
盘锦市	984	419	9125	3238	6.87	16.13
铁岭市	813	400	4121	2183	8.97	18.23
朝阳市	373	201	4941	3338	3.49	6.48
葫芦岛市	450	409	5678	2877	4.09	4.50
吉林省	**9133**	**7374**	**113556**	**32832**	**8.48**	**10.51**
长春市	5474	4433	64721	16967	12.22	15.09
吉林市	1295	950	21277	4998	5.18	7.06
四平市	354	275	3468	2763	4.50	5.79
辽源市	646	350	5402	1095	7.31	13.49
通化市	259	296	6725	1387	6.61	5.79
白山市	349	330	2263	1682	5.55	5.87
松原市	502	512	7200	2177	8.71	8.54
白城市	254	228	2500	1763	4.47	4.98
黑龙江省	**13232**	**12241**	**182188**	**43555**	**8.93**	**9.65**
哈尔滨市	3296	5173	109078	14366	10.96	6.99
齐齐哈尔市	855	876	90	3060	6.19	6.04
鸡西市	543	706	9055	3135	8.03	6.18
鹤岗市	353	418	9801	1773	6.18	5.22
双鸭山市	314	326	4900	1100	6.49	6.25
大庆市	2696	2615	17025	2989	19.60	20.21
伊春市	965	238	2580	3488	2.94	11.94
佳木斯市	468	366	8886	6316	4.46	5.71
七台河市	423	375	4500	1000	6.55	7.39
牡丹江市	874	778	13367	2619	8.75	9.83
黑河市	155	95	61	956	4.95	8.07
绥化市	2290	275	2845	2753	3.06	25.46
上海市	**9723**	**17455**	**280800**	**50007**	**12.99**	**7.24**
江苏省	**39642**	**23124**	**334278**	**32103**	**8.30**	**14.23**
南京市	9576	6178	103691	10145	11.27	17.46
无锡市	5580	3135	39841	2641	13.14	23.39
徐州市	2467	2149	35064	3760	6.87	7.89
常州市	3023	2518	38948	2542	11.06	13.27
苏州市	5928	3204	54062	3604	13.21	24.45
南通市	1871	722	10462	1277	3.41	8.84
连云港市	1642	574	8200	1611	6.13	17.54
淮安市	2091	841	11000	913	3.02	7.51
盐城市	1350	436	5100	1010	2.67	8.27
扬州市	1612	1354	13484	1838	11.05	13.16
镇江市	1823	1032	9203	1253	9.97	17.61
泰州市	1413	479	2682	739	5.79	17.08
宿迁市	1266	502	2542	770	3.14	7.92

2-39 续表 2

城　市	年末实有城市道路面积(万平方米)	年末实有公共汽(电)车营运车辆数(辆)	全年公共汽(电)车客运总量(万人次)	年末实有出租汽车数(辆)	每万人拥有公共汽车(辆)	人均城市道路面积(平方米)
浙江省	**18968**	**18137**	**252793**	**23669**	**12.08**	**12.64**
杭州市	4754	7345	127825	9362	16.89	10.93
宁波市	2379	3455	45507	3842	15.47	10.65
温州市	2339	2038	27020	3709	13.98	16.05
嘉兴市	974	1006	8681	873	12.01	11.63
湖州市	1882	669	6403	815	6.14	17.28
绍兴市	1207	757	11448	901	11.64	18.56
金华市	1390	918	8850	796	9.85	14.92
衢州市	771	653	5419	461	7.90	9.33
舟山市	520	621	4805	1053	8.91	7.46
台州市	2341	485	4677	1448	3.13	15.11
丽水市	411	190	2158	409	4.91	10.61
安徽省	**18229**	**10092**	**170459**	**34434**	**5.11**	**9.24**
合肥市	4323	2628	58580	8395	12.19	20.05
芜湖市	2583	1426	17135	3504	12.79	23.16
蚌埠市	1186	774	18830	2291	8.36	12.81
淮南市	1059	832	13613	3292	4.58	5.83
马鞍山市	968	458	9345	2298	7.17	15.16
淮北市	867	1033	6980	1626	9.41	7.90
铜陵市	476	301	5960	1584	6.71	10.62
安庆市	937	321	5227	1119	4.36	12.72
黄山市	546	248	2963	525	5.67	12.49
滁州市	792	258	3650	1257	4.81	14.75
阜阳市	1147	602	7110	1805	2.91	5.54
宿州市	459	241	4650	1298	1.30	2.47
巢湖市	287	238	4480	1259	2.67	3.22
六安市	447	329	6544	1850	1.76	2.40
亳州市	958	70	153	1000	0.43	5.93
池州市	654	159	2769	598	2.40	9.88
宣城市	540	174	2470	733	2.02	6.27
福建省	**9281**	**10407**	**196301**	**17438**	**11.26**	**10.04**
福州市	2327	3566	64310	5809	18.91	12.34
厦门市	2994	3363	73526	4574	18.66	16.61
莆田市	784	279	5137	808	1.29	3.64
三明市	332	282	6358	339	9.96	11.73
泉州市	1163	1649	21461	2820	15.99	11.28
漳州市	765	472	5294	1300	8.50	13.78
南平市	236	194	4783	241	3.90	4.75
龙岩市	396	286	7021	381	4.84	6.71
宁德市	284	316	8411	1166	7.11	6.39
江西省	**9340**	**5754**	**108870**	**9967**	**6.40**	**10.39**
南昌市	2328	2490	53918	4003	11.75	10.98
景德镇市	668	438	8660	595	9.48	14.46
萍乡市	593	323	6174	670	3.78	6.94
九江市	1331	517	8710	1585	8.05	20.72
新余市	814	391	6070	531	4.42	9.20
鹰潭市	300	150	2255	271	6.35	12.70

2-39 续表 3

城 市	年末实有城市道路面积(万平方米)	年末实有公共汽(电)车营运车辆数(辆)	全年公共汽(电)车客运总量(万人次)	年末实有出租汽车数(辆)	每万人拥有公共汽车(辆)	人均城市道路面积(平方米)
赣州市	691	451	6564	692	6.97	10.69
吉安市	408	242	3487	376	4.44	7.48
宜春市	605	263	4679	404	2.50	5.76
抚州市	916	260	4670	329	2.27	8.00
上饶市	686	229	3683	511	5.74	17.21
山东省	**42618**	**22459**	**331643**	**50252**	**8.13**	**15.42**
济南市	5907	4239	86450	8867	12.18	16.97
青岛市	5893	4664	85251	9539	16.93	21.39
淄博市	2523	2030	20151	8079	7.26	9.02
枣庄市	1756	910	4717	804	4.08	7.88
东营市	1858	605	7007	3244	7.26	22.29
烟台市	3034	1740	35549	2209	9.73	16.96
潍坊市	3094	1109	13340	2166	6.09	16.99
济宁市	1898	1014	14185	1360	9.04	16.92
泰安市	1216	668	6960	1292	4.21	7.66
威海市	1801	920	12255	1526	14.19	27.77
日照市	1561	440	5046	968	3.57	12.68
莱芜市	1367	450	4600	1600	3.55	10.79
临沂市	3722	1697	21200	2750	8.05	17.65
德州市	1230	745	4876	2405	11.42	18.85
聊城市	1773	465	4953	1416	4.02	15.33
滨州市	1159	383	2356	714	6.02	18.22
菏泽市	2826	380	2747	1313	2.49	18.50
河南省	**16440**	**13862**	**203424**	**38229**	**6.49**	**7.70**
郑州市	3158	4788	82610	10607	9.39	6.19
开封市	1010	548	6000	3066	6.40	11.80
洛阳市	1650	1280	28438	4267	7.71	9.93
平顶山市	958	598	9788	2080	5.79	9.27
安阳市	898	743	7600	1359	6.83	8.26
鹤壁市	603	333	2619	674	5.39	9.76
新乡市	977	1030	12529	1338	10.16	9.64
焦作市	1056	649	8321	1398	7.72	12.56
濮阳市	538	366	3560	1745	5.38	7.91
许昌市	538	517	5180	1388	12.48	12.99
漯河市	761	777	11473	1100	5.52	5.40
三门峡市	207	243	4762	482	8.29	7.06
南阳市	1088	460	6280	1500	2.44	5.77
商丘市	719	810	6895	2846	4.58	4.06
信阳市	783	257	3017	1903	1.74	5.30
周口市	629	216	1850	928	4.03	11.73
驻马店市	867	247	2502	1548	3.66	12.84
湖北省	**16422**	**13565**	**259240**	**24429**	**8.80**	**10.65**
武汉市	7400	7001	153604	13997	13.45	14.21
黄石市	1267	879	13811	922	12.31	17.74
十堰市	746	848	18000	700	15.75	13.86

2-39 续表 4

城　市	年末实有城市道路面积（万平方米）	年末实有公共汽(电)车营运车辆数（辆）	全年公共汽(电)车客运总量（万人次）	年末实有出租汽车数（辆）	每万人拥有公共汽车（辆）	人均城市道路面积（平方米）
宜昌市	1368	988	16085	1834	7.94	11.00
襄阳市	1406	811	17200	1700	3.61	6.26
鄂州市	781	248	4599	400	2.29	7.20
荆门市	645	429	9393	500	6.26	9.41
孝感市	554	484	6753	779	5.06	5.80
荆州市	755	1103	14000	1588	9.78	6.70
黄冈市	738	110	1365	593	3.00	20.13
咸宁市	418	178	1440	656	2.98	6.99
随州市	344	486	2990	760	7.44	5.26
湖南省	**12997**	**11012**	**198587**	**21852**	**8.56**	**10.10**
长沙市	3618	3557	72222	6280	14.71	14.97
株洲市	1413	1473	27581	2837	18.25	17.51
湘潭市	1140	1026	10680	1721	11.86	13.17
衡阳市	1431	817	17389	1471	8.28	14.50
邵阳市	775	337	5140	780	4.87	11.20
岳阳市	1007	946	16829	1651	8.63	9.18
常德市	950	537	11655	1126	3.80	6.73
张家界市	337	195	2760	725	3.92	6.77
益阳市	617	380	6727	860	2.85	4.62
郴州市	321	634	11800	1846	8.80	4.46
永州市	591	469	5709	540	3.87	4.88
怀化市	281	359	6444	800	9.87	7.72
娄底市	516	282	3652	1215	6.03	11.03
广东省	**39053**	**55355**	**650871**	**57915**	**16.58**	**11.70**
广州市	9731	11501	250196	18991	17.31	14.65
韶关市	620	422	5400	740	4.53	6.66
深圳市	8941	26796	228058	14340	103.11	34.41
珠海市	3385	1377	27088	1852	13.15	32.32
汕头市	2492	1057	10245	1232	2.05	4.82
佛山市	2254	3687	32772	3345	9.94	6.08
江门市	1942	792	10204	490	5.73	14.05
湛江市	1609	578	6178	1234	3.77	10.49
茂名市	487	216	1500	188	1.63	3.67
肇庆市	869	299	5635	883	5.57	16.19
惠州市	1882	1178	20209	1650	8.80	14.06
梅州市	693	303	184	590	9.50	21.72
汕尾市	244	2445			44.94	4.48
河源市	314	220	2180	495	7.06	10.07
阳江市	312	143	1523	529	2.09	4.56
清远市	568	371	3422	370	5.66	8.66
东莞市		1443	23112	7671	7.94	
中山市	1812	2125	18117	1487	14.24	12.15
潮州市	394	175	2763	873	4.99	11.23
揭阳市	418	142	761	712	2.03	5.96
云浮市	86	85	1325	243	2.81	2.84

2-39 续表 5

城　市	年末实有城市道路面积(万平方米)	年末实有公共汽(电)车营运车辆数(辆)	全年公共汽(电)车客运总量(万人次)	年末实有出租汽车数(辆)	每万人拥有公共汽车(辆)	人均城市道路面积(平方米)
广西壮族自治区	**10470**	**6368**	**141737**	**13178**	**4.64**	**7.62**
南宁市	3205	2601	63598	4795	9.61	11.84
柳州市	1494	1052	22743	1751	10.02	14.23
桂林市	699	680	24907	1930	8.98	9.23
梧州市	509	301	5331	766	5.88	9.95
北海市	745	227	1693	585	3.68	12.07
防城港市	507	168	1188	115	3.11	9.40
钦州市	710	300	3331	500	2.17	5.14
贵港市	716	221	2750	366	1.16	3.76
玉林市	783	215	4464	599	2.12	7.73
百色市	311	105	3600	535	2.98	8.82
贺州市	230	140	1510	419	1.24	2.03
河池市	157	135	4870	300	4.01	4.67
来宾市	219	187	1505	365	1.74	2.04
崇左市	185	36	247	152	0.99	5.09
海南省	**1955**	**1561**	**26391**	**3198**	**7.18**	**8.99**
海口市	1572	1120	26391	2116	6.98	9.80
三亚市	383	441		1082	7.74	6.72
重庆市	**9931**	**7552**	**161932**	**14021**	**4.90**	**6.44**
四川省	**15393**	**13202**	**260529**	**27538**	**5.51**	**6.42**
成都市	6460	6763	116400	13979	12.64	12.07
自贡市	794	747	15557	1096	5.00	5.31
攀枝花市	565	559	12064	1475	8.10	8.19
泸州市	785	738	16404	1503	5.03	5.35
德阳市	532	288	6500	850	4.35	8.03
绵阳市	1484	1010	25599	1077	8.27	12.14
广元市	376	241	686	628	2.61	4.07
遂宁市	625	229	4616	454	1.52	4.16
内江市	303	631	10855	700	4.46	2.14
乐山市	688	294	5475	817	2.55	5.97
南充市	964	550	12502	966	2.84	4.98
眉山市	454	157	1257	418	1.84	5.31
宜宾市	261	466	19800	982	5.76	3.23
广安市	286	40	1500	359	0.32	2.28
达州市	164	145	5687	1013	3.40	3.84
雅安市	215	48	1125	637	1.37	6.15
巴中市	102	120	2380	324	0.87	0.74
资阳市	335	176	2122	260	1.62	3.08
贵州省	**2333**	**3284**	**78451**	**6260**	**7.39**	**5.25**
贵阳市	1348	2124	58986	3271	9.57	6.07
六盘水市	320	391	4872	1228	7.88	6.45
遵义市	380	509	12775	1137	5.92	4.42
安顺市	285	260	1818	624	3.00	3.28

2-39 续表 6

城市	年末实有城市道路面积(万平方米)	年末实有公共汽(电)车营运车辆数(辆)	全年公共汽(电)车客运总量(万人次)	年末实有出租汽车数(辆)	每万人拥有公共汽车(辆)	人均城市道路面积(平方米)
云南省	**10323**	**6815**	**97493**	**10588**	**10.81**	**16.38**
昆明市	2128	5368	73562	6321	20.63	8.18
曲靖市	700	629	8174	1595	9.02	10.00
玉溪市	161	126	2700	317	2.54	3.25
保山市	236	199	1380	450	2.21	2.62
昭通市	245	141	4400	580	1.69	2.94
丽江市	133	177	4183	776	11.62	8.73
思茅市	272	121	2284	249	4.07	9.16
临沧市	150	54	810	300	1.67	4.63
西藏自治区						
拉萨市						
陕西省	**11467**	**9396**	**214851**	**21047**	**7.35**	**8.97**
西安市	5342	7107	162400	12786	12.63	9.49
铜川市	438	198	3000	990	2.61	5.76
宝鸡市	2241	623	16878	1764	4.36	15.69
咸阳市	836	404	10749	1305	4.48	9.27
渭南市	1028	305	53	795	3.12	10.52
延安市	178	222	6500	700	4.85	3.88
汉中市	270	164	2990	860	2.97	4.89
榆林市	489	209	7981	997	4.01	9.38
安康市	470	102	2020	531	1.01	4.66
商洛市	175	62	2280	319	1.13	3.18
甘肃省	**5999**	**4296**	**92030**	**20480**	**5.25**	**7.33**
兰州市	2162	2149	61555	6738	10.22	10.28
嘉峪关市	334	92	1052	612	4.22	15.32
金昌市	399	199	756	510	9.75	19.54
白银市	555	250	5558	3125	5.00	11.10
天水市	596	291	7502	1380	2.24	4.59
武威市	382	176	2410	3120	1.72	3.74
张掖市	321	179	840	1266	3.44	6.17
平凉市	398	246	2916	544	4.83	7.81
酒泉市	429	271	5720	810	6.71	10.62
庆阳市	198	350	2700	1300	9.77	5.53
定西市	161	68	350	505	1.46	3.45
陇南市	64	25	671	570	0.43	1.10
青海省	**737**	**1932**	**38594**	**5516**	**19.06**	**7.27**
西宁市	737	1932	38594	5516	19.06	7.27
宁夏回族自治区	**3237**	**2198**	**21931**	**12189**	**8.37**	**12.33**
银川市	1652	1401	18171	5006	14.77	17.42
石嘴山市	464	195	971	2269	4.28	10.18
吴忠市	373	295	1600	1046	7.81	9.87
固原市	398	139	335	2750	3.11	8.89
中卫市	350	168	853	1118	4.24	8.84
新疆维吾尔自治区	**2828**	**3933**	**77881**	**9476**	**14.51**	**10.43**
乌鲁木齐市	2005	3634	73490	7950	15.56	8.58
克拉玛依市	823	299	4391	1526	7.97	21.94

2-40 环境治理投资额(全市)

单位：万元

城 市	三废综合利用产品产值
城市合计	**16894671**
北京市	**34366**
天津市	**192650**
河北省	**1071795**
石家庄市	60884
唐山市	435115
秦皇岛市	34837
邯郸市	302147
邢台市	85315
保定市	43008
张家口市	24541
承德市	19506
沧州市	38521
廊坊市	19370
衡水市	8551
山西省	**480344**
太原市	134333
大同市	79946
阳泉市	16580
长治市	43010
晋城市	44437
朔州市	4143
晋中市	17847
运城市	61672
忻州市	8670
临汾市	38032
吕梁市	31674
内蒙古自治区	**220085**
呼和浩特市	
包头市	36802
乌海市	45562
赤峰市	23894
通辽市	31142
鄂尔多斯市	32754
呼伦贝尔市	10021
巴彦淖尔市	25938
乌兰察布市	13972
辽宁省	**328455**
沈阳市	15373
大连市	39367
鞍山市	6132
抚顺市	85193
本溪市	7486
丹东市	3719
锦州市	14590
营口市	25633
阜新市	16817
辽阳市	18684
盘锦市	2519
铁岭市	76040
朝阳市	6846
葫芦岛市	10056
吉林省	**373258**
长春市	88359
吉林市	29083
四平市	58905
辽源市	2063
通化市	165548
白山市	25593
松原市	2470
白城市	1237
黑龙江省	**278479**
哈尔滨市	67589
齐齐哈尔市	16335
鸡西市	5368
鹤岗市	7022
双鸭山市	4551
大庆市	76540
伊春市	26344
佳木斯市	5055
七台河市	34113
牡丹江市	5477
黑河市	1760
绥化市	28325
上海市	**170379**
江苏省	**2183951**
南京市	210436
无锡市	161814
徐州市	69824
常州市	464245
苏州市	639327
南通市	87654
连云港市	10047
淮安市	62084
盐城市	294485
扬州市	26693
镇江市	65601
泰州市	54624
宿迁市	37117
浙江省	**2863869**
杭州市	1799985
宁波市	230911
温州市	40083
嘉兴市	158982
湖州市	87423
绍兴市	193442
金华市	126754
衢州市	41578
舟山市	13567
台州市	145917
丽水市	25227
安徽省	**566517**
合肥市	37332
芜湖市	78214

2-40 续表 1

单位：万元

城　　市	三废综合利用产品产值	城　　市	三废综合利用产品产值
蚌埠市	34905	滨州市	38005
淮南市	43786	菏泽市	29456
马鞍山市	48277	**河南省**	**702845**
淮北市	13374	郑州市	64148
铜陵市	81799	开封市	3316
安庆市	46014	洛阳市	85914
黄山市	384	平顶山市	43144
滁州市	31172	安阳市	114434
阜阳市	47896	鹤壁市	4301
宿州市	4863	新乡市	40329
巢湖市	49877	焦作市	94843
六安市	16497	濮阳市	17657
亳州市	9129	许昌市	36503
池州市	9074	漯河市	5574
宣城市	13924	三门峡市	22601
福建省	**383130**	南阳市	54972
福州市	29666	商丘市	48228
厦门市	4521	信阳市	26050
莆田市	2393	周口市	35192
三明市	109233	驻马店市	5639
泉州市	28969	**湖北省**	**811943**
漳州市	6961	武汉市	251718
南平市	6691	黄石市	128773
龙岩市	194348	十堰市	38733
宁德市	348	宜昌市	63122
江西省	**593480**	襄阳市	53589
南昌市	27483	鄂州市	33075
景德镇市	42317	荆门市	117818
萍乡市	16377	孝感市	20459
九江市	40413	荆州市	62721
新余市	126570	黄冈市	32541
鹰潭市	166831	咸宁市	4391
赣州市	49117	随州市	5003
吉安市	10875	**湖南省**	**832368**
宜春市	73270	长沙市	68363
抚州市	6275	株洲市	79000
上饶市	33952	湘潭市	49575
山东省	**1897819**	衡阳市	59800
济南市	146485	邵阳市	11257
青岛市	143532	岳阳市	59344
淄博市	391380	常德市	25757
枣庄市	60777	张家界市	5189
东营市	135256	益阳市	57233
烟台市	61295	郴州市	191633
潍坊市	92419	永州市	7890
济宁市	126354	怀化市	37095
泰安市	124004	娄底市	180232
威海市	7224	**广东省**	**464092**
日照市	151021	广州市	
莱芜市	94446	韶关市	37516
临沂市	27329	深圳市	30022
德州市	92261	珠海市	12987
聊城市	176575	汕头市	5189

2-40 续表 2

单位：万元

城市	三废综合利用产品产值	城市	三废综合利用产品产值
佛山市	59097	资阳市	3230
江门市	17409	**贵州省**	**138595**
湛江市	37817	贵阳市	44020
茂名市	99989	六盘水市	48902
肇庆市	3770	遵义市	35015
惠州市	19273	安顺市	10658
梅州市	14149	**云南省**	**427759**
汕尾市	12788	昆明市	211834
河源市		曲靖市	131580
阳江市	7964	玉溪市	33031
清远市	9316	保山市	19880
东莞市	42957	昭通市	3510
中山市	30173	丽江市	
潮州市	7216	思茅市	17053
揭阳市	2164	临沧市	10871
云浮市	14296	**西藏自治区**	
广西壮族自治区	**452475**	拉萨市	
南宁市	78703	**陕西省**	**287501**
柳州市		西安市	11069
桂林市	29522	铜川市	11595
梧州市	5261	宝鸡市	24061
北海市	9623	咸阳市	61076
防城港市	8573	渭南市	89948
钦州市	14941	延安市	19669
贵港市	175026	汉中市	27440
玉林市	7048	榆林市	30462
百色市	22078	安康市	3890
贺州市	4976	商洛市	8291
河池市	43789	**甘肃省**	**223552**
来宾市	25462	兰州市	77966
崇左市	27473	嘉峪关市	3800
海南省	**467**	金昌市	72407
海口市	465	白银市	10320
三亚市	2	天水市	2376
重庆市	**291327**	武威市	1726
四川省	**460821**	张掖市	27270
成都市	63134	平凉市	22033
自贡市	3093	酒泉市	2792
攀枝花市	38883	庆阳市	688
泸州市	6035	定西市	1468
德阳市	45948	陇南市	706
绵阳市	23533	**青海省**	**31234**
广元市	3923	西宁市	31234
遂宁市	30567	**宁夏回族自治区**	**100750**
内江市	22132	银川市	29766
乐山市	136509	石嘴山市	44842
南充市	4206	吴忠市	17124
眉山市	3291	固原市	7
宜宾市	38962	中卫市	9011
广安市		**新疆维吾尔自治区**	**30365**
达州市	32271	乌鲁木齐市	26722
雅安市	3777	克拉玛依市	3643
巴中市	1327		

2－41　环境治理主要指标(全市)

城　　市	工业废水排放量(万吨)	工业废水排放达标量(万吨)	工业二氧化硫去除量(吨)	工业二氧化硫排放量(吨)	工业烟尘去除量(吨)	工业烟尘排放量(吨)
城市合计	**2254365**	**2171453**	**30278733**	**16931974**	**350039826**	**5378758**
北京市	**8198**	**8096**	**129888**	**56844**	**1907537**	**21266**
天津市	**19680**	**19671**	**374014**	**217620**	**4844544**	**53831**
河北省	**111185**	**109569**	**1705609**	**994138**	**28066850**	**322623**
石家庄市	19254	19114	371446	137934	3823559	32631
唐山市	18170	17852	410080	238061	9065052	98670
秦皇岛市	5608	5608	63450	44737	1621884	11365
邯郸市	7686	7464	326731	161805	3436523	34697
邢台市	9293	9010	68779	96139	1380090	36357
保定市	17866	17549	107765	53984	1384577	14652
张家口市	6983	6846	151881	92997	4047624	28188
承德市	6290	6231	47263	71294	1023200	21383
沧州市	6871	6748	82159	25832	1063010	6134
廊坊市	6662	6645	26263	32302	395438	9855
衡水市	6502	6502	49792	39053	825893	28691
山西省	**45102**	**42469**	**1849139**	**1094983**	**22497240**	**487490**
太原市	2557	2490	254968	94233	3245803	34814
大同市	4832	4479	180820	97416	431046	77185
阳泉市	1134	1134	194151	109377	824681	18891
长治市	5241	5240	162377	121102	3861692	64370
晋城市	5188	5188	78767	98125	1161946	48202
朔州市	1535	1530	141307	137040	5329117	24847
晋中市	2189	1984	195185	96699	1238888	36121
运城市	11854	11226	340404	121407	2655982	48997
忻州市	1452	744	62772	78831	1460688	15163
临汾市	3068	2958	134243	66627	1038993	57998
吕梁市	6052	5496	104145	74126	1248404	60902
内蒙古自治区	**33064**	**31088**	**1798174**	**934607**	**22565763**	**294618**
呼和浩特市	2374	2374	666369	74041	114583	12731
包头市	4833	4749	274369	174718	3925911	32563
乌海市	4352	4328	13059	100000	1667838	19316
赤峰市	2723	2656	140334	47524	2482606	10836
通辽市	2880	2634	106216	78030	4206570	73440
鄂尔多斯市	3377	3220	356491	225519	4566000	97957
呼伦贝尔市	6357	5333	10747	99489	2077043	14056
巴彦淖尔市	4718	4377	106360	72370	978778	13390
乌兰察布市	1450	1417	124229	62916	2546434	20329
辽宁省	**70524**	**64429**	**1337090**	**796959**	**21224033**	**382415**
沈阳市	6140	5912	87774	77385	2343064	60363
大连市	27421	26125	275718	78866	2166019	24171
鞍山市	5548	5319	26724	77532	2580049	30205
抚顺市	3031	2932	93589	50553	3994381	17937
本溪市	2591	2159	46572	87528	323802	26543
丹东市	4070	3044	28716	27955	414370	1378
锦州市	3859	3648	68406	61739	707539	41158

2-41 续表 1

城市	工业废水排放量(万吨)	工业废水排放达标量(万吨)	工业二氧化硫去除量(吨)	工业二氧化硫排放量(吨)	工业烟尘去除量(吨)	工业烟尘排放量(吨)
营口市	3197	3196	55692	77072	1596373	45221
阜新市	544	358	59908	52912	1514400	28368
辽阳市	2942	2936	67943	30513	171719	13599
盘锦市	2446	2303	12765	17561	267218	5316
铁岭市	1682	1531	49926	52802	2999867	31722
朝阳市	3823	2445	17939	41530	467571	45750
葫芦岛市	3230	2521	445418	63011	1677661	10684
吉林省	**35440**	**31723**	**192403**	**287362**	**9128389**	**199922**
长春市	5815	5596	35161	60528	1577651	94173
吉林市	15584	15104	86633	66448	3390524	33507
四平市	1385	1150	9002	56644	924900	12245
辽源市	1062	625	17577	11048	707543	10687
通化市	6807	5525	22716	38143	1074155	19949
白山市	1984	1880	17931	24097	1213714	13730
松原市	751	658	879	16846	143791	6223
白城市	2052	1185	2504	13608	96111	9408
黑龙江省	**34920**	**33116**	**90382**	**404438**	**11328804**	**232434**
哈尔滨市	3283	3216	29000	54000	1639587	30000
齐齐哈尔市	6089	5464	5478	54940	24757	3476
鸡西市	3057	2766	3878	19762	867134	23695
鹤岗市	2705	2558	7055	32703	177308	14739
双鸭山市	1107	894	2500	54489	377889	26387
大庆市	8786	8786	14876	60515	4225279	29715
伊春市	757	747	394	10515	345971	25549
佳木斯市	3185	2989	2719	37268	757180	15900
七台河市	2671	2479	11297	18767	1765183	26895
牡丹江市	2793	2762	3035	42691	349417	29471
黑河市	161	150	9527	16790	425501	5617
绥化市	326	305	623	1998	373598	990
上海市	**36696**	**35969**	**349849**	**221476**	**4723090**	**41793**
江苏省	**262031**	**257609**	**1932901**	**1207743**	**23441959**	**291765**
南京市	33784	32164	606632	115507	3008848	33788
无锡市	35846	35584	187183	99857	3506771	38909
徐州市	9122	9031	251175	85851	5639852	24257
常州市	37715	37708	59710	48000	1359084	19582
苏州市	64055	63739	179393	496377	3904745	46272
南通市	15708	15606	145965	60740	1635979	38457
连云港市	3538	3473	26668	34430	752553	7356
淮安市	10484	10484	61298	39597	1445387	16823
盐城市	13028	12066	23262	31966	489295	19145
扬州市	9059	8908	141527	65994	90948	7796
镇江市	8187	8065	174430	56402	1416549	12375
泰州市	15493	15087	59168	52950	72843	16826
宿迁市	6012	5694	16490	20072	119105	10179

2-41 续表 2

城　　市	工业废水排放量(万吨)	工业废水排放达标量(万吨)	工业二氧化硫去除量(吨)	工业二氧化硫排放量(吨)	工业烟尘去除量(吨)	工业烟尘排放量(吨)
浙江省	**216068**	**208455**	**1361557**	**548291**	**12466130**	**160507**
杭州市	80468	77957	92156	88682	1061174	30860
宁波市	18970	18111	721536	109840	5777233	28386
温州市	17008	16311	71449	61788	865893	5666
嘉兴市	19812	19533	91349	67198	1121435	18900
湖州市	10888	10459	37342	50976	789284	10648
绍兴市	30230	29744	40140	54882	307883	17883
金华市	12309	11762	50529	28045	728650	13796
衢州市	12256	11320	48692	26322	370438	8936
舟山市	1493	1443	12008	22634	272331	17508
台州市	5709	5153	193449	24552	1147402	5856
丽水市	6926	6662	2907	13372	24407	2068
安徽省	**70976**	**69518**	**1613141**	**483911**	**16851337**	**208479**
合肥市	3290	3167	22370	31988	1435799	10604
芜湖市	4305	4276	37409	40765	254236	12958
蚌埠市	5742	5727	25130	17735	550887	9960
淮南市	5607	5507	130218	98680	5840534	38388
马鞍山市	5563	5470	57924	60543	1703589	8814
淮北市	1818	1783	28466	51200	1545903	17981
铜陵市	4512	4492	1098770	40126	1097855	8530
安庆市	5644	5532	88109	17409	734522	8582
黄山市	2102	2102	200	2440	5135	2619
滁州市	7643	7600	4510	13451	29396	17927
阜阳市	2575	2551	29408	10405	1186166	3891
宿州市	3688	3640	23400	14847	793298	9230
巢湖市	5156	4913	40281	22042	1049209	27166
六安市	3436	3118	449	15809	98168	4790
亳州市	1527	1523	1875	14579	11428	4964
池州市	1485	1415	9163	21847	439507	16106
宣城市	6883	6702	15459	10045	75705	5969
福建省	**124159**	**121960**	**411985**	**384135**	**6713858**	**99951**
福州市	4920	4684	112208	93635	1373417	8590
厦门市	4457	4456	24552	44454	617166	2252
莆田市	1700	1655	19690	17648	197220	5399
三明市	15816	15484	12328	63064	1339433	22826
泉州市	19544	19513	79617	53546	1033656	23452
漳州市	62845	62263	89789	19017	699910	5594
南平市	9399	8608	71	34933	768104	20619
龙岩市	3977	3914	19344	40931	684258	5824
宁德市	1501	1383	54386	16907	694	5395
江西省	**72481**	**68085**	**1627851**	**469134**	**8359036**	**138954**
南昌市	10536	9931	52134	30636	127397	6264
景德镇市	5296	5060	7581	35902	660735	8230
萍乡市	1808	1687	12047	42358	690514	16018
九江市	8784	8086	79520	66817	1084513	23141
新余市	5681	5185	39270	45654	667668	4124
鹰潭市	4725	4676	1204054	25501	471387	2261

2-41 续表 3

城　　市	工业废水排放量(万吨)	工业废水排放达标量(万吨)	工业二氧化硫去除量(吨)	工业二氧化硫排放量(吨)	工业烟尘去除量(吨)	工业烟尘排放量(吨)
赣州市	10437	10051	14957	29559	196978	20471
吉安市	11201	10367	54053	48140	676147	12213
宜春市	4286	4262	69278	86721	2491643	16698
抚州市	4543	4447	7803	22366	5240	21805
上饶市	5184	4333	87154	35480	1286814	7729
山东省	**208261**	**205014**	**3197870**	**1382874**	**35964478**	**292695**
济南市	5594	5576	149428	70297	2186420	19709
青岛市	10800	10591	202374	86190	2178880	12334
淄博市	21212	21212	425366	163602	3240587	38271
枣庄市	16185	16067	128533	75952	1522004	13142
东营市	10559	10559	263783	70995	1173165	5873
烟台市	8386	8386	189421	88047	1883089	15137
潍坊市	21496	21210	257744	116122	3068977	26081
济宁市	16212	16015	312561	118716	4482982	22090
泰安市	4579	4492	196946	67699	1808673	18248
威海市	2872	2872	24774	31785	493462	8238
日照市	9977	9977	102890	49592	1197323	7427
莱芜市	2659	2646	221230	58497	2155712	12858
临沂市	10077	9910	120092	87757	2218632	31344
德州市	19335	18015	206985	103475	3011137	27590
聊城市	20873	20644	192580	71865	2135341	6725
滨州市	15013	14455	122864	70668	2172529	14952
菏泽市	12432	12387	80299	51615	1035565	12676
河南省	**143284**	**139147**	**1085622**	**1072032**	**26628529**	**466021**
郑州市	13484	13234	51684	116857	3555305	45011
开封市	5462	5201	2655	28322	818221	36252
洛阳市	5741	5685	168092	211027	3096929	92344
平顶山市	6107	5926	80745	114674	4280392	60082
安阳市	15585	15305	98355	93059	1397165	28160
鹤壁市	5680	5485	29947	48337	1387207	11703
新乡市	16098	15797	81944	40145	1275577	14855
焦作市	21807	21383	55711	78217	1357532	32880
濮阳市	9370	8913	12943	23670	563181	21386
许昌市	3371	3353	63103	22772	1189415	6327
漯河市	7849	7849	25141	17907	284380	9632
三门峡市	3602	2942	219590	114668	2109958	44816
南阳市	11070	10885	73000	51762	2544585	12914
商丘市	4354	4354	37144	31116	1177934	13568
信阳市	4487	4284	54602	48900	723665	15819
周口市	2852	2693	2609	11926	64854	4859
驻马店市	6365	5858	28357	18673	802229	15413
湖北省	**88192**	**85750**	**1080111**	**488409**	**11727777**	**166093**
武汉市	22465	22286	153925	87256	2473257	12537
黄石市	7749	7654	441096	74480	2608460	13668
十堰市	2700	2666	3519	25210	479368	5805

2-41 续表 4

城　市	工业废水排放量(万吨)	工业废水排放达标量(万吨)	工业二氧化硫去除量(吨)	工业二氧化硫排放量(吨)	工业烟尘去除量(吨)	工业烟尘排放量(吨)
宜昌市	14484	14445	61342	69389	360634	9427
襄阳市	11328	10857	78156	46861	408823	14735
鄂州市	2073	2056	60889	42527	1525718	13171
荆门市	7177	6799	90203	41168	1864377	15351
孝感市	5928	5675	51217	36275	396995	12481
荆州市	6104	5811	59629	30111	317730	47320
黄冈市	3704	3427	52120	13922	176701	6594
咸宁市	2462	2249	27995	13400	1111309	12100
随州市	2018	1825	20	7810	4405	2904
湖南省	**93658**	**88858**	**997571**	**603667**	**5687585**	**212660**
长沙市	4336	3955	48333	54678	103169	24746
株洲市	7900	7605	324194	57883	399923	5983
湘潭市	7557	7328	77971	66704	669156	16895
衡阳市	7180	6885	49318	56543	669300	29500
邵阳市	6939	6533	9081	15852	76498	4291
岳阳市	12245	11864	76644	57114	1096192	15863
常德市	12575	12502	86355	47728	196202	10516
张家界市	429	411	17565	6379	57707	3513
益阳市	7548	7083	35001	62145	88506	23555
郴州市	6768	5946	146992	40587	1924006	33928
永州市	3854	3447	3326	20762	10764	10951
怀化市	6471	5667	31228	42160	97636	18267
娄底市	9856	9632	91563	75132	298526	14652
广东省	**186359**	**174698**	**1100507**	**794914**	**9136944**	**231205**
广州市	26023	25116				
韶关市	6028	5820	58809	48325	1268622	3835
深圳市	9001	8676	38554	32641	408996	912
珠海市	6124	6004	61720	35587	760362	8041
汕头市	6150	5220	65338	25002	496129	4937
佛山市	26683	25470	99965	99100	996915	33401
江门市	11457	10840	89558	44712	1136126	17861
湛江市	5455	4642	17189	43785	107101	12851
茂名市	5523	4737	253328	33665	166538	23593
肇庆市	8844	8670	3493	31420	170016	32040
惠州市	6029	5969	14059	33058	106689	3237
梅州市	3431	3332	81740	42405	774751	6106
汕尾市	3679	1795	29340	17585	35523	3341
河源市	3247	3205	26049	21692	6872	817
阳江市	3125	2312	4863	16102	95603	8215
清远市	3055	2699	16404	54614	563497	10671
东莞市	29992	28880	130950	99913	647084	29124
中山市	11381	11042	1370	46050	221091	13927
潮州市	4237	3767	40002	13338	498262	7448
揭阳市	3369	3085	26372	20321	244370	4402
云浮市	3526	3417	41403	35599	432397	6446

2-41 续表 5

城 市	工业废水排放量(万吨)	工业废水排放达标量(万吨)	工业二氧化硫去除量(吨)	工业二氧化硫排放量(吨)	工业烟尘去除量(吨)	工业烟尘排放量(吨)
广西壮族自治区	**140094**	**135261**	**823532**	**773395**	**4514218**	**235657**
南宁市	12426	11866	24157	65696	475428	24506
柳州市						
桂林市	3527	3381	66918	48181	591446	10514
梧州市	4085	3985	1997	48800	16800	20005
北海市	1369	1308	12561	34185	441633	5188
防城港市	5889	5639	46473	31585	577586	9951
钦州市	4093	4004	21937	44140	288854	13785
贵港市	15762	14824	90408	66744	903484	57050
玉林市	3838	3729	2204	73031	7508	38895
百色市	4698	4440	72598	80179	198304	10150
贺州市	2946	2825	1468	26667	7946	7682
河池市	23701	23671	199026	59315	78395	5109
来宾市	51252	49332	282085	171282	804848	21091
崇左市	6508	6257	1700	23590	121986	11731
海南省	**536**	**536**		**104**	**629**	**127**
海口市	513	513		92	629	93
三亚市	23	23		12		34
重庆市	**45180**	**42798**	**962388**	**572747**	**3773199**	**102132**
四川省	**88742**	**85576**	**817024**	**859458**	**11784721**	**240530**
成都市	12558	12233	61402	61928	727269	28901
自贡市	2781	2201	12456	36611	127504	13556
攀枝花市	1904	1851	24771	100568	2321338	25025
泸州市	6267	5963	15100	91275	956323	9014
德阳市	5448	5312	7678	22641	334391	5332
绵阳市	9492	9436	40765	46081	1072225	19843
广元市	2783	2688	511	35365	71559	19667
遂宁市	3560	3560	6102	10989	7377	1392
内江市	2654	2629	127116	64586	802810	24199
乐山市	6342	6262	24089	77516	1096925	21472
南充市	1133	1023	1756	5733	538	2076
眉山市	10409	10333	2738	20818	165937	28201
宜宾市	12256	11250	131200	86786	597881	7550
广安市	2547	2466	269405	74851	2134817	8888
达州市	3225	3089	52763	85222	1176299	7307
雅安市	1943	1877	39091	6652	167812	2786
巴中市	827	817	6	8676	1240	8681
资阳市	2613	2586	75	23160	22476	6640
贵州省	**9214**	**8580**	**1087647**	**387562**	**8802107**	**66004**
贵阳市	2380	2280	361595	84508	1042180	12601
六盘水市	3912	3582	357016	88517	4416603	27023
遵义市	2203	2058	174350	66804	2150336	9836
安顺市	719	660	194686	147733	1192988	16544

2-41 续表 6

城　市	工业废水排放量(万吨)	工业废水排放达标量(万吨)	工业二氧化硫去除量(吨)	工业二氧化硫排放量(吨)	工业烟尘去除量(吨)	工业烟尘排放量(吨)
云南省	**17911**	**17393**	**1132384**	**309400**	**8353345**	**54905**
昆明市	4435	4415	639559	94265	1252969	7905
曲靖市	3078	3058	369341	172800	6881100	24900
玉溪市	1510	1501	82809	10056	86068	4325
保山市	3645	3465	7171	7169	13297	1442
昭通市	365	339	27089	9037	43841	12097
丽江市	132	129	1005	3723	1389	1185
思茅市	2456	2268	4732	8723	52379	2171
临沧市	2290	2218	678	3627	22302	880
西藏自治区						
拉萨市						
陕西省	**47084**	**46087**	**1140353**	**707045**	**8352138**	**119473**
西安市	13840	13269	63563	81504	1299580	16675
铜川市	328	326	56511	16343	161705	3336
宝鸡市	11521	11482	60619	57851	747323	8714
咸阳市	7149	7149	149524	86305	1036462	11757
渭南市	3245	3048	509850	287814	3263834	19223
延安市	1390	1356	16994	11196	89273	7000
汉中市	2244	2184	95442	37980	312281	20672
榆林市	5099	5048	67977	110499	1101521	22168
安康市	292	288	39308	5983	319170	3649
商洛市	1976	1937	80565	11570	20989	6279
甘肃省	**13727**	**12058**	**1734405**	**413130**	**3456664**	**71738**
兰州市	2529	2406	86667	69800	1079974	9356
嘉峪关市	2566	2556	9809	24518	122611	7884
金昌市	1614	1313	1184058	86896	567139	13815
白银市	1463	1254	334013	110014	719634	14027
天水市	475	408	9479	7412	10032	4246
武威市	741	736	720	4830	11010	2901
张掖市	987	637	21922	21084	100197	8092
平凉市	1410	1030	81385	59643	756319	4756
酒泉市	733	679	4000	14500	21300	3208
庆阳市	180	169	341	4084	707	1404
定西市	187	124	248	3707	3086	1599
陇南市	842	746	1763	6642	64655	450
青海省	**4052**	**3607**	**27817**	**72874**	**915839**	**21034**
西宁市	4052	3607	27817	72874	915839	21034
宁夏回族自治区	**20144**	**17398**	**230653**	**264353**	**15848376**	**123433**
银川市	5894	5864	29896	24150	534338	8329
石嘴山市	1864	938	177479	112839	11245517	72071
吴忠市	6944	5884	2359	77043	337643	14200
固原市	142	99	594	4210	6924	1000
中卫市	5300	4613	20325	46111	3723954	27833
新疆维吾尔自治区	**7402**	**6934**	**86866**	**128370**	**974706**	**39003**
乌鲁木齐市	5822	5354	68796	94146	966256	32993
克拉玛依市	1580	1580	18070	34224	8450	6010

2-42 废物处理率(全市)

单位：%

城 市	工业固体废物综合利用率	城镇生活污水处理率	生活垃圾无害化处理率
城市合计	**32739.39**	**20188.54**	**22086.07**
北京市	**65.82**	**80.98**	**96.95**
天津市	**98.57**	**83.00**	**100.00**
河北省	**833.33**	**979.46**	**1074.28**
石家庄市	93.36	95.30	100.00
唐山市	80.55	94.11	100.00
秦皇岛市	59.57	92.10	100.00
邯郸市	89.97	91.74	100.00
邢台市	94.62	84.51	100.00
保定市	70.78	89.88	100.00
张家口市	33.27	87.50	80.13
承德市	12.20	86.63	99.05
沧州市	99.60	85.07	100.00
廊坊市	99.41	86.11	95.10
衡水市	100.00	86.51	100.00
山西省	**759.05**	**856.15**	**807.03**
太原市	52.27	66.10	94.80
大同市	68.94	79.85	48.47
阳泉市	23.40	82.99	100.00
长治市	67.87	92.00	100.00
晋城市	75.21	95.62	93.21
朔州市	48.35	98.00	100.00
晋中市	90.89	90.00	22.45
运城市	70.80	90.00	95.00
忻州市	88.67	74.49	66.10
临汾市	80.98	46.10	52.00
吕梁市	91.67	41.00	35.00
内蒙古自治区	**588.55**	**703.64**	**653.60**
呼和浩特市	38.62	95.99	97.88
包头市	81.06	83.88	92.40
乌海市	68.85	89.75	81.53
赤峰市	38.37	81.78	60.20
通辽市	86.04	84.70	19.50
鄂尔多斯市	78.00	84.44	85.08
呼伦贝尔市	25.22	62.20	47.10
巴彦淖尔市	96.98	72.00	76.51
乌兰察布市	75.41	48.90	93.40
辽宁省	**1029.93**	**925.92**	**1079.98**
沈阳市	95.68	78.00	100.00
大连市	95.90	94.20	86.00
鞍山市	19.10	70.59	100.00
抚顺市	43.87	76.38	100.00
本溪市	37.85	84.53	84.97
丹东市	98.00	9.12	100.00
锦州市	62.52	45.47	86.69

2-42 续表 1

单位：%

城 市	工业固体废物综合利用率	城镇生活污水处理率	生活垃圾无害化处理率
营口市	99.40	80.00	
阜新市	96.25	80.00	85.00
辽阳市	100.00	78.45	67.16
盘锦市	94.75	62.97	100.00
铁岭市	67.39	74.08	85.16
朝阳市	54.09	49.60	85.00
葫芦岛市	65.13	42.53	
吉林省	**638.96**	**502.52**	**625.73**
长春市	99.58	89.46	87.45
吉林市	43.00	91.50	80.03
四平市	87.36	72.59	100.00
辽源市	100.00	83.33	91.00
通化市	85.49	51.30	99.78
白山市	43.32	22.12	86.36
松原市	99.45	81.52	81.11
白城市	80.76	10.70	
黑龙江省	**979.76**	**636.71**	**674.19**
哈尔滨市	89.68	60.50	75.00
齐齐哈尔市	67.10	67.46	50.96
鸡西市	64.80	50.00	83.10
鹤岗市	83.69	52.23	
双鸭山市	75.00		55.32
大庆市	70.77	91.85	50.10
伊春市	79.01	79.00	80.60
佳木斯市	70.45	66.53	47.21
七台河市	86.82	17.26	70.00
牡丹江市	96.37	66.88	100.00
黑河市	96.07	85.00	61.90
绥化市	100.00		
上海市	**96.16**	**81.00**	**84.90**
江苏省	**10459.42**	**869.30**	**1059.91**
南京市	88.82	59.16	80.00
无锡市	97.12	84.10	100.00
徐州市	99.98	70.82	48.59
常州市	94.90	74.50	100.00
苏州市	98.71	71.24	100.00
南通市	98.20	83.00	100.00
连云港市	91.89	60.09	99.30
淮安市	99.73	59.00	67.00
盐城市	9300.00	48.90	44.13
扬州市	97.43	68.94	87.50
镇江市	92.85	65.99	100.00
泰州市	99.80	52.10	100.00
宿迁市	99.99	71.46	33.39

2-42 续表 2

单位：%

城　市	工业固体废物综合利用率	城镇生活污水处理率	生活垃圾无害化处理率
浙江省	**1054.17**	**824.33**	**1071.10**
杭州市	94.13	93.22	100.00
宁波市	89.66	70.44	100.00
温州市	95.00	65.80	75.20
嘉兴市	97.60	84.84	100.00
湖州市	96.49	84.77	100.00
绍兴市	93.15	79.90	100.00
金华市	98.59	70.23	99.31
衢州市	97.20	74.86	100.00
舟山市	99.75	57.31	100.00
台州市	97.61	76.04	96.99
丽水市	94.99	66.92	99.60
安徽省	**1540.47**	**1380.70**	**1109.45**
合肥市	98.76	85.11	99.97
芜湖市	96.61	70.84	100.00
蚌埠市	99.94	86.20	65.83
淮南市	91.34	85.00	36.08
马鞍山市	65.17	85.76	82.07
淮北市	96.45	85.00	88.69
铜陵市	76.01	68.75	95.82
安庆市	99.24	89.40	
黄山市	87.60	93.86	43.03
滁州市	97.52	82.35	27.49
阜阳市	92.86	66.51	
宿州市	90.90	83.00	46.00
巢湖市	90.00	82.00	95.00
六安市	71.97	94.00	94.42
亳州市	99.88	87.33	86.67
池州市	86.22	59.59	48.38
宣城市	100.00	76.00	100.00
福建省	**785.48**	**705.66**	**774.21**
福州市	98.14	83.41	98.25
厦门市	87.27	90.96	96.93
莆田市	95.71	82.00	98.56
三明市	59.96	73.00	91.19
泉州市	93.53	76.24	96.00
漳州市	98.58	80.03	96.19
南平市	75.99	68.63	35.35
龙岩市	87.25	82.02	97.27
宁德市	89.05	69.37	64.47
江西省	**879.31**	**919.90**	**1050.00**
南昌市	93.62	92.00	100.00
景德镇市	91.70	99.92	100.00
萍乡市	88.17	83.64	100.00
九江市	60.39	95.64	100.00
新余市	85.00	95.69	100.00
鹰潭市	92.48	86.00	100.00

2-42 续表 3

单位：%

城市	工业固体废物综合利用率	城镇生活污水处理率	生活垃圾无害化处理率
赣州市	82.10	38.01	100.00
吉安市	96.57	80.01	100.00
宜春市	97.00	83.79	100.00
抚州市	86.81	75.00	50.00
上饶市	5.47	90.20	100.00
山东省	**1626.74**	**1499.67**	**1562.94**
济南市	97.53	89.60	84.61
青岛市	98.60	85.29	100.00
淄博市	90.51	92.26	100.00
枣庄市	99.90	92.04	73.53
东营市	92.54	88.16	100.00
烟台市	88.52	90.60	100.00
潍坊市	89.89	71.73	86.48
济宁市	94.37	94.35	99.78
泰安市	97.47	86.94	90.08
威海市	95.70	92.39	100.00
日照市	99.99	88.06	100.00
莱芜市	96.00	89.62	100.00
临沂市	96.62	90.09	70.95
德州市	99.98	89.16	79.20
聊城市	89.12	81.93	100.00
滨州市	100.00	90.02	85.54
菏泽市	100.00	87.43	92.77
河南省	**1466.05**	**1499.50**	**1359.69**
郑州市	84.57	97.20	86.78
开封市	100.00	86.25	
洛阳市	35.19	94.34	67.00
平顶山市	80.86	95.84	87.22
安阳市	89.46	84.66	94.64
鹤壁市	92.09	82.51	90.49
新乡市	100.00	89.54	96.00
焦作市	77.28	89.74	85.00
濮阳市	89.01	86.00	98.00
许昌市	98.28	96.94	95.83
漯河市	100.00	97.48	90.00
三门峡市	39.44	81.14	94.81
南阳市	84.27	62.38	76.00
商丘市	99.85	98.36	68.00
信阳市	99.95	81.00	93.02
周口市	98.72	84.10	42.90
驻马店市	97.08	92.02	94.00
湖北省	**1088.22**	**861.61**	**820.74**
武汉市	98.59	94.96	85.01
黄石市	62.47	58.19	52.11
十堰市	71.54	80.00	80.00

2-42 续表 4

单位：%

城　　市	工业固体废物综合利用率	城镇生活污水处理率	生活垃圾无害化处理率
宜昌市	47.34	89.59	100.00
襄阳市	94.31	82.46	80.51
鄂州市	98.51	71.52	100.00
荆门市	96.33	59.41	86.02
孝感市	99.08	44.34	37.50
荆州市	143.24	80.07	
黄冈市	80.93	56.00	76.80
咸宁市	98.56	55.03	35.79
随州市	97.32	90.04	87.00
湖南省	**1135.99**	**825.06**	**1051.87**
长沙市	99.70	92.07	100.00
株洲市	82.66	81.22	100.00
湘潭市	96.90	60.00	100.00
衡阳市	80.54	55.00	100.00
邵阳市	91.75	50.29	100.00
岳阳市	96.12	86.03	100.00
常德市	93.39	59.07	100.00
张家界市	93.00	44.38	
益阳市	99.96	70.58	100.00
郴州市	70.87	61.80	51.46
永州市	94.00	45.27	65.20
怀化市	37.95	69.10	35.21
娄底市	99.15	50.25	100.00
广东省	**1858.53**	**1319.59**	**1454.97**
广州市			
韶关市	82.28	71.06	100.00
深圳市	134.74	88.81	94.60
珠海市	98.20	78.81	92.34
汕头市	94.92	70.49	100.00
佛山市	99.52	79.00	95.59
江门市	95.88	82.55	100.00
湛江市	91.28	49.38	97.41
茂名市	87.99	60.58	20.51
肇庆市	72.05	70.54	98.26
惠州市	93.30	71.49	63.10
梅州市	99.42	65.00	65.85
汕尾市	89.18	51.65	
河源市	70.61	89.32	100.00
阳江市	99.25	56.40	100.00
清远市	87.95	56.83	
东莞市	94.98	91.05	37.28
中山市	85.21	90.05	100.00
潮州市	99.41	33.47	100.00
揭阳市	99.73		
云浮市	82.63	63.11	90.03

2-42 续表 5 单位：%

城 市	工业固体废物综合利用率	城镇生活污水处理率	生活垃圾无害化处理率
广西壮族自治区	**1003.47**	**854.73**	**997.80**
南宁市	94.02	84.54	73.04
柳州市		34.54	82.98
桂林市	90.87	81.56	57.44
梧州市	41.62	100.00	93.83
北海市	73.84	44.70	87.00
防城港市	100.00	35.82	26.63
钦州市	92.38	48.96	70.74
贵港市	90.79	82.85	49.98
玉林市	94.00	88.96	93.85
百色市	25.13	43.13	27.80
贺州市	69.73	80.00	100.00
河池市	44.84	76.77	100.00
来宾市	92.58	34.28	100.00
崇左市	93.67	18.62	34.51
海南省	**196.43**	**175.16**	**195.78**
海口市	96.97	95.36	95.78
三亚市	99.46	79.80	100.00
重庆市	**80.40**	**83.00**	**94.00**
四川省	**1580.05**	**1002.51**	**1174.71**
成都市	99.57	91.30	100.00
自贡市	92.46	65.83	69.22
攀枝花市	16.89	26.18	91.19
泸州市	76.49	44.52	46.95
德阳市	81.00	65.84	74.45
绵阳市	88.03	51.20	69.10
广元市	93.04	62.73	75.59
遂宁市	99.99	77.75	87.33
内江市	90.28	63.10	33.97
乐山市	93.79	55.79	57.47
南充市	99.67	47.85	59.53
眉山市	99.64	50.90	64.67
宜宾市	92.04	22.67	14.50
广安市	99.16	78.54	100.00
达州市	99.77	20.51	15.78
雅安市	64.24	36.05	43.47
巴中市	94.00	52.70	76.19
资阳市	99.99	89.05	95.30
贵州省	**242.65**	**194.36**	**352.32**
贵阳市	56.17		96.20
六盘水市	43.96	66.60	64.72
遵义市	66.00	55.76	100.00
安顺市	76.52	72.00	91.40

2-42 续表 6 单位：%

城　市	工业固体废物综合利用率	城镇生活污水处理率	生活垃圾无害化处理率
云南省	**561.69**	**457.11**	**555.86**
昆明市	96.11	83.56	85.00
曲靖市	51.43	43.35	98.69
玉溪市	53.00	88.86	87.17
保山市	67.74	30.58	100.00
昭通市	44.13	53.55	
丽江市	74.38	91.13	85.00
思茅市	81.89	66.08	100.00
临沧市	93.01		
西藏自治区			
拉萨市			
陕西省	**680.74**	**608.60**	**672.78**
西安市	98.05	72.29	97.47
铜川市	82.31	70.01	85.03
宝鸡市	26.86	86.37	100.00
咸阳市	99.01	69.90	53.45
渭南市	47.49	67.24	84.03
延安市	87.75	86.96	81.93
汉中市	44.00	54.00	80.00
榆林市	97.41	90.04	90.87
安康市	93.30	11.79	
商洛市	4.56		
甘肃省	**815.20**	**647.42**	**836.53**
兰州市	78.94	70.22	80.26
嘉峪关市	33.46	83.12	100.00
金昌市	18.50	93.82	100.00
白银市	34.75	52.03	60.61
天水市	81.23	65.02	100.00
武威市	74.00	86.00	95.00
张掖市	72.24	50.27	43.18
平凉市	78.68		100.00
酒泉市	90.00	37.20	80.85
庆阳市	96.32	32.71	46.63
定西市	75.36	57.23	30.00
陇南市	81.72	19.80	
青海省	**83.56**	**58.71**	**71.54**
西宁市	83.56	58.71	71.54
宁夏回族自治区	**378.94**	**402.78**	**440.94**
银川市	75.38	91.80	100.00
石嘴山市	53.74	83.55	96.42
吴忠市	90.01	89.60	99.43
固原市	99.20	60.00	100.00
中卫市	60.61	77.83	45.09
新疆维吾尔自治区	**131.75**	**149.46**	**182.27**
乌鲁木齐市	68.20	57.34	87.40
克拉玛依市	63.55	92.12	94.87

2-43 城市绿化(市辖区)

城　　市	绿地面积(公顷)	其中：公园绿地面积(公顷)	人均绿地面积(平方米)	建成区绿化覆盖面积(公顷)	建成区绿化覆盖率(%)
城市合计	**1694210**	**363762**	**44**	**1312963**	**41.33**
北京市	**62672**	**19020**	**53**	**65348**	**55.10**
天津市	**19221**	**5266**	**24**	**22014**	**32.04**
河北省	**53370**	**17865**	**41**	**51858**	**44.25**
石家庄市	8862	3530	36	8731	43.01
唐山市	9369	2981	30	10764	46.00
秦皇岛市	4868	1793	56	4471	50.24
邯郸市	7233	2988	49	5218	47.01
邢台市	3771	1006	53	2842	40.60
保定市	5120	1491	48	5899	44.69
张家口市	2864	946	32	3236	38.52
承德市	3839	1450	66	4175	41.75
沧州市	1628	582	30	1941	42.20
廊坊市	4250	674	53	2782	47.15
衡水市	1566	424	32	1799	40.89
山西省	**25277**	**7315**	**26**	**26493**	**36.80**
太原市	8243	2576	29	8759	35.75
大同市	4605	876	30	4046	37.46
阳泉市	1870	526	27	2050	39.42
长治市	2646	864	36	2847	48.25
晋城市	1494	352	43	1585	38.66
朔州市	1591	280	24	1568	43.56
晋中市	1377	431	23	1569	40.23
运城市	1000	395	15	1315	23.91
忻州市	494	108	9	520	17.33
临汾市	1364	592	16	1580	42.70
吕梁市	593	315	21	654	36.33
内蒙古自治区	**27599**	**9153**	**42**	**31306**	**40.50**
呼和浩特市	2657	2422	22	5931	35.73
包头市	7845	2100	55	7336	40.09
乌海市	2114	522	40	2138	33.94
赤峰市	2597	746	21	2773	34.23
通辽市	1898	741	25	2079	31.50
鄂尔多斯市	7566	1024	291	7991	70.72
呼伦贝尔市	884	549	33	900	32.14
巴彦淖尔市	1054	252	19	1244	32.74
乌兰察布市	984	797	32	914	26.11
辽宁省	**83306**	**18745**	**44**	**74872**	**40.98**
沈阳市	25994	6085	50	17309	42.01
大连市	18153	3510	60	17618	45.17
鞍山市	5997	1617	41	6097	38.59
抚顺市	6164	1185	45	5148	39.60
本溪市	4847	828	51	5001	46.74
丹东市	2002	560	25	2018	38.08
锦州市	2647	896	28	2788	39.27

2-43 续表 1

城　　市	绿地面积（公顷）	其中：公园绿地面积（公顷）	人均绿地面积（平方米）	建成区绿化覆盖面积（公顷）	建成区绿化覆盖率（%）
营口市	3810	959	42	4117	41.59
阜新市	2799	816	35	3098	40.76
辽阳市	3535	674	47	3809	38.87
盘锦市	2087	488	34	2343	38.41
铁岭市	1542	437	35	1726	39.23
朝阳市	922	324	16	922	17.40
葫芦岛市	2807	366	28	2878	38.37
吉林省	**28319**	**8127**	**33**	**32021**	**39.35**
长春市	13459	4249	37	15618	39.64
吉林市	6506	1524	35	7572	45.61
四平市	1604	461	26	1615	31.67
辽源市	1626	363	34	1626	35.35
通化市	1484	429	33	1484	41.22
白山市	985	383	17	1195	29.88
松原市	1541	497	26	1712	40.09
白城市	1114	221	22	1199	31.55
黑龙江省	**62952**	**13046**	**46**	**48238**	**36.49**
哈尔滨市	12805	4198	27	13787	38.40
齐齐哈尔市	4880	969	34	4084	30.25
鸡西市	2480	695	28	3100	39.24
鹤岗市	2358	842	35	1823	42.40
双鸭山市	2189	710	44	2513	42.59
大庆市	20535	1779	154	8201	39.62
伊春市	5211	1462	64	4187	26.01
佳木斯市	3618	740	44	3768	40.09
七台河市	2546	467	45	2224	35.87
牡丹江市	5084	739	57	2933	38.59
黑河市	466	276	24	519	27.32
绥化市	780	169	9	1099	39.25
上海市	**120148**	**16053**	**89**	**38105**	**44.00**
江苏省	**164821**	**24748**	**59**	**99081**	**42.23**
南京市	77087	6773	141	27456	44.36
无锡市	17227	3418	72	9858	42.68
徐州市	12913	2234	41	9860	41.26
常州市	7222	1632	32	6451	42.16
苏州市	13987	3615	58	14061	42.74
南通市	4748	1038	22	5086	40.69
连云港市	4173	880	45	4647	38.73
淮安市	4373	289	16	4752	39.60
盐城市	3615	821	22	3469	38.98
扬州市	3371	1483	28	3575	43.60
镇江市	6528	1397	63	4576	41.98
泰州市	2385	594	29	2653	40.82
宿迁市	7192	574	45	2637	40.57

2-43 续表 2

城　　市	绿地面积（公顷）	其中：公园绿地面积（公顷）	人均绿地面积（平方米）	建成区绿化覆盖面积（公顷）	建成区绿化覆盖率（%）
浙江省	**52773**	**14001**	**35**	**56081**	**38.60**
杭州市	15118	5017	35	16483	39.91
宁波市	9893	1725	44	10332	38.04
温州市	3497	883	24	3822	21.84
嘉兴市	4075	825	49	3638	42.74
湖州市	3712	1277	34	3879	49.78
绍兴市	3468	1085	53	4037	40.37
金华市	2675	707	29	2865	39.79
衢州市	2150	394	26	2455	42.17
舟山市	1838	675	26	2108	40.54
台州市	5173	1073	33	5144	44.34
丽水市	1174	340	30	1318	41.19
安徽省	**69314**	**13219**	**35**	**53651**	**38.40**
合肥市	11582	3269	54	12653	38.81
芜湖市	5144	1120	46	5157	38.20
蚌埠市	3371	611	36	3878	36.93
淮南市	3841	1207	21	3881	40.01
马鞍山市	4999	792	78	3354	43.00
淮北市	3807	1121	35	2718	43.14
铜陵市	4652	454	104	1922	40.04
安庆市	2743	578	37	2975	38.64
黄山市	12429	435	284	2144	48.73
滁州市	2949	413	55	2178	36.30
阜阳市	3155	555	15	2524	33.21
宿州市	1528	489	8	2024	38.19
巢湖市	1558	297	17	1460	37.44
六安市	2297	713	12	2480	40.66
亳州市	1022	280	6	1423	24.96
池州市	1317	498	20	1370	39.14
宣城市	2920	387	34	1510	35.12
福建省	**38737**	**8102**	**42**	**33646**	**40.68**
福州市	8122	2288	43	8869	40.31
厦门市	16363	2807	91	9293	40.40
莆田市	2078	529	10	2363	42.96
三明市	1038	274	37	1127	40.25
泉州市	5957	866	58	6463	40.39
漳州市	2051	448	37	2121	41.59
南平市	914	240	18	1039	39.96
龙岩市	1520	335	26	1601	42.13
宁德市	694	315	16	770	40.53
江西省	**33189**	**8370**	**37**	**35151**	**47.32**
南昌市	8113	1915	38	8616	41.42
景德镇市	3736	709	81	3903	53.58
萍乡市	1889	447	22	1967	46.83
九江市	4811	1142	75	5045	56.69
新余市	2531	602	29	2606	49.17
鹰潭市	997	202	42	1121	38.66

2-43 续表 3

城　市	绿地面积(公顷)	其中：公园绿地面积(公顷)	人均绿地面积(平方米)	建成区绿化覆盖面积(公顷)	建成区绿化覆盖率(%)
赣州市	3101	829	48	3440	45.26
吉安市	1794	532	33	1694	48.40
宜春市	1991	637	19	2123	42.46
抚州市	2261	842	20	2785	55.70
上饶市	1965	513	49	1851	48.71
山东省	**112981**	**29277**	**41**	**100869**	**41.17**
济南市	11667	2890	34	12853	37.04
青岛市	16619	4027	60	12248	43.43
淄博市	15141	2333	54	9475	42.11
枣庄市	4098	1118	18	4717	39.64
东营市	5665	1119	68	4169	38.60
烟台市	10447	2795	58	11163	42.12
潍坊市	7993	2173	44	5614	40.10
济宁市	4691	892	42	3880	43.60
泰安市	5141	1198	32	4679	43.73
威海市	5753	1443	89	6220	47.12
日照市	3485	1335	28	3691	41.01
莱芜市	2960	892	23	2565	44.22
临沂市	9011	3269	43	7719	46.50
德州市	2215	1169	34	2420	27.19
聊城市	2225	705	19	3050	44.20
滨州市	2857	1178	45	3331	38.29
菏泽市	3013	741	20	3075	39.94
河南省	**52452**	**14326**	**25**	**57007**	**36.85**
郑州市	11033	3095	22	11952	34.85
开封市	2922	485	34	3230	34.36
洛阳市	5136	1743	31	5955	32.90
平顶山市	2454	863	24	2704	38.08
安阳市	2460	606	23	2849	37.49
鹤壁市	1847	621	30	2040	40.00
新乡市	3765	733	37	4002	41.26
焦作市	3282	713	39	3757	41.74
濮阳市	1400	535	21	1632	32.00
许昌市	2862	505	69	3118	38.98
漯河市	1880	825	13	2299	38.32
三门峡市	1197	482	41	1304	43.47
南阳市	2427	1257	13	2907	31.60
商丘市	1988	509	11	2289	38.15
信阳市	3853	654	26	2882	42.38
周口市	2094	301	39	1945	38.14
驻马店市	1852	399	27	2142	41.19
湖北省	**62489**	**11752**	**41**	**43996**	**36.91**
武汉市	15447	5685	30	17991	35.98
黄石市	2465	866	35	2632	39.88
十堰市	12468	532	232	2816	45.42

2-43 续表 4

城　　市	绿地面积(公顷)	其中：公园绿地面积(公顷)	人均绿地面积(平方米)	建成区绿化覆盖面积(公顷)	建成区绿化覆盖率(%)
宜昌市	3280	860	26	3770	40.98
襄阳市	3643	874	16	3535	33.04
鄂州市	1477	573	14	1828	35.15
荆门市	1697	480	25	2016	40.32
孝感市	1529	286	16	1482	44.91
荆州市	2333	677	21	2642	40.03
黄冈市	1334	272	36	1401	24.16
咸宁市	2416	310	40	2354	37.37
随州市	14400	337	220	1529	35.56
湖南省	**40217**	**9383**	**31**	**40244**	**38.33**
长沙市	8598	2522	36	9857	36.24
株洲市	3903	1071	48	4104	38.36
湘潭市	3620	992	42	2963	40.59
衡阳市	4053	871	41	3859	38.98
邵阳市	1476	505	21	1590	32.45
岳阳市	3953	556	36	3513	42.84
常德市	2963	876	21	3304	43.47
张家界市	1539	165	31	1302	46.50
益阳市	2103	458	16	2169	40.17
郴州市	2077	424	29	2292	36.97
永州市	1731	290	14	1769	32.16
怀化市	1918	262	53	1630	31.35
娄底市	2283	391	49	1892	46.15
广东省	**330054**	**52624**	**99**	**171587**	**51.30**
广州市	124420	9971	187	38224	40.15
韶关市	3530	630	38	3774	48.38
深圳市	96368	16987	371	37384	45.04
珠海市	5772	1989	55	6213	50.10
汕头市	6944	2819	13	7113	39.08
佛山市	5254	2005	14	5624	37.00
江门市	4958	1205	36	5242	40.74
湛江市	3307	846	22	5565	68.51
茂名市	2972	486	22	3098	44.26
肇庆市	4948	1150	92	2885	36.06
惠州市	6195	1304	46	6827	31.76
梅州市	1675	486	52	2114	46.98
汕尾市	610	266	11	592	42.29
河源市	19335	327	620	1259	44.11
阳江市	1794	482	26	1657	38.09
清远市	2001	538	31	2281	33.06
东莞市	33092	9075	182	35571	386.64
中山市	1461	381	10	1609	39.24
潮州市	1597	406	46	1780	42.38
揭阳市	2797	1008	40	2033	35.21
云浮市	1024	263	34	742	39.05

2-43 续表 5

城　市	绿地面积 (公顷)	其中：公园绿地面积 (公顷)	人均绿地面积 (平方米)	建成区绿化覆盖面积 (公顷)	建成区绿化覆盖率 (%)
广西壮族自治区	**58880**	**7523**	**43**	**28347**	**32.96**
南宁市	37125	2149	137	8687	40.40
柳州市	5960	1804	57	5148	38.13
桂林市	2504	753	33	2790	44.29
梧州市	1979	397	39	1160	32.22
北海市	2068	295	34	2068	37.60
防城港市	877	162	16	1036	33.42
钦州市	1370	200	10	193	2.41
贵港市	1367	488	7	1463	26.13
玉林市	1932	564	19	1871	32.82
百色市	1406	204	40	1211	36.70
贺州市	576	91	5	655	22.59
河池市	519	117	15	532	28.00
来宾市	562	201	5	877	30.24
崇左市	635	98	17	656	29.82
海南省	**4891**	**1618**	**22**	**5379**	**42.69**
海口市	3644	1077	23	4022	41.04
三亚市	1247	541	22	1357	48.46
重庆市	**41244**	**14032**	**27**	**35304**	**40.58**
四川省	**47242**	**13818**	**20**	**61612**	**46.39**
成都市	16448	5732	31	28481	62.46
自贡市	2702	722	18	3063	38.29
攀枝花市	2047	527	30	2214	40.25
泸州市	3431	698	23	3224	38.84
德阳市	1787	414	27	2063	38.20
绵阳市	3667	908	30	3897	37.83
广元市	1424	288	15	1347	35.45
遂宁市	1801	410	12	1886	37.72
内江市	1215	327	9	1405	35.13
乐山市	2027	382	18	2041	37.80
南充市	2723	688	14	2973	38.12
眉山市	1073	367	13	1413	32.11
宜宾市	1852	623	23	2026	35.54
广安市	1014	440	8	1250	41.67
达州市	1402	482	33	1609	50.28
雅安市	739	384	21	836	41.80
巴中市	630	258	5	613	34.06
资阳市	1260	168	12	1271	35.31
贵州省	**11184**	**3723**	**25**	**11239**	**40.14**
贵阳市	6658	2658	30	6853	42.30
六盘水市	213	77	4	950	24.36
遵义市	2128	541	25	2402	51.11
安顺市	2185	447	25	1034	32.31

2-43 续表 6

城　　市	绿地面积 (公顷)	其中：公园绿地面积 (公顷)	人均绿地面积 (平方米)	建成区绿化覆盖面积 (公顷)	建成区绿化覆盖率 (%)
云南省	**15614**	**3953**	**25**	**16703**	**35.61**
昆明市	8964	2154	34	9547	34.72
曲靖市	1968	590	28	2180	38.93
玉溪市	993	204	20	948	41.22
保山市	697	167	8	752	30.08
昭通市	300	101	4	719	26.63
丽江市	720	396	47	765	30.60
思茅市	1471	310	50	1346	56.08
临沧市	501	31	15	446	31.86
西藏自治区					
拉萨市					
陕西省	**24584**	**7984**	**19**	**28535**	**36.44**
西安市	10959	3253	19	13202	40.37
铜川市	1627	389	21	1634	43.00
宝鸡市	3527	1118	25	4681	39.67
咸阳市	2344	1114	26	2607	32.19
渭南市	1408	472	14	1332	30.27
延安市	1166	338	25	944	26.22
汉中市	1053	577	19	1250	37.88
榆林市	1143	249	22	1320	25.38
安康市	882	339	9	1044	34.80
商洛市	475	135	9	521	21.71
甘肃省	**14675**	**4239**	**18**	**14810**	**26.59**
兰州市	4441	1714	21	4910	25.05
嘉峪关市	1739	330	80	1737	34.74
金昌市	1096	269	54	1188	32.11
白银市	1117	269	22	1254	22.80
天水市	1291	384	10	1487	35.40
武威市	846	182	8	862	31.93
张掖市	793	302	15	901	26.50
平凉市	1093	169	21	12	0.60
酒泉市	1271	303	31	1546	40.68
庆阳市	307	52	9	294	14.00
定西市	657	245	14	596	25.91
陇南市	24	20	0	23	1.64
青海省	**2673**	**761**	**26**	**2745**	**40.97**
西宁市	2673	761	26	2745	40.97
宁夏回族自治区	**15414**	**3341**	**59**	**11898**	**38.38**
银川市	5407	1556	57	5188	42.88
石嘴山市	6745	1038	148	3800	40.43
吴忠市	1091	355	29	1086	38.79
固原市	1219	178	27	991	28.31
中卫市	952	214	24	833	26.03
新疆维吾尔自治区	**17918**	**2378**	**66**	**14823**	**37.04**
乌鲁木齐市	15697	2063	67	11926	34.77
克拉玛依市	2221	315	59	2897	50.68

三、2010 年县级城市资料

3-1 人 口

城 市	年末总人口(万人)	年末总户数(户)
河北省		
辛集市	62.3	201451
藁城市	78.8	211735
晋州市	53.8	151101
新乐市	49.1	129844
鹿泉市	38.5	113536
遵化市	72.6	228599
迁安市	72.2	228471
武安市	78.2	235650
南宫市	47.6	128326
沙河市	48.6	136688
涿州市	64.6	229924
定州市	121.5	332312
安国市	41.0	134981
高碑店市	55.8	158360
泊头市	60.0	192981
任丘市	83.6	271918
黄骅市	45.4	124774
河间市	81.1	229064
霸州市	61.8	170083
三河市	53.9	152449
冀州市	36.7	128196
深州市	56.9	178900
山西省		
古交市	22.1	78624
潞城市	22.4	74235
高平市	47.6	145692
介休市	40.5	153836
永济市	43.5	133185
河津市	39.3	122224
原平市	48.7	178592
侯马市	24.5	83336
霍州市	30.8	118931
孝义市	47.2	172252
汾阳市	41.6	144100
内蒙古自治区		
霍林郭勒市	8.2	27477
满洲里市	30.0	72266
牙克石市	37.3	147916
扎兰屯市	42.9	155175
额尔古纳市	8.4	33169
根河市	16.0	56782
丰镇市	34.0	135085
乌兰浩特市	31.8	113042
阿尔山市	4.8	20495
二连浩特市	7.6	39500
锡林浩特市	17.2	62522
辽宁省		
新民市	69.9	241677
瓦房店市	100.0	354109
普兰店市	93.0	324938
庄河市	90.5	285067
海城市	114.9	369966
东港市	60.8	194055
凤城市	58.2	198832
凌海市	53.0	178779
北镇市	52.3	157589
盖州市	72.9	250517
大石桥市	72.2	259914
灯塔市	51.4	186518
调兵山市	24.1	90680
开原市	58.6	198361
北票市	58.5	220484
凌源市	65.0	210824
兴城市	55.1	194145
吉林省		
九台市	71.1	240498
榆树市	130.4	424929
德惠市	83.6	248597
蛟河市	45.3	146936
桦甸市	45.5	166570
舒兰市	66.3	237533
磐石市	54.0	179871
公主岭市	109.3	347154
双辽市	42.0	156387
梅河口市	61.8	210353
集安市	22.3	84127
临江市	17.4	73530
洮南市	43.8	178179
大安市	41.8	159325
延吉市	51.3	177955
图们市	12.8	46366
敦化市	48.4	170492
珲春市	22.6	71403
龙井市	18.0	67609
和龙市	19.8	73879
黑龙江省		
双城市	82.2	266106
尚志市	61.7	203816
五常市	100.1	326611
讷河市	73.6	203911
虎林市	16.0	65455
密山市	35.8	126227
铁力市	38.6	154453
同江市	13.3	49555
富锦市	39.6	142619
绥芬河市	6.6	25990
海林市	40.7	157617

3-1 续表 1

城　市	年末总人口(万人)	年末总户数(户)	城　市	年末总人口(万人)	年末总户数(户)
宁安市	43.7	157992	义乌市	74.0	318499
穆棱市	29.6	107546	东阳市	82.0	321948
北安市	39.9	149095	永康市	57.3	222484
五大连池市	36.2	142575	江山市	59.9	196200
安达市	51.6	184157	温岭市	119.3	426000
肇东市	93.2	345331	临海市	116.4	383600
海伦市	84.8	256568	龙泉市	28.8	91579
江苏省			**安徽省**		
江阴市	120.7	365790	桐城市	75.1	209739
宜兴市	107.2	380424	天长市	63.2	192340
新沂市	104.0	326409	明光市	65.1	212980
邳州市	178.6	454182	界首市	78.7	231580
溧阳市	78.2	264546	宁国市	38.6	134254
金坛市	54.9	211063	**福建省**		
常熟市	106.7	335251	福清市	127.5	380915
张家港市	90.5	340877	长乐市	68.5	213273
昆山市	71.1	238819	永安市	32.5	96571
吴江市	80.0	255322	石狮市	31.7	84845
太仓市	46.9	147233	晋江市	106.6	286710
启东市	112.1	463039	南安市	150.4	394621
如皋市	141.2	457671	龙海市	80.4	220756
海门市	99.9	383982	邵武市	30.6	93861
东台市	113.4	408913	武夷山市	23.0	65003
大丰市	72.5	283224	建瓯市	53.9	161444
仪征市	56.5	194241	建阳市	34.3	94782
高邮市	82.1	267026	漳平市	28.1	81721
江都市	106.7	372649	福安市	65.2	190447
丹阳市	80.9	286499	福鼎市	58.1	162576
扬中市	27.8	109880	**江西省**		
句容市	58.5	223739	乐平市	88.7	262037
兴化市	156.1	540335	瑞昌市	44.6	145295
靖江市	66.8	221645	共青城市	7.2	29986
泰兴市	119.6	402127	贵溪市	60.0	166529
姜堰市	79.4	275594	瑞金市	66.3	179180
浙江省			南康市	80.3	270624
建德市	51.0	173327	井冈山市	16.2	46261
富阳市	65.0	219710	丰城市	137.2	419948
临安市	52.6	188928	樟树市	55.7	182916
余姚市	83.4	311793	高安市	82.2	291260
慈溪市	103.9	425462	德兴市	32.3	110832
奉化市	48.3	183049	**山东省**		
瑞安市	119.1	320693	章丘市	101.5	304054
乐清市	124.1	380098	胶州市	80.3	246528
海宁市	66.0	183375	即墨市	112.9	340633
平湖市	48.7	146440	平度市	137.4	424372
桐乡市	67.4	183653	胶南市	83.9	266835
诸暨市	107.0	402227	莱西市	73.5	249706
上虞市	77.6	293822	滕州市	168.1	541323
嵊州市	73.4	267921	龙口市	63.4	237624
兰溪市	66.3	230301	莱阳市	87.4	286505

3-1 续表 2

城市	年末总人口（万人）	年末总户数（户）	城市	年末总人口（万人）	年末总户数（户）
莱州市	85.9	269620	老河口市	53.1	183193
蓬莱市	45.0	169911	枣阳市	110.8	416051
招远市	57.1	206960	宜城市	57.1	188623
栖霞市	62.7	238308	钟祥市	104.1	332864
海阳市	66.4	244765	应城市	68.1	212903
青州市	91.4	273528	安陆市	63.5	205139
诸城市	108.2	316553	汉川市	113.3	340206
寿光市	103.9	319143	石首市	63.4	223800
安丘市	94.8	282629	洪湖市	93.6	291166
高密市	86.9	285348	松滋市	84.7	283860
昌邑市	58.1	183196	麻城市	115.8	382448
曲阜市	63.8	188364	武穴市	77.4	246480
兖州市	63.3	195253	赤壁市	52.1	154960
邹城市	115.7	343401	广水市	93.4	297632
新泰市	139.2	477104	恩施市	79.5	260477
肥城市	97.9	317633	利川市	89.6	292690
文登市	64.5	248596	仙桃市	153.3	431151
荣成市	67.0	240536	潜江市	102.1	332264
乳山市	57.3	212995	天门市	164.4	390822
乐陵市	69.0	208176	**湖南省**		
禹城市	52.3	163807	浏阳市	139.9	408500
临清市	76.1	237777	醴陵市	103.4	288600
河南省			湘乡市	92.2	299600
巩义市	81.7	217958	韶山市	10.3	31300
荥阳市	65.3	170000	耒阳市	141.6	380498
新密市	79.2	211203	常宁市	96.1	282285
新郑市	63.2	180259	武冈市	81.1	234200
登封市	66.7	187764	汨罗市	75.7	211500
偃师市	86.8	248286	临湘市	52.5	146700
舞钢市	31.9	99903	津市市	27.9	106900
汝州市	95.1	281582	沅江市	74.6	247000
林州市	105.6	294300	资兴市	37.4	144400
卫辉市	51.1	152342	洪江市	43.6	144300
辉县市	82.5	256464	冷水江市	36.5	145600
沁阳市	49.8	106104	涟源市	116.5	393600
孟州市	37.9	112282	吉首市	29.0	85000
禹州市	126.8	352317	**广东省**		
长葛市	70.9	209273	增城市	84.0	222630
义马市	16.9	57513	从化市	57.9	171695
灵宝市	75.4	220119	乐昌市	53.0	160845
邓州市	171.0	497642	南雄市	47.1	135438
永城市	149.5	405308	台山市	98.6	289622
项城市	133.4	374735	开平市	68.8	205683
济源市	68.3	194280	鹤山市	36.6	108898
湖北省			恩平市	50.0	162730
大冶市	94.3	270839	廉江市	167.6	424028
丹江口市	45.8	160312	雷州市	168.9	441306
宜都市	39.4	149067	吴川市	110.2	259616
当阳市	48.5	192625	高州市	170.3	435186
枝江市	49.6	195843	化州市	161.2	424354

3-1 续表 3

城　市	年末总人口(万人)	年末总户数(户)	城　市	年末总人口(万人)	年末总户数(户)
信宜市	139.6	394613	**云南省**		
高要市	77.5	217138	安宁市	26.7	109044
四会市	51.3	147221	宣威市	147.9	442846
兴宁市	116.8	317240	楚雄市	51.0	160442
陆丰市	177.0	335666	个旧市	39.5	135554
阳春市	114.9	311753	开远市	28.1	90257
英德市	111.1	312574	蒙自市	37.1	112130
连州市	52.7	153201	文山市	47.8	140921
普宁市	232.5	514310	景洪市	40.0	121408
罗定市	120.7	337825	大理市	60.7	191480
广西壮族自治区			瑞丽市	12.6	39814
岑溪市	89.8	270854	芒市	36.6	93955
东兴市	12.9	37649	**西藏自治区**		
桂平市	188.1	542188	日喀则市	11.0	27713
北流市	137.3	390558	**陕西省**		
宜州市	66.1	213151	兴平市	59.8	159089
合山市	14.1	42975	韩城市	39.9	122115
凭祥市	11.1	33145	华阴市	26.0	82563
海南省			**甘肃省**		
五指山市	12.1	40326	玉门市	15.2	51250
琼海市	49.3	148234	敦煌市	14.4	62369
儋州市	102.0	228880	临夏市	24.1	75576
文昌市	58.3	172903	合作市	9.1	22996
万宁市	69.4	221112	**青海省**		
东方市	46.4	138423	格尔木市	12.3	47332
四川省			德令哈市	7.3	25839
都江堰市	61.0	238286	**宁夏回族自治区**		
彭州市	80.0	289549	灵武市	23.1	85197
邛崃市	65.8	229584	青铜峡市	26.7	93609
崇州市	66.9	253600	**新疆维吾尔自治区**		
广汉市	60.3	221297	吐鲁番市	28.0	77655
什邡市	43.5	166809	哈密市	44.7	149979
绵竹市	51.3	226891	昌吉市	38.7	130614
江油市	88.0	314508	阜康市	16.7	59110
峨眉山市	43.4	155575	博乐市	26.4	93094
阆中市	86.9	317158	库尔勒市	52.6	180095
华蓥市	36.0	136329	阿克苏市	48.5	140447
万源市	59.3	228771	阿图什市	24.1	56885
简阳市	146.8	489434	喀什市	47.0	136286
西昌市	61.9	215225	和田市	31.8	82857
贵州省			伊宁市	47.2	149281
清镇市	51.3	149019	奎屯市	15.3	55324
赤水市	31.2	98313	塔城市	16.9	55327
仁怀市	66.3	166940	乌苏市	22.4	72481
铜仁市	38.2	114479	阿勒泰市	19.7	60800
兴义市	81.3	219612	石河子市	63.0	229809
毕节市	148.4	361079	阿拉尔市	17.0	52581
凯里市	49.3	137430	图木舒克市	15.6	44354
都匀市	48.5	144920	五家渠市	9.7	41015
福泉市	32.7	115210			

3-2　劳动力与就业

单位：人

城　　市	年末单位从业人员数	其中：第二产业	第三产业	城镇登记失业人员数
河北省				
辛集市	25776	7528	18212	1395
藁城市	29129	11567	17511	218
晋州市	16637	2798	13701	634
新乐市	15945	4368	11376	456
鹿泉市	26942	12761	14181	395
遵化市	29253	5540	23419	3834
迁安市	63953	37872	25758	1754
武安市	35433	3789	31262	1861
南宫市	13575	2151	11392	2120
沙河市	24350	6953	17244	880
涿州市	48106	16132	31974	2804
定州市	42188	13976	28212	8727
安国市	13051	2105	10838	771
高碑店市	30351	15408	14904	755
泊头市	25068	6690	18374	4890
任丘市	77289	33003	43724	1462
黄骅市	30259	9841	20418	1078
河间市	26203	6367	19642	936
霸州市	22515	1426	21045	1342
三河市	59555	31340	28215	1991
冀州市	17760	7169	10534	752
深州市	20446	6147	14102	1149
山西省				
古交市	12481	2659	9649	1210
潞城市	23624	14652	8907	284
高平市	40166	23334	16618	1235
介休市	61789	45232	16508	1325
永济市	27869	10821	14256	200
河津市	39987	23152	16766	259
原平市	38207	21104	16350	1413
侯马市	33579	16760	15859	389
霍州市	42515	32272	10243	402
孝义市	56255	32436	23818	2332
汾阳市	34041	16929	16991	690
内蒙古自治区				
霍林郭勒市	30824	16027	6526	1253
满洲里市	31851	17149	13722	
牙克石市	28639	10552	13087	3012
扎兰屯市	24598	4375	12342	11246
额尔古纳市	17078	2348	5766	1438
根河市	13088	5307	7716	2528
丰镇市	14353	2258	12095	2434
乌兰浩特市	39683	11904	27781	3030
阿尔山市	6921	529	3520	244
二连浩特市	7017	1800	5167	612
锡林浩特市	51934	16018	29654	2754

3-2 续表 1

单位：人

城　　市	年末单位从业人员数	其中：第二产业	第三产业	城镇登记失业人员数
辽宁省				
新民市	22897	3035	18619	4631
瓦房店市	39988	16023	22938	5226
普兰店市	55470	34907	20088	5309
庄河市	37849	18352	19062	5994
海城市	50871	13900	35613	12206
东港市	27219	5604	19653	4051
凤城市	24634	7947	16531	5898
凌海市	24350	2128	13369	1012
北镇市	14409	571	11661	1641
盖州市	16769	2383	14033	9000
大石桥市	22991	4069	18750	2889
灯塔市	13223	995	7609	1815
调兵山市	62171	51360	10811	1297
开原市	23596	4570	18446	2180
北票市	30147	11109	18640	3809
凌源市	35023	13666	18925	20897
兴城市	27261	7371	19327	5260
吉林省				
九台市	30046	1384	26181	6012
榆树市	33837	3862	28202	4505
德惠市	40417	13308	24232	6126
蛟河市	26315	8534	14889	2402
桦甸市	20294	4955	13548	1431
舒兰市	28135	7894	15986	1624
磐石市	34369	15473	17652	1315
公主岭市	39426	9174	27958	4208
双辽市	22321	2663	17473	2847
梅河口市	39126	15538	22688	1585
集安市	19894	7585	11326	1215
临江市	16223	4266	9024	6095
洮南市	27000	4173	18283	2392
大安市	25340	1562	19901	2085
延吉市	78359	18276	59704	9516
图们市	9702	3980	5543	958
敦化市	47618	13094	20354	6316
珲春市	27875	14926	11423	1578
龙井市	10223	2394	7306	3397
和龙市	23091	4785	9322	1366
黑龙江省				
双城市	26033	4588	19537	2230
尚志市	36065	6033	17427	1376
五常市	41876	13516	19266	4115
讷河市	27849	5526	19461	1539
虎林市	21608	2624	9038	2282
密山市	14998	2921	12060	5796
铁力市	31956	1305	7380	1361
同江市	9174	2016	6428	790
富锦市	18096	2487	13452	2782
绥芬河市	10797	2336	8344	1378
海林市	34061	6500	11376	1987
宁安市	29301	6601	13852	1318

3-2 续表 2

单位：人

城　市	年末单位从业人员数	其中：第二产业	第三产业	城镇登记失业人员数
穆棱市	25036	4075	10141	869
北安市	24723	2953	13690	2107
五大连池市	28284	447	12621	1088
安达市	20557	6719	13530	1299
肇东市	40887	16806	23889	2296
海伦市	25734	2283	22069	15617
江苏省				
江阴市	197373	134481	62877	5869
宜兴市	105771	60370	43907	4022
新沂市	51971	21291	30003	2238
邳州市	64536	20523	42643	3617
溧阳市	53380	23945	28959	3095
金坛市	54419	33386	20860	2490
常熟市	119457	73839	45541	3892
张家港市	133593	83557	49848	3699
昆山市	192508	154764	37237	6061
吴江市	113190	79989	32932	2703
太仓市	117914	87935	29651	1758
启东市	60389	34720	25653	4200
如皋市	62939	33487	28738	4600
海门市	66950	39745	24890	3900
东台市	68048	30728	28949	2909
大丰市	62751	36434	23670	2772
仪征市	55220	38084	17057	4348
高邮市	52988	30071	22917	5008
江都市	59583	27152	31928	4526
丹阳市	81325	51368	29957	4771
扬中市	44048	29525	14491	1173
句容市	61352	38786	21535	2815
兴化市	55497	18992	35115	4061
靖江市	67476	37751	29604	3621
泰兴市	65750	28022	37324	4363
姜堰市	53275	25407	27472	4092
浙江省				
建德市	39644	16977	22548	2282
富阳市	110318	71354	38940	4254
临安市	76565	48990	27557	2397
余姚市	72847	31376	41323	1718
慈溪市	91877	49402	41884	2996
奉化市	65712	43520	22185	2371
瑞安市	133367	93710	39552	2746
乐清市	233080	190571	42449	5542
海宁市	131237	93404	37732	4008
平湖市	137730	106509	31158	3014
桐乡市	112685	76463	36000	3395
诸暨市	298028	249070	48865	9432
上虞市	189097	157930	31167	3265
嵊州市	72612	50431	22114	3961
兰溪市	50484	29328	20950	3962
义乌市	95969	35066	60896	4423

3-2 续表 3

单位：人

城 市	年末单位从业人员数	其中：第二产业	第三产业	城镇登记失业人员数
东阳市	99798	64487	35180	4431
永康市	44467	13838	30600	3335
江山市	27273	11737	15487	2667
温岭市	92517	48306	41601	4590
临海市	98284	60345	37695	3276
龙泉市	17110	5649	11090	797
安徽省				
桐城市	20983	1138	19476	1650
天长市	19018	3925	14241	208
明光市	21166	4635	12597	1171
界首市	21810	6247	14956	878
宁国市	27936	16933	10933	1497
福建省				
福清市	221431	175715	43971	2506
长乐市	40859	23028	17549	1919
永安市	31584	15550	15863	3586
石狮市	75545	66593	8910	167
晋江市	535899	491524	43972	283
南安市	87356	55077	32060	845
龙海市	73309	54095	18149	2221
邵武市	35612	20241	13586	1780
武夷山市	20903	4242	15645	1523
建瓯市	21230	4742	15393	1549
建阳市	18400	4277	12878	2123
漳平市	24190	11895	11818	1089
福安市	27449	7057	20128	2235
福鼎市	22139	4954	16855	1825
江西省				
乐平市	49743	24099	25644	
瑞昌市	25540	11030	14109	1475
共青城市	16480	9021	4056	832
贵溪市	37879	20692	7093	4006
瑞金市	22048	8330	13504	906
南康市	20955	4381	16403	3675
井冈山市	18590	7523	9286	322
丰城市	57619	28975	27735	5671
樟树市	32792	53882	129356	1647
高安市	24778	4760	19892	2489
德兴市	18920	7857	10300	2095
山东省				
章丘市	148991	104660	44205	1283
胶州市	139284	99689	38622	7126
即墨市	133945	100038	33409	2273
平度市	71161	42217	26385	2544
胶南市	105048	70677	34370	5177
莱西市	95704	69309	25650	3954
滕州市	226619	130500	90500	8083
龙口市	73899	45920	27437	997
莱阳市	73402	39729	33582	1870
莱州市	94460	56998	36646	1686

3-2 续表 4

单位：人

城 市	年末单位从业人员数	其中：第二产业	第三产业	城镇登记失业人员数
蓬莱市	77963	47044	30577	278
招远市	60312	36614	23534	1308
栖霞市	34949	13054	21792	980
海阳市	34478	16683	17633	1711
青州市	58414	29188	29211	2980
诸城市	82529	39774	41795	4048
寿光市	74711	35197	35435	3240
安丘市	105842	62341	43500	3202
高密市	70735	42991	27097	2031
昌邑市	33446	15774	17671	2305
曲阜市	65366	38343	26966	49
兖州市	53110	29609	23376	2999
邹城市	159328	122617	36187	5630
新泰市	169052	133523	35322	6514
肥城市	107878	66591	40419	2029
文登市	64304	37579	26329	693
荣成市	88106	55803	31715	1431
乳山市	39210	19318	19530	977
乐陵市	30418	11180	18844	896
禹城市	54086	27132	22803	1635
临清市	40384	17502	22785	3240
河南省				
巩义市	58717	30923	27753	1428
荥阳市	60577	32371	28206	1716
新密市	48725	17207	24516	1080
新郑市	65763	34255	31182	1100
登封市	60733	30922	29811	620
偃师市	38891	11745	23766	1656
舞钢市	38230	24588	13417	1765
汝州市	49466	22088	27167	1585
林州市	74647	47226	26888	1681
卫辉市	38928	19809	19003	1633
辉县市	48404	21366	26924	1091
沁阳市	26128	7574	18541	1680
孟州市	31022	17844	13178	1560
禹州市	71000	36124	34246	1869
长葛市	45372	22810	22487	973
义马市	60444	54637	5807	993
灵宝市	49286	20486	27809	1202
邓州市	64401	18793	44318	2610
永城市	77062	44681	32197	2660
项城市	50647	20711	29852	1711
济源市	77643	46381	31029	6924
湖北省				
大冶市	73027	48138	24159	2722
丹江口市	55822	29315	23271	5143
宜都市	58980	36327	22453	4086
当阳市	29376	15467	13863	2366
枝江市	58548	37832	20637	3140
老河口市	38191	19070	18998	3633

3-2 续表 5 单位：人

城　　市	年末单位从业人员数	其中：第二产业	第三产业	城镇登记失业人员数
枣阳市	48848	19934	28052	9345
宜城市	26142	8832	15023	3648
钟祥市	463000	133000	218000	2182
应城市	69203	37322	29287	3053
安陆市	58640	32720	24135	2200
汉川市	125418	84816	40178	2990
石首市	36437	18038	17831	4679
洪湖市	49780	16711	32383	4290
松滋市	45320	17669	26901	4025
麻城市	87400	34960	52440	2132
武穴市	43426	11985	29487	4300
赤壁市	53348	23015	27620	3105
广水市	39528	14671	24299	2021
恩施市	50925	11976	38388	3605
利川市	27405	10255	17101	1434
仙桃市	176278	83105	89185	7540
潜江市	107495	44272	28874	6612
天门市	96277	60020	36219	6400
湖南省				
浏阳市	89094	51337	37627	4987
醴陵市	55552	33378	22049	5155
湘乡市	55633	34676	20927	2018
韶山市	5813	839	4974	302
耒阳市	61631	27203	34428	134
常宁市	47246	23386	23860	4010
武冈市	30837	9701	21136	3280
汨罗市	76181	11216	30568	3160
临湘市	18391	2257	14931	8886
津市市	22356	14235	8121	5561
沅江市	33841	8013	25141	3034
资兴市	42423	24619	17393	2886
洪江市	29267	10034	18945	800
冷水江市	63620	42577	21009	2511
涟源市	45038	14579	29656	3980
吉首市	46762	10438	36205	5930
广东省				
增城市	97002	49581	47062	5438
从化市	75988	49698	25083	1738
乐昌市	30229	12599	16479	3350
南雄市	18574	4879	13105	1493
台山市	48034	20255	27000	6816
开平市	98401	71059	27139	3481
鹤山市	37317	20451	16797	2495
恩平市	33676	16094	17530	1585
廉江市	60988	22813	35708	3412
雷州市	54930	15239	33203	1498
吴川市	42063	18399	22385	2630
高州市	59470	21303	37873	3555
化州市	61220	19135	25904	4411
信宜市	40551	8524	31471	2691

3-2 续表 6

单位：人

城　　市	年末单位从业人员数	其中：第二产业	第三产业	城镇登记失业人员数
高要市	23969	4679	19290	1752
四会市	76266	46833	27948	255
兴宁市	44806	11994	32724	
陆丰市	48385	10912	30138	5364
阳春市	50633	20958	27609	5852
英德市	45923	20566	24139	137
连州市	19861	7085	12513	2693
普宁市	60746	12758	45717	7351
罗定市	54461	26580	27502	1517
广西壮族自治区				
岑溪市	26052	5368	20538	1654
东兴市	9001	897	7460	634
桂平市	39733	5110	33832	361
北流市	63354	30369	30901	2611
宜州市	26199	11119	15080	1706
合山市	13672	7416	5273	907
凭祥市	11384	2444	8872	508
海南省				
五指山市	12290	898	9854	320
琼海市	59754	9523	30561	921
儋州市	80764	9621	35456	1484
文昌市	61723	12976	21732	664
万宁市	86727	5925	34176	
东方市	28768	4614	17217	459
四川省				
都江堰市	103985	29280	47456	973
彭州市	55319	33235	21815	7328
邛崃市	32991	16804	16039	1316
崇州市	26765	4934	21831	6831
广汉市	28634	9926	18708	1886
什邡市	39120	26235	12885	1264
绵竹市	31066	16437	14363	2081
江油市	45228	20523	24321	5658
峨眉山市	44445	27970	16475	3011
阆中市	20844	1508	18691	1995
华蓥市	16275	8372	7816	1205
万源市	14217	1368	12524	3280
简阳市	50819	21984	27555	3996
西昌市	72046	19308	51947	4067
贵州省				
清镇市	37566	22542	15002	4025
赤水市	24295	9111	14458	1150
仁怀市	299460	40410	49900	1010
铜仁市	40584	11482	28911	2588
兴义市	58210	19632	37813	1613
毕节市	55696	9765	45250	2983
凯里市	53554	12640	39574	3698
都匀市	42773	10832	31826	4506
福泉市	17506	8729	8777	1200

3-2 续表 7 单位：人

城市	年末单位从业人员数	其中：第二产业	第三产业	城镇登记失业人员数
云南省				
安宁市	69885	48370	20302	1985
宣威市	341841	93832	127453	6620
楚雄市	56079	19464	36615	11455
个旧市	62785	42668	19517	7256
开远市	30066	16808	12648	7576
蒙自市	39906	16319	22694	7986
文山市	49492	13998	34686	714
景洪市	57717	6014	24018	2721
大理市	112366	49602	61771	3640
瑞丽市	23013	6675	12478	1897
芒市	37693	8132	26700	2288
西藏自治区				
日喀则市	3725	925	2800	
陕西省				
兴平市	42412	24641	17378	1838
韩城市	49983	30496	18691	5019
华阴市	23310	9154	12447	1893
甘肃省				
玉门市	22331	12981	6893	1225
敦煌市	12296	1453	9874	1085
临夏市	31062	6540	23819	1752
合作市	14173	1428	12245	1500
青海省				
格尔木市	25349	15467	9473	2026
德令哈市	10381	1554	8812	1882
宁夏回族自治区				
灵武市	15637	1260	10203	1680
青铜峡市	24231	12622	10965	2034
新疆维吾尔自治区				
吐鲁番市	27135	8303	17201	485
哈密市	65900	21500	33800	3875
昌吉市	58800	19308	38317	1216
阜康市	18446	9136	9206	520
博乐市	14404	1112	13292	2896
库尔勒市	78745	25017	43201	5549
阿克苏市	43437	7964	32165	32786
阿图什市	18903	596	17099	1781
喀什市	56578	18253	37548	3009
和田市	21664	3175	18355	875
伊宁市	65925	10423	53027	3925
奎屯市	15541	3603	11938	1753
塔城市	25327	3156	16520	1851
乌苏市	28551	4611	10030	742
阿勒泰市	33677	2422	17114	2394
石河子市	169500	53400	39000	4525
阿拉尔市	42387	4522	7388	
图木舒克市	54876	5344	9247	1782
五家渠市	19942	3807	9426	2995

3-3 土地资源

单位：平方公里

城市	行政区域土地面积	其中：建成区面积	其中：建成区绿化覆盖面积
河北省			
辛集市	951	24	9.3
藁城市	813	17.6	7.4
晋州市	619	16	4.6
新乐市	523.9	13	5.7
鹿泉市	603	18	6.6
遵化市	1509	21	8
迁安市	1208	32.5	12.8
武安市	1806	27.4	14.3
南宫市	861	18	6
沙河市	999	14.4	6.4
涿州市	742	25.4	11.2
定州市	1274	27.5	9.7
安国市	486	13.1	4.7
高碑店市	618	24	7
泊头市	1007	19.7	7.8
任丘市	1012	42.2	12.3
黄骅市	1544.7	24.1	5
河间市	1337.6	17.8	6.1
霸州市	801	17.6	7.2
三河市	643	18.6	6.7
冀州市	917.2	16.5	7.5
深州市	1245.2	17.1	6.3
山西省			
古交市	1584	15.8	5.9
潞城市	630	8	3.2
高平市	946	17.8	6.9
介休市	757	17.6	8.2
永济市	1221	23	8.5
河津市	593.1	18.1	6.1
原平市	2571	9.6	2.2
侯马市	220.7	18.7	8
霍州市	764.3	15.4	3.9
孝义市	946	17.5	7.6
汾阳市	1175.3	12	3.2
内蒙古自治区			
霍林郭勒市	585		4
满洲里市	732	27	12
牙克石市	27830	94	3.5
扎兰屯市	16800	20	5
额尔古纳市	28958	10.4	3.6
根河市	20012	47	5.7
丰镇市	2704	18.4	0.2
乌兰浩特市	2353.5	24.5	1
阿尔山市	7409	10.4	3.1
二连浩特市	4015	26.6	2.4
锡林浩特市	14592	37.5	11.3
辽宁省			
新民市	3352	18	0.8
瓦房店市	3793.5	38.5	13.1
普兰店市	2896	33	0.7
庄河市	4086	40	13.1
海城市	2732	33	9
东港市	2398.8	28	8.6
凤城市	5513	18	4.9
凌海市	2585	20.3	3.6
北镇市	1694	8	2.1
盖州市	2945.9	30	10
大石桥市	1598	32.2	9.2
灯塔市	1332.6	11	2
调兵山市	262	13.5	6.9
开原市	2838	51.7	18.5
北票市	4469	14	4
凌源市	3278	18.6	1.2
兴城市	2116.4	26.4	12.7
吉林省			
九台市	3375	25	4
榆树市	4712	28	7
德惠市	3435	23	2
蛟河市	6364	12	4
桦甸市	6625	17	6
舒兰市	4557	26	4
磐石市	3867	13	4
公主岭市	4028	35	6
双辽市	3121	28	5
梅河口市	2174	22	5
集安市	3342	14	5
临江市	3008	8	2
洮南市	5031	17	6
大安市	4879	14	4
延吉市	1748	41	15
图们市	1142	9	1
敦化市	11957	17	8
珲春市	5145	18	6
龙井市	2208	10	4
和龙市	5069	9	2
黑龙江省			
双城市	3112	217	10
尚志市	8825	32	3
五常市	7512	22	16
讷河市	6648	10	1
虎林市	9334	11	3
密山市	7843	22	
铁力市	6730	44	5
同江市	6300	10	4
富锦市	8227	16	5
绥芬河市	422	20	6
海林市	8711	14	5

3-3 续表 1

单位：平方公里

城 市	行政区域土地面积	其中：建成区面积	其中：建成区绿化覆盖面积	城 市	行政区域土地面积	其中：建成区面积	其中：建成区绿化覆盖面积
宁安市	7891	8	2	义乌市	1105	90	33.4
穆棱市	6187	11	2	东阳市	1739	36.3	14.6
北安市	7194	20	4	永康市	1049	37.8	15.5
五大连池市	9874	19	3	江山市	2019	15.8	7
安达市	3586	26	7	温岭市	836	31	13.3
肇东市	3905	34	12	临海市	2171	39	16
海伦市	4667	20	2	龙泉市	3059	12.6	4.8
江苏省				**安徽省**			
江阴市	987	53.8	22.8	桐城市	1546	19	3.7
宜兴市	1997	63.4	27.3	天长市	1751.4	28	4
新沂市	1571	32.1	12.7	明光市	2359	22.4	3.8
邳州市	2088.3	40	15.9	界首市	666	18	4.2
溧阳市	1536.2	22.6	9.3	宁国市	2487	20	8.1
金坛市	976.3	21.8	8.9	**福建省**			
常熟市	1276.3	97.6	43.4	福清市	1518	35	13
张家港市	989.5	64	27.9	长乐市	658	20.9	8.8
昆山市	932	46.2	20.3	永安市	2931.6	24	2.4
吴江市	1237.7	81.5	33.6	石狮市	160	33.8	10.6
太仓市	822.8	41.8	17.2	晋江市	642.4	260	17.7
启东市	1208	18	6	南安市	1985	119.9	8.9
如皋市	1492	17	6.7	龙海市	1315.7	15.5	6.9
海门市	939	21	8.4	邵武市	2851.6	14	6.1
东台市	3221	28.2	11.3	武夷山市	2813.9	9.3	3.4
大丰市	3059	16.1	6.5	建瓯市	4233	10	1.8
仪征市	902.2	38	15.5	建阳市	3378.2	9.8	4.1
高邮市	1921.8	22.4	9	漳平市	2975	8.8	3.6
江都市	1329.9	31	12.9	福安市	1880	10	3.5
丹阳市	1047	23.9	9.6	福鼎市	1526	16.5	6.7
扬中市	331	10.9	4.4	**江西省**			
句容市	1387	19.6	8	乐平市	1982.8	18.5	8.9
兴化市	2395	20.5	8.2	瑞昌市	1423	14.8	5.6
靖江市	655.6	33	13.2	共青城市	180	14	6
泰兴市	1169.6	23	9.1	贵溪市	2486	20.6	8.4
姜堰市	927.5	21.1	8.5	瑞金市	2448	32.1	7.7
浙江省				南康市	1845	25.6	10.7
建德市	2364	8.8	3.5	井冈山市	1276	8	4
富阳市	1808	24.9	5.8	丰城市	2845	36.8	20.7
临安市	3124	12.7	4.7	樟树市	1290.9	18.5	9.1
余姚市	1501	45.6	18.4	高安市	2439.3	21.7	7
慈溪市	1361	40.7	15.7	德兴市	2082	7	2
奉化市	1268	18.8	7.6	**山东省**			
瑞安市	1271	22.3	6.2	章丘市	1855	36	15
乐清市	1174	19.3	2.9	胶州市	1313	43	19.6
海宁市	668	31.8	13.5	即墨市	1780	51	21.8
平湖市	537	16.8	7.1	平度市	3166.5	46.2	18.2
桐乡市	727	34.5	14.2	胶南市	1821.8	55	24.8
诸暨市	2311	38	14.3	莱西市	1568.2	165	74.7
上虞市	1403	23.5	10.3	滕州市	1495.8	50.9	19.4
嵊州市	1790	39.4	14.5	龙口市	893.3	40.1	16.9
兰溪市	1313	28.9	9.7	莱阳市	1731.5	42	16.6

3-3 续表 2

单位：平方公里

城　市	行政区域土地面积	其中：建成区面积	其中：建成区绿化覆盖面积	城　市	行政区域土地面积	其中：建成区面积	其中：建成区绿化覆盖面积
莱州市	1878.1	40	15.7	老河口市	1032	27	12
蓬莱市	1128.6	35.1	11.8	枣阳市	3277	29	9.2
招远市	1432.3	28	10.8	宜城市	2115	8.4	4.8
栖霞市	2016	15.3	5.5	钟祥市	4488	18	7.5
海阳市	1887	54	19.9	应城市	1103.4	18	13
青州市	1561.3	47.5	21.8	安陆市	1355	21.4	7.6
诸城市	2183	42.3	17.1	汉川市	1658.6	22	6
寿光市	1990	36.9	16.7	石首市	1427	23	10
安丘市	1712	35.9	14.4	洪湖市	2519	40	28
高密市	1526.6	45	15.4	松滋市	2177	25	7
昌邑市	1627.5	25	11.3	麻城市	3747	29.9	9.7
曲阜市	815	26	7.3	武穴市	1246	24.4	6.5
兖州市	648.2	30.8	11.1	赤壁市	1723	24.8	8.9
邹城市	1616	40.4	15.5	广水市	2641	72	6.1
新泰市	1933	64	29	恩施市	3972	20	8.4
肥城市	1277.3	44	31	利川市	4607	13.5	3.8
文登市	1830	43.1	20	仙桃市	2538	40	16.5
荣成市	1526	69	20.6	潜江市	2004	38.6	16.5
乳山市	1654	28.9	12.2	天门市	2622	80	28
乐陵市	1172	28.2	10	**湖南省**			
禹城市	990	45	10	浏阳市	4998	22.5	7.5
临清市	950	22.7	12.3	醴陵市	2157	26.7	8.3
河南省				湘乡市	2011	21.3	1.9
巩义市	1041	25	12	韶山市	210	5	1.9
荥阳市	907.8	22.3	8.8	耒阳市	2656	32	13.2
新密市	1001	29.5	9.7	常宁市	2064	9.6	3.1
新郑市	884.6	26.7	8.6	武冈市	1549	15.1	5
登封市	1219	27.2	6.3	汨罗市	1562	74.2	15.5
偃师市	948	64.8	11	临湘市	1744	13.8	5.6
舞钢市	641	36.9	6.2	津市市	558	11	4
汝州市	957	16.6	7.8	沅江市	1797	13.3	8
林州市	2046	27	6.6	资兴市	2747	19.9	9
卫辉市	858.9	27	18.6	洪江市	2174	4.7	1.6
辉县市	2007	22	7.4	冷水江市	439	19	3.9
沁阳市	623.5	18.6	7.1	涟源市	1895	16	0.5
孟州市	541.6	14.9	5.7	吉首市	1058.5	19.5	5.6
禹州市	1461	35	11.8	**广东省**			
长葛市	650	43.9	12.4	增城市	1616	25	12
义马市	112	15	3.2	从化市	1975	25	6
灵宝市	3011	15	2.8	乐昌市	2421	20	2
邓州市	2370	18	3.1	南雄市	2361	11	3
永城市	1994	20	6.9	台山市	3285	26	9
项城市	1083	35	8.7	开平市	1659	30	1
济源市	1894	32	12.7	鹤山市	1083	20	7
湖北省				恩平市	1698	19	7
大冶市	1566.3	25	8	廉江市	2840	82	13
丹江口市	3121	27.6	10.2	雷州市	3662	32	15
宜都市	1357	20	8	吴川市	861	16	7
当阳市	2159	20.5	6.7	高州市	3276	23	10
枝江市	1310.4	20	5	化州市	2354	25	4

3-3 续表 3 单位：平方公里

城 市	行政区域土地面积	其中：建成区面积	其中：建成区绿化覆盖面积	城 市	行政区域土地面积	其中：建成区面积	其中：建成区绿化覆盖面积
信宜市	3081	23	10	**云南省**			
高要市	2186	19	8	安宁市	1303.1	21	8.7
四会市	1259	49	12	宣威市	6053.2	28.5	10
兴宁市	2104	17	6	楚雄市	4482	36	12.7
陆丰市	1681	20	6	个旧市	1587	12	4
阳春市	4054	20	12	开远市	1950	19.9	8.5
英德市	5634	22	9	蒙自市	2228	28.6	6.3
连州市	2663	12	4	文山市	2977.1	20	2
普宁市	1635	29	9	景洪市	6959	23	3.6
罗定市	2327	20	4	大理市	1815	41.3	14.3
广西壮族自治区				瑞丽市	1020	21.8	4.5
岑溪市	2783	18.1	4	芒市	2987	16.3	6.4
东兴市	590	10.9	3.1	**西藏自治区**			
桂平市	4070.5	12.1	3.9	日喀则市	3654		
北流市	2457	17.8	6.7	**陕西省**			
宜州市	3869	12.1	4.9	兴平市	507	18	5.6
合山市	360	6	2	韩城市	1621	18	7
凭祥市	650	5	2.8	华阴市	817	7	4
海南省				**甘肃省**			
五指山市	1129	6.4	3.6	玉门市	13496	26.3	6
琼海市	1710	24	8.7	敦煌市	31200	11.8	4.5
儋州市	3625	25.1	9.9	临夏市	88	14	4
文昌市	2485	14.8	6.3	合作市	2290.5	9	0.5
万宁市	1884	11	4.1	**青海省**			
东方市	2256	16	7	格尔木市	119174	42.6	11.6
四川省				德令哈市	27358	15.2	
都江堰市	1208	35	14	**宁夏回族自治区**			
彭州市	1421	19	6	灵武市	4538	7.4	3.3
邛崃市	1384	19	7	青铜峡市	1908	21.2	8.1
崇州市	1090	24	9	**新疆维吾尔自治区**			
广汉市	549	42	13	吐鲁番市	13589	13.4	6
什邡市	820	11	3	哈密市	85035	34	14.3
绵竹市	1246	14	5	昌吉市	8385	40.3	15.6
江油市	2719	24	9	阜康市	11726	7.6	2.5
峨眉山市	1168	16	7	博乐市	7956	14.2	6.5
阆中市	1877	18	7	库尔勒市	7267.3	64.7	24.8
华蓥市	466	8	3	阿克苏市	13564	37.6	13.5
万源市	4065	7	3	阿图什市	16154	8.4	4.9
简阳市	2215	20	7	喀什市	554.8	42.5	13.7
西昌市	2654	36	13	和田市	495.8	21.7	8.9
贵州省				伊宁市	675.6	37	14.2
清镇市	1495.3	51.6	3.9	奎屯市	1110	24.6	9.9
赤水市	1852	10	1.4	塔城市	4353	14	
仁怀市	1789.9	9	6	乌苏市	13728.6	25	5.4
铜仁市	1508.3	25	6.5	阿勒泰市	11481	10.6	4
兴义市	2908.2	28.5	12.3	石河子市	7762	25.4	15
毕节市	3411	21	2.3	阿拉尔市	4196	24	2.8
凯里市	1304.4	34	7.6	图木舒克市	1927	14.4	2.6
都匀市	2285.3	16.7	1.1	五家渠市	711	14.2	6.5
福泉市	1692.4	19.2	4				

3-4 规模以上工业总产值

单位：万元

城 市	规模以上工业总产值(现价)	其中：内资企业	港、澳、台商投资企业	外商投资企业
河北省				
辛集市	4791526	4397726	222000	171800
藁城市	6313182	6020517	52414	240251
晋州市	2950300	2867600	8262	74438
新乐市	2181672	2177734		3938
鹿泉市	4463466	4249594	11021	202851
遵化市	4893617	3624169	1214434	55014
迁安市	12627411	12413400	28704	185307
武安市	9994218	5516151	660000	3818067
南宫市	716774	683370	7893	25511
沙河市	2174100	2168600		5500
涿州市	1513161.4	1154117.3	220850.2	138193.9
定州市	2332909	1784030	539144	9735
安国市	1056654	1053755	2899	
高碑店市	1057272	995310	2502	59460
泊头市	1327733	1300266	12796	14671
任丘市	6293647	6091149	82062	120436
黄骅市	1291877.1	1131045.1	85207.9	75624.1
河间市	1441965	1409247	4217	28501
霸州市	5653550	5410826	54046	188678
三河市	4504745	3799872	381997	322876
冀州市	851090	844590		6500
深州市	1049014	1030496		18518
山西省				
古交市	417465	417465.3		
潞城市	1408825	1002365	16252	390208
高平市	1673128	1673128		
介休市	3744448	3539945	126001	78503
永济市	1689402.7	1682422.7	1659.8	5320.2
河津市	4020015.2	4019144		871
原平市	677419	704500		
侯马市	916772	827050	77642.9	12079.3
霍州市	1037620	817127.2	220493	
孝义市	3555903	3249745.8	264189.9	41967.7
汾阳市	1144661	895656		249004
内蒙古自治区				
霍林郭勒市	2931300	2224600		706700
满洲里市	744753	663256	7239	74258
牙克石市	819171	783471	7116	28584
扎兰屯市	1101261	1021096	14468	65697
额尔古纳市	133496	92863		40633
根河市	108249.5	108249.5		
丰镇市	1389000	1389000		
乌兰浩特市	862146	742661	10100	121200
阿尔山市	2778	2778		
二连浩特市	281913	278904		3009
锡林浩特市	1424366	1376634	47732	

3-4 续表 1

单位：万元

城　市	规模以上工业总产值(现价)	其中：内资企业	港、澳、台商投资企业	外商投资企业
辽宁省				
新民市	5949188	5596865	45238	307085
瓦房店市	10110621	8215015	710402	1185204
普兰店市	8160362	6997963	214531	947868
庄河市	7886997	6004100	376580	1506317
海城市	8251823	7597659	258316	395848
东港市	2761737	2286967	93618	381152
凤城市	1638097.7	1524072.6	22679.8	91345.3
凌海市	4284665	4050241	43215	191209
北镇市	1322559	1238877	12084	71598
盖州市	1915182	1631282	100711	183189
大石桥市	6700159	4260803	1242241	1197115
灯塔市	3918783	3807780	90321	20682
调兵山市	2117360	2029311	2118	85931
开原市	8259536	8234791	24584	161
北票市	1196117	1185917	9300	900
凌源市	679100	669100	500	9500
兴城市	699905	584141.9	52004	63759.1
吉林省				
九台市	2200657.8	1958477		242180.8
榆树市	651871.6	488116.8		163754.8
德惠市	2061927.4	1327491.5	255378.8	479057.1
蛟河市	1071390.7	1046413.4	9962.3	15015
桦甸市	1799004	1789569.1		9434.9
舒兰市	702558.6	668059		34499.6
磐石市	2958031	2536854.6	57863.9	363312.5
公主岭市	1888455.7	1575380.4	151355.8	161719.5
双辽市	1684321.6	1684321.6		
梅河口市	1791757.7	1519476.5	89797.1	182484.1
集安市	326738.2	320667.6	4384.1	1686.5
临江市	781909.8	758101.8		23808
洮南市	614227	614227		
大安市	570443.6	496719.4	42102.5	31621.7
延吉市	1507796	1096725.2		411070.8
图们市	335898.9	287278.7		48620.2
敦化市	1094201.9	995477.5	38651.2	60073.2
珲春市	1318402.7	1009666.6		308736.1
龙井市	233537	198399		35138
和龙市	390757.9	360585.7		30172.2
黑龙江省				
双城市	919802	468275		451527
尚志市	1054519	806939		247580
五常市	483901	433236		50665
讷河市	539109	504624		34485
虎林市	297565	297565		
密山市	220723	213923		6800
铁力市	292927	239291	18579	35057
同江市	98402	97291	1111	
富锦市	445945	430328		15617
绥芬河市	196373	189272	6333	768
海林市	776832	735583	29001	12248
宁安市	476767	467751	4120	4896

3-4 续表 2

单位：万元

城 市	规模以上工业总产值(现价)	其中：内资企业	港、澳、台商投资企业	外商投资企业
穆棱市	877165	780755	77795	18615
北安市	192019	167612		24407
五大连池市	28921	27521		1400
安达市	638012	638012		
肇东市	958121	678022	2522	277577
海伦市	244458	212794		31664
江苏省				
江阴市	50947171.9	37269796	9049596.7	4627779.2
宜兴市	20109546.3	16707440	885827.7	2516278.6
新沂市	3814159.4	3644260.7	54467.5	115431.2
邳州市	6876995.1	6064600.1	474402	337993
溧阳市	9326507	6079648	294470	2952389
金坛市	5902727	3764258	794631	1343838
常熟市	28832742.6	16283039.4	6041070.4	6508632.8
张家港市	39579759.6	31213214.6	2052800.6	6313744.4
昆山市	65908021.5	4867947.1	11007335.3	50032739.1
吴江市	26216173	10415074	5470244	10330855
太仓市	14840518.5	7288754.6	1641118.4	5910645.5
启东市	8580927.6	5360149.8	1906974.1	1313803.7
如皋市	9875609.2	7066200.6	2008609.3	800799.3
海门市	10319461.2	5544068.9	2008802.3	2766590
东台市	5583600	4759500	349400	474700
大丰市	3814100	2945200	420600	448300
仪征市	7907619.6	5593826.1	1646232.9	667560.6
高邮市	6066388.7	4871937.4	623362.4	571088.9
江都市	14365132.1	13184306.6	543091.9	637733.6
丹阳市	12992886.2	9829679.2	1713370	1449837
扬中市	5667941.2	4702263.1	444708.2	520969.9
句容市	5995946.8	3728707.4	1566982.8	700256.6
兴化市	6806674.2	5774667	159909.6	872097.6
靖江市	11763605	5894650.7	1565448.9	4303505.4
泰兴市	9051441.4	6770644.2	784620.9	1496176.3
姜堰市	6711824.1	5039580.6	800473.8	871769.7
浙江省				
建德市	3435984	3231986	56045	147954
富阳市	10110472.6	8496843	921047	692583
临安市	5361652.6	4562262	328659	470732
余姚市	10091253	6478688	2279386	1333179
慈溪市	14212521	9841793	2431171	1939557
奉化市	3981834	2521624	935130	525080
瑞安市	7321055	6761675	248039	311341
乐清市	10886216.2	10257576	90757	537884
海宁市	9905552	6840873	1226987	1837692
平湖市	8192352	4230777	998370	2963206
桐乡市	9545111	7124101	1207490	1213520
诸暨市	16274166	14176279	1386072	711816
上虞市	10267598	7913647	1121290	1232660
嵊州市	3764741	2617092	599954	547695
兰溪市	5023574	4611684	183640	228249
义乌市	5812007	5082125	375462	354420

3-4 续表 3

单位：万元

城 市	规模以上工业总产值(现价)	其中：内资企业	港、澳、台商投资企业	外商投资企业
东阳市	3518773	3231074	94804	192896
永康市	6816023	6419260	65767	330997
江山市	2661643	2542587	23361	95695
温岭市	7678538	6870594	378151	429793
临海市	5108936	4484943	273951	350043
龙泉市	877020.4	856651.4	2857.9	17511.1
安徽省				
桐城市	2081600	2015000	53200	13400
天长市	3220700	3186600	8300	25800
明光市	445824	394492	4284	47048
界首市	1156040	1152343.8		3696.2
宁国市	2352846	2110694	37071	205081
福建省				
福清市	10338359	2371197	5759717	2207445
长乐市	8527800	5776200	1929200	822400
永安市	2745740	2622966	75627	47147
石狮市	5631593.9	2163911.6	2510824.2	956858.1
晋江市	18595657.7	6682757.3	8593128.1	3319772.3
南安市	7642746.8	5849673.2	1492913.8	300159.8
龙海市	7108735.9	2657398.6	2280417.7	2170919.6
邵武市	1388198	1160741	96941	130516
武夷山市	357400	288200	51000	18200
建瓯市	950800	932000	4000	14800
建阳市	950066	837495	40827	71744
漳平市	861847	627001	156134	78712
福安市	3287327.6	2986625.2	205289.4	95413
福鼎市	2074100	2018400	44600	11100
江西省				
乐平市	2140829	2025408	115421	
瑞昌市	1464346	938023	218512	307811
共青城市	780857	780857		
贵溪市	8577864	8549322	26337	2205
瑞金市	340616.3	203338	67026.9	70251.4
南康市	1200906.9	965980.6	124853.1	110073.2
井冈山市	238453.6	223921.1	14532.5	
丰城市	2844257	2611400	77100	155757
樟树市	1862700	1773000	81800	7900
高安市	1788286	1692021	89307	6958
德兴市	562000	562000		
山东省				
章丘市	9759945	8918180	207762	634003
胶州市	12734512	9382787	578015	2773710
即墨市	12117376	7054688	854678	4208010
平度市	9793511	6576080	1067793	2149638
胶南市	12162518	9674588	192517	2295413
莱西市	6014438	4280236	267242	1466960
滕州市	12391958	11850424	330616	210918
龙口市	19624865	16907980	790275	1926610
莱阳市	7687687	5918682	786498	982507
莱州市	11711225	9450500	798911	1461814

3-4 续表 4

单位：万元

城市	规模以上工业总产值(现价)	其中：内资企业	港、澳、台商投资企业	外商投资企业
蓬莱市	11050735	8697011	1216414	1137310
招远市	10840200	9507600	402400	930200
栖霞市	1986304	1549186	127746	309372
海阳市	3733430	2862562	244203	626665
青州市	8405651	7366747	232922	805982
诸城市	11401835	8482843	648419	2270573
寿光市	9780920	8230817	381150	1168953
安丘市	2568755	2068229	185113	315413
高密市	9380096	8841046	91895	447155
昌邑市	6424121	6064406	220743	138972
曲阜市	2404734	2348134	12100	44500
兖州市	8437861	5568893	159150	2709818
邹城市	7557232	7051972	5209	500051
新泰市	12163580	10322871	604231	1236478
肥城市	11947710	8318663	2526687	1102360
文登市	11090392.8	7781122.4	31419.5	3277850.9
荣成市	16043961.6	9569427.3	241745.7	6232788.6
乳山市	8706206	6284415	487658	1934133
乐陵市	3174840	3174840		
禹城市	3760665	3286589	339892	134184
临清市	7378700	7111300	55200	212200
河南省				
巩义市	11596877	10193847	342327	1060703
荥阳市	8210078	7894267	153413	162398
新密市	790030	747421	34393	8216
新郑市	7805162	7340605	302942	161615
登封市	6976347	6593734	258775	123838
偃师市	5986745	5684640	51448	250656
舞钢市	2361727	2054029		307698
汝州市	2050064	2014336	35728	
林州市	7304763	7300024		4739
卫辉市	1010367	1010367		
辉县市	3955579	3849142	2479	103958
沁阳市	5196043	5045430	150613	
孟州市	4249813	3624436	81882	543495
禹州市	5927002	5810981	68423	47598
长葛市	6373291	6342885	28830	1576
义马市	3009494	2982471	27023	
灵宝市	8745623	8625201	15547	104875
邓州市	2613298	2537738	46432	29128
永城市	4893295	4890889		2406
项城市	3016725	3014752		1973
济源市	9535803	8563000	679973	292830
湖北省				
大冶市	3863329	3563186	300143	
丹江口市	1314234	1277230		37004
宜都市	3156464.1	2276744.7	874140.8	5578.6
当阳市	2048445	1941551	86245	20649
枝江市	2347189	2088217	198302	60670
老河口市	1801941	1548653	104678	148610

3-4 续表 5

单位：万元

城　市	规模以上工业总产值(现价)	其中：内资企业	港、澳、台商投资企业	外商投资企业
枣阳市	2673400	2633100	40300	
宜城市	1570300	1468200	81900	20200
钟祥市	2844459	2439416	60771	344272
应城市	1938848	1810159	29662	99027
安陆市	972382	919181	44037	9164
汉川市	3531716.2	3125125.5	339350.9	67239.8
石首市	865615	787505	75016	3094
洪湖市	723519	661525	61994	
松滋市	887795	809787	31052	46956
麻城市	1118858	865380	209164	44314
武穴市	1236734	1139276	39273	58185
赤壁市	1694069	1414142	279927	
广水市	1664593	1522801	120181	21611
恩施市	626602	626602		
利川市	260914	250909	10005	
仙桃市	4439516	3510462	521092	407962
潜江市	4935553	4174546	32938	728069
天门市	2992800	2753300	175700	63800
湖南省				
浏阳市	5546178.9	5343088.6	115248	87842.3
醴陵市	3193632.2	2935567.9	78695	179369.3
湘乡市	2069237.6	2030980.4	2447	35810.2
韶山市	501080.6	501080.6		
耒阳市	3455430	3383646.4	71783.6	
常宁市	1935624.2	1935624.2		
武冈市	242994.9	242994.9		
汨罗市	4189509.4	4182698.1	6811.3	
临湘市	2140869.5	2135866.8	5002.7	
津市市	863852	856086.6	7765.4	
沅江市	1382405.4	1365791.5	2100	14513.9
资兴市	2814786.1	2328502.3	374098.1	112185.7
洪江市	953543.4	906973.6	33061.3	13508.5
冷水江市	2522628.9	2486857.1		35771.8
涟源市	1463623.5	1463623.5		
吉首市	527443.1	428890.6	86942.7	11609.8
广东省				
增城市	12609116	5823196	2314929	4470991
从化市	3407062	1415215	1065963	925884
乐昌市	451731	266394	185337	
南雄市	304572	281142	23430	
台山市	5282000	2130700	2307700	843600
开平市	3717062	1653013	1283722	780327
鹤山市	3878791	1809654	1718308	350829
恩平市	893400	569100	309600	14700
廉江市	1537018	1374967	147004	15047
雷州市	325580	231451	76075	18054
吴川市	677208	660096	17112	
高州市	729359	504104	212685	12570
化州市	590600	557100	28800	4700
信宜市	623200	534400	33200	55600

3-4 续表 6

单位：万元

城 市	规模以上工业总产值(现价)	其中：内资企业	港、澳、台商投资企业	外商投资企业
高要市	3975390	2762105	777322	435963
四会市	6388004	3095509	1971633	1320862
兴宁市	401356	238325	153557	9474
陆丰市	954166	760966	118500	74700
阳春市	2018855	1358414	476267	184174
英德市	4206176	2027628	1983740	194808
连州市	1199780	144430	1049722	5628
普宁市	6080800.3	4484793	1237939	358069
罗定市	936493	268651	261181	406661
广西壮族自治区				
岑溪市	2369760	1604493	587435	177832
东兴市	314716	307424		7291
桂平市	1600725	1536895	21254	42577
北流市	1329402	1040395	184492	104514
宜州市	426834	293941	16452	116441
合山市	264559	222032	42527	
凭祥市	91676	90593	1084	
海南省				
五指山市	16617.5	16617.5		
琼海市	106609	91692	1359.3	13557.7
儋州市	288095	264770	9953	13372
文昌市	177615	148276	11260	18079
万宁市	87828	76364	5297	6167
东方市	645046	515788		129258
四川省				
都江堰市	805551	652017	75483	78051
彭州市	1781196	1348205	218098	214893
邛崃市	1217413	1202217		15196
崇州市	1245978	1245132		846
广汉市	3703007	3091815	208944	402248
什邡市	2283174	2065241	90841	127091
绵竹市	2578444	2556617	11397	10430
江油市	2101929	2080169	14780	6980
峨眉山市	2100075	1968461	112985	18629
阆中市	488692	488692		
华蓥市	1140993	1102341	38652	
万源市	498923	498923		
简阳市	3756877	3713047	22790	21040
西昌市	1998203			
贵州省				
清镇市	1021390	912231	88037	21122
赤水市	452704	450243		2461
仁怀市	1835003	1835003		
铜仁市	483277	480740	2537	
兴义市	1468865	1456284	12581	
毕节市	708870	699886.9	2941.7	6041.4
凯里市	549052	495906	49283	3863
都匀市	491993	451604	1298	39091
福泉市	854718	789647	65071	

3-4 续表 7 单位：万元

城 市	规模以上工业总产值(现价)	其中：内资企业	港、澳、台商投资企业	外商投资企业
云南省				
安宁市	4431006	4242095	23875.5	165035
宣威市	785402.5	785402.5		
楚雄市	1463940	1390556	56192	17191.6
个旧市	2398694	2398694		
开远市	847207.9	776552.3		70655.6
蒙自市	1399393	1399393		
文山市	706827.5	706827.5		
景洪市	258411.4	258411.4		
大理市	1567654	1405032	79284.6	83337.4
瑞丽市	172656.4	22391.5	148713.4	1551.5
芒市	255034.4	236268.6		18765.8
西藏自治区				
日喀则市	37674	37674		
陕西省				
兴平市	1437302	1342211	21907	73106
韩城市	3570008	3499613	13228	57167
华阴市	437290	13		
甘肃省				
玉门市	1877500	1841100	32300	4100
敦煌市	93500	92500	400	600
临夏市	70653	70653		
合作市	44595	44595		
青海省				
格尔木市	1519249	1510103	9146	
德令哈市	201651	201651		
宁夏回族自治区				
灵武市	3098809	3091588	4215	3006
青铜峡市	1772451	1772451		
新疆维吾尔自治区				
吐鲁番市	372073	349246	22827	
哈密市	817803.4	765545.9	10860.9	41396.6
昌吉市	1773037	1557131	52915	162991
阜康市	752393.4	734363.5		18029.9
博乐市	127858	116285	11573	
库尔勒市	4153525	4153525		
阿克苏市	416878	362613	3616	50649
阿图什市	47261	47261		
喀什市	292361	285708		6653
和田市	53040.2	53040.2		
伊宁市	275973	264639	1044	10290
奎屯市	548816	495011		53805
塔城市	95478	95478		
乌苏市	297632	276800		20832
阿勒泰市	83849.5	83849.5		
石河子市	2341900	2176592		165308
阿拉尔市	359195	343806	15389	
图木舒克市	60558	60558		
五家渠市	368420.1	368420.1		

3-5 从业人员年平均数

单位：人

城 市	从业人员年平均数	城 市	从业人员年平均数
河北省		瓦房店市	149676
辛集市	72329	普兰店市	122989
藁城市	56159	庄河市	97300
晋州市	35780	海城市	84987
新乐市	25285	东港市	41134
鹿泉市	43300	凤城市	29584
遵化市	31196	凌海市	24062
迁安市	95237	北镇市	8964
武安市	70500	盖州市	21686
南宫市	14033	大石桥市	56168
沙河市	34258	灯塔市	23364
涿州市	26684	调兵山市	65310
定州市	22761	开原市	58684
安国市	10307	北票市	31301
高碑店市	16978	凌源市	19700
泊头市	26382	兴城市	17957
任丘市	46600	**吉林省**	
黄骅市	22900	九台市	28558
河间市	15721	榆树市	11751
霸州市	36129	德惠市	28728
三河市	37545	蛟河市	17013
冀州市	20506	桦甸市	28814
深州市	15905	舒兰市	15947
山西省		磐石市	28319
古交市	7983	公主岭市	18947
潞城市	20924	双辽市	9377
高平市	33811	梅河口市	24397
介休市	68318	集安市	7640
永济市	24555	临江市	12796
河津市	48375	洮南市	6991
原平市	21300	大安市	7193
侯马市	13995	延吉市	12761
霍州市	29528	图们市	6121
孝义市	60104	敦化市	25020
汾阳市	17524	珲春市	20299
内蒙古自治区		龙井市	5233
霍林郭勒市	14500	和龙市	6554
满洲里市	23727	**黑龙江省**	
牙克石市	15600	双城市	11848
扎兰屯市	7159	尚志市	12161
额尔古纳市	2100	五常市	10001
根河市	4106	讷河市	5227
丰镇市	9700	虎林市	2725
乌兰浩特市	10300	密山市	3120
阿尔山市	214	铁力市	6710
二连浩特市	1968	同江市	1185
锡林浩特市	15010	富锦市	4372
辽宁省		绥芬河市	2910
新民市	56366	海林市	11325

3-5 续表 1

单位：人

城　　市	从业人员年平均数	城　　市	从业人员年平均数
宁安市	10152	义乌市	156228
穆棱市	11952	东阳市	96749
北安市	3269	永康市	120824
五大连池市	559	江山市	38551
安达市	6196	温岭市	205100
肇东市	12771	临海市	116500
海伦市	3897	龙泉市	17213
江苏省		**安徽省**	
江阴市	514172	桐城市	32742
宜兴市	205510	天长市	54400
新沂市	54145	明光市	11784
邳州市	111854	界首市	11419
溧阳市	91734	宁国市	51348
金坛市	95122	**福建省**	
常熟市	412198	福清市	117800
张家港市	354528	长乐市	82500
昆山市	921549	永安市	37234
吴江市	445298	石狮市	151906
太仓市	193681	晋江市	487120
启东市	109495	南安市	247345
如皋市	146384	龙海市	93427
海门市	98295	邵武市	23699
东台市	94300	武夷山市	8100
大丰市	68400	建瓯市	23618
仪征市	97200	建阳市	18380
高邮市	110800	漳平市	15581
江都市	175200	福安市	37295
丹阳市	186959	福鼎市	39200
扬中市	72085	**江西省**	
句容市	93338	乐平市	34028
兴化市	78726	瑞昌市	29981
靖江市	97316	共青城市	12948
泰兴市	116255	贵溪市	40360
姜堰市	68988	瑞金市	8788
浙江省		南康市	19029
建德市	48375	井冈山市	8352
富阳市	121200	丰城市	52800
临安市	96173	樟树市	27700
余姚市	217000	高安市	34425
慈溪市	314650	德兴市	13000
奉化市	136000	**山东省**	
瑞安市	190879	章丘市	105410
乐清市	214055	胶州市	187819
海宁市	186687	即墨市	173809
平湖市	204160	平度市	97161
桐乡市	153056	胶南市	119958
诸暨市	182550	莱西市	128193
上虞市	143430	滕州市	126507
嵊州市	80865	龙口市	144656
兰溪市	62568	莱阳市	85117

3-5 续表 2　　　　单位：人

城　　市	从业人员年平均数	城　　市	从业人员年平均数
莱州市	82813	老河口市	19278
蓬莱市	75522	枣阳市	28500
招远市	105400	宜城市	24300
栖霞市	33110	钟祥市	30043
海阳市	54248	应城市	22687
青州市	66912	安陆市	18830
诸城市	166773	汉川市	70519
寿光市	95884	石首市	13520
安丘市	46170	洪湖市	15400
高密市	158086	松滋市	21195
昌邑市	74049	麻城市	18029
曲阜市	44333	武穴市	21522
兖州市	78573	赤壁市	24265
邹城市	161150	广水市	25955
新泰市	174200	恩施市	10645
肥城市	105590	利川市	7700
文登市	199257	仙桃市	100347
荣成市	183701	潜江市	82100
乳山市	89373	天门市	67900
乐陵市	45492	**湖南省**	
禹城市	37957	浏阳市	137792
临清市	67300	醴陵市	138798
河南省		湘乡市	35563
巩义市	77932	韶山市	6092
荥阳市	62892	耒阳市	49217
新密市	80232	常宁市	30368
新郑市	69873	武冈市	8171
登封市	92898	汨罗市	44839
偃师市	65561	临湘市	18925
舞钢市	31984	津市市	17003
汝州市	48981	沅江市	21330
林州市	47910	资兴市	35534
卫辉市	14882	洪江市	17795
辉县市	40894	冷水江市	45957
沁阳市	36806	涟源市	36964
孟州市	44759	吉首市	9161
禹州市	74049	**广东省**	
长葛市	61713	增城市	188692
义马市	74574	从化市	66385
灵宝市	57663	乐昌市	9885
邓州市	37496	南雄市	11154
永城市	49357	台山市	84100
项城市	44016	开平市	86839
济源市	58535	鹤山市	112404
湖北省		恩平市	23300
大冶市	47900	廉江市	33757
丹江口市	23500	雷州市	11346
宜都市	26193	吴川市	10762
当阳市	31353	高州市	31353
枝江市	46307	化州市	13300

3-5 续表 2 单位：人

城　市	从业人员年平均数	城　市	从业人员年平均数
信宜市	28700	**云南省**	
高要市	88444	安宁市	38066
四会市	82802	宣威市	29597
兴宁市	18240	楚雄市	12776
陆丰市	61278	个旧市	41914
阳春市	32766	开远市	14975
英德市	38871	蒙自市	16817
连州市	9438	文山市	7437
普宁市	162766	景洪市	4951
罗定市	33540	大理市	19755
广西壮族自治区		瑞丽市	3502
岑溪市	32604	芒市	5702
东兴市	2449	**西藏自治区**	
桂平市	22039	日喀则市	130
北流市	52860	**陕西省**	
宜州市	10646	兴平市	39500
合山市	8289	韩城市	45183
凭祥市	1885	华阴市	7500
海南省		**甘肃省**	
五指山市	646	玉门市	24400
琼海市	3475	敦煌市	5800
儋州市	7771	临夏市	2707
文昌市	4462	合作市	463
万宁市	2718	**青海省**	
东方市	3570	格尔木市	20168
四川省		德令哈市	3239
都江堰市	18860	**宁夏回族自治区**	
彭州市	33704	灵武市	19273
邛崃市	21120	青铜峡市	19599
崇州市	28626	**新疆维吾尔自治区**	
广汉市	45670	吐鲁番市	7157
什邡市	32197	哈密市	22701
绵竹市	36212	昌吉市	22833
江油市	47592	阜康市	11626
峨眉山市	30571	博乐市	3561
阆中市	9925	库尔勒市	25021
华蓥市	19173	阿克苏市	9152
万源市	5917	阿图什市	1130
简阳市	41104	喀什市	6919
西昌市	23013	和田市	1881
贵州省		伊宁市	6385
清镇市	21120	奎屯市	4503
赤水市	5920	塔城市	1556
仁怀市	19350	乌苏市	3466
铜仁市	3965	阿勒泰市	1834
兴义市	18349	石河子市	42989
毕节市	6753	阿拉尔市	5357
凯里市	12199	图木舒克市	1504
都匀市	10075	五家渠市	4873
福泉市	8945		

3-6 商 业

单位：万元

城 市	限额以上批发和零售业商品销售总额	城 市	限额以上批发和零售业商品销售总额
河北省		瓦房店市	243868.0
辛集市	64358.2	普兰店市	77764.0
藁城市	17734.1	庄河市	198154.0
晋州市	13245.8	海城市	1039902.0
新乐市	13982.9	东港市	1832.7
鹿泉市	13720.6	凤城市	23102.3
遵化市	74536.8	凌海市	141962.7
迁安市	1111261.0	北镇市	217909.6
武安市	344865.8	盖州市	111359.4
南宫市	4933.5	大石桥市	197912.6
沙河市	152125.7	灯塔市	14551.0
涿州市	145808.2	调兵山市	42466.0
定州市	115465.8	开原市	140162.4
安国市	13983.8	北票市	67834.0
高碑店市	71218.0	凌源市	95574.4
泊头市	72096.6	兴城市	6929.0
任丘市	170873.8	**吉林省**	
黄骅市	692143.3	九台市	10466.0
河间市	162968.4	榆树市	25043.6
霸州市	179917.7	德惠市	114641.5
三河市	247771.8	蛟河市	96944.2
冀州市	59200.7	桦甸市	133310.8
深州市	83494.9	舒兰市	148554.8
山西省		磐石市	57415.0
古交市	54664.7	公主岭市	474126.6
潞城市	107462.0	双辽市	133803.8
高平市	550367.4	梅河口市	443959.4
介休市	226392.2	集安市	48193.9
永济市	44667.8	临江市	15194.1
河津市	225967.9	洮南市	375749.1
原平市	180894.3	大安市	275172.5
侯马市	191430.2	延吉市	878162.0
霍州市	42847.0	图们市	147177.0
孝义市	407082.0	敦化市	106481.0
汾阳市	1511478.0	珲春市	48842.0
内蒙古自治区		龙井市	
霍林郭勒市	89585.5	和龙市	6964.0
满洲里市	81791.0	**黑龙江省**	
牙克石市	68501.0	双城市	4589.0
扎兰屯市	110218.8	尚志市	255556.0
额尔古纳市	15332.0	五常市	237981.0
根河市	41914.0	讷河市	2467.0
丰镇市	34070.2	虎林市	
乌兰浩特市	78871.0	密山市	33691.0
阿尔山市		铁力市	
二连浩特市	254795.0	同江市	17637.0
锡林浩特市	274083.9	富锦市	60492.3
辽宁省		绥芬河市	1500109.0
新民市	436794.3	海林市	8631.0

3-6 续表 1

单位：万元

城 市	限额以上批发和零售业商品销售总额	城 市	限额以上批发和零售业商品销售总额
宁安市	224134.0	义乌市	1575438.6
穆棱市	12687.0	东阳市	1269452.9
北安市	24602.0	永康市	1225377.1
五大连池市	1294.0	江山市	224998.0
安达市	28188.0	温岭市	1436617.0
肇东市	63149.0	临海市	670235.0
海伦市	15755.0	龙泉市	149307.4
江苏省		**安徽省**	
江阴市	20600373.0	桐城市	86642.0
宜兴市	2372770.9	天长市	119992.0
新沂市	540395.3	明光市	66728.0
邳州市	262902.1	界首市	39124.7
溧阳市	413888.3	宁国市	211513.0
金坛市	268272.5	**福建省**	
常熟市	21387087.3	福清市	415287.0
张家港市	29064569.9	长乐市	224892.7
昆山市	8955432.1	永安市	125536.0
吴江市	9761859.3	石狮市	543690.8
太仓市	4521357.3	晋江市	1531609.6
启东市	515672.0	南安市	709416.2
如皋市	852594.0	龙海市	271881.9
海门市	681401.0	邵武市	162004.0
东台市	671838.1	武夷山市	37827.0
大丰市	191832.1	建瓯市	67723.0
仪征市	395063.0	建阳市	102012.0
高邮市	224077.0	漳平市	58961.0
江都市	501862.0	福安市	220949.8
丹阳市	1061915.8	福鼎市	67046.0
扬中市	426444.9	**江西省**	
句容市	346105.2	乐平市	11143.0
兴化市	890179.0	瑞昌市	37184.0
靖江市	1491034.0	共青城市	
泰兴市	438363.0	贵溪市	466085.0
姜堰市	510961.0	瑞金市	38704.9
浙江省		南康市	60433.8
建德市	448788.0	井冈山市	6474.4
富阳市	2043430.0	丰城市	39725.0
临安市	463166.0	樟树市	1056401.0
余姚市	4206552.6	高安市	99424.0
慈溪市	2822938.9	德兴市	153058.0
奉化市	613532.0	**山东省**	
瑞安市	1938576.8	章丘市	706673.0
乐清市	1084443.7	胶州市	329604.0
海宁市	1943830.0	即墨市	545603.0
平湖市	1203924.0	平度市	888206.0
桐乡市	1148781.0	胶南市	524055.0
诸暨市	2356526.1	莱西市	336453.0
上虞市	1010139.5	滕州市	1437283.0
嵊州市	366805.0	龙口市	1335875.0
兰溪市	728344.5	莱阳市	918526.0

3-6 续表 2

单位：万元

城　　市	限额以上批发和零售业商品销售总额	城　　市	限额以上批发和零售业商品销售总额
莱州市	696224.0	老河口市	237992.0
蓬莱市	579101.0	枣阳市	464439.0
招远市	731036.0	宜城市	54005.0
栖霞市	337281.0	钟祥市	102220.0
海阳市	591562.0	应城市	134183.0
青州市	1146291.0	安陆市	121909.0
诸城市	1718574.0	汉川市	344110.0
寿光市	1672974.0	石首市	173900.0
安丘市	400247.0	洪湖市	134188.0
高密市	441037.0	松滋市	127967.0
昌邑市	255566.6	麻城市	125401.0
曲阜市	415964.0	武穴市	123500.0
兖州市	967038.0	赤壁市	213636.8
邹城市	2269239.6	广水市	77577.0
新泰市	2886809.0	恩施市	578381.0
肥城市	1121980.0	利川市	25609.0
文登市	778560.0	仙桃市	332274.0
荣成市	1008480.0	潜江市	277532.0
乳山市	558679.0	天门市	197041.0
乐陵市	183124.0	**湖南省**	
禹城市	240459.0	浏阳市	350859.4
临清市	743784.0	醴陵市	147534.9
河南省		湘乡市	20308.8
巩义市	109765.0	韶山市	3821.3
荥阳市	85391.0	耒阳市	131504.6
新密市	563032.0	常宁市	72764.0
新郑市	407280.0	武冈市	74957.8
登封市	164467.0	汨罗市	87825.0
偃师市	80633.0	临湘市	100428.1
舞钢市	195701.0	津市市	46698.8
汝州市	136732.0	沅江市	71881.1
林州市	273396.0	资兴市	243400.5
卫辉市	104070.0	洪江市	44257.6
辉县市	162012.0	冷水江市	233060.8
沁阳市	77058.0	涟源市	176220.4
孟州市	108271.0	吉首市	659779.8
禹州市	97363.0	**广东省**	
长葛市	157310.0	增城市	1726616.0
义马市	185252.0	从化市	562825.0
灵宝市	127967.0	乐昌市	8036.1
邓州市	340928.0	南雄市	85537.0
永城市	372518.0	台山市	2063673.0
项城市	102617.0	开平市	199211.5
济源市	409337.0	鹤山市	115535.0
湖北省		恩平市	73103.0
大冶市	230984.0	廉江市	193232.0
丹江口市	100355.0	雷州市	45562.7
宜都市	148599.0	吴川市	126150.0
当阳市	172964.0	高州市	133964.0
枝江市	353833.0	化州市	225761.0

3-6 续表 3 单位：万元

城市	限额以上批发和零售业商品销售总额
信宜市	115707.0
高要市	138404.0
四会市	199900.0
兴宁市	73698.0
陆丰市	120197.0
阳春市	56739.0
英德市	1207926.0
连州市	6387.8
普宁市	1038647.1
罗定市	67733.0
广西壮族自治区	
岑溪市	34281.3
东兴市	113115.4
桂平市	45374.8
北流市	18471.0
宜州市	58785.6
合山市	2087.5
凭祥市	149453.4
海南省	
五指山市	
琼海市	40471.5
儋州市	74760.0
文昌市	22227.0
万宁市	4421.0
东方市	8017.5
四川省	
都江堰市	362470.0
彭州市	83530.0
邛崃市	35744.0
崇州市	67494.0
广汉市	920501.0
什邡市	197720.0
绵竹市	297355.0
江油市	202323.0
峨眉山市	57312.0
阆中市	50774.0
华蓥市	69584.0
万源市	65554.0
简阳市	176372.0
西昌市	1108480.0
贵州省	
清镇市	158167.0
赤水市	153419.5
仁怀市	30162.0
铜仁市	44350.0
兴义市	1016902.0
毕节市	966675.0
凯里市	228516.0
都匀市	74511.8
福泉市	97691.2
云南省	
安宁市	1611613.0
宣威市	166478.4
楚雄市	937552.6
个旧市	179062.2
开远市	210716.8
蒙自市	125592.6
文山市	725482.1
景洪市	671292.8
大理市	1694214.0
瑞丽市	575572.5
芒市	290753.0
西藏自治区	
日喀则市	4622.0
陕西省	
兴平市	242582.0
韩城市	39871.0
华阴市	87052.0
甘肃省	
玉门市	1295350.0
敦煌市	60675.0
临夏市	136855.2
合作市	23812.0
青海省	
格尔木市	329465.7
德令哈市	9124.3
宁夏回族自治区	
灵武市	343403.0
青铜峡市	72114.0
新疆维吾尔自治区	
吐鲁番市	286844.0
哈密市	591706.0
昌吉市	85684.0
阜康市	20995.0
博乐市	106009.0
库尔勒市	981804.0
阿克苏市	770527.0
阿图什市	25569.5
喀什市	704304.0
和田市	136979.6
伊宁市	304733.0
奎屯市	121644.0
塔城市	448282.0
乌苏市	16672.0
阿勒泰市	9283.0
石河子市	916217.0
阿拉尔市	20491.0
图木舒克市	3400.0
五家渠市	182516.4

3-7 城镇固定资产投资完成额

单位：万元

城 市	城镇固定资产投资完成额	城 市	城镇固定资产投资完成额
河北省		瓦房店市	4767522
辛集市	1338991	普兰店市	3938474
藁城市	1578653	庄河市	3127766
晋州市	1063859	海城市	3772436
新乐市	945701	东港市	1373700
鹿泉市	1475667	凤城市	730601
遵化市	824548	凌海市	1112187
迁安市	1505504	北镇市	486627
武安市	1545091	盖州市	1157782
南宫市	352477	大石桥市	878452
沙河市	905481	灯塔市	789896
涿州市	1025538	调兵山市	1136440
定州市	879983	开原市	2015056
安国市	592209	北票市	692534
高碑店市	365627	凌源市	496981
泊头市	350233	兴城市	487566
任丘市	671541	**吉林省**	
黄骅市	604928	九台市	1695158
河间市	264930	榆树市	1264083
霸州市	1243269	德惠市	1933733
三河市	2070699	蛟河市	994502
冀州市	330470	桦甸市	1856478
深州市	325467	舒兰市	1312583
山西省		磐石市	1335379
古交市	324285	公主岭市	1942542
潞城市	418883	双辽市	825528
高平市	455008	梅河口市	1856891
介休市	650044	集安市	971127
永济市	332025	临江市	594129
河津市	851902	洮南市	855001
原平市	655668	大安市	513570
侯马市	226047	延吉市	1816222
霍州市	513512	图们市	222497
孝义市	1058501	敦化市	1051781
汾阳市	198569	珲春市	761422
内蒙古自治区		龙井市	233385
霍林郭勒市	484055	和龙市	527918
满洲里市	312121	**黑龙江省**	
牙克石市	600200	双城市	1101421
扎兰屯市	741305	尚志市	863303
额尔古纳市	113461	五常市	698921
根河市	85501	讷河市	543146
丰镇市	170170	虎林市	167010
乌兰浩特市	601678	密山市	192314
阿尔山市	191726	铁力市	396794
二连浩特市	310029	同江市	284770
锡林浩特市	1083977	富锦市	424520
辽宁省		绥芬河市	527600
新民市	1644220	海林市	793110

3-7 续表 1

单位：万元

城　市	城镇固定资产投资完成额	城　市	城镇固定资产投资完成额
宁安市	808030	义乌市	1721747
穆棱市	495071	东阳市	369245
北安市	159130	永康市	680842
五大连池市	183738	江山市	837112
安达市	637748	温岭市	846199
肇东市	651009	临海市	831647
海伦市	290233	龙泉市	277748
江苏省		**安徽省**	
江阴市	3865306	桐城市	1014700
宜兴市	1996086	天长市	1258209
新沂市	1558600	明光市	395230
邳州市	1851206	界首市	204151
溧阳市	1481871	宁国市	1356912
金坛市	1197344	**福建省**	
常熟市	2709098	福清市	2277326
张家港市	2675684	长乐市	1037978
昆山市	4103327	永安市	712365
吴江市	2960646	石狮市	1109014
太仓市	2421984	晋江市	2397137
启东市	1165253	南安市	1023907
如皋市	1337535	龙海市	1437820
海门市	1062574	邵武市	634456
东台市	1213437	武夷山市	863081
大丰市	1208054	建瓯市	516914
仪征市	1037008	建阳市	408279
高邮市	1617302	漳平市	427938
江都市	1874234	福安市	457722
丹阳市	1185211	福鼎市	424087
扬中市	530887	**江西省**	
句容市	673298	乐平市	1477054
兴化市	981416	瑞昌市	797594
靖江市	1735998	共青城市	
泰兴市	1106040	贵溪市	1252631
姜堰市	811823	瑞金市	174634
浙江省		南康市	442045
建德市	359147	井冈山市	376017
富阳市	958188	丰城市	1407232
临安市	388017	樟树市	864253
余姚市	2188958	高安市	681965
慈溪市	2487845	德兴市	577782
奉化市	941531	**山东省**	
瑞安市	857780	章丘市	2044416
乐清市	904501	胶州市	2338832
海宁市	1135388	即墨市	2574357
平湖市	1765151	平度市	1894477
桐乡市	991153	胶南市	2162587
诸暨市	1223664	莱西市	1731218
上虞市	757004	滕州市	1986520
嵊州市	744313	龙口市	3950011
兰溪市	305633	莱阳市	659804

3-7 续表 2 单位：万元

城　　市	城镇固定资产投资完成额	城　　市	城镇固定资产投资完成额
莱州市	1511115	老河口市	
蓬莱市	1968995	枣阳市	888663
招远市	2001296	宜城市	448111
栖霞市	180995	钟祥市	1130426
海阳市	1914325	应城市	694603
青州市	2113280	安陆市	508472
诸城市	1867046	汉川市	838334
寿光市	1178199	石首市	507560
安丘市	552450	洪湖市	497291
高密市	1366393	松滋市	598869
昌邑市	753103	麻城市	
曲阜市	662998	武穴市	
兖州市	1701816	赤壁市	748522
邹城市	1414554	广水市	733582
新泰市	2045075	恩施市	
肥城市	2262366	利川市	
文登市	2144588	仙桃市	1528600
荣成市	2849204	潜江市	
乳山市	1667911	天门市	1407015
乐陵市	754240	**湖南省**	
禹城市	1081772	浏阳市	1793211
临清市	994347	醴陵市	794369
河南省		湘乡市	478386
巩义市	2145249	韶山市	202727
荥阳市	2140361	耒阳市	792630
新密市	2146109	常宁市	254052
新郑市	2359191	武冈市	493298
登封市	1665429	汨罗市	999127
偃师市	993351	临湘市	636438
舞钢市	605819	津市市	203700
汝州市	861665	沅江市	466275
林州市	2135434	资兴市	696368
卫辉市	671386	洪江市	346709
辉县市	1750264	冷水江市	301641
沁阳市	1506243	涟源市	467289
孟州市	1308367	吉首市	134365
禹州市	1665386	**广东省**	
长葛市	1259744	增城市	1567220
义马市	924431	从化市	529501
灵宝市	1534944	乐昌市	469803
邓州市	1035546	南雄市	520281
永城市	1179396	台山市	1463811
项城市	497657	开平市	262008
济源市	1811920	鹤山市	847707
湖北省		恩平市	352129
大冶市	1300440	廉江市	724734
丹江口市	493961	雷州市	417272
宜都市	1001557	吴川市	445179
当阳市	887388	高州市	132579
枝江市	1173399	化州市	178294

3-7 续表 3

单位：万元

城　　市	城镇固定资产投资完成额	城　　市	城镇固定资产投资完成额
信宜市	138384	**云南省**	
高要市	378239	安宁市	602643
四会市	881892	宣威市	762083
兴宁市	210686	楚雄市	390127
陆丰市	987781	个旧市	458397
阳春市	456967	开远市	389265
英德市	910393	蒙自市	393762
连州市	497873	文山市	409582
普宁市	722250	景洪市	489939
罗定市	510249	大理市	598195
广西壮族自治区		瑞丽市	156919
岑溪市	1204097	芒市	216115
东兴市	554792	**西藏自治区**	
桂平市	928731	日喀则市	76000
北流市	867395	**陕西省**	
宜州市	399212	兴平市	680751
合山市	227249	韩城市	837684
凭祥市	318992	华阴市	406891
海南省		**甘肃省**	
五指山市	39702	玉门市	1065872
琼海市	698869	敦煌市	257888
儋州市	390266	临夏市	154178
文昌市	821922	合作市	129033
万宁市	745659	**青海省**	
东方市	287280	格尔木市	642749
四川省		德令哈市	250804
都江堰市	1185991	**宁夏回族自治区**	
彭州市	1301020	灵武市	2628638
邛崃市	88788	青铜峡市	251137
崇州市	1063233	**新疆维吾尔自治区**	
广汉市	794837	吐鲁番市	211362
什邡市	1148376	哈密市	874411
绵竹市	845354	昌吉市	648199
江油市	795064	阜康市	327393
峨眉山市	573511	博乐市	210458
阆中市	807624	库尔勒市	1779098
华蓥市	385478	阿克苏市	324990
万源市	528926	阿图什市	51242
简阳市	942483	喀什市	420848
西昌市	1797296	和田市	241210
贵州省		伊宁市	526447
清镇市	765388	奎屯市	239974
赤水市	302356	塔城市	70233
仁怀市	383125	乌苏市	249023
铜仁市	494528	阿勒泰市	122148
兴义市	571982	石河子市	1273073
毕节市	714140	阿拉尔市	300553
凯里市	724479	图木舒克市	94033
都匀市	328578	五家渠市	665320
福泉市	347243		

3-8 教　育

城　市	普通中学数(所)	小学数(所)	普通中学专任教师数(人)	小学专任教师数(人)	普通中学在校学生数(人)	其中：女生(人)
河北省						
辛集市	36	116	2705	2667	38204	19266
藁城市	32	104	3115	3641	38426	21124
晋州市	24	163	1735	1988	27031	13320
新乐市	30	76	1716	2111	37402	17718
鹿泉市	14	63	1656	1867	19500	9776
遵化市	37	132	3015	3412	35446	18232
迁安市	43	135	3504	3075	38491	19433
武安市	34	124	3987	4540	47001	23265
南宫市	16	90	1854	2152	22537	10872
沙河市	35	121	2716	3205	38020	19262
涿州市	24	87	2004	2033	23251	11879
定州市	41	246	4054	4459	57977	29745
安国市	11	93	1456	1824	18929	9850
高碑店市	25	97	1597	1583	19999	9560
泊头市	20	73	1961	3094	22471	11260
任丘市	59	157	3248	4272	28989	14428
黄骅市	27	101	1693	3009	24530	11010
河间市	35	160	2373	5254	22958	11990
霸州市	27	136	2367	3371	34991	17255
三河市	19	70	2233	2232	32377	16265
冀州市	16	40	1721	1687	23469	11455
深州市	35	190	1961	2322	22532	11212
山西省						
古交市	20	62	1261	1698	15860	7920
潞城市	13	68	921	1374	12996	6482
高平市	34	182	2189	1987	39919	19910
介休市	27	123	2012	1937	30040	11971
永济市	21	94	1641	2401	17059	10648
河津市	46	135	3405	2713	37725	17147
原平市	38	318	2271	2425	28655	14002
侯马市	16	50	1148	1260	14127	7120
霍州市	32	107	1657	1748	21190	10346
孝义市	43	123	3172	2592	42284	20949
汾阳市	34	151	2011	2547	33270	16693
内蒙古自治区						
霍林郭勒市	8	6	809	444	7384	3488
满洲里市	13	14	1093	841	12764	6306
牙克石市	27	26	1803	1487	17313	9270
扎兰屯市	24	27	1371	1837	13851	7013
额尔古纳市	10	8	454	533	3620	1765
根河市	10	9	780	1025	5571	3911
丰镇市	11	19	936	1562	10263	5043
乌兰浩特市	18	24	1754	1351	25570	12871
阿尔山市	3	5	153	203	1224	588
二连浩特市	3	5	348	278	4208	1931
锡林浩特市	9	12	1407	988	21201	11193

3-8 续表 1

城　市	普通中学数 (所)	小学数 (所)	普通中学专任教师数 (人)	小学专任教师数 (人)	普通中学在校学生数 (人)	其中：女生 (人)
辽宁省						
新民市	34	15	2085	2358	24811	12341
瓦房店市	33	138	2017	2549	25541	12262
普兰店市	44	151	3205	3156	26716	13029
庄河市	34	162	3392	2627	48839	24632
海城市	53	314	3571	5047	54499	25780
东港市	30	121	1567	2027	24077	11589
凤城市	29	130	1792	2210	29224	14841
凌海市	27	57	1575	1822	16567	8245
北镇市	26	81	1760	1805	25726	13060
盖州市	29	95	2676	2910	25585	11959
大石桥市	26	87	2482	2252	42108	20017
灯塔市	22	107	1424	1580	17079	7266
调兵山市	10	16	593	759	6569	3512
开原市	27	81	2031	2146	17264	8414
北票市	36	105	2381	2296	30494	15487
凌源市	26	163	2097	3073	40485	17014
兴城市	31	158	1927	2322	27800	13239
吉林省						
九台市	35	222	2688	5133	39326	19023
榆树市	56	356	3358	5574	60993	29881
德惠市	50	257	2985	4509	51529	25108
蛟河市	27	124	1764	2877	21556	10730
桦甸市	24	100	1564	2214	26029	12688
舒兰市	31	161	1729	2978	25536	12665
磐石市	24	133	1996	2818	29762	14561
公主岭市	53	301	3460	4358	45699	22393
双辽市	28	159	1276	1959	16573	8700
梅河口市	31	152	2184	2910	31559	15557
集安市	16	45	849	1249	10935	5371
临江市	16	61	691	877	7619	4946
洮南市	23	180	1314	2138	17953	9207
大安市	24	182	1366	2989	10469	5150
延吉市	27	25	2229	1800	27092	13659
图们市	10	12	469	410	4124	1954
敦化市	29	79	1878	2004	21595	11888
珲春市	16	15	1083	1187	9741	5260
龙井市	14	13	615	550	4277	2209
和龙市	19	19	790	978	5713	2650
黑龙江省						
双城市	34	182	1853	2891	24655	12250
尚志市	31	52	2505	3209	32336	15203
五常市	38	177	2359	3973	33854	17595
讷河市	25	182	1819	2430	23211	10426
虎林市	22	23	1354	1291	17053	6541
密山市	36	29	2061	1770	20032	9678
铁力市	21	38	1576	1656	19032	9499
同江市	2	30	524	1008	7720	3812
富锦市	14	32	1069	1650	21694	10758
绥芬河市	4	9	430	441	6536	3154
海林市	25	56	1468	1494	18056	9196
宁安市	27	64	1776	1736	24194	11893

3-8 续表 2

城　市	普通中学数（所）	小学数（所）	普通中学专任教师数（人）	小学专任教师数（人）	普通中学在校学生数（人）	其中：女生（人）
穆棱市	21	56	977	1373	10161	5139
北安市	23	89	1130	1527	18607	9442
五大连池市	30	63	1213	1611	16320	8041
安达市	28	113	1674	2110	21732	10598
肇东市	44	260	3141	3159	60151	28803
海伦市	42	218	2587	3190	51023	24065
江苏省						
江阴市	41	38	5848	4721	63749	28885
宜兴市	47	67	4484	3507	51811	24948
新沂市	38	96	4360	3373	47248	21647
邳州市	54	161	6751	6287	90037	41246
溧阳市	38	41	3010	2465	38933	17841
金坛市	26	30	2341	1817	25849	12424
常熟市	41	62	3621	3831	43762	21663
张家港市	37	35	3371	3055	37590	18022
昆山市	31	45	2806	2662	32476	15559
吴江市	36	34	3423	3078	36860	18012
太仓市	19	28	1696	1822	20182	9963
启东市	38	54	3537	2524	42767	21651
如皋市	35	56	4850	2787	66071	30526
海门市	40	45	3890	2826	47648	24022
东台市	43	28	4037	2654	47565	12003
大丰市	31	34	2623	2260	30234	9317
仪征市	23	37	2157	1687	26284	12426
高邮市	34	50	2818	2108	40867	20287
江都市	38	56	3613	3037	44736	21097
丹阳市	41	38	3402	2617	42701	20081
扬中市	10	11	1264	959	12283	5991
句容市	17	32	1845	1361	24410	12011
兴化市	63	18	4775	4508	58946	23504
靖江市	24	31	2932	2106	29901	14475
泰兴市	50	45	5528	3489	66487	27734
姜堰市	30	28	2990	2224	40132	18122
浙江省						
建德市	28	27	1887	1480	26937	12621
富阳市	26	52	2711	2556	38703	18790
临安市	26	38	1887	1760	26028	13161
余姚市	55	94	3166	2883	49194	24251
慈溪市	51	98	4222	3969	61275	20217
奉化市	21	38	1672	1545	25467	12203
瑞安市	75	98	4533	4505	56580	26734
乐清市	83	144	5342	5221	66672	29375
海宁市	27	44	2498	2280	34400	17401
平湖市	17	35	1941	1609	29100	14792
桐乡市	31	34	2696	2349	41500	20997
诸暨市	45	113	5031	3590	82623	37205
上虞市	35	69	2962	2584	45172	22698
嵊州市	37	65	2695	2077	36476	17860
兰溪市	31	56	2406	1938	35300	16399
义乌市	35	77	3159	3157	48300	21808

3-8 续表 3

城　市	普通中学数 (所)	小学数 (所)	普通中学专任教师数 (人)	小学专任教师数 (人)	普通中学在校学生数 (人)	其中：女生 (人)
东阳市	49	91	3052	2644	43700	20078
永康市	28	61	2314	2019	30800	14255
江山市	23	70	1924	1719	29100	13775
温岭市	48	98	4135	4002	53800	24839
临海市	47	128	3747	3963	59400	28338
龙泉市	11	41	962	1424	13846	7143
安徽省						
桐城市	54	214	3462	3002	63224	29364
天长市	42	52	2406	2270	36879	17276
明光市	36	71	2080	1987	37404	18060
界首市	52	170	2363	3063	39346	17355
宁国市	22	36	1536	1422	20373	9982
福建省						
福清市	73	363	5503	5395	84467	38100
长乐市	39	122	2359	2475	31614	14829
永安市	20	99	1528	1650	17489	9063
石狮市	16	64	1638	1711	22210	10119
晋江市	57	289	5146	5053	79302	35322
南安市	80	302	6388	5385	81531	36238
龙海市	36	205	3277	3152	43218	21562
邵武市	22	67	1208	1582	15954	7676
武夷山市	11	78	914	1248	10595	5371
建瓯市	23	144	1740	2309	24194	12399
建阳市	17	45	1274	1639	17836	8724
漳平市	23	74	1337	1388	15707	6939
福安市	28	127	2732	2659	39768	19453
福鼎市	26	109	2255	2489	33009	16078
江西省						
乐平市	44	286	2687	3788	43917	18254
瑞昌市	27	34	1754	1897	23860	10795
共青城市	4	18	180	310	4130	1931
贵溪市	36	184	2188	2427	26921	11433
瑞金市	31	187	2095	2900	40186	17147
南康市	41	187	2633	3597	51302	21779
井冈山市	13	27	581	764	8418	4149
丰城市	49	485	4670	6671	69270	3047
樟树市	30	118	2216	2323	28163	12263
高安市	30	275	2952	3388	53973	20005
德兴市	23	63	1154	1422	13989	6672
山东省						
章丘市	35	136	4286	4413	59742	29035
胶州市	28	98	3315	3982	44710	21897
即墨市	38	178	5157	4987	64220	33923
平度市	54	180	5499	5475	68552	33364
胶南市	33	76	3998	3988	42371	20736
莱西市	36	99	3662	2783	43251	21132
滕州市	42	251	5138	6479	56042	22481
龙口市	38	69	3751	1961	42694	21068
莱阳市	30	72	3957	2786	42585	20741
莱州市	41	59	3990	2250	46680	22562

3-8 续表 4

城　市	普通中学数（所）	小学数（所）	普通中学专任教师数（人）	小学专任教师数（人）	普通中学在校学生数（人）	其中：女生（人）
蓬莱市	19	34	2216	1465	25735	12724
招远市	33	54	3113	1720	34721	16906
栖霞市	29	34	3229	1996	33698	16441
海阳市	24	41	3010	2384	36177	18030
青州市	43	140	4244	4145	57237	27086
诸城市	34	124	4565	4126	65265	30899
寿光市	40	126	4681	4280	67479	31949
安丘市	34	77	4600	4122	41247	21625
高密市	43	89	4130	3763	48229	23687
昌邑市	28	81	2656	2143	35619	17363
曲阜市	28	94	2677	2661	29835	12531
兖州市	16	71	2402	1806	25173	12106
邹城市	38	166	4932	5610	58463	26328
新泰市	37	171	4684	5676	101250	45565
肥城市	32	106	5000	4577	42816	26913
文登市	24	32	4678	3531	52958	26711
荣成市	35	43	3805	1817	39053	19598
乳山市	26	19	2753	1306	27278	13869
乐陵市	31	118	2133	3148	27019	13154
禹城市	20	104	1842	2400	22449	10939
临清市	25	105	2507	2747	28734	14030
河南省						
巩义市	54	95	4969	3220	47021	23740
荥阳市	23	58	2923	2899	32413	16001
新密市	44	122	4167	4518	47241	22322
新郑市	33	122	2830	2569	39562	17972
登封市	39	125	2871	3423	36983	18490
偃师市	61	259	3436	3781	52143	25229
舞钢市	13	110	852	1527	9571	4563
汝州市	55	375	2570	4574	31037	15105
林州市	55	356	3093	4649	52339	24130
卫辉市	34	159	1950	2193	28727	14155
辉县市	47	170	3400	2727	39824	19034
沁阳市	29	91	1920	1925	32130	15579
孟州市	27	46	1370	1405	19617	9960
禹州市	69	348	4537	5647	73444	34059
长葛市	39	164	3073	4039	37292	17784
义马市	8	17	605	714	7774	3863
灵宝市	41	157	3711	3399	51961	25131
邓州市	82	577	4672	6915	92781	44289
永城市	64	426	4444	7595	100137	47940
项城市	65	381	4175	5747	102322	47475
济源市	41	113	3069	2608	40513	19305
湖北省						
大冶市	59	199	4005	3988	60553	27929
丹江口市	27	62	1730	1747	27418	13042
宜都市	17	26	1386	859	16113	8056
当阳市	23	33	1563	1147	20229	9802
枝江市	22	42	1416	1209	15937	10054
老河口市	17	43	1596	1782	24319	11543

3-8 续表 5

城 市	普通中学数（所）	小学数（所）	普通中学专任教师数（人）	小学专任教师数（人）	普通中学在校学生数（人）	其中：女生（人）
枣阳市	42	116	4156	3931	54585	27042
宜城市	27	119	2072	2143	26857	13245
钟祥市	47	113	3462	3125	48527	23500
应城市	25	56	2553	2313	42786	19353
安陆市	25	57	2941	2487	36383	18780
汉川市	53	125	3942	3556	47826	18091
石首市	22	55	2559	1704	38540	17820
洪湖市	49	72	3723	2267	47726	23892
松滋市	29	59	2500	1861	40697	19283
麻城市	52	200	4578	3612	74832	31405
武穴市	45	142	3199	2647	48938	20835
赤壁市	27	58	1362	1541	18132	7889
广水市	43	68	4323	3226	49489	28922
恩施市	30	142	2229	2413	43997	21831
利川市	34	143	2356	3112	43545	16853
仙桃市	66	144	6477	4076	87566	34828
潜江市	46	102	4351	3608	54764	15526
天门市	52	151	5639	3573	86220	34188
湖南省						
浏阳市	63	235	4167	4155	52243	24753
醴陵市	49	177	2823	2908	33173	19820
湘乡市	67	180	3191	3351	41261	19755
韶山市	7	16	333	371	3367	1689
耒阳市	60	355	3839	5145	51874	16836
常宁市	49	226	2837	3638	40459	18100
武冈市	47	151	2270	2840	40322	18450
汨罗市	50	122	2961	2315	34310	14320
临湘市	30	85	2024	1561	27085	13981
津市市	13	19	951	710	9192	4802
沅江市	45	69	3798	2762	29930	14651
资兴市	26	27	1393	1683	15183	7362
洪江市	33	50	1813	1937	20456	10031
冷水江市	29	55	1954	1826	20112	13508
涟源市	60	253	3842	4112	63055	29556
吉首市	19	83	1338	1429	21168	10664
广东省						
增城市	48	139	4656	4591	73816	36219
从化市	25	64	2549	2997	43788	21727
乐昌市	28	160	2113	2242	28471	13632
南雄市	20	71	1896	2261	30013	14281
台山市	42	68	3650	2958	55296	27350
开平市	33	57	3631	2963	58523	28448
鹤山市	15	42	1545	1490	24995	12476
恩平市	25	41	923	2358	32429	15239
廉江市	72	397	6037	8971	136951	62841
雷州市	46	549	5581	8282	151372	71091
吴川市	55	326	4539	4923	107061	49412
高州市	69	536	8551	6551	156861	67355
化州市	68	407	6458	7842	138001	64040
信宜市	53	362	7237	6697	136028	64730

3-8 续表 6

城　市	普通中学数(所)	小学数(所)	普通中学专任教师数(人)	小学专任教师数(人)	普通中学在校学生数(人)	其中：女生(人)
高要市	30	103	3487	2703	59599	28228
四会市	26	39	2317	2218	38139	17654
兴宁市	49	333	5420	5202	79316	33347
陆丰市	89	378	6255	5584	147347	66563
阳春市	29	321	3512	4437	72204	30859
英德市	41	235	4397	4035	77313	38529
连州市	24	92	1993	1991	23926	12613
普宁市	91	476	8809	10985	221357	103628
罗定市	37	366	4290	5018	93296	42860
广西壮族自治区						
岑溪市	37	279	3032	3721	64165	29791
东兴市	7	35	430	802	7696	3216
桂平市	74	430	5457	7374	118405	57485
北流市	51	297	4618	5967	87070	39706
宜州市	29	189	1720	2390	30800	16152
合山市	3	6	396	599	4957	2633
凭祥市	6	37	346	648	4345	2249
海南省						
五指山市	4	57	324	920	7696	2241
琼海市	26	139	1892	2269	30578	12287
儋州市	52	368	4019	6178	82027	37270
文昌市	29	174	2065	2746	31887	10189
万宁市	26	143	1911	3469	26850	12691
东方市	16	175	1518	2798	23952	11556
四川省						
都江堰市	28	25	2362	2014	32941	16647
彭州市	31	23	2336	2034	37513	19297
邛崃市	33	30	2050	1877	35241	18169
崇州市	18	31	2120	2049	28591	14432
广汉市	29	50	1988	1782	27557	13963
什邡市	17	28	1428	1548	19089	9590
绵竹市	13	30	1251	1433	18405	9155
江油市	30	73	2382	2747	41483	20671
峨眉山市	22	46	1208	1403	21113	10640
阆中市	76	17	3209	2587	46143	22279
华蓥市	21	13	1327	1284	22298	10777
万源市	34	280	1887	2141	37495	18223
简阳市	105	30	4097	3819	69612	34636
西昌市	35	164	2862	3166	54984	26614
贵州省						
清镇市	25	150	1765	2024	32824	16460
赤水市	18	58	951	1458	14939	7490
仁怀市	37	203	2474	3486	46633	22004
铜仁市	19	127	1745	2014	33819	15535
兴义市	63	232	3734	4025	43430	20127
毕节市	91	402	4700	6318	88685	40859
凯里市	40	131	2125	2182	36862	17311
都匀市	30	169	1720	2171	30951	15038
福泉市	19	116	1291	1743	21535	10515

3-8 续表 7

城　市	普通中学数（所）	小学数（所）	普通中学专任教师数（人）	小学专任教师数（人）	普通中学在校学生数（人）	其中：女生（人）
云南省						
安宁市	12	51	1144	1574	15816	7654
宣威市	52	358	5213	6724	114364	50592
楚雄市	27	144	2295	2326	34321	17567
个旧市	22	80	1341	1916	20805	10585
开远市	17	69	1005	1545	16036	7910
蒙自市	20	140	1598	1847	22542	11503
文山市	35	151	2060	2689	33094	16037
景洪市	20	76	1525	2340	25246	13097
大理市	38	134	2379	2227	38578	20342
瑞丽市	8	48	445	818	6636	3309
芒市	18	69	1329	2101	20436	10101
西藏自治区						
日喀则市	3	18	326	476	4188	2014
陕西省						
兴平市	29	188	2565	3167	47401	20030
韩城市	37	81	1790	2713	27469	12687
华阴市	24	72	1059	1310	8290	4044
甘肃省						
玉门市	10	27	626	747	9113	4411
敦煌市	15	38	736	688	10662	5335
临夏市	11	54	1279	1168	19274	5806
合作市	5	23	437	651	8171	3268
青海省						
格尔木市	20	15	894	1061	11923	5631
德令哈市	8	17	354	416	3288	1655
宁夏回族自治区						
灵武市	10	27	952	1152	14387	7067
青铜峡市	15	67	1047	1714	15948	7979
新疆维吾尔自治区						
吐鲁番市	18	25	1347	1804	12485	6367
哈密市	42	40	2634	2602	32435	16136
昌吉市	15	23	2165	1690	31824	15875
阜康市	5	7	718	767	8104	4072
博乐市	14	20	972	1507	10995	5528
库尔勒市	33	22	2053	3102	23321	11765
阿克苏市	38	48	2330	1983	27468	13600
阿图什市	21	71	1881	2058	18608	9915
喀什市	24	75	2040	2959	25138	19520
和田市	18	80	1625	1707	19627	9663
伊宁市	29	55	2521	3191	34831	18178
奎屯市	13	17	1174	727	18286	9368
塔城市	7	25	975	1084	6800	3470
乌苏市	23	18	1562	1537	15051	5117
阿勒泰市	20	13	1187	1453	10665	
石河子市	47	28	3081	2484	44315	22693
阿拉尔市	13	21	770	745	10130	5226
图木舒克市	14	12	897	1057	10783	5415
五家渠市	6	6	710	507	8484	4279

3-9 医院、卫生院数

单位：所

城市	医院、卫生院数	城市	医院、卫生院数
河北省		瓦房店市	35
辛集市	27	普兰店市	38
藁城市	17	庄河市	41
晋州市	14	海城市	51
新乐市	15	东港市	26
鹿泉市	21	凤城市	29
遵化市	40	凌海市	24
迁安市	27	北镇市	18
武安市	40	盖州市	35
南宫市	17	大石桥市	26
沙河市	22	灯塔市	19
涿州市	22	调兵山市	3
定州市	28	开原市	30
安国市	15	北票市	40
高碑店市	26	凌源市	27
泊头市	20	兴城市	35
任丘市	46	**吉林省**	
黄骅市	21	九台市	36
河间市	30	榆树市	40
霸州市	25	德惠市	26
三河市	30	蛟河市	22
冀州市	16	桦甸市	26
深州市	22	舒兰市	31
山西省		磐石市	30
古交市	20	公主岭市	43
潞城市	12	双辽市	17
高平市	29	梅河口市	25
介休市	26	集安市	24
永济市	5	临江市	19
河津市	41	洮南市	22
原平市	43	大安市	30
侯马市	22	延吉市	96
霍州市	28	图们市	18
孝义市	33	敦化市	33
汾阳市	28	珲春市	17
内蒙古自治区		龙井市	11
霍林郭勒市	4	和龙市	15
满洲里市	9	**黑龙江省**	
牙克石市	34	双城市	30
扎兰屯市	134	尚志市	28
额尔古纳市	9	五常市	37
根河市	10	讷河市	28
丰镇市	19	虎林市	20
乌兰浩特市	17	密山市	20
阿尔山市	40	铁力市	18
二连浩特市	8	同江市	19
锡林浩特市	21	富锦市	24
辽宁省		绥芬河市	4
新民市	35	海林市	19

3-9 续表 1　　　　单位：人

城　市	医院、卫生院数	城　市	医院、卫生院数
宁安市	21	义乌市	25
穆棱市	13	东阳市	24
北安市	24	永康市	21
五大连池市	18	江山市	11
安达市	30	温岭市	38
肇东市	29	临海市	49
海伦市	32	龙泉市	44
江苏省		**安徽省**	
江阴市	35	桐城市	18
宜兴市	51	天长市	18
新沂市	26	明光市	18
邳州市	37	界首市	20
溧阳市	28	宁国市	30
金坛市	16	**福建省**	
常熟市	39	福清市	35
张家港市	37	长乐市	27
昆山市	29	永安市	17
吴江市	22	石狮市	18
太仓市	25	晋江市	65
启东市	44	南安市	29
如皋市	62	龙海市	19
海门市	38	邵武市	27
东台市	39	武夷山市	15
大丰市	32	建瓯市	17
仪征市	22	建阳市	18
高邮市	31	漳平市	16
江都市	46	福安市	23
丹阳市	28	福鼎市	18
扬中市	7	**江西省**	
句容市	23	乐平市	32
兴化市	51	瑞昌市	35
靖江市	24	共青城市	8
泰兴市	36	贵溪市	28
姜堰市	32	瑞金市	24
浙江省		南康市	29
建德市	35	井冈山市	21
富阳市	25	丰城市	42
临安市	53	樟树市	22
余姚市	22	高安市	30
慈溪市	32	德兴市	24
奉化市	29	**山东省**	
瑞安市	55	章丘市	39
乐清市	57	胶州市	24
海宁市	20	即墨市	35
平湖市	14	平度市	45
桐乡市	20	胶南市	22
诸暨市	31	莱西市	42
上虞市	26	滕州市	49
嵊州市	28	龙口市	32
兰溪市	48	莱阳市	37

3-9 续表 2

单位：人

城　　市	医院、卫生院数	城　　市	医院、卫生院数
莱州市	36	老河口市	16
蓬莱市	24	枣阳市	32
招远市	20	宜城市	24
栖霞市	20	钟祥市	33
海阳市	20	应城市	23
青州市	29	安陆市	24
诸城市	35	汉川市	49
寿光市	31	石首市	18
安丘市	29	洪湖市	26
高密市	14	松滋市	21
昌邑市	10	麻城市	23
曲阜市	18	武穴市	20
兖州市	23	赤壁市	21
邹城市	48	广水市	22
新泰市	67	恩施市	21
肥城市	52	利川市	16
文登市	26	仙桃市	28
荣成市	37	潜江市	29
乳山市	20	天门市	28
乐陵市	23	**湖南省**	
禹城市	19	浏阳市	43
临清市	28	醴陵市	40
河南省		湘乡市	27
巩义市	31	韶山市	8
荥阳市	21	耒阳市	51
新密市	33	常宁市	29
新郑市	31	武冈市	27
登封市	27	汨罗市	36
偃师市	21	临湘市	34
舞钢市	14	津市市	12
汝州市	21	沅江市	29
林州市	21	资兴市	39
卫辉市	22	洪江市	40
辉县市	28	冷水江市	26
沁阳市	17	涟源市	53
孟州市	13	吉首市	25
禹州市	44	**广东省**	
长葛市	21	增城市	28
义马市	17	从化市	14
灵宝市	27	乐昌市	24
邓州市	35	南雄市	21
永城市	34	台山市	24
项城市	22	开平市	25
济源市	22	鹤山市	14
湖北省		恩平市	19
大冶市	17	廉江市	36
丹江口市	24	雷州市	34
宜都市	16	吴川市	26
当阳市	13	高州市	44
枝江市	13	化州市	30

3-9 续表 3

单位：人

城　市	医院、卫生院数	城　市	医院、卫生院数
信宜市	31	**云南省**	
高要市	20	安宁市	25
四会市	48	宣威市	39
兴宁市	33	楚雄市	38
陆丰市	32	个旧市	25
阳春市	26	开远市	18
英德市	32	蒙自市	28
连州市	28	文山市	29
普宁市	34	景洪市	33
罗定市	31	大理市	36
广西壮族自治区		瑞丽市	19
岑溪市	20	芒市	30
东兴市	4	**西藏自治区**	
桂平市	34	日喀则市	13
北流市	31	**陕西省**	
宜州市	25	兴平市	26
合山市	5	韩城市	35
凭祥市	7	华阴市	23
海南省		**甘肃省**	
五指山市	14	玉门市	14
琼海市	36	敦煌市	13
儋州市	45	临夏市	20
文昌市	33	合作市	18
万宁市	30	**青海省**	
东方市	31	格尔木市	9
四川省		德令哈市	5
都江堰市	31	**宁夏回族自治区**	
彭州市	38	灵武市	21
邛崃市	29	青铜峡市	18
崇州市	47	**新疆维吾尔自治区**	
广汉市	32	吐鲁番市	12
什邡市	25	哈密市	38
绵竹市	35	昌吉市	31
江油市	80	阜康市	12
峨眉山市	33	博乐市	16
阆中市	75	库尔勒市	54
华蓥市	16	阿克苏市	33
万源市	57	阿图什市	11
简阳市	70	喀什市	48
西昌市	60	和田市	21
贵州省		伊宁市	32
清镇市	25	奎屯市	19
赤水市	23	塔城市	18
仁怀市	23	乌苏市	24
铜仁市	37	阿勒泰市	19
兴义市	48	石河子市	31
毕节市	38	阿拉尔市	12
凯里市	26	图木舒克市	11
都匀市	29	五家渠市	7
福泉市	24		

3-10 医疗服务

城　　市	医院、卫生院床位数(床)	医院、卫生院卫生技术人员数(人)	城　　市	医院、卫生院床位数(床)	医院、卫生院卫生技术人员数(人)
河北省			瓦房店市	4351	4652
辛集市	1479	1527	普兰店市	2774	2005
藁城市	1560	1309	庄河市	2666	3439
晋州市	829	857	海城市	3283	2771
新乐市	1488	1267	东港市	2209	1944
鹿泉市	1101	1178	凤城市	2120	1920
遵化市	1955	2364	凌海市	1210	1417
迁安市	2481	3182	北镇市	985	948
武安市	2205	2018	盖州市	1560	1208
南宫市	965	735	大石桥市	3293	3430
沙河市	1101	1082	灯塔市	654	590
涿州市	2204	2009	调兵山市	832	1087
定州市	1834	2061	开原市	2056	2429
安国市	901	944	北票市	1917	1815
高碑店市	1163	1573	凌源市	3047	1806
泊头市	980	1518	兴城市	2000	1331
任丘市	2896	3550	**吉林省**		
黄骅市	2103	2110	九台市	2692	2767
河间市	1607	1363	榆树市	1266	2237
霸州市	1573	1807	德惠市	968	2219
三河市	3246	2951	蛟河市	1159	2069
冀州市	720	791	桦甸市	2013	2144
深州市	983	1029	舒兰市	2120	1649
山西省			磐石市	1774	2604
古交市	1232	1392	公主岭市	3202	3411
潞城市	551	702	双辽市	693	1214
高平市	1006	2130	梅河口市	2060	2243
介休市	1309	1569	集安市	780	729
永济市	396	632	临江市	945	1148
河津市	1890	2006	洮南市	1821	2018
原平市	1161	1083	大安市	1560	1692
侯马市	1394	1496	延吉市	3570	4675
霍州市	1173	1248	图们市	459	685
孝义市	2069	2513	敦化市	1860	2390
汾阳市	2038	1740	珲春市	453	1120
内蒙古自治区			龙井市	411	524
霍林郭勒市	550	436	和龙市	568	571
满洲里市	779	1148	**黑龙江省**		
牙克石市	2551	3351	双城市	1455	1492
扎兰屯市	1336	1591	尚志市	1410	1752
额尔古纳市	413	707	五常市	1492	2177
根河市	696	938	讷河市	771	1582
丰镇市	430	490	虎林市	592	680
乌兰浩特市	1502	2170	密山市	876	760
阿尔山市	294	260	铁力市	1335	1679
二连浩特市	219	263	同江市	302	496
锡林浩特市	787	1353	富锦市	870	1246
辽宁省			绥芬河市	277	320
新民市	1630	2965	海林市	1176	1187

3-10 续表 1

城　　市	医院、卫生院床位数(床)	医院、卫生院卫生技术人员数(人)	城　　市	医院、卫生院床位数(床)	医院、卫生院卫生技术人员数(人)
宁安市	1079	1692	义乌市	2701	3818
穆棱市	613	1548	东阳市	2186	3206
北安市	1981	1478	永康市	1794	2521
五大连池市	522	658	江山市	1090	1049
安达市	1281	2014	温岭市	3686	4742
肇东市	1701	1566	临海市	3214	3816
海伦市	986	2113	龙泉市	643	887
江苏省			**安徽省**		
江阴市	5221	4910	桐城市	1443	1512
宜兴市	3401	3652	天长市	1935	1605
新沂市	1725	2217	明光市	1127	1261
邳州市	2483	4037	界首市	1579	1443
溧阳市	2082	2337	宁国市	1416	2105
金坛市	1480	1779	**福建省**		
常熟市	4782	5011	福清市	2225	2794
张家港市	5210	5072	长乐市	1557	1726
昆山市	4104	4859	永安市	1522	1231
吴江市	4536	4759	石狮市	1320	1953
太仓市	2528	2607	晋江市	3378	3935
启东市	2367	2466	南安市	3051	3171
如皋市	3430	3424	龙海市	1394	1295
海门市	3080	2919	邵武市	1232	1591
东台市	2654	2463	武夷山市	534	758
大丰市	2109	1973	建瓯市	1217	1212
仪征市	1599	1871	建阳市	1352	1365
高邮市	1525	1817	漳平市	748	481
江都市	3330	3425	福安市	1847	1986
丹阳市	2049	2381	福鼎市	1167	1637
扬中市	572	963	**江西省**		
句容市	1144	1412	乐平市	1799	1894
兴化市	3131	3049	瑞昌市	1770	918
靖江市	2401	2528	共青城市	286	254
泰兴市	2869	3432	贵溪市	997	1609
姜堰市	2279	2623	瑞金市	969	1216
浙江省			南康市	1739	2352
建德市	1618	1932	井冈山市	493	468
富阳市	1444	2190	丰城市	3372	4294
临安市	1543	1952	樟树市	1108	1484
余姚市	1405	8368	高安市	1712	2331
慈溪市	1562	185	德兴市	850	996
奉化市	2200	1848	**山东省**		
瑞安市	2627	4521	章丘市	4592	5169
乐清市	2585	3375	胶州市	2616	2995
海宁市	2474	3606	即墨市	4444	5261
平湖市	1482	2709	平度市	3128	2937
桐乡市	2606	3747	胶南市	2251	2508
诸暨市	3122	5010	莱西市	3354	4206
上虞市	1997	2854	滕州市	4544	5217
嵊州市	1886	2406	龙口市	4040	3996
兰溪市	1341	2014	莱阳市	3388	3757

3-10 续表 2

城市	医院、卫生院床位数(床)	医院、卫生院卫生技术人员数(人)	城市	医院、卫生院床位数(床)	医院、卫生院卫生技术人员数(人)
莱州市	3846	3726	老河口市	1358	1343
蓬莱市	3214	2521	枣阳市	1741	3228
招远市	2716	3860	宜城市	1276	1791
栖霞市	1450	2425	钟祥市	2905	2386
海阳市	3301	2561	应城市	1165	2676
青州市	4997	6203	安陆市	1209	2463
诸城市	4836	6989	汉川市	1770	2553
寿光市	4301	6020	石首市	1244	1630
安丘市	2553	3094	洪湖市	1662	2466
高密市	3374	3828	松滋市	1434	2292
昌邑市	2077	2030	麻城市	1590	2456
曲阜市	1368	1615	武穴市	1474	2021
兖州市	3620	3530	赤壁市	1089	1950
邹城市	5813	6752	广水市	1802	3040
新泰市	5930	7210	恩施市	4059	3526
肥城市	3680	4100	利川市	1087	1970
文登市	4296	4103	仙桃市	2863	2584
荣成市	6490	5903	潜江市	3083	4796
乳山市	3397	3699	天门市	3002	2830
乐陵市	1460	1315	**湖南省**		
禹城市	1426	1614	浏阳市	5208	4473
临清市	2112	2683	醴陵市	2717	2502
河南省			湘乡市	1983	2141
巩义市	2901	3270	韶山市	345	344
荥阳市	1706	2057	耒阳市	1826	2310
新密市	3317	3209	常宁市	969	1198
新郑市	1884	2921	武冈市	1285	1661
登封市	2370	2300	汨罗市	963	1582
偃师市	1603	1264	临湘市	1197	1427
舞钢市	1034	1147	津市市	240	240
汝州市	1789	1651	沅江市	1946	2938
林州市	2109	1766	资兴市	1242	1305
卫辉市	3088	2350	洪江市	1084	760
辉县市	2129	2319	冷水江市	1370	1419
沁阳市	1065	1545	涟源市	2300	2218
孟州市	884	802	吉首市	2217	3062
禹州市	2690	3958	**广东省**		
长葛市	1581	2766	增城市	2734	4073
义马市	1392	1430	从化市	1468	2399
灵宝市	1862	1908	乐昌市	2138	1857
邓州市	1788	1367	南雄市	945	920
永城市	3220	3310	台山市	2142	2144
项城市	1940	1582	开平市	1522	2495
济源市	2354	2326	鹤山市	810	1018
湖北省			恩平市	898	1351
大冶市	1847	1951	廉江市	3491	2940
丹江口市	2119	2409	雷州市	3363	3095
宜都市	1343	1705	吴川市	1297	1950
当阳市	1212	2625	高州市	4646	4252
枝江市	1325	796	化州市	1812	2397

3-10 续表 3

城市	医院、卫生院床位数(床)	医院、卫生院卫生技术人员数(人)	城市	医院、卫生院床位数(床)	医院、卫生院卫生技术人员数(人)
信宜市	2088	2593	**云南省**		
高要市	1275	2186	安宁市	2263	1532
四会市	1084	1989	宣威市	3641	1947
兴宁市	1662	2332	楚雄市	3538	2890
陆丰市	1782	2400	个旧市	3296	2986
阳春市	2058	1928	开远市	3787	2476
英德市	2051	2286	蒙自市	1849	2057
连州市	1224	1412	文山市	2187	1881
普宁市	2729	3994	景洪市	2687	2132
罗定市	2410	2732	大理市	3958	3477
广西壮族自治区			瑞丽市	750	635
岑溪市	1449	1532	芒市	1886	1753
东兴市	241	377	**西藏自治区**		
桂平市	2509	3279	日喀则市	80	202
北流市	2492	2341	**陕西省**		
宜州市	2261	2098	兴平市	1394	2091
合山市	485	500	韩城市	1200	1814
凭祥市	213	327	华阴市	1320	911
海南省			**甘肃省**		
五指山市	789	574	玉门市	610	667
琼海市	1387	1882	敦煌市	623	879
儋州市	2154	2454	临夏市	1717	2046
文昌市	1207	1498	合作市	645	431
万宁市	1380	2046	**青海省**		
东方市	1099	1343	格尔木市	759	1189
四川省			德令哈市	234	250
都江堰市	2343	2572	**宁夏回族自治区**		
彭州市	2400	2834	灵武市	685	857
邛崃市	1674	1540	青铜峡市	912	987
崇州市	3444	2889	**新疆维吾尔自治区**		
广汉市	2044	2079	吐鲁番市	665	958
什邡市	2149	1793	哈密市	2686	3872
绵竹市	2521	1139	昌吉市	3150	2807
江油市	4469	4417	阜康市	550	643
峨眉山市	1710	1492	博乐市	819	1035
阆中市	2239	1785	库尔勒市	3040	3671
华蓥市	927	939	阿克苏市	3426	3105
万源市	1325	1036	阿图什市	1503	1498
简阳市	3449	3827	喀什市	4187	3428
西昌市	3595	3769	和田市	2048	1745
贵州省			伊宁市	2823	3401
清镇市	1241	1037	奎屯市	2007	2275
赤水市	691	915	塔城市	941	1103
仁怀市	650	980	乌苏市	961	1048
铜仁市	2064	1845	阿勒泰市	1087	874
兴义市	3573	3328	石河子市	3986	5025
毕节市	2622	1968	阿拉尔市	869	850
凯里市	2564	2426	图木舒克市	426	180
都匀市	2692	2470	五家渠市	795	813
福泉市	513	585			

3-11 工资水平

城　　市	城镇在岗职工年平均人数(人)	城镇在岗职工工资总额(万元)
河北省		
辛集市	24963	58850
藁城市	27884	78145
晋州市	16471	37756
新乐市	15576	36847
鹿泉市	25907	74579
遵化市	26970	90259
迁安市	58552	213722
武安市	31135	106859
南宫市	12699	33038
沙河市	23768	66456
涿州市	45112	181044
定州市	41422	100893
安国市	12810	32168
高碑店市	29402	80828
泊头市	23704	61190
任丘市	69298	326851
黄骅市	29569	76532
河间市	23716	63372
霸州市	21885	85524
三河市	49012	194378
冀州市	16600	41007
深州市	20070	43141
山西省		
古交市	12393	35044
潞城市	23366	56748
高平市	38157	131850
介休市	64140	186202
永济市	27338	61056
河津市	36947	103850
原平市	37836	102341
侯马市	31661	69875
霍州市	40590	112216
孝义市	54063	206406
汾阳市	31600	96367
内蒙古自治区		
霍林郭勒市	19331	81484
满洲里市	31851	115849
牙克石市	28907	95386
扎兰屯市	24770	70579
额尔古纳市	18526	49903
根河市	12712	40849
丰镇市	13299	53380
乌兰浩特市	44412	131542
阿尔山市	6874	14080
二连浩特市	6210	26821
锡林浩特市	54396	180278
辽宁省		
新民市	23061	61450
瓦房店市	38689	141790
普兰店市	54068	169488
庄河市	36860	127679
海城市	47178	113999
东港市	27194	76333
凤城市	24456	62685
凌海市	23949	40856
北镇市	14208	27583
盖州市	15817	40338
大石桥市	23954	68868
灯塔市	13668	33547
调兵山市	63943	248982
开原市	23198	55416
北票市	30081	83283
凌源市	33152	93588
兴城市	25615	20367
吉林省		
九台市	29721	58365
榆树市	33489	78021
德惠市	39537	79199
蛟河市	24803	53867
桦甸市	19905	51132
舒兰市	27822	63702
磐石市	33713	81136
公主岭市	38799	87449
双辽市	22005	46818
梅河口市	38777	103679
集安市	19240	38286
临江市	13812	34926
洮南市	22268	44910
大安市	22367	49358
延吉市	77743	201484
图们市	9560	20974
敦化市	48924	111882
珲春市	27651	79857
龙井市	8636	23402
和龙市	19835	39331
黑龙江省		
双城市	25954	65490
尚志市	32819	64030
五常市	41651	72085
讷河市	19786	36536
虎林市	20200	39762
密山市	14527	35791
铁力市	29388	37890
同江市	7312	18766
富锦市	17251	37390
绥芬河市	10231	36520
海林市	32125	58947

3-11 续表 1

城　市	城镇在岗职工年平均人数(人)	城镇在岗职工工资总额(万元)	城　市	城镇在岗职工年平均人数(人)	城镇在岗职工工资总额(万元)
宁安市	27199	57141	义乌市	92778	417441
穆棱市	20444	51605	东阳市	96716	324910
北安市	23040	47236	永康市	41798	192885
五大连池市	26063	48279	江山市	26501	108232
安达市	20038	46783	温岭市	82541	392752
肇东市	38353	85421	临海市	89761	371459
海伦市	24057	55878	龙泉市	16471	65895
江苏省			**安徽省**		
江阴市	181991	807902	桐城市	19115	53996
宜兴市	89904	360880	天长市	18326	57912
新沂市	48879	127385	明光市	20939	45466
邳州市	62406	163067	界首市	21676	48331.7
溧阳市	51878	186634	宁国市	21782	86017
金坛市	52221	179902	**福建省**		
常熟市	113881	475838	福清市	212811	624060
张家港市	128378	545841	长乐市	36931	126654
昆山市	178776	744934	永安市	29901	93961
吴江市	110465	490382	石狮市	68609	182567.3
太仓市	112019	505427	晋江市	537582	1560013.7
启东市	57498	196088	南安市	81297	251515.7
如皋市	60167	216343	龙海市	70749	227700
海门市	64864	234630	邵武市	35612	87147
东台市	63098	188768	武夷山市	19488	53251
大丰市	57765	177905	建瓯市	19696	55012.1
仪征市	54021	185263	建阳市	17178	50206
高邮市	50649	164154	漳平市	23132	75296
江都市	54279	186396	福安市	29722	80963
丹阳市	78416	272181	福鼎市	21323	72192
扬中市	41404	145633	**江西省**		
句容市	58353	186535	乐平市	47296	105609
兴化市	51987	152731	瑞昌市	27146	58952
靖江市	61739	213416	共青城市	14314	29238
泰兴市	57585	185124	贵溪市	37038	91736
姜堰市	48735	147196	瑞金市	21591	45981.6
浙江省			南康市	19713	50995.6
建德市	36136	164174	井冈山市	17816	31191.7
富阳市	85064	351552	丰城市	5621	14619.7
临安市	70975	280584	樟树市	27934	63840.9
余姚市	68448	322053	高安市	24542	59525
慈溪市	87638	370506	德兴市	16799	50646
奉化市	60460	234226	**山东省**		
瑞安市	124100	449241	章丘市	141545	474309
乐清市	224200	715750	胶州市	122394	358671
海宁市	124116	447051	即墨市	133575	408593
平湖市	133518	445161	平度市	71899	216246
桐乡市	107580	383203	胶南市	124530	361136
诸暨市	264000	867227	莱西市	101029	268411
上虞市	170800	601983	滕州市	100590	276529
嵊州市	69500	253802	龙口市	70802	241733
兰溪市	47771	147172	莱阳市	69502	179429

3-11 续表 2

城　市	城镇在岗职工年平均人数(人)	城镇在岗职工工资总额(万元)	城　市	城镇在岗职工年平均人数(人)	城镇在岗职工工资总额(万元)
莱州市	67682	202183	老河口市	37848	66348
蓬莱市	55598	163675	枣阳市	48541	88731
招远市	56748	181422	宜城市	25861	39050
栖霞市	34420	79714	钟祥市	43425	102441
海阳市	32860	93137	应城市	42996	94891
青州市	56381	181944	安陆市	35704	75640
诸城市	78788	309075	汉川市	124611	277651
寿光市	70209	268179	石首市	22218	47226
安丘市	63727	177554	洪湖市	31324	62002
高密市	68995	200811	松滋市	45551	100031
昌邑市	32162	104636	麻城市	48914	88036
曲阜市	60753	149127	武穴市	42989	89378
兖州市	51599	177943	赤壁市	30085	65572
邹城市	151667	670876	广水市	38714	78256
新泰市	167044	557720	恩施市	50121	159766
肥城市	109856	336728	利川市	14461	32310
文登市	62490	216341	仙桃市	47232	112617
荣成市	87137	295533	潜江市	94402	285350
乳山市	41265	132804	天门市	96239	246281
乐陵市	29280	64971	**湖南省**		
禹城市	36413	84111	浏阳市	81029	244064.2
临清市	37447	81830	醴陵市	49465	129887.9
河南省			湘乡市	52810	136496.7
巩义市	57521	151803	韶山市	5527	14499.5
荥阳市	60205	153793	耒阳市	57229	133776.3
新密市	40743	107444	常宁市	41691	96214.3
新郑市	62671	178678.5	武冈市	22955	55924.7
登封市	60233	139655	汨罗市	55737	119193.4
偃师市	33708	74154	临湘市	15096	35591.1
舞钢市	32230	118157	津市市	21408	47573
汝州市	48236	105955	沅江市	26840	68269
林州市	70402	164483	资兴市	34724	93544.4
卫辉市	38479	70181.4	洪江市	24040	57246.2
辉县市	47322	101541.6	冷水江市	60408	169488.5
沁阳市	26128	63414.7	涟源市	40305	88852
孟州市	31022	75102.7	吉首市	39412	112553.6
禹州市	59329	164471.8	**广东省**		
长葛市	44965	116991	增城市	94205	362590.2
义马市	58606	213794	从化市	76576	242546
灵宝市	44867	126669	乐昌市	29962	86339
邓州市	59446	139389	南雄市	18574	49421
永城市	72997	252975.5	台山市	47564	94287
项城市	49733	92892	开平市	98401	214305
济源市	68965	172009	鹤山市	36043	93027
湖北省			恩平市	32663	75596
大冶市	72294	166036	廉江市	60245	129466
丹江口市	39194	104537	雷州市	53653	85765.9
宜都市	29491	78181.4	吴川市	41313	65204.3
当阳市	58938	126014	高州市	58838	138843
枝江市	58515	130829	化州市	58092	104756

3-11 续表 3

城　市	城镇在岗职工年平均人数(人)	城镇在岗职工工资总额(万元)
信宜市	36347	80497
高要市	22512	89821
四会市	61603	175912
兴宁市	42571	85718.2
陆丰市	45216	78585
阳春市	49793	51063
英德市	45131	146821
连州市	19861	63663.8
普宁市	57670	115909
罗定市	53340	107373
广西壮族自治区		
岑溪市	20871	52681
东兴市	6830	22178
桂平市	35185	87890
北流市	46402	109059
宜州市	25528	68443
合山市	13146	35084
凭祥市	10247	29119
海南省		
五指山市	8478	25818.3
琼海市	24691	84237.2
儋州市	27754	90790
文昌市	24971	87560
万宁市	22895	70921.9
东方市	19435	55397
四川省		
都江堰市	75916	256506
彭州市	52833	163042
邛崃市	31242	88330
崇州市	25403	76895
广汉市	24141	85243
什邡市	40559	128700
绵竹市	29821	105329
江油市	43645	129338
峨眉山市	43858	124083
阆中市	20444	50163
华蓥市	15106	51599
万源市	12855	32552
简阳市	47625	118543
西昌市	54421	213347
贵州省		
清镇市	36725	116381
赤水市	20128	53334
仁怀市	31447	136882
铜仁市	28308	110993
兴义市	55376	145931.9
毕节市	54989	151161.3
凯里市	52474	138549.2
都匀市	35472	115197
福泉市	15882	54583
云南省		
安宁市	64596	232664
宣威市	59820	182301
楚雄市	54146	170474
个旧市	61063	175373
开远市	29652	95815
蒙自市	41923	113610
文山市	48812	136351
景洪市	58121	137476
大理市	94267	295220
瑞丽市	20931	45548
芒市	36033	101257.6
西藏自治区		
日喀则市	3725	13472
陕西省		
兴平市	41130	116411.3
韩城市	47361	152368
华阴市	22760	62633
甘肃省		
玉门市	21824	97065.2
敦煌市	10868	31694.2
临夏市	30235	80372
合作市	13806	45039
青海省		
格尔木市	21747	99681.4
德令哈市	9563	37503.2
宁夏回族自治区		
灵武市	17405	54202
青铜峡市	23114	93157
新疆维吾尔自治区		
吐鲁番市	26076	80189
哈密市	62903	217305
昌吉市	64551	228766
阜康市	18350	56914
博乐市	13996	32865
库尔勒市	88721	302818
阿克苏市	42771	123617.1
阿图什市	18180	52036.3
喀什市	59454	176768
和田市	20983	71131.6
伊宁市	66955	193271
奎屯市	14833	46580
塔城市	22409	69419
乌苏市	28551	57704.7
阿勒泰市	34570	90218
石河子市	188400	609041
阿拉尔市	43354	129422
图木舒克市	16884	45610
五家渠市	19300	50249

四、附　录

主要统计指标解释

一、行政区划、人口、劳动力及土地资源

所辖行政区、县（旗）、县级市数　指报告期内经民政部门批准，本市所管辖的行政区域内所有的区、县（旗）、县级市。

年末总人口　是指本市本年 12 月 31 日 24 时的人口总数，为公安部门的户籍人口数。

年平均人口　指一年内各个时点的人口的平均数。年平均人口数是综合反映年内的人口规模的主要指标，也是计算出生率、死亡率、自然增长率、人均国内生产总值等经济指标的必要指标。其计算方法可利用一年中 12 个月的月末人口相加除以 12 求得，在实际工作中，经常根据年初人口数加年末人口数除以 2 计算求得。

暂住人口(1 个月以上)　指离开常住户口地的市区或乡、镇到其他地区城市居住 1 个月以上的人员。

年末单位从业人员数　是指在各级国家机关、政党机关、社会团体及企业、事业单位中工作，并取得劳动报酬的全部人员。包括在岗职工、再就业的离退休人员、民办教师以及在各单位中工作的外方工作人员和港、澳、台人员、兼职人员、借用的外单位人员和第二职业者。不包括离开本单位仍保留劳动关系的职工。

年末城镇登记失业人员数　是指有非农业户口，在一定的劳动年龄内（16 周岁至退休年龄），有劳动能力，无业而要求就业，并在当地就业服务机构进行求职登记的人员。

行政区域土地面积　是指在该行政区划内的全部土地面积(包括水面面积)。计算土地面积是以行政区划为准。

建成区面积　指市政区范围内经过征用的土地和实际建设发展起来的非农业生产建设地段，包括市区集中连片的部分以及分散在近郊区与城市有着密切联系，具有基本完善的市政公用设施的城市建设用地(如机场、污水处理厂、通讯电台)。

居住用地面积　指在城市中包括住宅及相当于居住小区及以下的公共服务设施、道路和绿地等设施的建设用地。

公共设施用地面积　城市中为社会服务的行政、经济、文化、教育、卫生、体育、科研及设计等机构或设施的建设用地。

工业用地面积　城市中工矿企业的生产车间、库房、堆场、建筑物等的建设用地。

水资源总量　一定区域内的水资源总量指当地降水形成的地表和地下产水量，即地表径流量与降水入渗补给量之和，不包括过境水量。

二、综合经济

地区生产总值(GDP)　指按市场价格计算的一个国家(地区)所有常住单位在一定时期内生产活动的最终成果。

地方财政一般预算内收入　包括：（1）税收收入；（2）社会保险基金收入；（3）非税收入；（4）贷款转回收本金收入（5）转移性收入。

各项税收　包括增值税、消费税、营业税、企业所得税、企业所得税退税、个人所得税、资源税、固

定资产投资方向调节税、城市维护建设税、房产税、印花税、城镇土地使用税、土地增值税、车船税、耕地占用税、契税、烟叶税、其他税收收入。

企业所得税 反映税务机关按《中华人民共和国企业所得税暂行条例》征收的企业所得税及依照《中华人民共和国外商投资企业和外国企业所得税法》征收的外商投资企业和外国企业所得税。税务机关对港澳台商投资企业征收的企业所得税也包括在内。

个人所得税 反映按照《中华人民共和国个人所得税法》、《对储蓄存款利息所得征收个人所得税的实施办法》征收的个人所得税。

地方财政一般预算内支出 包括：(1)一般公共服务；(2 外交；(3)国防；(4)公共安全；(5)教育；（6）科学技术；(7)文化体育与传媒；(8)社会保障和就业；(9)社会保险基金支出；(10)医疗卫生；(11)环境保护；（12）城乡社区事务；(13)农林水事务；(14)交通运输；（15）工业商业金融等事务；(16)其他支出；(17)转移性支出。

一般性公共服务支出 反映政府提供一般公共服务的支出。

教育支出 反映政府教育事务支出。有关具体教育事务包括教育行政管理、学前教育、小学教育、初中教育、普通高中教育、普通高等教育、初等职业教育、中专教育、技校教育、职业高中教育、高等职业教育、广播电视教育、留学生教育、特殊教育、干部继续教育、教育机关服务等。

科学技术支出 反映用于科学技术方面的支出。

文化体育与传媒支出 反映政府在文化、文物、体育、广播电视、新闻出版等方面的支出。

社会保障和就业支出 反映政府在社会保障与就业方面的支出。有关事项包括社会保障与就业管理事务、民政管理事务、财政对社会保险基金的补助、补充全国社会保障基金、行政事业单位离退休、企业改革补助、就业补助、抚恤、退役安置、社会福利、残疾人事业、城市居民最低生活保障、其他城镇社会救济、农村社会救济、自然灾害生活补助、红十字事务等。

社会保险基金支出 反映政府由社会保险基金列支的各项支出。包括基本养老保险基金支出、失业保险基金支出、基本医疗保险基金支出、工伤保险基金支出等。

医疗卫生支出 反映政府医疗卫生方面的支出。具体包括医疗卫生管理事务支出、医疗服务支出、医疗保障支出、疾病预防控制支出、卫生监督支出、妇幼保健支出、农村卫生支出等。

环境保护支出 反映政府环境保护支出。具体包括：环境保护管理事务支出、环境监测与监察支出、污染治理支出、自然生态保护支出、天然林保护工程支出、退耕还林支出、风沙荒漠治理支出、退牧还草支出、已垦草原退耕还草支出。

城乡社区事务支出 反映政府城乡社区事务支出。具体包括：城乡社区管理事务支出、城乡社区规划与管理支出、城乡社区公共设施支出、城乡社区住宅支出、城乡社区环境卫生支出、建设市场管理与监督支出等

交通运输支出 反映政府交通运输方面的支出。包括公路运输支出、水路运输支出、铁路运输支出、民用航空运输支出等。

年末金融机构存款余额 是指金融机构按一定的利率和期限向企业等单位吸收货币资金的信用活动。

城乡居民储蓄年末余额 指报告期末城乡居民存入银行及农村信用社的储蓄余额，包括城镇居民储蓄存款和农民个人储蓄两部分的年末余额，不包括居民的手存现金和工矿企业、部队、机关、团体等单位存款。也不包括外币存款。取自金融机构人民币信贷资金平衡表。

年末金融机构各项贷款余额 是指金融机构按一定的利率和期限向企业等单位提供货币资金的信用活动。不包括外币贷款

保费收入 是指保险合同订后，被保险人必须向保险人付出一定的费用才能取得保险人根据合同内容承担赔偿责任。这种费用叫“保费”。

赔款、给付 是指保险人在年内实际支付给被保险人遭到损失时的赔款。无论哪年承保业务和发生的

损失，凡在本年内支付赔款、结案均计在本年内。

保险指标数据收集渠道可由各省（区）统计局或城调总队向中国保险监督管理委员会在各省会城市的派出机构收集。如没有保监会分支机构，可直接向驻地各保险公司搜集。

三、工业

工业企业数 包括独立核算法人工业企业和附营工业生产单位。独立核算法人工业企业是指从事生产经营活动的单位。它同时具备以下条件：①依法成立，有自己的名称、组织机构和场所，能够独立承担民事责任；②独立拥有和使用资产，承担负债，有权与其他单位签订合同；③会计上独立核算，能够编制资产负债表。

国有企业 国有企业是指企业全部资产归国家所有，并按《中华人民共和国企业法人登记管理条例》规定登记注册的非公司制的经济组织。不包括有限责任公司中的国有独资公司。

私营企业 是指由自然人投资设立或由自然人控股，以雇佣劳动为基础的营利性经济组织。包括按照《公司法》、《合伙企业法》、《私营企业暂行条例》规定登记注册的私营有限责任公司、私营股份有限公司、私营合伙企业和私营独资企业。

私营独资企业 是指按《私营企业暂行条例》的规定，由一名自然人投资经营，以雇佣劳动为基础，投资者对企业债务承担无限责任的企业。

私营股份有限公司 是指按《公司法》的规定，由五个以上自然人投资，或由单个自然人控股的股份有限公司。

工业总产值 是指货币表现的工业企业在报告期内生产的工业产品总量，它反映工业生产的总规模和总成果。包括范围：(1)生产成品价值；(2)对外加工费收入；(3)自制半成品、在产品期末期初差额价值。

从业人员年平均人数 指报告期内每天拥有的从业人员人数。其计算公式为：年平均人数=年内各月平均人数之和/12；月平均人数=报告期内每天实有人数之和/报告月日历日数。(工业企业经济效益指标)指实际上报《工业企业主要经济指标》(国家统计局B202表)企业的从业人员平均人数之总和。

流动资产 指企业可以在一年内或者超过一年的一个生产周期内变现或者耗用的资产，包括现金及各种存款、短期投资，应收及预付款项、存货等。根据会计“资产负债表”中“流动资产合计”项的期末数填列。

固定资产 指企业使用期限超过一年的房屋、建筑物、机器、机械、运输工具以及其他与生产、经营有关的设备、器具、工具等。不属于生产经营主要设备的物品，单位价值在2000元以上，并且使用年限超过2年的，也应当作为固定资产。“固定资产合计”根据会计“资产负债表”中“固定资产合计”项的期末数填列。

主营业务收入 指企业在销售商品、提供劳务等日常活动中所产生的收入总额。此项目应根据相关行业的“产品销售收入”、“商品销售收入”、“主营业务收入”、“营业收入”、“经营收入”、“工程结算收入”等科目发生额填列。

主营业务成本 指企业从事主要业务活动发生的实际成本。房地产企业成本主要包括：土地转让成本、商品房销售成本、配套设施销售成本、代建工程结算成本、出租产品经营成本等。根据会计“利润表”中对应指标计算填列。

主营业务税金及附加 指企业因从事生产经营活动按税法规定缴纳的应从经营收入中抵扣的税金和附加，包括营业税、消费税、城市维护建设税、教育附加等。根据会计“利润表”中对应指标年末数填列。未执行2001年《企业会计制度》的企业，用“产品销售税金及附加” 的年末数代替。

利润总额 指企业在生产经营过程中各种收入扣除各种耗费后的盈余，反映企业在报告期内实现的亏盈总额，包括营业利润、补贴收入、投资净收益和营业外收支净额。根据会计“利润表”中的对应指标的本期累计数填列。

四、交通运输、邮电通信、能源电力

货运量 指年内以重量单位(吨)计算的由各种运输工具实际完成运输过程的货物数量。包括铁路货运量、公路货运量、水运货运量(其中包括内河、沿海、远洋货运量)、民航货邮运量和管道运输量。本制度按铁路、公路、水运和民航分列。

民用航空货邮运量 指航空站在一年内从航站发运的行李、邮件、货物的重量总和。包括始发运量和联运量。发运量是根据进出港舱单、载重表等原始记录计算的。

境内等级公路里程 指在一定时期内实际达到《公路工程技术标准 JTJ01—88》规定的等级公路，并经公路主管部门正式验收交付使用的公路里程数。

客运量 指分别按各类运输方式实际运送的旅客人数。

铁路旅客运量 指在一定时期内使用铁路客车运送的旅客人数。铁路旅客运量的计算方法：不论票价多少或行程长短，均按单程计算为一人次；不足购票年龄免购客票的儿童，不记运量；月、季票按往返 25 人计算。因地方铁路管理体制改变，各地可以辖区内的铁路火车站为基本统计单位进行客货发送量统计。

公路客（货）运量 统计范围为在公路运输管理部门注册登记从事公路运输的营业性载客汽车和营业性货运车辆一定时期内实际运送的旅客（货物）数量。

水路客运量 指水运企业及其他单位在一定时期内实际运送的旅客人数。

民用航空客运量 指由空运企业从各航空港运送的购票乘机人数及由国外班机接运的人数。

民用汽车拥有量 指报告期末，在公安交通管理部门按照《机动车注册登记工作规范》，已注册登记领有民用车辆牌照的全部汽车数量。汽车拥有量统计的主要分类：根据汽车结构分为载客汽车、载货汽车、其他汽车；根据汽车所有者不同分为个人(私人)汽车、单位汽车；根据汽车的使用性质分为营运汽车、非营运汽车；根据汽车大小规格不同，载客汽车分为大型、中型、小型和微型，载货汽车分为重型、中型、轻型和微型。

年末邮政局(所)数 是指有固定的局所地址，领有上级发给的日戳或戳记；对外营业，直接为用户办理邮政业务的服务机构，不包括代办点。

邮政、电信业务收入 指邮电、通信企业通过生产经营活动所取得的全部业务收入，包括邮政、长途电信、本地电话等各项主营业务收入和地方国有通信收入。统计范围改为全社会所有从事电信运营的企业（即中国电信、中国移动、中国联通三家基础电信企业），邮政企业和年业务收入 200 万元以上的快递企业。

固定电话用户 指在电信企业营业网点办理开户登记手续并已接入固定电话网上的全部电话用户。包括普通电话用户、无线市话用户、公共电话用户、窄带综合业务数字网（N-ISDN）用户、智能网专用接入终端用户等。计量单位：户。

固定电话用户按行政区划分为城市电话用户和农村电话用户。

城市电话用户 是指话机安装地的行政区划属于中央直辖市、省辖市、地级市、县级市的市区、市郊区及县城区范围内的电话用户，还包括分布在农村地区但以县团级以上建制的独立工矿区、林区、驻军的电话用户。

农村电话用户 是指话机安装地的行政区划属于城市范围以外的乡（镇）、村电话用户。

住宅电话用户 是指私人付费或安装在居民住宅并按照私人或住宅电话用户登记注册和收费的各类电话用户。

无线市话用户 是指报告期末在本电信运营企业营业网点办理开户登记手续，利用无线接入话机，采用 PHS/PAS 制式，通过无线通信方式接入公众电话网、占用固定电话号码资源的电话用户，即通常所说的小灵通用户。

公用电话用户 是指装设在街道、宾馆、机场、车站等公共场所以及电信营业厅等地，供人民群众共同使用，并按照公用电话登记注册和收费的电话用户。包括安装在街道等公共场所的智能网专用接入终端用户。

移动电话用户 指在电信企业营业网点办理开户登记手续，通过移动电话交换机进入移动电话网，占用移动电话号码的各类电话用户。包括 GSM 数字移动电话用户、CDMA 数字移动电话用户和电信运营企业发行的报告期末已激活充值的能异地漫游的各种智能卡用户。计量单位：户。

互联网宽带接入用户 指报告期末在电信企业登记注册，通过 xDSL、FTTX+LAN、WLAN 等方式接入中国互联网的用户，主要包括 xDSL 用户、LAN 专线用户、LAN 终端用户及无线接入用户。计量单位：户。

xDSL 用户 是指报告期末在电信企业登记注册，通过 xDSL 方式接入中国互联网的用户，包括 xDSL 虚拟拨号用户和 xDSL 专线用户。

综合能源消费量 指报告期内工业企业在工业生产活动中实际消费的各种能源的总和净值。计算综合能源消费量时，需要先将使用的各种能源折算成标准燃料后再进行计算。根据 P201 和 P201-1 表计算综合能源消费量方法如下：

综合能源消费量=工业生产消费的能源合计（P201 表）-加工转换产出能源合计（P201-1 表）-回收利用能源合计(P201-1 表)。

《能源统计报表制度》中需要填报综合能源消费量的报表是 P201 表。

全社会用电量 指各行业用电量和城乡居民生活用电量合计。

五、贸易、外经、旅游

限额以上批发零售贸易业商品销售总额 指对本单位以外的单位和个人出售的商品金额（包括售给本单位消费用的商品，含增值税），本指标反映批发和零售业在国内市场上销售商品以及出口商品的总量。

商品销售包括 （1）售给城乡居民和社会集团消费用的商品；（2）售给农业、工业、建筑业、运输邮电业、服务业、公用事业等国民经济各行业用于生产、经营用的商品，包括售予批发和零售业作为转卖或加工后转卖的商品；（3）对国（境）外直接出口的商品。

商品销售不包括：（1）未通过买卖行为付出的商品，如随机构变动移交给其他企业单位的商品、借出的商品、归还受其他单位委托代保管的商品、付出的加工原料和赠送给其他单位的样品等；（2）经本单位介绍，由买卖双方直接结算，本单位只收取手续费的业务；（3）购货退回的商品；（4）商品损耗和损失；（5）出售本单位自用的废旧物资。

商品销售 是指商品已经售出、商品所有权已经转移给买方后，以收到货款或取得收取货款的证据时作为商品销售。（1）采取直接收款方式的，在实际收到货款或取得收款的凭证时作为商品销售；采取托收承付和委托银行收款结算方式的，在发出商品并办妥托收手续时作为商品销售；采用分期收款方式的，按合同约定的收款日期作为商品销售；采用预收货款方式的，在商品发出时作为商品销售；（2）委托其他单位代销商品，以收到代销单位的销售清单时作为商品销售。在交款提货的情况下，如货款已经收到，只要账单和提货单已经交给买方，不论商品是否发出，都应作为商品销售；（3）出口商品销售，陆路以取得承运货物收据或铁路联运运单、海运以取得出口装船提单、空运以取得运单并在银行办理了交单作业作为商品销售。预收货款不通过银行交单的，取得以上提单、运单后作为商品销售。出口商品一律以离岸价（FOB）计算商品销售，如按到岸价（CIF）对外成交的，应扣除商品离境后发生的由我方负担的国外运费、保险费、佣金（不包括不易按商品认定的累计佣金）、银行财务费和对外理赔款等作为商品销售；（4）自营进口商品销售，企业与境内用户签订合同实行货到结算的，在商品到达我国境内港口取得船舶到港通知，企业向订货单位开出结算凭证时作为商品销售；合同规定对境内实行单向结算的，企业凭境外账单向订货单位开出结算凭证时作为商品销售；已先期到达并存放在相应的仓储企业单位库存的进口商品，企业凭出库单向用户开出结算凭证后作为商品销售。

社会消费品零售总额 指批发和零售业、住宿和餐饮业以及其他行业直接售给城乡居民和社会集团的消费品零售额。其中，对居民的消费品零售额，是指售予城乡居民用于生活消费的商品金额；对社会集团的消费品零售额，是指售给机关、社会团体、部队、学校、企事业单位、居委会或村委会等，公款购买的用作非生产、非经营使用与公共消费的商品金额。社会消费品零售总额包括：售给城乡居民作为生活消费用的商品和修建房屋用的建筑材料的金额，以及售给来华的外国人、华侨、港澳台同胞的消费品金额；售给社会集团用作非生产、非经营使用与公共消费的商品金额。

限额以上批发零售企业数 批发和零售业法人企业按法人经营地原则统计，即按法人企业主要经营活动所在地进行统计，其所属全部产业活动单位（含异地）由法人企业统一组织填报；非批发和零售业法人单位附营的批发和零售业产业活动单位、非住宿和餐饮业法人单位附营的住宿和餐饮业产业活动单位按产业经营地的原则统计。全面统计范围扩大到统计上达到规模标准的个体经营户，其规模标准参照《批发和零售业、住宿和餐饮业统计限额标准》执行。

当年实际使用外资金额 是指批准的合同外资金额的实际执行数，外国投资者根据批准外商投资企业的合同（章程）的规定实际缴付的出资额和企业投资总额内外国投资者以自己的境外自有资金实际直接向企业提供的贷款。

入境游客人数 指报告期内来中国(大陆)观光、度假、探亲访友、就医疗养、购物、参加会议或从事经济、文化、体育、宗教活动的外国人、港澳台同胞等游客(即入境旅游人数)。统计时，入境游客按每入境一次统计 1 人次。入境旅游人数包括入境（过夜）旅游者和入境一日游游客。

国际旅游（外汇）收入 入境旅游者在中国(大陆)境内旅行、游览过程中用于交通、参观游览、住宿、餐饮、购物、娱乐等全部花费。

六、固定资产投资

全社会固定资产投资总额 包括城镇固定资产投资和农村固定资产投资。

①城镇固定资产投资：指城镇各种登记注册类型的企业、事业、行政单位及个体户进行的计划总投资 50 万元及 50 万元以上的建设项目投资。县城及以上区域内发生的投资，县及县以上各级政府及主管部门直接领导、管理的建设项目和企事业单位的投资均为城镇固定资产投资。

②农村固定资产投资：指发生在农村区域范围内的非农户固定资产投资项目完成的投资。不包括县及县以上各级政府及主管部门直接领导、管理的建设项目和企事业单位的投资。

全年新增固定资产 本年新增固定资产：指报告期内交付使用的固定资产价值。包括本年内建成投入生产或交付使用的工程投资和达到固定资产标准的设备、工具、器具的投资及有关应摊入的费用。

属于增加固定资产价值的其他建设费用，应随同交付使用的工程一并计入新增固定资产。

房地产开发投资额 指各种登记注册类型的房地产开发公司、商品房建设公司及其他房地产开发法人单位和附属于其他法人单位实际从事房地产开发或经营活动的单位统一开发的包括统代建、拆迁还建的住宅、厂房、仓库、饭店、宾馆、度假村、写字楼、办公楼等房屋建筑物和配套的服务设施，土地开发工程（如道路、给水、排水、供电、供热、通讯、平整土地等基础设施工程）的投资；不包括单纯的土地交易活动。

住宅 指专供居住的房屋，包括别墅、公寓、职工家属宿舍和集体宿舍（包括职工单身宿舍和学生宿舍）等。但不包括住宅楼中作为人防用、不住人的地下室等。住宅按照性质可以划分为普通住房、经济适用住房和别墅、高档公寓。

商品房屋销售面积 是指报告期内出售商品房屋的合同总面积（即双方签署的正式买卖合同中所确定

的建筑面积）。由现房销售建筑面积和期房销售建筑面积两部分组成。

商品房屋销售额 指报告期内出售商品房屋的合同总价款（即双方签署的正式买卖合同中所确定的合同总价）。该指标与商品房销售面积同口径，由现房销售额和期房销售额两部分组成。

别墅、高档公寓 指建筑造价和销售价格明显高于一般商品住宅的商品住宅。别墅一般指地处郊区，独立成栋的商品住宅；高档公寓一般是地处市内高尚社区，高层或多层的商品住宅。别墅、高档公寓的确定标准：一是经有房地产投资计划审批权的主管部门审批建设的别墅、高档公寓开发项目。二是销售价格高于当地同等地段商品住宅平均销售价格一倍以上的别墅、高档公寓开发项目。

商品房屋空置面积 指报告期内已竣工的可供销售的商品房屋建筑面积中，尚未销售或出租的商品房屋建筑面积，包括以前年度竣工和本期竣工的房屋面积，但不包括报告期已竣工的拆迁还建、统建代建、公共配套建筑、房地产公司自用及周转房等不可销售的房屋面积。

保障性住房 指政府在对中低收入家庭实行分类保障过程中所提供的限定供应对象、建设标准、销售价格或租金标准，具有社会保障性质的住房。包括廉租房、经济适用住房、公共性租赁房（是政府提供政策支持，限定户型面积、供应对象和租金水平，面向中低收入住房困难家庭等群体出租的住房）、城市棚户区改造房、林（垦、煤）区棚户区改造房以及国有工矿棚户区改造房等。两限房属于政策性住房，不属于保障房范畴。房地产开发企业只统计新建保障性住房，购置转租和资金补贴部分不统计。

廉租房 政府以租金补贴或实物配租的方式，向符合城镇居民最低收入且住房困难的家庭提供的社会保障性质的住房。廉租房的分配形式以租金补贴为主，实物配租和租金减免为辅。廉租房只能出租给城镇居民中最低收入者，不能出售。房地产开发企业只统计新建廉租房，购置转租和资金补贴部分不统计。

七、教育、科技、文化、卫生

普通高等学校 是指按国家规定的标准和审批程序批准建立的，通过全国普通高等教育统一招生考试、招收高级中等学校毕业生为主要培养对象，实施高等学历教育的全日制大学、独立设置的学院和高等专科学校、高等职业学校和其他机构。

中等职业教育学校 是指按国家规定的设置标准和审批程序批准建立的，招收初中(或部分高中)毕业生或同等学历者，实施中等职业技术教育，培养中等职业技术人才的学校。招收初中毕业生的，修业年限一般为三至四年；招收高中毕业生的，修业年限一般为二年至三年。包括中等专业学校、技工学校、职业中学（高中）等。统计中等职业学校时应注意，已承担培养学生任务的中等职业技术学校和独立设置的高等学校中专部或中专学校计算校数。正在筹建、尚未招生的中等职业学校和高等学校附设的中专班不计校数。

普通中学 指按国家规定的审批程序批准设立的，招收小学、初中(或部分高中)毕业生或同等学历者，实施普通中学教育的学校。

专任教师 指主要从事教学工作的人员。包括临时(一年以内)调去帮助做其他工作的教学人员。高等学校函授部、夜大学的专任教师和承担科研任务，未担任教学工作仍属教师编制的人员，应计入专任教师中。不包括调离教学岗位，担任行政领导工作或其他工作的原教学人员。

高中阶段在校学生数 指在普通高中、成人高中、普通中专、成人中专、职业高中和技工学校接受教育的学生数。技工学校数据取自劳动保障部门，其他取自教育部门教育事业统计年报。

初中毕业生升学率 计算该升学率所用分子为高级中学招生数，包括：普通高中、职业高中、技工学校、普通中专招收初中毕业生数、普通中专举办的成人中专和成人中专招收的应届初中毕业生数，分母是初中毕业生人数。

成人高等学校在校学生数 成人高等学校是指按照国务院有关规定，经省、自治区、直辖市人民政府、国务院有关部、委批准举办，招收高中毕业或同等学历者，利用脱产、半脱产、业余或函授多种形式对成人实施高等教育，培养相当普通高等学校专科毕业水平的专业人才，修业年限、课程设置和总学时相当二年以上的学校。包括广播电视大学、职工高等学校、管理干部学校、教育(教师进修)学校、独立设置的函授学院和高等学校举办的函授部、夜大学等。在校学生数：是指具有学籍的注册学生总数。

专利申请受理量 指经专利部门初步审核后符合受理条件的专利申请量。

从事科技活动人员 指调查单位在报告年度直接从事科技活动、以及专门从事科技活动管理和为科技活动提供直接服务的人员。累计从事科技活动的实际工作时间占全年制度工作时间 10%以下(不包含 10%)的人员，不统计。

直接从事科技活动的人员包括在独立核算的科学研究与技术开发机构、高等学校、各类企业及其他事业单位内设的研究室、实验室、技术开发中心及中试车间(基地)等机构中从事科技活动的研究人员、工程技术人员、技术工人及其他人员；虽不在上述机构工作，但编入科技活动项目(课题)组的人员；科技信息与文献机构中的专业技术人员；从事论文设计的研究生等。

专门从事科技活动管理和为科技活动提供直接服务的人员包括独立核算的科学研究与技术开发机构、科技信息与文献机构、高等学校、各类企业及其他事业单位主管科技工作的负责人，专门从事科技活动的计划、行政、人事、财务、物资供应、设备维护、图书资料管理等工作的各类人员，但不包括保卫、医疗保健人员、司机、食堂人员、茶炉工、水暖工、清洁工等为科技活动提供间接服务的人员。

R&D 内部经费支出 指调查单位在报告期用于内部 R&D 活动（基础研究、应用研究、试验发展）的实际支出。包括用于 R&D 项目（课题）活动的直接支出，以及间接用于 R&D 活动的管理费、服务费、与 R&D 有关的基本建设支出以及外协加工费等。不包括生产性活动支出、归还贷款支出以及与外单位合作或委托外单位进行 R&D 活动而转拨给对方的经费支出。统计范围包括工业企业、政府部门属研究机构、普通高等学校、具有一级资质的建筑企业、地市及以上运输和通信企业、地市及以上农业和卫生业企事业单位、从事软件开发活动的企业以及从事综合技术服务活动的单位等。

专利申请授权量 指经专利部门审查合格后，依据专利法授予申请人对申请项目专有权的专利申请数量。

发明 指对产品、方法或者其改进所提出的新的技术方案。

剧场、影剧院数 是指独立核算的专用剧场和属文化部门主管的能演出戏剧的影剧院、兼映电影的剧场，以及附属在剧院、团公开营业的非独立核算的剧场、排演场。

公共图书馆图书总藏量 指图书馆已编目的古籍、图书、期刊和报纸的合订本、小册子、手稿以及缩微制品、录像带、录音带、光盘等听视文献资料数量总和。

体育场馆数 体育场指有 400 米跑道（中心含足球场）、有固定道牙、跑道 6 条以上并有固定看台的室外田径场地。体育场按看台容纳观众人数分为：甲级 25000 人以上，乙级 15000—25000 人，丙级 5000—15000 人，丁级 5000 人以下；体育馆指有固定看台，可供篮球、排球、羽毛球、乒乓球、体操等项目训练比赛活动用的室内运动场地。体育馆按看台容纳观众人数分为：甲级 6000 人以上，乙级 4000—6000 人，丙级 2000—4000 人，丁级 2000 人以下。

医院、卫生院数 是指卫生部门、工业及其他部门(如农业、铁道、邮电、公安、文教、民政、社团、等)、集体所有制单位、私人、各种合作方式(全民与集体或个体合办、集体与个体合办、中外合资)等举办的医院和卫生院数(包括县及县以上医院数、城市街道卫生院、农村卫生院及其他医院数)。

医院、卫生院床位数 指各级各类医院本年 10 月底的固定实有床位(非编制床位)。包括正规床、简易床、监护床和正在消毒、修理的床位及因扩建或大修理而停用的床位(按扩建或大修理前的床位计算)，但不包括产科的新生儿床、库存床、临时增设的床位、病人家属的陪床、接产室的待产床等。

八、人民生活、社会保障

在岗职工平均人数 是指在国有经济、城镇集体经济和其他各种经济类型单位及附属机构生产或工作，并由单位支付工资的在岗人员人数(包括在乡镇一级管理机构中工作、由国家支付工资的干部)，不包括已退休的职工、在农村乡镇企、事业单位中参加劳动并取得收入的劳动者和城乡个体劳动者。职工平均人数等于12个月月末人数之和除以12或4个季度的季末人数之和除以4求得。

在岗职工工资总额 指各单位在一定时期内直接支付给本单位在岗职工的劳动报酬总额。包括：计时工资、计件工资、奖金、津贴和补贴、加班加点工资和其他工资。

城镇居民人均可支配收入 指调查户可用于最终消费支出和其他非义务性支出以及储蓄的总和，即居民家庭可以用来自由支配的收入。它是家庭总收入扣除交纳所得税和社会保障支出以及调查户的记账补贴后的收入。计算公式：可支配收入＝家庭总收入—交纳所得税—交纳的社会保障支出—记账补贴。

最高（最低）20%户人均可支配收入 将本区域内所有调查户按照家庭人均可支配收入从高到低排队，取前（后）20%调查户，计算该群体居民人均可支配收入就是最高（最低）20%户人均可支配收入。若只有10%分组数据，则利用覆盖范围内的两个10%组人均可支配收入按照这两组人口加权计算得到最高（最低）20%户人均可支配收入。计算方法为:

最高20%户人均可支配收入=（最高10%户人均可支配收入*最高10%户人口数+次高10%户人均可支配收入*次高10%户人口数） / （最高10%户人口数+次高10%户人口数）。

城镇居民人均消费支出 指调查户用于本家庭日常生活的全部支出，包括食品、衣着、家庭设备用品及服务、医疗保健、交通和通讯、娱乐教育文化服务、居住、杂项商品和服务等八大类支出。不包括用于赠送的商品或服务。

人均住房建筑面积 建筑面积和常住人口的比值。

居民消费价格指数 是反映一定时期内居民消费价格的变动趋势和程度的相对数。

城镇基本养老保险参保人数 指报告期末参加城镇基本养老保险并在社会保险经办机构已建立缴费记录档案的职工人数(包括不能正常缴费、已中断缴费但未终止养老保险关系的职工人数和参加基本养老保险后进入再就业服务中心并继续缴费的下岗职工人数)和参加基本养老保险并由养老保险基金支付养老金的离退休人员。取自人力资源和社会保障部。

基本医疗保险参保人数 指报告期末按国家有关规定参加基本医疗保险的人数。包括参加保险的职工人数和退休人员数。取自人力资源和社会保障部。

失业保险参保人数 指报告期末按照国家法律、法规和有关政策规定参加了失业保险的城镇企业事业单位的职工及地方政府规定参加失业保险的其他人员的人数。取自人力资源和社会保障部。

社会福利院数 指年末在所辖区内由民政部门主办的社会福利院、儿童福利院、精神病人福利院、其他收养性单位，以及民政部指导的城乡社会办的各类敬老院、养老院等。

社会福利院床位数 指福利院报告期末床位的实际收养能力。

社区服务设施数 指报告期末城镇（街道办事处、居委会）设立以非盈利为目的，为本社区居民服务，特别是为老年人、残疾人、儿童服务的社区服务中心、活动站、服务站、养老院、老年公寓、残疾人工疗站、残疾儿童日托所家务服务站、婚姻介绍所等福利性设施以及职工社会保险管理服务的机构数。几种不同类型的社区服务单位，共用一个场所的，只能统计为一个社区服务设施。条件是：(1)独立核算单位；(2)有固定的从业人员；(3)有一定的服务项目；(4)有一定的场所。

城镇居民最低生活保障人数 指在报告期末，家庭平均收入在当地规定的最低生活保障线以下的城镇居民数。包括“三无对象”，失业人员和在职、下岗、退休人员等。

九、交通、社会治安

交通事故损失额 指以货币形式表现的交通事故所造成的损失程度。

火灾事故损失额 指以货币形式表现的火灾事故所造成的损失程度。

交通事故死亡人数 指实际因交通事故死亡的人数。

刑事案件立案数 指年内发生并达到公安等司法部门规定的立案标准的刑事案。刑事案件是指需依法追究刑事责任并由公安等司法机关立案处理的案件。

十、市政公用事业

城市维护建设资金支出 指用于城市维护和建设的资金支出。包括基本建设支出、更新改造支出和维护支出。

年末实有城市道路面积 是指路面经过铺筑的路面宽度在 3.5 米以上(含 3.5 米)的道路。包括高级、次高级道路和普通道路，不包括街道内部路面宽度不足 3.5 米的胡同、里弄。

道路面积只包括路面面积和与道路相通的广场、桥梁、停车场面积。不包括街心花坛、侧石、人行道和路肩的面积。

排水管道长度 排水道是指汇集和排放污水、废水和雨水的管渠及其附属设施所组成的系统。包括干管、支管以及通往处理厂的管道，无论修建在街道上或其他任何地方，只要是起排水作用的管道，都应作排水管道统计。排水管道按其排水性质分为污水管、雨水管、合流管三种。

供水综合生产能力 是指城建部门系统自来水公司所属自来水厂及各单位自备水源取水、净化、送水、出厂输水干管等环节的综合生产能力，以四个环节中最薄弱的环节为主确定能力，超负荷运行增加的能力不应计算。

供水总量 是指自来水厂供出厂外的全部水量，包括有效供水量及损失水量。

居民生活用水量 指城市范围内所有居民家庭的日常生活用水。包括城市居民、农民家庭、公共供水站用水。

用水人口 指供应生活用水的年末实际人口。包括非农业人口和农业人口。

供气总量（人工、天然气） 是指城市煤气企业向城市生产用户、家庭用户和其他用户供应的全部煤气量，包括外购及损失量。

用气人口 指报告期末家庭用户的用气人口。

年末实有公共汽(电)车运营车辆数 是指城市公共交通企业可参加营运的全部车辆数。包括技术完好的、在修的、待修的、长期停驶的，以及拟报废尚未经上级主管部门批准报废的运营车辆数。不包括公交企业的油罐车、货车和其他专用车等非运营车，也不包括借入、租入的客运车辆。

全年公共汽(电)车客运总量 指运送乘客的总人数。包括普通票乘客人次，月票乘客人次和包车乘客人次。普通票乘客人次按上车付现金购票，一张票计算一个人次；月票日乘车次按 5 个人次计算；团体包车，一个乘客按一个人次计算，往返按二个人次计算。

年末实有出租汽车数 指经有关部门批准的专门从事出租业务的一切营业车辆。包括轿车、面包车、大客车。

轨道交通线路长度 指报告期内投入运营的城市地铁、轻轨、有轨电车运营线路长度。

轨道交通客运总量 指报告期内投入运营的城市地铁、轻轨、有轨电车实际运送的乘客人数。

绿地面积 指用作绿化的各种绿地面积。包括公园绿地、单位附属绿地、居住区绿地、生产绿地、防护绿地和风景林地的总面积。

人均园林绿地面积＝(公共绿地＋单位附属绿地＋居住区绿地＋生产防护绿地＋风景林地)÷城市非农业人口

公园绿地面积 指开放的各级各类公园绿地。

建成区绿化覆盖面积 指城市建成区内各单位管理的一切用于绿化的乔灌木和多年生草本植物的垂直投影面积。包括园林绿地以外的道路绿化覆盖面积(即道路的隔离带、中心绿岛和林荫道及行道树的覆盖面积)和单株树木的覆盖面积。行道和单株树覆盖面积，可按各种树的平均垂直投影面积乘以各种树木的总株数求得。乔木树冠下重叠的灌木和草本植物不再重复计算。

十一、环境保护

三废综合利用产品产值　指报告期内利用“三废”作为主要原料生产的产品产值，已经销售或准备销售的，应计算产品产值；但留作生产上自用的，不应计算产品产值。

工业废水排放量　是指经过工业企业厂区所有排放口排放到企业外部的全部废水总量。包括外排的生产废水和厂区生活污水，也包括外排的直接冷却水和矿区的超过排放标准的有毒有害的矿井地下水；不包括外排的间接冷却水。有些企业间接冷却水和直接冷却水混合排放分不开的，可以合并统计在内。

工业废水排放达标量　是指全面达到国家、地方排放标准的外排废水，包括经过处理和未经过处理的，但不包括经过处理仍未达到国家排放标准的。

工业二氧化硫去除量　指燃料废气和生产工艺废气经过各种废气治理设施处理后去除的二氧化硫总量。

工业二氧化硫排放量　指工业企业在厂区内的生产工艺过程和燃料燃烧过程中排入大气的二氧化硫总量。

工业烟尘去除量　烟尘是指在燃烧过程中产生的烟气中夹带的颗粒物。工业烟尘去除量指报告期内企业利用各种废气治理设施去除的烟尘量。

工业烟尘排放量　指报告期内企业排入大气的烟尘量。

工业固体废物综合利用率　工业固体废物综合利用量占工业固体废物产生量的百分率。

污水集中处理率　指城镇污水处理量占城镇污水产生量的百分率。

生活垃圾无害化处理率　指报告期生活垃圾无害化处理量与生活垃圾产生量的比率。

空气质量达标（API<100)天数　一年中 API 数值小于 100 的天数。